감수성 훈련(4판)

진정한 나를 찾아서

한상담 시리즈 1

감수성 훈련 ^{4판}

진정한 나를 찾아서

The Theory and Practice of Sensitivity Training

유동수 · 배미화 · 조윤숙 공저

학지사

머 · 리 · 말

뒤를 돌아보니 참으로 많은 세월이 흘렀다. 내가 처음으로 감수성 훈련을 체험한 것이 1972년이다. 그해에 산업 훈련의 대가이신 유철종 선생께서 감수성 훈련을 하자고 하셨는데 마침 김태묵 박사께서 미국에서 훈련을 받은 경험이 있다고 해서 김 박사를 모시고 서강대학교에서 3박 4일의 과정을 실시했었다. 그해가 우리나라에서 감수성 훈련이 처음 시작되던 해라고 기억하고 있다. 나는 이때를 출발점으로 해서 지금까지 거의 매년 3~4개월을 감수성 훈련을 하면서 살았다. 날짜로 계산하면 10년 이상을 감수성 훈련을 하면서 살아온 것이니, 한평생 감수성 훈련만 한 사람이라는 소리를 듣는 것도 이상하지가 않다.

우리나라의 감수성 훈련은 산업계, 종교계, 교육계의 세 분야에서 1972년을 전후해서 거의 동시에 시작되었던 것으로 기억하고 있다. 산업계는 유철종 선생, 김태묵 박사, 나 이렇게 세 사람이 시작했고, 그 뒤에는 많은 사람이 참여했다. 종교계는 서강대학교의 알로코 신부, 연세대학교의 비쳄 목사, 감리교신학대학교의 차풍로 목사, 한신대학교의 박근원 박사 등이 많은 활동을 하셨다. 교육계는 학교상담을 하시던 분들이 일본인 이토오 히로시 선생을 초청해서 광주에서 감수성 훈련을 한 것이 최초라고 기억한다. 그 뒤에 교육계에서는 이상훈 교장 선생님이 주축이 되어서 사단법인 한국인성개발연구원을 만들었고 연구원은 지금도 활발히 운영되고 있다. 이때를 출발점으로 해서 국내에 감수성 훈련이 활발히 보급되기 시작했고 수많은 촉진자가 양성되었다.

다행히도 몇 분의 대가들이 나오셔서 감수성 훈련의 발전에 큰 공헌을 해 주셨다. 내가 개인적으로 기억하는 분들은 이형득 박사님, 이장호 박사님, 윤호균 박사님과 이상훈 교장 선생님이다. 이분들이 계셨기에 우리나라의 감수성 훈련이 이론적으로나 실제로나 놀라운 성장을 할 수 있었다고 생각한다. 이제 다들 저세상으로 가셨고 윤호균 박사님만 생존해 계신다.

요즈음은 집단에서 2세대들이 왕성한 활동을 하고 있는 것으로 알고 있다. 대단한 역량을 가지고 있는 분들이 많아서 아주 든든하다. 나는 1970년대 초에는 거의 매주 한 과정씩 집단을 했다. 이때는 금성사, 동방생명, 미원, 종근당, 동아제약, 태평양화학 등 수많은 기업이 관리자 교육으로 감수성 훈련을 했다.

국내에서 이렇게 감수성 훈련을 계속하면서도 나는 감수성 훈련의 본고장인 미국에 가서 세계적인 대가의 집단에 참가하고 싶은 꿈을 가지고 있었다. 그리고 드디어 기회를 만들었다. 1979년 여름방학에 UC San Diego에서 Carl Rogers 박사가 주관하는 Encounter Group Facilitater 과정에 참가했다. 이 과정은 로저스 박사가 설립한 Center for Studies of Person에서 주관하는 3주짜리 과정이었다. 전 세계 16개국에서 82명의 촉진자가 참가했다. 이 3주간의 체험을 하는 동안에 나는 대단히 큰 문화적 충격을 받았다. 그때부터 나는 감수성 훈련의 방법은 미국 사람들에게 배워야 하겠지만 감수성 훈련의 뿌리가 되는 인간 됨됨이는 동양의 성현들의 가르침에서 배워야 하겠다고 마음을 굳혔다. 이 과정을 마치고 미국의 산업 훈련계를 돌아보고 6개월 만에 돌아왔다. 미국에서 새로운 지식을 많이 배웠지만, 오히려 한국인의 의식 구조에 맞는 한국형 감수성 훈련을 만들 필요성을 더욱 깊이 절감하고 온 것이다.

그 후에도 한국형 상담 모델을 개발해야 하겠다는 꿈은 지속되었다. 그래서 상담 모델 개발 방법에 대한 연구를 위해서 1982년에 미국으로 이민을 갔고 그 뒤로 1992년까지 10년 동안 미국에 거주하면서 1년에 절반은 공부를 하고 절반은 한국에 와서 강의를 하는 식으로 생활을 했다.

1992년에 귀국을 해서 한국기업컨설팅을 설립했고 지금까지 운영하고 있다. 그리고 2008년에 한국형 상담 모델인 한상담을 만들어서 한국심리학회에 발표를 했고, 그해에 미국상담학회, 중국상담학회, 아시아태평양상담학회에서도 발표를 했다. 한상담은 한국인의 고유한 사상인 한 사상을 배경으로 하고, 한국인의 집단 무의식인 천부경을 바탕으로 만들었으며 독특한 우리 고유의 대화 방식을 사용한다. 한상담은 집단상담 모델과 개인상담 모델, 그리고 한코칭 모델을 만들었다. 그 뒤에는 한상담학회를 만들어서 전문가 양성에 주력했다.

최근에는 중국집단상담학회를 비롯하여 북경대학, 청화대학, 북경항공항천대학, 하얼

빈공정대학, 동북사범대학, 산동대학, 연변대학 등 수많은 대학에서 교수들과 학생들에게 훈련을 하고 있으며, 평안보험, 태평보험, 태평양보험 등에서 고급 관리자 훈련을 하고 있다.

중국에 훈련을 다닌 지 근 20년이 되었다. 중국어를 몰랐던 내가 중국 사람들에게 강의도 하고 훈련도 할 수 있게 만들어 준 사람은 가장 아끼는 제자인 연변대학 교수 류혜선 박사이다. 류 박사는 한상담학회의 수련감독전문가이자 중국 집단상담학회의 수련감독전문가이다. 그동안 내가 중국에 갈 때마다 매번 그림자처럼 같이 다니면서 통역을 해 주었다. 류 박사는 한상담을 중국에 보급하는 선구자 역할을 하고 있으며, 나는 그의 통역 덕분에 중국에서 감수성 훈련을 하는 데 거의 불편이 없었다. 그 점 아주 고맙게 생각한다.

이 책은 그동안 개발한 한국형 감수성 훈련에 대한 책이다. 이 책은 1982년에 처음으로 『인간관계 개선 훈련』이란 이름으로 경영문화원에서 출판했다. 그 뒤로 판을 거듭하다가 출판사가 없어져서 출판이 중지되었던 것을 학지사에서 『감수성 훈련』이란 이름으로 새로 출판한 책의 네 번째 개정판이다. 그동안 감수성 훈련의 사례집이 나오기를 바라는 독자들의 요구가 많아서 이번에는 특히 사례 중심으로 엮었다. 책을 만드는 데는 조윤숙 박사와 배미화 소장 두 제자가 큰 수고를 했다. 두 사람은 15년 이상 공부한 전문가들이다. 이들의 노고를 치하한다. 두 사람 외에도 많은 제자가 있다. 이런 제자들이 있어서 참으로 든든하다.

한편, 이 책에는 많은 참가자가 등장한다. 이들의 사례는 그동안 4박 5일 과정을 40여 차례 녹화한 자료들에서 발췌하여 사용했다. 자기 사례를 책에 실어도 좋다고 선뜻 허락해 준 참가자들에게 감사한다. 이런 헌신적인 태도가 한국의 집단상담이 발전하는 데 큰 도움이 될 것이다.

마지막으로, 출판을 허락해 주신 학지사의 김진환 사장님과 책을 만드느라고 수고한 학지사 직원 여러분께 감사를 드린다.

2017년 4월
유동수

차 · 례

Part 3 감수성 훈련 과정 축어록

Part 4 감수성 훈련 소감문

Part 1

감수성 훈련 Q & A

"감수성 훈련 촉진자들이 알고 싶어 하는 의문에 대한 즉문즉답"

당신은 감수성 훈련의 촉진자가 되고 싶습니까?
그렇게 되려면 먼저 말이 달라져야 합니다.

당신이 촉진자가 되어서 집단에 참여했을 때,
참가자 중 한 사람이 "감수성 훈련이란 무엇입니까?"라고 질문을 한다면, 당신은 이 질문에 어떻게 답을 하시겠습니까?

1. "감수성 훈련이란 ……이다."라고 감수성 훈련에 대해서 알고 있는 정보를 설명한다.
2. "감수성 훈련을 알고 싶어 하는 것 같은데, 무엇을 알고 싶으냐?"라고 묻는다.
3. "감수성 훈련에 관심이 있는 것 같은데, 왜 관심을 가지느냐?"라고 묻는다.
4. "그 질문을 하는 당신은 감수성 훈련을 무엇이라고 생각하느냐?"라고 되묻는다.
5. "글쎄요. 무엇일까요?"라고 하면서 대답하지 않는다.

〈자기수용〉

유 연: 저는 나를 수용하는 기회도 많이 가지고 스스로에게 '지금 수용하는구나.'라고 알아차리는 그런 기회가 좀 많았으면 좋겠어요. 그동안 내가 수용하기 제일 힘들었던 감정들은 "내가 못했구나." "못났구나."입니다.
아파할 때에 왜 아파하고, 어떨 때 이런 감정을 느끼는지 내 안에 일어나는 것을 잘 봤으면 좋겠어요. 그것도 받아들일 수 있었으면 좋겠어요.
지 운: 네가 너 자신에게 느끼는 부정적인 감정을 좀 더 편안하게 수용할 수 있었으면 좋겠다는 말이냐? 내 생각에 그 감정들을 수용할 것이 아니라, 부정적인 감정 밑에 있는 긍정적인 감정을 찾아 들어가 봐라. 너의 대표적인 부정적인 감정이 어떤 거였지? '아프다'고 했잖아. 그게 제일 큰 감정인데 무엇 때문에 아파?

그것은 네가 지금까지 살아오면서 경험하거나 알아차리거나 사랑을 받거나 해서 받아서 채워졌으면 하는 부분들이 있는데, 그게 잘 안 되었다고 생각해서 지금 아프단 말이야. 그러니 네 마음을 다시 한 번 살펴보면 네 마음에 가장 먼저 생겨난 일차적인 욕구는 사랑받고 싶은 마음이고 이 욕구가 좌절되었기 때문에 마음이 아픈 것이 아니냐? 이럴 때 너를 '사랑을 받지 못한 사람'으로 보느냐? 아니면 '사랑을 받고 싶어 하는 사람'으로 보느냐 하는 것은 너의 선택이다. 이때 '나는 사랑을 못 받아서 마음이 아프다. 그런데 왜 사랑을 못 받았느냐?'를 선택할 때와 '나는 정말로 사랑을 받고 싶어 하는 사람이구나.'를 선택하고 '사랑을 받으려면 내가 무엇을 어떻게 해야 하나?'를 생각할 때는 마음의 방향이 아주 달라질 것이다. 그동안 공감 수용의 중요성을 배우다 보니까 부정적인 감정이 생기면 그 부정적인 감정을 공감 수용하고 이해하려고만 하는데, 그 부정적인 감정의 밑으로 파고들어 가서 수직 분석으로 그 속에 있는 감정을 찾아내 봐. 그러면 없던 걸 만드는 게 아니라 있던 걸 발견하게 돼. 제대로 수직 분석을 하면 공감 수용을 할 필요가 없을 때가 올 것이다.

〈자기사랑, 깨어 있음〉

온 돌: 저는 자기사랑의 뿌리를 확실하게 내리고 싶다는 생각이 들었어요. 그동안 공부를 해 오면서 제가 당위를 갖고 있었더라고요. '나를 사랑해야 해.'라는 당위가 있으니까 제가 저를 사랑하지 않는 순간을 보지 않고 있었어요. 요즘에 나를 사랑해야 한다는 당위가 좀 걷히니까 상대한테 화내고 있을 때 사실은 저한테 화내고 있었고, 정말 누릴 순간에 불안해하고 있고, 그리고 질투도 나고, 부러움도 생기고, 마음 갈래가 다 여기서 시작되었더라고요. 비교하고 있고, 그런 게 요즘에는 다 보여요. 그래서 좀 재미있기도 해요. 편안하게 좀 받아들여지기도 하고, 자책으로만 마냥 빠지지 않고, 마음의 길이 보여서 스스로도 좀 좋고 편안해요. 행동 목표는 머리로는 혼자 참 잘하는데 힘이 받아지지는 않더라고요. 이게 안 되는데 뭔가 감정이 올라왔을 때 상대하고 나누고, 표현하면 사실은 그 안

에 자기사랑이 있다는 게 마음으로 느껴지더라고요. 그래서 상대하고 만나고, 표현하고, 부정 감정도 표현하고, 끊임없이 깨어서 저를 바라보고 이러고 싶다는 생각이에요.

지 운: 이 세상에는 두 개의 세계가 있어. 하나는 마땅히 그렇게 해야 하는 당위의 세계가 있고, 또 하나는 당위의 세계와는 상관없는 자연스러운 세계가 있어. 두 세계 중에 어느 게 더 중요하고, 어느 게 덜 중요한 게 아니야. 어느 게 더 크고, 어느 게 덜 큰 것도 아니고 똑같아. 그런데 이 두 개의 세계 중에서 당위를 선택하면 강요가 되기 쉽고, 강요는 폭력이 될 수도 있어. 반면, 자연스러운 세계를 선택하면 자유롭기는 하겠지만 자칫하면 방종이 될 우려가 있지. 그러니 이 두 개의 세계를 자유자재로 사용하는 사람이 진정한 자유인일 것이다.

〈주도성〉

겨울오리: 제가 원하는 것은 문제에 대한 답이 아니라 제 태도의 문제라는 것을 지적해 주셨는데 듣고도 제가 알아듣지를 못한 것 같아서 '다른 사람들한테 답을 물어볼까? 어떻게 할까?' 고민해 봤는데 그렇게 해서 답을 알고 싶지는 않았어요. 분명 내가 가지고 있는 문제에 대해서 내가 접근하는 방법이 아니라 태도에 문제가 있었는데, 나 자신도 문제라고 생각하고 있지 않았다는 생각이 들었고 지적해 주시는 문제가 무엇인지를 내가 찾고 싶다는 생각까지 했습니다.

지 운: 내가 보기에는 너는 문제를 내놓고 난 다음에 스스로 해답을 찾으려고는 하지 않고 남한테서 답을 얻으려고 한다는 거야. 그때부터는 너는 너를 소외시켜버린 거야. 너는 "하고 싶은데 안 됩니다." "몰라서 못합니다."라고 하는데 이런 말은 네 책임이 없다는 거잖아. 몰라서 못 하는 거니까. 그렇게 하는 건 주도성이 없는 태도이고, 그런 태도로는 문제가 해결이 안 된다고 보니까 스스로 찾아보라는 소리인데 "딴 사람한테 물어서 해결할 수 있는 것은 아니구나." 까지 왔다면 많이 가까이 온 거야. 너 스스로 찾으면 돼. 그러니까 그 태도를 네가

더 문제 삼고, 그다음에 '내가 주도적으로 해야 하는구나.' 하는 생각이 더 강화되길 바란다. 주도성이 없는 태도에 빠지면 어떤 문제도 해결되지 않아. 내가 보기에는 네가 문제해결을 하기 위해서는 주도적인 태도가 훨씬 더 자라야 할 것 같거든. 그쪽에 더 관심을 갖고 봤으면 좋겠어. 그리고 너는 지금 부정적인 말을 사용하고 있어. '내가 몰랐다.'는 걸 선택했어. 너는 지금 알았잖아. "이제 그런 태도를 가진 것을 알았습니다."처럼 말부터 긍정으로 바꿔.

앞으로 자기 문제를 알았다는 것은 문제가 뭔지를 안다든가 문제의 원인이 뭔가를 안다는 게 아니야. 문제를 알았다면 그 문제의 해결 방법을 알아야 문제를 아는 거야. 해결 방법이 안 나왔다면 문제를 제대로 안 게 아니야. 네가 마음의 준비를 할 때까지는 내가 할 말이 없을 것 같다. 부디 네가 마음의 준비를 잘하기를 바란다.

〈부담감에서 벗어나기〉

시   아: 제 안에서 '맞고, 안 맞고, 틀리고, 안 틀리고를 점검하는 것'을 내려놓고 편하게 참가하며 '잘해야 한다.'는 부담감에서 벗어나서 편하게 이야기하고 싶어요. 그리고 상대를 계속 보면서 공감하는 연습을 하고 싶습니다.

지   운: 꾸준히 해. 지금처럼 눈물 흘리고 자기 기준을 강요하면 감정이 동요되고 그러면 공감이 안 된다는 것을 알았다는 이야기잖아. 우선 네 감정이 안정되어야 공감을 할 수 있겠다는 이야기구나. 그렇게 하려면 먼저 네가 누구한테든 깊은 공감을 한 번이라도 받아 봤으면 참 좋겠다는 생각이 들어. 만약에 한 사람한테 네 심정을 공감받는 게 어려우면, 이 사람한테는 이 부분, 저 사람한테서는 저 부분, 이렇게 여러 사람한테 나누어서 받아 보는 것도 하나의 방법이야. 그동안 내가 봤을 때 너는 남을 돕는 것은 굉장히 훌륭하고 좋은 일이라고 생각하고, 다른 사람한테 도움을 받는 일은 뭔가 부족한 일, 모자라는 일, 또 동정받는 태도로 생각해서 힘들어했잖아. 도움을 주고받는 데는 좋고 나쁜 게 없어. 이 두 가지는 단지 다를 뿐이야.

〈집중〉

하이디: 다른 사람들이 잘 보이기도 하는데 순간순간 방금 무슨 얘기했지 하고 놓치는 게 많아서 그게 좀 아쉬워요.

지　운: 집중이 잘 안 된다는 소리잖아. 우선 그럴 때는 네가 '어떨 때에 집중이 잘되고 어떨 때에 집중이 잘 안되느냐?'를 찾아서 집중이 잘되는 때를 늘려. 네가 흥미가 있을 때 집중이 잘된다고 하면 내가 어떤 분야에 흥미가 있는가를 찾고, 사람들 말 속에서 네가 흥미를 느끼는 부분을 찾아서 주의를 집중하는 훈련을 해 봐. 그런 다음 다른 사람들에 대한 관심의 영역을 넓혀 봐. 우선 관심의 방향을 나에게서 너로 바꿔 봐. 한 사람, 한 사람한테 네가 관심을 가져 봐. 저 사람이 어떤 사람인가? 저 사람이 뭘 잘하는가? 저 사람한테 내가 배울 게 뭐가 있는가? 이런 식으로 훈련을 해 보는 거야.

〈공감 1〉

모　과: 저는 감수성 훈련을 잘하고 싶어요. 다른 사람과 있을 때 상대의 말을 들으면서 공감 수용을 잘하고 싶고, 상대의 관점과 가치관을 존중하면서 상대를 있는 그대로 보고 싶어요. 그러면 상대의 삶을 좀 더 깊이 이해하고 수용할 수 있을 것 같아요.

지　운: 감수성 훈련에서 이야기하는 공감에는 다음과 같은 여러 가지 단계가 있다.

1. 이해: 상대의 생각을 내가 이해하는 것
2. 감정 이입적 이해: 상대의 감정을 공감하면서 생각을 이해하는 것
3. 상대적 공감: 내가 나 아닌 너의 심정을 받아들이는 것
4. 일여적 공감: 내가 또 다른 나인 너의 심정을 받아들이는 것
5. 무아적 공감: 나 없는 내가 너 없는 너의 심정을 받아들이는 공감

이 단계들을 모두 공부하려면 얼마나 오랜 시간이 걸릴지 잘 모르겠다. 그러나 한 단계 한 단계 꾸준히 연습하는 동안에 차츰차츰 익숙해지지 않겠니?

〈공감 2〉

티 나: 저는 정말 공감을 제대로 하고 싶은데……. 그 목표를 제가 걸어 놓고, "정말 제 대로 하고 싶다." 그 목표치가 달성 안 되는 미진함이 저한테 있거든요. 그래서 제 목표는 다른 사람이 말할 때 사실, 의미라도 좀 제대로 듣는 것입니다.

지 운: 사실, 의미를 듣는 것을 '라도'라고 낮춰 버리니까 네가 직성도 안 풀리고, 달성 해도 만족도 안 돼. 뒷동산에 갈 때는 뒷동산을 즐기고, 앞산에 갈 때는 앞산을 즐겨야 하는데, 뒷동산에 가서 앞산을 쳐다보며 저기를 가야지 하고 지금은 무 시하고, 넘어가고, '라도'가 붙으면 그렇게 되는 거야.

그래서 일할 때는 기대를 가지고 99%를 달성해도 0%를 했다고 생각하고, 마음 공부를 할 때는 소망을 가지고 시작이 반이라는 마음으로 하라고 하는 거잖아. 기대를 걸면 고생이니까 소망으로 간직해라. 나는 네가 그걸 제대로 받아들이 길 소망하고 있어. 그래서 "네가 그게 안 됩니다." 할 때에도 그게 반가운 거야. '아! 네가 하고 싶어 하는구나.' 하고 네 욕구를 보는 거지! 네가 하고 싶으니까 반가워. 너한테 들려줄 사자성어는 '지성이면 감천이다.'야.

기회 되면 수유리에 있는 아카데미하우스에 가 봐. 그 옆에 이준 열사 묘소가 있 어. 그 묘소에 가 보면 독특한 게 이준 열사가 하신 말씀들을 새긴 묘비가 많이 있어. 그 묘비 중에 한 가지 기억나는 게 있는데 "인간이 하고 하는 일은 하고, 하고 또 해야 한다. 하고, 하고 또 해야 하는 일은 하고, 하고 또 해야 한다." 이 렇게 여러 번 반복되다가 마지막에 가서는 "오늘 내가 이렇게 하고, 하고 또 하 는 일은 먼 훗날 후손들이 하고, 하고 또 해야 한다." 이렇게 끝이 나더라. 나는 그 말씀을 참 좋아해. 거기 가 보면 이준 열사가 하신 소중한 말씀이 참 많아.

〈짐작에서 벗어나기〉

시 원: 저는 상대가 무슨 말을 하면 미리 혼자 짐작하고, 판단해 버려요. 그런데 그것이 맞을 때도 있는데 참 불편해요. 상대에게 물어보지도 않고 '너 이랬지.' 하니까. 어느 때는 좀 물어볼 걸 하는 생각이 들어요. 예컨대, 상대가 늦으면 '너 이래서 늦었지?'라고 단정적으로 한두 마디 해 버리거든요. 그런데 그 얘기를 듣는 사람은 굉장히 기분 나쁠 것 같더라고요. 내가 한 말이 상대방과 맞지 않을 경우도 있잖아요. 그래서 저 혼자 짐작하고 판단하기보다 상대에게 확인을 먼저 하고 싶어요.

지 운: 네가 한 말이 상대방과 맞지 않을 경우가 있더냐? 아니면 어쩌다가 맞는 경우가 있더냐? 네가 상대의 말을 들을 때 혼자서 미리 짐작하고 판단하는 버릇을 고치겠다는 목표를 세우고, 그 목표를 달성한다면 학생들한테서 네가 많이 편해졌다는 소리를 들을 수 있을 것 같구나. 대부분의 경우에 상대방에게는 네 말에 권위까지 붙어 있으니 네 말이 몇 배 증폭되어서 크게 들릴 거야. 그런데 네가 그런 말을 할 때에도 그 말 속에는 상대방에 대한 애정과 관심이 들어 있지 않더냐? 그러면 그 때문에 그런 말을 하는 데 서슴지 않고 하게 되지 않더냐? 네가 상대를 돕고자 하는 의지 때문에 이건 분명한 소리라고 착각하고 그냥 바로 대화로 들어갈 때, 상대방에게는 너의 의도와는 반대로 전달될 수도 있으니까 얼마나 아까워. 너의 마음속에 있는 상대에 대한 사랑과 관심 그리고 통찰력이 고스란히 상대에게 받아들여져서 상대의 성장에 중요한 밑거름이 되었으면 해.

〈또렷하게 알아차리기〉

허 당: 다른 사람들의 말을 듣거나 아니면 제가 저 자신을 볼 때 좀 더 하나하나 따져보고 싶어요. 무심코 듣던 것을 하나하나 또렷하게 알아차리고, 분명하게 따져보고 싶어요.

지 운: 그러려면 먼저 비판적인 시각이 있어야 하고, 그러나 비판적인 시각만 가지고

있어야 제대로 된 비판이야. 비판은 긍정, 부정을 포함해야 바른 비판이 돼. 그런데 요즘 우리나라에서는 그런 비판을 보기가 힘들어. 항상 한쪽에 서는 억지 주장을 비판이라고 하는데, 지금 내가 한 말을 네가 하나하나 따져 보려면 우선 상대의 입장에 서서 경청을 해야 한다. 경청 수준이 의미 수준, 기분 수준, 성격 수준, 본심 수준 중 어느 수준인가를 분명히 알고 있어야 해. 이처럼 네가 따지려면 '지금 저 사람이 어떻게 하고 있나? 듣는 능력은 어떠한가? 인간관계는 어떻게 맺고 있나? 영향 미치는 능력은 어떻게 하고 있나? 문제해결은 어떻게 하고 있나? 협상하고 있나? 상담하고 있나? 코칭하고 있나?' 등등 이런 기준들을 확고하게 정리해서 가지고 있어야 해. 또렷하게 알아차리고, 분명하게 보려면 그런 객관적인 근거를 가지고 봐야 하는 거지.

〈타인 중심적 대화〉

블루문: 제 말을 보면 한 80%는 나의 감정을 말하거나 사실 설명을 하거나 내 말을 하는 것 같아요. 앞으로 타인 중심적 대화를 많이 하고 싶어요. 그러니까 '당신이 속상했겠다, 당신이 서운했겠다, 당신이 참 멋지다.' 이렇게 칭찬과 공감을 잘하고 싶어요.

지　운: 네가 말과 행동을 반대로 하고 있는 걸 분명하게 알아차리는 것부터 해야 해. 상대를 잘 알아주는 말을 수십 번 실패하고 한 번이라도 성공하면 그것을 기뻐해야 해. 연습도 안 하고, 실패도 안 하고 한 번에 성공하고 싶지? 그럴 수 있으면 얼마나 좋겠냐마는 계속 훈련을 해야 잘할 수 있을 거야.

타인 중심적 대화를 하려면 제일 먼저 눈을 똑바로 뜨고 상대방을 꿰뚫어 봐야 해. 그래야 '당신 이야기는' 이것부터 나오지. 네가 너만 보고 있는데 상대가 어떻게 나오겠냐? 눈을 똑바로 뜨고 정면으로 그 사람을 봐. 저 사람이 왜 저런 소리를 할까, 무슨 심정에서 저 소리를 할까, 저 사람은 어떤 사람일까 그걸 봐.

상대방 입장에서 의미를 알아듣고 그 밑에 기분, 성격, 그 사람의 장점들, 그 사람의 본심을 잘 들을 수 있도록 하나씩 하나씩 연습해. 지금 그 말은 이제까지

람의 본심을 잘 들을 수 있도록 하나씩 하나씩 연습해. 지금 그 말은 이제까지 너의 입장에서 듣던 태도를 버리고 상대의 입장에서 듣겠다는 것이 아니냐? 일단 그렇게 입장 전환이 되면 그다음에는 큰 무리가 안 돼.

서울로 가느냐? 부산으로 가느냐? 그 방향은 결정이 되었으니까 그다음부터는 가면 되는 거야. 부산에 간다고 하면서 서울로 자꾸 가고 있으면 달라질 수가 없잖아. 그렇게 끊임없이 반복하면 역량이 길러지니까 꾸준히 익혀서 연습해.

〈듣기〉

비: 저는 상대의 말을 입을 통해서 듣는 연습을 하고 싶습니다. 자꾸 상대를 보고 싶은데 제가 자꾸 들어가고, 제가 자꾸 대안이 떠오르고 그래서 그걸 이야기할 때가 있습니다. 상대가 문제를 내놓으면 "이러면 될 것 아니냐?"는 대답이 자꾸 나옵니다. 이제는 제가 말을 하지 않고 싶어요.

지 운: 내담자들의 문제를 들으면 답답하잖아. 그리고 대답이 바로바로 나오지. 그걸 최고로 잘하면 뭐가 되는 줄 아나? 또래 상담자가 되지. 지시적인 상담에서 쓰던 방법들이잖아.

지시적인 상담에서 비지시적인 상담으로 바꾸고 싶다면 사실은 집단상담보다는 개인상담에서 연습을 하면 더 효과적이겠지. 집단에서는 한 사람의 말을 끝까지 듣고 문제해결을 할 때까지 지속적으로 돕는 것은 잘 안되지 않더냐?

〈생명 동기〉

다이아몬드: 사람들은 어려운 상황이 생기면 표면적으로는 사망 동기에 사로잡혀서 부정적인 감정을 느끼게 되는 것 같아요. 그 사망 동기의 밑바닥에 반드시 생명 동기가 있다고는 하지만 그게 사실은 사망 동기의 내면에 있어서 가려져 있는 부분이기 때문에…….

그래서 그 사람의 사망 동기를 먼저 공감 수용하는 것과 생명 동기를 같이 사을 둘 다 한꺼번에 봤으면 해요. 불편한 마음만 보는 게 아니고 본심도 같이 보고 있으면서 불편한 마음을 공감 수용하고 싶어요.

지　운: 대부분 불편할 때 먼저 표현되는 것은 부정적인 감정과 사망 동기들이야. 그걸 확실하게 보고, 공감하면서 그 밑에 있는 본심을 보고 있어야 해. 상대의 이야기를 들으면서 사망 동기나 부정적인 감정에 먼저 공감하는 이유는 그 밑에 있는 새싹을 보고 있기 때문이야. 돌로 풀을 눌러 놓은 것 같거든. 사망 동기가 돌이고 생명 동기는 그 밑에 있는 새싹이야. 돌을 치우는 건 새싹을 보려고 치우는 거지. 돌이 소중해서 치우는 게 아니거든. 그 두 개를 동시에 보고 있으면서 본심을 보면서 공감할 때 하고, 본심을 못 보고 공감할 때 하고 공감의 차원이나 수준이 달라져.

　　　　정말로 특별한 경우지만 내담자가 자기 힘으로 돌을 걷어 낼 때가 있거든. 그때 큰 영향을 미치는 게 상담자와 내담자 사이의 친밀감과 신뢰감, 존경심이야. 내담자들이 깊은 존경심을 가지고 상담자를 대할 때가 있거든. 그럴 때는 사망 동기를 치우는 것은 일도 아니지. 그리고 내담자 혼자 힘으로 생명 동기를 키우고 있더라도 내가 어떻게 도울 수 있을 것인가를 보고 있으면 더 좋지.

〈부정적인 감정 표현 1〉

예쁜사랑: 저는 그때그때 느끼는 제 감정을 알아차릴 때 그냥 머무르고 지나가곤 할 때가 많거든요. 특히나 부정적인 감정을 표현하기가 힘들어요.

지　운: 너는 네가 느끼는 그 수많은 감정을 다 오픈해야 하는 것으로 착각하고 있는 것 같아. 세상에 혼자 산다면 할 수 있을지 몰라. 50명이 있을 때 네가 말할 기회는 49번 놓치고 1번 말해야 정상이고 표준이야. '거의 다 놓칩니다.' 하는데 놓쳐야 되지. 너희들이 각자 다 이야기하면 어떻게 되겠느냐? 서양 사람들과 동양 사람들의 제일 큰 차이가 서양 사람들은 동양 사람들같이 상대방이 부정적인 감정을 느끼느냐, 안 느끼느냐는 중요하게 생각하지 않아. 서양 사람들은 '자기감정에 솔직하게 이야기했나?' '진실된 이야기를 했나?'를 더 중요하게 생각하지. 우리는 내 말을 듣고 상대방이 불편해할 이야기는 안 하는 게 도리인 문화에서 살아왔어. 그래서 네가 하는 게 너의 개인적인 특성인지, 우리의 집단문화 속에 네가 살고 있기 때문에 그런 불편을 느끼는 건지를 살펴볼 필요가 있어.

너는 네 개인적인 것이라고 생각하겠지만, 우리 문화 속에 살기 때문에 그런 경향이 있다는 것도 알고 있어야 돼. 그런데 우리 문화가 집단주의적인 문화에서 개인주의적인 문화로 변해 가는 큰 흐름 속에 지금 네가 살고 있는 거야. 그래서 요즈음 젊은 사람들은 "왜 할 말도 못하고 사느냐?" 할 거고, 나이 많은 사람들은 "어떻게 사람이 할 말을 다 하고 사느냐?"고 할 거다. 너는 그 중간에 끼인 세대란 말이야. 그런 문화적인 위치에서 내가 어디 있는지 한번 생각해 봐. 네 이야기는 그동안 네가 관계를 소중하게 생각하는 가치를 가지고 살아왔는데 이제는 주체성도 더 길렀으면 좋겠다는 말로 들려.

그리고 네가 생각하기에는 부정적인 피드백을 제대로 못 한다는 생각이 든다는 소리잖아. 앞으로는 긴장될 때는 긴장된다고 표현을 하고 풀어 보았으면 좋겠다는 소리지?

그건 너만 그런 게 아니라 동양 사람들이 거의 다 그래. 서양 사람들은 생각을 중요시하는데 그래서 내 생각은 내 생각이고, 네 생각은 네 생각이기 때문에 공유를 잘 못해. 그런데 우리나라 사람들은 감정을 중요시해. 그런데 감정이라는 것은 사람들이 함께 있으면 말을 하지 않아도 그 감정이 공유가 돼. 그래서 집단을 구성할 때에는 한 사람의 감정이 말없이 전달되는 범위인 7~16명이 제일 이상적이라는 이론이 나오는 거야. 그중에는 좀 더 민감한 사람이 있고, 좀 덜 민감한 사람이 있지만 서양 사람들하고 비교하면 우리처럼 다른 사람들의 감정에 민감한 사람이 드물지. 그래서 참 신기하지. 지구에서 감수성이 제일 높은 우리가 감수성이 제일 떨어지는 사람들이 만든 감수성 훈련을 하고 있는 거야.

그러니까 너는 많은 훈련이 필요할 거야. 왜냐하면 태어나서 자라는 동안에 네 경험에 의해 다른 사람의 감정에 동감이 되거나 공감이 되는 것은 저절로

익힌 거란 말이야. 그럴 때 자칫하면 너 개인의 중심을 잃어버리고 상대의 감
정에 휩쓸려 가 버리니까 네 중심을 되찾겠다는 소리 아니냐. 그런데 자칫 자
기표현을 하느라고 공감 능력을 떨어뜨려 버리면 네가 가진 제일 큰 장점을
손상시키는 것이 될 테고. 공감을 하면서 주체성도 세워야 하니까 이 두 개의
목표를 동시에 달성하기가 쉽지는 않을 거야. 그래서 공감하는 능력이 좀 떨
어지더라도 네 입장에 서서 네 감정에 충실한 자기표현 훈련을 먼저 하는 것
이 좋을 거야.

〈부정적인 감정 표현 2〉

햇 살: 저는 사람들과 얘기를 나누다가 부정적인 감정이 생겼을 때 그냥 말하면 째째해
보일 것 같기도 하고……. 여러 생각이 들어 자꾸 주저하기도 하고, 흘려보내 버
리는 걸 하지 않고 이제는 그때그때 표현을 하고 싶어요. 그러나 그렇게까지는
안 될 것 같고, 표현을 잘하고 싶어요.

지 운: 나는 그럴 때 흘려보내는 것들을 죽는 길이라고 보거든. 마찰은 회피하지만 개
선이 안 되니까 죽은 삶이야. 그런 부정적인 감정들을 끄집어내서 주고받아 보
겠다는 건 그 감정들을 풀어 보고 개선해서 살아가겠다는 것이야. 그걸 생명의
길이라고 생각 안 하고 째째한 길이라고 본다는 건 네 과거의 경험이 그렇게 했
을 때 도움을 주고받고, 긍정적으로 되고, 서로가 새로워지는 효과를 보지 못하
고, 아무것도 안 되거나 갈등이나 오해가 더 깊어지는 결과가 오는 것처럼 부정
적인 경험이 많았던 것 같아. 그런 경험을 바꿔서 도움을 주고받는 긍정적인 체
험이 많이 쌓여야 자신감이 생길 거야.

부정적인 감정을 상대에게 자꾸 이야기하다 보면 그 속에 쓸데없는 다툼이 생기
거나 오해나 갈등이 생기거나 해서 마음속에 내재되어 있던 갈등이 나타나는 거
지. 없던 걸 네가 불러일으키는 게 아니거든. 네가 말 안하고 있을 때는 속에 품
고 있었지만 말했기 때문에 나타나서 네가 새로 만든 걸로 착각할 수가 있어. 그
건 네가 새로 만든 게 아니라 원래 있었던 거야. 그리고 네가 그걸 키우려고 하

는 게 아니라 그걸 풀려고 하면 표현을 해야 하는데 그렇게 해 보면 대부분의 경우에 억압해 두었던 감정이 처음에는 크게 표현될 때가 많아. 그런데 처음에는 크게 나타나지만 차차 시간이 지나면 사라져 가는 것이거든. 우리 한약 중에 고약 있잖아. 화농했을 때 고약을 쓰면 어떻게 돼? 농을 죽이나? 더 키우나? 빨리 화농해서 풀어내는 거거든. 항생제는 죽이려고 들기 때문에 고생하고 힘들지. 네가 끄집어내서 하는 게 고약 붙이듯 하는 효과니까 빨리 갈등을 표면화하고 키우고, 넘어가도록 해야 해.

그렇게 하기 위해서는 말을 주고받을 때 상대나 너의 본심을 보는 훈련이 필요해. 지금 내가 너에게 이야기할 때, '내가 잘 못하고 있다고 보는구나.'라고 생각하는 것과 '지운이 나를 제대로 도우려 하는구나.' '내가 잘 배우길 지운이 간절히 바라는구나.'라고 보는 것 중에서 어느 것을 선택하느냐에 따라서 너하고 나하고의 관계의 차원이 달라지지 않겠느냐? 네가 그런 부정적인 감정을 표현할 때에도 말이나 기분만 보지 말고, 그 밑의 본심을 듣고 받아들이게 되면 말하는 데 불편이 훨씬 줄어들게 되지. 상대방이 부정적인 말을 해도 그 내면에 있는 긍정적인 그 사람의 진짜 본심을 봐. 그게 훈련이 되면 말하는 데 불편이 확 줄어들게 돼.

더 설명하자면, 네가 지금 막막하다고 할 때에 내가 '네가 막막해지고 혼란스럽겠구나.' 이걸 봐 줄까? 아니면 '네 마음속에는 분명하게 알아차리려고 하는 욕구가 있구나.' 그걸 봐 줄까? 네가 지금 막막하다고 한 그것 때문에 내 마음이 흔들리지는 않아. 네가 제대로 알고 싶은데 지금 그게 잘 안 되니까 막막해지는 거야. 그럼 막막한 상태를 유지하고 싶진 않을 테니까 스스로 알아 가겠구나 이런 믿음을 갖고 내가 너를 대하면 훨씬 편안하고 담담해지지.

〈부정적인 감정 표현 3〉

보따리: 부정적인 감정은 표현하면서도 관계는 가깝게 좀 하고 싶은데……. 부정적인 감정이 생기면 말을 안 해 버리고, 그 사람하고는 거리가 멀어져 버리고, 표현은 안 하니 시간이 지나면서 그 사람한테 가까이 안 가게 돼요. 부정적인 감정이 올

라오면 부정적인 감정도 좀 얘기하고, 불편한 감정도 좀 얘기해서 가까이 하고 싶어요.

지 운: 네 말은 상대와 이야기할 때 부정적인 감정이 생기면 말을 안 하게 되는데 그러다 보니까 그 사람하고 관계가 멀어지더라는 소리가 아니냐? 그래서 부정적인 감정이 생기면 먼저 얘기해서 풀고 결과적으로 그 상대와 관계를 개선하고 싶다는 거구나.

그렇게 하려면 우선 부정적인 감정을 표현하려는 동기가 생겨야 하는데 지금 동기는 충분한 것 같구나. 그렇다면 부정적인 감정을 표현하는 요령을 익혀서 네가 부정적인 감정을 표현하더라도 상대가 편하게 받아들일 수 있으면 좋겠다는 말이로구나. 이런 피드백 요령은 선행연구가 많으니까 찾아보고 부지런히 연습해서 꼭 익혔으면 좋겠어.

그런데 나는 네 이야기를 들으면서 두 가지 감정이 드는데 네가 들을 여유가 있다면 이야기를 해 주고 싶은데 어떠냐?

보따리: 네, 무슨 말씀이든지 해 주시면 듣겠습니다.

지 운: 그렇다면 말인데 우선 네가 개선하겠다는 동기가 아주 강한 것 같아서 그 점은 아주 반갑다. 그러나 내 기억으로는 너는 지금과 같은 말을 몇 번씩 했었는데 그때마다 말만 하고 행동이 달라지지 않아서 이번에도 깊은 신뢰는 가지 않는다. 이 점에 대해서 너는 어떻게 생각하느냐?

〈도움 되는 피드백〉

시냇물: 피드백을 할 때에 그때 그 상황에도 맞고 상대한테도 도움이 되는 적절한 피드백을 하고 싶어요. 그리고 '내 마음을 민감하게 알아차려서 적절하게 표현하면 내가 편안해지고, 상대에게도 고스란히 되돌려 줄 수도 있겠구나.' 그런 생각이 떠올랐고요. 무엇보다 먼저 내가 안정이 되고 편안하게 있으면서 피드백을 잘하고 싶어요.

지 운: '상대한테나 너한테나 다 같이 도움이 되는 말이나 행동을 해야겠다.'는 목표이

고, '그걸 하려면 내가 우선 편안하고 안정되어 있어야 한다.'는 수단이 돼. 그런데 목표하고 수단이 바뀌어 버리면 삶을 거꾸로 살게 돼. 집단이라는 건 다른 사람하고 만나자고 온 거야.

여기 있는 사람들 아무도 안 만나고 혼자 있으면 얼마든지 편안함을 유지할 수 있어. 그런데 나하고 다른 특성, 다른 감정을 가진 사람을 만나려면 나의 고통을 나눌 수도 있어야 하고, 남의 불편한 고통을 내가 받아들여야 하는 새로운 고통이 생겨. 그래서 안정만 취해 가지고는 만남으로 가지를 못해. 마틴 부버는 만남에는 낯섦이 있고, 상대방의 고통을 내 고통으로 받아들여야 하는 새로운 고통이 온다고 했어. 그런데 나는 거기서 끝나는 게 아니라고 생각해. 만남이란 새로운 고통을 넘어서서 너와 내가 우리가 되고 하나가 되는 정말 큰 축복이 있기 때문에 그 고통이나 낯섦을 우리가 극복해 낼 수 있다고 믿는 것이고, 만남으로 가려면 고통도 겪어야 하고, 아픔도 겪어야 하고……. 이것들을 겪고 지나가야 오는 거지, 그것을 겪지 않고 오는 것은 없어.

바른 피드백, 좋은 피드백을 하려면 그 말이 네 입에서 떠날 때 좋은 피드백이 아니라, 그 말을 상대가 받아들여서 변화가 될 때까지 가야 좋은 피드백이야. 그런데 내가 듣기에는 네가 처음에 생각하는 것은 네가 어떻게 잘할까 여기에 치중되어 있지 초점이 상대방한테 가 있지를 않아.

실수 없이는 배울 수가 없어. '정말로 피드백을 실패 안 하고 바로 잘하겠다.' 그래서 실수를 최대로 줄이려고 배우러 오는 거잖아. 나는 너희보고 '실수를 줄이려고 하지 말고 더 많이 실수해라. 더 많이 실수해야 배운다.' 그렇게 이야기해 주고 싶어. 조심해야 하는 건 같은 실수를 두 번은 하지 말라는 거야. 같은 실수를 끝없이 반복하면 그건 안 하는 게 낫고, 그보다 더 잘못하는 것은 실수를 안 하려는 생각을 가지는 거야.

〈거절하기〉

하늘나무: 저는 제가 저를 옭아매는 부분에서 자유로워지고 싶은데, 그 부분 중 하나로

거절하고 싶을 때 거절하는 것을 해 보고 싶어요. 제가 다른 계획이 이미 있는데도 누군가가 어떤 제안이나 부탁을 하면 마음으로는 '어! 무리야. 못해. 하고 싶지 않아.' 하는데 그 순간에 정말로 뜨뜻미지근하게 대답하고 또 그걸 해야 하는 것 때문에 많이 부담스러워해요.

지 운: 거절을 제대로 하지 못해서 그대로 들어주면 네가 답답하고, 안 들어주면 또 차가운 사람이 되니까 네 생리에도 안 맞고, 이래도 고민, 저래도 고민이라는 이야기로구나. 거절 처리의 요령은 "네가 이걸 원하는 거냐?"라고 분명하게 받아주는 것이 첫 번째야. 그래서 상대가 '아! 저 사람이 내 의도를 충분히 알아들었구나.'라는 생각이 들게 하는 거야. 두 번째는 "내가 너의 의견을 도와주고 싶고 네 의견대로 따르고 싶어. 너의 의견에 따르면 너에게는 이런 이득이 있고, 나한테는 이런 이득이 있어. 그래서 하고 싶어."라고 네 심정을 알려 주는 거야. 세 번째는 그런데 "나는 이런 상황 때문에 네 말을 들어줄 수가 없단다." 네 번째는 "그러니 네가 이런 부탁은 안 해 줬으면 좋겠어." 하고 거절하는 게 아니라 상대에게 부탁조로 이야기하는 거야. 다섯 번째는 지금 네 부탁이 거절당해서 불편한 게 없느냐고 배려하는 거야. 이런 요령을 익힌 다음 거절을 하면 거절해도 큰 불편이 없어. 그러니 이 요령을 잘 훈련하면 어떻겠느냐?

〈지적 대결〉

소 명: 저는 자아가 빠진 상태에서 상대를 도울 수 있는 촉진을 해 보고 싶고요. 그러기 위해서 지적 대결을 통해서 영향력을 확인하고 싶고, 훈련하고 싶습니다.

지 운: 상담자의 의사소통 능력은 내담자의 입장에 서서 듣고 받아들이는 것과 상담자의 입장에 서서 내담자에게 영향을 미치는 것 이 두 가지가 아니냐? 듣고 받아들이는 것은 공감이고 영향을 미치는 것은 지적 대결이다.

이 중에서 지적 대결을 익히고 싶으면 서양의 피드백 요령을 익히면 되는데 그동안 내가 사용해 보니 이 방법은 상대에게 부담을 주거나 자칫하면 상처도 주게 되더구나.

그래서 피드백을 받는 사람의 아픔을 같이 느낄 수 없다면 그건 피드백이 아니라 공격이 될 수도 있으니까 피드백을 하지 않는 게 좋을 거라고 생각했다. 상처를 주지 않고 완벽하게 피드백을 할 수 있겠다는 자신이 없었다. 그러다가 장자의 우언을 공부하게 되었다. 장자는 공자에게 수없이 많이 영향을 미치려고 했다. 그러나 직접적인 지적이나 대결을 하지는 않았다. 비유를 사용해서 말하기 때문에 마찰을 일으키거나 상처를 주는 말은 하지 않았다. 나는 요즈음 우언을 공부하고 있다.

〈관계 개선〉

새 늘: 관계적인 측면에서 좀 더 당당해지고, 더 편안해지고, 편안하게 다가갈 수 있고, 편안하게 받을 수 있는 그런 관계를 지향하고 싶어요. 내가 받는 게 아니고, 관계에서 좀 더 편안하고, 당당해지기 위해서는 일단 기다리는 쪽보다는 내가 먼저 다가가서 이야기하고, 친해지려고 노력을 하고, 또 관계를 다져 가면 좋겠다고 생각은 하고 있고요. 그렇게 조금씩은 해 가면서 하고 있는데 좀 더 보완하고, 다짐하고 있는 부분은 관계적인 측면에서 내가 다가가면 어느 순간 힘이 좀 약해지는 느낌……. 금방 어색해지고, 또 벗어나고 싶고, 도망가고 싶고, 그래서 금방 돌아서는 것 같아요.

지 운: 그렇게 만드는 그 밑바닥에 있는 네 감정이 뭐야? 거부당할 것 같은지, 미움 받을 것 같은지, 상대방이 나를 싫어할 것 같은지, 무슨 감정이 있을 거야. 그게 뭔가를 찾아야 해. 거기다가 네가 도망가고 싶을 때 왜 도망가고 싶은지를 알아야 하고.

상대가 지루해한다고 느껴질 때 "내가 지금 이야기를 하고 싶은데 관심이 없거나 지루한 느낌이 들까 봐 염려스러운데 혹시 그러냐?" 하고 물어. 그런데 너는 지루해할 거라고 너 혼자 생각하고는 그다음부터는 행동으로 가 버리니까 상대하고는 관계가 없잖아. 너하고의 관계지.

네가 그런 판단을 할 수밖에 없었던 과거의 많은 경험이 있을 거야. 그게 선입견이 되어서 상대방의 행동 하나만 봐도 '아! 저래서 그렇지.' 하고 너를 굳게 만들어 버릴 정도거든. 그럴 때 거기서 멈추지 말고 상대방한테 다가갔을 때 네가 힘이 빠지거나 도망가고 싶으면 내가 왜 도망가고 싶은지 찾아서 그 감정을 찾아. 그걸 끄집어내야 해결할 수 있어.

〈리더십〉

양 지: 제 행동 목표는 공감 능력을 좀 더 키우는 거예요. 중간 목표를 두 개로 나누었는데 리더십을 좀 기르고 싶다는 것입니다. 요즈음 제가 저를 좀 정리하느라고 돌이켜 보면, 자발적인 동기가 있는 사람이 도움을 요청해 오면 제가 잘 도와요. 그런데 상대가 다가오지 않으면 제가 나서서 다가가지는 않거든요. 집단에서도 그래요. 자발적인 동기가 있는 사람, 그러니까 그 사람이 할까 말까 하다가 고개 문턱을 딱 넘으면 제가 지지를 하고 있더라고요. 그런 모습을 보면서 동기가 약한 사람들에게도 영향을 미치고 싶다는 목표를 세웠어요. 그런데 그 밑에 또 중간 목표를 잡아보니까 결국 의사소통 스킬이더라고요. 의사소통 스킬을 세분화해서 공감할 단계가 있죠. 그리고 지적할 때까지 여러 단계가 있는데 그런 스킬들을 제대로 사용할 수 있으면 좋겠다는 생각이 들었습니다. 행동 목표를 보니까 공감 수용은 기본이 되어야겠다 싶어요.

지 운: 자발적인 동기가 부족한 참가자에게도 동기 육성을 해서 영향을 미치고 싶다는 이야기로구나. 방법은 알고 있을 테니까 꾸준히 연습을 해 보겠다는 말이겠지. 그리고 네가 리더십을 가지려면 어딘가 좀 당당하고 자신감 있는 행동을 해야 하는데, 자신이 잘한 일을 이야기하는 것을 거북해하거나 잘해 놓고도 네가 잘했다 소리 듣는 것을 불편해하면 리더십이 자라지 않아.
네가 왜 다른 사람들에게 너의 잘한 점을 이야기하는 것을 불편해하는지 생각해 봐. 그리고 네가 남들한테 좋은 일해서 '네가 좋은 일 했다.'라고 하면 '나는 듣기 어색해 그 대화에서 좀 빠지고 싶다.'라고 하는데 그런 것들을 한번 찾아서 개선해 봐.

Part 2

감수성 훈련

1. 느낌이란 무엇인가?

1) 나의 느낌

느낌은 원래 나의 것이 아니다. 이런 느낌들을 내 느낌이라고 착각하지 말고 바람처럼 스쳐 지나가는 것으로 생각하면 그 느낌에 사로잡히지 않고 객관화할 수 있게 되어서 엉뚱한 길로 빠지는 일이 없을 것이다.

마음속에서 느낌들이 일어났다가 사라지는 것을 바람처럼 스쳐 가는 것으로 보지 못하고 내가 느낌의 주인인 것으로 착각해서는 안 된다. 괴로울 때는 내 마음속에 괴로운 느낌이 일어난 것이고 즐거울 때는 내 마음속에 즐거운 느낌이 일어났을 뿐이지 내가 괴롭거나 즐거운 것이 아니다.

알게 모르게 사람들은 어떻게 해서든 즐거운 느낌을 좀 더 진하게 좀 더 오래도록 붙잡으려 하고, 괴로운 느낌은 가능하면 피하려고 끝없는 노력을 하게 된다. 이런 사람들은 즐거운 느낌을 행복이라고 착각하고 있다.

2) 느낌의 노예

즐겁다고 붙잡으려 하지 말고, 괴롭다고 벗어나려 하지 말며, 편안하다고 머무르려 하지 말라. 어떤 종류의 느낌이든 그 모든 느낌은 바람처럼 스쳐 지나가는 것임을 꿰뚫어 보고 있어야 한다. 그렇게 해야 비로소 느낌의 노예가 아니라 느낌의 주인이 될 수 있다. 이 부분을 분명하게 깨닫지 못하면 당신은 느낌의 노예가 되어 버린다. 자기 느낌의 노예가 된 사람은 어떤 한 느낌에 사로잡혀 속수무책이 되고 만다.

느낌을 바르게 꿰뚫어 보고 있는 사람은 즐거운 느낌이 올 때 그 느낌이 사라지면 바로 뒤따라서 아쉬운 느낌이나 괴로운 느낌이 올 것임을 미리 알고 있으며, 괴로운 느낌이 일어나면 이것이 착각에서 비롯된 것이고, 편안한 느낌도 언제든지 흐트러질 수 있는 아무런 의미도 없는 것임을 알고 있는 사람이다.

3) 길을 아는 사람들

길을 아는 사람은 자기가 어떤 느낌을 느꼈는지 인식하고 있으며, 그 느낌이 어떻게 생겨나서 어떻게 자라나고 어떻게 사라지는지를 또렷하게 아는 사람이다. 느낌이 일어날 때 마음이 또렷하게 깨어 있어서 도대체 어떤 느낌이 어느 정도의 크기로 일어나는지를 분명하게 알고 있어야 한다. 이처럼 마음속에서 일어나는 느낌들을 알아차리고 그 느낌들이 변화해 나가는 과정을 하나하나 따져 보는 일이 마음공부의 출발점이다.

한번 생겨난 느낌은 반드시 사라지게 되어 있는데, 이 느낌이 사라지는 순간을 알뜰하게 살펴보면 차츰차츰 그 순간을 인식할 수 있게 되고, 마침내 느낌을 조절도 할 수 있는 상태에 도달할 수 있다. 그렇지 못하면 여러 가지 느낌이나 감정이 뒤엉켜서 더욱더 강렬해지거나 뒤죽박죽되고 만다.

느낌이 생겨났다가 사라지는 것은 고무풍선에 비유할 수 있다. 고무풍선에 바람을 불어 넣으면 크게 부풀었다가도 입만 떼면 바람은 저절로 빠져서 사라진다. 이처럼 마음속의 느낌은 그냥 두면 언젠가는 사라지는 것이다. 그러나 고무풍선의 입구를 막아 버리면 바람이 빠지지 못하듯이 느낌도 억압해 버리면 마음속에 갇혀서 빠져나갈 길이 없어진다.

길을 아는 사람들은 한 번 일어난 느낌은 언젠가는 반드시 사라진다는 것을 알고 있으며, 한 번 일어난 느낌이 사라지는 순간을 또렷이 깨어서 보고 있으므로 느낌의 본성이 사라지는 것임을 알아차리고 있다. 그들은 느낌이 나의 것도 아니며, 나 자신도 아니고, 단지 내 마음에 스쳐 지나가는 바람 같은 것임을 인식하고 있다.

4) 느낌에서 벗어남

느낌을 꿰뚫어 보지 못하는 사람들은 괴로운 느낌에서 벗어나기 위해서 즐거움을 찾아 나서게 된다. 그들은 이처럼 쾌락을 추구하는 것 말고는 괴로움에서 벗어나는 길을 모르기 때문이다. 그러나 감각적 즐거움이란 한번 맛보기 시작하면 먹어도 먹어도 끝이 없고 자꾸만 더 갈망하게 되는 특성이 있다. 마치 버섯의 색깔이 화려하면 화려할수록 독성이 강하듯이 감각적 즐거움이 크면 클수록 위험도 커진다.

바른길을 걷고 있는 사람들은 느낌이 일어날 때 반기거나 억누르지 않고, 스쳐 지나가는 바람처럼 지나가게 두며, 잡으려 하지 않는다. 그들은 느낌을 마치 손님 대하듯이 해서, 오는 느낌은 막지 않고 가는 느낌은 붙잡지 않는다.

내 마음속에 일어난 모든 느낌은 그것이 과거의 것이든 현재의 것이든 미래의 것이든 어느 것도 내 것이 아니고 사라져 가는 것임을 깨달아야 한다. 즐거운 느낌은 그것이 내 마음속에 머물러 있는 동안은 즐겁지만 사라질 때는 괴롭고, 괴로운 느낌은 마음속에 있는 동안은 괴롭지만 사라지면 즐겁다.

5) 바르게 아는 사람

바르게 아는 사람은 느낌을 자기 자신이라고 착각하지 않으며, 자신을 느낌의 소유주라고 생각하지도 않는다. 느낌이 자기 안에 포함되거나 자기가 느낌 안에 포함된다고 착각하지도 않는다.

가령, 욕을 듣고 화가 났을 때 이 화가 어떻게 자라고 어떻게 사라져 가는가를 아는 것은 태풍이 부는 날 그 태풍이 언제, 어디서, 어느 정도의 세기로 불어오며, 언제 사라질 것인가를 아는 것과 같다. 그다음에는 내가 무엇 때문에 그 욕을 듣고 화가 났는가를 따져 알아야 한다. 당신이 화가 난 것은 상대가 당신에게 욕을 했기 때문이 아니라, 당신이 욕을 들으면 화를 내는 사람이기 때문이다. 그 무엇도 남의 탓으로 돌릴 만한 것이 없다. 모두가 당신 때문이다.

당신에게 괴로움을 가져다주는 것이 따로 있는가? 외적 현실 때문에 당신이 고통을 느끼는가? 아니다. 당신을 고통으로 몰아넣는 것은 바로 당신의 잘못된 생각이다. 앞으로 일이 잘못되면 어떻게 하냐는 식으로 쓸데없는 걱정을 붙잡고 있을 필요가 없다. 원래의 내 마음속에는 미움도 사랑도 없었다. 그런 것들은 모두 생겨난 것들이며 사라져 갈 것들이다. 그 어떤 감정에도 사로잡히지 말라.

먼저, 자기감정을 분명하게 포착하고 그런 다음 그 감정들을 풀어 버려라. 감정이 마음속에서 우러나온 것이든 외부의 자극을 받고 생겨난 것이든 즐거운 것이든 고통스러운 것이든 그 어느 것도 영원불변의 실체는 없으며 변화무쌍한 것이 감정의 실체이다. 일생 동안 다양하고 많은 감정을 느끼게 되지만, 그 감정들은 지금 어디에 있는가?

우리가 할 수 있는 것은 자신의 내면세계를 깊이 들여다보고 매 순간 마음속에서 우러나오는 감정을 꿰뚫어 보면서 그런 감정 모두가 내 것이 아니라는 사실을 깨닫는 것이다. 그런 다음에 당신이 바른 생각을 하고 있는지 아니면 착각 속에서 헤매고 있는지를 분명하게 알아차려야 한다. 그것을 알아차리는 방법은 의외로 간단하다. 당신이 하나의 생각을 했을 때 부정적인 감정이 생겨나면 그것은 착각에서 비롯된 것이다. 그럴 때는 재빨리 알아차리고 잠시도 그런 감정이나 착각에 사로잡혀 있지 말아야 한다. 당신이 바른 생각을 했다면 당신의 마음은 항상 편안할 것이다. 이런 상태를 항상 그대로 유지하도록 노력하라.

2. 지금-여기 작업하기

서양 사람들은 이성에 바탕을 둔 문화 속에서 객관적이고 논리적이며 합리적인 사고를 중요시하며 살아왔다. 그래서 "나는 생각하기 때문에 존재한다."라는 말까지 했다. 그들은 존재한다는 현상보다는 생각을 더욱 중요하게 생각한 것이다. 그와 달리 우리 동양인은 생각보다는 현상을 더욱 중요하게 생각했기 때문에 "나는 존재하기 때문에 생각한다."라고 믿고 살아왔다.

이러한 가치관의 차이 때문에 동서양 사람들이 보는 지금-여기의 개념에는 아주 큰 차이가 있다. 서양 사람들의 지금-여기는 이성적인 지금-여기이다. 그러나 이성적인 지금-여기는 우리가 실제로 체험할 수는 없다. 마치 영원이나 찰나, 선, 점 같은 개념들처럼 우리가 실제로 체험할 수는 없지만 모두 알고 사용하는 그런 개념 중의 하나이다. 따져 보면 과거는 이미 지나가 버렸고 미래는 아직 닥쳐오지 않았으며 현재는 손에 잡히지 않는다. 그러니 서양 사람들이 지금-여기라고 말은 하지만 그것은 제대로 지금-여기가 될 수 없다. 철저하게 과거와 미래를 단절하고 나면 현재도 손에 잡히지 않는다. 왜냐하면 시간이란 정지해 있는 것이 아니라 끊임없이 흘러가고 있는 것이기 때문이다. 그래서 서양 사람들은 대충 지금-여기의 언저리를 지금-여기라고 믿고 이야기하는 것이다.

한편, 동양의 지금-여기는 감성적인 지금-여기이다. 이성적인 지금-여기는 과거와 미래를 배제한 지금-여기이다. 그러나 감성적인 지금-여기는 그때 거기가 다 포함된 지금-여기이다. 그러므로 3년 전에 돌아가신 어머니를 회상하며 지금 슬퍼하면 지금이 그때가 된다. 감성적인 지금-여기를 살아야 시공을 초월해서 넘나들 수 있는 생생한 지금-여기를 체험할 수가 있다.

감수성 훈련에서는 지금-여기에서 느끼는 감정을 주로 주고받기 때문에 그때 거기의 사실적인 이야기는 끌어오지 않아도 된다. 감성적인 지금-여기를 경험해서 감정적으로 몰입하게 되면 지금 느끼는 생생한 감정에 과거의 모든 경험과 감정이 녹아 있다. 그래서 지금-여기의 감정이 더욱 소중하다는 것이다. 과거를 단절하는 경험이 아니다. 과거의 어떤 사건들은 잊어버리기도 하고 사라지기도 하지만 그때의 감정들은 내 마음속에 남아 있어서 나의 모든 행동에 영향을 미친다. 그래서 우리는 지금-여기에서의 감정만 주고받아도 그 사람 전부를 만날 수 있다.

1) 과정에 대한 명료화

감수성 훈련에서는 지금-여기에서 느끼는 감정들을 내용이라고 생각하고 그 감정들을 주고받는 방법을 과정이라고 생각한다. 이 내용과 과정 중 어느 것이 더 중요하고 어느 것이 덜 중요하지는 않다. 그런데 이 두 가지 중에서 과정에 대해 좀 더 명료화하면 할수록 감정을 더욱 풍부하게 다룰 수 있다. 감정을 한두 개만 느끼던 사람이 명료화되어서 훨씬 더 많고 다양한 감정을 느끼고 주고받게 되면, 참가자들은 친밀감과 신뢰감이 깊어지고 그 결과 더욱 깊이 만날 수 있게 된다. 또한 표면 감정이나 주고받던 참가자들이 마음속 가장 깊은 곳에 자리하고 있던 본심을 주고받게 되면 진정한 참 만남을 체험할 수 있게 된다. 이처럼 감수성 훈련의 과정이 명료화되면 될수록 참가자들은 자기 자신이나 다른 참가자들을 더 깊이 만나게 된다. 특히 상대와 나 이렇게 두 사람이 만났을 때 두 사람 사이에 생기는 감정의 네 가지 방향, 즉 ① 상대가 상대에게 느끼는 감정, ② 상대가 나에게 느끼는 감정, ③ 내가 상대에게 느끼는 감정, ④ 내가 나에게 느끼는 감정의 과정을 철저하게 다루어서 내가 습관적으로 사용하는 의사소통 방식이 어떤 것이고 그것이 상대에게 어떤 인상을 주는지 아는 일은 매우 중요하다. 이 의사소통 방식만 바꾸어도 상대는 나에 대한 인상이 달라질 뿐만 아니라 사람이 달라졌다고 느낄 것이다. 내가 나에 대한 느낌만 주로 말하면 이해를 받거나 인정을 받으려고만 하는 사람으로 보일 가능성이 커지고 내가 상대에 대한 감정을 표현할 때에도 '부정적인 감정이냐? 긍정적인 감정이냐?'에 따라서 인상이 달라질 것이다. 상대가 자신에게 느낀 감정을 잘 알아주면 상대는 '내 심정을 나처럼 알아준다.'고 좋아하며 감사할 것이고, 상대가 나에게 느끼는 감정을 잘 받아 주면 배려받고 수용받는다는 느낌이 들 것이다. 이런 훈련을 하면 감수성 훈련 내에서도 다른 참가자들과 깊게 만날 수 있지만 이런 대화 방식을 감수성 훈련장 밖에서 사용해도 인간관계 개선에 아주 효과적일 것이다.

2) 과정의 정의

두 사람이 의사소통할 때에는 상대에게 전달하고자 하는 의미가 있다. 이 의미를 내용이라고 한다. 그리고 이 내용을 주고받을 때 두 사람이 상호작용하는 형식을 과정이라고 한다.

3) 과정 집중은 감수성 훈련의 원동력

일반적으로 사회생활을 하는 동안에는 과정은 언급을 안 하므로 자기의 행동이 남에게 어떻게 비치는지 잘 모르는 경우가 많다. 그러므로 감수성 훈련에서는 나의 행동이 상대에게 어떻게 비치는지를 정확하게 피드백 받아 보는 것을 아주 중요하게 생각한다. 지금-여기에서 느끼는 감정을 솔직하게 주고받자고 약속하고, 솔직하게 주고받았을 때 서로 상처받지 않고, 겉으로는 공격적이더라도 속으로는 나를 위하고 아껴서 하는 것이라는 신뢰가 형성된다면 감수성 훈련은 아주 효과적이 된다. 그리고 그런 피드백을 받았을 때 그것을 수용하고, 자기 개선을 하며, 관계 개선으로 사용할 수 있도록 훈련을 해 나간다. 이처럼 안전이 보장된 분위기 속에서 솔직하게 피드백을 하며 표면적으로는 공격적으로 보이는 행동을 할지라도 마음속에서는 진정으로 상대를 위하고 아껴서 한다는 신뢰를 쌓는 것을 최우선으로 삼고 있다. 이처럼 신뢰할 수 있는 분위기가 형성되면 감수성 훈련은 매우 생산적으로 발전해 나가게 된다.

4) 지금-여기에서 감정 주고받기

참가자들이 겪은 과거의 경험들은 사실은 기억 속에서 사라져 버렸고 남아 있는 것은 생생한 감정뿐이다. 그래서 지금-여기에서의 감정들을 주고받으면 그 사람의 문제들을 해결할 수 있다고 믿는다. 그래서 감수성 훈련에서는 사실적인 이야기를 하지 않고 지금-여기에서 느끼는 감정을 서로 주고받는 것을 권한다. 그리고 그때 거기로서의 탐색은 불필요한 일이라고 생각하고 특별한 경우가 아니면 할 필요가 없다고 생각한다. 이 점이 감수성 훈련의 특징이다.

5) 과정의 명료화

감수성 훈련에서 가장 중요한 것은 내용과 과정이다. 그중에서도 감수성 훈련에서는 내용보다는 과정을 더욱 소중하게 생각한다. 감수성 훈련에서는 모든 참가자가 과정에 대해서 언급할 권리를 갖고 있다. 그리고 과정의 상황이 아무리 복잡하더라도 언급하지 않을 수 있는 것이 아니라 언제든지 언급할 수 있고 촉진자가 복잡하기 때문에 문제를 꺼리는 경우는 거의 없다. 얄롬은 치료자는 "나는 이 문제에 대해 고민하고 있습니다."라고 개방할 수 있다고 하지만 감수성 훈련의 촉진자는 "이런 문제를 듣고 어떤 감정을 느끼고 있는지 자기감정을 개방하고 참가자들이 어떤 감정을 느끼고 있느냐?"고 묻는다. 이것이 얄롬 집단과는 크게 다른 것이다.

6) 지금-여기를 활성화하는 기법

지금-여기를 활성화하는 기법은 초점을 과거에서 지금으로, 미래에서 지금으로 안내하는 일이다.

질문의 예: 그 감정들은 지금 느끼는 감정이냐? 조금 전에 느끼는 감정이냐?

그 감정들이 미래에 닥쳐올 감정이냐? 지금 당신이 느끼는 감정이냐?

7) 과정 명료화의 기법

참가자들은 자기가 자기 자신에게 느끼는 감정, 자기가 상대에게 느끼는 감정, 상대가 상대에게 느끼는 감정, 상대가 자기 자신에게 느끼는 감정으로 총 네 종류의 감정 중에서 자기가 주로 많이 사용하는 감정 표현이 어떤 감정인지 알아야 한다.

타인 관점 수용에 효과적인 훈련 과정은 내가 나한테 느끼는 감정이나 내가 상대에게 느끼는 감정 표현을 최대로 줄이고, 상대가 상대한테 느끼는 감정, 상대가 나에게 느끼는 감정을 받아 주는 일을 최대로 늘리는 것이다. 상대가 상대에게 느끼는 감정, 상대가 나에게 느끼는 감정을 알아주면 배려심 있고 너그러운 사람이 된다.

자기 자신에게 느끼는 감정, 내가 상대에게 느끼는 감정을 위주로 표현하면 이는 상대에게 이해받거나 인정받고 싶은 욕구가 큰 것으로 보이기 때문에 관계에서는 갈등이나 마찰을 불러일으킬 수 있어서 관계에 방해되는 표현이 되기 쉽다.

8) 과정의 인식

촉진자 입장에서 과정을 인식하는 방향은 다음과 같다. 참가자 자신을 점검할 때에도 과정 인식의 척도가 될 것이다.

- 누가 독백하면서 대화하는 것으로 착각하고 있는가?
- 누가 인정 욕구나 애정 욕구가 강한가?
- 누가 감수성 훈련에서 앞장서려 하는가? 누가 뒤로 물러나서 발언의 횟수가 적은가?
- 누가 참여하려고 하고 누가 관찰하려 하는가?
- 누가 다른 사람들을 강요하고 가르치려 하는가?
- 누가 타인 입장에서 받아들이려고 하는가? 상대 입장을 수용하려 하는가?

- 누가 개인에게 관심 있고 특정 개인에게 호감을 느끼는가?
- 누가 집단 전체의 분위기에 관심이 있는가?
- 누가 촉진자의 흉내를 내는가?
- 누가 다른 참가자들의 성격에 맞춰 반응하고 있는가?

숙련된 촉진자는 모든 참가자의 행동을 보고 맑은 거울처럼 되비추어 줄 수 있어야 한다. 그러기 위해서는 많은 훈련(개인상담, 집단상담, 슈퍼비전, 명상 등)을 통해서 무심코 사람을 볼 수 있는 능력이 생겨야 한다. 참가자 중에 특정 개인에 대해서 호감을 느끼거나 미운 감정을 느낀다면 그것은 참가자를 있는 그대로 볼 수 없다는 증거이다. 어떤 참가자라도 무심코 볼 수 있는 경지에 갔을 때 참가자들을 있는 그대로 피드백할 수 있는 자격이 생겼다고 볼 수 있다. 촉진자는 참가자를 바라볼 때 사람에 대해서는 무심코 대할 수 있어야 하고 그렇지만 사람의 행동 하나하나 중에 성장, 성숙을 위해 알려 줄 부분이 보인다면 그에 대해서는 분명하게 관찰하고 이론적 배경을 바탕으로 구체적으로 피드백을 할 수 있어야 한다.

9) 집단원이 과정을 지향하도록 돕기

감수성 훈련의 촉진자는 참가자의 행동에 대한 이론적인 해석을 하거나 개선 방향을 제시하는 일을 거의 하지 않고, 내담자의 행동에 대해서 자기가 느끼고 있는 감정을 솔직하게 피드백을 해 준다. 피드백을 할 때 상대방의 행동을 보고 느끼는 자기감정을 솔직하게 알려 주고 촉진자가 느끼는 심정을 받아 달라고 요구할 권리는 있다고 믿으나 그 행동을 바꾸고 안 바꾸고는 참가자의 권리라고 생각한다. "제가 당신의 행동을 보고 불손하다고 말씀을 드렸는데 그 말씀을 듣고 당신은 어떤 기분을 느낍니까?"처럼 자기 피드백을 받고 참가자가 어떤 감정을 느끼는지를 참가자에게 질문하기도 한다. 기회가 있을 때마다 자기의 감정을 솔직하게 주고받는 동안에 집단 과정에 대한 참가자들의 민감성이 증대된다.

10) 과거의 사용

감수성 훈련에서는 가능하면 지금-여기의 감정에 초점을 맞추고 과거의 사실적인 정보를 사용하지 않는다. 사실적인 정보는 집단에서 잘 사용하지 않는다는 것이지 참가자 개개인이 사용하지 않는다는 것은 아니다. 참가자들은 솔직하게 지금-여기의 감정을 주고받는 것에 충실하지만, 자기 혼자서는 과거의 사실적인 기억들을 탐색하고 통찰하고 재해석하는 일을 끊임없이 계속하도록 권유받는다. 그러다가 집단 내에서 지금-여기의 감정 표현만으로는 모든 참가자에게 도저히 이해받기 힘든 행동이 나올 때는 어쩔 수 없이 촉진자가 과거의 사실적인 기억이나 삶을 이야기하라고 권유할 때도 있다. 그러나 그것은 매우 특수한 경우일 뿐이다.

3. 만남이란 무엇인가?

1) 나와의 만남

(1) 자기 속마음
만남의 체험을 해 보기 위해서는 우선 바깥세상에 홀려서 여기저기 뛰어다니지 말고 자기 자신의 속마음을 들여다보며 자신의 내면세계에 귀를 기울이는 일부터 시작해야 한다. 우리가 눈을 뜨고 밖을 내다보면 온갖 세상 만물이 다 보이지만, 눈을 감고 마음속을 들여다보면 자기 자신의 내면세계가 보이게 된다.

이 외부세계와 내면세계는 어느 것이 더 중요하고 덜 중요하다고 할 수 없으며, 어느 것이 더 크고 더 작다고도 할 수 없다. 자기 자신의 내면세계를 들여다보고, 내면의 소리에 귀를 기울인다는 것은 무척 소중하고 재미있는 일이다.

(2) 스스로에게서 자유로움
마음이란 것은 제멋대로 움직이고, 얽히고설켜 있으며, 짓눌려 있기도 하다. 제멋대로 날뛰는 마음을 고분고분하게 길들이고, 얽히고설킨 마음을 하나하나 풀어놓고, 짓눌려 있는 마음을 툭 터놓아 주었을 때 비로소 자기 자신으로부터 해방될 수 있다.

흔히 마음을 다스릴 줄 모르는 사람들은 마음이 제멋대로이기 때문에 다잡아 놓으려고 하거나 붙들어 매어 두게 되고, 얽히고설켜 있으므로 골치가 아파서 잊어버리거나 무시하게 되며, 이리저리 날뛰고 설쳐 대기 때문에 짓눌러 놓으려고 한다. 자연스럽게 우러나오는 마음의 움직임을 무시하고, 꽁꽁 묶어 놓거나 짓눌러서 숨도 못 쉬게 해 놓고서는 마음을 다스리고 있다고 잘못 생각하고 있는 사람들이 많은 것이다.

마음을 풀어놓고, 터놓기 위해서는 상당한 용기가 필요하다. 움츠리고 있던 사람이 적극적으로 나서자니 때로는 두려움과 귀찮음이 따르고, 나를 드러내 보이자니 상처를 입지 않을까 걱정도 되고, 남을 받아들이자니 남의 아픔을 나의 아픔으로 받아들여야 하는 고통도 따르기 때문이다.

그러나 그 정도의 어려움도 넘어서지 못한다면 너와 내가 만나서 서로 통하는 즐거움과 시원함은 결코 맛볼 수가 없을 것이다. 또한 여러 사람이 함께 어우러져서 우리가 되는 기쁨은 더더욱 느껴 볼 수가 없을 것이다.

(3) 나에게 보이는 나와 나를 보고 있는 나

'나에게 보이는 나'와 '나를 보고 있는 나' 중에 어느 것이 진짜 나인가를 곰곰이 생각해 보라. 많은 사람이 이 점을 착각하고 있다. 가령, 자기 자신을 소심한 사람이라고 생각하는 사람들은 소심한 것은 안 좋은 것이기 때문에 대범한 사람이 되어야겠다고 목표를 세워 놓고 그때부터 열심히 노력하기 시작한다. 그러나 이런 경우 사람들에게는 두 개의 자기가 있다. 즉, 소심하게 보이는 자기와 자신을 소심하게 보고 있는 대범한 자기이다. 이때 대범한 자기는 보지 않고 소심하게 보이는 자기를 자신의 전부라고 착각하면 그때부터 어려움이 시작된다.

자신이 소심하게 보일 때는 언제, 어떤 상황에서, 자신의 어떤 모습이 소심하게 보였는가를 분명히 관찰해야 한다. '이런 상황에서 이런 행동을 하는 것을 나는 소심한 행동이라고 보고 있구나.'라고 받아들이지 않고 '나는 소심한 사람이구나.'라고 단정하는 것은 잘못된 판단이다.

(4) 자기 단정, 자기 규정

소심한 사람, 건방진 사람 따위로 자신을 규정하거나 단정할 필요는 없다. 사람은 소심해질 때도 있고, 건방진 행동을 할 때도 있다. 사람에게는 소심한 측면도 있고, 건방진 측면도 있는 것이다. 다만, 그런 측면이 드러나지 않아도 좋을 때 드러나는 경우가 문제인 것이다.

(5) 깨달음

깨달음에 이르는 길이 힘들고 고통스럽다는 사람들이 있다. 이들은 대부분 잘못된 방법으로 헛된 고생을 하는 사람들이다. 방법이 틀렸을 때에는 노력하지 않고 가만히 있는 것이 나을 수도 있다.

깨달음을 얻는다는 것에 너무 집착하지 마라. 사실 깨달음이라는 것은 그리 대단한 것이 아니다. 단지 자신이 무엇을 착각하고 있었던가를 알게 되는 것에 불과할 뿐이다. 그러므로 깨달음을 얻었다 할지라도 그 경지는 사람마다 다른 것이다.

또한 깨달음을 얻은 다음에도 그 상태를 유지하려면 나날이 새로워지려는 노력이 뒤따라야 한다. 어렵게 얻은 깨달음이 순간적으로 자기를 스쳐 지나가도록 내버려 두지 마라. 한번 깨달음을 얻었다면 소중히 간직하고 계속해서 그 깨달음을 길러 나가야 한다. 우리는 항상 깨달음 속에 있으면서도 자기 자신이 깨달았다는 것을 모르고 있을 뿐인지도 모른다.

(6) 아는 것과 깨닫는 것

자기가 모르는 것을 다른 사람에게서 배워 보겠다는 생각만 가지고 있다면 만남의 자리에는 나오지 않는 게 좋다. 지식이나 얻으려는 사람들은 단지 배우기나 할 뿐이지 배운 것을 자기 것으로 만들지는 못한다. 남에게서 배운 지식만을 가지고 어떻게 당신이 새로워질 수 있겠는가? 아는 것과 깨닫는 것은 분명히 다르다.

(7) 생각과 행동

마음속으로 생각만 하거나 바라기만 하면서, 행동하고 있다고 착각하는 것은 어리석은 일이다. 아무리 좋은 생각이나 바람직한 생각이라도 행동이 뒤따르지 않으면 아무런 의미가 없다. 감정이 배제된 냉철한 이성만의 판단에 너무 큰 의미를 부여하지 마라. 이런 판단을 가성 판단이라고 하는데, 이성만의 판단에는 실천하고자 하는 욕구가 뒤따르지 않아서 행동으로 옮길 만한 힘이 없기 때문이다. 사람은 옳은 일, 좋은 일을 단지 옳고 좋다고 해서 실천하는 것이 아니다. 아무리 옳고 좋은 일이라고 할지라도 그 일을 실천하고 싶은 감정이 우러나와야 행동에 옮기게 된다는 사실을 염두에 두어야 한다. 이성으로 생각하고 감정에 의해 행동하는 것이 사람이다. 무절제한 감정 표현은 유치하게 보이기도 하고, 예의나 규범에 벗어나 있으며, 때로는 위험하기도 하다. 화를 내는 것을 어리석다고 생각하는 것은 화가 난 그 순간에는 이성적인 판단을 제대로 내리지 못하기 때문이다.

따라서 감정은 무조건 억압해야 하고 밖으로 일절 드러내지 않는 것이 좋다고 생각하는 사람들도 많다. 그러나 감정을 억압해서 마음이 답답해진 사람들이 아무리 신통한 생각을 하려고 한다 해도 그것은 마음이 편안한 사람의 입장에서 보면 답답한 궁리밖에 안 된다. 답답한 사람의 궁리가 편한 사람의 짐작만도 못하다는 것이 바로 이 때문이다. 냉철한 이성적 판단 없이 지혜롭고 현명하게 될 수 있는 사람도 없지만, 감정의 뒷받침 없이 열심히 그리고 신나게 살 수 있는 사람도 없을 것이다. 반듯하게 생각하고 마음속 깊이 절감하는 것, 이것이 바로 사람이 성장하는 비결이다.

2) 남과의 만남

(1) 나누어 가짐

여러 사람이 모여서 마음을 나눈다는 것은 중요한 의미가 있다. 이 세상은 혼자서 살아가기에는 너무나 힘든 곳이다. 모든 것을 나눌 필요가 있다. 그러나 내가 남들에게 나누어 준 만큼 되돌려 받아야 한다는 생각은 하지 말아야 한다. 이런 생각은 아주 공평하고 합리적인 생각인 것 같지만 실상은 속임수일 뿐이다. 이런 생각은 하나도 나누어 주기 싫어하는 사람이 자기 자신을 합리화하는 경우일 때가 많다. 아낌없이 주는 동안에 우리는 항상 더 큰 것을 되돌려 받을 수 있다. 그것은 바로 나누어 주는 그 순간에 얻는 기쁨이다. 감정을 나누어 가지는 데 인색하지 말아야 한다. 기쁜 감정은 나눌수록 커지고 고통은 나눌수록 줄어들기 때문이다.

(2) 너그러움

우리는 사람을 있는 그대로 보아야 한다. 남도 있는 그대로 보고, 자기 자신도 있는 그대로 보며, 또한 그렇게 받아들여야 한다. 나와 다른 생각이나 느낌을 가지고 있는 사람을 이상한 사람이나 모자라는 사람이라고 생각해서는 안 된다. 그 사람으로서는 그렇게 생각하고, 그렇게 느낄 수밖에 없는 충분한 이유가 있는 것이다.

'아무리 해도 이것만은 못 참겠다.' '누가 그런 행동을 좋게 볼 사람이 있겠는가?' 등의 구실을 달지 마라. 이런 말들은 속이 비좁은 사람들이 만들어 낸 자기변명의 소리일 뿐이다.

(3) 받아들임

마음의 문을 열고 남을 받아들일 준비를 하라. 마음의 문은 안쪽에만 손잡이가 달려 있으므로 당신이 열어 주지 않으면 아무도 열 수가 없다. 마음을 열고 상대를 받아들이지 않는다면 남의 얘기는 귓전을 스쳐 지나가고 만다. 이래서는 만남이 이루어질 수 없다. 말속에 담긴 뜻을 알아듣고 그 밑에 깔린 마음을 받아 주며 나아가서 그 사람 전부를 받아 주는 것이 만남에 이르는 지름길이다.

(4) 남이 보는 나

남이 보는 나에 대해서도 다시 생각해 보아야 할 점이 없는지 찾아보라. 상대가 나를 고집스럽고 건방지다고 한 것을 그대로 받아들여서 다시는 그런 평을 듣지 않으려고 너그럽고 겸손한 사람이 되겠다는 목표를 세우는 식의 어리석은 생각을 할 필요는 없다.

이런 것이 바로 줏대 없는 생각이다. 남의 뜻을 무조건 따르고 남에게 나를 맞추려 드는 것은 노예 같은 행동이다. 남들이 나를 건방지다고 하는 것은 내 행동이나 태도를 고치라는 뜻일 수도 있겠지만, 그 순간의 내 행동이나 태도가 상대에게 불쾌감을 준 것에 대해 그 불쾌감을 알아줄 것을 바라는 지적일 수도 있다.

(5) 하는 것과 해 주는 것

하는 것과 해 주는 것을 뚜렷이 구분하라. 사랑하는 사람과 사랑해 주는 사람 사이에는 하늘과 땅만큼의 거리가 있다. 하는 사람과 해 주는 척하는 사람도 마찬가지의 차이가 있다.

단순히 표면적으로 관찰이나 하고, 분석하고, 제 나름대로 이해나 하면서 남들을 알고 있다고 착각하는 것은 아닌지 생각해 보라. 상대를 받아들이고, 상대가 느끼듯이 나도 그렇게 느낄 수 없다면, 상대를 알았다고 할 수 없을 것이다.

(6) 자기 책임

자기가 자기의 주인임을 분명히 하라. 당신의 행동에 대해서는 누구도 대신 책임져 주지 않는다. 살아가는 동안에 생기는 모든 일이 타인이나 환경 때문이 아니라 바로 나 자신 때문이라는 것을 마음속에 새겨 두어야 한다. 남의 탓이나 하는 사람이 어떻게 자기 자신이 새로워지기를 바랄 수 있겠는가?

3) 생각해 봐야 할 일

(1) 약속해야 할 것들

만남의 기쁨을 느껴 보고자 하는 사람들에게는 우선 몇 가지 다짐해야 할 일이 있다. 첫 번째로 생각해야 할 일은 남들은 나와 다른 사람이라는 점이다. 이처럼 너무나 당연한 소리를 다시 강조하는 데에는 이유가 있다. 이 말의 뜻을 바르게 알고 있는 사람들은 자기와 다른 사람을 단순히 다르다고 생각할 뿐이지, 자기와 다르므로 그들과 비교하거나 무시하거나 미워하거나 뜯어고치려 하지 않는다는 것이다. 이는 자기 자신에 대해서도 마찬가지이다. 있는 그대로의 자기와 있는 그대로의 남을 이해하고, 용납하고, 허용한다는 말이다.

두 번째로 사회적인 지위, 나이, 학력 따위로 자기를 감싸지 말고 그런 것들을 과감히 벗어 버려야 한다. 그러한 것들은 자신이 얻어 내려고 너무나 고생했던 것들이기 때문에 매우 소중하게 생각되겠지만, 남들과 진실로 만나려고 할 때는 거추장스럽기 짝이 없는 것이다.

세 번째로 내가 소중하다고 해서 남을 무시하지도 않으며, 남이 소중하다고 해서 나를 무시하지도 않겠다는 태도를 분명히 해야 한다. 만남이란 나에게 남을 맞추자는 것도 아니고 나를 남에게 맞추려 드는 것은 더더욱 아니다.

(2) 괴로움

사람들은 괴로움을 싫어한다. 괴로움이란 고통스러운 것이기 때문이다. 그러나 그들은 이런 괴로움을 직면하고 고스란히 받아들이기만 하면 그것이 바로 자기의 내면세계를 살찌우는 밑거름이라는 것을 모르고 있다. 그들은 행복해지고 싶어 한다. 행복이란 달콤한 것이기는 하지만 때로는 사람의 눈과 귀를 멀게 하는 독약이 될 수도 있다. 행복은 인간에게 인내심을 길러 주지도 못하고, 자칫하면 주위에서 고통받고 있는 사람들에게 무관심하도록 만들기도 하며, 들떠서 차분하게 사물을 바라볼 수 없게 만들기도 하고, 응석이나 부리게 만들 수도 있기 때문이다.

(3) 참고 누르는 일

마음속에 괴로움과 즐거움이 함께 있을 때는 항상 괴로움이 표면에 있으므로 더욱 크게 느껴지는 법이다. 이 괴로움을 넘어서기 위해서는 더더욱 내면을 직시하고 억압하지 말고 이를 드러내야 한다.

고통을 참거나 짓누르고 있으면서 편안해지기를 기대할 수는 없다. 쓰레기를 치우지 않고 덮어 버린다고 집안이 깨끗해지는 것은 아니지 않은가? 이렇게 자기 자신을 용기 있게 드러내기 시작하면서 우리는 조금씩 자기 자신을 알 수 있게 된다. 여기서 조금씩이라는 말에 주의해야 한다. 우리가 가장 잘 안다고 착각하고 있으면서도 실은 거의 모르고 있는 것이 자신의 마음일 수도 있기 때문이다.

(4) 의지력, 결심

생각, 의지력, 결단력 따위를 너무 믿지 마라. 그런 것들은 마치 건물의 기둥이나 대들보 같은 것이어서 겉으로는 근사해 보이지만 그 기둥을 받쳐 주는 주춧돌이 밑에 없다면 제대로 서 있을 수 없다.

그와 마찬가지로 생각의 밑바탕에 깔린 감정이 동요하게 되면 의지력이니 결단력은 정말 하찮은 것이 될 수도 있다.

(5) 지금-여기

마음의 실마리를 풀어내기 위해서는 어딘가 출발점이 있어야 한다. 시작이 잘못되었다면 아무리 열심히 노력한다 해도 그 결과는 잘못되기 마련이다. 마치 잘못 접어든 산길이 당신을 정상이 아니라 절벽으로 안내하는 것과 마찬가지다. 그 출발점은 '지금' '여기'에서의 내 기분이다. 이 점을 마음에 새겨야 한다. 자칫 잘못하면 '그때' '거기'에서의 내 생각에서 출발해서 끝없이 헤매게 된다.

'지금' '여기'에 초점을 맞춘다는 것도 그렇게 단순한 일은 아니다. 직선적인 시간 개념을 가지고 살아가는 사람들은 시간을 화살처럼 날아가는 것이라고만 생각하기 때문에 이미 지나가 버린 과거와 아직 다가오지 않은 미래와 손에 잡히지 않는 현재 속에서 끝도 없이 헤매게 된다.

그러나 원적인 시간 개념을 사용하는 사람들에게는 지금은 과거, 미래와 단절된 것이 아니라 과거, 미래가 함께 압축된 생생한 지금이다. '거기'와 '저기'라는 생각도 실은 독자적으로 생각할 수 있는 말이 아니다. '거기'와 '저기'라는 말 속에 이미 '여기'라는 개념이 포함되어 있다. 여기라는 중심점이 없다면 누구도 거기니 저기니 하는 것은 생각할 수 없기 때문이다.

(6) 기분

기분에 초점을 맞춘다는 것은 더더욱 어려운 일이다. 많은 사람이 어떤 기분을 느끼면서도 그것을 알아차리지 못하고 살아가기 때문이다. 자기의 관심이 생각에 집중된 동안에는 기분을 포착할 수가 없다.

또한 생각은 일관성이 있고 분명한 것이지만 기분은 자주 바뀌고, 종잡기 어렵고, 너무나 다양하고, 제멋대로 놀아나기도 하기 때문에 '기분 내키는 대로 행동하라.'고 한다면 어떤 사람들은 우스꽝스러운 짓이나 남부끄러운 짓을 하게 될까 봐 두려움을 느낄 수도 있을 것이다.

원래 사람의 마음은 빈 그릇이다. 이 빈 그릇 속에 기쁘고 즐겁고 행복한 기분을 담아 두어서 일부러 나타내지 않아도 곁에만 가면 따사롭고 푸근하고 시원시원하게 느껴지는 사람도 있고, 슬프고 외롭고 괴로운 기분을 담아 두어서 아무리 감추고 덮어 두려고 해도 곁에만 가면 답답하고 싸늘하고 말할 때마다 톡톡 쏘고 남의 가슴을 아프게 찌르는 사람도 있다.

어떤 종류의 사람이 되는가는 전적으로 자기 책임이다. '처지나 형편상 어쩔 수 없었다.'라는 식의 그럴싸한 변명을 해서는 안 된다. 아무리 어려운 처지나 형편이라도 그것을 어떻게 받아들이느냐 하는 것은 자기 자신의 선택이기 때문이다.

(7) 현상과 인식

현상과 인식에는 상당한 차이가 있다. 사람들이 현실이라고 이야기하는 것은 실제로 있는 그대로의 현실이 아니라 자기가 인식한 현실이기 때문이다. 내가 보는 그 사람의 모습은 단지 나에게 비친 모습일 뿐이지 실제 그 사람은 아니다. 마치 거울 속의 내가 실제의 내가 아닌 것과 마찬가지이다. 그러므로 상대를 보는 것과 함께 그를 보고 있는 나를 보아야 한다.

나는 왜 세상과 남을 이런 각도에서 보고 있는가를 끊임없이 생각해야 한다. '누구라도 저런 사람은 이렇게 볼 수밖에 없을 것이다.' 식으로 변명을 해서는 안 된다. 이것은 자기가 낀 색안경은 벗지 않으면서 날씨가 흐리다고 날씨 탓만 하는 사람처럼 어리석은 행동이다.

내가 본 것이나 들은 것도 믿지 말아야 한다. 우리가 사물을 보고 들을 때는 불확실한 도구인 시각이나 청각을 사용해서 보고 듣는 것이다. 그 때문에 보고 듣는다는 것은 그대로 속고 있는 것과 같다고 해도 과언이 아니다.

이렇게 자기 나름대로 보고 듣고 난 다음에도 자기 마음에 드는 것만 골라서 받아들이며, 자기 기준으로 평가하고 판단하면서도 그것이 세상을 똑바로 보고 있는 것이라고 착각하고 사는 것이 사람들의 모습이 아닐까? 사물을 보는 것도 이런데 하물며 변화무쌍하고 잠시도 머무름이 없는 사람의 마음을 어떻게 알 수 있을 것인가?

가만히 앉아서 자기감정을 들여다보면 마음이란 빈 그릇 속에 온갖 혼탁한 감정들이 뒤섞여 있는 것임을 알 수 있을 것이다. 이 흙탕물처럼 뒤섞여 있는 감정들을 가라앉혀서 잔잔하게 하고 맑게 하려고 해서는 안 된다. 일시적으로 가라앉아서 윗부분의 물이 맑아진 것을 마음이 편해졌다고 착각하는 사람들이 너무나 많다. 이들은 자기감정을 억압함으로써 편안함을 찾고자 하는 사람들이다. 그러나 흙탕물을 다 퍼내고 새로이 맑은 물을 채워 넣기 전에는 절대로 깨끗해졌다고 할 수 없다.

미움이나 고통을 씻어 내고 사랑과 기쁨으로 가득 채워야 한다. 분노와 차가움을 씻어 내고 평화와 따스함이 충만하도록 해야 하며 누가 건드려도 절대로 혼탁해지지 않을 그런 깨끗함을 유지해야 한다. 우리의 마음속 저 깊은 곳에서 항상 샘물처럼 우러나오는 기쁨과 감사와 사랑으로 자신의 마음이 넘쳐흐르게 해야 한다.

(8) 표면감정과 내면감정

매 순간순간 마음속에서 일어나는 감정을 자기감정의 전부인 양 착각하지 말아야 한다. 이런 감정은 당신의 마음속에서 일어나는 수많은 감정 중에서 가장 표면에 나타난 감정이다. 이런 감정은 그때그때 생겨났다가 사라져 갈 뿐이다. 이 감정들은 마치 바다에서 일어나는 파도와 같아서 겉에서 보면 무시무시하기도 하고 온 세상을 삼켜 버릴 것 같이 보일 때가 있지만 바닷속으로 들어가 보면 한없이 잔잔한 고요한 바다가 있다.

화가 나거나 고통스럽거나 기쁘고 즐거울 때도 그런 감정이 단지 표면적인 감정일 뿐이라는 것을 또렷하게 보고 있으면 그런 감정의 밑바닥에 끝없이 넘쳐흐르는 사랑과 평화가 있다는 것을 곧 알게 될 것이다. 그 무엇에도 흔들리지 않는 자기 자신을 되찾고 그 무엇에도 거리낄 것이 없는 자기 자신을 만났을 때 우리는 비로소 자기 스스로에게서 해방될 수 있다.

4. 길을 찾는 그대에게

1) 어디로 가고자 하는가

많은 기대를 가지고 감수성 훈련에 참여하기로 했다면 가능하면 높은 성과를 내는 것이 좋을 것이다. 그러나 감수성 훈련에서는 지금까지 당신이 경험했던 것과는 전혀 다른 새로운 학습 방법을 사용할 것이기 때문에 미리 안내하고자 한다. 우선, 당신이 이 모임에 참가한 목적은 무엇인가? 목적을 분명히 하는 것이 큰 도움이 될 것이다.

많은 참가자가 분명한 목적을 갖지 않고 감수성 훈련에 참여하는 것을 보았다. 그들은 주변에서 권해서 왔다거나 막연하게 좋다고 해서 왔다는 경우가 많다. 그러나 좀 더 깊이 생각해서 주변에서 권하기도 했지만, 당신이 무엇을 위해서 그 권유를 받아들였는지, 또한 좋다는 이야기를 들었지만, 무엇이 좋고 이 집단에 참가하면 당신이 무엇을 얻을 수 있을 것 같았는지를 분명히 하는 게 도움이 된다.

목적이 분명해졌으면 자기 삶은 자기 스스로 책임지겠다는 각오를 해야 한다. 누가 무슨 이야기를 한다고 하더라도 당신의 인생은 당신 자신이 책임져야 하며, 이 세상 어디에도 당신의 인생을 대신 책임져 줄 사람은 없다는 것을 알아야 한다. 그러므로 누구에게도 의지하거나 기대하지 말고 자신의 힘으로 끝까지 해내고 말겠다는 각오를 해야 한다.

이왕에 길을 찾아 나섰다면 바른길을 끝까지 걸어가겠다고 마음을 단단히 먹기를 권하고 싶다. 바른길을 찾지 못하면 끝도 없이 방황만 하게 될 수도 있다. 하지만 지도도 없고 안내자도 없이 혼자서 길을 떠난 사람은 그 길을 끝까지 걸어가서 도착 지점에 이르기 전까지는 자신이 바른길을 걸어가고 있는지, 헤매고 다니는지를 구분할 수가 없다. 따라서 그 길을 앞서 걸어갔던 사람들의 도움이 필요한 것이다.

3장에서 그 길을 앞서 걸어갔던 사람들의 체험을 모아 엮어 본 것은 아직도 잘못된 길을 열심히 가고 있는 사람들이 있다면, 잠시라도 멈추어 서서 지금 우리가 어디에 있으며, 무엇을 하고자 하는가를 다시 한 번 생각해 보도록 권하기 위해서다.

2) 그곳은 어떤 곳인가

진실로 우리가 추구하는 것은 바로 나 자신이 되는 것이다. 나 자신이 된다는 것은 자기와 만난다는 것이며 자기와 만난다는 것은 자기 자신이 하나가 된다는 것을 의미한다. 생각과 감정과 행동이 따로 노는 것은 만남이 아니다.

예를 들어, 앞에서는 정직을 외치고 뒤에서는 온갖 못된 짓을 혼자서 하며, 생각과 행동이 따로 움직여 갈등이나 혼란을 겪고 있다면 그것은 만남이 아니다. 생각한 대로 행동해야 하며, 겉 다르고 속 다른 사람은 되지 말아야 하고, 마음에 없는 말은 하지 않는 사람이 되어야 한다. 자기를 만난다는 것은 그 무엇에도 거리낌 없는 자기 자신을 되찾는 것을 의미한다. 그러니 '~때문에' '~을 위해서' 등과 같이 자신을 속이는 말은 할 필요가 없다.

이 세상 모든 일이 그 누구 때문이 아닌 바로 '나' 때문이며 나의 모든 행동은 남을 위해서가 아니라 '나'를 위해서 하는 것임을 깨달아야 한다. 이처럼 자기를 바로 보게 되면 그동안 그렇게 소중하게 보이던 자아란 것이 바로 자기를 얽어매는 쇠사슬임을 알게 되며 자기가 얼마나 거짓되고 하찮은 껍데기들을 뒤집어쓰고 광대놀음을 하고 있었는지를 알게 될 것이다.

쓰고 다니던 것을 벗어 버리고
붙잡고 있던 것을 놓아 버리고
채우고 있던 것을 비워 버려라.
자기를 속이려 하지 말고 편안하고 담담한 마음을 되찾아라.

이처럼 자기를 만나게 되면 자연히 이웃을 돌아보게 될 것이다. 남들과의 만남도 자기를 만나는 것처럼 하라. 남과 제대로 만나는 사람은 자기 자신이 소중해서 인정받거나 사랑받으려 들지도 않으며 남이 소중해서 그의 기대에 자기를 맞추려 하지도 않는다.

남들과 만나려 하지 않고 뜯어고쳐 주려고 나서는 사람들도 많이 있다. 이들의 눈에는 자기 주변에 있는 사람들 모두가 문제가 있고 문제가 없는 사람은 자기 자신뿐이다. 이런 생각을 가지고 살아가는 사람들이 주로 하는 말은 다음과 같다.

> "너는 사람이 왜 그 모양이냐?"
> "그렇게도 이해가 안 되느냐?"
> "너는 바로 그 점이 문제다."
> "내 말만 들으면 틀림없다."

이들은 남들이 무엇을 잘못했으며 어떻게 해야 하는가에 대해서는 분명하게 알고 있으나 정작 자기 자신이 무엇을 잘못하고 있으며 어떻게 해야 하는가는 잘 모른다. 도대체 이 세상 어느 누가 이런 소리를 듣기 좋아하며 이런 소리만 하는 사람을 진심으로 믿고 좋아하겠는가?

자기 스스로에게서 자유롭고 남들과 툭 터놓고 시원시원하게 만날 수 있는 사람이 되는 것이 우리가 가고자 하는 길이며 목마르게 찾고 있는 자리이다. 이 자리는 자기 자신을 똑바로 보고, 마음을 끊임없이 갈고 닦으며, 쉬지 않고 꾸준히 노력하는 사람만이 다다를 수 있는 자리다. 이곳은 핑계나 대는 사람, 자기변명이나 하는 사람, 게으른 사람은 생각도 할 수 없는 자리이다.

3) 어떻게 가야 하는가

길을 가는 사람들은 다음과 같이 세 가지 유형으로 나눌 수 있다.

- 길도 모르고 가지도 않는 사람
- 길은 알면서도 가지는 않는 사람
- 길도 알고 꾸준히 가고 있는 사람

그중에서 가장 어려운 사람들이 길은 알면서도 가지는 않는 사람들이다. 이들은 아무것도 하지 않으면서, 길을 알고 있다는 것을 대단한 것으로 착각하고 있다. 좋은 친구나 스승을 만났거나 바른길을 알았다고 해서 만남이 저절로 이루어지는 것은 아니다.

길은 아는 것만으로는 아무런 의미가 없다. 바른길을 꾸준히 걸어서 자기 자신도 만나고 남들도 만나고 우주 만물도 만나야 한다. 그러기 위해서 당신은 먼저 바른길을 찾아야 하고 그런 다음에 성급해하거나 조급해하지 말고 오직 자신만의 길을 자기 힘에 맞게 꾸준히 걸어가면 된다.

4) 어떤 어려움이 있는가

'내 마음은 내가 제일 잘 알고 있다.'고 생각하는 사람이 많이 있다. 그러나 과연 자신은 '내가 누구인지를 알고 있는가?' 그리고 '나는 나의 주인 노릇을 하고 있는가?' 혹시나 남들이 하는 가벼운 칭찬에 들떠서 우쭐대거나 남들이 하는 가벼운 비난에 상처받고 기죽어 지내고 있지 않은가? 그렇지 않으면, 실제의 나는 보지도 못한 채 나 나름대로 만들어 놓은 자화상에 사로잡혀 그것이 자신인 줄 알고 착각하고 있지는 않은가? 마치 무대 위에 올라간 배우처럼 남이 정해 준 역할을 맡아서 남이 써 준 대사를 외우고 있으면서도 그것이 마치 자기 자신인 양 착각하고 살아가고 있지는 않은가?

한편, 사람들의 마음속에는 순수한 자기 자신의 본래 모습을 되찾고자 하는 힘이 있다. 세계적인 심리학자 융(Jung, C. G.)은 그 힘을 자기 원형이라고 했다. 자기 원형은 사람들이 자아의식에 집착하거나 자기 역할에 휘둘리지 않고 자기 자신이 되도록 끊임없이 자극하는 것이다. 자기 원형은 사람들이 있는 그대로의 자기 자신이 되도록 돕는 능력이다. 그러나 수많은 이유로 사람들은 자기 자신의 본래 모습을 잃어버리게 되었다. 그 때문에 자기 본연의 모습을 되찾는 데에는 여러 가지 어려움이 있다. 그러면 어떤 어려움이 있는지 살펴보기로 하자. 우선, 자기 자신을 되찾아 가는 데 수없이 많은 길이 있지만 크게 나누어 보면 다음의 네 가지 단계를 생각해 볼 수 있다.

- 자기를 바로 본다.
- 자기를 이해한다.
- 자기를 받아들인다.

• 자기를 터놓는다.

5) 자기 자신을 되찾아 가기

그럼 이제부터 자기 자신을 되찾아 가는 길을 이야기해 보자.

(1) 사람에 대한 믿음

감수성 훈련에 참여하면서 얻을 수 있는 가장 큰 수확은 사람에 대한 기본적인 신뢰를 회복할 수 있었다는 것이다. 나는 근본적으로 사람의 마음속 깊은 곳에는 샘물처럼 끝없이 솟아 나오는 사랑이 있다고 믿고 있었고, 사람이 이 세상에 태어났다는 것은 그것만으로도 크나큰 축복이라고 믿고 있었다. 감수성 훈련에 참여하기 전 이런 생각은 단지 막연한 생각에 지나지 않았고 실감할 수 있는 일이 아니었다. 그러나 감수성 훈련을 통해 참가자들의 마음속에서 끝없이 흘러나오는 사랑을 느낄 수 있었고, 인간이 이렇게 사랑스럽고 귀한 존재인가 하는 것을 체험할 수 있었다. 또한 도저히 해결할 수 없을 것 같았던 오해나 갈등이 한순간에 풀리는 것을 보았고, 한평생 맺혀 있었던 깊은 한이 풀어져 나가는 과정도 생생히 체험했다.

이런 체험은 인간에 대한 기본적인 신뢰를 회복시켜 주었을 뿐만 아니라 자신감을 회복하는 데에도 크나큰 도움이 되었다. "나는 다시 태어난다 하더라도 너 같은 사람은 이해할 수 없다."라고 하던 사람들이 "내가 너를 오해했어." 하며 부둥켜안고 우는 모습을 보면서 그동안 나는 나를 얼마나 오해하고 있었는지를 생각해 볼 여유도 가질 수 있게 되었고, 여러 가지로 부족한 나를 있는 그대로 좋아하고 사랑할 수 있게 되었다.

사람들은 주변 사람들에 대해서 자기 나름대로 기준을 만들어 놓고, 존중할 값어치나 사랑할 값어치가 있다고 생각되는 사람만 존중하고 사랑한다. 감수성 훈련에 참여한다고 해서 그런 버릇이 완전히 고쳐진다고는 생각하지 않는다. 그러나 그처럼 조건이 전제된 사랑이나 존경은 잘못되었다는 것을 분명하게 알 수 있게 된다. 그런 식의 존경이나 사랑은 언제든지 사라질 수 있는 것이다.

감수성 훈련에 참여하면 조건이 전제된 사랑은 사랑이 아니라 구속이며 조건이 전제된 존경은 존경이 아니라 제약이라는 것을 알게 된다. 그뿐만 아니라 그동안 스스로가 가지고 있는 가능성을 얼마나 많이 제한하고 살아왔는가를 깨닫게 된다. 그리고 보통 사람들은 자신이 보유하고 있는 가능성의 10% 정도만 사용하고 살아간다는 학자들의 이야기를 이해할 수 있게 된다. 또한 내가 남의 기쁨을 제대로만 받아들이면 얼마든지 기뻐할 수 있는데도 제대로 실감하지 못하고 살았으며, 남들의 고통에 대해서도 극히 일부분만 받아들이고 있었다는 사실을 알게 된다.

모임에 참가한 사람 중에서 내가 제대로 이해하고 공감할 수 있는 사람들이 그리 많지 않았다는 것은, 세상을 살아가면서 자신이 느낄 수 있는 즐거움을 제대로 못 느꼈다는 것이고, 느낄 수 있는 행복감도 제대로 못 느꼈다는 것이며, 사랑할 수 있는 사람도 제대로 사랑하지 못하며 살았다는 뜻이다. 그리고 그것도 모른 채 제대로 살고 있다고 착각하고 있었다고 할 수 있다. 이 때문에 현대인을 '곡식 창고 앞에서 굶어 죽어 가고 있는 쥐'에 비유한 사람도 있다.

음악을 듣고도 즐길 줄 모르고, 예술 작품을 보고도 아름다운 줄 모르며, 자연의 신비함에 감탄할 줄도 모르고, 잘못된 현실을 보고도 분노할 줄 모르는 초라한 자신의 모습을 보면서 마음이 아프고 그러면서도 그러한 나를 발견한 사실에 기뻐하게 된다. 더는 나 자신을 제한할 필요가 없다. '나는 이런 사람이다. 나는 절대로 그렇게는 못 한다. 그것이 내 방식이다.'라고 하면서 그런 것을 자존심이라고 착각하는 어리석음을 더는 고집하지 마라. '나는 어떤 일도 할 수 있다. 나는 내 방식이란 것을 갖고 있지 않다. 흐르는 물처럼 흘러가려 한다.'라는 마음가짐이 필요하다.

(2) 사랑

사람이 성장한다든가 새로워진다는 것은 그렇게 쉬운 일이 아니다. 그것은 쓰고 있던 가면을 벗어 던지고 위험을 무릅쓰고 자기 자신의 속마음을 나타내며 어색함이나 수치를 당할 각오를 하고, 수없는 실패를 겪으면서 꾸준히 새로운 시도를 하면서 이루어 가는 것이다.

오랫동안 사람들은 성장을 모색하는 방법을 수없이 연구하고 나름대로 가장 효과적인 방법들을 제시해 왔다. 그러나 현재까지 연구된 어떤 효과적인 방법도 사랑보다 더 효과적이지는 못했다.

　사랑이란 다른 사람의 만족과 안정과 발전을 자기 자신의 만족과 안정과 발전만큼 중요하게 생각하게 되는 것이라고 설리번은 이야기했다. 사랑은 남을 위해서 자기 자신을 바칠 각오가 되어 있는 것이다. 어떤 사람들은 사랑을 단순히 감정이라고 착각한다. 근본적으로 감정은 변하기 쉬운 것이다. 상대에 대한 애정이나 열정 같은 감정적인 요소가 빠져 있다면 그것을 사랑이라고 할 수는 없겠지만, 감정만으로는 사랑이 성립되지 않는다. 오히려 사랑이란 감정보다는 각오에 가깝다. 남을 위해서 자신을 바칠 각오나 약속이 사랑이다.

　그러나 이런 이야기는 단순히 사랑에 대한 정의일 뿐이다. 사랑이 어떤 것인지 개념적인 정의를 알았다고 해서 그 사람이 사람을 사랑할 수 있게 되는 것은 아니다. 사랑이란 알아서 되는 것이 아니고 체험을 해 보아야 한다. 너무나 많은 사람이 사랑하지는 않으면서 사랑에 관해서 배우려고만 한다.

　사랑이란 너와 내가 만나서 각자가 자기를 넘어서서 하나가 되는 체험이다. 사랑하는 사람들이 진정한 만족감을 얻으려면 두 사람 사이에서 일체감을 맛보아야 한다. 이를 위해서는 많은 대가를 지급해야 한다. 사랑이란 상대의 고통을 내가 대신 짊어지는 것이며, 그의 소망을 내가 대신 이루어 주는 것이고, 그의 마음에 들기 위해 하기 싫은 것도 기쁘게 하는 것이다.

　이런 측면들만 본다면 사랑은 오히려 행복이 아니라 고통이다. 그러나 상대를 사랑하고 있다면 이런 고통은 고통이 아니라 오히려 축복이다. 내가 그의 고통을 대신 짊어지면 그만큼 그의 고통이 줄어들 것이기 때문이다. 이런 사랑의 새싹들을 심어 놓고 물을 주고 가꾸는 자리가 감수성 훈련이다.

　(3) 성장

　내가 한 사람의 인간으로 성장한다는 것은 많은 생각이 필요하다. 인간은 동물성과 인간성과 신성을 함께 보유하고 있는 존재이다. 내 속에서 동물성이 사라지면 생존할 수 없게 되고, 인간성이 사라지면 값어치가 없어지며, 신성이 사라지면 지향해야 할 목표가 없어진다. 그러나 어떤 사람이 사람다운 사람인가에 대해서는 여러 가지 견해가 있다.

인도의 성인 간디는 "모든 사람은 각자가 유일한 존재이다. 그러므로 모든 사람은 평등하다."라고 이야기했다. 그의 주장으로는 우리는 각자가 다른 어떤 사람처럼 될 수 있는 게 아니라 자기 자신이 되어야 한다는 것이다. 칼 로저스(Carl Rogers)는 전인적인 인간을 주장했다. 그에 의하면 성숙한 사람이란 자기 내면의 세계에 깊은 관심을 두고 통찰하며 외부 세계에 대해서도 거리낌 없이 받아들여, 이 두 세계가 마음속에서 조화를 이루고 있는 사람이다. 로저스는 그의 저서 『온전한 사람됨에 대하여(On Becoming a Person)』에서 한 개인이 성장해 나가는 몇 가지 방향을 제시한 바 있다. 그에 의하면 한 인간으로서 성장해 나가려면 벗어나야 할 성향과 길러야 할 성향이 있다.

벗어나야 할 성향은 다음과 같다.

- 겉보기로부터 벗어나기(away from facades)
- 하지 않으면 안 되는 것에서 벗어나기(away from oughts)
- 상대방의 기대에 부응하려는 자세에서 벗어나기(away from meeting expectation)
- 상대방을 기쁘게 하려는 노력에서 벗어나기(away from pleasing others)

길러야 할 성향은 다음과 같다.

- 자기 지향적인 태도(toward self-direction)
- 자기 경험에서 개방되는 것(toward openness to experience)
- 상대방을 폭넓게 수용하는 것(toward greater acceptance)
- 자신감이 늘어나는 것(toward greater trust of self)

물론 로저스 이외에도 많은 학자가 성장에 대한 이론을 제시했지만, 그중에서 로저스의 정리가 주체성과 관계성을 강조한 한국인의 생각과 가장 가깝다는 생각이 들어 간략히 요약하였다.

5. 의사소통

1) 의사소통이란

의사소통이란 말을 하고자 하는 사람이 마음속에 품고 있던 의도를 말이나 행동으로 바꾸어서 표현하면 상대가 그 말과 행동을 통해 그 의도를 알아차리는 것을 말한다. 지구상에 있는 100만 종 이상의 동물 중에서 오직 사람만이 말을 주고받을 수 있었기 때문에 지구의 주인이 될 수 있었다. 앵무새나 구관조 등은 특이한 구강 구조를 가지고 있어서 사람의 말을 흉내 낼 수는 있지만 그 뜻을 이해할 수 없기 때문에 대화를 하지는 못한다.

인간은 말을 사용하면서 정보를 활용하고 사물을 창조했지만 이름 없이 자연 상태 그대로 존재하던 우주 만물에 이름을 지어 주기도 했다. 인간이 산이니 하늘이니 물이니 하는 것들은 실제의 하늘이나 산이나 물이 아니다. 인간은 이렇게 이름 지어진 대로 우주 만물을 재창조하여 사용한다.

(1) 의사소통의 장애 요소

말을 주고받을 때에는 말을 하는 사람의 의도나 심정이 듣는 사람에게 제대로 전달되어야 한다. 그러나 말은 제대로 전달되는 경우보다는 잘못 전달되는 경우가 훨씬 더 많고, 심지어 오해나 반발까지 사게 되는 경우도 있다. 왜 이렇게 말이 안 통하는 것일까?

사람이 말을 주고받을 때는, 말하는 사람의 마음속에는 상대방에게 전달하고자 하는 의도가 있다. 그러나 그 의도를 직접적으로 표현하지 못하기 때문에 말과 행동이라는 부호로 바꾸어서 표현하게 된다. 그러면 말을 듣는 사람은 말하는 사람의 말을 듣고, 또 그의 행동을 보고 난 뒤에 그 부호를 해석해서 말하는 사람의 의도를 미루어 짐작하게 되는 것이다.

그런데 이처럼 간단하게 보이는 과정에도 수많은 장애 요소가 있다.

첫째, 말하는 사람의 의도가 표현하는 말이나 행동과 다를 때이다. 말을 하는 사람이 자기의 의도를 제대로 표현하지 못하는 이유는 다음과 같다.

- 상대의 감정을 상하게 할까 두려워서
- 거부당하거나, 무시당하거나, 이해받지 못할까 두려워서
- 자기 자신이 감정적으로 불안정할 때
- 표현 요령이 서툴기 때문에

둘째, 듣는 사람이 말하는 사람의 뜻을 오해하는 경우이다. 듣는 사람이 오해하는 이유는 다음과 같다.

- 자기 입장, 자기 기분에서 듣고 있기 때문에
- 가치관이나 신앙, 신념의 차이 때문에
- 선입견 때문에

이외에도 수많은 장애 요소가 있기 때문에 말을 하는 사람은 제대로 표현하지만, 말을 듣는 사람이 자기 멋대로 듣는 경우가 있다. 그러나 이처럼 말하는 사람의 장애나 듣는 사람의 장애도 많지만, 정작 가장 많은 것은 전달 과정에서 오는 장애이다. 전달 과정에서 일어날 수 있는 장애 요소를 간추려 보면 다음과 같다.

- 가치관의 차이: 종교나 사상, 가치관이 다른 경우에 대화가 어렵다.
- 입장의 차이: 서로 다른 입장에 서서 이야기하기 때문에 대화가 어렵다. '도대체 윗사람들은 현장 실정을 알고나 하는 소리인지 모르겠다.'라는 입장과, '이 친구들이 일하러 회사에 나왔는지, 놀러 나왔는지 구분이 안 된다.'라는 입장에는 큰 차이가 있다.
- 선택성: 사람들은 외부 사물을 선택적으로 받아들이고, 기억하는 경향이 있다. 그래서 상대의 이야기 중에서 특정한 말을 골라서 듣게 되는 경향이 있다.
- 과거의 경험: 여러 번 성공했던 일은 자신감이 늘어나고, 여러 번 실패했던 일은 자신감이 줄어든다. 아무리 '하면 된다.'라고 강조해도 실패의 경험이 많았던 사람에게는 어림없는 소리로 들리기도 한다.
- 감정의 영향: 감정적으로 편안하지 않으면 말은 제대로 전달되지 않는다. 화난 사람

이 질문을 하면 따지는 것으로 들릴 수도 있고 충고는 잔소리로, 권유는 강요로 들리기도 한다. 듣는 사람이 화가 나 있어도 설명이 변명으로 들리기도 하고 소신이 고집으로, 자기주장이 반항으로 들리기도 한다.

- 외모: 말하는 사람의 체격이나 외모도 큰 영향을 미친다. 덩치 큰 사람이 천천히 이야기하면 '무게 있다.'라고 하고, 체격이 작은 사람이 빨리 이야기하면 '촐랑 댄다.'라고도 한다.

이처럼 대화 과정에서 나타나는 장애 요소들을 하나하나 따져 보면, 사람과 사람 사이에서 대화가 통하고, 그 대화를 통해 생활해 나간다는 것이 참 신기할 정도이다.

(2) 대화란 무엇인가

① 대화와 독백

독백이란 상대가 듣고 있는지 아닌지에 상관없이 자기 이야기만 늘어놓고 있는 것이다. 감수성 훈련의 초기 단계에서는 거의 대부분의 참가자가 독백을 하게 된다. 그러나 그들은 자신이 독백을 하고 있는 줄도 모르는 경우가 많다. 이들은 남의 이야기에는 별 관심이 없고 심지어는 자기 이야기를 상대가 듣고 있는지 아닌지에도 관심이 없으며 마주 앉아서 그저 자기 이야기만 하고 있는 것이다.

이런 참가자들이 상대의 입장에 서서 상대의 심정을 받아들일 수 있게 되기까지는 많은 훈련이 필요하다. 감수성 훈련을 하는 동안에 말을 주고받기 시작하고, 뜻이 통하고 심정을 주고받을 수 있게 되면 훈련의 분위기는 아주 달라진다. 친밀감과 신뢰감이 생기고 화기애애한 분위기가 조성되는 것이다. 처음에는 한두 사람끼리 몇 마디 정도만 통하다가 점차 거의 모든 사람의 말이 제대로 통하게 되면 감수성 훈련은 점점 무르익어 간다. 참가자들이 미처 말로 표현하지 못하는 미세한 감정까지도 주고받을 수 있게 되고, 속마음까지도 알아차릴 수 있게 되면 일생 동안 누구에게도 말하지 못했던 개인적인 이야기까지도 터놓을 수 있게 된다.

② 사실 지향적 대화와 관계 지향적 대화

• 대화는 목적에 따라서 달라진다

다른 사람들과 이야기를 할 때에는 두 종류의 대화 방식이 있다. 하나는 간결하고 분명하게 사실적인 내용을 주고받는 사실 지향적인 대화이고 다른 하나는 친밀감과 신뢰감을 조성하는 관계 지향적인 대화이다. 이 두 종류의 대화는 목적에도 차이가 있지만 대화 방식 간의 차이도 크다. 의사소통을 잘하려면 이 두 대화의 차이를 분명하게 이해하고 바른 요령을 익혀서 제대로 사용할 필요가 있다.

⟨표 2-1⟩ 사실 지향적 대화와 관계 지향적 대화

	사실 지향적 대화	관계 지향적 대화
목적	지식이나 정보의 전달	친밀감, 신뢰감의 조성
입장	자기 입장	상대방 입장
수단	설명, 설득, 대결, 지적	공감, 수용, 칭찬, 인정
길이	간단명료	쓸데없이 긺
진실성	진실해야 함	반드시 진실해야 하는 것은 아님
대화의 초점	분명할수록 좋음	분명하지 않을 때가 많음

③ 관계지향적 대화방법

• 상대의 입장에 서야 한다

사실 지향적인 대화는 자기 입장에 서서 사실적 내용을 중심으로 대화가 구성된다. 그러나 관계 지향적인 대화는 상대의 입장에 서서 심정을 중심으로 대화가 구성된다.

• 상대의 얘기를 귀로만 듣지 말고 입으로 들어야 한다

보통 사실 지향적인 대화를 할 때는 상대의 이야기를 열심히 귀담아 듣고 내용만 제대로 파악을 하면 된다. 그러나 그렇게 해서는 말하는 사람이 상대가 자기 이야기를 제대로 알아들었는지를 알 수가 없게 된다. 그 때문에 관계 지향적인 대화에서는 상대의 이야기

를 귀로만 듣지 말고, 첫째, 듣는 사람과 시선을 마주치면서 눈으로 듣는 법, 둘째, 고개를 끄덕이거나 미소를 띠는 등 표정과 태도로 듣는 법, 셋째, 상대의 말을 듣고 반드시 반응을 하는 입으로 듣는 법을 강조한다.

④ 대화의 표면 관계와 내면 관계

때때로 말 속에는 표면에 나타난 내용과는 전혀 다른 의미가 들어 있는 경우가 있다. 상사가 일을 하다가 몇 시나 되었는지 궁금해서 "지금 도대체 몇 시나 되었냐?"라고 묻는 것은 시간이 궁금해서일 것이다. 그러나 지각한 부하를 앞에 두고 화가 나서 "지금 도대체 몇 시나 되었냐?"라고 물었다면 이때는 시간이 문제가 아니다. 이 말에는 "왜 이렇게 늦었냐?"는 나무람의 뜻과 내가 화가 났다는 기분이 들어 있다. 이럴 때는 단순히 이야기를 표면으로만 듣고 거기에만 반응해서는 터무니없는 실수를 하기 쉽다. 가령, 부하가 "어제 회식에서 술을 너무 많이 마셨더니 영 피곤해서 죽겠습니다."라고 하는 말도 "오늘 제 컨디션이 안 좋아 보여도 이해해 주십시오."라는 뜻일 때도 있다.

이처럼 대화의 표면과 내면이 다른 경우에는 내면의 소리를 알아듣지 못하면 제대로 알아들은 것이라고 이야기할 수 없다. 특히 우리나라 사람들은 서양 사람들과는 달리 통찰에 의한 대화 방식을 사용하고 있다. 그 때문에 우리말은 대화의 표면에 나타난 사실과 내면에 담긴 의미 및 기분을 통찰해서 들어야 한다. 즉, 한국인의 대화는 표면과 내면이 다를 때가 많기 때문에 우리는 표면적인 대화를 듣고 통찰을 해서 그 내면의 뜻을 알아듣고 받아들여야 하는 것이다.

⑤ 참된 대화의 조건

• 말은 진심에서 출발해야 한다

진심을 담지 않고 하는 말들, 즉 마음에도 없는 말, 내키지 않는 말, 과장된 말, 책임질 수 없는 말 등은 상대의 마음을 얻지 못한다. 가령, "나는 당신을 정말로 사랑합니다."라고 고백을 할 때에도 이 말이 전달되는 정도는 말하는 사람의 표현 방법보다는 오히려 얼마나 절실한 마음으로 이야기하느냐에 따라 좌우된다. 괜히 건성으로 "요즈음 고생이 많지?" "네 입장이나 심정은 충분히 이해한다." "무슨 소리인지 잘 알아듣겠다." 따위의 이야기들을 해서는 말에 힘이 생기지 않는다. 누가 건성으로 하는 말을 듣고 속아 넘어가서 "정말로 내 입장에서 내 심정을 알아주는구나." "정말로 고맙습니다." 등의 반응을 하겠는가? 말이 잘 통하지 않는다고 듣기 좋은 말, 화려한 말로 말재주나 부리려고 한다면 더욱 딱한 일이다. 아무리 화려하게 포장이 되었다고 하더라도 알맹이가 신통치 않으면 말은 그저 공허하게 들릴 뿐이다.

• 자기가 한 말에 대해서는 책임을 져야 한다

아침에 하는 말이 다르고, 저녁에 하는 말이 다르거나, 상사 앞에서 하는 말이 다르고 부하 앞에서 하는 말이 달라진다면 그런 사람을 어떻게 믿을 수 있겠는가? 한번 입에서 떨어진 말은 다시 거둘 수가 없다. 가령, "나는 당신을 믿지 못하겠습니다."라고 이야기해 놓고는 나중에 가서 "제가 정말 당신을 오해하고 있었습니다. 죄송합니다."라고 먼저 한 말을 취소한다고 하더라도 앞에서 한 말이 취소되는 것이 아니다. 그런 경우에는 믿지 못하겠다는 말과 취소한 말이 함께 객관적인 사실로 남아 있게 되는 것이다. 그러므로 일단 자기가 한 말에 대해서는 행위로써 뒷받침을 하고 끝까지 책임지는 태도를 가지고 있어야 다른 사람들의 신뢰를 받을 수 있을 것이다.

• 상대를 한 사람의 인간으로 존중하는 성실한 태도가 있어야 한다

터놓고 이야기를 하지 못하는 이유에는 여러 가지가 있다. 비판받거나 무시당할 위험이 있을 때, 실컷 이야기해 놓고 이해는커녕 오히려 오해나 받게 되지 않을까 걱정이 될 때이다. 그리고 자기가 한 말이 제대로 전달되지 않고 상대방의 감정이나 상하게 만들어 혹시 미움받지는 않을까 걱정이 될 때, 강요받고 있거나 억압받고 있을 때 등이다.

어떤 사람들은 자기와 다른 의견을 이야기하는 사람을 무조건 이상한 사람으로 보거나, 아니면, 어딘가 모자라는 사람으로 보는 사람도 있다. 이런 사람들은 대화의 자리에 나설 자격이 없다. '나는 한 사람의 인간으로 당신을 신뢰하고 있습니다. 비록 내가 당신의 생각에는 동의하기 어렵고 당신의 기분을 공감하는 건 힘이 든다고 하더라도, 그것이 당신의 뜻이고 심정이기 때문에 나는 소중하게 생각합니다. 당신은 내가 귀를 기울여 들어야

할 중요한 이야기를 하는 사람이라고 믿습니다. 당신의 뜻이나 기분은 나와 다르기 때문에 내가 귀담아 들어야 할 가치가 있습니다. 그리고 당신이 그렇게 생각하고 느낄 만한 충분한 이유가 있다는 것도 알겠습니다.'라는 태도를 가지고 있어야 하며, 또한 그 태도가 상대에게도 전달이 되어야 한다.

2) 듣기와 말하기

대화의 영역에는 두 가지가 있다. 하나는 상대의 이야기를 듣고 받아들이는 것이고, 다른 하나는 내 말을 상대가 잘 알아들을 수 있게 말하는 것이다. 이 두 가지 영역 중에서 우선 듣는 요령부터 생각해 보자.

(1) 듣기

① 상대의 욕구를 파악해야 한다
사람들이 대화에서 상대에게 기대하는 것은 다음과 같다.

- 정보의 요구
- 행동의 요구
- 이해나 공감의 요구
- 쓸데없는 이야기에 동참해 주기를 바라는 요구 등

가령, "내일 회의는 몇 시에 시작합니까?"는 정보를 요구하는 것이고, "그 책을 좀 가져다주시겠습니까?"는 행동을 요구하는 것이다. "요즈음은 정말 견디기 어렵습니다."는 이해나 공감을 요구하는 것이고, "옛날 고등학교에 다닐 때 체육 선생님이 한 분 있었는데, 그 선생님 성질이 어찌나 급한지……." 하는 것은 쓸데없는 이야기에 동참해 주기를 바라는 것이다. 그런데 상대의 기대에 적당한 반응을 하지 않고 상대가 행동을 요구하는데 정보를 준다거나, 이해나 공감을 요구하는데 엉뚱하게 질문이나 하고 있다면 대화는 엇갈리고 만다. 예를 들면, "내일 회의는 몇 시에 시작합니까?"라고 묻는데 "이번에는 교장 선생님도 참석한다고 하셨는데……." 따위로 엉뚱한 반응을 하는 경우이다. 때로는 말 한마디에 정보 요구, 행동의 요구, 이해나 공감의 요구가 동시에 들어 있는 경우도 있다. "이번 일은 정말 힘들어 못하겠습니다. 팀장님께 찾아가서 말씀이라도 좀 드려 보십시오. 그리고 이 일은 언제까지 끝내야 합니까?"와 같은 식이다. 이럴 때는 상대의 요구를 제대로 알아듣고 하나하나 반응해 주어야 한다.

② 상대의 입장에 서서 들어야 한다

거의 대부분의 사람은 이야기를 듣는 동안에 자기의 입장에서 듣고 있거나 자기 기준에만 맞추어서 듣는 경향이 있기 때문에 비판, 판단, 분석, 설득이 되기 쉽다. 다음의 경우를 보자.

> 김 대리: 내일까지 100%를 달성하라는 것은 너무 무리한 지시입니다.
>
> 팀 장: 김 대리는 그런 부정적인 태도부터 좀 고쳐! 【비판】
>
> 내 생각에는 충분히 할 수 있다고 생각하는데 【판단】
>
> 도대체 무엇 때문에 내일까지 안 된다고 하는가? 【분석】
>
> 그렇더라도 어떻게든 해 봐야 할 것이 아닌가? 【설득】

이런 태도로는 제대로 듣고 있다고 할 수 없다. 많은 사람이 자기의 주장이나 생각을 상대에게 일방적으로 강요해서 상대의 생각이나 행동을 바꾸어 보려는 욕구를 가지고 있다. 그렇기 때문에 겉으로는 상대의 이야기를 듣고 있는 것 같아도 마음속으로는 어떻게 하면 반박을 해 줄 수 있을까 하고 열심히 궁리하는 경우도 많다. 이런 마음가짐으로는 상대와 대화를 하고 있다고 할 수가 없다. 만약에 상대가 내 뜻대로 움직여 주기를 바란다면, 상대도 또한 내가 자기 뜻대로 움직여 주기를 바라고 있을 것이기 때문이다. 상대의 입장에 서서, 그의 심정이 되지 않는다면, 참된 대화는 어렵게 된다.

③ 마음가짐과 요령이 필요하다

상대의 입장에 서서 상대를 받아들이려면, 우선 두 가지 요소가 필요하다. 하나는 마음가짐이고, 다른 하나는 요령이다.

진심으로 마음의 문을 활짝 열고 상대를 받아들여야 한다. 상대가 나와 다른 이야기를 하거나 때로는 얼토당토않는 소리를 하더라도, 뭔가 이상한 사람 또는 생각이 모자라는 사람으로 판단해서는 대화가 이루어지지 않는다. 나와 다른 생각을 이야기하는 사람은 그 나름대로 충분한 이유가 반드시 있는 법이다. 그럴 때는 "상대가 왜 저런 소리를 하지?" "무슨 심정에서 저런 소리를 하지?"를 들을 수 있어야 한다.

아무리 진심으로 이야기하더라도 진심을 표현하는 요령이 서툴면 말하는 사람의 진심이 듣는 사람에게 전달되기가 어렵다. 진심으로 상대를 이해하고자 하는 마음이 생겼다면, 그 다음에 익혀야 하는 것이 바로 대화의 요령이다. 만약에, 진심이 바탕이 되지 않은 채 요령만 배워서 상대를 이해하는 척만 한다면 상대는 금방 눈치를 채고 믿어 주지 않을 것이다.

가령, 김 대리가 "힘들어 죽겠습니다."라고 했을 때 팀장이 마음속으로는 '또 엄살이 시작되는군.'이라고 생각하면서, 입으로는 "정말 어려운 모양이구나!"라고 이야기해 봤자 실감이 나지 않는다. 그 소리를 들은 팀장이 마음속으로는 '그래도 김 대리니까 이만큼 해 주었지 다른 사람 같으면 정말 힘들었을 거야.'라고 부하의 입장을 고스란히 받아들이는 마음이 필요하다. 하지만 "뭘 그 정도 가지고 힘이 든다고 하나? 엄살 피운다고 속을 사람 없으니 잔소리 말고 일이나 열심히 해."라든가 "김 대리는 다 좋은데 불평이 좀 심하단 말이야. 이왕에 할 일이라면 불평 없이 하면 안 되겠나?" 따위의 반응을 했다면 거의 틀림없이 오해를 받게 될 것이다.

위에서처럼 부하가 "힘들어 죽겠습니다."라고 할 때에 이 말을 제대로 이해하고 받아들인다면, 마음속으로 '이만저만 힘든 게 아니겠구나.'라고 생각하면서, 입으로는 "김 대리가 어지간해서는 그런 소리를 할 사람이 아닌데 그런 소리를 하는 것을 보니 정말로 힘이 들어도 여간 힘이 드는 게 아닌 모양이구나." 식으로 이야기해야 한다는 것이다.

④ 듣는 것만으로는 부족하다

아무리 상대의 입장에 서서 듣고 있다고 하더라도, 그냥 듣고만 있어서는 안 된다. 상대의 입장이나 심정을 받아들여서 상대로 하여금 자기의 입장이나 처지를 자기처럼 알아주는구나 하고 실감이 나게 해 주어야 한다. 어떤 사람들은 자기 입장에서 한 발자국도 벗어나지 못하면서도 누구보다도 상대의 입장을 잘 이해하고 있는 것처럼 행동한다. 이런 사람들이 자주 쓰는 말은 "무슨 말씀인지 잘 이해가 됩니다마는……." "그 말도 이해가 안 되는 것은 아니지만, 내 생각으로는……." 따위이다.

즉, 상대방의 이야기를 들으면 그 이야기를 자기가 이해했다고 치고 바로 자기 이야기를 하는 식이다. 이들은 마치 테니스를 하듯이 상대의 이야기를 맞받아치고 있는 것이다. 이런 대화 방식은 두 사람이 감정적으로 편안하고, 사실적인 정보만 주고받을 때는 효과적인 대화 방식이다. 그러나 상대가 자기의 입장이나 심정을 자기처럼 알아준다는 실감이 나게 하려면 상대의 이야기를 듣고 그 이야기를 내가 어떻게 받아들이고 있는가를 확인해 주는 대화 방식이 필요하다. 상대의 이야기를 들으면서 확인해 줄 수 있는 것에는 크게 네 가지가 있다. 상대의 말 속에 담겨 있는 '뜻과 감정과 성격과 본심'이 그것이다. 사람의 입에서 맨 처음 나온 것은 소리이다. 소리는 마치 빈 그릇과 같은 것이다. 사람들은 이 빈 그릇에 뜻을 담고 감정을 실어서 말을 만들었다. 그리고 주고받는 말의 밑바탕에는 말하는 사람의 성격이 깔려 있다. 그러므로 말을 듣는다는 것은 단순히 상대가 이야기하는 표면적인 사실 그 자체만을 듣는 것으로는 부족하다.

상대의 이야기를 들을 때, 이 사람이 왜 이 이야기를 하는가, 어떤 기분인가, 또 어떤 성격을 가진 사람인가에 주의를 집중하고 나아가서 상대의 본심이 무엇인가를 파악한 후에 반응을 한다면, 상대와의 의사소통은 한결 부드러워질 것이다.

⑤ 확인해야 한다

일반적으로 우리의 대화 태도는 상대방의 이야기를 들으면 곧바로 자기 이야기를 하거나, 아니면 묻고 대답하는 식이 되기 쉽다. 이렇게 되었을 때, 먼저 말을 한 사람은 자기가 한 말을 상대가 어떻게 이해하고 있는지 확인할 수 없다. 어떤 경우에는 말을 하는 사람의 의도와 달리 오해를 하고 있으면서 그런 줄도 모르고 자기 이야기만 하고 있을 수도 있다. 그 때문에 이야기를 들으면 상대의 의도를 내가 제대로 이해하고 있는가를 말을 한 사람에게 확인해 보는 일은 효과적인 의사소통을 위해서 매우 중요한 일이다.

확인 단계는 의사소통의 정확도를 높여 준다. "제가 제대로 이해하고 있는지 모르겠습니다만 제가 듣기에는 팀장님 말씀은……." "김 대리 이야기는……." 식으로 상대의 이야기를 확인한 다음 자기가 말하고 싶은 것을 이야기하면, 상대도 내 말에 주의를 기울이고 귀담아듣게 된다.

확인할 때 우리가 사용할 수 있는 수단은 '반복, 요약, 자기표현으로 바꾸는 것' 이렇게 세 가지이다. 반복하기는 상대의 이야기를 듣고 그 이야기를 그대로 반복하는 것이다. 그러나 이것만으로는 충분하지 않다. 왜냐하면 상대의 이야기를 기억만 하고, 이해는 못해도 얼마든지 반복할 수는 있기 때문이다. 그러므로 상대의 이야기를 듣고 핵심을 짚어서 요약하거나 상대의 이야기를 자기표현으로 바꾸어서 확인해 주어야 더욱 효과적이다. 상대의 이야기를 듣고 "당신의 이야기는 이런 뜻이고, 이런 심정에서 한 말이냐?"라고 확인을 했을 때 상대가 만족하지 못한다면, 가능하면 자기 이야기는 하지 않는 것이 좋다. 왜냐하면 상대도 나의 말을 제대로 이해하지 못할 것이기 때문이다.

가령, 상대가 "지난 일요일에 친구를 따라 낚시를 갔다가 처음으로 월척을 했습니다. 같이 갔던 친구들이 모두 축하해 주는데 얼마나 기뻤는지 모릅니다."라고 이야기한 것을 확인하면 다음과 같다.

> "지난 일요일에 친구와 함께 낚시 가서 처음으로 월척을 했고, 친구들이 축하까지 해 주니 더욱 기분이 좋았다는 얘기군."　　【반복】
>
> "친구와 함께 낚시 가서 처음 월척을 하고 축하까지 받으니 기분이 그만이다라는 소리지."　　【요약】
>
> "야! 그건 완전히 9회 말에 만루 홈런 친 기분이었겠는데……."　　【자기표현】

이처럼 확인하는 단계는 일반적인 경우에도 의사소통에 도움이 되지만 특별히 상대가 이해나 공감을 요구하거나 자기 심정을 알아주기를 기대하고 있을 때에 더욱 효과적인 대화 방법이다.

◉ 사례

김현식 주임은 새로 부임해 온 박 팀장을 찾아갔다. 그동안 여러 사람의 상사나 동료와 이야기해 보았지만 그때마다 실망을 한 김 주임은 또 실망할까 봐 상당히 망설였으나, 혹시 이번엔 해결할 수 있을까 하는 막연한 기대 때문에 박 팀장을 찾아갔다. '팀장이 제대로 나를 이해해 줄까?' '나를 이상한 사람이나 모자라는 사람으로 보지는 않을까?' 등 별의별 생각이 다 났다. 그러나 박 팀장은 일에 있어서는 추호의 잘못도 용서하지 않지만, 이해심이 깊고 부하의 심정을 잘 알아준다는 소문이 있기 때문에 용기를 낸 것이다.

"팀장님, 드릴 말씀이 있는데 시간을 좀 내주실 수 있겠습니까?" 하고 주저하면서 이야기를 꺼냈다. 이때만 해도 그는 '바쁘다고 하면 어쩌나? 그렇다면 아예 관두지 뭐.' 따위의 복잡한 생각을 하고 있었다. 그런데 "그래. 뭔가 답답한 것이 있거나 애로사항이 있는 모양이구나. 지금 막 회의에 들어가려던 참인데⋯⋯. 바쁘지 않으면 오후 2시경에 시간을 낼 수 있을 것 같은데 그때 이야기를 들어도 괜찮겠나?" 하고 부드럽게 이야기하는 박 팀장의 말투는 상대방을 아주 기분 좋게 만들었다. "아! 예. 저는 급한 게 아니니까 그럼 오후에 찾아오겠습니다."라고 대답하자, "미안해. 사실 말은 하고 싶을 때 해야 하는데 말이야. 급한 회의만 아니면 나도 지금 들었으면 좋겠는데⋯⋯. 김 주임이 이해를 좀 해 주면 좋겠네." 하는 이야기에서 초조했던 감정이 풀어졌다. '어쩌면 이 분은 어딘가 다를지도 모른다. 어쩌면 이 분은 바로 내가 찾고 있던 그 사람일지도 모른다.' 하는 생각이 들었다.

짧은 몇 마디의 말 속에서 어떻게 그런 힘이 나왔는지 모르지만, 김 주임은 이제는 긴장하기보다는 오히려 박 팀장과의 면담을 기대하고 있었다. 오후 2시에 다시 찾아가자, "그래, 기다리고 있었어. 우리 어디 조용한 데 가서 이야기할까?" 하는 배려도 고맙기만 했다. 김 주임은 우선 자기 기분을 이야기해 보려고 마음을 먹고 조금씩 이야기를 시작했다.

> 김 주임: 팀장님, 저는 이곳에 온 지 3년째입니다. 3년 동안 매일 같은 일만 반복해서 그런지는 몰라도 요즘은 항상 마음이 괴롭고 답답합니다. 일이 손에 잘 잡히지도 않고, 그야말로 어쩌면 좋을지 모르겠습니다. 만사가 귀찮고 따분하기만 합니다. 이래서는 안 되는데 하면서도 말입니다.
>
> 박 팀장: 그렇다면 상당히 답답하고 괴롭겠는데.
>
> 김 주임: 네, 그렇습니다. 그리고 마음을 고쳐먹으려고 무척 애를 써 보았는데 잘되지 않습니다.

박 팀장: 고치긴 해야겠는데 안 되니 더욱 답답하다는 소리로구나. ('무슨 이야기라도 다 한번 해 봐. 내가 다 받아 줄게.' 하는 표정으로)

김 주임: 네, 그렇습니다. 실은 동료들이 저만 따돌리는 것 같습니다.

박 팀장: 동료들이 김 주임을 싫어한다고 생각하는 모양이지?

김 주임: 그렇습니다. 늘 저는 혼자서 외롭게 지내 왔습니다. ('이 분하고는 이야기가 통하는구나.'라는 생각이 든 김 주임은 비로소 안심하고 마음을 터놓게 된다.) 옛날에는 그렇지 않았습니다. 모두들 어울려서 함께 지내고 그랬었는데, 지난번 이 과장이 우리 팀에 새로 온 뒤에 가진 회식 자리에서 너무 화가 나서 한 번 다툰 적이 있었는데, 그 때문에 이 과장이 저를 찍었는지 그 뒤로는 어쩐지 저를 피하는 것만 같고 그러면서 점점 다른 동료들도 식사 시간에 자기들끼리만 식사하러 가기도 합니다.

박 팀장: 김 주임 얘기는 그 사건 때문에 이 과장이 자신을 미워하고 싫어하며, 다른 직원들도 김 주임을 오해하고 멀리한다는 생각이 드는 모양이구나.

김 주임: 그뿐만이 아닙니다. 괜히 저만 보면 슬슬 피하다가도 어렵고 힘든 일은 제게 맡기고, 모든 잘못은 제 탓으로만 돌립니다. (이제야 내 마음을 알아주는 사람을 만났다는 기분에서 속마음을 털어놓는다.)

박 팀장: 그런 생각이 든다면 상당히 억울하겠는데……. (말을 계속해 보라는 듯이)

김 주임: 그렇죠. 이만저만 억울한 것이 아닙니다. '실수 한번 한 것을 가지고 이렇게 오랫동안 고통을 받아야 하나?'라는 생각이 들면 이만저만 화가 나는 게 아닙니다. 뭐 자기들은 실수한 적이 없는 사람들입니까? 그런 사람이 있으면 나와 보라고 하십시오. 저는 원래 어지간해서는 화를 내는 사람이 아닙니다. 그런데 이 일만은 도저히 못 참겠습니다. (흥분해서 어조가 높아진다. 비로소 그는 자기 가슴에 품고 있던 감정을 속 시원하게 털어놓는 것이다.)

박 팀장: 김 주임은 자기 자신이 잘 참는 사람이라고 생각하는데도 이 일만은 도저히 참기 어려울 정도로 억울하다는 소리가 아닌가?

김 주임: 네, 그렇습니다. 해도 너무하다는 생각이 들어서 말입니다. 한번 생각해 보십시오. 이런 경우에 억울하지 않을 사람이 누가 있겠습니까? (실컷 이야기한 김

주임은 마지막에 가서는) 하기야 저한테도 문제가 없었던 것은 아닙니다. 이 과장도 화가 날 만도 했습니다.

김 주임은 박 팀장과 이야기하는 동안 속이 시원해지고 마음이 편안해지면서 그렇게 어렵게만 느껴졌던 일들이 아무것도 아닌 것 같은 생각이 들었다. 박 팀장은 이야기를 듣는 동안 김 주임에게 바람직한 해결 방법을 제시하거나, 충고하거나, 조언하는 따위의 일은 일절 하지 않는다. 그저 김 주임의 입장에 서서 듣고 받아들이고만 있는 것이다. 김 주임이 이야기하고자 하는 내용뿐만 아니라 그의 기분, 그의 성격까지도 그냥 비판 없이 받아들이고 있다. 그렇다고 박 팀장이 김 주임의 생각에 동의하거나 지지하고 있는 것은 결코 아니다.

좋고, 나쁘고, 옳고, 그르고를 따지는 것이 아니라 있는 그대로의 김 주임을 받아들이고 있는 것이다. 김 주임이 남들을 비난한다 하더라도 김 주임의 편이 되어서 함께 그들을 비난하지도 않으며 또한 그들의 편이 되어서 김 주임에게 그러면 안 된다고 말리거나 타이르지도 않는다. 그는 푸근하고 너그러운 마음으로 김 주임을 조건 없이 받아들이고 있다. 마치 거울처럼 앞에 선 사람을 받아들이고 되비추어 주어서 그 사람 자신이 스스로 알아서 고치게 하는 것이다. 이 대화에서 중요한 것은 김 주임이 박 팀장을 신뢰하고 모든 것을 털어 놓을 수 있었다는 것이다. 이처럼 대화에 걸림이 없고 통할 수 있다는 것은 대인관계에서 가장 중요한 역량이다.

⑥ 알아주기

상대의 말을 들으면서 이처럼 듣고, 받아들이기도 해야겠지만 한 가지 더 해야 할 것은 알아주기이다. 알아주기는 상대의 말 속에 담긴 뜻을 알아주고, 상대의 성격을 파악해서 사람을 알아주며, 그의 내면 가장 깊숙한 곳에 깔려 있는 본심을 알아주는 것이다.

• 의미 알아주기

상대의 말 속에는 표면에 주고받는 사실과는 다른 의미가 들어 있는 경우가 많다. 가령, 부인이 "당신은 며칠째 같은 반찬만 해 주는데도 싫지가 않은 거야?"라고 물어 왔을 때 이런 이야기를 사실로만 듣고서 '그렇다 또는 아니다.'라고 대답해서는 멋없는 사람 취급을 받을 수 있다. 이럴 때에는 말귀를 알아듣고 "외식하자는 말이야? 어디 가고 싶은 데가 있는 거야?" 식으로 반응하는 것이 좋을 때가 많다.

• 사람 알아주기

가령, 아랫사람이 "힘들어 죽겠습니다."라고 이야기를 할 때에도 그 부하의 성격에 따라서 반응이 달라져야 한다. 인정받고자 하는 욕구가 강한 부하에게는 "그렇게 어렵고 힘든 일이니까 자네처럼 능력 있고 책임감 있는 사람에게 부탁하는 게 아닌가? 손쉬운 일이라면 내가 왜 군이 자네에게 부탁하겠어?"라고 하거나 아니면 "자네가 어지간해서는 어렵다, 힘들다는 말을 하지 않는 사람인데 그런 사람이 이런 소리를 하는 걸 보면 이 일은 정말 어려운 모양이구나."라고 알아주어야 한다. 공감받고 이해받고 싶어 하는 부하에게는 "죽을 맛이라는 소리로구나." "나는 자네 이야기를 듣기만 해도 이렇게 답답한데 몸소 겪는 자네는 오죽하겠는가?" "안 겪어 보고는 그 심정을 어떻게 알 수 있겠는가?" 식으로 알아주어야 한다. 객관적이고 논리적이고 합리적인 부하에게는 "어떤 점이 가장 어려운가? 그리고 어떻게 대처하면 좋겠는가?" 식으로 물어봄으로써 사실적인 문제 해결 방법을 모색해야 한다. 상사도 역시 마찬가지다. 교육을 다녀온 후 상사가 "이번에는 교육 가서 무엇을 배웠느냐?"라고 물어 오면 인정 욕구가 강한 상사에게는 "평소에 ○○○님께서 강조하시던 내용이 그대로 다 나왔습니다."라고 인정을 해 주어야 하고, 공감 수용을 원하는 상사에게는 "배운 것도 배운 것이지만 교육 가서 생각해 보니 저 같은 사람 데리고 일하시느라고 그동안 답답하셨을 때가 정말 많았을 것 같습니다."라고 공감을 해 주어야 한다. 객관적이고 논리적이고 합리적인 상사에게는 "네, 보고서 작성해 올리겠습니다."라고 이야기하고 보고서에 참고 자료를 첨부하여 마지막으로 현장 적용 방안을 1안, 2안, 3안까지 가지고 가는 것이 좋다.

• 본심 알아주기

서양 사람들은 이성에 바탕을 둔 문화를 가지고 있기 때문에 본심을 알아준다고 해도 미처 못다 한 이야기를 알아주는 정도이다. 예를 들어, "저는 도저히 김 대리와 함께 일을 못하겠습니다."라는 말의 본심을 듣는다고 하더라도 "김 대리가 워낙 성격이 독특하고 일하는 태도도 성실하지 못해서 가능하면 그런 사람하고는 함께 일하고 싶지 않다는 말이 아닌가?"라는 식으로 알아줄 수 있을 것이다.

그러나 우리 한국 사람들끼리는 우선 공감 수용해서 "그동안 김 대리 때문에 얼마나 답답하고 어려움이 많았으면 자네 같이 원만한 사람이 일하고 싶지 않다는 이런 극단적인 이야기까지 하겠는가? 정말 속이 상해도 이만저만 상한 게 아닌 모양이구나."와 같이 반응하게 된다.

그다음에 본심을 알아줄 때는 "그런데 자네가 이런 이야기를 하는 것은 김 대리가 밉거나 싫다는 이야기가 아니라 정말 마음 맞는 사람과 신나게 일해 보고 싶다는 뜻이 아니겠어?"라고 정반대로 뒤집어 놓을 수 있다. 이성적으로는 정반대의 것이 같은 것이 될 수 없지만 감정은 극과 극이 통하기 때문이다. "당신과는 도저히 함께 살 수가 없으니 차라리 이혼을 합시다."라고 펄펄 뛰는 사람도 "우리도 남들처럼 오순도순 행복하게 살아 봤으면 좋겠습니다."라는 본심을 갖고 있을 때가 있지 않은가?

이처럼 한국 사람들과 대화를 할 때는 표면에 표현한 사실만 들어서는 말귀를 못 알아듣는다는 소리를 듣기 쉽다. 말을 들으면서 말 속에 담긴 의도를 알아차리고, 말하는 사람의 심정을 알아주며, 마음속 깊이 깔려 있는 본심까지도 알아주어야 '사람을 알아본다.' 또는 '끝내준다.'라는 이야기를 들을 수 있을 것이다.

(2) 말하기

① 무엇이 잘못되었는가

지금까지 우리는 주로 말을 듣는 요령을 이야기했는데 이제부터는 말을 하는 방법을 생각해 보기로 하자. 사람들의 말은 상대방에게 내용이 정확하게 전달되어야 하고, 그 이야기를 들은 상대방의 마음속에 거부감 없이 받아들여져서 그대로 실천하고자 하는 욕구가 우러나와야 한다. 만약에 이 두 가지 중에 어느 하나라도 잘못되어서 내용이 잘못 전달된다면 오해가 생기고, 실천할 욕구가 우러나지 않아 무시되거나 반발이 생길 가능성도 있다. 이런 관점에서 생각해 보면 우리는 잘못된 말버릇이나 사고방식에 너무나 익숙해져 있다. 우선, 우리는 남을 탓하는 데 너무 익숙해졌다. "그 사람이 욕만 하지 않았어도 내가 그렇게까지 화가 나지는 않았을 것이다." "너 때문에 속이 상한다."는 식으로 "그것은 순전히 당신 탓이야."라고 떠넘긴다.

또한 자신을 합리화하고 정당화하거나 "누구라도 그런 경우에는 다 그렇게 할 것이다." "난 정말로 어쩔 수가 없었다."라는 식으로 자기변명을 하는 데 익숙해져 왔다. 그러나 이유야 어떻게 되었건 간에 내가 한 행동은 상대방 때문이 아니라 바로 나 때문이라는 사실을 인식해야 한다. 남의 탓이나 하던 사람이 자기 자신의 행위에 전적으로 책임지는 사람이 된다는 것은 쉬운 일이 아니다. 그러나 그렇게만 된다면 정직하게 나를 직면하고 있는 것이 된다. 그리고 자기 직면이 바로 많은 사람에게 신뢰받고 존경받을 수 있는 사람으로 성장하는 지름길이다. "내가 화를 내지 않는 한은 어느 누구도 나를 화나게 만들 수는 없다." "내가 무시당하거나 열등감을 느끼기 전에는 어느 누구도 나를 무시당하거나 열등감을 느끼도록 만들 수는 없다."는 것처럼 주체성 있는 태도를 갖는다면 지금까지 만나 보지 못했던 다양한 자기의 모습을 볼 수 있게 될 것이다.

또한 우리는 상대가 내 생각대로 움직여 주기를 강요하는 경향이 있다. 이런 잘못된 사고는 대화에 그대로 영향을 미친다. 잘못된 말버릇이 습관이 되어서 남들에게 영향을 미치려고 할 때, 그것이 사용되는 경우를 보면 다음과 같다.

가령, 김 주임이 지각이 잦은 것에 대해 한번 이야기를 하려면 다음과 같이 되기 쉽다.

> 김 주임, 이제 제발 지각은 그만해라. 【지시, 명령, 부탁】
> 김 주임, 앞으로 한번만 더 지각하면 그때는 시말서 감이야. 【경고, 위협】
> 김 주임, 직장 생활하는 사람이 출근 시간을 지킨다는 것은 가장 기본적인 예의가 아닌가? 【설교】
> 김 주임, 어떻게 그런 식으로 직장 생활을 하려고 하는가? 【비난】
> 김 주임, 왜 그렇게 지각이 잦아지지? 【질문】
> 김 주임, 당신은 사장급 주임인 모양이구나. 【비꼼】

이런 예들은 우리 귀에 너무나 익숙한 말들이기 때문에 문제로 삼지도 않았던 것이다. 그러나 이제 한번 따져 보기로 하자. 위의 예들은 모두 김 주임이 어떻게 행동해야 할 것인가를 내가 결정하고 김 주임에게 강요하고 있는 것이다. 위의 예들을 다른 말로 바꾸면 '당신은 이런 점이 나쁘다, 당신은 그래서는 안 된다, 당신은 이렇게 해야 한다, 당신은 생각이 좀 모자란다.'와 같다. 이런 말투는 상대를 비난하거나 비판하는 것처럼 들리기 쉽고 무시하거나 강요하는 것처럼 들리기 쉽기 때문에 자존심을 상하게 하고, 거부감이나 반발을 불러일으키기도 한다.

② 어떻게 이야기해야 하나

사회생활을 하는 동안에 남들의 행동에 영향을 미쳐야 할 경우는 수없이 많다. 그때마다 서슴없이 이야기하는 사람도 있고 때로는 속으로만 앓고 있는 경우도 있다. 어떤 경우에는 이 이야기는 반드시 해 주어야 할 이야기인데도 잘못하면 자존심을 건드리거나 오해를 사게 될까 봐 두려워서 말을 못하는 경우도 많다. 상사들은 부하가 무슨 이야기이든 터놓고 이야기할 수 있는 너그러운 면도 가지고 있어야 하지만 잘못에 대해서는 따끔하게 지적도 할 줄 알아야 한다. 만약에 당신이 따끔한 지적은 하지도 못하면서 상대의 입장에서 듣고 받아들이고 알아주기만 한다면 당신은 나약한 사람이나 정에 약한 사람 취급을 받게 될 것이다. 그러나 부하에게 따끔한 지적을 하고 영향을 미치려고 한다면, 그가 나의 지적을 받고도 거부감 없이 내 말을 받아들일 수 있어야 하기 때문에 표현 요령이 더욱 중요하다.

• 사람을 나무라지 말고 행동을 나무라야 한다

우리는 상대의 행동을 꼬집어서 지적하기보다는 사람을 나무라는 데 너무 익숙해져 왔다. 가령, 결재서류에 토씨 두 개가 틀린 것을 지적할 때에 "너는 책임감이 없다." "이것도 서류라고 가져오느냐?" "이제는 이런 것쯤은 알아서 할 때가 되지 않았느냐?" "너는 왜 그 모양이냐?"처럼 서슴지 않고 사람을 나무라는 경우가 많다. 이런 경우에는 "여기 토씨가 두 군데 틀렸다. 고쳤으면 좋겠다."라고 구체적으로 지적해야 오해가 적다. 지각이 잦은 주임에게도 "너는 만날 지각이냐?" "어디 아프냐?" "젊은 사람이 왜 그 모양이냐?" "그러려면 왜 직장에 들어왔느냐?"라고 하는 것은 바람직하지 않다. "자네는 지난주에 두 번, 이번 주에 세 번 지각을 했다. 내 생각에는 지각이 너무 잦은 것 같다."라고 분명하게 이야기해야 한다. 사람을 나무라지 않고 구체적인 행동을 지적하게 되면 오해는 줄어든다. 그리고 행동을 구체적으로 기술하기 시작하면 상대의 의도를 추측하는 것이나 상대의 행동에 대한 자기 인식을 대화에 끼워 넣는 것을 줄일 수 있다.

다음의 예를 보자. 고참 대리가 신임 주임에게 "햇병아리가 무엇을 안다고 까부느냐?"라고 이야기했다. 이때 이를 보고 당신은 고참이 신임을 무시하기 때문에 '햇병아리'라고 이야기했다고 생각한다면 그것은 고참의 의도를 미루어 짐작한 것이다. 또 '까분다.'는 소리를 듣고 고참이 선배라고 텃세를 부린다고 봤다면 이것은 고참의 행동에 대한 당신의 인식이다. 이 두 가지를 대화에 끼워 넣으면 "내가 보기에는 당신이 신임 주임을 무시해서 그렇게 이야기하는 모양인데 텃세가 너무 심한 것 같다."라고 이야기하게 된다. 이런 식의 표현이 의사소통에 장애를 불러일으키는 경우는 아주 많다.

이런 경우에는 고참 대리의 행동을 있는 그대로 기술하는 것이 좋다. "아까 당신이 신임 주임에게 '햇병아리가 무엇을 안다고 까부느냐?'라고 이야기 했을 때, 나는 몹시 듣기 거북했다."라는 식으로 상대의 말이나 행동을 있는 그대로 꼬집어서 지적해야 한다. 그런 다음 그 말이나 행동이 자기에게 어떤 느낌을 주었는가를 솔직하게 표현하는 것이 좋다.

 • 너 중심의 표현에서 나 중심의 표현으로 바꾸어야 한다

일반적으로 상대의 행동에 영향을 미치려고 들 때 주로 너 중심의 표현이 사용된다. "해도 너무 한다." "이럴 수가 있느냐?" "제발 좀 그만둬라." 이런 표현은 모두 주어가 너이다. "해도 너무 한다."도 "너는 해도 너무 한다."는 것이고 "이럴 수가 있느냐?"도 "네가 이럴 수 있느냐?"는 말이다. "제발 좀 그만둬라."도 "네가 그만두어라."는 이야기이다. 이런 표현도 자칫하면 상대의 자존심을 건드리거나 비난, 강요로 오해를 받을 소지가 많다.

이 표현을 나 중심으로 바꾼다면 "나는 너무 심하다고 생각한다." "나는 도무지 납득이 안 간다." "나는 고쳤으면 좋겠다고 생각한다."와 같이 될 것이다. 이런 예는 얼마든지 들 수 있다. "말도 안 되는 소리 하지 말아라."는 "나는 터무니없는 소리라고 생각한다."이고, "현장 실정을 알고나 하는 말씀입니까?"는 "저는 몹시 답답합니다."이며, "왜 그렇게 앞뒤가 꽉 막혔느냐?"는 "나는 답답해서 미치겠다."이고, "고생문이 훤하다."는 "나는 몹시 걱정이 된다."이다. 이처럼 나 중심의 표현으로 바꾼다면 상대를 무시하거나 비난하지 않

으면서도 얼마든지 자기 입장을 밝힐 수 있다.

가령, 실적이 낮아서 화가 났을 때 이 기분을 표현하는 방법에는 두 가지가 있을 수 있다. 첫째, '네가 나를 화나게 만들었다.'라는【너 중심 표현】이고, 둘째, '실적이 낮아서 나는 몹시 화가 난다.'라는【나 중심 표현】이다. 이 중에서 첫 번째인 너 중심 표현은 "내가 화가 나게 된 책임은 전적으로 너에게 있다. 너는 나쁜 사람이다."는 식으로 내 행동의 책임을 상대에게 뒤집어씌우려 하는 것이다. 그러나 나 중심 표현에서는 내가 화가 난 책임은 나에게 있다는 사실을 인정하고 있다. 실적이 낮다고 해서 모든 사람이 화를 내지는 않을 것이다. 어떤 사람은 불같이 화를 내는 경우에도 어떤 사람은 껄껄 웃고 지나갈 수도 있다는 사실을 이해해야 한다. "당신이 내가 화를 내도록 한 계기는 제공했지만 화가 난 것은 나 자신이고 나 때문이다."라는 태도가 밑바탕에 깔려 있는 것이다. 이런 태도가 주체성 있는 태도이며 이 태도를 제대로 표현할 때 많은 오해가 줄어들게 될 것이다.

• 자기감정을 솔직하게 알려 줘야 한다

바람직한 인간관계를 위해서는 언제 어디서나 터놓고 이야기하며 솔직하게 자기감정을 표현하는 것이 좋다. 그러나 솔직하게 자기감정을 표현하는 것과 화가 나면 화를 내는 것은 다르다. "도대체 누가 이 따위로 일했느냐?"고 펄펄 뛰며 화를 내는 것과 "나는 몹시 화가 나서 견딜 수가 없다."라고 알려 주는 것의 차이다. 상대에게 영향을 미치려면, 첫째, 사람을 나무라지 말고, 둘째, 상대의 말이나 행동을 있는 그대로 기술하며, 셋째, 상대의 그 행동이 나에게 어떤 감정을 불러일으켰는지를 솔직하게 알려 주는 것이 가장 효과적이다.

이 요령을 함께 적용해 보면, "나는 어저께 네가 나에게 대들었을 때 '이런 형편없는 사람이 있나?'라고 생각했었고 아직도 너 같은 사람하고는 상대도 하고 싶지 않다."라는 이야기는 "나는 어저께 네가 나에게 마음대로 하라고 하면서 보고서를 집어던졌을 때(구체적인 행동) 몹시 화가 났고 아직 그 화가 풀어지지 않았다."(나 중심의 감정 표현)로 되고, "쓸데없는 소리 그만하고 제발 시키면 시키는 대로 일 좀 해 봐라."는 "지시한 일의 결과는 나오지 않고 꼭 기한을 지켜야 하느냐 따위의 이야기나 하고 있으니(구체적 행동) 나는 몹시 답답하다."(나 중심의 감정 표현)로 바꿀 수 있다.

굳이 부정적인 감정만 골라서 표현해야 할 이유는 없다. 오히려 긍정적인 감정의 표현이 더욱 큰 영향을 미칠 때가 많다. "나는 김 주임이 일주일씩이나 특근을 해 가면서 맡은 일을 끝냈을 때 마음속으로 무척 기뻤고 김 주임의 책임감에 다시 한 번 감탄했어." "조금 전 회의 시간에 선배님이 저의 제안을 지지해 주었을 때 저는 선배님에게 무척 고마웠고 용기가 솟아났습니다. 지금 생각해 봐도 아마 선배님이 지지해 주지 않았으면 그렇게 밀고 나가지 못했을 겁니다. 정말 고맙습니다."와 같은 표현은 인간관계에 활력소가 될 것이다.

- 단정적인 표현은 삼가는 것이 좋다

우리는 자칫하면 자기 생각이나 자기가 관찰한 것이 전부인 양 착각하게 된다. 그 때문에 상대에게 단정적인 말투를 사용하게 되기 쉽다. "너는 매일 지각이냐?" "너는 항상 일찍 퇴근할 궁리만 하느냐?" "네가 하는 일이 늘 그렇지 뭐." 등의 표현이 그런 예이다. 많은 상사가 2~3번만 같은 실수를 해도 '만날, 항상, 늘' 등의 표현을 사용한다. 그들은 일주일에 3일 지각을 한 부하를 대하면 지각하지 않은 2일에 대해서는 거의 생각을 못하는 것이다. 뿐만 아니라 단정적인 말투가 되는 또 하나의 이유는 자기가 옳다고 생각하는 것은 단지 자기 생각일 뿐인데 그것에 그치지 않고 '모든 사람이 그렇게 생각해야만 한다.'고 생각하는 경향이 있기 때문이다.

물론 사람이기 때문에 비슷한 점이 많은 것은 사실이다. 그러나 비슷한 점보다는 오히려 다양한 면을 더 많이 가지고 있는 것 또한 사람이다. 그 때문에 똑같은 상황에서도 각자가 다르게 느끼고 다르게 행동하게 된다. 내 생각은 나에게만 가장 정당할 뿐이지 남들에게도 그대로 적용되는 것은 아니다. "이건 네 잘못이야." "네가 그렇게 이야기했잖아?" "어떻게 그런 이야기를 할 수 있어?" 등의 단정적인 표현은 "내 생각은 너와는 아주 다르다." "내가 기억하기로는 네가 그렇게 말한 것으로 기억한다만……." "내 생각으로는 너무 지나친 표현이라고 생각된다." 등으로 바꿀 수 있을 것이다.

이런 표현은 '너도 나처럼 생각해야 한다.'는 오만한 표현이 아니라, 자기의 견해를 밝히고 있는 것이다. "너는 만날 지각이냐?"가 아니라 "내가 보기에는 너는 지각이 너무 잦은 것 같다."처럼 '내 생각으로는, 내가 기억하기에는, 내가 보기에는, 내 느낌은, 내가 듣기에는' 등의 표현을 사용한다면, 이야기의 시작이 훨씬 더 부드러워질 것이다.

• 지적하기

지적은 상대가 하는 말과 행동이 먼저 한 말과 행동과 일치하지 않거나 또는 상대의 말과 행동과 일치되지 않을 때, 이를 알려 주는 것을 말한다. 예를 들면, "나는 조금 혼란스러운데 조금 전에는 그에 대해서 모든 것을 용서하고 싶다고 이야기하더니 지금은 또 그에게 화가 난다고 이야기하고 있다. 이럴 때는 어느 것을 당신의 진심이라고 믿었으면 좋겠는가?" 하는 식이다.

또는 "당신은 말은 힘들어 죽겠다고 하면서 표정은 웃고 있으니 나는 당신의 말을 믿어야 할지 아니면 표정을 믿어야 할지 혼란스럽다."라고 지적할 수 있다. 이 지적은 상대방의 말과 말 또는 행동과 행동의 불일치점을 지적하기 때문에 마찰이 적고 상대가 큰 거부감 없이 받아들일 수 있는 장점이 있다.

• 대결하기

상대의 입장과 관점이 나의 입장과 관점과 달라서 분명하게 알려 주고 싶을 때 사용한다. 대결을 할 때에는 다음과 같은 점에 유의한다.

- 철저하게 자기 입장에 선다.
- 이 말을 듣고 상대가 기분 나빠 하거나 상처를 입으면 어떻게 할까 하고 미리 걱정하지 않는다.
- 일단 시작을 하면 끝을 보아야 한다.

❀ 사례

45세의 미혼 여성이 집단 내에서 "나는 부모님을 이해하지 못하겠습니다. 그분들은 저에게 이해를 받으려고만 하지 도무지 저를 이해해 주려고 하지를 않습니다. 제가 보기에 우리 부모님은 너무 어린애 같고 유치해 보입니다."라고 이야기했다. 공감 수용이 끝나고 대결을 할 상황이 되었다. "지금 말씀을 들으면서 저는 좀 의아하고 답답한 면이 있어서 말씀을 좀 드리고 싶은데 받아들일 여유가 있으십니까?"라고 물어서 허락을 받은 후에

"제가 보기에는 당신도 부모님을 이해하지는 않고 이해를 받으려고만 하는 것 같습니다. 유치하게 보이는 부모님께 이해를 받으려고만 하는 그 행동은 더 유치한 것은 아닙니까?" 하고 대응했다. 이런 것을 '대결하기'의 예로 볼 수 있다.

김 과장은 자기 팀장이 자기를 인정해 주지 않고 믿고 맡기지 않는다고 불평을 하고 있었다. 그는 '팀장이 맡겨만 주면 알아서 할 텐데 저렇게 믿어 주지를 않으니 어느 팀원이 팀장을 믿고 따르겠느냐'는 생각이었다. 대결의 순간이 다가왔다. 팀장은 "김 과장! 당신 입장에서는 믿고 맡겨 주지 않는다고 불만이 많은 것 같다. 그러나 내 입장에서 보면 믿고 맡겨 주지 않는다고 해서 불평이나 하고 있는 과장이라면 어떻게 믿고 맡길 수 있겠느냐?"라고 바로 직면을 시키는 것이다. 자기 팀장이 상사에게는 꼼짝도 못하면서 아랫사람에게는 너무나 독재적이라고 양면성이 있다고 비난하는 사람에게는 그렇다면 "당신은 상사에게는 대들고 아랫사람에게는 너그러운데 이 모습은 일관성이 있다고 생각하느냐?"라고 직면시킬 수도 있다. 이런 식의 대결은 자칫하면 상대에게 충격을 줄 수 있기 때문에 두 사람 사이에 친밀감과 신뢰감이 충분히 형성되어 상대가 받아들일 수 있는 마음가짐이 되기 전에는 함부로 사용하지 않는 게 좋다.

• 잘못된 버릇들

말을 주고받는 동안에 상대로 하여금 정나미가 떨어지게 만들거나 '쓸데없이 내가 이 사람에게 이야기하고 있구나.'라는 생각이 들도록 만드는 버릇이 많다. 그중에서 흔하게 나타나는 상황을 골라 보자.

－자기 기준으로 보기

상대의 입장이나 형편 따위는 전혀 고려하지 않고 자기 기준에서 평가 판단하는 행위로, "어쩌면 사람이 그럴 수가 있느냐?" "해도 너무 하는 게 아니냐?" "너도 인간이면 생각을 해 봐." "말도 안 되는 소리를 하고 있잖아?" 등이 있다.

－캐묻기

상대의 심정을 공감 수용하지 않고 사실적인 원인이나 캐고 있는 행위, 즉 "뭔가 이유가 있을 것 아니냐?" "도대체 뭣 때문에 그러지?" "언제부터 그러기 시작했니?" "왜 그렇게 해야만 하지?" 식으로 따져 묻는 행동을 말한다.

- 충고 조언하기

"내 말을 따르면 당신에게 도움이 될 거요." 라는 투로 이야기하는 행위, 즉 "그건 그렇게 하지 않는 게 좋을 거요." "글쎄, 내 말만 들으면 된다니까." "내 경험에 비춰 봐서는 아무래도 이렇게 해야 할 것 같은데." "그럼 이렇게 해 보지 그래." 식으로 말하는 것을 말한다.

- 지적하기

상대방의 약점을 꼬집어 주고 고치기를 요구하는 행위, 즉 "너는 마음이 약한 게 탈이야." "요즈음 신입 대리들은 애사심이 부족해." "그 고집 좀 버릴 수 없느냐?" "너는 말이 많은 게 탈이야." 등을 말한다.

- 뽐내기

자기 자랑 또는 과시하기 위해서 하는 이야기들이다. "말이 나왔으니 말이지만……." "내 자랑은 아니지만……." "우리끼리니까 하는 소린데……." "내가 왕년에……." 식으로 자기 자랑을 늘어놓는 행위를 말한다.

- 혼자 떠들기

상대가 관심이 있는지 없는지에는 관심이 없고, 또 상대에게 이야기할 기회는 전혀 주지도 않고 끝도 없이 혼자서만 떠들고 있는 행위이다.

- 말을 가로막거나 끼어들기

상대의 말이 채 끝나기도 전에 가로막고서는 "무슨 소리인지 잘 알아듣겠는데, 하지만……." "너의 심정을 이해 못하는 것은 아니지만, 그러나……." 식으로 자기 이야기를 하거나 이야기 도중에 끼어들어서 딴 이야기를 하는 경우를 말한다.

– 무시하기

상대를 인격적으로 무시하는 말투, 즉 "그것도 말이라고 하느냐?" "그렇게도 머리가 안 돌아가니?" "도대체 정신은 어디 갖다 두고 이걸 일이라고 하고 있느냐?" 식이 되거나 아니면 아예 듣지도 않고 대꾸도 하지 않은 채 딴전 피우는 행위를 말한다.

– 비꼬거나 빈정대기

상대의 가슴을 찌르고 속을 뒤틀어 놓는 말투, 즉 "너야 워낙 머리가 좋은 사람이니까 이런 신통한 발상을 해 내지만 우리 같은 보통 사람들의 머리로는 도저히 이런 생각을 할 수가 없어." "너야 일류 학교 출신 아닌가?" "김 과장이 과장이 된 것도 다 네가 잘 모셔서 그렇다면서, 그러니 앞으로는 더 잘 비비고 모셔야 될 것 아닌가?" 식으로 비꼬거나 빈정대는 것을 말한다.

– 딴전 피우기

상대의 이야기를 듣다가 갑자기 화제를 바꾸거나 딴전을 피워서 상대를 어리둥절하게 하는 행위이다.

A: 과장님, 이번 문제만은 좀 더 신중히 고려해 주셨으면 감사하겠습니다.
B: 그래? 그런데 엊저녁에 만났던 그 사람은 도대체 누구지?

이와 같이 상대의 관심에는 아랑곳하지 않고 자기에게 관심 있는 주제만 이야기하는 행위를 말한다.

이 밖에도 나쁜 버릇은 많이 있다. 이런 버릇은 상대를 실망시키거나 좌절시켜서 그와 나 사이에 장벽을 만들고 거리감을 줄 것이다. 이 버릇을 고치려면, 우선 내가 자주 사용하는 나쁜 버릇은 어떤 것이 있는지, 언제 누구에게 어떤 경우에 사용하는지, 왜 이 버릇을 사용하는지를 곰곰이 생각해 보아야 한다.

• 어려움에 처했을 때

말을 주고받다 보면 갑자기 말이 통하지 않거나, 꼬이거나, 오해받아서 답답해지는 경우처럼 어려움에 처하는 때가 있다. 만약 이런 경우에 처하면, 재빨리 알아차리고 조치를 취해야 한다. 대화가 되지 않고 있는데 그것도 알지 못하고 그냥 대화를 계속한다면, 그것은 오해를 불러일으킬 소지가 있기 때문이다. 다음은 대화가 잘 안 될 때, 당신이 우선적으로 생각해 보아야 할 요소들이다.

–우리는 솔직하게 터놓고 이야기를 하고 있는가?

–서로가 상대의 탓으로 돌리고 있지는 않은가?

–상대를 힘으로 누르려고 하지는 않았는가?

–감정에 휩싸여 있지는 않은가?

–충고와 지적을 하거나 해답을 주려고 노력하지는 않는가?

–강요하고 있지는 않은가?

–서로 다른 입장에 서서 자기 입장만 받아들이라고 요구하고 있지는 않은가?

–서로가 너무 방어적인 태도를 가지고 있지는 않은가?

이 경우 중에서 한두 가지 상황이라도 생겼다면, 당신은 재빨리 조치를 취해야 한다. 우선, 대화의 내용을 더 이상 진전시키지 말고 화제의 초점을 대화하고 있는 상황과 나와 상대의 심리 상태 및 대화의 과정으로 옮기는 것이 좋다.

예를 들면, "나는 지금 좀 답답해지는데……, 왜냐하면 내 생각에는 우리 두 사람이 모두 상대에게 자기 입장을 받아들이라고만 강요하고 있는 것 같은 인상을 받고 있기 때문이다. 그래서 당신만 괜찮다면 우선 그 점에 관해서 이야기를 좀 더 나누고 다시 본론을 이야기하면 좋을 것 같은데 당신 생각은 어떤가?" 하는 식이다.

이처럼 대화 도중에 필요하다면 대화의 과정을 분석해 보는 것이 바람직한 대화에 도움이 된다.

3) 칭찬하기

(1) 칭찬 인정하기

사람들이 주고받는 말은 서로를 보다 친밀한 관계로 만들어 주는 촉진제가 되기도 하고, 때로는 서로를 원수지간으로 만들기도 한다. 무엇이 그렇게 다른 결과를 만들게 되는 것일까? 말은 구성과 방법에 따라서 다양하게 작용하는데, 우리가 사용하는 말 중에서 상대를 칭찬, 인정, 지지, 격려하는 기술은 대인관계를 개선하는 가장 중요한 수단이다. 칭찬을 받은 사람은 다음과 같은 결과를 얻게 된다.

- 기쁘고 즐거워진다.
- 자신감이 생긴다.
- 고통이 가시거나 줄어든다.
- 용기가 생긴다.
- 칭찬을 해 준 사람에게 호감을 갖는다.

이 때문에 칭찬이란 인간관계를 개선하는 최고의 수단이다. 막상 칭찬을 하려고 하면 익숙하지 않고, 어색하고, 서툴러서 잘 안 되지만 칭찬을 하는 데 망설일 필요가 없다. 칭찬할 상대방이 있고 칭찬할 내용이 있으면 언제 어디서나 서슴지 말고 칭찬을 해야 한다.

사람들은 자기가 잘하고도 잘한 줄 모를 수도 있기 때문에 부족감을 느낄 수도 있고 자신감을 갖기 어려울 수도 있다. 이런 사람에게 깊은 관심을 가지고 잘하는 점을 알아주면 자신감을 회복하는 데 큰 도움을 줄 수 있다. 칭찬을 잘하기 위해서는 다음과 같이 하면 된다.

- 상대에게 관심을 갖는다.
- 상대의 특성과 욕구에 맞게 한다.
- 표현해서 알려 준다.
- 의도적으로 하도록 한다.
- 마음에서 우러나오는 칭찬을 한다.

• 사실을 칭찬하기보다 사람을 칭찬한다.

칭찬, 인정은 상대방에게 기쁨을 주고, 자신감을 주며, 희망과 용기를 주는 가장 아름다운 말이다. 그런데도 이런 아름다운 말을 잘 사용하고 있는 사람은 드물다.

옛날부터 우리 조상들은 농사를 짓고 살아온 농경민족이다. 만주 벌판을 누비며 말을 타고 활을 쏘던 고구려인의 기상은 신라가 삼국통일을 한 이후에는 찾아보기 힘들다. 그저 논밭이 가까운 곳에 부락을 이루고 대대손손 그 부락에서 살았다. 이런 환경은 우리의 부모들로 하여금 자식을 용맹한 사람, 성공하는 사람으로 기르기보다는 겸손한 사람, 성숙한 사람으로 기르는 일을 가장 우선하게 만들었던 것 같다. 일생 동안 남에게 원한을 사지 않는 사람, 백 번을 참을 수 있는 사람, 남들과 따뜻한 정을 나눌 수 있는 사람으로 키우는 데 칭찬은 불필요한 말이었다. 뿐만 아니라 칭찬을 잘못하면 자만심을 기를 수도 있고 교만하게 만들어서 자식을 망칠 수도 있다고 생각했기 때문에 오히려 경계해야 한다는 생각까지도 했다.

그러다 보니 일생 동안 단 한마디도 칭찬을 안 하던 부모님이 돌아가시는 순간에 "그래도 네가 가장 믿음직스러웠다."라고 한마디 한 것이 부모님께 들은 칭찬의 전부인 사람도 있었다. 심지어는 남들이 자기 앞에서 자식을 칭찬하면 "워낙 좋게 봐 주셔서 그렇지 저런 녀석이 무슨 그런 장점이 있겠습니까?"라고 하면서 애써 부정하는 사람도 많았다. 오죽하면 남들 앞에서 아내나 자식을 자랑하는 것은 뭔가 모자라는 사람이 하는 짓이라고 생각했겠는가.

직장에서도 마찬가지다. "왜 칭찬 한마디 안 해 주십니까?"라고 물었다가는 "야단 안 치는 것은 전부 칭찬으로 들어라. 불러서 야단칠 때를 행복하게 생각해야 한다. 그것도 관심이 있으니까 부르는 거야." 식의 이야기를 듣게 되기도 한다. 더구나 지적을 리더십이라고 생각해서 부하들의 잘못을 꼬집어 주는 것이 훌륭한 리더라고 착각하고 살아왔다. 그렇지만 지적을 해서 잘못된 행동을 금지시킬 수는 있으나 바람직한 행동을 하게 만들지는 못한다. 오직 칭찬만이 바람직한 행동을 불러일으킬 수 있다. 오랜 세월 동안 우리는 이렇게 야단만 맞고 자라왔다고 해도 과언이 아니다.

이처럼 칭찬이 상당한 효과가 있음에도 다른 사람을 칭찬하는 일뿐만 아니라 칭찬을 받는 일도 쉽지 않다. 그 이유를 살펴보면 다음과 같다.

첫째, 칭찬을 받아보지 못했기 때문이다. 우리는 성장 과정에서 올바른 칭찬을 받아보지 못했다.

둘째, 마음에 여유가 없기 때문이다. 상대의 장점을 살필 수 있는 내 자신의 여유가 없다.

셋째, 큰 것만 칭찬하려 하기 때문이다. 사소한 것이나 당연한 것으로 여겨지는 것은 칭찬거리가 아니라고 생각한다.

넷째, 겸손이 미덕이라고 생각하기 때문이다. 겸손은 미덕이라는 고정관념 때문에 칭찬을 하기도 어렵고 받기도 어려워한다.

다섯째, 상대방에 대한 경계심 때문이다. 칭찬을 했을 때 상대가 어떻게 생각할지 몰라서 칭찬하기가 힘들다.

여섯째, 자신의 가치관 때문이다. 자신의 가치관에 비추어 상대를 보고 있기 때문에 칭찬보다는 지적을 많이 하게 된다.

일곱째, 말주변이 없기 때문이다. 칭찬을 하고 싶어도 적당한 단어가 떠오르지 않거나 표현력이 부족하다.

그러나 이제 우리나라는 완전히 산업화되었고, 낯선 사람들을 만나서 그들과 더불어 일하고 살아가는 세상이 되었다. 낯선 사람들을 만나서 그들에게 친밀감과 신뢰감을 얻어내려면 그동안 우리가 주로 사용해 왔던 익숙한 대화방식이 아닌 새로운 대화방식이 필요하다.

(2) 칭찬·인정·지지·격려

칭찬은 상대가 잘했을 때 상대를 높이 평가하고 있다는 자신의 심정을 상대방에게 전달하는 수단이다. 하지만 상대가 잘했을 때 칭찬을 해야지 상대방의 잘못된 점까지도 칭찬을 하면, 상대는 그것도 잘한 걸로 오해하고 더욱 열심히 하도록 만들 수 있으니 조심해야한다. 또는 자신의 결점까지도 칭찬하기 때문에 듣는 사람으로 하여금 불신감을 불러일으켜 칭찬하지 않은 것보다 좋지 못한 결과를 얻을 수도 있다. 인정은 상대방을 알아주는 것으로 언제든지 사용해도 좋다. 지지는 상대방이 잘하겠다고 결심했을 때 힘을 실어 주고 용기를 주는 것이다. 격려는 상대방이 실패하거나 좌절했을 때 그 심정을 공감 수용하고 문제해결의 방향을 찾도록 도우며 다시 도전할 수 있도록 희망과 용기를 되찾게 하여 성공으로 안내하는 대화방식이다. 그 때문에 격려를 하는 데는 단순한 한두 마디의 말이 아니라 공감 수용 능력, 질문 능력, 칭찬 인정 능력, 문제 해결 능력, 카운슬링 능력, 코칭 능력까지 사용할 필요가 있다.

(3) 칭찬 인정 요령

칭찬 인정은 상대방이 어떤 일을 잘했을 때 상대방의 성품을 알아주는 인정과 그 사실을 알아주는 칭찬으로 나눌 수 있다. 많은 사람이 상대방을 잘 알아야 칭찬을 할 수 있다고 생각한다. 물론 상대방에 대해서 잘 알고 있을수록 좀 더 정확하고 깊이 있는 칭찬을 할 수 있을 것이다. 그러나 처음 보는 사람끼리 첫인상만 가지고도 얼마든지 할 수 있는 것이 칭찬이다. 칭찬은 큰 것을 하는 것도 좋지만 상대방이 자신도 잘 알아차리지 못하는 작고 세밀한 부분까지 알아주는 것이 효과적일 때가 많다.

(4) 칭찬 인정 단어 찾기

우리는 칭찬을 들어 본 경험이 그렇게 많지 않기 때문에 상대방을 칭찬하려고 하면 우선 칭찬할 단어가 잘 생각나지 않는 경우가 많다. 그리고 대부분은 상대방이 한 말이나 행동을 사실적으로 보고 그 사실을 칭찬하는 경우가 많다. 칭찬 인정을 할 때는 상대가 잘한 사실이나 행동보다는 성품을 알아주는 것이 좋고, 큰 것을 하는 것도 좋지만 상대도 잘 알아차리지 못한 세밀한 부분까지 알아주는 것이 효과가 더 크다.

예를 들어, '대인관계가 좋다.'는 행동에 대해서 성품을 찾아서 세밀한 부분까지 인정을 해 보면, 너그럽고, 원만하고, 넉넉하고, 친절하고, 자상하고, 여유 있고, 인간적이고, 정이 많고, 따뜻하고, 상냥하다 등의 성품을 찾을 수 있다. 또한 '일을 잘한다.'는 행동을 통해 똑똑하고, 부지런하고, 열정적이고, 영리하고, 인내심이 있는 사람이라는 성품을 찾을 수 있다.

(5) 인정하기

인정은 자주 하는 것보다는 제대로 준비하고 구성해서 단 한 번을 들어도 들은 사람이 평생 잊지 못할 그런 인정을 하는 것이 좋다. 사람을 인정할 때는 성품을 알아주면 좋은데 사람은 종합적인 존재이기 때문에 한 측면만 인정하지 말고 여러 측면을 골고루 인정해주는 것이 좋다. 그렇게 하려면 상대의 여러 가지 장점을 길게 나열하기보다는 세 가지 측면으로 구성해서 인정하는 것이 효과적이다.

3차원 사람 인정 방법
- 1차원: A차원 인정
- 2차원: A차원과 대비되는 인정
- 3차원: A, B와 관련 없는 C차원 인정

1차원: 우선 그 사람의 가장 돋보이는 성품(A)에 대해 인정한다.
"당신은 인상이 매우 편안합니다. 그래서 거부감이나 거리감을 전혀 느낄 수 없고 가깝게 지내고 싶은 마음이 생깁니다."

2차원: 그 측면과 대비되는 다른 장점에 대해 인정한다.
"그런데 그런 편안한 인상을 주는 분들은 분명하고 확실한 태도가 부족할 수도 있는데, 당신은 그렇게 편안하면서도 논리적이고 객관적이며 합리적인 태도까지 함께 가지고 있는 것 같아요. 한 사람이 이런 장점을 함께 가진다는 것은 정말 쉬운 일이 아니지요."

3차원: 마지막으로 제3의 측면까지 한 번 더 인정한다.
"앞의 두 가지도 탁월한데 당신의 또 다른 장점은 마음속에서 끓어오르는 열정과 추진력이 있고 리더십까지 갖추고 있는 점인 것 같아요. 이런 여러 가지 장점을 함께 갖춘 분은 당신 아니고는 정말 드물지요. 그 때문에 많은 사람이 당신을 좋아하는 것 아니겠어요?"

〈표 2-2〉 3차원 사람 인정 방법

1차원	2차원	3차원

"내가 김 대리를 탁월하다고 생각하는 이유는 성격이 적극적이고 추진력이 있고 박력이 있기 때문이지."와 같이 우선 그 사람의 돋보이는 면을 한 가지 인정하고 그다음에 그와 반대되는 면을 찾는다. "그런데 보통 추진력이나 박력이 뛰어난 사람들은 인간적인 면이 부족하기 쉬운데 김 대리는 박력도 뛰어나지만 거기에 다 워낙 정이 깊고 자상한 면모까지 갖추고 있지."와 같이 두 가지 측면을 대비해서 인정한 다음에 이 두 가지와는 상관없는 제3의 측면을 찾아서 "보통 사람들은 이 두 가지 성품을 함께 갖추는 것도 힘든데 김 대리는 이 두 가지 장점 외에도 유머 감각까지 뛰어나서 항상 김 대리가 있는 곳에는 웃음꽃이 피고 있으니 그런 점이 더욱 놀랍지. 어떻게 한 사람이 이런 장점들을 골고루 갖출 수 있는지 정말 감탄스러워."라는 식으로 완성을 한다.

❀ 인정 예시

〈예시 1〉

제가 당신을 볼 때에 당신의 객관적이고 논리적인 부분이 정말 놀라워요. 그런데 그동안 제가 만나 본 논리성이 탁월한 분들은 정서적으로는 부족한 경우가 많아서 냉정하다, 차갑다는 소리를 듣는 경우가 많은데 당신은 어쩌면 그렇게 따뜻하신지요. 한 사람이 이런 두 가지 장점을 모두 가지고 있기가 참 힘이 드는데 당신은 이 두 가지가 조화를 이루고 있어요. 그리고 당신은 말씀하실 때 간결하고 분명하게 자기 의견을 정확하게 전달할 수 있는 표현력도 정말 뛰어납니다. 한 사람이 이렇게 세 가지 장점을 골고루 갖춘 것은 당신 외에는 본 적이 아주 드물어요.

〈예시 2〉
내가 당신을 봤을 때 대단하다고 생각했던 점은 사람을 지극한 심정으로 대하신다는 거예요. 그런데 그동안 제가 만나 봤던 남에게 지극 정성인 사람들은 남을 돌보느라 자신을 돌보지 않는 사람이 많았는데 당신은 남들도 지극히 대하지만 자기 자신에 대해서도 얼마나 알뜰하게 보살피시는지요? 그 두 가지 면도 뛰어나지만 그 외에도 당신은 항상 환하게 웃고 밝으시잖아요. 그래서 모두 당신을 좋아할 수밖에 없을 것 같아요.

〈예시 3〉
제가 선생님을 볼 때 참으로 놀라운 점은 어쩌면 그렇게 객관적이고 논리적이세요? 아무리 어려운 문제가 있어도 선생님 앞에만 가지고 가면 분명하게 정리되어 나오거든요. 그동안 제가 만나 봤던 논리적인 분들은 다른 사람들한테 인간적인 정이 좀 부족하다는 소리를 듣는 분이 많은데 선생님은 이런 논리적인 모습도 있지만, 한편으로는 마음이 너무나 따뜻해서 어려운 사람들의 마음을 속속들이 챙겨 주시잖아요. 선생님의 또 다른 장점은 어떤 사람들과도 쉽게 어울릴 수 있는 폭넓은 인간관계까지 가지고 계시는 점이지요.

(6) 사실 칭찬하기
'사실 칭찬'은 1단계 '사실', 2단계 '근거', 3단계 '성품' 순으로 구성을 한다. 1단계는 사람이 무엇을 잘했을 때 그 점을 꼬집어서 칭찬을 하는 것이다. 이런 논리대로 칭찬을 사람에 대한 칭찬으로 바꾸고, 작고 세밀한 것으로 나누어 칭찬해 보는 것이 중요하다.
예를 들면, 다음과 같다.

"사회를 참 잘 보십니다."
"프레젠테이션을 잘하십니다."

〈표 2-3〉 사실 칭찬

사실	근거	성품

"강의를 잘하십니다."

그런데 이렇게 단순히 사실만 칭찬하면 상대방은 "이 사람이 왜 이렇게 칭찬을 하지?" 라고 궁금해하거나 뭔가 다른 의도를 가지고 칭찬을 하는 것은 아닌지 의심을 할 수 있다. 그 때문에 2단계에서는 왜 그런 칭찬을 하는지 이유나 근거를 분명히 밝혀 주는 것이 좋다. 강의를 잘했다면 다음과 같이 한다.

"제가 그렇게 생각하는 이유는 전혀 지루하지 않았고, 내용이 너무나 현실적이고 구체적이어서 이해하기가 참 쉬웠기 때문입니다."

사회를 잘 보았다면 다음과 같이 한다.

"모든 참가자가 골고루 참여하고 몰입할 수 있었으며, 토의의 질이 높아서 좋은 결과를 얻었다는 생각이 들었습니다."

그다음 3단계에서는 '이와 같은 결과가 나온 것은 당신의 성품이 이래서 그렇습니다.' 라는 식의 사람 칭찬으로 바꾼다.

"강의를 지루하지 않게 하려면 참가자들의 심리 파악을 분명히 해야 하는데 그러기 위해서는 참가자의 입장에 설 줄 알아야 하고, 통찰력이 있어야 하며, 이해심이 있어야 한다고 생각합니다. 그리고 현실적이고 구체적인 내용을 강의하려면 준비성이 남달라야 하고, 경험도 많아야겠지만 그 무엇보다 참가자들을 확실하게 가르쳐야 한다는 분명한 책임감을 가지고 있어야 한다고 생각합니다."

또한 다음과 같이 성품을 알아줄 수 있을 것이다.

"모든 참여자로 하여금 골고루 참여하게 하려면 민주적인 리더십이 탁월하고 객관적이며 공평하고 분명한 성품이 있어야 하는 것 아닙니까? 그리고 토의의 질을 높이려면 명석하고 문제해결 능력이 있으며 창조적인 발상을 할 수 있어야겠지만 무엇보다 우리 팀을 진정으로 아끼고 위하는 마음이 있어야 할 것입니다."

위의 경우에 근거는 더 많이 들 수 있겠지만 세 개 이상이 되면 너무 많아져서 불편하고 한 개는 빈약한 것 같아서 주로 두 개를 드는 것이 좋다. 물론 성품도 수없이 다른 부분을 찾을 수 있을 것이다. 그러나 너무 많아지는 것은 오히려 실감이 덜해지는 경우가 있다. 앞의 칭찬 요령은 다양한 칭찬 요령 중에서 일부를 소개한 것이다. 각자 연습을 통해 자신만의 칭찬 요령을 익힐 필요가 있다. "저분에게 들은 칭찬은 정말 일생을 두고 잊을 수가 없다."라든지 "일생 동안 그 누구에게도 못 들었던 칭찬을 저분에게서 들었다." 라는 반응은 사람을 알아볼 수 있는 사람이 들을 수 있는 최대의 찬사이기 때문이다.

● 사실 칭찬 예시

너는 상황에 따라 어떻게 그렇게 처신을 잘하니? 우리가 공부할 분위기에는 리더십을 발휘해서 공부할 분위기를 조성하고 놀 때는 전체가 아우러지게 화끈하게 놀더라구. 그렇게 하려면 순발력도 있어야 하고 사람에 대한 관심도 있어야 하고, 전체를 아우르는 힘이나 리더십이 있어야 하는 것 같거든. 너의 그런 부분이 참 놀라워.

지금까지 우리는 대화의 요령에 대해서 생각해 보았다. 일반적으로 대화의 요령은 목적에 따라서 달라진다. 아나운서가 뉴스를 보도할 때는 객관적인 사실에만 충실하면 되고, 운동경기를 중계하는 사람은 자기 주관을 개입하지 말아야 한다. 검사가 심문을 할 때에는 철저하게 객관적이어야 할 것이며, 세일즈맨이 판매를 할 때에는 독특한 판매 화법을 사용한다. 상사는 부하가 신이 나서 일할 수 있는 여건을 조성해야 하고 그 결과 높은 실적을 달성해야 한다. 그러기 위해서는 부하들과 친밀감과 신뢰감이 조성되어야 하고 부하들이 믿고 따르도록 만들어야 한다. 일반적으로 상대와의 사이에서 친밀감과 신뢰감을 쌓아 나갈 때에는 말을 듣는 기술이 가장 많이 사용된다. 사람들은 상대방이 자기의 이야기를 듣고 받아들여 주기를 기대한다. 그들은 당신을 다음 네 가지로 분류한다.

- 말귀도 못 알아듣는 사람
- 대화가 되는 사람
- 배짱이 맞는 사람
- 사람을 알아보는 사람

당신이 상대가 말하는 의미조차 파악하지 못한다면, 당신은 말귀도 못 알아듣는 사람이 되고 말 것이다. 그러나 말 속에 담긴 뜻을 알아들으면 대화가 되는 사람으로 대접을 받을 것이며, 기분을 받아 주면 배짱이 맞는 사람, 성격까지 받아 주면 사람을 알아보는 사람이 된다. 당신이 생각하기에 당신은 어느 정도로 듣는 능력이 있는 사람이라고 생각하는가? 다른 사람들은 당신이 어느 정도로 듣는 능력이 있는 사람이라고 생각하고 있을 것 같은가?

말을 하는 요령도 그렇다. 우선, 상대가 내 말을 거부감 없이 받아들일 수 있는 상태가 되었을 때 말을 해야 한다. 한국인은 상대의 말이 옳은 소리라고 해서 반드시 받아들이는 사람들이 아니라, 옳은 소리도 감정적으로 받아들이고 싶어야 받아들이는 경향이 많다. 심지어 말은 옳더라도 말하는 사람이 싫으면 그 말까지도 거부하는 경우도 많다. 상대가 내 말을 거부감 없이 받아들이게 하려면 우선 다음과 같은 요령을 지키는 것이 좋다.

- 상대의 인격을 존중하고 자존심을 건드리지 않는다.
- 잘못된 행동은 꼬집어 주되 사람을 나무라지 않는다.
- 그 행동을 보고 느낀 내 기분을 상대에게 솔직하게 알려 준다.

그러나 이 요령을 배웠다고 해서 수십 년간 습관이 되어 온 지금까지의 말버릇이 하루 아침에 고쳐지지는 않는다. 사람은 습관을 바꾸려고 들면 많은 스트레스를 받게 된다. 거부감이 생기고, 어색하기도 하며, 실수하면 어떻게 될까 두렵기도 하고, 심지어 갑자기 내가 행동을 바꾸면 상대방이 이상하게 보지 않을까 하는 걱정이 되기도 한다. 그러나 이런 어려움을 극복해 낸다면 당신은 남들에게 신뢰받고 존경받는 사람이 될 수 있을 것이고 당신 주변에는 활기차고 생기 있는 사람들이 많아질 것이다.

6. 인간관계 개선

인간관계란 다른 사람이 보는 나와 내가 보는 나와의 차이를 알고, 다양한 사람들의 관점을 이해하며 관계를 맺는 것이다. 자기 개선은 자신의 태도와 행동을 바꾸는 것이고, 인간관계 개선은 내가 상대에게 영향을 미쳐 상대가 나에게 가지고 있는 인상을 긍정적으로 바꾸는 것이다. 거의 대부분의 한국 사람은 전통적으로 수양하고 반성하고 자기를 개선하는 데 초점을 맞추고 살아왔기 때문에 관계 개선에는 서툰 사람들이 많다. 그 때문에 우리들은 관계 개선에 대해서 특별한 훈련이 필요한 것이다.

인간관계에서 생각해 보아야 할 몇 가지 기본적인 관점이 있다. 상대가 나를 향해서 "당신은 고집이 세다."라고 이야기했을 때 그 말을 어떻게 해석해야 하는가? 여기에는 두 가지 관점이 있을 수 있다. 하나는 절대적인 관점이고 다른 하나는 상대적인 관점이다. 절대적인 관점으로 보는 사람은 상대의 이야기를 듣고 자기 자신을 돌이켜 본다. 그리고 과거의 기억을 회상해서 자신이 고집이 센 사람인지 아닌지를 판단하려고 든다. 이런 사람들은 고집이 세다는 소리를 듣는 것이 자기 자신의 특성이라고 착각하고 자신을 개선해서 그런 소리를 듣지 않는 사람이 되려는 무리한 목표를 세운다. 이런 관점은 거의 대부분 실패하게 된다. 그리고 이들은 자신이 무엇을 잘못하고 있는지도 모르기 때문에 같은 실수를 끊임없이 반복하는 경향이 있다.

그러나 상대적인 관점에서 보는 사람들은 마주 앉은 상대가 나를 '고집이 세다.'라고 인식했다고 생각을 하고 상대와 관계 개선을 해서 상대의 머릿속에 심어져 있는 내 인상을 바꾸려고 노력한다. 이처럼 상대가 나를 긍정적으로 지각하게 만드는 능력이 인간관계 개선 능력이다. 인간관계를 개선하려면 인간관계의 세 가지 관점인 '상대적' '감정적' '상호작용'을 이해해야 한다.

1) 인간관계는 '상대적'이다

사람들은 세 가지의 다른 자기를 가지고 있다. 그것은 자기가 보는 자기, 남이 보는 자기, 실제의 자기이다. 이 세 가지 자기가 비슷한 점이 많으면 많을수록 인간관계가 좋아지고, 적으면 적을수록 인간관계가 어려워진다. 우선, 자기가 보는 자기와 남이 보는 자기를 생각해 보자.

사람들은 각자 자신의 가치관과 성격을 기준으로 자기 자신과 상대를 지각한다. 이 때문에 같은 사람을 두고서 보는 사람마다 다르게 이야기하는 경우가 많다. 엄격히 말한다면 내가 나를 보는 것과 똑같은 시각으로 나를 보고 있는 사람은 이 세상에는 나 한 사람밖에는 없을 것이다.

인간관계 전문가들은 다른 사람들에게 오해를 받았을 때는 당연하다고 생각하고, 조금이라도 이해를 받으면 그 점을 아주 고맙게 생각한다. 그러나 일반인들은 상대에게서 이해를 받았을 때는 너무나 당연하다고 생각하다가 조금이라도 오해를 받게 되면 아주 서운해하거나 상대를 원망하는 경향이 많다.

나와 관계를 맺은 사람이 나의 어떤 행동을 긍정적으로 보든 부정적으로 보든 그것은 그 사람이 자기 기준으로 나를 보는 것이다. 그래서 그 사람이 나를 보고 말이 길다고 하면 '내가 말이 길었나? 아닌가?'를 생각할 것이 아니라 '그 사람은 나보다 말이 짧은 사람을 좋아하는구나.'라고 생각해야 한다. 예를 들어, 나보다 성질이 급한 사람은 나를 보고 느리다고 할 것이고, 나보다 성질이 느린 사람은 나를 보고 급하다고 할 것이다. 그러나 대부분의 사람이 다른 사람들이 나를 보고 "이렇다 저렇다."라고 이야기를 하면 '그의 기준에 의해 내가 저렇게 비춰졌구나.'라고 생각하지 않고, '내가 그런 사람이냐? 아니냐?' 하는 착각에 빠지기 쉽다.

나보다 키가 큰 사람이 나를 보면 키가 작다고 생각하고 나보다 키가 작은 사람이 나를 보면 키가 큰 사람이라고 보는 것처럼 나보다 적극성이 뛰어난 사람이 나를 보면 소극적이라고 할 것이고, 나보다 소극적인 사람이 나를 보면 적극적인 사람이라고 할 것이다. 한 팀에 열 명이 함께 있을 때 다섯 사람이 나를 적극적이라고 보고 다섯 사람이 나를 소극적이라고 본다면 적극성의 측면에서는 그 팀에서 내가 가장 표준이라는 의미이다.

2) 인간관계는 '감정적'이다

한국인은 대인 지각에 있어서 감정의 영향을 매우 크게 받는다. 동일한 특성을 가진 사람들이라도 보는 사람의 감정적인 상태나 두 사람 사이의 친밀도에 따라서 전혀 다르게 받아들여질 때가 많다.

예를 들어, 새로 부임한 관리자에 대해 그 관리자와 개인적으로 사이가 나쁘거나 불만이 있는 사람이거나 그 팀 내에 오해나 갈등이 심할 때에는 '건방지고 설친다.'라는 평가를 하기 쉽다. 그러나 개인적으로 친밀감이나 신뢰감이 있거나 팀이 활성화되어 있을 때에는 '적극적이고 의욕적인 사람'이라는 긍정적인 반응을 하는 사람이 많아질 것이다. 건방지다는 반응을 받는 것과 적극적이라는 반응을 받는 것은 전혀 다른 두 가지 특성 때문이 아니라, 동일한 특성을 가지고 있으나 보는 사람들에게 두 가지 다른 측면으로 비추어진 것일 수도 있다.

당신에게 극도로 나쁜 감정을 가지고 있거나 사람을 부정적으로만 보는 특성을 가지고 있는 사람은 당신의 모든 특성을 부정적으로만 받아들일 것이다. 이는 마치 당신이 아무리 뛰어난 외모를 가지고 있더라도 일그러진 거울에 비추면 흉한 모습이 될 수밖에 없는 것과 같다. 반면, 당신에게 극단적으로 호감이 있거나 사람을 긍정적으로만 보는 특성을 가지고 있는 사람은 당신의 모든 특성을 긍정적으로 받아들일 것이다.

보는 사람이 감정적으로 불편해졌을 때는 나의 특성을 부정적으로 지각하는 성향이 높아지고, 그 사람이 기분 좋거나 나한테 호감을 가졌을 때는 나의 특성을 긍정적으로 지각하는 성향이 높아지는 것이다. 그래서 똑같은 특성에 대해서 기분이 좋을 때는 소신 있다고 보고 기분이 나쁠 때는 고집불통이라고 보는 것이다.

그래서 상대방이 나를 보고 "건방지다, 고쳐라."라고 이야기하는 경우에는 나를 고치라는 요구도 있지만 자기가 불쾌하니 그 심정을 알아 달라는 이야기로 들어야 할 때가 많다. 이럴 때에는 나를 고치기 이전에 "당신이 나를 그렇게 봤다면 기분이 나쁘고 언짢았겠습니다. 얼마나 불편했으면 나한테 이런 소리를 하겠습니까?" 하고 상대방을 공감 수용을 하고, "그런데 당신은 나보다 겸손한 사람 같은데 그런 분이 나를 건방지게 봤다면 더 불편했을 것 아닙니까? 그런데도 나를 위해서 이런 충고를 해 주는 것이 참 고맙습니다."라고 다 받아 주고 난 다음에 "나는 사실 그런 소리는 처음 듣는데 당신이 나를 그렇게 봤을 때는 이유 없이 그럴 것은 아니지 않습니까? 그 이유를 설명해 주시면 고칠 것은 고치고 또 사과할 것은 사과하고 싶으니까 좀 알려 주시겠습니까?"라고 한다. 이런 태도가 관계를 개선하는 지름길이다.

3) 인간관계는 '상호작용' 한다

흔히 상대에게서 내가 받는 반응은 전적으로 내가 책임져야 할 것도 아니고, 전적으로 그가 책임져야 할 것도 아니다. 사람들이 관계를 맺는 동안에 주고받는 인상은 두 사람의 상호작용 속에서 상대에게 그렇게 비추어진 것일 뿐이다.

상대는 나와 더불어 나에게 이야기한다. 상대의 말이 잘 이해가 되지 않을 때 내가 이해를 잘하지 못한 것이 50%이고, 상대가 설명을 잘 못하고 있는 것이 50%이다. 상대의 말이 재미있다고 생각될 때 내가 재미있다고 보는 것이 반이고 상대가 재미있게 말하는 것이 반이다. 왜냐하면 웃을 준비가 되어 있는 사람만이 웃을 수 있기 때문이다.

4) 인간관계 개선 게임

한국 사람들이 인간관계를 개선하기 위해 흔히 사용하는 잘못된 게임들은 다음과 같다.

〈표 2-4〉 인간관계의 잘못된 게임들

게임	(예시) 상대의 이야기를 듣고 건방지다고 느낀 경우
○, ×형	그것이 맞는지 틀렸는지 먼저 생각하는 사람들
	"예, 저에게 그런 점이 있습니다." 또는 "저는 절대 그런 사람이 아닙니다. 오해하지 마십시오."
질문형	그 이유를 캐묻는 사람들
	"왜 나를 건방지다고 보느냐?"
반격형	상대에게 반격을 하는 사람들
	"너는 건방지지 않냐?"
관계 단절형	아예 관계를 끊어 버리려는 사람들
	"그런 소리 하는 사람은 안 보면 될 것 아니냐?"
미래 보장형	언젠가는 알게 될 날이 올 것이라고 생각하는 사람들
	"네가 지금은 나를 잘못 보고 있는데 언젠가는 알게 될 거다."
자포 자기형	상대가 그렇게 본다면 도리가 없다고 생각하는 사람들
	"그렇게 생각한다면 도리가 없지요."
수양형, 반성형	왜 그런 소리를 듣게 되었는지를 생각하고 다시는 그런 소리를 듣지 않으려고 수양하고 반성하는 사람들
	"다시는 그러지 않도록 노력하겠습니다." "제가 너무 어리석었습니다."
사과, 시인, 동조형	사과하거나 시인하거나 동조하는 사람들
	"미안하게 되었네." "내가 생각해도 건방진 면이 없지 않지." "내가 당신이라도 그렇게 생각하겠네."
무학 도사형	뒤집어 씌우는 사람들
	"네가 건방지니까 나를 그렇게 본다."
대범형, 무시형, 회피형	무시하고 대범한 척하고, 화제를 돌리거나 농담으로 얼버무리며 회피하는 사람들
	"그 정도 이야기에 감정이 상할 내가 아니다."
일반화형	일반화시켜서 문제를 외면해 버리는 사람들
	"누구라도 다 그런 것 아니냐?"
설명형	자신의 입장에서 자세한 설명을 시작하는 사람들
	"나는 성격적으로 배려심이 많기 때문에 절대로 건방진 사람이 아니다."
이해를 구하는형	네가 좀 이해해라 등의 태도를 취하는 사람들
	"네가 날 이해를 못해 주면 누가 나를 이해해 주겠니?"
개선 보장형	변화를 약속하는 사람들
	"앞으로 절대 그런 일이 없을 것이다."

✿ 인간관계 개선 사례

〈사례 1〉

수 소: 당신은 성격이 급하고 자신의 관점을 강하게 주장할 때가 있어서 부담스러워요.

진달래: 저를 성격이 강하고 자신의 관점을 강하게 주장하는 사람으로 보셨을 때 답답하고, 오해받는 것 같아서 속상하고, 단절감도 들고, 뭘 해도 소통이 되지 않을 것 같고 거부당하는 느낌도 들 것 같아요. 그런 기분을 느끼게 만든 것은 죄송한 마음이고, 이런 이야기를 솔직하게 이야기해 주시는 건 감사해요.

그런데 제가 보기에 당신은 성격이 여유롭고, 타인의 관점을 존중하며, 다른 사람이 이야기를 할 때 수용적이고 허용적인 태도로 받아들이시는 분 같아요. 그런 분이 저하고 대화가 안 된다고 생각했을 때 더 막히고 답답했을 것 같아요. 그랬다면 저를 대하기가 불편하고, 대화도 하고 싶지 않았을 텐데 저를 위해서 이런 이야기를 해 주는 것이 정말 고맙습니다. 이런 말씀을 해 주시는 것은 좀 더 수용적이고, 여유 있게 함께 잘 만나고 싶다는 바람으로 말씀해 주시는 것 같아요.

이런 이야기를 할 때는 분명히 이유가 있으실 것 같아요. 이유 없이 이런 말 할 분이 아니잖아요. 언제 제 행동을 이렇게 봤는지 알려 주시면 제가 사과할 부분이 있으면 사과하고, 고칠 부분이 있으면 고치고 싶어요.

〈사례 2〉

지 운: 나는 너를 보면 굉장히 답답한 게 왜 매사에 그렇게 소극적이냐.

초 은: 저를 보면 굉장히 답답하고 매사에 굉장히 소극적으로 보인다는 말씀이시죠. 볼 때마다 그렇게 보셨다면 굉장히 답답하셨겠어요.

지 운: 굉장히 답답해. 그게 네 삶에서 아주 기본적인 태도로 보이는 거야.

초 은: 그냥 보신 게 아니고, 제 삶의 기본적인 태도로까지 보셨다면 우려되고, 염려되는 마음이셨겠습니다.

지 운: 그렇잖아. 네가 후배와 강의 갔다 왔을 때 네가 자라서 후배를 키우는 게 좋아

보인다고 했더니 너는 아직도 "나는 배우고자 하는 사람입니다."라고 하는데 겸
손하지만 자신감 없는 태도란 말이야. 거기다가 너는 만날 배우겠다고만 하는데
남한테 배우기만 해서 어떻게 일류가 될 거냐. 만날 2등이잖아. 만날 2등만 하
고 살래?

초　은: 선생님은 누구보다 어떤 상황에서도 스스로 쟁취해 내시고, 이뤄 내시고, 그걸
　　　　기회로 만드시고, 해 내신 분이시기에 제가 이렇게 기회를 만들 수 있는 시간을
　　　　수동적으로 뒤로 미루는 모습을 보실 때 더 안타까우시고, 염려되기도 하시겠
　　　　어요.

지　운: 내가 너희들을 이류 만들려고 가르치는 게 아니거든. 난 너희들이 일류가 되길
　　　　바란단 말이야. 그런데 계속 나한테 배우기만 하다 보니까 배우는 쪽의 방식이
　　　　익숙해진 것 같아. 남한테 배운 지식으로는 절대 일류 못 돼. 네가 자신감을
　　　　갖고, 새로운 일을 창조해 가는 쪽으로 네 자신을 가꿔 나갔으면 좋겠어.

초　은: 지금 이 말씀은 무엇보다 제가 있는 그 기회들을 스스로 자신감 있게 이뤄 나가
　　　　고, 그래서 제 스스로 힘도 키우고, 당당하게, 새로운 일을 창조하고 펼쳐 내는
　　　　상황까지 되었으면 좋겠다는 말씀이신 거죠?
　　　　이런 말씀을 해 주시는 선생님이 정말 대단하십니다. 그냥 가르치는 것이 아니
　　　　라 한 사람 스스로가 인생에 있어서 해낼 수 있는 모습까지 보면서 같이 기뻐하
　　　　고, 성장을 함께하는 그런 멋진 분이십니다.

지　운: 그런 걸 알면 그런 모습을 보여 줬으면 해.

초　은: 정말 일관되시네요. 어느 한 순간에도 앞에 있는 제자가 그것을 행동으로 해낼 수
　　　　있도록 한결같이 지지하는 마음과 그대로 서 계시는 모습이 정말 멋지시고, 제가
　　　　약간 주춤하는 모습을 보실 때 정말 답답하고, 안타까운 마음이 더 크셨겠어요.

지　운: 털어 버리고 뒤를 돌아보지 말고 앞으로만 가.

초　은: 네. 앞에 앉아 있는 사람들이 저와 지운 님의 시연을 보고 있으니 긴장되어서 전
　　　　스킬을 의식하면서 하고 싶은데 바로바로 반응하기 바쁘고요.

지　운: 지금 같은 경우에도 "스킬을 의식하면서 하고 싶은데 바로바로 반응하기 바쁘
　　　　고요." 그 말이 왜 나와야 돼? 그 속에 어떤 면을 해도 완벽하게 해야 한다는 네

가치관이 들어 있거든. 그래서 강의를 해도 늘 네가 만족감보다는 부족감이 커지고, 그리고 더 공부해서 완벽해져야 하고. 지금도 지금 해내고 있는 모습을 보고 있는 게 아니고, 네가 지금 잊어버린 그것부터 걸러서 그것부터 표현되고.

초 은: 지금 이 순간에도 만족감보다 부족감을 보는 이 모습이 안타까우셨겠어요.

지 운: 안타깝지. 저 녀석이 또 나오는구나. 또 나오는구나. 이렇게 되지.

초 은: 그래서 순간에 내가 해내고 있는 걸 보고, 내 힘으로 계속 나아가고 키우는 것을 해내란 이런 말씀이신 거죠?

지 운: 그렇지. 그쪽으로 가야지. 못하는 걸 왜 보니?

초 은: 한순간도 놓치지 않고 바로 또 이 순간에 즉시성으로 이렇게 알려 줘서 제가 제자리를 찾을 수 있도록 하시는 것이 참 탁월하십니다.

지 운: 지금 완전히 네가 내 지적을 받으면서 너를 안 보고, 나를 보고 있는 이 태도는 참 좋다. 상대를 봐.

초 은: 지금도 제가 뭘 하고 있는지를 바로바로 알려 주셔서 제가 하고 있는 점을 강점으로 더 부각시켜 주시는 모습이 감탄스럽고, 그런 선생님이 멋집니다. 그리고 저 자신에 대해서는 순간 알아차림과 여유 찾는 태도에 대해서 믿음이 가고 기쁩니다.

7. 갈등 관리

1) 조직 내 갈등의 유형

이 세상에 있는 어떤 조직도 갈등이 없는 조직은 있을 수 없다. 그러므로 문제는 조직 내에 갈등이 있느냐 없느냐가 아니라 조직 내의 관리자들이 그 갈등을 해결할 수 있는 역량이 있느냐는 것과 그 갈등을 해결하기 위해서 어떤 태도를 취하고 있느냐에 달려 있다.

관리자들이 갈등 해결에 임하는 태도는 세 가지로 나누어 볼 수 있다. 첫째, 갈등 회피형 관리자는 갈등이 있어도 외면하거나 직면해서 해결하려고 들지 않는 사람이며, 둘째,

갈등 해결형 관리자는 발생된 갈등을 해결하기에 급급하거나 해결하는 것에만 초점을 두는 사람이고, 셋째, 갈등 창조형 관리자는 미래를 내다보고 조직을 혁신하기 위해서 끊임없이 새로운 갈등을 창조해 나가는 사람이다. 바람직한 조직에서는 갈등 창조형 관리자가 인정을 받고 그렇지 못한 조직에서는 불평분자나 문제아 취급을 받게 된다.

조직 내에서 발생한 어떤 종류의 갈등도 조직 구성원들이 직면해서 해결하지 않는 한 해소되지 않는다. 조직원들이 갈등 해결 역량이 부족해서 갈등을 생산적으로 해결하지 못하면 불신풍조가 늘어나고, 개인 간, 집단 간에 의사소통이 줄어들며, 긴장이 고조되고 그 결과 생산성이 낮아진다. 그러나 갈등을 생산적으로 해결하면 문제가 즉시 발견되고, 새로운 아이디어를 찾을 수 있으며, 서로의 입장이나 관점에 대한 이해가 높아져서 협력적인 조직 풍토가 조성되고 신뢰감이 늘어나는 원동력이 된다.

조직 내에는 많은 문제가 있다. 조직 내의 문제는 크게 오해와 갈등으로 나누어서 생각할 수 있다. 오해란 조직 내에서 의사소통이 잘못되어서 발생된 것으로 정보만 정확하게 전달되면 해소가 가능하다. 갈등이란 커뮤니케이션의 장애 때문에 발생하기도 하지만 커뮤니케이션의 장애가 없을 때에도 두 사람 사이의 욕구, 신념, 가치관의 차이가 있을 때에 발생한다. 조직 내의 갈등은 개인 갈등, 대인관계 갈등, 조직 갈등으로 나누어 생각해 볼 수 있다.

(1) 개인 갈등

개인 갈등은 개인이 독자적으로 느끼는 갈등으로 내면 갈등, 자아 이상과 자아 현실의 차이, 가치관 갈등 등이 있다.

내면 갈등이란 개인의 이성, 양심, 감정 사이에서 조화를 이루지 못했을 때 느끼는 갈등을 이야기하며, 자아 이상과 자아 현실의 차이는 자기가 되고 싶은 자기와 실제의 자기와의 차이 때문에 발생한다. 가령, 자기는 대범하고 용감한 사람이 되고 싶은데 실제로는 소심하고 소극적인 자기 모습을 볼 때에 느끼는 갈등이다. 가치관 갈등이란 자신의 가치관에 맞지 않는 역할을 수행해야 할 때 느끼는 갈등이다. 예를 들면, 정직과 성실을 신조로 살아가고 있는 신앙인이 마음에 없는 소리를 할 수밖에 없는 역할을 맡았을 때 느끼는 갈등이다.

(2) 대인관계 갈등

대인관계 갈등은 조직 내에서 다른 사람들과의 관계에서 발생되는 갈등으로 의사소통의 장애, 성격 갈등, 역할 갈등 등이 있다. 의사소통의 장애는 조직에서 가장 많이 발생되는 갈등으로 말하는 사람의 장애, 듣는 사람의 장애, 전달 과정의 장애로 나눌 수 있다. 또한 개인과 개인뿐만이 아니라 수직조직과 수평조직의 각 부서 간과 계층 간의 의사전달이 잘 못되어서 일어나는 수많은 갈등이 이에 해당된다.

성격 갈등은 조직구성원 개개인의 성격 특성이 다르기 때문에 발생하는 갈등이며, 역할 갈등은 조직 내에서 각자가 맡아서 수행해야 할 역할이 다르기 때문에 발생하는 입장의 차이나 문제를 중요하게 생각하는 정도의 차이가 원인이 된다.

(3) 조직 갈등

조직 갈등이란 조직의 구조나 운영 형태, 문화 등에서 나타나는 갈등으로 조직의 목표와 개인의 목표와의 차이, 부서 이기주의, 문화 갈등 등이 있다. 기업조직은 생존을 위해서 항상 이윤을 추구하고 있다. 그러나 조직 구성원 개개인은 행복을 추구하고 있다. 조직이 보다 많은 이윤을 내기 위해서는 가능하면 월급도 적게 주고 근무량도 늘리는 등 개인의 행복을 상당 부분 유보해야 할 필요가 있다. 그 때문에 조직과 개인 사이에는 항상 갈등 요소가 내재되어 있다.

부서 이기주의는 각 부서 간의 입장과 역할의 차이 때문에 끊임없이 갈등이 생겨나는 것을 말한다. 영업부서에서는 "얼마나 어렵게 받아 온 주문인데 생산을 못한다면 이게 말이나 되는 소리이냐?"라고 이야기하면 생산부서에서는 "기계나 인력이 한정이 있는데 무작정 주문만 받아 오면 어떻게 하느냐?"는 식이다.

문화의 갈등도 크다. 기업 문화는 크게 성실 근면형, 적극 도전형, 책임 완수형, 사교형, 합리형 등으로 나누어 생각해 볼 수 있다. 그런데 회사는 적극 도전형의 문화인데 단위 부서는 성실 근면형의 문화가 형성되어 있으면 타 부서 사람들의 눈에는 정도 이상으로 답답해 보일 수 있다. 회사는 사교형의 문화인데 단위부서는 책임 완수형의 문화일 때도 정도 이상으로 이기적인 사람들로 오해를 받는 경우가 많다.

이처럼 조직 내에는 수많은 종류의 갈등이 존재하는데 관리자는 자기의 내면 갈등을 가지고 있으면서 조직의 목표와 부하들의 욕구 사이에서 갈등의 조정자 역할을 하기도 하고 그렇지 못한 경우에는 갈등의 발생자 역할을 하기도 한다.

2) 갈등 해결의 역량

관리자가 가지고 있는 갈등 해결 역량은 '그가 조직 내에서 인적 자산이 되느냐? 아니면 무능한 관리자로 전락하느냐?'를 가늠하는 잣대가 된다. 관리자의 갈등 해결 역량은 그가 가지고 있는 자아개념, 의사소통 능력, 인간관계, 상담 능력, 코칭 능력 등으로 나누어 생각해 볼 수 있다.

(1) 자아개념
자아개념이란 자기가 자기를 어떻게 보고 있느냐 하는 것으로 긍정성이나 낙관성 등이 문제가 되며, 얼마나 선입견 없이 자기 자신을 대하고 있느냐 하는 점과 자신감이나 자긍심을 가지고 있느냐 하는 점들을 생각해 보아야 한다.

(2) 의사소통 능력
의사소통 능력은 여러 가지 측면에서 생각해 볼 수 있다. 우선, 대화를 목적에 따른 종류별로 나누어 보면 단순히 정보를 주고받는 사실 지향적인 대화와 두 사람 사이의 친밀감과 신뢰감을 증진시키기 위한 관계 지향적인 대화로 나누어 생각해 볼 수 있다.

이 두 가지 대화는 구성이나 방법에서 차이가 뚜렷한데, 우선 사실 지향적인 대화는 자기 입장에 서서 지식이나 정보를 간결하고, 분명하고, 진실하게 상대방을 향해서 전달하는 것이 보통이다. 그러나 관계 지향적인 대화는 상대의 입장에 서서, 사실보다는 상대의 심정을 받아들이는 것이 많으며, 진실보다 상대방이 기분 좋아할 이야기를 할 때가 많다. 또한 쓸데없이 길어질 때가 많고, 분명하지 않은 표현이 많으며, 지적보다는 칭찬 인정을 많이 사용한다. 조직 내에서 사실에 관련된 문제를 해결하려고 할 때에는 사실 지향적인 대화를 효과적으로 사용할 줄 알아야 하고, 대인관계에서 발생된 문제를 해결하려고 할 때에는 관계 지향적인 대화를 효과적으로 사용해야 한다.

한편, 대화를 형태별로 나누어 보면, 상대의 이야기를 듣고 받아들이는 적극적인 경청법과 자기주장을 하는 피드백 스킬로 나누어 생각해 볼 수 있다. 관리자가 상대의 입장에 서서 듣고 받아들이는 적극적인 경청 능력이 떨어지면 그는 부하들에게 자신의 입장이나 심정을 몰라주는 매정한 상사라는 소리를 들을 것이며, 피드백 역량이 떨어지면 부하들을 아끼고 위한다고 하더라도 나약한 상사라는 소리를 들을 우려가 있다.

(3) 인간관계

인간관계를 개선하려면 세 가지 능력이 필요하다. 첫째, 상대의 성격 행동 특성을 파악하고 그 특성에 맞추어서 반응을 할 수 있는 능력을 말한다. 어떤 사람은 믿고 맡겨 주어야 인정을 받고 있다고 생각해서 더욱 열심히 일하는 사람이 있는가 하면 어떤 사람은 일일이 관심을 가져 주어야 더욱 열심히 일하는 사람도 있다.

둘째, 상대에게서 부정적인 반응을 받았을 때 먼저 그 상대의 입장이나 심정을 듣고 받아들이고 난 뒤에 자기의 입장이나 심정을 이해받아서 결과적으로 호감을 받아 내는 관계 개선 능력도 필요하다. 셋째, 지적받은 사실을 다시는 지적받지 않을 수 있도록 자기 행동을 수정하는 행동수정 능력도 필요하다.

(4) 상담 능력

상담 능력은 부하의 사기가 떨어졌을 때 부하의 입장에 서서 그의 심정을 듣고 받아들이며 그의 문제를 효과적으로 도와서 부하가 스스로 해결해 나가도록 돕는 과정이다. 효과적인 코칭이 이루어지기 위해서는 상사와 부하 사이의 관계가 친밀하고, 신뢰감 있고, 상호 존중하고 존경하는 마음이 바탕이 되어야 하며, 부하는 조직과 개인의 성공 및 성장·지향적 의지가 있어야 한다.

(5) 코칭 능력

코칭 능력은 부하의 능력이 떨어졌을 때에 그 원인을 찾고 개선 방법을 찾아서 능력을 개발하는 능력이다. 상사가 부하에게 동기를 부여하고, 능력을 개발하여, 생산성을 높임으로써 조직 성과를 향상시키도록 한다. 이는 상호 종속적인 관계가 아닌 협동적인 인간관계를 구축하고, 지속적으로 커뮤니케이션하는 과정이다. 코칭을 통하여 부하의 바람직하지 못한 행동을 개선시켜야 하고, 바람직한 행동은 더욱 발전시켜 나갈 수 있도록 유지 및 강화시켜야 한다.

앞에서 예를 든 갈등 해결의 역량은 관리자라면 누구나 사용하고 있는 능력일 것이다. 그러나 차이가 나는 것은 '경험에 바탕을 둔 지식으로 이런 역량을 발휘하느냐? 그렇지 않으면 전문적이고 과학적으로 훈련된 역량을 바탕으로 이런 역량을 발휘하느냐?' 하는 것이다.

8. 감수성 훈련의 이론적 배경

1) 감수성 훈련의 개념

MIT 집단역학연구소의 사회심리학자인 쿠르트 레빈(Kurt Lewin)에 의해 '현대 사회에서 좀 더 융화되고 생산적인 삶을 영위하기 위하여 개인이나 집단에 대인관계 기술을 효과적으로 가르치는 방법'으로 설계되어 1946년에 시작된 감수성 훈련은 당시에는 T-집단(T-group)이라는 이름으로 널리 사용되었다. 여기에서 'T'는 인간관계 훈련(training in human relations)을 의미한다. 이러한 형태의 실험실적 인간관계 훈련은 1947년에 창설된 전국훈련연구소(NTL)를 중심으로 널리 보급되기 시작했다.

1960년대 중반에는 칼 로저스가 만들어 낸 참만남 집단(encounter group)이라는 이름이 많이 사용되었다. 인본주의의 영향으로 집단의 목표가 대인관계와 지도자 기술을 습득하고 조직과 집단의 기능을 이해하는 것으로부터 개인의 완전한 자기 발견과 잠재력 개발로 바뀌면서 집단의 이름도 집단이 추구하는 바와 좀 더 일치하도록 바뀌었다. 여러 가지 명칭이 나왔는데 '개인 성장' '인간 잠재력' '인간 개발' 또는 '참만남 집단' 등이 그것이다. 그중에서도 참만남 집단은 1960년대와 1970년대에 보급된 경험집단의 가장 인기 있는 이름이다.

이러한 훈련은 어떤 배경 속에서 어떤 목적으로 이루어지느냐에 따라 강조점이 다르고 표현되는 용어에 차이가 있을 뿐이다. 감수성 훈련과 혼용되는 용어는 T-집단(훈련 집단), 실험실 훈련(laboratory training), 참만남 집단, 대인 기술 집단, 개인 성장 집단, 마라톤 집단, 인간 잠재력 집단, 감각 자각 집단, 경험 집단, 게슈탈트(Gestalt) 집단, 인간관계 훈련, 심성 수련, 만남의 훈련, 공동체 훈련, 영성 훈련 등으로 다양하다(한국청소년연맹, 2006; Robbins, 1994). 이 분야는 너무도 불규칙하게 발전하여 어떠한 하나의 이름으로도 완전하고 정확하게 그 의미를 담아낼 수 없게 되었다.

그러나 이런 집단들의 명칭은 매우 다양하지만, 이들은 모두 비슷한 측면을 가지고 있다. 즉, 집단은 8~20명 정도로 모든 참가자가 상호작용이 가능한 작은 크기인 점, 주로 몇 시간이나 며칠로 시간이 제한적인 점, 예의나 관습적인 사회적 가면을 버리도록 격려받는 점, 대인관계에서 정직, 탐색, 직면, 자기개방, 고조된 정서적 표현에 가치를 두는 점, 집단의 목표는 대체로 모호한 점, 외적으로나 내적으로 어떤 변화, 즉 행동, 태도, 가치, 생활양식, 자기실현 또는 타인, 환경, 자신의 신체적 존재와의 관계 등에서 변화를 추구하는 점, 참가자들이 '환자'로 명명되지 않으며 경험은 치료가 아니고 '성장'으로 간주하는 점 등이 비슷하다.

감수성 훈련은 인간관계 훈련 집단의 한 방법으로, 미국에서 1947년 대인관계 기술과 의사소통 과정에서 감수성을 계발하기 위하여 '전국훈련연구소(NTL)'라는 조직에서 출발하여 1974년 시카고 대학교에서 로저스 교수를 중심으로 엔카운터 그룹이라고 불리는 감수성 훈련이 처음으로 시작되었다(Rogers, 1970).

감수성 훈련은 비조직적 소집단을 활용하여 행동의 개선을 유도하는 대인관계 증진 기법으로, '나' '너' 그리고, '우리'의 관계에 관한 감수성을 계발함으로써 자기 자신의 내면세계에 대해 더욱 정확히 인식하고 조화를 기해 집단 속에서 타인과의 인간관계를 협동적이고 생산적으로 발전시키는 집단역동관계 훈련이다(Robbins, 1994). 관계부(關計夫, 1990)는 감수성 훈련이란 자기와 상대방의 기분과 표현되는 언어를 정확하게 느끼고 이해하는 훈련, 즉, 감정의 수련이라고 하였으며, 이형득(1995b)은 감수성 훈련을 통해서 사람들이 자신을 알아차리고 타인을 받아들이면서 남의 생각을 알아차릴 수 있다고 하였다. 그리고 유동수(1983)는 감수성 훈련은 인간이 이 세상을 살아 나가는 데 필요한 가장 기초적인 능력인 대인관계 능력을 기르는 훈련이며, 더 나아가 우주 전체를 받아들이는 여유를 갖게 되고 도에서 인간이 하늘에 이르는 길을 찾는 것과 같은 길을 가는 것이라고 주장하였다. 즉, 나와 타인과의 상호관계에서 나타나는 감정과 마음의 흐름을 예민하게 감지하고 적절히 반응함으로써 남들과 감정의 교류를 체험적으로 학습하는 일종의 정서교육이라는 것이다.

한마디로 감수성 훈련이란 상호작용을 강화하고 체험을 통해 자신과 타인을 깨닫게 하는 만남의 훈련이요 대화의 훈련이다(한국청소년연맹, 2006). 감수성을 다른 말로 하면 눈치인데 눈치란 사람들의 마음을 잘 알아차리는 능력이다. 이처럼 사람들의 마음을 잘 알아차리고 받아들이는 능력을 감수성이라고 한다. 감수성에는 자기 자신에 대해서 민감하게 알아차리는 자기 감수성, 다른 사람을 알아차리는 타인 감수성, 집단 전체를 알아차리는 집단 감수성이 있다(유동수, 1983).

이상의 정의를 종합해 보면, 감수성 훈련이란 소집단 내에서 상호 간의 직접적이고 개방적인 경험을 통하여 나와 타인 및 인간관계에 대한 정서적 민감성을 계발함으로써 자신과 타인을 이해하고 수용하며, 인간관계 능력의 증진을 돕는 체험학습이다.

2) 감수성 훈련의 목표

핸슨과 워너, 스미스(Hansen & Warner & Smith, 1976)는 감수성 훈련의 목표를 학습하는 방법에 대한 이해, 자기 이해력 증진, 집단 기능에 대한 통찰력 증진, 효과적인 참가자의 역할에 대한 학습, 그리고 구체적인 행동 기술, 즉 의사소통 및 피드백 기술(자기의 의사를 정확히 전달하고, 남의 의사를 정확하게 받아들이는 기술)의 습득이라고 했다(이형득, 1995b). 이장호와 김정희(1992)는 감수성 훈련의 목표를 일차적 목표(과정적 목표)와 이차적 목표(결과적 목표)로 나누어 설명하였다. 일차적 목표는 자신과 타인에 대한 감정을 탐색하고 표현하는 과정을 통하여 집단원 상호 간에 정서적 교류가 이루어지는 것이다. 이차적 목표는 정서적 경험의 심화를 통한 자기발견과 그에 따른 생산적인 인간관계를 형성하는 것이다.

로저스의 대면집단은 감수성 훈련이 중요한 흐름이지만(유동수, 1983; 이장호, 김정희, 1992; 이형득, 1995b), 감수성 훈련이라는 말을 사용하지 않았다. 로저스는 한 개인이 성장해 나가는 몇 가지 방향을 제시하였는데, 한 인간으로서 성장해 나가려면 벗어나야 할 성향과 길러야 할 성향이 있다고 보았다. 벗어나야 할 성향들은 겉보기에서 벗어나기, 해야 하는 것에서 벗어나기, 남들의 기대에 부응하려는 자세에서 벗어나기, 남들을 기쁘게 하려는 노력에서 벗어나기 등이며 길러야 할 성향들은 자기 지향적인 태도, 새로운 경험에 대해 개방적인 태도, 남들을 폭넓게 수용하는 태도, 자신감이 늘어나는 태도 등이다(Rogers, 1967). 그는 개인이 대면집단의 참여를 통해 이러한 성향들을 탈피할 수도 있고 길러 낼 수도 있다고 보았다.

유동수(1983)는 감수성 훈련의 목표를 크게 자기 성장, 인간관계 개선, 조직 활성화라고 하였다. 첫째, 자기 성장에는 긍정적 자아개념 확립, 자기 탐색(사고, 판단, 느낌, 행동, 성격), 자기 이해, 자기 수용, 자기 개방의 하위목표가 있다. 둘째, 인간관계 개선에는 타인에 대한 이해 능력 증진, 존중감, 신뢰감, 친밀감, 개방, 성장 발달을 돕는 능력, 타인의 관계 형성 및 수용 방식의 이해 및 습득의 하위목표가 있다. 셋째, 조직 활성화에는 환경변화의 대처 및 적응 능력, 과업 달성, 의사결정, 문제 해결 능력, 협동적인 사회행동 개발의 하위목표가 있다.

이상을 종합해 보면, 감수성 훈련의 궁극적인 목표는 자신과 타인을 이해하고 수용하여 진솔하고 정직한 인성을 기르고, 인간관계 능력을 증진시켜 건강한 가정과 사회를 만드는 데 이바지하는 것이다.

3) 감수성 훈련의 특징

감수성 훈련의 특징은 지도자가 지식적인 전수, 설명, 교훈 등으로 참가자들을 교육하지 않으며, 지식보다는 생각을, 생각보다는 느낌을 소중하게 다루고 표현하도록 장려한다는 것이다. 또한 과거보다는 이 순간을, 저기보다는 바로 여기에 모든 초점과 주의를 기울이고, 참가자 상호 간의 반응에 관해 판단과 평가적 발언을 자제하며, 존중과 공감 수용의 자세를 유지해 나간다.

이렇게 하여 감수성 훈련에 참여한 참가자들은 처음에는 다소 어색함과 주저함을 보이다가 조금씩 집단 지도자(촉진자)를 따라 개방을 시도하고 반응을 드러내는 용기를 보인다. 이들은 안전감과 자유로움이 증대됨에 따라 심리적 방어로부터 해빙으로, 다시 바람직한 정서의 재수립 과정으로 이어지는 하나의 단기적 집단 체험 과정을 거치게 된다. 이러한 과정이 잘 이루어지려면 참가자들의 심리 내적인 요구와 집단 지도자의 전문적 지도력이 잘 발휘되어 조화롭게 상호작용할 수 있는 분위기가 조성되어야 한다(한겨레심리상담센터, 2002).

요약하면, 감수성 훈련의 특징은 학습방법의 학습, 실험실적 학습, 자신에 대한 인식 및 타인에 대한 자기 공개적 태도 습득, 기존 관념의 해빙과 인간관계에 대한 태도의 재응고, 지금과 여기에 초점을 맞춘 상호교류, 그리고 느낌 표현과 직관적 반응의 권장 등이라고 할 수 있다(이장호, 김정희, 1992).

4) 감수성 훈련의 교육 방법

감수성 훈련의 교육 방법은 주로 대화 형식을 취하되 훈련 참여자들은 자신과 다른 참여자에 대한 관심을 표현하고 서로 반응한다. 가능한 한 지금-여기에서, '나와 당신' 그리고 '나와 당신과의 관계에 대한 느낌'에 대하여 반응하도록 한다. 그리고 자신의 표현과 반응의 의미를 정리하고, 이전보다 더 정확하고 적절한 표현과 반응으로 자신과 타인에 대한 탐색을 시도하며, 체험적으로 검증하도록 한다(이장호, 김정희, 1992). 감수성 훈련의 학습방법과 일반 학습 방법을 비교하면 〈표 2-5〉와 같다(유동수, 2000).

〈표 2-5〉 감수성 훈련과 일반 학습 방법 비교

	감수성 훈련	일반 학습
목표	인간적인 성장	전문지식 및 기술 습득
주제	제시된 교재나 주제가 없음	제시된 교재와 주제가 확고함
형태	소집단 중심	대집단 중심
내용	정서적 영역	객관적 사실
문제 시점	현재의 문제	과거나 미래의 문제
학습 방법	체험학습(느낌)	강의식, 주입식(사고)
대상	모든 참가자 중심	교사 중심
태도	자발적, 능동적	수동적
효과	실생활에 적용하는 이전 능력 향상	행동화하려면 많은 노력이 필요
분위기	허용적이고 안전함	억압적이고 규제적임

요약하면, 감수성 훈련은 소집단이라는 형태와 정서적이라는 내용 및 체험적이라는 방법으로 이루어져 있음을 알 수 있다.

유동수(2000)는 감수성 훈련의 교육 방법을 만남을 통한 인간관계 경험학습이라고 하였다. 인간관계 경험학습이란 참가자들이 감정, 반응, 지각, 행동을 포함한 자기와 타인들의 지금−여기의 경험들을 분석하고 토론함으로써 얻어지는 배움이며, 그 결과로 자기통찰 능력, 인간관계 개선 능력, 효과적인 의사소통 능력이 증진된다.

감수성 훈련에서 가장 중요한 기법 중에는 심리적으로 중요한 개인적 정서를 노출하는 대인 간 의사소통 기법이 포함된다(Truax & Carkhuff, 1967). 전통적으로 T−집단이나 대면집단과 같은 감수성 훈련에서는 집단 참여자들 간에 교환되는 언어적 행동에 초점을 두는데 그중 자기 노출과 피드백이 중요한 대인 간 의사소통 기법으로서 강조되고 있다. 자기 노출은 자기 자신을 다른 사람에게 알려 주되, 현재 자기 자신이 느끼고 있는 감정을 있는 그대로 솔직하게 말하는 것으로, 의사소통과 인간관계에 절대적인 영향을 미친다(Gelman & McGinley, 1978). 피드백은 참여자들이 집단 과정 동안 서로 관찰한 행동에 대해서 의견을 주고받는 것으로 참여자들의 감정, 태도, 지각의 변화를 자극하는 중요한 과정 변인이며, 참여자들의 심리적 변화를 유도하는 직접적 요소라는 점에서 더욱 중요시된다(Bender, Melnick, & Kaul, 1979).

감수성 훈련의 주요 기법에는 피드백, 해빙, 관찰적 참여, 인지적 보조가 있다(최해림, 장성숙 역, 2001). 첫째, 피드백은 서로가 상대방의 거울 역할을 하면서 자기에게 비친 모습을 되비추어 주는 것이다. 피드백의 효과는 상대방에게 전달된 자신의 모습이 확인되고, 인간관계의 오해와 갈등이 감소하며, 효과적인 피드백을 통하여 새로운 만남이 이루어지고, 타인 개방에도 도움이 되는 것이다. 둘째, 해빙은 개인이 갖고 있던 과거의 신념 체계가 해체되는 과정이다. 집단이 안전한 곳으로 인식되면 참여자들은 자신과 타인의 관계에서 소중하게 간직했던 많은 가정과 신념을 재검토하고 새로운 신념을 받아들이고 새로운 행동을 두려움 없이 실험하게 된다. 셋째, 관찰적 참여란 참가자들이 집단에 감정적으로 참여하면서 동시에 자신과 집단을 객관적으로 관찰하는 것이다. 감수성 훈련은 참가자들이 인지적 평가와 함께 정서적 경험을 할 때 가장 효과적이다. 넷째, 감수성 훈련 지도자들은 참여자들의 경험을 조직화할 수 있는 간단한 인지적 보조물을 사용한다. 대표적인 것은 '조하리의 창'[처음 이것을 개발한 조 러프트(Joe Luft)와 해리 잉햄(Harry Ingram)의 이름을 땀]으로 피드백과 자기개방의 기능을 명료화해 주는 사분 정방형 성격 도식이다.

감수성 훈련의 단계는 4단계로 나눌 수 있다. 즉, 도입 단계(introduction), 분위기 조성 단계(warming up), 만남의 경험 단계(group experience), 그리고 피드백과 정리 단계(feedback & closing)이다(한국청소년연맹, 2006). 대체로 도입 단계와 분위기 조성 단계는 자신을 소개하고 상대방을 이해하는 과정이며, 만남의 경험 단계에서는 감정의 교류와 신뢰의 회복을 경험하게 된다. 그리고 피드백과 정리 단계에서는 서로 간의 피드백을 주고받으며 타인과 어울리는 삶과 새 삶을 설계하게 된다.

이상을 종합해 보면, 감수성 훈련의 교육 방법은 지금-여기에서 느껴지는 나와 타인에 대한 솔직한 감정을 자기 노출과 피드백을 통하여 탐색을 시도하면서 체험적으로 검증하는 것이다.

5) 감수성 훈련이 행동 변화에 미치는 효과

감수성 훈련의 기대되는 효과는 자기 성장 면에서 잠재적 능력과 자기실현 가능성의 확신, 타인 이해 면에서 타인 이해와 존중, 바람직한 인간관계와 공동체 의식 형성, 그리고 인간관계 면에서 의사소통 능력과 사회적 적응력 신장 등으로 요약할 수 있다(한겨레심리상담센터, 2002).

이러한 기대 효과를 증명하는 여러 연구가 있다. 이장호와 김정희(1992)는 감수성 훈련 후에 나타나는 참여자들의 변화를 종합적으로 분석하였는데, 첫째, 자기 자신에 대한 태도에서 감정 표현의 자유로움, 자신의 편견이나 선입관 등에 대한 통찰과 수정, 자기 문제 해결에 자신감 획득을 가져왔다. 둘째, 타인에 대한 태도에서 타인에 대한 경청과 이해력 증진, 대인관계 형성에의 적극성, 타인에 대한 수용력과 영향력 증대를 가져왔다. 셋째, 인간관계의 변화에서 기업체의 상사-부하나 동료 간에, 학교의 교사-학생이나 교장-교사 간에, 부부관계에서 오해와 갈등이 감소하고 대화가 자연스러워지며 상호 간에 의사소통이 잘되는 것으로 분석되었다.

한순임(2008)은 감수성 훈련 프로그램이 여중생의 자아존중감과 대인관계 적절성에 미치는 효과에 대한 연구에서 감수성 훈련이 여중생의 자아존중감과 대인관계 적절성에 유의미한 영향을 미친다고 하였으며, 이상희와 정민정(2007)은 감수성 훈련이 대학생의 대인관계와 자기의식에 유의미한 차이가 있다고 하였다.

박은성(2001)은 감수성 훈련 프로그램들을 메타분석한 결과, 감수성 훈련이 자기 노출, 자기 존중감, 자아수용, 타인수용, 객관적 공감, 가치 명료화, 인간관계 등에서 효과가 있는 것으로 나타났다고 보고하였다.

미국의 200개 대기업의 사내 훈련지도자를 대상으로 교육목적별 각종 교육 기법의 유효성에 관한 실증적 조사 연구를 한 결과에 따르면 감수성 훈련이 태도의 변화와 대인관계 능력 면에서 여타의 교육 기법(강의, 시청각 교육, 토의법, 사례 연구, 프로그램 학습, 역할연기법)보다 뛰어난 효과가 있는 것으로 나타났다(김현규, 1989).

6) 감수성 훈련과 대인관계

인간은 타인과의 관계 속에서 살아가는 존재이다. 사람 인(人) 자는 사람과 사람이 서로 의지하는 모양을 형상화한 글자로, 사람이 서로 의지하여 살아가는 사회적 존재를 상징하며, 인간(人間)은 '사람과 사람 사이'라고 하여 인간의 삶은 인간관계 속에서 펼쳐진다는 것을 상징한다(김옥희, 2004).

각 개인은 서로 다른 환경에서 성장하여 각기 다른 욕구, 가치관, 사고방식 그리고 행동방식을 지닌 독특한 개성을 가지고 있으며, 누구나 하나의 작은 우주라고 할 만큼 여러 가지 심리적 특성으로 이루어진 복잡한 존재이다. 인간관계는 이러한 복잡한 심리적 특성을 보인 나와 너의 상호작용이며, 이러한 상호작용의 내용과 방식에 의해서 대인관계의 질이 결정된다(권석만, 1997).

대인관계가 어떤 이유로든 다른 사람들을 수용할 만한 관계를 형성하지 못할 경우, 박은영(2003)은 사람들에게 불안, 우울, 욕구좌절, 소외 등을 발전시키는 경향을 보인다고 하였으며, 원만한 대인관계의 기술을 발전시키지 못하는 것은 심리적 병리의 주원인이 된다고 하였다. 그러므로 원활한 대인관계의 형성과 발달이란 그렇게 쉬운 일이 아니어서 의도적인 학습과 계속된 노력이 필요하다 할 수 있다.

집단상담을 통한 대인관계 개선에 대한 연구를 살펴보면 다음과 같다. 박혜경(2000)은 자기 성장학습 프로그램을 적용한 집단상담이 자아 정체감과 대인관계의 여러 영역에 있어서 긍정적인 효과를 미치고 있다고 보고하고 있다. 김홍배(1995)는 자기성장 집단상담이 자아개념과 인간관계에 미치는 효과에서 긍정적인 효과가 있었다고 보고하였다. 오세적(1988)은 자기성장 훈련이 여고생의 자아개념을 훈련 직후 그리고 지속적으로 향상시키는 효과가 있으며, 자기성장 훈련을 받은 후 지속적으로 대인관계 능력에 효과가 있음을 보고하였다. 김용호(1999)는 자기성장 집단프로그램이 고등학생의 자아개념과 대인관계에 긍정적인 영향을 미침을 보고하였다. 정재기(1998)는 집단상담을 통하여 만족감과 신뢰감에서의 인간관계 양상의 긍정적 변화를 보고하였으며, 김순한(1999)의 연구에서는 따돌림 아동을 대상으로 한 프로그램에서 실시 후에 급우들과 어울리는 것이나 자기의 의사로 표현하는 것 또는 활동에 참여하는 빈도가 현저하게 높아지고 있다고 보고하였다. 송종희(1997)는 집단상담이 자아강도 수준에 따라 대인관계 갈등해결 방식에 미치는 영향을 알아보았다. 연구 결과에 따르면, 감수성 훈련에 참여한 실험집단이 통제집단보다 능동적 갈등완화 방식의 사용이 증가하고, 능동적 갈등격화 방식은 감소하였다고 보고하였다. 김홍숙(1994)은 부부관계 강화 프로그램이 부부 의사소통과 결혼만족도에 미치는 효과에서 관계만족이 좋아진다고 하였고, 박은영(2003)도 집단상담을 통해 관계만족에 긍정적인 영향을 준다고 보고하였다. 따라서 감수성 훈련이 대인관계 증진에 영향을 미친다고 볼 수 있다.

7) 감수성 훈련과 의사소통

의사소통의 개념은 학자에 따라 매우 다양하게 정의된다. 그중 비앙브뉘와 맥클레인(Bienvenu & McClain, 1970)은 의사소통을 언어적인 것과 비언어적인 것을 포함하고 있으며, 서로 이해하고 다른 사람의 관점에서 문제와 차이점을 보기 위해서 감정과 의미들을 교환하는 것으로 정의하였다(이달석, 김재현, 1999). 클라인벨(Clinebell, 1970)은 의사소통을 관계 형성을 위한 수단으로 보고 의사소통의 질에 따라 관계를 형성하는 방법과 관계의 지속 여부가 결정된다고 하였다. 이렇듯이 인간은 의사소통을 통하여 서로에 대한 이해를 넓히고 서로에게 영향을 줌으로써 관계를 개선·악화시킨다. 따라서 대인관계에서 발생하는 문제의 해결수단에 의사소통이 사용될 수 있다.

의사소통 능력이란 크게 상대의 말을 듣는 능력, 즉 경청의 능력과 상대에게 말을 하는 능력, 즉 자기주장을 하거나, 칭찬하거나 지적을 함으로써 자신의 의도와 기분을 표현하는 능력 그리고 필요에 따라서는 그 사람에게 영향을 미쳐서 그 사람을 변화시킬 수 있는 능력으로 나누어 생각해 볼 수 있다. 이 의사소통은 인간관계를 맺는 데 아주 중요한 능력이다. 그뿐만 아니라 의사결정 능력, 문제해결 능력 등 대인관계에 필요한 많은 능력이 집단 속 다른 사람들과의 역동 속에서 모델링되고 체험 속에서 습득되며 증진된다. 감수성 훈련을 통해 실생활에서 해 보지 못했던 언어적 · 정서적 · 행동적 표현을 해 봄으로써 카타르시스를 경험하기도 하고 해빙이 일어나기도 한다. 그러한 와중에 정서적 체험을 경험하면서 대인관계 능력을 증진시켜 주는 계기가 되기도 한다.

학교의 대화 문화 형성에도 인간적 성숙이 매우 중요하다. 즉, 학교에서의 바람직한 대화를 위해서는 교사와 학생, 학부모를 둘러싼 문화적 · 사회적 환경이 민주적이고 합리적으로 개선되어야 하고, 각 개인이 진정으로 민주적이고 성숙한 개인으로서 자기성장을 해야 한다.

우리는 개인적 차원에서의 바람직한 인간관계와 의사소통 방식 그리고 사회적 조건의 개선에 대해서 진지하게 생각해 보아야 한다. 교사와 학생의 대인관계가 더욱 나은 교육을 가능하게 한다는 고든(Gorden)의 효율적 대화를 위한 교사프로그램은 이상적인 측면이 있지만, 현실을 극복하는 하나의 대안으로서 학교에서의 대화 문화 형성에 중요한 참고가 될 수 있다.

오늘날 교육계에서 대화의 필요성을 언급하는 것도 변화하는 현실 속에서 더욱 바람직한 교육을 위한 하나의 방법이므로 교육의 각 주체가 우선 서로의 의견을 '적극적으로 경청'하는 자세를 갖는 것이 중요하다.

부버(Buber)는 우리 인간은 타인과의 만남을 통해서 성장하며 특히 교육은 어린이가 만남을 통해 성장하는 매우 중요한 과정으로 본다. 즉, 교사는 학생에게 객관적 지식과 방법론적 지식을 제공하는 역할만이 아니라, 학생과의 대화를 통해 인간적 만남, 즉 '나'와 내가 이용하고 관리하는 '그것(그 학생, 그 사람)'과의 만남이 아니라 '나'와 '너'의 상호적 만남을 만들어 나가야 한다고 강조한다(이달석, 김재현, 1999).

연구를 살펴보면, 최경희(1993)는 소집단의 부모교육 프로그램이 참가자들의 대인 간 의사소통 수준의 변화에 긍정적인 영향을 미친 것으로 보고하며, 헤트릭(Hetrick, 1979) 역시 부모 효율성 훈련을 받은 오스트레일리아의 부모들이 의사소통 기술에 관한 지식이 증가하였다고 보고한다.

엄희경(1998)은 마라톤 집단상담이 유아교사의 의사소통 수준과 자아존중감에 미치는 효과를 보고하였으며, 정영화(2003)는 집단상담 프로그램에 참여한 학교 부적응 중학생들이 정서, 감정 측면인 의사소통성과 친근감에서 긍정적인 효과를 보였으며 부모-자녀 간 의사소통에도 긍정적인 효과를 보였음을 보고하였다.

8) 대인관계와 의사소통

대인관계의 이해와 긍정적인 상호관계를 위해서는 일방적인 관계방식이 아니라 서로의 감정과 생각을 주고받는 원활하고 수용적인 의사소통의 과정이 반드시 수반되어야 한다. 또한 대인관계와 의사소통에 대한 각각의 선행연구를 종합해 보면, 의사소통은 인간의 감정, 느낌, 생각, 태도 등의 메시지를 언어적·비언어적 수단을 통하여 상호 간의 행동에 영향을 주고받는 매개체로서 대인관계의 순환적인 과정이다(배미화, 2005).

대인관계에서 서로를 알아가고 이해하는 중요한 수단으로서의 말은, 그 자체가 암호체계여서 주고받는 동안 서로에 대한 이해를 도울 수도 있지만, 오해를 불러일으키는 원인이 되기도 한다(유동수, 2000). 보통 사람들이 말을 주고받을 때는 그 말 속에 상대방에게 전달하고자 하는 의도가 들어 있기 마련이다. 그러나 그 의도를 직접 표현할 수 없으므로 말과 행동으로 바꾸어 표현하는데 이 의사소통 과정에서 수많은 장애요소가 발생한다. 그 내용으로는 가치관이나 신앙, 신념의 차이, 입장의 차이, 선택성, 과거의 경험, 감정의 영향, 외모 등이 있으며, 문화적인 차이도 존재한다. 우리나라 사람들은 서양 사람들과는 달리 통찰에 의한 대화방식을 사용하고 있으므로 우리말은 대화의 표면에 나타난 사실과 그 속에 담겨 있는 의미 또는 감정에 매우 큰 차이가 난다(유동수, 2000). 이처럼 다양한 언어가 생성되는 동안 그 속에는 저마다 다양한 문화성까지 축적되어 녹아 있으므로, 말 속에 담겨 있는 메타 메시지의 복합적인 해석이 어떻게 되는지에 따라 인간관계의 방향과 질에서 큰 차이를 보인다.

　이형득(1995a)의 '인간관계 훈련 프로그램'은 인간관계의 중요한 부분을 차지하는 의사소통의 문제에서 진정한 만남의 관계를 위한 기본적인 의사소통의 기법 강의, 역할놀이, 피드백 주기의 형식으로 의사소통의 기초적 기법 훈련-관심 기울이기, 지각 확인, 의사확인, 느낌 보고, 피드백 주고받기, 한층 높은 차원의 의사소통 훈련, 직관적-자발적 행동 훈련 등을 포함하고 있다.

9) 감수성 훈련과 관련된 프로그램 연구

　감수성 훈련을 적용한 프로그램을 분석해 보면 다음과 같다. 첫째, 감수성 훈련과 관련된 프로그램의 연구를 분석한 결과 감수성 훈련 프로그램은 자기 가치감, 의사소통 향상, 대인관계 변화 등에 효과가 있는 것으로 나타났다. 감수성 훈련이 자기 가치감(이동귀, 2008), 자아존중감(이경숙, 2001; 한순임, 2008), 자아실현(황경렬, 이상현, 2000), 자기 주장성(유상민, 2002), 정서표현(윤고원, 1999; 이형진, 2006), 정서 변화(조수연, 2004), 안녕감(김영순, 2008), 대인관계 증진과 의사소통의 향상(김현수, 2006; 배미화, 2005; 안진홍, 2003; 오상봉, 2011; 이윤주 외, 2008; 이상희, 정민정, 2007; 이승화, 2007; 이지현, 2003; 전종국, 강석현, 2004; 최문정, 2009)에 긍정적인 영향을 미치는 것으로 나타났으며, 그 효과의 지속성이나 현실 적용이 긍정적인 것으로 보고되었다. 감수성 훈련과 관련된 프로그램의 연구는 〈표 2-6〉과 같다.

〈표 2-6〉 감수성 훈련과 관련된 프로그램 연구

연구자	대상	프로그램 목표	회기	개입내용	결과
윤고원 (1999)	만성 정신분열증 환자	정서표현과 사회적 지지에 미치는 영향	8회기 (주 2회 70분씩)	구조화 프로그램	정서표현과 사회적 지지에 유의미한 향상을 나타냄
황경렬, 이상현 (2000)	일반인	자아실현에 미치는 효과	23회기 (주 2회 90분씩)	비구조화 집단상담	자아실현에 유의미한 향상을 보임
이경숙 (2001)	초등학생	자아존중감에 미치는 영향	10회기 (주 2회)	구조화 프로그램	자아존중감에 긍정적 효과를 나타냄

유상민 (2002)	대학 신입생	자기주장성에 미치는 효과	10회기 (주 1회 90분씩)	구조화 프로그램	자기주장성에 긍정적인 효 과가 있음
안진홍 (2003)	초등학교 학부모	학부모와 자녀 간 의사 소통 향상에 미치는 영향	8회기 (주 2회 120분씩)	구조화 프로그램	학부모와 자녀의 부모-자 녀 간 의사소통 향상에 긍 정적인 효과가 있음
이지현 (2003)	일반인	자기의식, 타인관점 수용 및 대인관계에 미치는 영향	3박 4일 36시간	비구조화 프로그램	자기의식 수준은 유의미한 변화가 없고, 타인관점 수 용과 대인관계 증진에 유 의미한 차이가 있음
전종국, 강석현 (2004)	기업체 임직원 부부	부부관계에 미치는 영향	1박 2일 10시간	구조화 프로그램	남편과 아내의 소중함을 느 끼게 됨
조수연 (2004)	방과 후 아동 지도사	정서 변화에 미치는 영향	1박 2일 20시간	구조화 프로그램	두려움에서 사랑으로, 전쟁 에서 평화의 정서로 변화
배미화 (2005)	일반인	대인관계 증진 및 의 사소통 능력 향상에 미치는 효과	3박 4일 35시간	비구조화 프로그램	대인관계 증진과 의사소통 능력 향상에 유의미한 차이 가 있음
김현수 (2006)	기업의 사무직 직원	의사소통 능력 및 대 인관계 증진에 미치는 효과	3박 4일 35시간	구조화 프로그램	의사소통 능력과 대인관계 증진에 유의미한 차이가 있음
이형진 (2006)	정신분열증 환자	정서표현에 미치는 영향	10회기 (주 1회 60분씩)	구조화 프로그램	정서표현 행동과 정서표현 성에 유의미한 차이가 있음
이상희 정민정 (2007)	대학생	대인관계 및 자기의식 에 미치는 효과	10회기 (주 1회)	구조화 프로그램	대인관계와 자기의식에 유 의미한 차이가 있음
이승화 (2007)	일반인	타인 관점 수용, 대인 관계 태도 및 상담 효 과 요인에 미치는 영향	3박 4일 36시간	구조화 프로그램	타인 관점 수용, 대인관계 태도와 상담 효과에 유의미 한 영향을 줌
한순임 (2008)	여중생	자아존중감 및 대인 관계 적절성에 미치는 영향	10회기 (주 2회 90분씩)	구조화 프로그램	자아존중감과 대인관계 적 절성에 유의미한 영향을 줌
김영순 (2008)	일반인	안녕감 향상	3박 4일 36시간	구조화 프로그램	주관적 안녕감과 심리적 안 녕감 향상
이윤주 외 (2008)	일반인	의사소통, 대인관계 태 도, 자기의식에 미치는 영향	3박 4일 36시간	구조화 프로그램	언어적 의사소통, 비언어적 의사소통, 대인관계, 자기 의식 변화

이동귀 (2008)	일반인	자기 가치감의 평가 소재에 미치는 영향	3박 4일 36시간	구조화 프로그램	자신의 가치감을 평가할 때 자신 내부의 목소리에 더 관심을 가지게 됨. 자존감이 상승하고 타인의 눈치를 덜 보게 되며 타인에 대한 의존성이 감소됨
최문정 (2009)	일반인	대인관계와 자기효능감에 미치는 영향	3박4일 (11회기)	구조화 프로그램	대인관계 증진에 유의미한 차이가 있었으나 자기효능감에는 유의미한 차이가 나타나지 않음
오상봉 (2011)	교도소 남자수형자	대인관계 변화와 충동성에 미치는 효과	12회기 (4일)	구조화 프로그램	대인관계 변화와 충동성에 유의미한 차이가 있음
조윤숙 (2011)	부모	부모–자녀 의사소통, 부모–자녀 상호작용, 자아존중감이 미치는 영향	8회기 (주 2회 180분씩)	구조화 프로그램	부모–자녀 의사소통, 부모–자녀 상호작용, 부모 자아존중감 향상에 효과가 있음

Part 3

감수성 훈련 과정 축어록

감수성 훈련의 단계는 크게 5단계로 구분한다. 즉, 오리엔테이션 단계, 초기 단계, 훈련 단계, 성숙 단계, 종결 단계이다.

I. 오리엔테이션 단계

1. 특징

집단을 시작하기 이전에 모든 참가자들에게 집단의 학습 목표, 학습 내용, 학습 방법 등을 안내하고 더불어서 바람직한 참여 태도를 갖게 하며 참여 목표를 설정하도록 돕고 참여 동기를 강화하는 단계이다.

2. 참가자들의 태도

집단 참가자들은 다양한 특성을 가지고 있다. 집단 참가 경험이 많이 있는 전문가도 있을 수 있고 집단에 처음 참가하는 초보자도 있을 수 있다. 이들은 대부분 다른 참가자들을 처음 만나는 경우가 많고 촉진자를 처음 만나는 경우도 많다.

이렇게 새롭게 형성되는 집단에서는 대부분의 참여자들이 피동적이 되고 관망하는 태도를 가지기 쉽다. 또한 혼란도 겪게 되며 자발적인 참여자이든 비자발적인 참여자이든 상관없이 이 집단이 자신에게 도움이 될 것이라는 확신을 갖지 못하는 경우가 많다.

그리고 이런 경향은 오리엔테이션이 진행되어도 별 차이가 없을 때가 많다.

심지어는 오리엔테이션을 들으면 들을수록 점점 더 막연해지고 궁금증만 늘어난다는 참가자도 많다. '지금-여기, 감정, 피드백, 배우는 방법을 배운다.'처럼 평소에 익숙하지 않은 단어들이 혼란을 주기도 한다.

3. 오리엔테이션 단계의 진행 방법

오리엔테이션을 통해서 촉진자는 참가자들과 친밀감과 신뢰감을 형성하고 참가자들의 참여 동기를 육성한다.

한편, 참가자들은 자기의 참가 목표를 구체화하고, 달성 가능성을 확인할 수 있게 된다. 대부분의 집단은 모든 참가자가 함께 시작할 수 있으므로 한꺼번에 오리엔테이션을 한다. 그러나 전 참가자가 동시에 참여하지 못하는 경우에는 나중에 오는 사람들을 기다리지 않고 개인별로 면담하면서 참가 목적 진술을 하기도 한다.

오리엔테이션을 하는 목적은 참가자들에게 집단에서 어떤 일이 일어날 수 있는가를 미리 알려 주어서 참가자들이 강한 동기를 가지게 하고 보다 효과적으로 참여할 수 있도록 안내하는 것이다.

이 절에서는 오리엔테이션을 할 때 촉진자가 사용하는 강의기법에 관해서 설명한다. 오리엔테이션을 할 때 사용하는 강의 기법은 크게 세 가지로 나눌 수 있다. 강의식, 참여식-강의, 체험식이 그것이다. 각 기법의 특징을 살펴보면 다음과 같다.

1) 강의식

참가자들에게 촉진자가 일방적인 전달 방법을 사용하여 설명하는 것이다. 가장 많은 촉진자가 이 방법을 사용한다. 그 이유는 이 방법이 우리가 가장 많이 경험해 온 학습 방법이기 때문이다. 그러나 좀 더 효과적으로 오리엔테이션을 하려면 참여식 강의기법이나 체험식 강의기법을 사용하는 것이 더욱 좋을 것이다.

"지금부터 집단에 필요한 오리엔테이션을 하겠습니다. 이 오리엔테이션은 크게 세 가지로 나뉩니다. 첫째, 이 집단에서 이룰 수 있는 성과가 어떤 것이 있느냐, 둘째, 참여하는 방법이나 태도는 어떻게 해야 하며 학습해야 할 내용은 어떤 것이 있느냐 하는 것이고 셋째, 생활 안내입니다." 이런 식으로 설명해 나가는 것이다.

2) 참여식-강의

촉진자 혼자 일방적으로 오리엔테이션을 전달하는 것이 아니라 참가자들이 오리엔테이션에 참여해서 함께 진행을 해나가는 것이다. 참여식-강의기법으로 오리엔테이션을 하려면 촉진자는 참여자의 참여 동기를 육성해서 참가자들이 스스로 발언하면서 참여하고 싶도록 만들어야 한다. 이때 특히 중요한 기술은 질문 기술이다. 질문에는 두 가지 형태가 있다. 첫째, 참여자들이 단순히 대답할 수 있는 질문이다. 둘째, 참여자들이 그 질문을 듣고 통찰하고 음미하며 깊은 사색을 통해서 자기 내면의 세계를 발표할 수 있도록 만드는 질문이다. 촉진의 기술이 발달하면 이런 통찰 질문(high-gain question)을 많이 사용할 수 있을 것이다.

참여식 강의 기법으로 목적 진술

촉진자: 여러분은 이 과정에 참가하기 위해서 시간과 비용을 투자하면서 오셨을 것인데 이 과정을 시작하기 전에 참가하신 분들이 어떤 목적을 가지고 참가하셨는지 분명해지면 집단에 도움이 됩니다.

촉진자: 그러면 우선 옆에 계신 분들과 2~3명씩 둘러앉아서 집단에 참여하신 동기들을 이야기해 보시겠습니까?

(5분 정도 시간이 지난 뒤에)

촉진자: 지금까지 옆에 계신 분들과 나눈 말씀들을 한 번 발표해 보시겠습니까?

참여자 1: 저는 저 자신을 좀 더 깊이 알고 싶어서 이 집단에 왔습니다.

촉진자: 아, 네, 그렇습니까? 많은 분이 선생님과 같은 목적을 가지고 이 집단에 오십니다. 그리고 집단을 마칠 때 소감을 분석해 보아도 '나를 되찾았다, 내가 나를 만났다, 나를 사랑할 수 있게 되었다.' 식으로 자기 이해 자기 사랑 등이 가장 큰 성과로 보고되고 있습니다. 이번에 이 분과 같은 목적을 가지고 오신 분은 더 없으십니까?

참여자 2: 저도 그런 목적을 가지고 왔습니다.

촉진자: 네, 그렇습니까? 그런 목적을 가지게 된 이유를 여쭈어 보아도 괜찮겠습니까?

참여자: (참여자들의 대답)

촉진자: 그렇다면 이런 목적을 달성하기 위해서는 어떤 학습 방법을 사용해야 할 것 같습니까?

참여자: (참여자들의 대답)

촉진자: 그렇다면 우리가 이런 목적을 효과적으로 달성하려면 훈련 기간 동안에 어떤 태도로 임해야 할 것 같습니까?

참여자: (참여자들의 대답)

촉진자: 훈련 기간에 지켜야 할 약속이 필요할까요?

촉진자: 생활 안내가 필요하신 분이 있습니까?

이처럼 참여자들이 강의에 참여해서 촉진자와 함께 진행해 나가는 것을 말한다.

3) 체험식

가장 숙달된 촉진자는 오리엔테이션 없이 집단을 촉진해 나가면서 오리엔테이션을 병행하기도 한다. 이 방법을 사용하려면 촉진자는 두 가지 분야에서 고도의 지식과 역량이 필요하다. 하나는 감수성 훈련에 대한 전문적인 지식을 꿰뚫고 있어야 하고 다른 하나는 의사소통 인간관계 리더십 문제 해결 등에서 전문적이고 과학적으로 훈련된 대인관계 역량을 익히고 있어야 한다. 이 방법을 사용하는 촉진자는 참가자들과 함께 둘러앉아서 서로 인사를 마치고 자연스럽게 대화를 시작한다. 그러면서 서로 묻고 대답을 하다가 그대로 시범도 보이면서 참가자들을 바로 체험으로 안내한다.

'상대방 입장에 서서 들어야 합니다.'라고 커뮤니케이션 설명을 할 때도 먼저 시범을 보이고 나중에 설명하기도 하고, 참가자들이 질문하는 것에 사실적인 대답이 아니라 바로 지금－여기의 자기감정들을 표현하기도 한다. 때로는 참가자들에게 서로 피드백을 시켜 보기도 하면서 체험을 통해서 오리엔테이션을 한다. 예를 들면, 다음과 같다.

참가자: 이렇게 둘러앉아 있는 이 원이 어떻게 움직이나요?

촉진자: 이 원이 어떻게 움직이느냐? 그게 궁금하십니까? 혹시 부담이 되십니까?

참가자: 꼼짝을 못할 것 같아서요.

촉진자: 그렇다면 부담되고, 답답하기도 하고, 힘도 드실 텐데 그 상태에서 좀 더 편안하고 자유로운 상태로 움직여 갔으면 좋겠지요. 그렇게 되려면 지금처럼 참지 않고 말씀을 하시는 게 아주 중요합니다. 조금 전에 꼼짝을 못할 것 같다고 말씀하신 뒤에는 기분이 어떻습니까?

참가자: 조금은 좋아졌습니다. 그런데 4박 5일 동안의 과정이 어떻게 될 건지 궁금하고요.

촉진자: 그러시겠지요. 아마도 좌석은 거의 변화가 없을 것입니다. 그러나 주고받는 말이나 우리의 마음가짐은 매 순간 달라질 것 같은데 어떻게 달라질지는 누구도 예측하기 어렵지 않겠습니까? 다만, 좋아질 것이라는 기대를 하고 있을 뿐이지요. 그런데 혹시 집단상담에 참여해 보신 경험이 있으신가요?

참가자: 이 감수성 훈련 집단상담이요? 여름에 했어요. 전국 대회 할 때…….

촉진자: 그때는 구조적인 체험이었기 때문에 매시간 주제가 있고, 교재도 있었잖아요? 그런데 이번에는 비구조적으로 진행하기 때문에 교재가 없습니다. 지금처럼 앉아서 모든 참가자가 매 순간 느끼는 감정들을 있는 그대로 주고받으면서 실제 체험을 통해서 각자가 원하는 것을 하나씩 터득해 나가는 과정입니다.

참가자: 그래도 주제는 있어야 할 것 아닙니까?

촉진자: 많은 분이 이렇게 생각하십니다. 이제까지 주제 없이 토론해 보신 적이 없으시지 않습니까? 그런데 이 과정은 주제를 두고 토론하는 자리가 아니라 감정을 주고받는 자리입니다. 굳이 주제를 찾는다면 지금-여기서 느끼는 기분이 주제입니다. 그런데 질문하신 분의 지금 기분은 어떻습니까?

참가자: 편안합니다.

촉진자: 지금 기분이 편안한 것 하나를 이야기하셨죠? 마칠 때쯤 되면, 한순간에 느끼는 다양한 감정을 찾아내고 표현할 수 있게 되면 좋겠습니다. 지금 한번 시도해 볼까요? 편안한 것 이외에 어떤 감정이 있습니까?

참가자: 음~ 기대되고, 두려움도 있고, 설레기도 하고, 궁금하고, 반갑고…….

촉진자: 네, 아주 잘하시네요. 이처럼 한순간에 느끼는 기분이 한 가지만은 아닙니다. 옆에 계신 분은 지금 기분이 어떠십니까?

참가자: 어정쩡해요.

촉진자: 어정쩡하고. 이처럼 우리가 평소에는 여러 가지 기분을 느끼면서도 거의 다 놓치고 그중 한두 개를 선택해서 그게 자기 기분인 줄 알고 살아가는 경우가 많습니다.

참가자: 이번에 큰 기대를 하고 왔는데……. 기대 반, 두려움 반, 기타 등등 수많은 감정을 가지고 왔는데 좀 두렵기도 하거든요. 4박 5일 동안 어떻게 잘 지낼 수 있을까? 아무튼, 좀 도와주셨으면 좋겠습니다.

촉진자: 예. 그런 두려움을 갖는 분들이 이 방 안에 많으실 것 아닙니까? 서로 도와 가면서 그런 두려움을 해소해 나가는 것도 우리가 해야 할 일이겠지요.

참가자: 감수성 훈련이라고 듣고 왔는데요. 일단 감수성에 대한 정의를 내려 주셨으면 좋겠다는 생각이 들었거든요. 왜냐하면 저는 감정, 감수성 등은 사실 명확히 구분이 안 되거든요? 감수성 훈련을 받으러 왔으니까 내가 어떤 것을 해야 할지 그런 것의 맥을 한번 잡아 주셨으면…….

촉진자: 좋습니다. 그런데 선생님은 감수성 훈련이 어떤 것이라고 생각하고 이 자리에 오셨습니까?

참가자: 일단 제 감정에 대해서 솔직해지는 거라는 생각을 많이 했고요. 그리고 지금보다는 좀 더 깊이 있게 나 자신의 내면을 들여다보고 그러면서 상대방의 감정까지도 들여다보는 거라는 생각을 해 왔는데요.

촉진자: 네. 정확히 알고 계십니다. 부탁이 있는데 앞으로 여기에서 질문할 때는 먼저 자기 의견이나 자기 생각, 즉 "나는 이런 생각, 내가 이렇게 생각하는데 어떻습니까?" 이렇게 물어 주십시오. 그냥 묻고 대답하는 식으로는 진행되지 않을 겁니다. 이처럼 우리가 여기에서 계속할 일은 첫 번째는 생각을 바꾸는 것입니다. 어떤 생각은 우리를 불안하게도 하고 어떤 생각은 편안하게도 합니다. 착각에서 벗어나서 바른 생각을 하면 항상 편안할 수 있습니다. 두 번째는 감정을 바꾸는 것입니다. ○○○처럼 불안한 감정이 있을 때, 그 감정을 표현하면 훨씬 편안해지죠. 그때 집단 내에서 한 사람이라도 그 감정을 받아 주면 훨씬 더 편안해집니

다. 이때에는 사실 문제가 해결되지 않아도 감정은 편해질 수 있습니다.

그런데 한 사람이 아니고, 전원이 내 심정을 나처럼 알아주면 그때는 정말 편안해지는 체험을 할 수 있습니다. 우리가 모두 그런 체험을 할 수 있게 되면 좋겠어요. 생각이 바뀌고, 감정이 편안해집니다. 그다음에는 행동이죠! 이제부터 많은 행동을 변화시킬 수 있는데, 이 훈련에서 가장 강조하는 것은 언어 행동입니다. 말을 바꾸면 사람이 달라졌다는 소리를 들을 수 있을 겁니다. 예를 들어, 이 훈련에 처음 참여하시는 분들이 하시는 말씀은 거의 주어가 나로 시작하는 말일 것입니다. "내가 이렇습니다. 내 생각이 이렇습니다." 이런 식일 겁니다. 여기서는 주어가 나인 이야기는 최대로 줄이고, "네가 이렇구나, 너의 생각이 이렇구나, 너의 심정이 이렇구나, 너는 이런 점이 남다르구나."처럼 주어가 너인 이야기를 얼마나 늘리느냐가 인간관계를 개선하는 지름길이 될 겁니다. 어떻습니까? 제 생각이 이해되십니까?

참가자: 네.

촉진자: 지금 네라고 대답하는 것은 누가 이해된다는 소리입니까?

참가자: 제가요.

촉진자: 그런데 "제 생각이 이해되십니까?"라고 물었을 때 주어가 너인 이야기를 하려면 "선생님이 워낙 설명을 잘해 주시니까요!" 식이 됩니다.

참가자: 예.

촉진자: "제가 어느 분한테 배웠는데요?"라고 해도 되죠? 또는 "선생님이 그런 관점에서 보고 계시면 저희들이 이야기하는 것을 보면 진짜 답답하시겠네요."라고 하면 더 낫죠.

참가자: 네.

촉진자: "얼마나 중요하다고 생각하면 그렇게 강조해서 설명하시겠습니까?" 이래도 되죠? 주어가 '나'가 아니어도 할 수 있는 말이 참 많죠?

참가자: 예.

촉진자: 또 '예. 네요.' 허허. 이처럼 지금은 아마 여러분이 입만 떼면 주어가 나일 겁니다. 그걸 얼마나 줄이느냐가 과제입니다.

이처럼 체험식 학습 방법을 쓸 때는 참가자들의 질문에는 대답을 하면서도 조금씩 참여를 유도해 나간다.

4. 오리엔테이션 단계의 학습 과제

촉진자가 오리엔테이션을 할 때는 참가자들의 특성이나 자기 자신의 강의 역량에 따라서 강의 기법을 강의식, 참여식–강의, 체험식 세 가지 중 하나의 방법을 선택해야 할 것이다. 그러나 세 가지 중 어떤 학습 방법을 선택한다고 하더라도 오리엔테이션 시간에 참가자들에게 전달해야 할 내용은 다음 다섯 가지로 나눌 수 있다.

1) 감수성 훈련의 학습 목표

인간이 이 세상을 살아가는 데 가장 필요한 기본적인 능력은 대인관계의 능력이다.
감수성 훈련은 대인관계의 능력을 훈련함으로써

① 자기 자신을 좀 더 깊이 이해하고 사랑하게 되며
② 다른 사람들과 좀 더 좋은 관계를 맺으며
③ 집단에 더욱 더 잘 적응할 수 있는 사람으로 훈련하는 것을 목표로 한다.

그래서 이런 훈련을 통해서 참가자들이 보다 행복한 삶을 살아갈 수 있도록 안내하는 것이다.

2) 감수성 훈련의 학습 방법

사람들이 새로운 것을 학습할 때에는 지식은 배우고 기능은 훈련하면 되는데 인성은 갈고 닦아야 한다. 그 때문에 감수성 훈련에서는 지식교육이나 기능교육에서 중요시했던 강의식 학습방법을 거의 사용하지 않고 체험을 위주로 하는 독특한 학습방법을 사용하고 있다. 이 훈련에서는 참가자들이 자발적이고 능동적으로 참가하면서 자신의 욕구나 흥미를 달성하고, 직접 경험하여 현재의 문제를 다루며, 지식을 배우는 것이 아니라 지혜를 갈고 닦는다. 감수성 훈련 집단상담에서 체험학습을 할 때 가장 중요한 기본 원칙은 참가자들이 지금—여기에서, 느끼는 생생한 감정들을, 솔직하게 주고받으며, 스스로 터득해야 한다는 것이다. 그렇다면 감수성 훈련 집단상담에서는 왜 이런 원칙을 강조하는 것일까?

(1) 지금—여기에서

과거는 이미 지나가 버렸는데도 많은 사람이 그 과거에 사로잡혀서 벗어나지 못하고 있거나 미래는 아직 닥쳐오지 않았는데도 미리 걱정하고 염려하면서 삶을 허비하고 있는 사람도 많다. 이들은 생생한 현재의 삶을 살 수 없게 된다. 그 때문에 감수성 훈련에서는 그때 거기에서 그 사람의 이야기가 아니라, '지금—여기'에서의 '너와 나'에 관한 이야기에 초점을 맞춘다.

(2) 생생한 감정을

감수성 훈련에서는 이성이 아니라 감정을 중요시한다. 우리는 평소에 이성을 바탕으로, 이성에 의지해서 생활하는 경향이 많다. 그러나 그 이성의 밑바탕에는 항상 감정이 자리 잡고 있으며 사람을 행동시킬 수 있는 정신 역동적인 에너지는 감정에서 우러나온다. 그 때문에 사람들이 행동을 변화시키려면 생각을 바꾸는 것보다는 감정을 바꾸는 것이 훨씬 손쉽다. 예를 들면, 미워하던 사람을 미워하지 말아야 하겠다고 생각을 바꿨다 하더라도 감정이 용납되지 않으면 행동을 변화시키기는 쉽지 않다. 그러나 미운 감정을 느끼던 사람이 감정이 달라져서 사랑을 하게 되면 행동이 쉽게 바뀔 수 있다. 또한 사람들과 생각을 주고받아서 이해를 하게 되면 그 사람의 작은 부분을 만날 수 있지만 정을 주고받아서 감정적으로 통할 수 있게 되면 상대방 전부와 만날 수 있는 길이 열린다. 이것이 감수성 훈련에서 감정을 중요하게 생각하는 이유이다.

(3) 솔직하게 주고받으며

감수성 훈련에서는 서로가 진심으로 아끼고 위하는 마음에서 솔직한 감정을 주고받는 것을 매우 중요하게 생각한다. 일상생활을 하는 동안에는 상대방에게 불편한 감정을 느꼈다고 하더라도 대부분은 표현하지 않고 참아 버리거나 외면하는 경우가 많다. 그 이유는 자칫하면 다른 사람들의 감정을 상하게 하거나 거북하게 만들어서 미움 받을 우려가 있기 때문이다.

그것 때문에 평소에는 남들이 실제로 자기를 어떻게 보고 있는지 솔직한 이야기를 주고받기는 매우 어렵다. 그러나 아주 친밀한 사람들은 서로가 상대를 아끼는 마음으로 솔직한 이야기를 주고받는다.

감수성 훈련에서는 이처럼 서로서로 진심으로 아끼는 마음으로 솔직한 이야기를 주고받는다.

(4) 스스로 터득해야 한다

감수성 훈련에서는 남에게 배우는 것이 아니라 스스로 터득해야 한다. 이 말은 남들이 경험하고 얻은 결과적인 지식을 배우는 것이 아니라, 스스로 깨달아서 지혜를 갈고 닦는 과정이다.

이와 같이 네 가지 방법, 즉 ① 지금-여기에서, ② 생생한 감정을, ③ 솔직하게 주고받으며, ④ 스스로 터득하는 것이 감수성 훈련의 가장 중요한 학습방법이다.

3) 참가자의 기본자세

강의식 학습 방법에서는 강사가 일률적으로 가르치고 있으므로 교육 내용이나 결과가 비슷해질 수 있다. 그러나 체험학습에서는 참여자 각자가 개인적으로 자기 목표를 추구하고 스스로 알아서 터득해 나가는 과정이기 때문에 같은 과정에 참가해도 각자가 다른 것을 배울 수도 있고 체험의 정도도 많이 차이가 날 수 있다. 그 때문에 참가자 개개인이 어떤 자세와 마음가짐으로 집단에 임하는가에 따라서 훈련 성과가 차이가 날 수 있다. 훈련 참가자의 자세는 참가자 자신의 마음가짐, 다른 참가자를 대하는 태도, 촉진자를 대하는 태도로 나누어 볼 수 있다.

(1) 참가자 자신의 마음가짐
① 학습 방법이나 내용에 대한 선입견을 버리고 임한다.
② 솔직하게 자기감정을 터놓고 이야기한다.
③ 다른 사람들의 이야기를 너그럽고 편안하게 받아들인다.
④ 지금−여기에 초점을 맞춘다.

(2) 다른 참가자들에 대한 자세
① 모든 참가자를 인간적으로 존중한다.
② 상대방에게 느끼는 감정을 솔직하게 되비추어 준다.
③ 상대의 감정을 있는 그대로 받아들인다.
④ 본인과 다른 생각이나 감정을 가진 사람에게도 비판하거나 판단하지 않고 그럴 수밖에 없는 이유가 있을 거라고 생각한다.

(3) 촉진자에 대한 자세
① 믿고 따라 준다.
② 무리한 기대를 하지 않는다.
③ 의존적인 태도를 갖지 말아야 한다.

4) 진행을 위한 약속들

감수성 훈련에서는 초기에 참가자들과 해야 할 몇 가지 약속이 있다. 그러나 이런 약속은 지키면 지킬수록 훈련 성과가 높아진다고 권유하는 사항이어야지, 반드시 지키라고 강요하지는 말아야 한다. 가능하면 참가자들이 집단체험을 해 나가는 동안에 이런 규범이나 약속이 필요하다는 것을 느끼고 스스로 만들어 나갈 수만 있다면 가장 이상적일 것이다.

(1) 모든 참가자가 평등하다

모든 참가자는 집단 내에서는 계급이나 나이, 학력 등 모든 차별을 넘어서서 평등한 입장으로 참여해야 한다. 이 점은 촉진자도 마찬가지이다.

(2) 진지하고 솔직한 태도로 자기감정을 터놓고 이야기한다

남들 앞에서 자신의 속마음을 터놓고 이야기한다는 것은 안전하지 않은 경우가 많다. 비판받거나, 비난받거나, 무시당하거나, 거부당하거나, 외면당할 위험이 있기 때문이다. 그러나 여기에서는 자기 자신을 솔직하게 개방함으로써 이해받고, 사랑받고, 서로가 존중받는 기회를 실습하고자 하므로 이런 위험을 감수하고, 솔직하게 이야기할 수 있는 태도가 필요하다.

(3) 상대방을 비판하거나, 충고하거나, 조언하거나, 훈계하지 않는다

나는 내 행동에 대해서만 의사결정을 할 수 있지, 다른 사람에 대해서는 의사결정권이 없다는 것을 분명히 알아야 한다.

(4) 집단 내에서 한 이야기는 집단 내에서 끝낸다

이렇게 약속은 하지만 이 약속이 분명하게 지켜진다는 보장은 없다. 그래서 이런 약속을 하고 최대한 지키려고 애를 써야 하지만, 이를 믿고 자기의 속마음을 어디까지 개방할 것인가 하는 것은 각자가 신중하게 결정을 내려야 할 것이다.

(5) 자기 몫을 한다

감수성 훈련에 참여한 사람들이 각자가 자기 몫을 해야 한다는 것은 전체 발언 횟수의 평균만큼은 자신도 발언을 해야 한다는 것이다. 말을 하지 않으면 마찰은 피할 수 있겠지만 관계 개선을 할 수 있는 기회는 포착하지 못할 것이다. 말없이 참가하고 있는 사람들은 자기가 비록 말은 안 하고 있어도 마음속으로는 열심히 참여하고 있다고 생각하는 사람들이 많다. 그러나 말을 하지 않으면 상대방을 어떻게 이해하고 있는지 알려 주지도 않고 자기가 이해받을 기회도 얻지 못하게 된다. 그 때문에 집단에서 발언하지 않는 것은 참여하지 않고 있는 것으로 생각한다.

(6) '옳다 그르다, 맞다 틀리다.'라는 논쟁에 휘말리지 말아야 한다

일상생활을 하는 동안에 우리는 맞고 틀리고, 옳고 그르고, 잘하고 못하고 따위의 기준에 얽매여 살아가는 경향이 많다. 집단에서는 그런 틀을 벗어버리고 옳은 일도 하기 싫을 때는 하기 싫다고 표현하고 틀린 일도 하고 싶을 때는 하고 싶다고 표현할 수 있는 자유가 보장될 수 있는 그런 소중한 시간을 가지고자 하는 것이다.

(7) 허용적인 태도가 필요하다

자기감정을 솔직하게 이야기하다 보면 때로는 감정적으로 격해지거나 남들에게 상처를 줄 수도 있을 것이다. 이런 자리에서 남들이 나에게 하는 이야기를 비난으로 받거나, 공격으로 받으면 상대방의 이야기를 받아들이기가 무척 어려워질 것이다. 마음을 열어 놓고, 상대방의 이야기를 듣고 받아들이며, 상대가 표면으로는 무슨 이야기를 하더라도 내면으로는 나를 아끼고 위하는 마음에서 한다는 것을 믿고 받아들여야 한다.

(8) 실수를 환영하는 자리이다

이 학습은 시행착오 학습이기 때문에 실수를 통해서 또 하나의 새로운 배움을 창조할 수 있는 과정이 된다. 그래서 실수하지 않으려고 조심만 하고 있다가는 아무것도 못하는 가장 큰 실수를 하게 될 것이다.

5) 참가자들을 위한 도움사항

① 활동하기 가장 편한 복장으로 참여한다. 정장을 차려입거나, 예의 바른 복장을 할 필요는 없다.
② 훈련에만 집중해 주기를 바란다. 가능하면 전화나 TV, 신문 같은 외부와의 접촉은 하지 않는 게 좋다.
③ 가능하면 참가자들 중에서 새로 만난 사람들과 만나는 게 도움이 된다. 친한 사람이

나 몇몇 아는 사람끼리만 어울리는 것은 바람직하지 못하다.

④ 뒷마당을 효과적으로 활용하는 것이 좋다. 쉬는 시간, 식사 시간, 저녁 일과가 끝나고 남는 시간 같은 때에는 집단에서 미처 못 나눈 이야기를 활발하게 주고받는 것을 권한다. 집단에 따라서는 훈련 시간 이외에는 훈련장에서 주고받았던 이야기를 뒷마당에서 이야기하는 것을 금하는 집단도 있다. 그러나 감수성 훈련에서는 지금-여기에서 느끼는 감정만을 주고받는 형태로 진행하기 때문에 그 사람이 왜 그런 감정을 느끼는지 이해가 되지 않을 수 있다. 그 때문에 뒷마당을 효과적으로 사용하는 것이 큰 도움이 된다.

⑤ 무엇보다 자기 자신에게 충실해야 한다. 훈련 기간 내내 자신이 누구인가를 진지하게 탐구해 보고 남의 눈치를 보지 말고 자기가 원하는 대로 행동해 볼 수 있는 소중한 시간을 가질 필요가 있다.

⑥ 모든 사람의 이야기를 귀담아들어야 한다. 다른 사람들의 이야기를 거부하거나 방어하지 말고 열린 마음으로 받아들이는 태도가 필요하다. 이런 마음으로 참여하면 가장 높은 성과를 얻을 수 있을 것이다.

5. 촉진자의 역할

오리엔테이션 단계에서 촉진자가 해야 할 역할은 크게 세 가지이다.

첫째, 오리엔테이션 내용을 분명하게 설명해서 참가자들이 올바르게 이해할 수 있게 전달해야 한다. 오리엔테이션의 내용이란 감수성 훈련의 특징, 학습 목표, 학습 방법, 바람직한 참여 태도 등이다.

둘째, 관계 형성이다. 감수성 훈련의 성과는 참여자들이 촉진자에게 느끼는 호감의 정도와 정비례한다고 한다. 그리고 참가자들의 호감을 받아 내려면 촉진자가 참여자들을 좋아해야 한다. 이처럼 촉진자와 참여자의 관계가 좋아야 하지만 참여자들끼리도 친밀감과 신뢰감을 느낄 수 있도록 촉진자가 영향을 미쳐야 한다.

셋째, 동기 육성이다. 참가자들이 이 촉진자의 집단에 참여하면 자기가 원했던 성과를 얻을 수 있을 것 같다는 믿음을 주어야 한다. 그러기 위해서는 전문가로서의 지식과 역량을 보일 수 있다면 좋다. 특히 상담자의 대화 요령을 익혀서 전문가의 말투를 사용할 수 있다면 큰 도움이 될 것이다.

6. 오리엔테이션 단계에 관한 설명(축어록)

집단상담 장면

〈목적 진술〉

지　운: 제가 몇 가지 물어볼게요. 지금 집단에 오지 않으셨으면 이 5일간에 무엇을 하셨을 것 같아요?

빈마음: 출근해서 일했겠지요.

지　운: 출근해서 일을 하는 것이 선생님께는 중요한 일일 것 아닙니까? 그렇죠? 그런데 그것을 접어 두고 감수성 훈련에 참가하실 때는 그만한 이유가 있었을 것 아닙니까?

빈마음: 그 일을 좀 잘하고 싶어서⋯⋯.

지　운: 직장 일을 잘하는 데 이 훈련이 어떤 도움이 될까요? 제가 선생님 말씀을 제대로 이해했는지 모르겠는데, 선생님 말씀은 상담센터에서 일하는 동안에 처음에는 상담센터에서 내담자들이 자기 심정을 공감받는다고 얘기를 하다가 최근 3개월 가까이 되면서부터 네 감정이 이런 감정이냐고 확인해 준다고 하면 아니라는 학생이 많아졌고, 그것 때문에 내 감수성이 굉장히 부족한 게 아닌가, 이런 생각을 하게 됐고, (예.) 감수성을 좀 높이기 위해서 이 훈련에 참여해야겠다는 생각을 했다 이런 말씀이시죠? 어떻게 하든지 이 5일 안에 선생님이 그 목표를 달성했으면 좋겠거든요. 그런데 이 방 안에 있는 분들이 어떻게 도와드리면 선생님이 그 목표를 달성할 수 있을 것 같으세요? 그리고 그 사람들한테 그런 도움을 받으

려면 선생님이 그 사람들한테 어떻게 대해 주어야 그 사람들이 나를 그렇게 도
와줄 것인가 하는 생각들도 구체화해서 임하시면 훨씬 도움이 될 겁니다.

7. 오리엔테이션 단계 인터뷰

질　문: 오리엔테이션 때 보통 자료를 나누어 주거나 리더가 전달하는 방식을 많이 사용
　　　하는데, 선생님은 궁금한 것 있으면 물어라, 이렇게 시작하는 이유가 있습니까?

답　변: 오리엔테이션 할 때 방법이 세 가지입니다. 강의식, 참여식-강의, 체험식입니
　　　다. 강의식은 지식을 배울 때 효과적이고 참여식 강의는 지식도 전달하지만 태
　　　도 변화에도 영향을 주고 싶을 때 사용하며 가장 바람직한 것은 참여식으로 진
　　　행하면서 오리엔테이션을 겸하는 것입니다. 나는 주로 쓰는 방법이 참여하면서
　　　오리엔테이션을 겸합니다. 이때 참가자들이 만약 궁금한 내용이 있으면 오리엔
　　　테이션을 할 때도 그 부분에 집착되어 있어서 그것을 먼저 풀어 줘야 다른 것을
　　　들을 여유가 생기니까 궁금한 것이 있으면 먼저 묻게 합니다. 편안한 상태에서
　　　오리엔테이션을 하기 위해서입니다.

질　문: 일반적으로 '질문하지 말아라. 네 생각을 먼저 이야기해라. 묻고 대답하는 지식
　　　을 배우려고 하지 말아라.'라고 하는데 그것이 체험으로 들어가는 모습인가요?

답　변: 그것이 체험으로 들어가는 한 모습은 아니고, 자기 의견을 진술하고 난 다음에
　　　자기 궁금한 것을 묻게 하는 것이 제가 요구하는 질문의 요령입니다. 지난번에
　　　어떤 참가자가 "선생님, 앞으로 제가 무엇을 전공하면 좋겠습니까?" 하고 묻더
　　　군요. 참가자가 만약에 "전자공학을 전공하고 싶은데, 전자공학을 전공했을 때
　　　예상되는 장단점이 어떤 것이 있습니까?" 하고 물으면 자기 의견이 있고 묻는
　　　것이니까 대답할 수 있는데, 자기 의견은 없고, 완전히 의지해서 묻는 그런 형태
　　　의 질문에는 나는 대답을 거의 안 합니다. 그래서 그 사람이 바로 알고 있다면
　　　칭찬, 인정, 지지하고, 잘못 생각하고 있다면 설명합니다. "감수성 훈련이 뭡니
　　　까?" 하면 그 사람이 궁금해하는 것이 무엇인지가 분명하지 않고 범위가 너무

넓으니까 대답하기가 참 막연합니다.

질 문: 한 사람의 질문으로 전체한테 알려 주는 이유는 무엇인가요?

답 변: 질문하는 그 사람도 궁금증이 풀어져야 하겠지만, 그 사람이 질문하는 내용을 가지고 다른 모든 사람이 알아듣게 설명하는 과정입니다.

질 문: 사람들의 궁금함이 없고, 전달해야 할 내용은 남았을 때는 어떻게 하십니까?

답 변: 그럴 때는 질문하는 형태에서 찾거나 아니면 설명합니다.

질 문: 시작부터 주고받는 작업으로 시작하나요?

답 변: 시작부터 서로 주고받는 작업도 하고, 커뮤니케이션 시범도 보이고, 때로는 피드백 상태로 변화되어야 한다는 것이 목표입니다.

질 문: 오리엔테이션을 통해서 참가자들의 태도나 지식적인 면이 어떤 상태에서 어떤 상태로 변화되어야 한다는 목표, 선생님이 갖고 계신 목표, 그렇게 되기 위해서 신경 쓰는 부분이 있다면 무엇입니까?

답 변: 오리엔테이션에서 신경 쓰는 부분이 몇 가지 있는데, ① 참가자들이 주도적인 태도를 가져야 합니다. 자발성과 주도성이 빠지면 집단의 성과를 예측하기 힘듭니다. ② 지금-여기에서의 감정에 충실해야 합니다. ③ 강한 동기가 육성돼서 배우고자 하는 강한 열의가 있어야 합니다. ④ 이 집단이 분명히 나에게 도움이 된다는 생각이 들어야 합니다. ⑤ 이 집단이 안전한 자리라는 확인이 필요합니다. 그다음 ⑥ 진행을 위한 안내를 합니다.

질 문: 주도적 태도, 지금-여기의 학습 방법, 오리엔테이션 단계부터 인식, 체험이 필요하다고 보시는데, 구체적으로 어떻게 동기 육성, 주도적 태도를 갖게 하는지요?

답 변: 오리엔테이션 단계에서 참가자들이 적극적이고 주도적인 태도를 가져야 한다고 생각하는 측면들을 참가자들이 이해하고 체험할 수 있도록 돕고자 내가 먼저 오리엔테이션을 주도하거나 끌고 가지 않는 것입니다. "궁금한 것이 뭐가 있느냐?"라고 묻는 태도, 당신들이 원하는 것을 내가 먼저 알려 주지 않겠다는 태도 그 자체가 참가자들에게 자신이 적극적으로 나서야 하는 자리가 이 자리라는 것을 체험하게 하는 것입니다.

질　문: 목적 진술도 동기부여에 도움이 되나요?

답　변: 목적 진술은 전부가 다 주도적인 태도를 가지고, 자발성이 생기게 하며, 동기를 유발하고, 학습 방법을 배우며, 달성 가능성에 대한 확인을 하는 것입니다. 촉진자가 사용하는 커뮤니케이션 스타일이나, 질문 요령, 전문적인 지식 등을 시범을 보이며 참가자들에게서 전문가임을 확인받는 기회입니다. 촉진자가 참가자를 대할 때 중요한 것은 두 가지입니다. 친밀감과 신뢰감이죠. 친밀감이라는 것은 '내가 참가자들에게 얼마나 큰 호감을 얻고 있는가?' 하는 것입니다. 참가자들이 평소에 좋아하는 스타일에 내가 맞는가, 안 맞는가, 이것을 위해서 관계 지향적인 대화를 얼마나 사용하고, 호감 표시를 얼마나 할 것이냐가 친밀감을 얻어 내는 데 큰 영향을 미칩니다. 신뢰감을 얻기 위해서는 '전문가이구나, 훈련된 기술을 사용하는구나, 전문적인 지식을 가지고 있구나.' '내 문제에 대해서 저 사람이 효과적으로 도울 수 있는 능력을 가지고 있구나.' 이런 부분들에서 신뢰를 받아야 합니다. 목적 진술하는 단계에서 자신이 갖고 있는 모든 기술을 동원해서 참가자들에게 그런 믿음을 얻어 낼 필요가 있다고 생각합니다.

질　문: 오리엔테이션의 세 가지 방법의 공통점인 친밀감, 신뢰감을 얻어 내고 동기 육성 하는 것의 구체적인 방법이 있다면 무엇이라고 생각합니까?

답　변: 집단의 성과에 가장 결정적인 영향을 미치는 것은 참가자들이 촉진자를 인간적으로 얼마나 좋아하느냐, 거기에 미치는 영향이 매우 큽니다. 특히 한국 사람들은 상대와 친밀감을 느끼지 않으면 그 사람의 말을 잘 받아들이지 않습니다. 감정적으로 불편한 사람은 그 사람이 옳은 소리를 해도 거부하는 특성까지 있습니다. 한국에서 집단을 촉진한다면 참가자들에게 얼마나 친밀감, 신뢰감을 얻어 내느냐가 중요합니다. 특히 초기 단계에서 그런 친밀감을 형성하는 것은 정말 중요합니다. 촉진자에 대한 판단 기준에는 첫인상, 말, 성품 등이 있는데 초기 단계의 첫인상은 달라지기 힘들기 때문에 말이 달라져야 합니다. 관계 지향적인 말, 상대방의 입장에 서 있느냐, 심정을 얼마나 공감하고 있느냐, 부정적인 표현을 할 때 얼마나 긍정적으로 봐 주느냐, 그리고 칭찬 인정을 하면 사람을 잘 봐 준다고 합니다. 자기 심정을 알아주면 자기하고 통한다고 하고, 성격을 받아 주면 사람 알아본다고 하고, 본심을 알아주면 끝내준다고 합니다. 그런 여러 가지 커뮤니케이션 기술을 초기 단계에서 적재적소에 사용해야 합니다. 초기 단계에서는 관계 지향적인 대화의 양을 전체 대화의 40% 정도 쓰는 것 같습니다.

질 문: 집단원 한 사람, 한 사람과 대화를 하시면서 집단에 시범을 보이는 때가 있으신데 의도적인 것인가요?

답 변: 네, 의도가 있습니다. 우리가 집단에서 요구하는 바람직한 행동이 이런 것이다 하는 것을 오리엔테이션 때부터 바로 실기로 시범 보일 수 있으면 가장 이상적인 오리엔테이션입니다.

질 문: 집단 전체에 다룰 내용이 압축적으로 다 들어가는 건가요?

답 변: 어떤 비유를 하면 맞을까요? 옛날에 유전 공학하는 사람 이야기를 들어 보니까 세포 하나만 떼면 그 속에 사람 전체가 다 들어 있다고 하듯이, 우리 집단은 오리엔테이션이나 어느 단계이든지 하나하나의 단계에 집단 전체가 늘 압축되어 있기를 바랍니다.

질 문: 처음 참가하거나, 여러 번 참가해도 긴장되거나 불안하거나 뒤로 빠지거나, 심리적으로 안정된 상태가 아닐 텐데 그것에 대해서 어떻게 하나요?

답 변: 제일 편한 방법은 그 사람들의 심정을 공감 수용하고, 자기만 그런 것이 아니고, 대부분의 사람이 그런 불안을 느낀다는 것을 이해하면 마음이 조금 편안해질 것입니다. 공감 수용에서 끝나는 것이 아니라, 도전할 수 있도록 안내하고 참가자가 손을 들게 해서 확인합니다. "앞으로도 평생 동안 이런 불안을 느끼며 고생하고 살아갈 것인지 이번 기회에 개선하고 이런 불안을 느끼는 것을 끝낼 것인지 어느 쪽을 선택할 것이냐?"고 묻습니다. "나는 당신이 집단에 왔기 때문에 이런 불편을 다시는 안 겪을 수 있는 사람이 되도록 돕고 싶다." 그런 이야기를 분명히 합니다.

8. 오리엔테이션 단계 축어록

목표

〈평정심을 잃지 않고 의견 전달〉

지　운:　네가 여기 올 때 뭐가 변화 목표였어?

여　자 1:　평정심을 잃지 않고 제 의견을 전달하는 겁니다. 상사한테 가끔 대들고 있고
　　　　　요. 그때 큰소리 내지 않고, 상사에게 제 의견을 전달할 수 있고, 전달시킬 수
　　　　　있는 방법이 있을 것 같아서 왔어요.

지　운:　그거 뭐 별로 어려울 것 같지 않은데. 그 목표를 달성하려면 네가 뭘 어떻게 하
　　　　　면 될 것 같아?

여　자 1:　제가 그분의 말에 경청을 잘해야 될 것 같아요. 제가 이해한 다음에 차분히 제
　　　　　의견을 전달할 방법을 찾으려고.

지　운:　그분의 말을 들을 때 제일 표면에 있는 게 뭐라고 그랬어? 그 사람이 말하는 내
　　　　　용의 의미가 있잖아. 그 밑에 그 사람의 뭐가 들었어? 기분이 들었지. 그 밑에는
　　　　　뭐가 들었어? 성격이 들었지. 그 밑에는? 제일 밑에 본심이 들었단 말이야. 이
　　　　　사람이 겉에 내놓고 하는 말과 속에 있는 그 사람의 본심이 때로는 정반대가 돼.

여　자 1:　네.

지　운:　내가 아무리 봐도 "너는 머리가 나빠서 도저히 그 목표를 달성하지 못할 것 같
　　　　　거든. 차라리 포기하고 마음이나 편하게 사는 게 어떻겠느냐?"

여　자 1:　아니요.

지　운:　"아니요." 하는 건 네가 뭘 듣고 있느냐 하면 말만 듣고, 네 생각하고 다르니까
　　　　　"아니요." 하잖아.

여　자 1:　네.

지　운:　그게 지금—여기서 나니까 그 정도지 그동안에 너와 나 사이에서 만약 쌓인 감

정이 있었거나, 네가 내가 좀 밉거나, 나한테 억울한 게 쌓였으면 그게 붙어서 나올 거라고.

여 자 1: 네.

지 운: 그렇잖아. 그 버릇 하나 고치면 된다는 소리다. 그렇지?

여 자 1: (고개를 끄덕임)

지 운: 너의 목표를 달성하려면 말을 듣는 요령을 훈련해야 해. 지금 하는 말을 제대로 들으려면 우선 상대가 표면에 말하는 사실을 듣는 거야. 그다음에는 기분을 듣고, 그다음에는 상대의 성격을 듣고, 마지막으로 그렇게 말하는 상대의 본심을 듣는 것이야. 네 가지이다. 이 네 가지를 제대로 들어야 말을 듣는 능력이 있는 거야. 그럼 앞의 사례를 보자. 우선, 사실을 들으면 "선생님 말씀은 제가 머리가 나빠서 제대로 이해하기 어려울 것 같으니 차라리 포기하는 게 좋을 것 같다는 말씀이 아니십니까?" 식이 될 것이다. 이것은 너를 무시하고 비판하고 비난하는 말로 들릴 것이다. 그다음에 기분을 들어 보면 "선생님이 나를 그렇게 봤으면 진짜 답답하고, 한심하게까지 봤겠습니다." 하면서 상대의 심정을 받아 줄 수 있어. 그다음에 상대의 성격을 받아 주면 "그런데 여러 사람 앞에서 이런 소리 하기가 쉽지 않은데 분명하고, 자신감 넘치고, 솔직한 분이니까 나한테 이렇게 얘기해 주는 것 아니겠습니까?" 식으로 받아 줄 수 있고, 마지막으로 본심을 들으면 "선생님이 이런 말을 하는 진짜 속뜻은 머리 나쁘니까 하지 말아 달라는 말씀이 아니라 정말 제대로 한번 해 보라는 말씀이 아니십니까?" 식이 된다. 이렇게 말을 듣는 요령이 훈련되면 사람들과 관계를 맺는 것이 아주 편해질 거야.

여 자 1: (침묵)

지 운: 아직 본심까지 보기에는 거리가 참 멀고, 이 이론을 이해하려면 시간이 필요한 모양이다. 상대의 말을 표면만 들으면 겉으로는 '네 머리 가지고 뭐 하겠냐?' 하는 이런 소리이지만 '진짜 네가 제대로 해 봤으면 좋겠다.'는 본심이 밑에 깔린 것이거든. 그걸 들을 수 있으면 네가 '머리가 나쁘다고 무시당하고 있다.' 여기에 걸리질 않아. 그러면 용기 같은 건 필요가 없어. 그냥 편안하게 할 수 있

어. 독한 마음을 먹어야 용기가 나오잖아. 지금 무슨 생각했어?

여 자 1: 아니……. 제가 몰랐던 걸……. 악을 써야 용기가 나온다는 게 그게 용기인 줄 알았었는데.

지 운: 그런 건 용기가 아니야.

여 자 1: 네…….

지 운: 편안하게 아무 의식 없이 그냥 하는 게 남의 눈에 용기 있게 보여야 진짜 용기지.

여 자 1: 저는 제가 나설 때……. 제가 말할 수 있을 때 제가 자신 있게 제 의견 표현을 하는 게 용기인 줄…….

지 운: 그러니까. 자신 있게 하는 게 그런 게 용기가 아니야. 너는 편하게 하고, 남들이 볼 때 자신 있어 보여야 그게 자신이지. 네가 자신 있게 하면 그건 이미 조작된 거야. 학생들에게 "요새 어떠냐?" 하고 물었을 때, "예, 공부 열심히 했습니다."라고 하면 나는 그걸 보고 웃는다. 왜 웃는 줄 아니? 공부하기 싫은 놈이 억지로 해 놓으니까 자기가 열심히 한 줄 아는 거야. 진짜 열심히 한 놈은 편안하게 했고, 남들이 보고 "네가 열심히 하더라." 하는 거지. 본인은 열심히 한지 안 한지 모르잖아.

여 자 1: 예.

지 운: 평정심으로 하겠다면서?

여 자 1: 네.

지 운: 그런데 무슨 용기가 필요하고, 빛이 필요하고.

여 자 1: 하하하(웃음).

지 운: 그렇잖아. 지금 네 힘으로는 자연스럽게 될 것 같지 않으니까 뭐 자꾸 이런 걸 업고 이러잖아. 이런 걸 갖다 붙였잖아. 얼굴에 화장하고 나오듯이 민얼굴에 자신 없단 소리잖아.

여 자 1: 그래요.

지 운: 그런 걸 붙이고 다니지 말아라. 자! 찾아라. 어떤 요령이 나를 변화시키는지 찾아내라고. 어떤 사람은 의지나 결단력, 어떤 사람은 지혜, 어떤 사람은 자기가

가지고 있는 따뜻한 정, 어떤 사람은 다른 사람과 함께, 어떤 사람은 다른 사람의 인정…… 나를 변화시킬 수 있는 요소들은 여러 종류가 있잖아. 그중에 나는 어떤 자극이 어떤 조건이 나를 변화시킬 때 가장 효과적인가 찾아봐.

〈목표를 제대로 파악〉

지 운: 개입을 할 때 내가 무엇을 해야 하느냐가 분명해야 해. 그다음에 지금 단계에서 저 사람한테 내가 개입하고 싶은 게 여러 가지인데 어느 것을 지금 개입할 것인가를 분명히 해야 해. 그렇잖아? 지금 허당은 변화 목표가 뭐였어? 뭘 하고 싶은 거였어?

거북이: 자유롭고, 편안하게 표현하고 싶어서……. 걸리지 않고…….

블루문: 부정적인 것 먼저 수용하고 싶다.

소리랑: 부정적인 것도 참지 않고 자유롭게 드러내고 싶다.

지 운: 자기 생각을 어떻게?

거북이: 자기 생각과 의도를 본인이 봐도, 타인이 봐도 적절한 어휘를 선택해서 그런 부분에 걸림 없이 표현하고…….

가을하늘: 본인 스스로 흡족하게 잘하고 싶다.

비: 안 잘해도 괜찮은.

지 운: 안 잘해도 괜찮다. 그래서 저 고생을 했냐? 어때? 네가 듣고 저 사람 말이 너의 마음하고 딱 맞다 하는 사람 있나?

허 당: 없어요.

지 운: 없지. 허당이 무슨 소리 하고 있는지 너희가 못 알아듣고 있는 거야.

하 람: 저는 궁금한데. 허당이 원래 가진 목표가 있고, 그러면서 집단에 참여하면서 점점 더 작은 목표들이 하나씩 또 생겼고, 그걸 하나씩 확인하거나 시도하는 것은 아닌지 궁금해지는데…….

허 당: 원래 목표가 있고, 저는 궁금해지는 게 다른 분들이 어떻게 보셨을지 궁금해지는데…….

지 운: 아직 네 이야기하지 않고 기다리겠다는 소리지.

허 당: 예.

지 운: 또 허당의 목표를 다르게 본 사람 있나?

안: 잘하는 모습뿐만 아니라 못하고 부족한 모습도 수용하고 싶은…….

지 운: 그건 원래 가지고 있는 기본 목표 안에 있는 다른 부수 요인이지. 진짜 본질은 아니잖아.

다이아몬드: 저는 허당이 자기와 진정으로 만나겠다는…….

지 운: 자기와 만나겠다. 나는 허당이 만남의 이야기가 아니라 커뮤니케이션의 문제로 봤는데.

시 원: 저는 허당이 타인에게 피드백할 때 정확한 어휘로 상대의 입장을 고려하면서 정확하게 전달했으면 좋겠다는.

블루문: 부정적인 자기 감정을 솔직하게 표현하고 싶다는.

소 명: 저는 그동안 애써 온 자기에 대해서 인정해 주고, 살펴 주는 시간으로 봤어요.

지 운: 그런 시각으로 봤나. 지금 허당의 의도에 자신의 해석을 붙여 가지고. 아! 저 사람이 내 뜻을 확실히 알아들었다는 사람이 현재까지 나온 게 있나? 없나?

허 당: 딱 맞단 느낌은 없고…….

바라밀: 첫 시작에서부터 흘러가면서 자꾸만 바뀌는 듯한 느낌이 있어서…….

지 운: 안 바뀌던데 뭐……. 다 같은 소리던데…….

바라밀: 제가 지각할 때는 일단 언어적인 표현을 명확하게 해서 다른 사람들하고 제대로 소통하고 싶은 허당이 있으면서 그것들이 지운 님한테 칭찬받는 모습으로 인정된 것 같아요. 저는 제 맘대로……. 그러면서.

지 운: 저는 제 맘대로 하는 건 앞에 말해 놓고 보니까 갑자기 자신이 없어졌다.

바라밀: 그러면서 제대로 하는 거……. 정말 치열하게 본인이 세워 놓은 완벽이 어딘지 모르겠지만…….

지 운: 길어진다. 너 또 옆으로 새어 나간다.

새 늘: 잘해서 인정받고 싶은 게 너무 커서 힘들다.

지 운: 네가 그 점을 중점적으로 본 것 같아. 잘하는 게 뭐를 잘하느냐가 있어야 하는

데…….

재　은:　저는 적절한 어휘 선택에 대해서 허당이 계속 고민해 왔고, 노력해 왔는데 그 애쓴 만큼 보람을 갖고 싶고, 그런데 그 과정에서 마음에 얻어지는 괴로움이나 힘듦이나 인정욕이나 이런 것에서 벗어나서 편하게 목표를 달성해 가고 싶다 이렇게 봤습니다.

지　운:　자, 이제 네가 다시 한번 설명해 줘 봐. 네 목표가 뭐였어?

허　당:　제가 가장 가깝게 느껴지는 건 재은이 말한 게…….

지　운:　제일 가깝지. 제일 가까운데 제일 가깝게 말고, 정확하게 말해 봐.

허　당:　제 말 하란 말씀이시죠.

거북이:　분명하게, 뚜렷하게!

허　당:　제가 이제까지……. 뭘 잘해야 한다는 생각에서 벗어나고 싶은 마음이 제일 컸고, 그러면서 공부하는 프로세스나 틀에서 그걸 맞추려고 그렇게 애쓰면서 했던 것, 부정적인 피드백을 할 때마다 입에서 안 떨어져서 이렇게 들어갔던 것……. 그런 것들에서 편안하고, 자유로워지고 싶어서 시도했고, 목표가 그거였습니다.

지　운:　충분히 표현했나?

허　당:　예.

지　운:　어. 아까 너희가 봤던 것 하고 같나? 비슷한 거냐? 같은 거냐?

하　람:　저는 지운 님……. 선생님 말씀에 수치상으로 딱 100이냐 이렇게 물을 때 사람 마음이 딱 100이기가 쉽지 않은데 그러냐? 이렇게 하시는 것처럼 들려서 그 대답에 맞추려는 이 의도가 좀 불편해지는……. (웃음)

지　운:　그것도 100이냐?

하나하나:　저는 지운 님께서 아까 그걸 물어보시는 의도가 뭔지 궁금해지고…….

지　운:　지금 허당이 원하는 목표가 있고, 그다음에 허당한테 우리가 지지하든 지적하든 다 뭘 위해서야?

집단원:　허당을 위해서!

지　운:　허당이 목표를 달성하도록 도와야 하는데 목표 파악을 다르게 하고 있다면 우리가 돕는 게 딴 데로 간단 말이야. 허당은 부산 가고 싶은데 우리는 자꾸 서울 가는 길을 안내할 수 있거든.

하나하나: 그러면 집단에서 제가 지각하기에는 그 부분이 자기 나름대로 해석된 채로 지지하든지 뭔가를 했는데 그중에 할 수 있는 게 네가 원하는 게 뭐냐고 물어보는 거란 말씀인지……?

지　운: 네가 원하는 게 이런 것 같은데 내가 네 말을 제대로 알아 가고 있느냐? 물어봐야 할 부분이 있는데 물어보는 사람이 없더라고. 자기 나름대로 해석하고는 자기 식으로 도와 들어가니까 답답한 거야. 잘 물어 줬어.

바라밀: 지운 님, 궁금한 게 하나 있었는데 아까 허당의 경우에는 감정의 흐름이 이렇게 크게 나타나는 부분들이……. 저는 그렇게 지각을 했는데……. 그런 경우에는 그 감정이 다독여져야만 그다음에 정말 원하는 것이 무엇인지 물어 갈 수 있지 않을까 하는 생각이 드는데…….

지　운: 좋지.

바라밀: 아마 그래서 여기 참가자들이 그 감정들을 가라앉히기 위해서 지지하는 부분이 많지 않았나…….

지　운: 감정을 가라앉힐 때 지지를 하나?

바라밀: 저는 좀 다독여 줘야 한다고 제 나름대로 생각을…….

지　운: 공감은 어디 갔나?

바라밀: 마음을 충분히 알아줘야 한다는 말씀이지요…….

〈목표의 걸림돌 제거〉

지　운: 마음도 그렇지만 제일 먼저 해야 할 게 허당이 갖고 있는 목표를 우리가 완전히 공유하고 있느냐, 제대로 알아차리고 있느냐가 제일 첫 번째 문제이고, 그다음에 제일 많이 사용한 게 지지잖아. 그렇지? 지지해야 할 부분이 분명히 있잖아. 그런데 지적해야 할 부분도 분명히 있잖아. 그걸 꼬집어 줘야 하거든. 그런데 지지하기 바빠서 돌아가며 여기 지지하고, 저기 지지하고……. 내가 봤을 때는 지지가 너무 과도하다. 많다. 그런데 뭐가 없었어? 지적이 없었지.

바라밀:　바탕이…….

지　운:　하나 했잖아. 목표 가지고 나가는 그 의도는 굉장히 소중해. 소중한데 거기에 기대를 딱 걸어 놔 버리니까 그것 때문에 자기가 한 노력이 자기 자신한테 긍정적인 감정을 불러일으키고, 자신감을 불러일으키는 게 아니고……. 그만 자기 비난으로 가 버리고, 좌절로 가 버리고, 부정적으로 빠져 버린 형태란 말이야. 그렇지? 바탕은 지적하는 내용은 참 마음에 들었는데 힘이 실리지 않았어. 내 보기에는……. 왜냐하면 제대로 실렸다면 허당이 그걸 받아들이고, 그 기대에서 소망으로 바꿔 냈어야 해. 거기까지 갔어야 지적이 끝이 나는데……. 지적은 했는데 허당이 그걸 받아들여서 행동의 변화까지는 안 가더라고……. 그래서 그건 나는 아쉬웠어.

바　탕:　허당이 빠져 있는 감정의 골이 되게 깊었다고 생각했거든요.

지　운:　그래. 그렇다면 네가 지적을 하기 전에 뭐부터 해야 해?

바　탕:　제 마음에는 어떤 마음이 있었냐 하면 사실은 그 순간이 허당이 누리고, 축하받아야 할 순간이라고 느꼈거든요. 그렇게 바랐던 지운 님으로부터 자기가 제일 불안 불안하고, 관심이 안가는 부분을 칭찬받았단 말이에요. 그 소릴 듣고는 그동안에 애썼던 것과 애썼던 만큼 안 되었던 거로 쭉 들어가 버리니까…….

지　운:　나는 그때는 벌써 지나간 걸로 알고 있는데 너는 그걸 붙들고 있었구나.

바　탕:　그래서 깊이 들어가 있어서……. 그 골이……. 그래서 좀 더 지지 쪽에 마음이 더 있었던 것 같아요.

지　운:　그러니까 그쪽으로 가 버리니까……. 나는 지지보다는 지적이 절묘하게 필요하다는 순간에 지적은 하는데 끝까지 안 가니까……. 칼을 뽑으면 수박이라도 잘라라. 뽑았다 칼집에 넣으려면……. 그다음에 그 지적을 여러 사람이 지지만 해 주었으면 힘이 실렸을 거야.

집단원:　아쉽네요.

지　운:　그런데 지지는 와! 하고, 지적은 혼자 하는 게 되어 버렸다.

다이아몬드:　그 말에 동의도 되고, 사실은 감탄도 하고 했는데…….

지　운:　허당이 거기서 전환점을 잡아야 하는데 못 잡은 거야. 그다음에도 다시 또 그
쪽으로 간다.

하　람:　저는 바탕 언니가 피드백할 때 허당이 그걸 받기에 아직은 여유가 없어 보여
서……. 허당의 반응이……. 그러면 좀 더 허당에게 힘을 키우고, 그다음에 피
드백 할 시간을 가져야겠다.

지　운:　그러니까 그렇게 판단할 수도 있고, 이건 절묘한 찬스다, 지금 받아들이기 힘
들면 내가 더 세게 밀겠다.

다이아몬드: 그런데 사실 바탕이 허당에게 여유가 있느냐 물어보고 들어갔거든요.

소　명:　허당이 원할 때 지지를 더 원하거나 더 머무르고 싶은 게 느껴지니까 지적으
로 들어갔다가도 철회하거나 기다릴 수밖에 없는 상황 아닌가요?

지　운:　그러니까. 그 상황을 어떻게 보고, 어떻게 판단하느냐 하는 건 각자 나름대로
해야 할 텐데……. 나는 그 순간에 제일 하고 싶었어.

바라밀:　그런데 바탕이 지적할 때 허당이 받아들인다고 생각을 했고, 그다음에 선택하
는 단어들이 긍정적인 부분들로 가서 좀 편안해지고, 받아들여지고 있고, 행
동으로 보인다고 봤던 것 같아요.

지　운:　그러니까 그 받아들여진다는 게 부분적으로 받아들여졌나? 거의 다 받아들여
졌나?

바라밀:　부분적인데……. 지금은 뭐 부분적으로도 받아들여지는 자체가 더 받아들이
는…….

지　운:　나도 네가 부분적으로 알아듣는 것 같으니까 넘어갈까?

소　명:　부분적으로 알아듣는다는 것에 저는 머리로는 충분히 다 들리고 이해는 했지
만 지금 감정적으로는 제가 아직은…….

지　운:　그때 어떻게 도울 것이냐?

다이아몬드: 그때 다시 공감할 부분이 있으면 공감하고…….

지　운:　그런데 너희들은 '기다린다'고 하는데 나는 '내버려 둔다' 이렇게 생각해. 그
게 차이가 크네.

바라밀:　지운 님 기대가 크시네요.

강 물: 저는 좀 생각이 다른데요. 어……. 허당이 그렇게 자기의 감정들을 만나고, 그런 지지를 받고 그러면 그런 기대로부터 자기를 힘들게 했던 건 지나면 스스로 다 풀려 편안해질 거라고……. 그걸 지적할 건가요?

지 운: 너는 손 안 대고 코 푸는 비결이 있는가 본데 그러면 다행이다. 나는 그 순간이 제일 아쉬웠어. 또 하나가 뒤에 지적해야 할 부분이 뭐냐 하면 나한테 인정받고 싶다 이런 이야기를 했을 때 답답한 거야. 그 앞에 뭐가 있었어?

집단원: 잘해서…….

지 운: 그건 그냥 둬서 안 되거든. 싹을 애당초에 잘라 줘야 할 거 아니야. 무슨 재주로 잘해서 인정받아? 그다음에 잘해서 인정받는 건 인간을 인정받는 게 아니라 자기의 능력이나 행동을 인정받는 것 아니냐? 머리카락 하나 예쁘다고 인정받는 거야. 나란 존재 자체가 인정받아야 하는데 나란 존재 자체가 인정받으려면 받으려는 자세로 거지 행세를 하고 있어서 인정받을 수 있나? 내가 인정받고 싶으면 먼저 상대를 인정해 주는 쪽으로 방향 전환이 되어야 하는데 그쪽은 아무도 시작을 안 하는구나.

강 물: 그 부분에서도요. 그동안 해 온 허당 님이 계속 해 왔기 때문에 그건 알고 있고, 그것 때문에 힘들었던 자기만 만나 주면 지적 안 해도 자연적으로 되지 않나요?

지 운: 나도 네가 자연적으로 알아차리도록 대답을 안 해도 되겠네. 그러면 자연적으로 알아지니까.

재 은: 그런데 지운 님한테 인정받고 싶은 그 마음은요. 제가 제 마음을 돌이켜 보면 이해가 완전히 되니까……. (웃음) 객관적으로…….

지 운: 이해가 되는 게 아니라 동감이 되겠지.

재 은: 그렇게 그냥 훅 들어가 버려서 객관적으로 안 보였어요.

지 운: 그럴 수 있어. 자기하고 같은 문제를 가지고 있으면 같이 빠지기 쉬워. 그게 동감이 되는 거거든. 동감이 되면 문제가 해결되지 않아.

재 은: 지금 지운 님 말씀 들으니까 '아! 맞네.' 그렇게 되는 건데 이게 쑥 들어가 있었네.

지 운: 쑥 들어가게 돼.

하나하나: 지운 님, 아까 목표를 얘기하면서……. 저는 목표가 있으면 목표에 도달하도록 돕는 거다. 제가 생각하는 부분이었던 것 같은데……. 지금 지적이나 이런 부분 얘기하시는 건 목표 너머까지도 촉진 활동이 스며들도록…….

지 운: 목표를 넘어서가 아니고 그런 것들이 목표 달성의 걸림돌이 되니까 그걸 하나하나 치워야 하는 거야.

바라밀: 지운 님, 저는 생각할 때 허당이 잘해야 한다는 생각 자체가 오늘 하루 지적해서 될 부분이 아니고 좀 더 많은 시간을 거쳐서 가야 하지 않을까 하는 생각이 일단…….

지 운: 그렇다면 너는 좀 더 시간을 두고 천천히 접근해야 되겠다고 생각했다는 말이구나.

바라밀: 그리고 오늘 했던 그 흐름으로는 그것까지 다루기에는 살짝 힘들지 않을까……. 좀 더 다독여 봐야 하지 않을까…….

다이아몬드: 지운 님이라면 그런 프로세스로 하시겠다는 말씀인 거잖아요. 그리고 우리도 그런 관점으로 바라보고…….

지 운: 그런 관점을 허용하고 지나가 버리면 느슨해져서 풀어져 버리게 돼. 관점은 분명히 세워야 해.

소 명: 저는요. 아까 마지막에 제가 해 놓고 좀 여운이 남는데……. 저는 허당이 정말 놀라웠거든요. 항상……. 과거에는……. 오늘도 그렇지만.

지 운: 과거에 놀라웠다는 건 선입견이고.

소 명: 어쨌든 말하는 어휘 선택이며, 돕는 거 마음 쓰는 게 정말 놀라웠고……. 지금 그렇게 애쓰면서 허당이 만들어진……. 정말 키워 왔던 모습이었기 때문에 그게 얼마나 간절하게 키워졌는지 알기 때문에 그런 부분이 정말 대단해 보였고, 그 애씀에 대해서 정말 함께하고 싶은 마음에 지지가 되었고요. 그다음에 정말 멋있었던 허당이었는데 이렇게 앞으로 나아가면 정말 기대되면서 궁금한 부분이 딱 컸었거든요.

지 운: 나하고 관점의 차이가 좀 있는데 허당의 표현 능력이나 어휘선택 능력이 탁월했어. 그런데 그 단계에서 머무르지 않고, 허당의 목표가 하나 더 높아졌단

　　　　　　말이야. 그 갭이 생겼잖아. 그렇지? 그러니까 문제가 발생한 문제가 아니고, 문제를 창조한 문제야. 목표를 높여 버렸으니까……. 그런데 목표를 높여 버리면서 내가 보기에는 이걸 기대로 걸어 버린 거야. 목표를 높인 걸 소망으로 갔으면 이야기가 달라지는데.

소　명: 아! 그랬을 때 제가 말씀드리고 싶은 건 너무 지지부진 끌지 말고 지금 할 수 있는 건 하라고 했을 때 그 피드백에서 지금 내가 기대할 것들을 지금-여기서 할 수 있게끔 도와주라는 얘기로 들리거든요.

지　운: 어! 그렇지.

소　명: 말씀하시는 게…….

지　운: 그게 최선이니까.

소　명: 지금-여기서 도와주려면 어떻게 되는가 하는 거죠.

지　운: 지금 허당한테 추진력이 뭐고, 억제력이 뭐냐를 찾아서 추진력은 지지해 주고, 억제력은 지적해 주고 그 두 개를 해야 할 건데. 너희들은 추진력은 자꾸 지지를 해 주고, 억제력이 되는 문제를 꼬집어서 지적하지 않으니까 나는 답답했다 이 소리거든.

강　물: 지운 님이 말씀하신대로 지적까지 하면 훨씬 더 효과적으로 짧은 시간 내에 하겠지만 제가 본 허당 님은 자신에게 도전 목표를 만들고 이루겠다는 기대로 힘들어하는데 그것이 가벼워지면 이미 개인성장 역량이 있으므로 자연스럽게 스스로 도전 목표를 이루어 나갈 거라고…….

지　운: 그것만 덜어지면 하는데 그런데 너희가 안 덜어 내니까 내가 하는 얘기지. 거기다가 내가 봤을 때 또 다른 문제는 허당이 목표 삼는 문제는 커뮤니케이션의 문제야. 커뮤니케이션의 문제는 자기 의도하고, 자기가 하는 말이나 행동과의 차이가 크고, 그리고 상호 커뮤니케이션은 내가 있고 또 누가 있어야 해? 상대가 있어야 하잖아. 그리고 주고받는 과정이 있어야 하고. 네 목표는 네 입에서 나온 말이 네 의도하고 똑같이 상대방한테 전달되는 것 하고, 그다음에 그 말에 힘이 실려 있어서 상대방이 그대로 행동하게 되는 데까지 가는 거야. 그렇게 하려면 너도 달라져야 하지만 상대의 상태도 달라져야 하잖아. 함께 달라져야 그게 달성 가능한 거잖아. 석가모니가 36년 동안 제자들을 가르쳐서 마지막에 1,200명이 넘는 성불한 제자들이 있었어. 그중에서 가섭존자 한 사람을 만나서 염화시중의 미소를 보여 주신 것이 그 목표거든. 너는 36년도 안 걸리고 지금 당장 하려 들고 1,200명 중의 한 명도 아니고, 만나는 모든 사람한테 그 사람한테는 작용을 안 하고, 너 혼자 변화해서 그 목표를 달성하겠다고 하는 게 아니냐? 내가 볼 땐 애당초에 그 목표가 참 무리한 거야. 목표를 좀 더 쪼개서 구체적인 행동 목표를 만들어서 하나씩 하나씩 추구하면 좋겠는데 최종 목표는 있는데 중간목표도 없고, 행동 목표도 없고, 이런 식으로 목표가 세분화되질 않으니까 네가 힘들어지게 되어 있는 거야. 과정을 보면서 '야! 저 놈이 사서 고생을 하는구나.' 저러면서도 인정은 받고 싶고, '해야 하나 말아야 하나?' 이렇게 되는 거지. 그런 걸 익혀서 분명히 네가 세분화하는 노력이 있으면 쉬워져. 한 걸음부터 하라고 그러잖아.

소　명: 그러면 장에서도 촉진자가 지운 님처럼 설명해 줘야 하나요?

지　운: 필요하다면……. 설명이 필요하다면 언제든지. 그때 촉진자의 역할이 뭐야? 지도자의 역할을 해야 해. 가이드 역할을 해야 해. 코칭 역할 등……. 여러 역할을 해야 하지.

바　탕: 제가 하나 이렇게 알아차림이 있어서 확인도 하고 싶고, 괜찮으면 나누고도 싶은데.

지　운: 응.

바　탕: 우리 감수성 훈련에서는 착각과 생각, 허상과 실상에 대한 분명한 기준이 있잖아요.

지　운: 있지.

바　탕: 그래서 이 참가자가 착각이나 허상에 빠져서 굉장히 깊게 들어갈 때가 있는데 촉진하면서는 그 사람의 그 모습을 보는데 많은 참가자가 그대로 이 사람을 봐 주는 것, 품어 주는 것, 허용하는 걸 미덕처럼 생각한단 말이에요. 그럴 때가 있는데 그 부분도 사실은 중요한 부분이라고 생각하게 되면 빠져 있게 되는데……. 그러면서도 촉진자로서 이 기준에서 보면 참가자가 헛고생하는 거잖아요. 그럴 때 이 집단 전체……. 이 사람은 어차피 감정적으로 몰입해 있으니까 집단 전체에게 기준을 이해시키고 이 사람을 함께 도울 수 있으면 하다 못해 이 촉진자가 들어가는 데 대해 반대되는 의견만 안 나와도 힘이 실릴 것 같아서…….

지 운: 반대되는 의견이 나와도 힘이야 실리지. 반대되는 의견이야 언제든지 나올 수 있으니까. 오늘 바라밀 같은 놈도 있잖아. 지금 그런 상황에서 무슨 짓을 하는지는 내가 하는 걸 보면 돼.

하 람: 저는 바탕 언니 얘기에서 전체 집단에서 동의가 되면 돕는 helping이 굉장히 커질 것이라고 생각하고, 언니에게 있어서도 헛고생이라는 그 부분이 촉진자가 그걸 시도하는 그 부분이 먹히지 않으면 헛고생처럼 보일 수는 있겠지만 저는 생각이 달라요. 참가자들이 주인공을 돕는 그 순간이 주인공을 위한, 참가자 자신을 위한 시간도 되므로 그 시간은 그 시간대로 의미가 있다고 생각해요.

바 탕: 우리가 보는 기준에서 어차피 에너지를 쓴다면 좀 더 나은 수준에서 쓸 수 있을 것 같은데…….

지 운: 함께 에너지를 쓴다면 그 작업의 효율은 높일 수 있지만 학습량이 그만큼 축소가 돼. 이렇게 부정도 나오고, 긍정도 나오고 다 섞어서 갈 시간이 있느냐? 아니면 지금 시간이 바쁘니까 우선 요 문제부터 풀어……. 중점적으로 풀어 줄 거냐, 집중할 거냐, 종합할 거냐의 문제가 생기는 거지.

바 탕: 집단 전체를 좀 더 허용해서……. 좀 더 각자를 볼 수 있는 계기로.

지 운: 제일 좋기는 집단 전체를 허용해서 다양한 색깔이 다 드러나도록 하면 총천연색이니까 예쁘잖아.

허 당: 저는 장에서 바탕 님 말씀을 들을 때는 '아! 저 내용이 나한테 필요한 내용이구나.' 그런 느낌을 받으면서도 여유는 없었고요. 맥도 빠지지만 뭔가 애써야 할 것 같아서……. 그게 뭐해서 있었는데 지금 말씀 듣고, 여러분들 의견도 듣다 보니까 아까 저 나름대로는 해소한 게 되게 시원하면서도 미진한 게 있었고. 그 부분이 뭘까 약간 허한 부분이었는데 지금 지운 님 설명 들어 보니까 저

렇게 했었더라면 정말 더 행복했겠다. 뭔가 더 내가 착각에서 더 제대로 된 방향으로 갈 기회도 될 수 있겠다는 생각이 들어서 이 시간도 되게 고맙고, 감사하고 작은 목표들을 세우라는 그 말씀이 저한테는 크게 와요. 아! 저걸 안 하고 꼭대기만 쳐다보고 있었구나 싶어서 너무 행복했어요.

〈공감 수용 목표〉

지　운: 딸기주스는 다른 사람 기분을 알아준다고 하더니 지금 알아주지 않고 있어. 뭘 하는 거야? 목표는 세워 놓고, 행동은 따로 하고.

딸기주스: 지운 님처럼 목표나 행동이 분명하신 분이 제가 따로 노는 것 같아서……. 저를 볼 때 참 실망스럽고, 답답하실 것 같아요.

지　운: 그냥 답답한 정도가 아니야. 그런데 안 하고 있다고 생각을 안 하는 거야. 자기는 뭘 하는 걸로 알고 있는 것 같아.

딸기주스: 착각하는 것 같아서.

지　운: 그럴 때 기분이 어떻겠어?

딸기주스: 착각하는 것 같아서 좀 안쓰럽고, 뭐라고 해야 하지. 그다음에는…….

지　운: 또?

딸기주스: 아쉽고.

지　운: 음.

딸기주스: 아쉽고, 안타깝고.

지　운: 음.

딸기주스: 답답하고.

지　운: 음.

딸기주스: 잘했으면 좋겠고. 아! 그건 아니고…….

지　운: 그럴 때 이렇게 잘못 가고 있으면서도 가는 줄 알고 있는 녀석들 보면 염려되고, 걱정되고.

딸기주스: 염려되고.

지 운: 한심하고, 딱하고……. 그런 마음이 더 커. 그게 겉에 있고, 정말로 좀 제대로 했으면 좋겠다는 마음은 속에 있어서 겉에 있는 부정적인 감정들을 공감해서 걷어 내지 않으면 그 밑에 있는 마음까지는 가기가 어렵다.

딸기주스: 제일 깊은 감정만 얘기를 하면 위의 것은 못 걷어 내기 때문에.

지 운: 제대로 안 받아들여지지. 겉에 있는 부정적인 감정들을 공감, 수용하고 좀 안 정이 되고 난 다음에 본심으로 들어가는 게 빠를 거야.

딸기주스: 굉장히 답답하고, 염려되시고, 걱정되시고, 안타깝고, 이런 마음이 있으신데 그런 게 다 저를 위하고, 아끼고, 잘했으면 하는 마음이 있으셔서…….

지 운: 그 앞에 부정적인 게 나오니까 위하고, 아끼고 하는 게 조금은 받아들여지네.

딸기주스: 아! 그런데 걱정되고 그런 건 부정적인 감정들 아닌가요.

지 운: 그러니까 그것들은 표면에 있으니까 그걸 네가 받아 줘야 그 밑에 있는 긍정 적인 감정들이 나온다고.

딸기주스: 받을 때는 부정을 먼저 받아도 되는 건가요?

지 운: 상대방 것을 받을 때는 부정적인 것을 먼저 받고. 너는 아직도 그 받는 순서에 집착해 있어서 그 내용이나 질에 관심이 더 깊어졌으면 좋겠어.

딸기주스: 순서에 집착……. 순서에 더 중점을 두는 것 같아서 좀 아쉬우셨겠어요.

지 운: 응. 부정적인 걸 먼저 받느냐, 나중에 받느냐도 중요하지만 한 개를 받아도 제 대로 받아 내야 하거든.

딸기주스: 그 말은 마음을 실어서 받으라는 말씀으로…….

지 운: 그럼.

딸기주스: 그렇게 해서 순서 그런 거 상관없이 마음을 제대로.

지 운: 지금도 계속 네가 요령 배우느라고 내 기분이 어떻게 바뀌어 나가느냐는 관심 이 없잖아. 네 생각만 하고 있잖아.

딸기주스: 제 생각만 하고 있다고 생각하셨으면 더 답답하셨을 것 같아요.

지 운: 계속 앵무새처럼 반복하니까 귀찮아. 그게 몸에 밴 말투야. 뭐뭐 하고 있다고 생각하니까 이러니까 이게 계속 반복되면 듣는 사람한테는 싫증이 나서 내 기 분을 네가 공감하는 것 같지 않고 너 혼자 어떤 요령을 쌓으려고 하는 것 같아.

딸기주스: 말이 진심이 담긴 것 같지 않고, 그냥 요령만 쌓는 것 같단 말씀이시죠.

지 운: 그렇지.

딸기주스: 그래서 제대로 들리지 않으실 것 같고.

지 운: 제대로 들리지 않겠다는 거는 내용만 전달되지 그 심정을 받아 주는 것 같지
는 않아.

II. 초기 단계

1. 특징

오리엔테이션 단계에서 자세한 안내를 받았더라도 많은 참가자가 초기 단계에서 상당
한 혼란을 겪는다. 그 이유는 지금까지 경험했던 것과는 너무나 다른 학습 방법으로 시작
되기 때문이다.

학습 과정에 참가한 대부분의 참가자가 지금까지는 강사가 앞에서 열심히 설명을 하면
그것을 듣고 배우는 강의식 학습 방법을 사용해 왔을 것이다. 이런 강의식 학습 방법은 강
사가 주도하고 수강생들은 따라만 가면 되는 방법이다.

그런데 감수성 훈련에서는 촉진자가 "이제부터는 지금-여기에서 느끼는 감정을 솔직하
게 주고받는 시간입니다. 자~ 시작하십시다." 라고 말하고 참가자들의 발언을 기다린다.

이제 더 이상 참가자들은 듣고만 있어서는 안 된다. 앞장서서 적극적으로 참여하면서
지금-여기에서 느끼는 감정을 솔직하게 주고받고, 감정적으로 몰입하면서 체험학습을 시
작해야 한다.

2. 참가자들의 태도

집단 내에서 누구도 참가자들이 무엇을 해야 하며 어떻게 해야 하는지를 가르쳐 주지 않기에 참가자들은 혼란을 겪고 긴장하거나 스트레스를 받는다. 몇몇 참가자는 촉진자에게 질문을 하거나 도움을 요청하기도 하고 불만을 토로하거나 반발하는 경우도 있다. 적극적으로 앞장서는 사람도 있지만 물러서서 관찰만 하는 사람들도 있다. 그러나 촉진자에게 도움을 요청하거나 앞장서 달라고 부탁을 해도 촉진자의 반응이 없기 때문에 참가자들이 자신이 스스로 무언가를 해야 한다고 생각한다. 그래서 감정을 표현하기 시작하는데 대부분 부정적인 감정의 표현이 많다. 그 이유는 인간의 마음속에 부정적인 감정과 긍정적인 감정이 함께 들어 있을 때는 부정적인 감정이 표면에 있기 때문이다. 가끔씩은 특정한 주제를 결정해서 토론을 하자는 제안을 하는 참가자도 있다. 이렇게 참가자들은 시행착오를 겪으면서 차츰차츰 체험학습에 익숙해져야 한다.

이 때문에 참가자들은 정도 이상으로 불안해하기도 하고, 촉진자에게 방향을 알려 달라고 요구하거나, 불만으로 표출하기도 한다. 무엇보다 큰 불만 요인은 이렇게 해서는 훈련을 마칠 때까지 각자 가지고 온 자신의 문제가 해결될 가능성이 보이지 않는다는 것이다. 많은 참가자는 자신의 문제가 해결되지 않는 것이 문제가 어렵기 때문이 아니라 해결 방법이 잘못되었기 때문이라는 사실을 모른다. 그 때문에 새로운 방법을 받아들이기가 쉽지 않은 것이다.

이런 갈등, 혼란, 불안은 어떤 형태로든 표현되기 마련인데 이들을 어떻게 받아들이느냐에 대한 촉진자의 태도가 신뢰감 형성에 결정적인 영향을 미친다. 오리엔테이션 시간에 지금-여기에서 느끼는 기분을 솔직하게 주고받자고 약속은 했지만 초기 단계의 참가자들은 많이 망설이게 된다. 속내를 있는 그대로 내보였다가는 외면당하거나, 무시당하거나, 비판받거나, 공격받을 위험도 있다. '실수나 하지 않을까?' 하고 유난히 신경을 쓰는 사람도 있다.

이런 어려움을 극복하고 적극적으로 참여하려면 촉진자를 신뢰할 수 있거나 집단을 신뢰할 수 있어야 하고 안심감이 확보되어야 한다. 참가자들이 집단이란 실수가 허용되는 곳이고, 어떤 종류의 감정이라도 표현하는 것이 결과적으로는 도움이 된다는 것을 알게 되면 집단은 점차 활발하게 움직여 나간다.

초기 단계에는 많은 참가자가 그때 거기에서의 그 사람에 관한 이야기를 시작하는 경우가 많다. 참가자들이 서로 믿기 어려울 때는 지금-여기에서의 너와 나의 기분에 관한 이야기는 위험하게 생각되기 때문이다. 집단에서 친밀감과 신뢰감이 확보되는 정도에 따라 집단 내의 화제들은 다음과 같은 단계로 발전해 나간다.

- 그때 거기에서의 그 사람에 관한 이야기
- 그때 거기에서의 너와 나에 관한 이야기
- 지금-여기에서의 너와 나에 관한 사실적인 이야기
- 지금-여기에서의 너와 나의 감정적인 이야기

물론 모든 집단이 반드시 이런 단계를 거치는 것은 아니다. 그러나 참가자들이 주고받는 대화에서 지금-여기에서 너와 나에 대한 감정적인 이야기가 많아질수록 집단은 활성화되어 나간다.

3. 초기 단계의 학습 과제

초기 단계의 학습 과제는, 첫째, 참가자들이 학습 목표를 설정하도록 돕는 일이다. 강의식 학습 방법에서는 강사가 미리 목표를 설정해 놓고 수강생들은 그 목표를 달성하기 위해서 열심히 노력해야 한다.

그러나 체험학습 집단에서는 촉진자가 미리 정해 놓은 목표가 없다. 단지 '지금-여기에서 느끼는 솔직한 감정을 주고받다 보면 자기 자신이나 타인을 좀 더 깊이 이해하고 사랑하며 팀이 활성화되더라.'는 좀 더 고차원적인 목표가 있을 뿐이다. 그러나 촉진자가 특정한 학습 목표를 가지고 있지 않다고 해서 참가자들도 아무런 목표도 없이 참가하라는 것은 아니다. 촉진자는 참가자들이 집단을 통해 이루고자 하는 각자의 목표를 분명히 설정하도록 돕고 또한 참가자들이 각자가 설정한 목표를 추구해 나가도록 최선의 노력을 다해서 도와야 한다.

집단 참가자 중에는 분명한 목표를 가지고 오는 사람들도 있지만 목표 없이 참여하거나 목표가 있어도 분명하지 않은 사람들도 많다. 그 때문에 집단의 초기 단계에서 참가자들이 목표를 설정하도록 돕는 일은 매우 중요한 일이다. 목표 설정은 다음과 같은 단계를 거치는 것이 효과적이다.

① 참가 목적은?
② 목표를 달성하기 위한 중간 목표는?
③ 당신이 그 목표를 달성할 수 있도록 다른 참가자들이 어떻게 도와주었으면 좋겠는가?
④ 다른 참가자들이 당신을 도울 수 있게 하려면 당신은 그들에게 어떻게 행동할 것인가?
⑤ ④의 행동을 하루에 몇 번이나 할 것인가?
⑥ 그렇게 하면 당신은 ①의 목적을 달성할 수 있을 것 같은가?
⑦ 집단이 끝날 때 당신이 ①의 목적을 달성할 가능성은 몇 %나 될 것 같은가?

이와 같은 단계를 거쳐서 목표를 설정하면 목표 없이 참가했거나 막연한 목표를 가지고 참가했던 사람도 목표를 구체화하고 그 목표를 달성하기 위한 구체적인 행동 목표를 설정하게 되기 때문에 목표를 달성할 가능성이 커진다.

두 번째 학습 과제는 집단 규범을 형성하는 일이다. 감수성 훈련은 자기 자신이 새롭게 변화하고, 인간관계를 배우기 위해서 만든 특별한 실험실이다. 그 때문에 집단 내에서는 일상 사회생활에서 하던 행동과 다른 행동들을 해야 한다.

예를 들어, '지금-여기에서 느끼는 감정을 솔직하게 주고받자.'는 약속은 집단 성과를 촉진하는 가장 중요한 원칙이다. 그러나 이 원칙은 집단 내에서 적용하자는 것이지 집단을 마치고 일상생활에 돌아와서도 그대로 사용하자는 것은 아니다. 이 새로운 실험실 학습에 적응하기 위해서 참가자들은 초기 단계부터 많은 규범을 만들기 시작한다. 집단에서는 다른 학습과는 달리 참가자들에게 무엇을 어떻게 해야 하는지 가르쳐 주는 사람이 없다. '무엇을 해야 옳은가?'가 아니라 무엇을 하고 싶은지를 자기 자신에게 물어보아야 한다.

사람이란 옳은 일도 하기 싫을 때가 있으며 틀린 일도 하고 싶을 때가 있는 법이다. 한평생 남의 눈치를 보고 살아온 사람이 남을 의식하지 않고 자기가 하고 싶은 일을 솔직하게 이야기한다는 것이 쉽지도 않고 위험하기도 하지만 새롭고 신나는 경험이다.

그런데 다른 참가자가 못마땅하고 때려 주고 싶을 때 "못마땅하고 때려 주고 싶다."고 말로 표현하는 것은 허락되지만 실제로 때리는 것은 허용되지 않는 것처럼 자기 기분 내키는 대로 행동하는 것이 모두 다 허용되는 것은 아니다. 이럴 때 집단 규범이 필요하게 된다. 중요한 것은 이런 규범을 촉진자가 만들거나 강요하는 것이 아니라 참가자들이 자발적인 참여를 통해서 만들어 나가는 것이 이상적이라는 것이다. 집단의 초기 단계에 바람직한 규범이 만들어지면 집단의 성과에 큰 도움이 된다. 다음의 예들은 집단의 초기 단계에 형성되면 집단 성과에 도움이 되는 규범들이다.

① 참여시간: 가능한 한 모든 참가자가 함께 참여하고 시간을 지키는 것이 바람직하다. 개인 사정이 있어서 늦게 참여하거나 중간에 빠지는 것은 집단에 방해가 될 수 있다.

② 적극적 참여: 바람직한 집단의 참여 태도는 적극적으로 발언하면서 몰입하는 것이다. 남들의 행동을 관찰만 하고 있거나 침묵으로 일관하는 사람이 있다면 집단에 방해가 될 수도 있다. 집단의 전 과정을 통해서 모든 참가자의 발언 횟수가 평균화될수록 이상적인 집단이라고 볼 수 있다.

③ 감정적 개입: 초기 단계에서 지금−여기에서 느끼는 감정을 표현하는 것이 힘이 든다고 주제를 정해서 토론을 한다거나 아니면 돌아가면서 한마디씩 하자는 식의 이야기는 집단에 방해가 된다.

④ 피드백: 다른 참가자의 행동이나 집단의 분위기에 대해서 느끼는 감정을 솔직하게 피드백을 하는 것이 집단에 도움이 된다. 혹시라도 부정적인 피드백을 하는 것이 상대의 기분을 상하게 하거나 집단 분위기를 망칠까 봐 참고 있는 것은 바람직하지 않다.

⑤ 집단에 몰입: 집단에 참여할 때는 사회에서 가지고 있던 개인적인 문제들은 잊어버리고 집단에만 몰입하는 것이 필요하다. 가능하다면 전화, 신문, 방송 등 외부와의 관계를 단절하는 것이 좋다.

⑥ 끝없는 도전: 집단에서는 계속 도전이 필요하다. 새롭게 도전하지 않고 적당히 안주

해 버리거나 주저하는 것은 도움이 되지 않는다. 부처나 예수의 경지에 도달한 사람이라고 하더라도 그 사람이 나날이 새로워지지 않고 있다면 이미 그 사람은 생명력을 잃어버린 사람이 아니겠는가?

⑦ 타협: 쉽게 타협해 버리거나 마찰을 피하려고만 하는 것은 도움이 되지 않는다. 집단에 참여하는 사람들은 인간이 이 세상을 살아가려면 반드시 다른 사람들을 만나야 하고 다른 사람들을 만나면 갈등은 피할 수 없다고 본다. 그래서 갈등이 없기를 바라는 것이 아니라 갈등이 생기면 어떻게 해결해 나갈 수 있는가를 학습하려고 한다.

⑧ 수양, 반성: 문제가 생기면 전부 자기 책임으로 돌리고 수양하거나 반성만 하려고 드는 것은 도움이 되지 않는다. 집단이란 부족한 개개인을 완전한 사람으로 만들고자 하는 과정이 아니라 부족한 사람들끼리 만나고 어울려서 더불어 행복하게 살아가는 지혜를 찾고자 하는 과정이다. 한국 사람들은 전통적으로 수양, 반성, 겸손 등을 미덕으로 생각하면서 자기 개선에 높은 관심을 가지고 살아왔다. 그 때문에 타인과의 만남이나 관계 개선에는 서툰 경향이 있다.

⑨ 도움이 되지 않는 비판, 비난, 판단, 충고, 조언 등: 촉진자도 마찬가지이지만 참가자 중 누구도 다른 사람의 행동을 대신 결정하거나 판단할 권리를 가진 사람은 없다.

⑩ 의뢰심을 가지는 경우: 집단 구성원이 촉진자에게 의존하거나 집단 구성원 중 특정 개인에게 의뢰심을 갖는 것을 허용하지 말아야 한다. 또한 참가자 중에서 의뢰심이 강한 사람이 있다면 우선 그 사람이 의뢰심을 벗어날 수 있도록 돕는 분위기가 형성되는 것이 도움이 된다.

이 외에도 여러 가지 규범이 있을 수 있을 것이다. 중요한 것은 아무리 바람직한 집단규범이라고 하더라도 참가자들의 필요성에 의해서 자연스럽게 형성되고 마음속에서 우러나와서 지켜질 때 비로소 제 몫을 다 할 수 있다는 것이다.

세 번째 학습 과제는 참가자들이 집단 내에서 자기감정을 솔직하게 표현하거나, 실수를 해도 비판받거나 비난받거나, 무시당하지 않고, 안전하다는 안심감이 확보되어야 한다. 이런 안심감이 확보되어야 참가자들은 자기 자신을 개방하기 시작하며 감정적으로 몰입하게 된다.

네 번째 학습 과제는 참가자들 사이에서 오해나 갈등이 해소되고 친밀감과 신뢰감이 형성되어야 한다. 이처럼 조직력이 강화되면 될수록 집단은 문제 해결 능력이 자라고 생산적이게 된다.

4. 촉진자의 역할

초기 단계에서의 촉진자의 역할은 매우 중요하다. 왜냐하면 이 단계에서는 대부분의 참가자가 혼란을 겪거나 당황한다. 그들은 화를 내기도 하고 불만을 표출하기도 하며 심지어는 촉진자를 공격하기도 한다. 이런 상황에서 촉진자는 참가자들과 함께 그 혼란을 겪으면서 집단을 촉진해 나가야 한다. 이 단계에서 촉진자가 주로 해야 할 역할은 다음과 같다.

1) 참가자의 역할

어느 단계나 마찬가지이지만 촉진자는 항상 참가자들과 함께 학습하고 함께 성장해 나가는 사람이다. 아무리 성숙한 촉진자라고 하더라도 자기는 성장하지 않고 참가자들의 성장을 돕기만 하는 사람은 집단에 방해가 된다. 왜냐하면 다른 참가자들도 이런 태도를 배워서 자기는 성장하려 하지 않고 남들을 가르치려고만 할 수도 있기 때문이다. 초기 단계에서는 촉진자도 참가자들과 함께 오해를 주고받기도 하고 갈등도 겪어 나가면서 참가자들과 함께 오해나 갈등을 해소해 나가야 한다. 이런 관점에서 본다면 촉진자가 수행해야 할 여러 가지 역할 중에서 가장 중요한 역할은 참가자의 역할이다.

2) 촉진자의 역할

촉진자는 참가자들이 무엇을 어떻게 해야 하는지를 가르쳐 주는 사람은 아니다. 촉진자는 참가자들에게 무엇을 어떻게 하고 싶은지를 묻는 사람이다. 집단에서 참가자들이 배워야 할 '자기가 어떻게 행동해야 하는가?'는 자기 자신에게 물어야 하며 스스로 결정해야 한다.

촉진자의 이런 태도와 행동이 참가자들에게 많은 혼란을 주기도 한다. 촉진자는 참가자들에게 혼란을 주기도 하면서도 참가자들의 입장에 서서 참가자들의 심정을 자기 심정처럼 알아주고 받아 주어서 참가자들과 친밀감과 신뢰감을 형성해 나가야 한다. 가장 좋은 촉진자란 참가자들이 믿고 따를 수 있는 촉진자이기 때문이다.

3) 추진자의 역할

촉진자는 집단을 이끌어 나가야 한다. 참가자들이 혼란을 겪으면서도 계속해서 적극적으로 도전할 수 있는 환경을 조성하도록 도와야 한다. 이를 위해서 참가자와 친밀감과 신뢰감을 조성하는 일이 매우 중요하다. 왜냐하면 참가자가 촉진자를 좋아하면 할수록, 또 믿으면 믿을수록 더욱 용기 있게 도전할 수 있기 때문이다.

이 단계에서 촉진자는 어떤 형태로든지 참가자가 입을 열어서 집단에 참여하게 만들어야 한다. 혼란스럽고 안전하지도 않고 자신감도 없고 불안한 상태에서, 더구나 집단의 압력을 받으면서 자기 마음을 열어 솔직하게 이야기한다는 것은 굉장한 용기가 필요하다. 그들로 하여금 도전하게 만드는 것이 촉진자의 중요한 역할이다.

4) 지도자의 역할

초기 단계에서 참가자들이 잘못 알고 있거나 선입견을 가지고 있다면 그런 경우에는 분명하게 가르쳐 주어야 한다. 예를 들어, 사실 설명을 하고 있으면서도 감정 표현을 하고 있다고 잘못 알고 있거나, 감정에 솔직하라는 이야기를 과거의 사실적인 이야기나 개인적인 비밀을 공개해야 하는 것으로 잘못 알고 있는 참가자가 있다면 분명히 알려 주어야 한다.

이런 경우에 촉진자가 '집단에서는 겪어 봐야 안다.'고 믿고 아무 설명도 없이 앉아만 있다면 이는 무능력하거나 무책임한 촉진자라고 생각한다. 어느 경우에 설명을 해야 하고 어느 경우에 체험을 통해서 알아 가도록 지켜보아야 하는가를 판단하는 것은 쉬운 일이 아니다. 가능하면 참가자들이 체험을 통해 알아 가도록 하는 것이 중요하다. 그러나 분명한 이론이 있는 경우에는 설명도 하는 것이 좋다. 특히 초기 단계나 훈련 단계에서는 다른 단계에 비해서 설명이 많아지는데 이는 참가자들이 분명하게 알아야 할 것이 많기 때문이다. 촉진자가 지도자의 역할을 너무 많이 하면 일반 강의식 학습과 별다른 차이가 없기 때문에 지도는 최소한으로 하는 것이 바람직하다.

5) 시범자의 역할

참가자들이 머리로 이해했다고 하더라도 '이해한 바를 행동으로 옮길 수 있는가?'는 또 다른 영역이다. 이럴 때 촉진자가 말로 설명한 내용을 직접 시범 보이는 것은 매우 중요하다. 특히 공감 수용, 칭찬 인정, 대결 지적 등과 같은 의사소통 능력은 참가자들이 잘못하고 있을 때 바로 그 장면에서 시범을 보일 수 있다면 큰 도움이 될 것이다.

6) 공감 수용, 칭찬 인정자의 역할

집단에 참가하는 사람 중에는 살아오면서 충분한 인정과 사랑을 경험해 본 적이 없다고 생각하는 사람이 많다. 심지어는 한평생 살아오는 동안에 무조건적인 인정이나 사랑은 단 한 번도 받아 본 적이 없다는 사람도 많다. 이런 참가자들이 가장 바라는 것은 자기를 알아봐 주고 자기 심정을 자기처럼 받아 주는 사람일 것이다.

이들이 남들을 무조건 인정하고 사랑할 수 있는 사람이 되도록 돕는 과정에서 먼저 무조건적인 인정이나 사랑을 받아보는 경험은 매우 소중한 체험일 것이다. 참가자들이 흐느끼면서 "선생님에게서 받은 이 사랑을 나도 남들에게 나누어 주면서 살아가겠습니다."라고 말할 때가 촉진자로서 가장 보람을 느낄 때일 것이다.

7) 허용자의 역할

초기 단계에서 참가자들은 많은 실수를 한다. 예를 들면, 상대가 길게 이야기하고 있다면 사회생활을 할 때에는 상대의 말이 끝날 때까지 참고 들어 주는 게 예의라고 생각한다.

그러나 감수성 훈련에서는 상대가 말을 하는 도중에라도 지루하면 지루하다고 말을 하는 것이 바람직한 참여 태도이다. 그리고 만약에 참가자들이 긴 이야기를 늘어놓을 때에는 지루하다고 피드백을 하도록 가르쳐야 하지만 기다리고 있는 심정도 이해하고 허용하고 있어야 한다. 넉넉한 마음의 여유를 가지고 깊이 공감 수용하고, 배려하며 참가자들과 친밀감을 형성해 나가야 한다.

5. 초기 단계에 관한 설명(축어록)

집단상담 장면

1) 혼란, 주도성 촉진

치악산: 예, 질문이 있는데요. 질문 있습니다. 지금 뭘 하자는 건지 잘 모르겠거든요?

지　운: 하하하.

치악산: 그래서 지금 하려고 하는 걸 조금 말씀해 주시고 했으면 좋겠습니다.

지　운: 상당히 답답하신 모양인데, 저도 답답하네요.

치악산: 예, 많이 답답합니다. 지금.

지　운: 그러실 것 같아요. 이 자리에서 뭘 해야 하는가 생각지 말고, 자기가 뭘 하고 싶은지 자신한테 물어봐요.

2) 감정을 이야기하기

치악산: 계속 지금도 제가 이해가 잘 안 되는 내용 중 하나가 "이번 시간에는 무엇을 하겠습니다. 그다음에 순서를 어떻게 하고, 이 교육이 끝나고 나면, 이 미팅이 끝나고 나면 어떤 부분이 여러분에게 도움이 될 것입니다." 이런 것은 가장 기본적인 이야기임에도 불구하고 전혀 그런 것도 없이 당당하게 또 진행하시는 지운

선생님도 참 대단하시고.

지   운: 생각을 늘 하면서 살아오던 사람들이 갑자기 감정을 주고받는 쪽으로 바뀌기가 쉽지는 않거든요. 애를 써서 노력했으면 좋겠어요.

치악산: 좀 배우고 싶고 느끼고 싶습니다.

지   운: 그 말 할 때 기분이 어때요?

치악산: 아, 지금 이 순간이요? (네.) '아 굉장히 무시당했구나, 씹혔구나, 내 말이.' 이런 생각이 들면서.

지   운: 그거는 지금 생각이거든. '무시당했구나, 씹혔구나.'는 생각이고 그럴 때 억울한 거예요? 화가 난 거예요?

치악산: 조금 화가 나지요.

3) 생각과 기분 구별

바람이 분다: 아직도 두려움이 많이 깔려 있지 않나…….

지   운: 그것도 생각이고, 지금 기분이 어때요?

바람이 분다: 따뜻하고 포근하면서도 많은 화살 같은 것이 느껴지고요.

지   운: "많은 화살 같은 것이 느껴진다." 그것도 생각이고, 기분이 어때요?

4) 의도–행동–타인 지각의 불일치

지   운: 자유혼만이 아니라 다른 사람도 내가 마음속에 가지고 있는 의도와 지금 내가 한 행동과 타인의 지각, 이 세 가지가 일치되지 않는다는 걸 알았으면 좋겠어요. 의도는 바람이 분다를 도우려는 소중한 의도이고, 하는 말은 아까 지난 시간, 지나간 시간에 대해서 어떻게 생각했느냐고 질문이 됐고, 그렇죠? 그런데 제 지각은 바람이 분다를 돕는 게 아니라 방해가 되는 거라고 지각이 됐고. 이 세 개가 일치되지 않잖아요? 그런데 아직도 자유혼은 '내 행동을 저 사람은 저렇게 지각했구나.' 하고 상대방의 지각에 책임지려는 태도가 아니고, '나는 도우려고 했

는데, 네가 왜 딴소리하느냐'고 억울해하는 것 같이만 보입니다. 제 눈에는 상대방의 지각보다는 내 의도를 더 중요시하는 것 같습니다. 내가 소중한 의도로 행동했으면, 남들도 알아줘야 한다고 생각하는 것 같아서 답답해요.

5) 사랑, 촉진자의 자기 개방

치악산: 이 팀을 이끌고 계신 우리 지운 님께 많은 분이 진짜 인간적인 사랑, 이런 부분에 대해서 따스함을 많이 느꼈어요. 여러분이 많이 말씀하셨는데, 좀 도발적인 질문인지 모르겠지만 지운 님께서 과연 물론 사람을 사랑하지 않는다는 것은 아니겠지만 저분들이 생각하는 만큼 그런 크기의 사랑을 가지고 여기에 계시는 건지 그런 사랑으로 집단을 끌고 가시는 건지 한번 여쭤 보고 싶은 생각입니다.

지 운: 그게 궁금했던 모양이야. 치악산이 보기에는 지운이 가졌거나 주는 것보다 받는 사람들이 더 크게 받는다, 뭐 이렇게 느꼈던 것 같아. 사랑하고 안 하고는 내 마음대로이고, 받고 안 받고는 자기 마음대로니까. (네.) 그리고 치악산이 나한테 네가 정말로 사람을 사랑하느냐고 개인에게 묻는다면, 지운이 보는 지운은 제일 부족한 것이 사랑이야. 내가 나를 봤을 때, 나는 늘 사랑이 부족한 사람이라는 자기 지각을 가지고 있어.

(중략)

지 운: 굉장히 기쁘고, 인정받은 기분이고. 이게 또 내 이야기하고 싶어지는데, 옛날에 젊어서 집단 처음 할 때 내가 집단 전문가로서 필요한 게 하나가 인격이고 하나가 스킬인데 내가 인격을 쌓아서 집단 전문가로서 필요한 인격을 갖출 때까지는 너무 먼 것 같고 달성 가능성이 전혀 없고 내 소질도 별로 없더라고. 그래서 나는 스킬로 커버하겠다 생각하고 정말 집중적으로 스킬을 훈련했어. 그걸 네가 지금 알아주는 것 같아서 고마워.

6) 거부감 표현

바람돌이: 거부감이 들어요.

지　운: 뭐에 대한 거부감이?

바람돌이: 눈물이 나오면서도 드는 마음이 이런 분위기가 사람을 눈물 흘리게 하는 그 분위기가요. 아까도 말했지만 마치 어느 종교 집단에서 만드는 분위기처럼 느껴지는 마음이 한편 들기도 하고, 기대가 너무 컸는데 동감을 못하고 이런 것이 속상했던 것 같기도 하고요.

지　운: 갈등 느끼겠는데.

바람돌이: 그게 무슨 말인지 잘 이해가 안 되는데요.

지　운: 전체 분위기가 어떤 한 사람을 놓고 무조건 맹목적으로 추종하는 것 같은.

바람돌이: 아, 그렇다기보다 지금 생각해 보니까 제가 이 단어를 써도 될지 말지 걱정스러운데요. 간증? 저는 종교가 없는데 간증에 대한 안 좋은 선입견, 본 적도 없는데 그런 걸 가지고 있어요.

지　운: 네가 만들어 놓고. 네 종교를 네가 하나 만들어 놓고.

바람돌이: 시간이나 돈보다도 그런 게 아깝다는 생각이 드는 게 아닌데 제 마음을요. 마음을 많이 줬는데……. 그냥 의심할 여지 없이 누가 소개한 것도 아닌데 내가 제 발로 흠뻑 빠져야 한다고 각오하고 들어왔는데 빠지지 않는 것에 대한 답답함이었던 것 같아요.

지　운: 이제 좀 편안해졌어?

바람돌이: 후련해요.

지　운: 거부감하고, 함께하지 못하고 있는 너 자신에게 불만스럽고 이 두 가지 감정이 함께 있어서 참 힘들었구나. 그런데도 용기를 내서 이렇게 이야기해 줘서 고맙고.

바람돌이: 제가 말한 용기에 대해 칭찬해 주시니까 마음이 더 편해지고 감사합니다.

지　운: 종교 단체 같다 할 때 궁금했어. 무슨 이상한 단체를 경험해서 이런 것을 종교 단체라 하는지 궁금했고 그다음에 네가 무조건 믿으면 그건 맹신하는 거지.

홈뻑 빠진다? 그냥 빠져서는 안 돼. 그냥 빠지지 마. 철저하게 따져 보고 네가 정말 값어치가 있다는 생각이 들 때 그때 가서 빠져도 늦지 않아.

바람돌이: 아, 그런데 제가 홈뻑 빠지질 못해요. 늘 재 보고 '이게 맞나 틀리나'라고 재차 확인하고, 조금씩, 조금씩 조심스럽게 나아갔는데 이번에는 그러지 말아야지 하는 생각을 했거든요.

지 운: 참 답답해. 네가 재고 따져 보고 하려면 끝까지 해 봐. 직성이 풀릴 때까지 끝까지 해 보고 빠져도 안 늦어. 그게 좋으냐 나쁘냐가 아니라 네가 하고 싶으니까 하는 거 아니야. 제대로 해 봐. 직성이 풀릴 때까지.

바람돌이: 제 마음대로요?

지 운: 그럼, 왜 중간에서 오지도 못하고 가지도 못하고 거기 걸려서 그 고생을 해. 이 방 안에서 부정적인 마음이 들거나 거부감이 생기면 중간에 부정적인 마음이나 거부감을 없애려고 애쓰지 마. 끝까지 거부해 봐. 끝까지 따져 봐. 난 참 거부감이 든다. 이런 말을 하기 전에는 이 방 안에 나랑 비슷한 생각을 하는 사람은 아무도 없을 것 같거든. 그런데 한번 해 봐. 그러면 나하고 같이 느끼는 사람들이 있을 수도 있어.

7) 자기 구속 위축

바람돌이: 어제 잠은 잘 잤고요. 가는 길에 잠깐 생각한 거고요. '마음대로 해도 된다.'라는 것에 왜 이렇게 눈물이 나는지 모르겠어요.

지 운: 그동안 네가 남이 의식되어서 너 스스로 미리 자제하면서 얼마나 힘들게 살아왔겠니? 그다음에 집단 전체의 분위기하고 동떨어진 감정을 느꼈을 때에 표현을 해서 그것을 허용받아 본 그런 경험이 별로 없었던 것 같아. 그런데 너는 다른 사람들하고 다른 느낌을 분명히 느꼈잖아. 분명히 너한테는 그런 게 아니란 말이야. 그런데 아닌 게 분명한 것 같은데도 아니라고 이야기했을 때 허용되지 못하는 그런 분위기에서 산다면 그게 얼마나 힘이 들겠니?

바람돌이: 그래서 늘 사람들한테 마음을 여는 데 2년이라는 시간이 걸렸던 것 같고, 그래

야 좀 깊게 사귈 수 있고, 아 그래서 자유롭고 싶었던 것 같아요.

지 운: 마지막 말이 참 반갑다.

바람돌이: 이게 정말 제가 하고 싶었던 말이었어요. 자유롭고 싶은 것. 너무 감사합니다. 이런 말을 다른 데서 하면 사람들은 나를 참 이상하게 보고요. 그렇게 느꼈어요. 자유롭다는 말을 함부로 할 수가 없었어요. 자유롭고 싶은데 저는 반듯하게 보이고, 교사인데 아직도 저렇게 철없는 소리를 하나 하는 소리를 많이 들었거든요.

지 운: 네가 그런 소리를 듣다 보니까 네가 그 말에 구속되어 많은 사람이 그렇게 볼 것 같은 생각이 드는 모양이구나. 우선 그런 구속에서부터 자유로워졌으면 좋겠어.

바람돌이: 저한테 그런 바람을, 제가 가지고 있는 바람을 지운 님께서 말해 주셔서 너무 후련하고요. 정말 제 마음속에 있는 것을 마음대로 해라, 너무 자유롭게 마음대로 하고 싶었던 마음 다 이해해 주신 것 같아서 마음이 편안해졌어요.

바람돌이: 바람이 분다 님께서 저한테 또 하나 자각을 주셔서 고마운데요. 다른 사람의 기대에 부응하려고 노력했던 것 같아요. 나 스스로 만족스럽고 편안한 것보다 '남이 생각하는 기준에 내가 맞추려고 많이 애썼구나. 많이 힘들었겠다.'

지 운: 그렇겠지. 많이 힘들었겠지.

바람돌이: 안타깝네요. 제가.

8) 처음 참가한 사람, 이성적 참여 혼란

학 산: 내일모레 가야 하니까 그저께 전화를 했습니다. "도대체 거긴 프로그램도 없고 아무것도 없는데 거기서 뭐하냐?" 하니까 "그냥 말만 하면 된다."고 하시더라고요. 그래서 제 얘기를 많이 해야 하나 싶었는데, 딱 들어와서 느끼는 게 그거였습니다. 말을 하는데, 자기 얘기 하는 것도 아니고 그냥 남의 감정 받아 주거나 감정 얘기를 하는 거구나도 아니고 온전하게 내가 그 감정을 받아들이고 그 감정에 빠져들고, 그 속에서 헤엄칠 수 있는 부분에서 제가 생각을 많이 했습니다.

진 아: 학산 님이 매우 진지하게 얘기를 해서, 제가 이런 말씀을 드려도 되는지 되게 조심스러운데, 설명이 좀 길어서 잘 안 들리고, 지루했어요.

9) 가성 편안과 진성 편안

지 운: 그런데 한빛 이야기를 들으면서 반가우면서 걱정이 돼요. 편안한 게 두 개야. 하나가 가성 편안이고 하나가 진성 편안인데 아무것도 안 하고 편안하다고 하는 것은 가짜 편안이에요. 끊임없이 추구하면서 편안해야 해요.

한 빛: 내 무슨 저기 말하는 게, 음……. 밖으로 표현한다는 것에 대해서 참 많이 익숙하지 않았던 것 같아요. 음……. 통성기도보다는 침묵기도를 더 좋아하듯이 혼자서 삭혀야 한다는 것에 대한 가치를 더 많이 추구했던 것 같아요. 어……. 그런데 공감이라는 것은 내가 아무리 느껴도, 말로 표현해야 한다는 것을, 자꾸 머리로 하죠. 그래서 여기 훈련을 하려고 합니다. 그런데 자꾸 설명한다고 하니까 또 그게 걱정이 되는 거예요.

지 운: 여기 이 방 안에서 하려고 하는 사람은 참 많아요. 하는 사람은 드물고.

10) 마음을 주고받는 말

지 운: 지금 빈마음이 바탕 질문에 사실로 대답하고 있거든.

빈마음: 아, 제가 지금……?

지 운: 어. 지금 네가 '다음 장 시작할 때 어떤 마음이겠느냐?' 하고 물었다고 해서 '같지는 않을 거다.' 사실로 대답을 하는데 그거 하지 말고 바탕이 빈마음을 보고 어떤 기분이 들어서 저런 소리를 할 것 같아?

빈마음: 염려를 해 주시고 그다음에……. 편안한 마음으로 있었으면 하는 그 바람, 기대 이런 마음이셨을 것 같은데요.

지 운: 그런 마음을 받았으면 빈마음은 바탕한테 어때?

빈마음: 감사한 마음이 들어요. 에…….

지   운: 지금 그러니까 말을 주고받고 묻고 대답하고 하는 것과 마음을 주고받는 것이
      다르잖아. 그렇지? (예.) 여기 지금 마음 주고받는 자리에서 빈마음은 말을 주고
      받고 있으니까 답답한 거야.

빈마음: 답답하셨을 것 같아요. 매번 신경 쓰는 것은 주의해서 아니 그런 주의를 많이 기
      울이고 있는데도 막상 안 되니까 저도 좀 답답함이 있거든요, 스스로.

지   운: 그렇지? 막상 안 되니까 답답하지? 그래도 지금은 마음을 표현하지 않았느냐?

6. 초기 단계 인터뷰

질   문: 초기 단계에서의 촉진자의 중요한 과제 및 활동이 있다면 무엇입니까?

답   변: 섣불리 혼란을 잠재우려 하지 말고 참가자들이 스스로 넘어갈 수 있도록 지켜보
      는 일입니다. 지금-여기에서의 감정을 솔직하게 주고받는 방법을 익히도록 하
      는 일입니다.

질   문: 초기 단계에서 집단의 규범을 세우는 일이 중요한데, 어떻게 형성합니까?

답   변: 집단의 학습 방법을 익히는 일이 더 중요합니다. 지금-여기, 감정, 진실한 태
      도, 깨달아 알고자 하는 태도가 중요한 단계입니다.

질   문: 처음에 참가자들이 겪는 혼란에는 어떤 것들이 있습니까?

답   변: 지금-여기에서 느끼는 감정을 솔직하게 표현하는 것에 대한 혼란이 있습니다.
      이에 대한 몇 가지 위험으로, 전달은 안 되고 오해받을 위험, 감정을 상하게 할
      위험, 공격적인 태도가 나타날 위험이 있습니다. 감정에 충실하다 보면 자기도
      모르던 격한 감정이 나타날까 봐 불안해하는 사람, 타인에 대한 부정적인 감정
      을 표현하는 것을 금기시하는 사람들이 있습니다. 자기 내면세계의 솔직한 표
      현을 개인적인 비밀을 이야기하는 것으로 잘못 이해하고 느끼는 불안 등이 있습
      니다.

질   문: 초기 단계에서 참가자들이 넘어서야 할 것들이 참 많습니다. 그럴 때 촉진자가
      도울 방법은 무엇입니까?

답 변: 이해하고 참고 지켜보는 것입니다. 그리고 촉진자도 참가자의 역할을 제대로 할 수 있다면 좋은 모델이 됩니다.

질 문: 초기 단계에서 촉진자가 집단원을 관찰하고 이해할수록 촉진적인 행동을 하게 될 때가 있을 것 같은데, 어떤 부분을 관찰하고 이해합니까?

답 변: 초기 단계에서 관찰자의 역할, 여러 가지 부분이 있습니다. 성격 특성, 커뮤니케이션 스타일, 주로 선택하는 감정, 누가 누구에게 친밀감과 거부감을 느끼는지에 대한 것 등입니다. 문제 해결 방법, 대인관계 태도, 리더십 스타일, 그리고 성격 특성을 파악하는 일 등 입니다.

질 문: 지금-여기에서의 감정 표현이 아닌 사실 설명을 길게 하는 참가자에게는 지루하다, 답답하다고 이야기하시는데 참가자로서는 거절당하거나 비난받거나 지적받거나 부정적인 감정이 일어날 것 같습니다. 그럼에도 그렇게 하는 이유가 있다면? 혹시 좀 더 친절하게 접근할 수는 없을까요?

답 변: '조금 친절하게 할 수는 없느냐?' 하는 것에 대해서는 장단점이 있습니다. 거두절미하고 지루하다든가 답답하다든가 하는 감정만 주고받았을 때 참가자들이 받는 충격 그 자체가 역동적입니다. 감정적으로 몰입하게 되는 출발점입니다. 불편할 때 불편하다고 자기표현을 하고, 불안하면 불안하다든가 공격받는 것 같아서 미워졌다든가 하는 표현을 솔직하게 해 줄 수 있으면 좋은데 초기 단계에는 촉진자에게 맞대 놓고 그런 표현을 잘 못합니다. 그래서 어떤 경우에는 내가 하는 그런 행동들을 폭력을 행사하는 것처럼 느끼는 그런 참가자도 있을 수 있습니다. 그러나 그런 것들이 하나둘 쌓여 가는 동안에 감정적으로 체험할 좋은 기회가 되니까 설명을 최대한으로 줄입니다. 그때 설명을 줄이고 그런 피드백을 할 때는 상대가 받는 충격을 알고 있어야 합니다. 그리고 공감 수용을 해서 상대가 충격 받은 감정을 풀어 줄 수 있는 역량이 없으면 지적하기 힘이 듭니다. 친절하게 해야 할 필요성이 있다는 것도 굉장히 중요한 이야기입니다. 많은 참가자들이 오해를 합니다. 당신의 이야기를 듣고 지금 이 순간의 나는 당신에 대해서 답답한 감정을 느낀다고 이야기하면 당신은 답답한 사람이라고 말하는 것으로 받아들여서 오해하고 억울해하는 경우가 많습니다. 지금 그 행동에 대해서 내가

답답한 감정을 느낀다는 피드백인데, '나'라는 사람 전체에 대해서 이렇게 느끼는 것 아니냐 하는 커뮤니케이션 장애가 생깁니다. 그래서 공감 수용 능력에 자신이 없거나 하면 '당신이 그런 말을 했는데 나는 그 말에 대해서 이렇게 느낍니다.' 하고 분명히 전달하면 마찰이 적어집니다. 하지만 마찰은 적어지는 대신 설명이 들어가기 때문에 감정적으로 몰입하는 데에는 방해가 됩니다. 그래서 나는 그것을 별로 안 씁니다. 그러나 정말로 그런 지적이나 피드백을 받아들일 힘이 없어서, 내적 자아가 충실하지 못해서 그것을 충격이나 상처로 받아들일 사람한테는 그것을 쓰는 것이 굉장히 위험하니까 조심하는 것이 좋습니다. 제일 위험한 것은 내가 많은 집단원 중 A라는 사람에게 그런 피드백을 했는데, A가 아니고 저 뒤에 있는 심약한 B나 C가 '나도 저런 피드백을 받으면 어떻게 하나.' 불안해하는 경우가 생길 때입니다. 굉장히 신경 써야 할 부분입니다. 중간중간 집단원들에게 물어 주거나 확인해 주거나 혹시라도 그런 사람처럼 보이면 쉬는 시간에 개인적으로 물어보는 작업이 따라야 합니다.

질 문: 내 피드백이 집단원에게 어떤 영향을 미치는지 깨어 있어야 하고 집단 전체에 어떤 영향을 미치는지까지 지켜봐야 한다는 뜻인가요?

답 변: 촉진자가 집단에 들어가면 집단 안의 모든 사람이 늘 내 마음속에 들어와 있어야 합니다.

질 문: 초기 단계에서 집단원들이 자기 이야기를 많이 하기 시작합니다. 촉진자가 개인으로 개입하기 시작하면 상호작용이라기보다는 촉진자 한 사람에게 관심이 집중되기 쉬운데 그때는 어떻게 하나요?

답 변: 초기 단계에서는 집단의 학습 방법을 잘 모릅니다. 대부분 사실적인 이야기를 늘어놓거나 자기중심적인 태도로 이야기합니다. 어떤 참가자들은 그런 행동을 좀처럼 멈추거나 그치지를 못하기도 합니다. 그러면 촉진자가 지적하게 됩니다. 많은 촉진자가 그런 지적을 하는 것을 힘들어합니다. 왜냐하면 거부 반응을 받거나 불편을 겪으니까 조심하고 말 못하는 경우가 많은데, 나는 그때그때 지적을 하는 편입니다. 불편을 느끼면 공감 수용해서 풀면 된다고 생각하니까. 촉진자의 발언이 늘어나면 자연히 참가자들의 개입도 많아지고 그런 개입을 많이 하다 보면 감

정적으로 몰입하고 집단을 하는 데 상당히 도움되는 역할이라고 생각합니다. 참
가자들이 자발적으로 하기 시작하면 촉진자가 개입을 자연스럽게 줄이게 되고
성숙 단계에 가면 거의 개입을 하지 않게 되고 그런 형태로 집단이 진행됩니다.

질 문: 처음에 참가자들이 부정적인 감정을 표현하는 것이 중요한데 어떻게 돕고 어떻
게 촉진합니까?

답 변: 가장 간단한 것은 부정적인 감정을 제일 먼저 표현하는 사람이 부정적인 감정을
표현해서 그 사람이 여기서 뭔가 도움이 되었다는 경험을 할 수 있게 해 줘야 합
니다. 이해받고, 수용받는 경험이 그것입니다. 부정적인 감정이 사실은 표면 감
정일 뿐이고 그 사람의 내면에 있는 감정은 긍정적입니다. 그것을 인정받을 수
있는 계기나 기회가 주어지고, 지지받고, 부정적인 감정을 표현했기 때문에 다
른 사람들에게서 소외당하거나 외면당하거나 거부당하지 않을 수 있는 그런 자
리라는 것을 확인해 주는 것이 필요합니다.

질 문: 초기에 촉진자에 대해서 부정적인 감정이 나타나는 경우가 많을까요?

답 변: 촉진자에 대해서 나타나는 경우도 있고, 집단 전체에 대해서 진행 방법이나 형
태가 아주 낯선 것에서 나타나기도 합니다. 드물게는 참가 전에 가지고 있던 부
정적인 선입견이나 개인적인 불만이 표현되기도 합니다. 그러나 어떤 형태로든
지 불만이 표현된다는 것은 아주 소중합니다. 그것이 집단의 시작이니까. 자동
차에 시동을 걸어서 1단 기어를 넣었다고 생각하면 됩니다.

질 문: 부정적 감정을 표현하고 그 상태에서 다른 상태로 변화하는 것이 있지 않은가
요? 표현한 후 변화된 것을 들여다보게도 해야 하나요?

답 변: 집단 훈련을 할 때 자기가 부정적인 감정을 표현하는 것이 중요한 것이 아니고,
부정적인 감정을 표현하는 것은 그것을 표현하고 난 다음에 자기가 편안한 감정
을 되찾기 위한 수단입니다. 어떤 사람들은 부정적인 감정을 표현할 때 자기감
정을 실어서 표현하기 때문에 표현하고 나면 아주 편안해지는 사람이 있는가 하
면 어떤 사람은 말만 하고 그 감정을 실어서 보내지를 못합니다. 말은 해도 부정
적인 감정이 마음속에 그냥 남아 있는 사람도 있습니다. 그런 사람들은 많은 훈
련이 필요합니다. 그 때문에 표현하고 나면 기분이 어떠냐고 확인합니다. 대부

분의 참가자가 부정적인 사실 때문에 부정적인 감정이 생겼는데 부정적 사실이 해결되지 않은 채 감정만 주고받고 표현해서 마음이 편안해질 수 있는 길이 있다는 것을 하나 더 배워야 하기 때문에 확인하는 것입니다.

질　문: 초기 단계에서 참가자들이 저항할 때 어떻게 다룹니까?

답　변: 나는 개인적으로 심리학을 하는 사람들이 저항이라는 단어를 쓰는 것에 대해서 저항합니다. 왜냐하면 상당히 상담자 중심의 표현이라고 생각하기 때문입니다. 내담자는 상담자에게 저항하는 게 아니고 자기의 일관성이나 자기 신념, 자기의 특성을 그대로 유지하고 싶어서 하는 행동이라고 봅니다. 사춘기를 이유 없는 반항이라고 보는 것은 부모 입장이고, 자식으로서는 자기 스스로 독립성과 주체성을 회복하는 처절한 투쟁입니다. 저항도 참가자들이 자신의 독자성을 유지하기 위한 활동이라고 보고 있습니다. 일반적으로 저항이라는 단어를 쓰니까 일단 그 단어를 빌리자면, 우선 이번 집단 같은 경우에는 처음 참가했던 사람들의 저항이 많았습니다. 치악산은 첫 번째로 감성적으로 참가하는 것에 대한 필요성, 중요성을 잘 모르고, 학습 방법에 대해서 거부감이 있었습니다. 다른 데 가면 미리 안내해 주고 설명해 주는데, 친절하게 가르쳐 주지도 않고서는 해 보라고 해 놓고, 못한다고 지적을 하니 이런 무례한 학습 방법이 있나 하는 등의 거부감이 있었을 것입니다. 또 마이키나 바람돌이 등 여러 사람의 거부감이 표현됐습니다. 그런데 그런 감정들이 표현되는 것 자체가 굉장히 반가웠고 또 그것이 집단을 촉진해 나가는 가장 처음의 과정이고 단계라고 보고 있습니다. 이런 저항을 하는 사람들을 한 사람 한 사람 또렷하게 파악하고 있고, 그 사람들이 저런 저항을 넘어서서 어떻게 자기 자신을 찾아가는지 그 전체의 프로세스가 끝날 때까지 계속 지켜보고 있습니다. 그래서 한 단계 한 단계 이 사람들이 변화해 나가는 것을 기다리고, 변화할 때마다 알아차려 주고 지지해 주고 확인해 주는 이런 일이 아주 중요합니다.

질　문: 한 단계 한 단계의 의미는 무엇입니까?

답　변: 우선, 처음에 이렇게 강하게 거부감을 표현하고 난 다음에 이 거부감이 저 사람으로부터 비롯된 것이 아니고 내가 가지고 있는 기준에서 비롯되었거나 잘못된 생각을 한 것은 아닌가 하고 자기 자신을 돌이켜 보는 태도가 생기면 첫 번째입니다. 그다음에 다른 입장이나 관점을 받아들여 수용할 수 있는 단계가 되면 두 번째이고, 내가 새롭게 달라져야 할 것인지 아닌지 필요성을 느끼는 단계가 세 번째입니다. 그다음에 변화된 행동을 하는 단계가 네 번째 마지막 단계입니다.

7. 초기 단계 축어록

1) 감정 알아차림의 낯섦과 어려움

지 운: 지금도 너는 계속 궁리만 하고 있거든. 그것으로는 나한테 하나도 들어오는 게 없어. 전부 이렇게 흘러나가. 쟤가 왜 저러지? 꼭 자기가 안 되는 걸 가지고 우리한테 화를 내는 것 같아.

소 향: 그 얘길 들으면요. 제가 어떤 기분이 드냐 하면…….

지 운: 응.

소 향: 난 처음으로 여길 왔으니까 감수성 훈련 참가자들은 다 선배들이고, 몇 번 왔으니까 배려를 해 주는 게 마땅하다는 생각이 들어요.

지 운: 처음 왔으면 네가 입 다물고 가만 있어야 하는 게 마땅하다고 나는 생각해. 하하하(웃음).

집단원: 하하하(웃음).

소 향: 입 다물고 있으면 안 되잖아요.

지 운: 네가 처음 왔으면 무조건 참고 믿어야지. 와서 안 믿고, 따져 보고, 떠 보고 이런 짓이나 하고 있으면 답답하지. 그건 당연하지 않다고 생각해.

다이아몬드: 소향 님!

소 향: 네.

다이아몬드: 기대감 가지고 왔는데 그게 낯설기도 하고, 어색하기도 하고, 어떨 때는 기쁘기도 하고, 또 의문스럽기도 하고, 답답하기도 하고, 속상하기도 하고, 심지

어 화나는 마음이시고……. 그러면서도 이렇게 오셔서 솔직히 말씀해 주시고 그러니까 참 반갑고, 또 소향 님하고 그 부분 하나하나 만나고 싶고.

소 향: 네. 말씀해 주시는 건 감사는 한데요. 또 솔직한 기분을 말씀드리고 싶은 것은 많은 표현을 하는데 그중에서 몇 가지 표현이 나하고 안 맞다는 생각이 들 때, 제가 거부반응을 일으켜요.

다이아몬드: 응.

소 향: 단어를 쓸 때 그 얘기는 제가 '아! 맞다.' 하는 것은 괜찮은데 그렇지 않을 때는 거부감이 들어요.

지 운: 그러니까 너는 지금 남의 말이 너한테 거부반응을 일으키는 걸 귀신같이 알아차리는 것 같아. 그런데 네 말이 남한테 거부반응을 주는 건 하나도 모르는 것 같아.

소 향: 그걸 얘기를 해 줘야 제가 알죠.

지 운: 그러니까 다 남의 탓이지. 네 탓은 없고.

소 향: 내가 못 느끼는 것도 있겠죠.

지 운: 그러니까 못 느끼는 건 네 탓이지.

소 향: 그럼 내 탓으로 돌리고 가만 있어야 하는 거예요?

지 운: 모르겠어. 네가 해 봐. 가만히 있든지. 그런데 네 성질에 가만히 있을 수 있겠냐.

소 향: 저는 어……. 얘기를 해 줬으면 좋겠어요.

지 운: 이제 좀 조용히 했으면 좋겠어. 지금 기분이 어때? 지금 기분을 얘기하자는 자리에서 너는 혼자 특권을 가지고 생각을 한참 얘기했어.

소 향: 기분을 잘 모르겠는데요.

지 운: 그거 모르면 가만히 있어. 그거 찾아서 내봐. 네 기분을 알아차릴 수 있는 사람은 이 세상에 딱 너 혼자밖에 없어. 네 기분을 네가 알아차려서 표현하지 않으면 아무도 몰라.

소 향: 기분을 얘기한다면 조금은 숨통이 트이는 것 같은데 여전히 답답한 거예요.

지 운: 어. 그건 답답한 거고. 또?

소 향: 기대는 돼요.

지　운: 그건 기분이 아니고.

소　향: 답답하고, 좀 어색하고.

지　운: 답답하고, 어색하고. 그래, 혼자 한참 동안 생각을 이야기했잖아.

소　향: 네.

지　운: 이 사람들이 들어 주잖아. 들어 주는 거에 대해서는 어때?

소　향: 들어 주는 건 미안하고.

지　운: 고마워.

소　향: 나 혼자 떠든 거에 대해서는 미안해요.

지　운: 미안하고. 사람이 그래도 양심은 있구나.

집단원: 하하하(웃음).

지　운: 그래. 그러면 됐어. 이제 좀 가만히 있어.

JJ: 소향 님이 말씀해 주셔서 약간 시원했어요. 안타깝고, 처음 온 사람이 느낄 수 있는 감정 그걸 말씀해 주셔서……. 저도 느꼈던 감정인데 시원했어요. 그리고 안타깝고, 자기를 기다려 주셨으면 좋겠고.

지　운: 입 다물라는 소리를 아주 부드럽게 표현을 해.

집단원: 하하하(웃음).

JJ: 좀 더 용기 내시면 좋겠고.

지　운: JJ가 참 놀라워. 너한테만 가면 똑같은 단어가 어쩜 그렇게 부드러워지고 아름다워지나.

JJ: 고맙습니다.

소　향: 그렇게 말씀해 주시니 고마워요.

JJ: 외로워하시지 않으셔도 돼요. 저희도 다 느꼈던……. 저도 느끼고 있었던 감정이고, 기다리고 있어요.

소　향: 좀 불편하네요. 외로워하지 않았으면 좋겠다고 얘기하는 그 자체가 좀 불편해요. 그건 왜 그런지는 모르겠지만.

지　운: 네가 지금 말귀를 못 알아들어. 단어만 들어. 애가 그 말을 하는 의미나 뜻을 네가 모르는 거야. 그러면서 너는 다른 사람의 말을 다 알아듣는 줄로 착각하고 있어. 전혀 대화가 안 돼. 내가 보면……. 영어로 해 줄까?

소　향: 아뇨. 그 말씀 들으니까 답답해지네요.

지　운: 어. 답답해지면 반가워. 우리말은 말을 들어서 되는 게 아니고 말귀를 알아들어야 하는데 너는 말귀를 못 알아들어.

소　향: 그 얘기를 들으니까 또 답답해지는데요.

지　운: 어. 반가워. 답답해지면 반가워. 더 답답해지면 좋겠어. 그게 말귀를 알아듣고 싶다는 소리거든.

소　향: 네.

지　운: 그래서 안 된다고 하니까 답답한 거잖아. 정말 네가 말귀를 못 알아듣는다는 네 모습을 한번 직면해 보고 말귀를 알아듣는 그런 사람이 되면 좋겠어.

소　향: 네. 말씀해 주시는 거 감사하고요. "말귀를 못 알아듣는다? 단어를 듣는다."는 말에는 공감이 돼요.

지　운: 그건 공감이 아니고 동의가 되는 거지.

소　향: 동의가 돼요. 그 말은 그랬구나. 저 자신을 돌아보면……. 그 단어에……. 또 그 사람 말하는 데 되게 민감하고, 또 그걸로 그 사람의 생각을 평가하려고 노력했던 게 생각이 나서 그 말에는 동의가 돼요.

지　운: 그러니까……. 우리말은 그것만 가지고는 안 돼. 영어는 그렇게 해도 돼. 문장 구성이 그렇게 되어 있으니까. 그런데 우리말은 그렇지가 않아.

소　향: 그 얘기를 듣고 나니까 우리 JJ 님이 얘기한 걸 제가 오해해서 받아들인 것 같아서 좀 미안하긴 해요.

지　운: 어. 그런데 지금은 오해했는지, 안 했는지 모르고 미안하기부터 하니까 그건 이상한 거지. 정말 네가 JJ 뜻이 이거였구나 하고 알아차리고, 그때 내가 오해했구나 하는 생각이 나서 그다음에 사과해도 늦지 않아요. 그런데 사과부터 하니까 그건 아쉽지.

소　향: 그건 동의하고요. 솔직하게 그 얘기의 의미는 아직 와 닿지는 않아요.

지　운: 그러니까. 그때는 아직 사과할 것이 없잖아.

소　향: 그런데 불편할까 봐 사과는 하고 싶어요.

지 운: 그럼 나도 미리 너한테 사과해 놓고 할까?

집단원: 하하하(웃음).

소 향: 혹시 마음 상할까 봐 하는 생각이 들어서.

지 운: 그래. 나한테는 혹시 마음 상할까 봐 염려하지 않아도 돼. 여기서는 처음에 하는 약속이 지금-여기서 느끼는 기분을 솔직하게 주고받자고 했으니까 그것 때문에 불편을 끼칠 수도 있고, 오해를 살 수도 있고, 오해를 받을 수도 있는데 그걸 허용하고 하자고.

소 향: 그런데 그렇게 안 해도 된다는 그 말 들으니까……. (울먹거리며) 그렇게 안 해도 된다는 말씀을 듣고는 가슴이 뭉클해졌어요. 왠지 모르겠지만(눈물을 흘림).

지 운: 그래. 어차피 우리 다 실수할 수 있는 자리니까 허용하자고.

2) 대화-독백

하이디: 반갑고, 기대되고요. 궁금해요.

햇 살: 하이디 님 말씀 저도 반갑고요. 좀……. 전 못 보던 분들 얼굴이 보여서 궁금하기도 하고. 오늘 시작으로 계속 함께할 분들이니까 많이 친해지고 싶기도 하고요. 그렇습니다.

키 키: 햇살 님, 참 따뜻해요. 챙겨 주시는 것 같아서 반갑고.

햇 살: 서로 어색해하시는 것 같은데 같이 편안해졌으면 좋겠어요.

보따리: 그 말 들으니까 좀 편안해졌어요. 저도 이 자리를 통해서 얘기를 좀 많이 하고 싶고, 그런 마음으로 나왔습니다.

하이디: 보따리 님 입술에 긴장감이 좀 느껴졌는데.

보따리: 아! 그런가요.

하이디: 지금 좀 여유로워진 표정이 반가워요.

보따리: 처음에 시작할 때 좀 긴장이 되었는데 햇살 님이 좀 편안해졌으면 좋겠다고 얘기를 하니까 편안해졌어요.

지 운: 지금 보따리하고 너하고 하는 거는 일반 대화야. 지금 우리가 그런 것을 하자는

자리는 아니거든. 이야기를 듣고 네가 너의 상태에 대해서 대답을 하고 있는 거

야. 그렇지? 하이디가 너한테 그런 말을 할 때 너를 보고 기분이 어떻겠어?

보따리: 반가웠을 거 같아요.

지　운: 어. 그리고 하이디 이야기 듣고, 너는 어떤 기분이었어?

보따리: 그 이야기를 듣고 저도 반가웠습니다.

지　운: 그랬어? 이처럼 지금−여기서 느끼는 기분을 주고받자는 자리야……

보따리: 감사합니다.

지　운: 지금도 내가 너를 보고 어떤 기분인지 받아 주고 네 기분을 표현하는 게 아니고

일상적인 인사를 하는 거야. 우리가 그런 것 하는 자리가 아니거든. 내가 지금

너한테 무슨 기분에 이 소리를 하겠냐?

보따리: 답답한 마음에.

지　운: 어. 답답하고, 또 한쪽으로는?

보따리: 쟤가 좀 잘했으면 좋겠는데 하는 기대하는 마음도.

지　운: 그렇지. 제대로 좀 안내해 주고 싶은 마음. 그래서 말만 듣지 말고, 말하는 사람

의 심정을 들으라는 소리야. 그걸 주고받자는 거야.

보따리: 예. 알려 주셔서……

지　운: 또 '고맙습니다.' 하려고……. 그건 일상 대화야. 이 집단에서 만나자고 하는 자

리에서 하는 대화는 아니야.

보따리: (침묵)

지　운: 지금 참 답답해지고, 막막해졌지.

보따리: 예.

지　운: 여러 사람 앞에서 이런 지적받으니까 좀 창피하기도 한가?

보따리: 창피한 마음은 안 들고요.

지　운: 어. 그럼 그나마 다행이다.

보따리: 다른 분들 하시는 걸 봐서 저도 뭐……

지　운: 지금 자꾸 너의 상태를 설명하려고 하고 있지 않잖아. 대답하지 마. 답답해. 기

분이 어때?

보따리: 지금 답답……. 한…….

지　운: 그럴 때 네가 "지금 답답합니다." 이렇게 말하는 동안에 네 마음속의 답답한 감정이 그 말에 실려서 다 나가고 마음이 편안해질 때까지 연습해. 답답하다고 말하는 게 중요한 게 아니고, 그 말에 너의 감정을 실어서 보낼 수 있는 게 훈련되어야 해. 화났을 때 "화났다." 한마디 하면서 편안해지고, 답답할 때 "답답하다" 하고 편안해지는 상태까지.

보따리: ……. (침묵)

배　움: 답답하고요. 보따리 님 어떨까 염려도 되고, 궁금하기도 해요.

보따리: 감사합니다. 지금……. 제 마음 챙겨 주셔서 고맙습니다. 배움 님이 그렇게 말씀하시니까 굉장히 마음이 편안해지고요. 어떻게 얘기를 해야 할지 막막한 그런 마음이 있습니다. 불안하지는 않아요. 불안하지는 않고…….

지　운: 답답한데. 네가 무슨 짓을 하느냐 하면……. 배움이 너를 보고 "불안해 보인다." 고 하지 않느냐? 그런데 그때 너는 그 말을 듣고 너는 너 자신을 돌이켜 보고 네가 불안한지 아닌지를 확인하고 난 다음에 "나는 불안하지 않다."고 대답을 하고 있어. 그렇지?

보따리: (끄덕끄덕)

지　운: 어. 그러니까 마주앉아서 상대방을 안 보고, 자기만 보고 있는 거야. 상대가 너를 보고 불안해하는 걸로 봤으면 상대의 기분이 어떻겠냐? 저 사람이 어떤 심정인지, 저 사람이 어떤 사람인지 그쪽을 바라봐. 대화하자는 자리에서 너는 '내가 이렇다.'라고 하면서 독백만 하는 거야.

보따리: 답답하셨을 것 같아요.

지　운: 응? 지금 누가 답답했을 거 같아?

보따리: 네. 저만 보고……. 고맙습니다.

지　운: 허! 이런……. 이런 답답한 일이 있나.

물　빛: 지운 님이 많이 답답하신가 봐요.

지　운: 고맙다. 너는 내가 이야기하는 사실을 듣고, 조금 전에 한 너 자신의 행동을 돌이켜 보고 '아! 내가 이게 잘못되었다고 하는구나.' 그걸 알아 듣고는 너의 그 행동을 수정하는 거야. 누굴 고쳤어? 나하고 만나고 있는 거야? 아니면 너를 너 혼자 뜯어고치고 있는 거야? 만나자고 하는 자리에서 자기개선만 하고 있거든. 내가 너한테 그 소리를 할 때 내가 너를 보고 기분이 어때서 그 소릴 하겠나?

보따리: 답답한 마음에.

지　운: 어. 답답했겠지. 답답하게 만든 건?

보따리: 죄송하고요.

지　운: 가르쳐 준 건?

보따리: 고맙고요.

지　운: 듣고 네 기분은 어떠냐?

보따리: 예. 편안했습니다.

지　운: 그래, 지금처럼 감정을 주고받자는 자리인데 너는 딴짓을 하고 있어. 된통 걸렸다. 여기서 우리가 하고 있는 것이 무엇인지도 모르고 그런 헛소리를 주고받으면서 집단 한다고 착각하고 있다고…….

보따리: 지운 님 많이 답답하셨을 텐데. 이렇게……. 깨우쳐 주서서 감사합니다. 이전 집단에서는 이렇게 심하게 말씀 안 하셨는데 이렇게…….

집단원: 하하하(웃음).

지　운: 그래서 좀 억울한 거야?

보따리: 억울한 마음이 아니고. 아! 이제 제대로 가르치시려는 그런 마음이구나 싶어 고마움이 듭니다. 사랑하는 사람에게 매를 더 준다고……. 사랑하는 그 마음이 많이 느껴져서……. 고맙습니다.

지　운: 이런 마음이든 저런 마음이든 결국은 같은 소리야.

늘푸름: 저는 보따리 님 이야기를 들으면서 '참 수용적이고, 따뜻한 분이다.' 이런 생각이 들어서 긴장했던 마음에서 확 놓이는 것 같아요. 편안해지고요.

보따리: 제 마음을 봐 주서서 고맙습니다. 저를 수용적이라고 표현해 주시니까……. 제 마음이 다른 사람들에게 그런 마음이 있는데……. 저를 그렇게 봐 주서서, 아! 내가 그런 면이 좀 있어서 다른 사람을 좀 편안하게 해 주는구나.

지　운: 참……. 야! 보따리야. 네 보따리 좀 풀어라. 지금 늘푸름이 보따리에 관해서 이야기를 하잖아. 그런데 너는 그 소릴 듣고 네 이야기만 하는 거야.

보따리: 네.

지　운: 그건 독백이야. 너를 그렇게 보는 늘푸름이 어떤 사람인가, 이 사람의 심정이 어떻겠냐. 그걸 보란 말이야.

물　빛: 참 난감하고, 답답하실 것 같아요. 정말 날 위해서 할 기회를 주시고, 소중한 말 듣는데 얘기만 하면 지적받고…….

집단원: 흐흐흐(웃음).

보따리: 네, 땀이 납니다.

거북이: 물빛 님 바라보시는 마음이 착잡하실 것 같아요. 우리 보따리 님 바라보면서 안타깝기도 하고.

물　빛: 안타깝고, 그런 마음……. 제 마음을 알아주려고 하는데 착잡한 것은 아니고. 그 맘이 어떨까 싶기도 하고, 저런 마음 알 것도 같고, 하고는 싶은데 되지는 않고, 하면서 지적은 계속 들어온다 싶으니까 난감하고……. 그러면서도 어떻게든 해 보려고 하는……. 진땀까지 흘리면서 하려고 하는 모습……. 편하게 상대하고 나눴으면 하는 바람이 크고요.

보따리: 그 말씀을 들으니까 굉장히 좀 편해졌고요. 따뜻하게 느껴지고…….

물　빛: 본인은 그렇고, 저한테는 어떠신지?

지　운: 크크(웃음).

집단원: 하하(웃음).

바라밀: 따뜻해졌다가 조금 전의 기분으로.

지　운: 어? 따뜻해졌다가 뭐?

바라밀: 따뜻해졌다가 조금 전의 기분으로……. 나는 정말 안타깝고.

물　빛: 요구하는 것처럼 보였나 봐요.

유　연: 바라밀 님은 그렇게 보셨나 봐요. 그런데 저는 아주 따뜻하고, 도와주고 싶고, 유쾌한 모습으로 보여서 그게 멋졌고요. 물빛 님이 중심에 서서 하고 싶을 때 하는 걸로 보여서 멋졌어요.

소　명: 제가 볼 때도 물빛 님이 보따리 님 도와주고자 하는 마음으로 보여서 든든하고,

좋았어요.

물　빛: 정말 든든하고, 따뜻하고. 날 계속 지켜본 모습에서 나오는 것 같아서……. 고맙고, 든든해. 늘 한발 떨어져서 지켜보다가 직접 돕고 싶은 마음에서 시도해 본걸 알아보고 이렇게 하는 모습이…….

지　운: 멋있었어.

물　빛: 저도 좋았고. 그 보따리 님 같은 그런 과정을 거쳐 온 사람으로서 안타까움도 있었고, 정말 잘 돕고 싶은 마음도 크고.

거북이: 참 따뜻함이 느껴집니다.

하이디: 푸근하면서도 든든해요.

소　명: 저는 그러면서 보따리 님이 물빛 님에 대해서 어떤 느낌이 들었는지 보따리 님 얘기도 듣고 싶어요.

보따리: 실은 누가 나 안 도와주나 그랬었는데 딱 말씀하시니까 감사했고요. 저를 챙겨 주시는 그 따뜻한 마음이 좋았습니다.

거북이: 보따리 님 좀 안심이 되나 봐요.

보따리: 네. 저……. 지운 님이 이렇게 저 공격해도 도와줄 사람이 있다고 생각하니까.

집단원: 하하하(웃음).

물　빛: 본심이 나오십니다.

집단원: 하하하(웃음).

거북이: 지금 이 순간 저는 여유롭게 느껴지고요. 제정신이 들어오는 것을 축하드립니다.

보따리: 거북이 님 고맙습니다. 지원사격 해 주시고 해서……. 챙겨 주시는 마음이 따뜻해서.

거북이: 동지 기분이 들어서 든든하고, 힘내시라고 지지해 드리고 싶고.

보따리: 그 말씀 들으니까 용기도 나고, 잘할 수 있을 것 같습니다. 예. 따뜻한 마음 고맙습니다. 소명 님 고맙습니다. 제가 어떻게 말을 해야 할까 고민하고 있었는데 어떤 마음인지 물어봐 주셔서…….

거북이: 그 경황 중에도 한 분, 한 분 이렇게 확인해 주시는 모습이 참 자상한 성격을 가지신 분 같아요.

보따리: 고맙습니다. 그러니까 더 힘이 나는 것 같아요. 땀이 좀 멈추는 것 같아요. 고맙습니다.

시 아: 거북이 님이 보따리 님을 챙겨 주는 마음은 따뜻하게 느껴지는데 경황이라고 표현하니까 왠지 좀…….

지 운: 단어에 걸렸나?

시 아: 어……. 단어도 걸리고, 거북이 님이 전하고자 하는 마음도 좀 제대로 온전히 전했으면……. 약간 농담 형태로 전해지는 듯해서…….

거북이: 뭔가를 해야 한다는 생각이 들어서 부담되고, 그러면서 약간 오해받는 기분도 들고…….

소 명: 시아 님이 그렇게 느끼셨다면 아쉬우셨을 것 같아요. 저는 거북이 님 얘기하실 때 그렇게 들리지 않았고요. 보따리 님이 정말 잘하고 있고, 그 와중에도 사람들 챙겨 가는 모습이 나와 다르게 잘하고 있다고 지지하고, 격려하는 걸로 들렸었거든요.

거북이: 나와 다르게는 좀 오해이고…….

집단원: 하하하(웃음).

거북이: 동질감을 느낀다고 그랬는데, 어……. 좀 조그마한 가능성이라도 힘으로 가져가는 모습이 믿음직스러웠고, 지지하고 싶었고, 같이 가고 싶다는 내 마음…….

원 디: 그 말씀하실 때 저도 같이 지지받는 느낌이었고요. 든든하고, 따뜻했어요.

거북이: 반갑습니다.

나 무: 나는 거북이 님이 상대의 말만 듣지 말고 시아 님 마음, 소명 님 마음을 듣고 나눴으면 좋겠다는 바람이 많이 들어요.

거북이: 아쉬움이……. 나무 님 말에서 아쉬움이 느껴지는데…….

지 운: 나무는 시아의 마음을 어떻게 들었냐?

나 무: 시아는 거북이가 좀 더 다른 사람과 함께할 때 진지하게 마음을 제대로 전달했으면 좋겠다. 그게 장난이나 농담으로 가는 게 아쉬웠을 거 같아요. 소명은 다른 의견을 얘기하면서 거북이 잘하고 있다 지지하는 마음인데 단어로 내 마음 이거라고 표현하고.

지　운: 그럴 때……. 소명 이야기 중에 거북이는 자신과 다른 게 딱 걸리면 오해받는 기분이잖아. 그러면 앞뒤 내용이 하나도 안 들리고, 그거 먼저 이해받으려는 행동이 나오잖아. 그게 아쉬워. 좀 더 넉넉하게 전체의 의미나 그 심정까지 들어 주면 좋겠어.

나　무: 좀 더 깊게 들어가면 불편함, 부담감 이런 걸로부터 만남으로 확 들어갈 것 같은……. 또 거북이 님은 그런 자원도 가지고 있고, 또 하고 있고. 그런데 살짝 이상해질 때는 거기에 딱 걸려서 왔다 갔다 하는……. 착잡하시겠어요.

집단원: 하하하(웃음).

거북이: 많이 착잡하고, 알아주는 마음 고맙고. 또 그렇게 거북이가 상처받지 않고 제대로 받아갔으면 하는 바람이 묻어나서 고맙고. 지운 님의 말씀 감사하고 또 이렇게 다른 부분에 대해서 품어 주시고, 알려 주신 부분에 대해서는 제가 너무나도 의욕감이 올라오고 그렇습니다. 그리고 시아의 부분에 대해서는……. 내가 좀 더 마음을 잘 받았으면 하는 마음이 커진 것도 알려 주고 싶고.

시　아: 넉넉하게 받아 주시는 모습 정말 멋지고요. 그렇게 넉넉하신 만큼 다른 사람 수용하시는 것도 참 크시잖아요. 그래서 거북이 님이 전달하실 때 진심을 실어서 전하시면 정말 거북이 님의 따뜻한 마음이 상대한테 더 힘 있게 실릴 것 같아서…….

거북이: 말에 내 진심이나 감정을 실어서 제대로 잘 표현하면 받는 사람이 잘 받을 것이라는……. 따뜻하게 들리고, 지지하는 마음으로 들려서…….

지　운: 지금 보따리는 어떻게 된 거야? 보따리는 어디 갔나?

보따리: 아까 끝난 줄 알았는데…….

늘푸름: 난감하시겠어요.

보따리: 늘푸름 님 그……. 난 이쪽 한참……. 저 얘기하다가 이쪽으로 넘어가서 깜빡한 사이에 늘푸름 님이 말씀해 주셔서…….

물　빛: 지운 님이 말씀하실 때 그 심정이 어떠셨는지?

지　운: 보따리는 지금 계속 물으면 나는 이랬다고 상황 설명을 하고 있어. 여긴 그거 하자는 자리는 아니거든. 지금 아까 체험을 해서 땀까지 흘려 봤잖아. 그건 아무 의미 없어. 여기서 감정이 이렇게 느끼고, 저렇게 느끼고 그게 중요한 게 아니고. '그런 체험을 통해서 네가 무엇을 배웠느냐?'가 중요한 거거든. 여기서 주어가 나인 이야기는 제일 쓸데없는 소리야. 내가 '보따리 어디 갔나?' 하니까 벌써 주어가 나인 이야길 하는 거야.

그다음에 '내가 이랬다.' 또 주어가 나인 이야기를 하거든. 네 이야기를 하고 있거든. 너한테 이야기를 하는 그 사람을 보고, 저 사람이 어떤 사람이냐. 저 사람이 무슨 기분에 저런 소리를 하느냐를 받고, 그걸 보고 네가 느끼는 너의 기분을 표현해 주고. 감정을 주고받자는 자리에서 네가 지금 계속 엉뚱한 짓을 하고 있어.

보따리: 지운 님 많이 답답하셨을 것 같습니다. 지운 님 마음을 받지 못해서 지운 님 많이 답답하셨을 것 같아요.

지 운: 지금은 네가 내 마음을 알아서 답답한 심정을 알아주는 것도 중요하지만 이 자리에서 무엇을 해야 하는가를 가르친 내용이 있잖아. 그렇지? 그것을 네가 알아들었는지, 못 알아들었는지 그게 나한테는 더 궁금하거든. 그런데 그건 놔두고 네가 내 심정만 알아주는 거야. 내가 너한테 설명한 것은 오늘 너하고 주고받은 말 중에서 내가 가르친 제일 중요한 내용이 이 자리에서 '지금-여기서 느끼는 감정'을 주고받는다는 게 무언가를 지금 자꾸 설명하는데……. 그걸 네가 제대로 알아들었는지, 못 알아들었는지 그게 나는 궁금한 거야. 그걸 못 알아들었으면 네가 여기 앉아서 자꾸 엉뚱한 짓 하고 있으니까 쓸데없이 고생만 하는 거야.

3) 인간관계 개선

지 운: 꼭 지금 네 태도가 싸움닭 보는 것 같아. 어느 놈이든지 걸리기만 해 봐라 하는 것 같아.

집단원: 하하하(웃음).

지 운: 뭘 해결할 거야?

소 향: 저 자신에 대해서 제가 저를 좀 보고 싶었던 마음이 있었거든요.

지 운: 봐 줄까?

집단원: 하하하(웃음).

지　운: 내가 보면……. 굉장히 장점이 많아. 제일 돋보이는 장점은 분명하고 확실하잖아. 어느 것이든지 그렇지? 뜨뜻미지근한 거는 없잖아? 아주 분명하고, 확실한데다 자신감 있지. 거기다 적극성 있지. 시시하게 살고 싶지는 않잖아. 그런 게 너한테 굉장히 돋보이는 거야. 그런데 네가 가진 수많은 장점이 다른 사람들하고의 관계에서는 장점으로 발휘가 안 될 것 같거든. 내가 보기에는 네가 굉장히 자기중심적이야. 내일 아침의 해도 아마 너 때문에 뜰 거야. 하하하(웃음).

집단원: 하하하(웃음).

지　운: 그러니까 애들이 이야기하잖아. 네가 관계에서는 불편 같은 것은 없었다고 하니까. 그렇지! 너는 불편이 없었을 것이다. 그런데 너하고 관계 맺는 모든 사람이 너 때문에 불편했을 거라고 하더라.

소　항: 예. 그 말에 동의합니다.

집단원: 하하하(웃음).

지　운: 거기다가 네 눈에 보이는 사람 치고 네 기준에 맞는 괜찮은 사람이 거의 없잖아. 이 사람은 이래서 모자라고, 저 사람은 저 부분이 모자라고. 그다음에…….

소　항: 다 그렇지는 않아요.

지　운: 그러면 조금은 억울하겠네. 그런데 사람이 괜찮아 보여도 진짜인지, 아닌지 확인하고, 몇 번 검증해 보다가 한 가지라도 걸리면 낙제 점수되고, 사람을 그렇게 보지 않느냐? 그래도 그중에 몇은 있겠지. 네 주변에……. 몇도 없으면 어떻게 살았겠냐. 그러나…….

소　항: 크흐흐(웃음). 말씀을 듣는데……. 제가 말귀를 또 못 알아듣는지 모르겠는데 거부감이 좀 생겨요.

지　운: 그렇겠지. 생기는 걸 어떻게 하겠냐. 그러니까 너하고 관계 맺는 사람들이 네 자기중심적인 성향 때문에 관계가 잘 안 될 것 같거든. 그러니……. 그 때문에 네 장점이 남들한테 장점으로 비추기가 어렵다. 친해지면 같은 면도 장점으로 보이고, 거리가 생기면 같은 면도 단점으로 보이는 게 인간관계의 특성이 아니더냐? 그래서 개인적으로는 네가 장점이 너무 많지만, 그 장점들이 관계 속에서 잘 발휘가 될 것 같지를 않아. 그게 아까워.

소　향: 네. 그 말씀을 들으니까요. 또 제가 동의를 해야 한다는 말이 나오는데 감사하고요. 한편으로는 다 아는데 하는 생각이 들어요.

지　운: 그러니까 네가 지금 다 안다고 하는데 아는 것이 문제가 아니고 알아도 할 줄 모르는 그게 큰 병이다.

하　람: 소향 님한테 안타깝습니다. "해결하고 싶다, 아니다." 할 때 뭔가 계속 답을 찾으려고 하시는 게 아닌가. 답 없는 데서 답 찾으시려고 하시면 못 찾으실 건데 싶어서 아쉽습니다.

소　향: 그러면⋯⋯. 이제 죄송합니다. 설명해서 이렇게, 이렇게 해답이 보이면 저는 그 길을 갈 수 있을 것 같아요.

지　운: 그러니까. 그런 사고지. 네가 그게 과학적인 사고이고, 합리적인 사고거든. 그런데 세상에 과학적인 사고만 있는 게 아니거든. 철학도 있고, 종교도 있어. 그런데 너는 과학만 갖고 살려고 하니까 힘든 거지.

소　향: 그런데 다른 사람은 그렇게 가더라도 이제 저도 제 중심적으로는 이렇게, 이렇게 보고, 이렇게 된다면 그렇게 할 수 있을 것 같고. 흐흐흐(웃음). 또 그렇게 해 왔던 것 같고요. 그래도 저는 장점을 많이 보려고 노력해요.

지　운: 노력만 하지.

소　향: 네. 많이 봐요.

시　아: 소향 님 말에 동의가 안 돼요.

소　향: 안 돼요! 저는 이런 말이 참 좋아요. 솔직하게 표현하는⋯⋯. 그러니까 저를 돌아보게 하는 것 같고, 또⋯⋯. 강물 님 표정 보니까 제가 갑자기 미안한 마음이 들었어요.

지　운: 왜?

소　향: 아까 이야기할 때 제가 아니라고 해서 혹시 상처받았나?

집단원: 하하하(웃음).

강　물: 하하하(웃음). 오! 고마워요. 챙겨 줘서⋯⋯. 아! 이렇게 사람을 챙기는 따뜻한 분이시구나.

집단원: 하하하(웃음).

소　향: 그래서 미안하고, 좀 걱정이 돼요.

지　운: 안 해도 돼. 얼굴 두꺼운 사람이야. 하하하(웃음).

집단원: 하하하(웃음).

지　운: 그래 네가……. 네가 생각하는 세계 말고 다른 세계를 사는 사람들도 많이 있다는 걸 알면 좋겠어.

소　향: (침묵) 그 말 들으니까 조금 쉬워질 것 같아요.

지　운: 타인 관점 수용이 참 안 되잖아. 네가…….

소　향: (눈물을 흘리며) 받아는 들이는데…….

지　운: 음.

소　향: 마음으로 안 받아들여도 그냥 받아들였던 것 같아요.

지　운: 어. 그러면서 이제 처음에는 생각으로 받아들이고, 그다음에는 마음으로 받아들이고 차츰차츰 가면서 받아들일 힘이 자라야 할 거야. 그게 순간에 확 되고 그런 거는 아니잖아.

4) 갈등 해결

다이아몬드: 티나 님, 편안했으면 좋겠고…….

지　운: 편안했으면 좋겠고? 공감 수용 안 하고 왜 저렇게 소망을 하나? 초기 단계에서 그냥 가벼운 감정들을 가지고 마구 엉켜서 돌아가기 시작하니까 이 집단은 술 담아 놓고, 자꾸 뚜껑을 열어 보는 것 같아서 나는 아쉬웠어.

강　물: 좀 불편한 감정도 있으실 것 같은데 표현하셨으면 좋겠어요.

지　운: 자, 불편한 감정도 있으실 것 같은데는 누구 짐작이고?

강　물: 제 짐작이요.

지　운: 표현 안 하는 건 누구 실상이고? 그건 상대방 실상이잖아. 그럴 때 혹시 불편한 감정이 있지는 않은지 묻는 태도하고, 왜 말을 안 하나 하는 태도하고 어떠냐?

강　물: 후자는 강요하는 것 같고……. 전자는…….

지　운: 그런데 네가 의도로는 강요하지 않았단 말이야. 너의 의도는 불편한 것 있으면 표현하는 게 어떠냐고 배려하는 것 같구나. 그런데 네 말투는 '나는 맞고 너는 틀렸다.'는 식이다. 그것 때문에 상대에게 부정적인 반응을 주기도 하고, 네가 사람을 무시하는 사람, 건방진 사람, 강요하는 사람 등으로 오해를 받기도 할 것 같다.

티　나: 살펴 주시는 마음 따뜻하고, 그렇게 불편하지는 않고.

지　운: 그렇지. 살펴 주는 그 마음은 따뜻하고, 그러나 내가 그렇게 불편하지는 않다는 건 네가 사람을 잘못 봤다는 거거든. 티나가 그랬는데 티나가 그렇게 친절했나? (웃음) 그런데 사실은 상대방의 얘기를 들었을 때 긍정적인 감정하고, 부정적인 감정이 함께 생겼을 때는 부정적인 감정이 표면에 있기가 쉽거든. 그런데 그때 속에 있는 긍정적인 것을 먼저 발언하는 건 상당히 훈련되었거나 아니면 대단히 성숙되었거나 이럴 때 할 수 있는 게 아니냐?

　　　　티나가 여기서 살펴 주는 걸 먼저 표현한다는 것은 참 대단한 거야. 아주 좋은 반응이야. 말솜씨가 아주 좋아졌어. 굉장한 발전인 거야. 저 말 때문에 옆에 사람들이 보면 네가 아주 너그러워 보이고, 따뜻해 보이잖아. 하나는 말 때문에 손해 보고, 하나는 말 때문에 덕 보고, 어떤 삶을 살 것인지는 너희들의 선택이야.

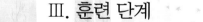

Ⅲ. 훈련 단계

1. 특징

　이 단계는 다른 집단에서는 보기 힘든 감수성 훈련 집단만의 독특한 단계이다. 이 단계를 다른 집단과 굳이 비교해 본다면 제럴드 코리의 집단 같은 경우 과도기와 비교해 볼 수 있다. 훈련 단계와 과도기가 다 같이 초기 단계 이후의 단계이기 때문에 시기적으로는 비슷해 보일 것이다.

그러나 이 두 집단의 가장 큰 차이는 문제의 해결 시점이다. 감수성 훈련 집단에서는 개인적으로나 집단적으로 참가자들의 문제 해결 역량이 자라기 이전에는 문제 해결을 시작하지 않는다. 일반적으로 집단 참가자들은 개인적으로 해결해야 할 문제나 집단 과제를 가지고 참가하는 경우가 많다.

코리의 집단에서는 처음부터 자연스럽게 이런 문제들이 개방되고 문제 해결을 위한 과정에 들어간다. 문제를 해결해 나가는 과정을 통해서 문제가 해결되고, 문제 해결 역량도 자란다는 이유에서다.

그러나 이런 경우에는 참가자 개개인의 의사소통 능력도 부족하고, 다른 참가자를 도울 역량이 부족하며, 집단의 협력적인 풍토도 충분히 조성되기 이전이어서 친밀감이나 신뢰감도 낮기 때문에 참가자들의 문제 해결을 도울 수 있는 역량도 부족하고, 성장을 촉진할 수 있는 분위기가 아직 조성되지 않았기 때문에 문제 해결에 많은 시간이 걸린다.

그래서 내가 촉진하는 감수성 훈련 집단에서는 참가자들의 문제 해결 역량과 문제를 해결할 수 있는 집단 풍토를 조성하는 훈련을 먼저 한다. 사람에게 '문제가 있다는 것'이 문제가 아니고 문제를 해결할 수 있는 역량이 부족한 것을 문제라고 생각하는 것이다. 문제 해결 역량을 먼저 훈련하고 문제 해결 역량이 자라면 그때에 참가자들의 문제를 개방하고 해결해 나가려는 것이다.

문제 해결 역량을 먼저 훈련하는 이유는 두 가지이다. 하나는 문제 해결 역량이 자라면 같은 문제를 해결하더라도 훨씬 단시간에 효과적으로 해결할 수 있고, 비슷한 문제를 가지고 있는 사람들은 한꺼번에 도움을 받을 수 있기 때문이다. 다른 하나는 문제 해결보다는 인간적 성숙을 더 중요하게 생각하기 때문이다.

미성숙한 사람에게는 정말 심각하게 생각되던 문제들이 성숙한 사람의 마음으로 보면 아무 문제도 아닌 것으로 느껴질 때가 많다. 이렇게 되면 굳이 문제를 해결하지 않아도 저절로 그 문제가 사라져 버리는 경험을 할 수도 있다.

감수성 훈련 집단은 이 훈련 단계를 활용할 수 있으므로 가질 수 있는 많은 장점이 있다. 가장 큰 장점은 대규모 집단이 가능하다는 것이다. 물론 대규모 집단이 가능한 것이 훈련 단계가 있다는 하나의 이유만은 아니다. 모든 참가자가 지금-여기에 초점을 맞추고 사실 설명을 최대로 줄이고 감정단어만으로 심정을 주고받는 등의 다른 차이도 있다. 이 훈련

단계에서 참가자 개인이나 집단이 문제 해결 역량을 얼마나 기르느냐에 따라서 집단의 성
과가 좌우된다.

2. 참가자들의 태도

1) 불안을 느끼는 사람

훈련 단계에서 참가자들은 많은 스트레스를 받고 불안해하기도 한다. 이 단계에서 느끼
는 불안의 종류는 다양하다. 첫째, 행동을 바꾸라고 하기 때문에 바꾸기도 어렵지만 잘 안
되면 어쩌나 하는 불안도 있다. 둘째, 감정적으로 몰입해야 한다는 불안이 있다. 늘 이성
적으로 생활해 오던 사람들은 감정적으로 몰입하다가 스스로 주체하기 어려운 격한 감정
을 나타내거나 유치한 감정을 나타낼까 봐 불안해할 수 있다. 그런가 하면 남들에게 공격
받거나 남들을 화나게 할 것 같은 불안도 느낄 수 있다.

2) 갈등과 저항을 하는 사람

모든 변화에는 갈등과 저항이 있게 마련이다. 훈련 단계에서는 생각과 감정과 행동의
변화를 요구하기 때문에 갈등과 저항은 필연적으로 일어날 수밖에 없다. "바꾸지 않고도
지금까지 별 문제 없이 잘 살아 왔는데 왜 구태여 말투를 바꿔야 하는지 이해가 안 됩니
다." "여기서 배운 대로 바꿔 보려니 형식적인 것 같아 어색하고 가식 같아 실감이 안 납니
다." "말투가 진실해 보이지 않습니다." "꼭 말을 해야 다른 사람이 내 마음을 압니까?" 이
런 표현은 참가자들의 갈등을 나타내는 말이다. 이런 말을 촉진자의 입장에서 들었을 때
는 저항처럼 들리기도 할 것이다. 그러나 참가자로서는 자기 의견을 좀 더 분명히 하고 싶
기도 하고, 자기가 지금까지 알고 있었던 것을 확인해 보고 싶기도 하고, 촉진자의 요구를
좀 더 분명히 알기 위해 질문하는 것일 수도 있다.

촉진자는 이런 갈등이나 저항이 표현되면 반갑게 받아들이고, 충분히 공감, 수용하고,

분명한 설명을 해야 한다. 어떤 종류의 갈등이든 간에 집단에서 갈등이 표현되는 것은 환영할 일이다. 왜냐하면 갈등, 그 자체는 문제가 아니기 때문이다. 갈등이 있어도 표현하지 못하고 억압하고 있거나, 표현했는데도 해결할 수 있는 능력이 없는 것, 그것이 문제이다. 갈등은 해결할 수 있는 능력이 없다면 분열의 씨앗이 되지만 해결할 수 있는 능력이 있다면 성장의 출발점이 될 수 있다.

3) 촉진자에 대한 개인적인 관심을 보이는 사람

훈련 단계에서 참가자들은 촉진자가 정말 믿을 수 있는 사람인지 확인해 보고 싶어 한다. 결과에 대한 어떤 보장도 되어 있지 않는 이 집단에서 오직 촉진자의 말만 믿고 따라가고 있기 때문이다. 참가자 중에서 자신의 개인적인 문제를 해결하고 싶은 욕구를 가지고 참가했던 사람들은 그 욕구를 우선적으로 해결하고 싶을 것이다. 그러므로 일단 그 목표를 유보해 두고 문제 해결 역량을 먼저 훈련하는 것이 정말로 효과적일 것인지 알고 싶어 한다.

촉진자는 참가자들이 이런 의문을 갖는 것이 너무나 자연스러운 일이라는 것을 이해해야 하고 참가자들의 궁금증에 대하여 공감 수용을 해야 한다. 필요하다면 이런 의문에 대하여 사실적인 대답도 할 수 있어야 한다.

4) 침묵만 하거나 참여가 부족한 사람

참가자들이 집단에 참여해서 선호하는 학습 스타일은 크게 세 가지로 나타난다. 실험, 관찰, 가설 정립이 그것이다.

실험을 위주로 하는 사람들은 적극적으로 발언하고 새로운 시도를 한다. 관찰을 주로 하는 사람들은 남들의 참여를 지켜보며 어떻게 하는가를 보고 이렇게 하면 되겠구나 하는 생각이 나야 그때 비로소 입을 열고 참여를 한다.

가설 정립을 주로 하는 사람들은 질문하거나 책을 읽거나 자료를 찾아보고 개념이 정립되면 그다음에 행동으로 옮긴다.

침묵하는 사람들은 주로 관찰을 하고 있는 사람들이다. 이들은 관찰도 참여라고 생각하고 있으므로 집단에서 말을 하지 않고 있는 것이 참여하지 않고 있는 것이나 마찬가지라는 사실을 모르고 있다. 촉진자는 이들에게 발언의 기회를 주어서 참여하도록 안내해야 한다. 그러나 너무 조급히 발언을 권하면 오히려 방해가 될 수도 있다.

5) 사실적인 이야기를 길게 늘어놓는 사람

참가자 중에는 그때 거기에서의 그 사람에 대한 사실적인 이야기만 길게 늘어놓는 사람이 있다. 이런 사람들은 자신이 말을 많이 하고 있으므로 적극적으로 참여하는 줄 착각하는 경우가 많다. 이들은 감정적으로 몰입하지 않으면 집단에 참여하고 있는 것이 아니라는 것을 잘 모르는 것이다.

6) 관심을 집중받고자 하는 사람

훈련 단계뿐만 아니라 모든 단계에서 유난히 다른 사람들의 관심을 자기에게 집중시키려는 사람들이 있다. 이들은 소외당할까 불안해하는 사람일 수도 있고 무의식적으로 집단을 통제하거나 조종하고 싶은 욕구를 가진 사람일 수도 있다. 이들은 집단원들이 다른 사람에게 관심을 두거나 주의를 집중하면 어떻게 하던 그 관심을 자기에게 집중시키려 든다. 이들이 많이 사용하는 방법은 다른 사람들의 이야기를 빌미 삼아서 자기 이야기를 하거나, 아니면 자기가 고통받고 있다고 어려움을 호소하면서 관심을 자기한테 집중시키는 것이다. 그러나 이들은 관심을 집중시키는 그 자체가 목적이기 때문에 이들의 이야기에는 내용이 없을 때가 많다.

7) 자신이 과거에 경험한 사실적인 이야기를 상세히 늘어놓는 사람

참가자 중에는 자기를 개방한다는 것을, 개인적인 비밀을 털어놓거나 자신이 현재나 과거에 겪은 사실적인 이야기를 설명하는 것으로 이해하는 사람이 있다. 이런 사람은 자기 이야기를 자세하게 설명하려는 경향이 있다.

8) 진술은 하지 않고 질문만 하는 사람

대부분은 진술하지 않고 질문을 하면, 질문하는 사람은 자기 입장을 분명히 밝히지 않아도 되기 때문에 남들의 판단이나 비난을 피할 수 있다.

그러나 집단에는 방해가 된다. 왜냐하면 질문은 질문자의 감정은 숨기고, 참가자로 하여금 이성적인 작업을 하게 하고, 질문을 받는 사람이 답을 찾는 동안 자기감정을 잘못 알아차리게 만들기 때문이다.

9) 조언하는 사람

어디에서나 누군가가 문제를 내어놓으면 그것에 대해 충고하거나 조언하거나 해답을 주려고 하는 사람들이 있다. 이들은 내 말만 들으면 틀림없을 것이라는 태도를 보인다. 내 경험에 비추어 봐서는 이렇게 하면 될 것이라는 식이다.

그러나 중요한 것은 상대는 내가 아니라는 것이다. 대부분은 이런 조언이나 충고는 집단에 방해가 된다. 촉진자는 집단이 이런 분위기로 흘러가게 두어서는 안 된다.

10) 일시적인 위안을 주는 사람

고통받는 사람을 보면 유독 못 견뎌 하는 사람들이 있다. 이들은 마음 아파하는 사람을 보면 금방 위로하거나 상처 싸매기를 하려 든다. 촉진자는 이런 일시적인 위안은 상대에게 도움을 주기보다 오히려 방해가 될 수도 있다는 사실을 알려 주어야 한다. 진정으로 상대를 도우려면 때로는 고통을 겪고 있는 사람에게 그 고통을 직면하도록 돕는 것이 최선일 때가 있다.

11) 부정적 감정 표현을 하는 사람

사람의 감정은 동전의 양면처럼 부정적인 감정과 긍정적인 감정이 함께 있는데 부정적인 감정이 표면에 있는 경우가 많다. 그 때문에 참가자들이 감정적으로 몰입하게 되면 대체로 부정적인 감정을 먼저 표현하는 경우가 많다. 참가자들의 부정적인 감정은 화를 내거나, 공격하거나, 빈정대기, 농담, 비꼬기 등 여러 형태로 나타난다. 때로는 집단 회기에 빠지거나 늦게 오거나 집단을 떠나겠다고 하기도 하고, 반대로 과도하게 공손하거나 예의 바른 행동을 하는 예도 있다. 이런 표현은 집단을 방해하는 것이 아니라 집단이 성장해 나가는 하나의 과정이다.

촉진자는 참가자들이 부정적인 감정을 자유롭게 표현할 수 있는 분위기를 건설해야 하며 또한 참가자들로 하여금 이런 부정적인 감정을 주고받는 요령을 훈련하도록 해야 한다. 부정적인 감정을 표현하는 훈련은 화가 났을 때에 화를 내지 않고 화가 났다고 알리는 훈련부터 해야 한다.

가령, 참가자가 "이런 걸 훈련이라고 계속해야 한다면 저는 차라리 집에 가는 게 더 좋겠습니다."라고 표현했다면 촉진자는 우선 공감 수용한 뒤에 왜 그런 이야기를 하는지, 무슨 기분에 그런 이야기를 하는지를 물어 본다. 그랬더니 "촉진자가 어떻게 하는지 가르쳐 주지는 않고 무조건 하라고만 하니 실망스럽고 답답해서 견디기가 어렵다."고 한다. 그렇다면 " '나는 촉진자의 행동이 이해가 안 되고 못마땅하며 답답해서 더는 참기가 어렵다.'는 말씀으로 이해해도 좋겠습니까?"라고 알려 준다. 이처럼 부정적인 감정을 느꼈을 때 마음속에 품고 있는 자기감정을 어떻게 표현하는가를 배우는 것은 아주 중요한 일이다.

이 단계에서, 첫째, 나—전달법을 사용하며, 둘째, 상대의 행동을 있는 그대로 기술하고, 셋째, 그 행동에 대한 자기감정을 솔직하게 표현하는 피드백의 요령을 훈련한다. 이런 훈련을 통해서 부정적인 감정을 느꼈다 하더라도 상대를 비난하거나 공격하지 않고 자기 표현을 하는 훈련을 한다. 다른 한편으로는 남들이 부정적인 감정을 표현할 때에 어떻게 듣고 받아들이는지도 훈련한다. 예를 들어, "이런 걸 훈련이라고 합니까?"라는 말을 들었을 때 표면에 나타난 말만 듣고 "저 사람이 불평불만을 하고 있구나."라고 받아들일 수 있다. 그러나 그 말의 내면에 담긴 심정을 듣고 "몹시 답답하고 화가 난 모양이구나."라고 반응할 수도 있다. 좀 더 나아가 그 속에 담긴 본심을 들어서 "정말 제대로 훈련을 받고 싶어 하는구나."라고 들을 수 있으면 더 좋을 것이다. 이처럼 부정적인 감정을 주고받는 요령이 훈련되면 집단 내의 불필요한 오해나 갈등이 줄어든다.

12) 우월감을 느끼는 사람

참가자들 중에는 우월감을 느끼는 경우가 몇 가지 있다. 자기가 살아온 삶이 다른 사람보다 문제가 적고 가정환경에서 복이 많았다고 생각해서 우월감을 느끼는 경우, 지금-여기에서 느끼는 기분을 솔직하게 주고받자는 학습 방법을 미리 알아차리고 그것을 빨리 파악하지 못한 사람을 보면서 답답해하고 그 사람들에게 우월감을 느끼는 경우, 자신의 문제를 풀어 나간 뒤에 비슷한 문제를 가진 사람들을 보면 '나도 이전에는 당신과 같은 문제를 가지고 있었다.' '나도 한때 당신과 같았기 때문에 난 당신 심정을 잘 안다.'라는 식으로 이야기하면서 우월감을 느끼는 경우 등이다.

그 어느 경우라도 우월감을 느끼는 것은 집단에 방해가 된다. 촉진자는 이런 참가자들을 보면 다른 참가자들이 이 사람에 대해서 어떻게 느끼는지 물어보고 또 자기가 어떻게 느끼는지 분명하게 피드백해야 한다.

13) 촉진자 역할을 하거나 조교 역할을 하려는 사람

참가자들 중에는 집단의 학습 방법을 재빨리 익히고서는 다른 참가자들을 가르치려고 나서는 사람도 있다. 촉진자는 이들에게 학습 방법은 어디까지나 학습 방법이지 학습 목표가 아니라는 사실을 알려 주어야 한다. 또한 이런 요령들을 사용해서 자기 이해가 깊어지고 대인관계가 원만해지며 팀이 활성화된다는 것을 알려 주어야 한다.

14) 뒷마당을 활용하는 사람

과거의 사실적인 이야기를 주로 나누는 집단에서는 집단 내에서 하던 이야기들을 뒷마당에서 몇몇 사람과 나누다 보면 다른 집단원들은 무슨 일이 일어났는지 이해를 못할 수도 있다.

그래서 뒷마당에서는 집단 내에서 하던 이야기들을 못하게 하는 집단도 있다. 그러나 감수성 훈련 집단에서는 지금-여기에서 느끼는 감정 표현을 주로 하고, 과거의 이야기나 사실적인 설명을 최대로 줄이게 된다. 이런 특성 때문에 상대의 감정을 듣고 공감은 되어도 왜 그런 감정을 느끼는지 이해가 안 될 수도 있다. 그 때문에 뒷마당에서 사실적인 이야기를 나누는 것이 서로를 이해하는 데 큰 도움이 되기도 한다.

훈련 단계에서는 감정표현이 활발해지고 서로를 이해하는 능력은 아직도 부족한 상태이기 때문에 서로의 이해를 위한 노력이 더 많이 필요해진다. 집단 내에서는 잘 이해가 되지 않던 부분을 집단 밖에서 나눌 기회를 가지면 서로 이해의 폭을 넓힐 수가 있다.

3. 훈련 단계의 학습 과제

이 단계에서 집중적으로 훈련해야 할 것은 크게 세 가지이다. 첫째, 감수성 훈련의 학습 방법을 익힌다. 둘째, 대인관계 기초역량 훈련을 한다. 셋째, 인간관계 개선 훈련을 한다.

1) 감수성 훈련 집단상담의 학습 방법을 익힌다

감수성 훈련 집단상담의 학습 방법은 두 가지이다. 하나는 학습 태도이고, 다른 하나는 학습 원칙이다.

(1) 학습 태도

① 성장 촉진 행동

집단은 강의식 학습과는 달리 체험학습으로 진행되기 때문에 촉진자의 행동이 집단의 성과에 미치는 영향력은 줄어들고, 상대적으로 참가자들의 행동이 집단의 성과에 미치는 영향력이 절대적이 된다.

그러나 많은 참가자가 체험학습의 경험 부족 때문에 자신의 행동이 집단에 도움이 되는지 방해가 되는지 잘 모른다. 집단 내의 참가자들의 행동은 ① 과업 성취를 위한 행동, ② 집단의 유지 발전을 위한 행동, ③ 개인 중심적 행동의 세 가지로 나누어 볼 수 있다.

과업 성취를 위한 행동은 솔선해서 제안하고, 집단을 이끌어 나가려는 행동 등이다. 집단의 유지 발전을 위한 행동은 의사소통을 활발하게 하고, 서로 격려하고, 조화시키는 행동 등이다. 개인 중심적 행동은 개인적 관심을 주장하고 인정받으려 하고, 지배하려고 하는 등의 행위다.

이런 행동이 어떤 경우에는 집단에 도움이 되고 어떤 경우에는 집단의 촉진에 방해되기도 한다. 예를 들어, 한 참가자가 계속 과업 성취를 위한 행동만 했을 때 다른 참가자들과 좋은 관계가 형성되겠는가? 집단의 유지 발전을 위한 행동이라고 화기애애한 분위기가 건설된 뒤에도 계속해서 칭찬 인정하고 서로 지지하는 행동만 하고 있다면 집단의 성장이 촉진되겠는가? 개인 중심적 행동도 조직의 성장이라는 단순한 면만 보면 집단에 방해될 수도 있지만 개인 중심적 행동이 완전히 금지된 집단에 누가 참여하고 싶어 하겠는가?

감수성 훈련 집단은 개인의 욕구와 집단의 목표를 동시에 추구하는 모임이다. 이런 행동이 어느 때에 집단에 도움이 되고 어느 때에 집단에 방해되는지를 참가자들이 바르게 이해하면 할수록 집단의 성장을 촉진하는 데 도움이 된다.

② 적극 참여

집단에서의 학습은 체험학습인 동시에 참여학습이다. 참가자들은 자신의 학습 선호도에 따라서 참여, 관찰, 가설 정립 중에서 어느 한 가지의 학습 태도를 특별히 선호하는 사람들이 있다. 가장 이상적인 것은 이 세 가지 학습 태도를 골고루, 번갈아 가면서 사용하는 것이다.

그러나 집단은 지식을 배우는 것만이 아니라 행동의 변화를 목표로 하는 모임이다. 그래서 집단 참가자들은 모르는 것은 알아야 하고, 아는 것은 할 줄 알아야 하며, 할 줄 아는 것은 해야 하므로 참여를 그중 가장 중요하게 생각한다.

집단에 참여하고 있다는 것은 지금−여기에서 느끼는 감정을 솔직하게 터놓고 이야기한다는 것이다. 집단에 함께 있으면서도 말을 하지 않거나 말을 한다고 해도 이성적인 말만 하고 있다면 참여하는 게 아니다.

③ 변화 추구

집단은 다른 참가자들과 함께 더불어 배우고 성장해 나가는 모임이다. 이처럼 더불어 배우고 성장해 나간다는 것이 참선이나 자기 수양처럼 혼자서 하는 방법과는 아주 다른 점이다. 혼자서 하는 수련은 자신이 변화를 추구하지 않는다 하더라도 그것이 자기 성장에 영향을 줄 뿐 다른 사람들에게는 큰 영향을 미치지 않는다.

그러나 집단의 경우에는 참가자 중에서 한 사람이라도 성장하지 않고 있다면 나머지 모든 사람에게 부정적인 영향을 미친다.

가령, 모든 참가자가 감정적으로 몰입하는데 한 사람의 참가자가 이성적으로만 참여하고 있다면 마치 모두 옷을 벗고 있는 온천탕에 한 사람이 정장을 입고 들어온 것 같이 된다. 그래서 변화를 거부하는 사람은 집단에 참여하지 않는 게 좋다고 하는 것이다. 사람이 자신을 변화시킨다는 것은 쉬운 일이 아니다. 남들이 보기에는 분명 불합리한 신념이라고 생각되는 것도 본인에게는 그런 신념을 갖게 된 데에는 그럴 수밖에 없는 분명한 이유가 있다. 불안정한 감정, 부적응 행동처럼 변화 목표가 되는 것들은 모두 오랫동안 습관화되었거나 변화를 시도했다가 실패한 것들이 대부분이다.

그러므로 집단에 참가했다고 하더라도 쉽게 변화에 성공한다는 보장은 없다. 다만, 집단에서 행동의 변화가 쉽게 이루어지는 몇 가지 이유가 있다.

첫째, 실수해도 비난받지 않을 수 있는 수용적인 분위기를 건설하는 것이다. 이렇게 되면 자기의 부족한 면을 안심하고 터놓고 이야기할 수 있게 된다.

둘째, 자기와 비슷한 변화 목표가 있던 사람이 변화에 성공하는 것을 보면 자극이 되고 자신도 변화할 수 있겠다는 자신감이 생긴다.

셋째, 자신이 가진 불합리한 신념을 굳게 믿던 사람들도 많은 집단원의 부정적인 반응을 받으면 자신을 돌이켜 보게 된다.

넷째, 변화의 가장 큰 영향으로 작용하는 것은 모든 참가자가 함께 변화를 추구하고 있으므로 서로 지지하고 격려하는 신뢰롭고 안전한 분위기가 형성된다는 점이다.

(2) 학습 내용

훈련 단계에서 배워야 할 것은 크게 체험학습의 학습 방법, 대인관계 기초 역량, 인간관계 개선 요령 등 세 가지이다.

① 체험학습의 학습 방법

체험학습에서 사용하는 학습 방법은 지금-여기에서, 느끼는 감정을, 솔직하게 피드백하며, 스스로 (남들이 공부한 결과를 지식으로 배우는 것이 아니라 자기 체험을 통해서) 지혜를 갈고 닦는 과정이다.

이 원칙들은 대인관계의 실험실인 집단 내에서 사용하는 학습 방법이지 학습 목표는 아니다. 그래서 집단 내에서는 이렇게 하는 것이 매우 효과적이지만 사회에 나와서도 반드시 이렇게 해야 한다는 것은 아니다.

사회에서는 때로는 그때 거기에서의 이야기도 필요하며, 이성적인 대화도 매우 중요하다. 오히려 업무를 추진할 때는 감정적인 이야기는 방해가 되기도 한다. 솔직한 것이 반드시 좋은 것은 아니다. 때로는 참고 이야기하지 않는 것이 도움이 될 때도 있다.

세상을 살아가려면 물론 지혜도 필요하지만 지식도 아주 소중하다. 이런 것들은 성공적인 삶을 살아가기 위해서는 아주 필요한 것들이다.

그러나 이것만으로는 사람을 성숙시키기 힘들기 때문에 특별히 집단을 만들고 이런 원칙들을 지키라고 하는 것이다.

■ 지금-여기

집단의 초기 단계에는 많은 참가자가 그때 거기에서의 그 사람에 대한 사실적인 이야기를 많이 한다. 그러다가 집단이 차츰 발전해 나가면 그때 거기에서의 너와 나에 대한 이야기를 하다가 그다음에는 지금-여기에서의 너와 나에 대한 사실적인 이야기를 하다가 참가자들 사이에 친밀감과 신뢰감이 생기고 집단응집력이 강화되면 마지막으로 지금-여기에서의 너와 나에 대한 감정적인 이야기를 한다.

■ 감정 표현

감정을 솔직하게 표현 하는 일도 매우 중요하다. 참가자들에게 감정 표현을 솔직하게 하라고 하면 집단의 초기 단계에는 대부분 부정적인 감정이 많이 표현된다. 왜냐하면 사람의 감정에는 부정적인 감정과 긍정적인 감정이 있는데 부정적인 감정이 표면에 있는 경우가 많기 때문이다.

훈련 단계에서는 감정을 솔직하게 표현하는 훈련도 해야 하지만 긍정적인 감정을 찾아서 표현하는 훈련도 한다. 많은 참가자가 처음에는 자기가 다양한 감정을 느끼고도 느낀 줄 모르기도 한다.

그러던 참가자들이 자신이 한순간에 느끼는 다양한 감정을 알아차리게 되고 그 많은 감정 중에서 한두 가지 감정을 습관적으로 선택해서 크게 지각한다는 사실을 알아차리게 된다. 대부분의 사람이 이처럼 감정 선택에서 습관의 노예가 되어 있으면서도 그런 줄을 모르고 있다.

감수성 훈련에서 긍정적인 감정을 선택하라는 것은 부정적인 생각을 하고 부정적인 감정을 느끼는 것을 무리하게 긍정적인 생각이나 감정 표현으로 바꾸라는 것은 아니다. 부정적인 감정을 느끼는 그 순간에 자기가 느꼈던 다양한 감정을 찾아보고 그중에서 긍정적인 감정을 선택하라는 것이다.

A 씨의 태도가 건방져 보여서 싫다고 하는 사람은 자신이 A씨의 건방진 태도만 보고 있지 적극적이고, 의욕과 자신감이 넘치고, 당당한 면은 보고 있지 않다는 것을 알아차리게 된다. 이렇게 자신이 알아차리는 감정 외의 또 다른 감정들을 찾아서 긍정적인 감정을 주도적으로 선택하는 것을 감수성 훈련에서는 감정의 수평 분석이라고 한다.

그다음에는 감정의 수직 분석을 한다. 참가자들은 자신이 표면감정만 보고 있지 내면감정은 보고 있지 않다는 것을 알게 된다. 부정적인 감정이란 그림자 같은 것이어서 독자적으로는 존재하지 않는다. 어떤 부정적인 감정도 실상이 아니다. 미움이란 병든 사랑이지 미움이 따로 있는 것이 아니다. 참가자들이 표면에 부정적인 감정을 느낄 때 그 감정의 내면에 있는 긍정적인 감정을 찾아서 표현하는 것을 훈련한다.

어떤 경우에는 부정적인 감정의 바로 한 단계 밑에 긍정적인 감정이 있기도 하지만 때로는 무척 여러 단계를 거쳐야 긍정적인 감정을 만나기도 한다.

그러나 아무리 여러 단계를 거친다 하더라도 부정적인 감정의 내면에는 반드시 긍정적인 감정이 있다. 천부경에서는 '본심 본태양 앙명(本心 本太陽 昻明)'이라고 이야기했다.

이처럼 우리의 마음은 본래 밝고 맑아서 단 하나의 부정적인 감정도 없는 순수한 마음이다.

이 본심을 만나서 본심을 주고받으면 누구와도 늘 긍정적인 감정을 나눌 수 있게 된다. 이와 같이 자기 감정 중에서 긍정적인 감정을 솔직하고 주도적으로 선택하고 표현하는 훈련을 하는 것이 감수성 훈련의 특징이다.

■ 솔직한 피드백

일상생활을 하는 동안에는 상대에 대해서 자기가 느끼는 감정을 솔직하게 이야기하기 힘든 경우가 많다. 대부분은 상대를 위해서 하는 이야기라 하더라도 제대로 전달되는 경우가 드물고 오히려 상대의 기분을 상하게 하는 경우도 있기 때문이다. 그래서 많은 사람들이 상대가 자기에 대해서 어떻게 생각하는지 잘 모르고 있다. 그 때문에 집단을 만들고 솔직한 피드백을 주고받고자 하는 것이다.

그러나 솔직하게만 이야기하다가는 상대를 위축시키거나 상처를 줄 수도 있다. 솔직하게 이야기하는 것과 솔직한 이야기를 어떻게 전하는가는 다른 문제이다.

"나는 솔직해서 탈이다." "직선적이라서 손해를 본다."라고 이야기하는 대부분의 사람은 솔직한 이야기를 상대를 무시하거나 비난하는 태도로 전했거나 화가 난 감정을 품고 이야기했기 때문에 탈이라는 소리를 듣는다.

솔직한 말을 상대를 존중하는 태도와 편안한 마음으로 이야기한다면 이런 소리를 들을 염려는 없을 것이다. 말을 듣는 사람도 상대가 무슨 이야기를 어떻게 하든 간에 그 밑에 깔린 마음은 나를 위한 것이라는 신뢰를 가지고 들어야 한다.

훈련 단계에서는 이처럼 참가자 개개인이 솔직하게 피드백 하는 요령을 익히고 집단 내에서 편안하게 피드백을 주고받는 분위기를 건설하는 것이 중요하다.

비난당하거나, 무시당하거나, 미움받을 염려가 없는 안전한 분위기가 건설되면 될수록 참가자들의 솔직한 태도가 늘어날 것이기 때문이다.

■ 깨달아 안다

새로운 것을 배울 때 지식으로 알아차리는 것과 체험으로 깨달아 아는 것은 큰 차이가 있다. 지식으로 배우는 것은 남이 공부한 결과를 이론으로 배우는 것이기 때문에 모르는 것을 아는 데까지는 매우 효과적이다.

그러나 지식은 아는 것을 행동으로 옮길 때에는 아주 비효과적일 수 있다. 그래서 '학이시습(學而時習)'이라는 말이 나왔다. 배운 것은 끊임없이 연습하고 익혀서 자기 것을 만들어야 한다는 것이다.

배워서 아는 것이 아니라 체험을 통해서 깨달아 알게 되면 알아차리는 그 순간에 바로 행동의 변화가 일어난다. 어떤 사람들은 이것을 두고, 먼저 배워서 알고 뒤에 익히는 것과 먼저 체험을 통해서 익히고 나중에 아는 것과의 차이라고도 한다.

이런 차이를 쉽게 이해하기 위해서 한국 선불교의 오랜 논쟁을 생각해 보면 재미가 있다. 한국 선불교에서는 오랫동안 돈오점수(頓悟漸修)와 돈오돈수(頓悟頓修)라는 주장이 있었다. 우선 돈오(頓悟)란 마음공부를 하는 동안에 깨달음을 얻어서 자기 자신의 참된 모습을 발견하는 것을 말한다. 이 경지에 다다르면 자기 마음속에 있는 부처의 성품을 되찾게 되어 부처의 경지에 도달한다. 한편, 점수(漸修)란 비록 돈오를 해서 본 성품이 부처와 다름없음을 깨달았다고 하더라도 오랜 습관을 갑자기 없애기 어려우므로 깨달은 것을 갈고 닦아서 거울처럼 맑게 유지해야 한다는 것이다. 이 두 가지 개념을 머리에 두고 돈오점수와 돈오돈수를 생각해 보면, 돈오점수란 비록 깨달음을 얻었다 하더라도 깨달음에 안주하지 말고 부단히 갈고 닦아야 한다는 것이고, 돈오돈수(頓悟頓修)란 바로 깨달았다면 다시 갈고 닦고 할 것은 없으며 만약에 다시 익혀야 할 것이 있다면 바르게 깨달은 것이 아니라는 관점이다.

보조국사 지눌(知訥)의 돈오점수론과 성철(性徹)스님의 돈오돈수론이 가장 유명한데,

이 두 가지 견해는 두 큰스님이 만들어 낸 것이 아니라 고대 중국에서부터 흘러 내려오는 주장이다. 돈오점수 사상의 원조는 중국 육조(六祖) 선사의 방계(傍系)인 하택(荷澤) 선사를 원조로 하여 그 사상을 규봉(圭峯) 선사가 이었고, 이 두 선사의 사상을 이어서 고려 때 보조국사가 주장한 것이다.

한편, 성철 선사가 주장하는 돈오돈수 사상의 선계 맥을 알아보면, 달마 선종에서 육조 선사를 원조로 하여 그 밑으로 벌어진 오가칠종(五家七宗)의 정통조사(正統祖師) 선계 맥의 선지(禪旨)를 이어서 성철 선사가 주장한 것이다.

이 두 가지 주장을 집단체험과 비교해 보면 집단에서 절정체험을 한 사람들은 집단을 마친 뒤에 자기가 목표하지도 않았던 많은 행동이 변화된 것을 발견하기도 한다. 그러나 그렇다고 해서 참선수행을 오래 한 선승들처럼 돈오의 경지에 들어간 것은 아니다.

그렇게 보면 집단에서의 깨달음은 얻은 뒤에 끊임없이 갈고 닦아야 하는 돈오점수의 가르침을 적용하는 것이 맞는 것 같다.

② 대인관계 기초 역량

■ 주도적 태도

참가자 중에는 의뢰심을 가지고 있는 사람도 있다. 이들은 곧잘 촉진자에게 무엇을 어떻게 해야 하는가를 묻는다. 그러나 집단에서는 이런 질문에 대답해 줄 수 있는 사람은 아무도 없다. 모든 일에 스스로 책임지는 태도를 보이고 자기 자신에게 무엇을 어떻게 하고 싶은가를 물어보고 행동해야 한다. 이런 경험은 참가자들에게 혼란을 줄 수도 있다. 한 평생 옳은 일이라면 비록 하기 싫더라도 해야 한다는 요구를 받아오던 사람들에게 옳고 그름을 떠나서 무엇을 하고 싶은가를 물어보라는 이야기는 무척 생소하게 들릴 수도 있다. 그러나 사람은 옳은 일도 하기 싫을 때가 있고 나쁜 일이라도 하고 싶을 때가 있는 법이다. 그럴 때 도덕률이나 남의 눈치 따위를 의식하지 않고 자기가 하고 싶은 대로 해 보고 그렇게 했을 때 어떤 결과가 나타나는지를 체험해 볼 수 있는 자리가 감수성 훈련이다.

③ 생각, 감정, 행동의 선택

참가자들이 감수성 훈련 집단에서 변화를 시도할 수 있는 것은 생각, 감정, 행동, 세 가지이다. 생각은 착각에서 벗어나 바른 생각을 해야 하고, 감정은 부정적인 감정에서 벗어나 긍정적인 감정을 선택하고, 행동은 부적응 행동에서 벗어나서 나와 상대를 함께 중요시하는 적응 행동을 해야 한다.

■ 생각: 바른 생각과 착각

참가자가 바른 생각을 하는지 착각을 하는지를 알아보려면 뜻밖에 간단한 방법이 있다. 한 생각을 떠올렸을 때 감정적으로 불편해지면 혹시 착각을 하는 것은 아닌지 확인해 볼 필요가 있다. 한 생각을 했을 때 감정적으로 편안해지거나 안정이 된다면 그것은 바른 생각을 한 것이다. 착각하고 있다면 더는 그 생각에 머무르지 말고 관점을 전환해서 바른 선택을 해야 한다.

■ 감정: 불안정한 감정과 안정된 감정

불안하거나 화가 나 있거나 억울하거나 양가감정을 느끼는 등 불안정한 감정이나 부정적인 감정을 느끼는 것은 객관적인 상황 때문이 아니라 그 상황을 그렇게 받아들인 자신 때문이다. 이럴 때는 감정의 수평 분석과 수직 분석을 통해 안정적이고 긍정적인 감정을 선택하도록 훈련한다.

■ 행동: 적응 행동과 부적응 행동

적응 행동은 나를 중요시해서 남을 무시하거나, 남을 중요시해서 나를 무시하지 않는 것이다. 이처럼 적응 행동은 항상 나와 남을 다 함께 살리는 상생의 행동이다.

④ 의사소통

■ 대화와 독백

참가자들 중에는 대화를 하는 줄로 착각하면서 독백만 하고 있는 사람이 있다. 말을 하고 있으면서도 상대가 내 말을 듣고 싶어 하는지, 제대로 듣고 있는지에 대해서는 별 관심이 없고 자기 욕구 때문에 그냥 자기 이야기만 일방적으로 하는 사람들이 대부분이다. 이같이 자기 말만 하던 사람이 상대와 대화를 주고받게 되고 더 나아가서 심정을 주고받을 수 있도록 훈련한다.

■ 부정적 말투와 긍정적 말투

말은 예언적 기능이 있다. 그래서 처음에는 사람이 말을 만들었지만 나중에는 말이 사람을 만든다고도 한다. 참가자 중에는 부정적인 말투가 몸에 밴 사람이 많다. 예를 들어, 적극적인 경청을 설명하고 난 뒤에 "이제 사용하실 수 있겠습니까?"라고 물으면 많은 참가자가 "자신 없는데요. 어렵겠습니다."와 같이 부정적인 대답을 한다. 이런 말을 하는 참가자들의 마음을 분석해 보면, 우선 질문을 듣는 순간에 다음과 같은 현상이 일어난다.

- 상대는 보지 않고 자기만 돌이켜 본다.
- 잘하고 싶은 욕구가 일어난다.
- '잘할 수 있을까?' 하고 자문한다.
- 과거의 경험과 비교해 본다. 어렵겠다는 판단을 한다. 이때 과거에 실패한 경험이 많으면 많을수록 더욱더 어렵겠다고 확신을 하게 된다.
- 어렵겠다고 부정적인 말을 한다.
- 부정적인 생각을 말로 표현하고 나면 그 부정적 생각이 행동을 지배하게 된다.

이러한 때에 부정적인 경험을 바탕으로 한 판단을 표현하지 않고 마음속에서 처음 우러난 본마음을 표현하기 시작하면 대화는 아주 달라진다. "어렵겠습니다."와 같은 부정적인 표현은 "잘해 보고 싶습니다." "잘할 수 있으면 정말 좋겠습니다."와 같이 긍정적인 표현으로 바꿀 수 있다. 본마음을 찾아서 주고받는 말들을 긍정적으로 바꾸기 시작하면 집단 분위기가 달라지기 시작한다.

■ 내가 하고 싶은 말과 상대가 듣고 싶은 말

내 견해와 상황을 떠나서 상대의 견해와 상황을 생각하는 일이다. "사용할 수 있겠느냐?"는 질문을 듣고 내가 잘할 수 있겠느냐? 아니냐? 하는 생각만 하지 말고 그 질문을 하는 상대를 보고 "선생님은 정말 잘하시네요."라든가 "도대체 얼마나 훈련을 하셨으면 그렇게 자유롭게 사용하실 수 있습니까?"라고 알아주는 말을 할 수도 있다. 이처럼 자기 관점에 서서 부정적인 표현을 하던 사람들이 자기 입장에서 긍정적인 표현을 하는 훈련을 하고 그다음에는 상대방 입장에 대한 긍정적인 표현을 하거나 아니면 상대를 알아주는 칭찬 인정을 할 수 있게 된다면 집단은 점점 더 활기가 생긴다.

■ 관계 지향적인 대화와 사실 지향적인 대화

대화에는 관계 지향적인 대화와 사실 지향적인 대화가 있다. 아직은 초기 단계이기 때문에 참가자들이 주고받는 말은 거의 사실지향적인 대화이다. 사실 지향적인 대화는 자기 입장에 서서 상대에게 정보만 주고받는 대화이다. 관계 지향적인 대화는 친밀감이나 신뢰감을 주고받는 대화이다.

참가자 중 한 사람이 "힘들어 죽겠습니다."라고 이야기할 때에 사실에만 관심을 두고 무엇 때문에 힘이 드냐고 그 이유를 물을 수도 있다.

그러나 이런 말을 하는 사람의 마음에 초점을 두고 이야기를 듣는다면 "당신이 이런 말을 하는걸 보면 힘이 들어도 어지간히 힘이 드는 게 아닌 모양이구나." 하고 그 심정을 받아 줄 수도 있다.

⑤ 말 듣기

남의 이야기를 들을 때 참가자들의 반응은 여러 가지 태도로 나타난다. 안 듣는 경우, 귀로 듣는 경우, 눈으로 듣는 경우, 표정이나 태도로 듣는 경우, 말을 듣고 난 다음에 입으로 반응해 주는 경우가 있다.

이때 안 들을 때는 물론이지만 귀로만 듣고 있어서는 상대는 내가 말을 듣는지 안 듣는지 알 수가 없다. 눈으로 듣거나 표정이나 태도로 들으면 듣는 줄을 알 수 있지만 어떻게 알아들었는지 알 수가 없다.

상대의 말을 제대로 듣는 사람은 단순히 듣고만 있어서는 안 된다. 상대의 말을 듣고 난 뒤에는 반드시 자기 말로 반응을 해 주어야 한다.

상대의 말을 듣고 반응해 줄 수 있는 것은 사실이나 의미 듣기, 기분 듣기, 성격 듣기, 본심 듣기 등이다.

⑥ 말하기

▣ 지적 대결

말을 주고받을 때에 상대의 입장에 서서 그 심정을 제대로 공감 수용하지 못한다면 매정하거나 몰인정하다는 소리를 들을 가능성이 생긴다. 그러나 자기 입장으로 돌아와서 단호한 지적을 못한다면 나약하다는 소리를 들을 수 있다. 지적 대결은 자칫하면 내용도 제대로 전달하지 못하고 상처만 주거나 아니면 반발을 받을 우려가 있으므로 특별한 훈련이 필요하다.

▣ 칭찬 인정

상대의 장점을 찾아서 칭찬하고 인정하는 말은 의사소통의 꽃이라고 할 수 있다. 감수성 훈련에서의 칭찬은 사람을 알아주는 ‘인정’과 상대가 잘했을 때 그 잘한 사실을 꼬집어서 칭찬하는 ‘칭찬’으로 나누고, 체계적으로 훈련한다.

⑦ 인간관계 개선 요령

이 단계에서 참가자들은 크게 세 가지 요령을 익힌다. 하나는 대인지각의 특성을 공부하는 것이고, 또 하나는 자신과 다른 참가자들의 성격 특성을 이해하는 것이며, 마지막 하나는 사람들 사이에서 생긴 오해나 갈등을 해결하는 관계 개선 요령을 익히는 일이다.

▣ 대인지각

대인지각의 특성은 상대적이며 감정적이다. 상대적이란 말은 사람은 각자가 자기 기준으로 사람을 본다는 말이다. 나보다 성질이 급한 사람은 나를 보고 느리다고 할 것이고 나

보다 느린 사람은 나를 보고 급하다고 할 것이다. 그래서 참가자 중에서 절반이 나를 보고 급하다고 하고 나머지 절반이 나를 보고 느리다고 한다면 내가 참가자 중에서 "성질이 급하냐, 느리냐?" 하는 부분에서는 가장 표준적인 사람이라는 말이다. 한편, 대인지각에 미치는 감정의 영향을 살펴보면, 보는 사람의 감정이 불편해지면 같은 특성이라도 단점으로 지각하는 경향이 높고 호감을 느낄 때에는 같은 성향이라도 장점으로 지각하는 경향이 높다. 기분이 좋으면 소신이 있다고 하다가 기분이 나쁘면 고집불통이라고도 하는 식이다.

■ 성격 특성의 이해

사람들은 저마다 타고나거나 어려서부터 몸에 밴 독특한 성격이 있다. 이 성격은 그 사람의 생애 태도, 가치관, 대인관계 등에 결정적인 영향을 미친다. 이 단계에서 참가자들은 자기 자신이나 다른 참가자들의 성격 특성을 알아차리고 이해하며 나아가 상대의 특성에 맞게 반응하는 요령을 익힌다.

■ 관계 개선 요령

상대방으로부터 부정적인 반응을 받았을 때 '나에게 그런 특성이 있어서 그런 소리를 들었겠지.'라고 생각하고 나를 고치려 든다면 그것은 자기 개선 능력이나 수양 능력이다. 상대가 나를 부정적으로 본다는 것은, 상대에게 내 인상이 부정적으로 인식된 것이니까 그 상대에게 영향을 미쳐서 상대방이 가지고 있는 내 인상을 바꿔 내는 것이 관계 개선 능력이다.

한국 사람들은 역사적으로 자기 개선에 관심이 높아서 수양, 반성은 많이 했지만 관계 개선에는 별 관심이 없는 사람이 많았다. 감수성 훈련에서는 자기개선과 관계 개선 모두를 갖춰야 할 중요한 역량으로 생각한다. 대인관계에서 해결할 문제가 사실의 문제이면 자기개선을, 사람의 문제이면 관계 개선을 주로 사용한다. 그리고 사실과 사람이 복합된 문제는 먼저 관계 개선을 하고 나중에 사실 개선을 하는 것이 효과적이라고 생각한다.

4. 촉진자의 역할

훈련 단계가 일반 집단과 다른 점은 집단 내에서 의사소통이 원활히 되고, 서로를 도울 수 있는 대인관계의 기초 역량이 익혀질 때까지 철저한 훈련을 하는 단계라는 점이다. 그래서 이 단계에서 촉진자의 역할은 참가자의 역할은 거의 없고 대부분이 가르치고, 시범을 보이고, 훈련시키는 역할이 강조된다.

1) 공감 수용자의 역할

참가자들을 훈련하려면 먼저 참가자로부터 호감을 얻어 내야 한다. 왜냐하면 촉진자는 지위 권력을 사용하지 않고 개인 권력만으로 참가자들에게 영향을 미쳐야 하기 때문이다.

개인 권력으로는 친밀감과 신뢰감, 존경심 등이 있다. 참가자들이 촉진자와 친하면 친할수록, 믿으면 믿을수록 촉진자의 말을 잘 따를 것이기 때문이다. 만약에 존경심까지 얻어 낼 수 있다면 더욱 좋을 것이다.

2) 칭찬 인정 · 지지 · 격려자의 역할

공감 수용과 함께 참가자들이 잘할 때는 칭찬 인정하고, 잘하겠다고 마음을 먹었을 때는 지지하며, 실패하거나 좌절했을 때는 희망과 용기를 주는 격려를 하는 일은 이 단계에서 배울 수 있는 가장 중요한 기술이다.

3) 관찰자의 역할

촉진자는 늘 깨어 있어서 참가자의 태도나 행동, 의사소통 등을 눈여겨보고 있어야 하지만, 특히 이 단계에서는 참가자를 전문적으로 관찰하는 것이 중요하다. 왜냐하면 촉진자는 참가자를 도울 준비를 해야 하기 때문이다. 참가자가 어떤 부분이 건강한지도 알아야 하지만 어떤 부분에 문제가 있어서 자신의 성장이나 대인관계에 장애가 되는지를 관찰하여 구체적으로 도울 수 있어야 한다. 촉진자는 다음과 같은 측면을 관찰해야 한다.

(1) 주체성과 관계성의 조화와 균형
주체성이란 확고한 자기 자신의 주인이 되는 것으로서 구성 요소는 다음과 같다.

- 자기 신뢰: 자기 스스로 자기를 믿음
- 낙관성: 상황이나 문제를 긍정적으로 봄
- 희망: 닥쳐올 미래에 대한 긍정적인 기대를 함
- 진실성: 솔직하고 정직함
- 용기: 어려움이 닥쳐와도 피하지 않고 도전함
- 현재성: 과거나 미래가 아닌 지금-여기에 충실함
- 자기 직면: 자기 자신을 외면하거나 회피하지 않고 있는 그대로 직면함
- 자기 책임: 사건이나 문제를 상황이나 남의 탓으로 돌리지 않고 자기 스스로 책임짐
- 자기 허용: 자기 자신에 대해서 원만하고 너그럽게 대함
- 여유: 일과 휴식의 조화를 이룸

관계성은 다른 사람뿐만 아니라 만물과 관계가 좋은 사람으로서 상대가 소중해서 나를 무시하거나 내가 소중해서 상대를 무시하지 않고, 나와 상대를 함께 살리는 상생의 관계가 되어야 한다. 구성요소는 다음과 같다.

- 친밀감: 나와 다른 생각이나 가치관을 가진 사람들과도 친하게 지낼 수 있음
- 신뢰감: 다른 사람을 존재 자체로 믿을 수 있음
- 존경심: 사람에 대하여 무조건 존경함
- 대인 감수성: 다른 사람의 심정을 알아차리는 능력
- 인간 이해: 다른 사람의 생각이나 성격, 행동에 대해 이해하는 정도
- 수용: 다른 사람의 심정을 받아들이는 능력

- 도움: 상대의 어려움을 돕는 능력
- 용서: 타인의 잘못을 이해하고 용서함
- 가정: 가족과 화합한 정도

(2) 생각과 감정과 행동

참가자의 생각이 '바른 생각을 하는지, 착각을 하는지?' 감정 상태가 '불안정한지, 안정이 되는지?' 또 행동이 '상생 행동을 하는지, 부적응 행동을 하는지?' 등을 관찰하여 바른 생각을 하고, 감정적으로 안정되고, 상생 행동을 할 수 있도록 도와야 한다.

(3) 자아개념

'참가자가 자기 자신을 어떻게 보고 있는가?'는 그의 행동에 큰 영향을 미친다. 어떤 참가자는 자신의 별명을 '복덩이'라고 부르며 이 세상의 복이란 복은 모두 가지고 태어났다고 생각하는가 하면, 어떤 사람은 이 세상의 모든 불행을 다 짊어지고 살아간다고 생각한다.

그런가 하면 어느 것을 '자기 자신이라고 보고 있느냐?' 하는 것도 사람에 따라 차이가 난다. 어떤 사람은 '자신에게 보인 나를 자기'라고 생각하고 어떤 사람은 '자신을 보고 있는 자신을 자기'라고 생각한다. 예를 들어, 자신의 소심한 면을 보고 자신에게 보인 나를 자기라고 생각하는 사람은 자신은 소심한 사람이라고 굳게 믿어 버린다. 그러나 자신을 보고 있는 자신을 자기라고 생각하는 사람은 자신에게 대범한 면이 있음으로 소심한 부분을 알아차릴 수 있다고 믿는다. 그들은 자신이 소심하게 보일 때가 있고 소심한 부분이 있을 뿐이지 소심한 사람은 아니라는 것을 안다. 그런가 하면 내가 보는 나와 남에게 보이고 싶은 나가 다른 사람도 많다. 예를 들어, 우울한 사람이 남들이 자신을 우울하게 볼까 봐 일부러 명랑한 척하는 경우와 같은 것이다.

내가 보는 나와 남이 보는 나도 일치하면 일치할수록 관계가 좋고, 불일치한 점이 많으면 많을수록 관계를 맺기가 어렵다.

(4) 기본적인 욕구(인정, 애정)의 결핍상태

인간은 이 세상에 태어나면서부터 죽을 때까지 거의 본능적으로 인정 욕구와 애정 욕구를 가지고 살아간다. 어쩌면 이 두 가지 욕구는 인간 행동의 원동력인지도 모른다. 그런데 이 욕구 중에서 어느 한 가지 혹은 두 가지 모두 결핍을 느끼는 사람은 다른 사람을 만났을 때 그 욕구를 우선 충족하고 싶어 한다. 그 때문에 이 욕구들을 이해하는 것이 한 사람의 행동을 이해하는 지름길이 된다.

촉진자는 참가자를 만날 때 인정 욕구와 애정 욕구 중 '어느 쪽을 더 중요하게 생각하는가?' '어느 쪽에서 균형을 잃었는가?' '결핍의 정도는 어느 정도인가?' '어느 정도 인정해 주고 사랑해 주어야 만족할 것인가?' '인정 욕구나 애정 욕구가 있는 자체를 부족하거나 이상한 것이라고 착각하고 있지는 않는가?' '어떻게 사용하는가? 건강하게 또는 건강하지 않게 사용하는가?'를 살펴보아야 한다.

(5) 대인관계

촉진자는 참가자가 다른 참가자와 어떻게 관계를 맺어 나가는가를 관찰할 필요가 있다. 대인관계에서 주로 관찰해야 할 부분은 대인관계의 기본 태도, 성격 특성, 인간관계 개선 요령 세 가지이다.

첫째, 대인관계의 기본 태도는 'I am OK, You are OK.' 'I am OK, You are not OK.' 'I am not OK, You are OK.' 'I am not OK, You are not OK.'로 구분해서 보는 게 이해하기 쉽다. 둘째, 성격 특성에 대해서도 많은 이론과 검사가 있지만 가장 간편하고 특히 대인관계 태도를 잘 나타내는 것은 에고그램이다. 셋째, 인간관계 개선 요령에서는 관계 개선과 자기 개선이 있는데 이 두 가지 요령의 차이점을 분명하게 이해하고 바르게 사용하고 있는지 눈여겨보아야 한다.

4) 지적자의 역할

참가자들이 착각하고 있거나, 감정적으로 불안정하거나, 부적응 행동을 하고 있다면 서슴지 않고 지적하는 지적자의 역할도 해야 한다. 촉진자가 공감 수용자의 역할을 제대로 하지 못하면 매정하다거나 몰인정하다는 소리를 들을 가능성이 높고, 따끔한 지적 한마디 못하면 나약하다는 소리를 들을 수 있다.

5) 추진자의 역할

이 단계에서 촉진자는 앞장서서 집단을 이끌어 나가야 한다. 과제를 주고 도전을 하게 하고 훈련시키고 칭찬, 인정하는 모든 과정을 추진해 나가야 한다.

6) 조정자, 창조자의 역할

갈등을 조정하는 조정자의 역할과 함께 개인이나 조직풍토를 혁신하는 창조자의 역할 도 해야 한다.

5. 훈련 단계에 관한 설명(축어록)

집단상담 장면

1) 지금-여기에서 I feel because로 말하기

지 운: 학습 효과를 이젠 좀 높여야 할 것 같아요. 음, 그러려면 어떤 형태로든 설명을 최대로 줄여야 합니다. 그다음에 여러분이 지금 말하는 형태가 because I feel 식의 말투입니다. 이렇게 되면 듣는 사람들은 처음에는 이성적으로 듣다가 마지막에 감정 표현이 되니까 그래서는 감정 전달이 잘 안됩니다. 그래서 뭐 꼭 설명해야 한다면 'I feel⋯⋯, because' '나는 너한테 이런 기분이다. 이유는 이렇다.'의 순서로 표현하는 것입니다. 더 좋은 것은 이유를 설명 안 해 버리는 것입니다. 그리고 설명을 안 했을 때 상대방이 궁금해서 물으면 그때 대답해도 안 늦지요. 그때는 내가 친절을 베푸는 게 되지요. 안 물으면 설명해 봐야 안 들을 거니까 결과는 마찬가지 아니겠습니까?

2) 긍정의 선택

시냇물: 머리로는 들어오는데, 지운 님 무슨 말씀인지는 알겠는데, 내 안에 확 들어오지
　　　 못하고 자꾸 걸리는 것 같아서 답답해요.

지　운: 답답하고 아쉽지? 왜 답답하고 아쉽냐? 못 들어오고, 걸려서 아쉽냐? (예.) 진
　　　 짜? 지금 굉장히 중요한 장면이야. 지금. 네가 아쉬운 게 못 들어오고 걸려서 아
　　　 쉬운 거냐, 네 마음속에 정말 잘 들어왔으면 좋겠다는 바람이 없으면 걸리거나
　　　 못 들어와도 답답하고 아쉬워할 게 없잖아? 이렇게 긍정 선택을 하면 대화의 수
　　　 준이 달라진다.

지　운: 막상 안 되니까 답답하지. 그럴 때 네가 안 돼서 답답한 줄 알지? (예.) 아니야. 그
　　　 냥 안 되면 답답할 것이 없어. 밑에 잘하고 싶은 마음이 있어야 안 돼서 답답해. 그
　　　 럴 때 네가 네 마음의 한편인 정말 잘하고 싶은 마음을 안 보고 안 되는 쪽만 자꾸
　　　 보고 그 생각에 사로잡혀 있는 게 답답한 거거든. 흠……, 지금 무슨 생각을 하니?

빈마음: ‘뭐라고 대답을 해야 할지 모르겠다.’ 그런 생각을 했습니다.

지　운: 그럴 때 ‘뭐라고 대답해야 할지 모르겠다.’ 고 대답하는 것이 제일 정확한 대답
　　　 이야.

빈마음: 쉽게 되지 않으니까 참 조급해져서.

지　운: 같은 말이라도 ‘정말 잘하고 싶습니다.’ 로 바꿔라.

빈마음: 정말 잘하고 싶습니다.

지　운: 다르지.

지　운: 그때 네가 부정적인 말을 선택하는 것하고 긍정적인 말을 선택하는 것하고의 차
　　　 이를 분명하게 알아차리면 좋겠어.

3) 감정의 수직 분석

지　운: 뜨락 이야기 들으면서 반갑고, 뜨락을 좀 돕고 싶거든. 여러분이 좀 허락한다면
　　　 뜨락하고 개인적으로 이야기하고 싶은데 괜찮아? 다른 사람들 시선에 집중을

　　　　　받는 게 굉장히 부담스럽고 힘들다고 했잖아?

뜨　락: 예.

지　운: 그런데 왜 부담스럽고, 왜 힘든지 물어봐도 돼?

뜨　락: 다른 사람들의 시선을 받으면 제가 그만큼 책임을 져야 한다는 생각을 해요.

지　운: 조금 더 물을게. 책임을 지면 어떤 일이 생길 것 같아?

뜨　락: 책임을 지면, 하여튼 뭔가 버거워도 제가 막 하려고 하는 좀…….

지　운: 버거운데 하려고 할 때 힘들잖아. 나한테 무리를 강요하게 되는데.

뜨　락: 예, 무리가 막 돼요. 강요에 따라가는.

지　운: 그렇지. 뭐 때문에 남의 기대에 부응해야 해? 아니면 잘해야 해? 뭐 때문에 그래?

뜨　락: 잘해야 해요.

지　운: 잘해야 해? 왜, 왜 잘해야 해?

뜨　락: 글쎄요, 그렇게.

지　운: 못하면 어떻게 되는데?

뜨　락: 못하면 꼭 바보같이 느껴져요.

지　운: 무시당하기 때문에 억울할까? 그 밑에 뭐가 있어서 억울해?

뜨　락: 인정 못 받아서.

지　운: 존중받고 싶은 욕구가 있지.

뜨　락: 인정받고, 존중받고.

지　운: 지금 기분이 어때?

뜨　락: 편안해요, 제가.

지　운: '내가 다른 사람들과의 관계에서 참 존중받고 싶은 사람이구나.' 이렇게 자기를
　　　　　볼 때하고, '다른 사람한테 주의가 집중되면 내가 굉장히 부담을 느끼는 사람이
　　　　　다.' 이렇게 자기 지각할 때하고 차이가 크지.

뜨　락: 더 확연해지고. 그걸 알면서도 제가 정확하게 인식하지 않으려고 했던 것이 있
　　　　　지 않나 싶어요.

지　운: 왜 그래? 다른 사람한테 존중받고 싶었다고 표현하면 뭐가 힘들어져?

뜨　락: 글쎄, 지금 그렇게 힘들게 느껴지지 않고 그걸 이제 알았으니까 아 그렇게 이야

기해야겠어요. 지금은.

지 운: 고마워. 나는 뜨락하고는 이야기를 끝내고 싶은데, 이제 뜨락 이야기를 듣고 나하고 똑같다는 사람들이 많을 건데, 좋은 시범을 보여 줘서 참 고맙거든. 뜨락이 굉장히 솔직하고, 아주 분명하고, 아주 이지적이고, 그러면서 감정도 아주 풍부하고 그러면서도 뜨락의 제일 강점은 자신이 성장하고 싶은 욕구가 이렇게 샘솟듯이 끝없이 우러나오잖아. 그런 모습이, 다른 사람들한테 굉장히 좋은 하나의 샘플이 되어서 고마워. 그런데 뜨락하고 비슷한 사람이 이 방 안에 매우 많아.

처 음: 정말 따뜻했고요, 감사했고요. 지운 님 주신 거 고스란히 받아 가는 뜨락도 대단하지만, 또 그 옆에서 저를 찾아가고 저를 보고 있는 저도, 참 괜찮다 싶고요, 지운 님 끝까지 이렇게 잡아 주시면서 배려해 주시는 그 따뜻함에 정말 놀랐고요. 그래서 하나하나 챙겨서 확실하게 해 주는 지운 님 저희들에게 그 애정 주시는 거 정말 감사하고요……. 되게 막 벅차요.

지 운: 신기해. 네가 말이 굉장히 줄었어. 아주 간결해졌고, 말에 힘이 실리고, 진심, 요령, 이런 것이 아주 분명해졌어. 네 말 들으면서 참 신기해. 참 좋아. 축하하고 싶고…….

처 음: 정말 깊은 뜻 몰랐던 걸 후회……. 후회를 선택하지 않고 제가 놓치지 않고 끝까지 왔다는 것에 대해서 정말 저한테도 대견하게…….

4) 깨달음의 의미

연: 역시 '제가 저를 아끼는데 미숙했구나.' 깨닫게 되네요. 고맙습니다.

지 운: 미숙했구나 생각했을 때에 자기를 보면 기분이 어때?

연: 미숙한 제 모습을 보면요? 불쌍해요.

지 운: 아, 깨닫는 것이 미숙했구나 하는 것을 깨달은 거지?

연: 네.

지 운: 그런 것은 깨달은 게 아니야. 깨달았을 때 마음이 이렇게 불쌍하게 느껴지거나 부정적인 감정이 생기면 그것은 착각이야. '내가 나를 제대로 보살펴야겠구나.'

하고 깨달아야지. (하지만 그렇게 울 수밖에 없는 심정이 얼마나 아프니? 힘들었을 것 같아. 비단 어제오늘이 아니잖아. 한평생 그러고 살았을 테니까 그걸 그만 할 수 있다는 게 얼마나 좋아.)

5) 신념의 변화

지   운: 그런 의문을 갖는 것을 굉장히 귀하게 생각해. 단지 이제 제가 조금 아쉬운 것은 기존에 생각해 왔던 생각들을 굳게 믿었고 오래 해 왔던 것이기 때문에 여기서 생생하게 일어나는 상황 자체를 그대로 믿기가 조금 힘든 부분이 있잖아. 지금 연은 분명히 저하고 관계에서 생긴 불편을 길하고 이야기를 해서 풀었다고 하는데도 그것보다는 직접 푸는 게 훨씬 더 나았을 거라는 생각을 하는 것 같아서 그런 부분은 조금 아쉬울 것 같아.

치악산: 그런 부분이 이 집단의 힘인 것 같고 제가 배우거나 느껴야 할 부분인데 아직 싹 이렇게 물처럼 잘 흡수되지 못하는 것 같아 가지고 조금 시간을 좀 주십시오. 그러면 제가…….

지   운: 그렇지, 시간은 뭐 계속 있을 거고 여기서 이런 체험 아니면 치악산 같은 고집불통이 그런 의문을 가질 리가 없어. 딴 데에서는 정말로 확신범 같거든. 프로토콜 이야기할 때부터 저분이 확신범이구나 했는데 그동안 네가 굳게 믿었던 그런 것들이 다른 관점도 있을 수 있는 것 아닌가. 이런 것들도 하나씩 하나씩 가질 수 있으면 사람이 여유로워지거든. 폭이 넓어지는 길이니까 조급하지 않고 편안하게 했으면 좋겠어.

치악산: 예. 제 마음을 읽어 주서서 감사합니다.

6. 훈련 단계 인터뷰

질   문: 훈련 단계에서 촉진자가 취할 태도나 행동은 무엇이라고 생각하십니까?

답 변: 훈련자의 역할입니다. 변화의 수단은 말을 훈련하는 것입니다. 독백–대화, 사실 지향 대화–관계 지향 대화, 자기 입장–상대 입장, 칭찬 인정 등의 커뮤니케이션 훈련이 가장 강조됩니다. 분명히 가르치고, 확실하게 시범 보이고 잘하는 것을 칭찬, 인정합니다.

질 문: 대화와 독백의 차이는 무엇입니까?

답 변: 독백이란 주어가 '나' '내가'로 시작하는 사실적인 이야기입니다. '내가 이렇다.'는 다시 말하면 '나를 이해해 주십시오.' 또는 '나를 인정해 주십시오.' 하는 태도입니다. 그런 이야기는 대부분 독백입니다. 대화란 내 견해에서 사실만 이야기하던 사람들이 상대를 향해서 이야기를 하기 시작하는 것입니다. 그다음에는 받아들이거나 칭찬 인정을 하기 시작합니다. 이처럼 심정을 주고받을 수 있는 것이 대화입니다.

질 문: 바른 생각, 감정, 상생의 행동이란 무엇입니까?

답 변: 허구적인 생각을 할 수도 있고 바른 생각을 할 수도 있습니다. 이런 판단을 하는 기준은 바른 생각을 하면 마음이 편합니다. 나를 불편하게 만드는 생각은 착각입니다. 감정의 경우, 수많은 다양한 감정을 느낍니다. 처음엔 부정적인 감정도 실체가 있는 것으로 착각합니다. 부정적인 감정은 긍정적인 감정의 그림자입니다. 그래서 관점전환, 수평 분석, 수직 분석을 훈련합니다. 상생 행동은 행동을 보면 자기를 귀하게 생각해서 남을 무시하거나 남을 존중해서 자신을 무시하는 행동이 있는데 모두 잘못된 행동입니다. 자기도 상대도 함께 위할 수 있는 행동이 상생 행동입니다.

질 문: 훈련 단계에서 나에게서 너로, 심정을 받아들이고, 의사소통 훈련을 주로 하는 것 같은데요?

답 변: 한국 사람들은 표면적인 사실만을 주고받는 것이 아니라, 말귀를 알아들어야 합니다. 말 속에 의미, 심정, 성격, 본심 등을 받아들여서 말을 듣고, 마음을 듣고, 말하는 사람을 듣고 받아들이는 훈련입니다.

질 문: 훈련 단계에서 말을 훈련하는 것을 중요하게 생각하는 이유는 무엇입니까?

답 변: 내가 생각하는 말이라는 것은 정보를 주고받는 기능도 있지만, 사람이 다른 사

람을 만나는 가장 효과적인 수단입니다. 그런데 말의 특성상 말만 하면 오해가 생깁니다. 그래서 서로가 오해를 발생시키지 않으면서 말을 주고받아서 전달하고자 하는 심정을 주고받고 너와 내가 만나는 과정까지 가는 말을 훈련하는 것이 훈련 단계에서 가장 중요하게 생각하는 것입니다.

질 문: 부정적인 상호작용에서 표현이 일어났을 때 어떨 때는 표현한 사람에게 그 사람이 표현한 부정적인 표현 밑의 긍정을 찾아가도록 돕기도 하고, 어떨 때는 이 말을 들은 사람에게 이쪽 사람의 심정을 헤아리도록 하기도 하는데, 그럴 때 차이가 있습니까?

답 변: 두 가지입니다. 말은 하는 사람이 바로 하든지, 듣는 사람이 바르게 알아들으면 됩니다. 하는 사람의 표현이 부적절하다고 생각하면 그 사람이 자기 말에 담긴 원래의 의도가 뭔지 찾아가도록 가르치는 것입니다. 그 사람의 말하는 방법을 훈련시키는 것입니다. 그다음에 듣는 사람이 상대방의 표현에서 그 말만 듣는 게 아니라 말하는 사람의 마음을 듣는 훈련을 합니다. 이것은 개인에게도 필요하지만 집단 전체에서 내가 지금 무엇을 훈련시키느냐 하는 단계에 따라서 그 사람들을 하나의 사례로 드는 경우가 많습니다.

질 문: 표현할 때와 상대방 말을 받아들일 때를 말하는 것입니까?

답 변: 그렇습니다. 그래서 의사소통은 말하는 것과 듣는 것을 함께 훈련하는 것입니다.

질 문: 집단 전체가 어느 단계에 와 있느냐에 따라서 그때그때 달라질 수 있다는 의미입니까?

답 변: 말은 하는 것과 듣는 것 두 가지를 훈련해야 하는데 나는 듣는 훈련을 우선으로 합니다. 왜냐하면 제대로 들으면 말이 서툴러도 오해나 갈등이 커지지는 않습니다. 말하는 것은 잘못하면 다른 사람한테 상처를 주니까. 말은 서툴러도 듣는 능력이 탁월하면 오해가 생겨도 풀어낼 힘이 생깁니다. 듣는 능력이 없는데 말하는 것만 훈련하다 보면 상처 생긴 것을 풀어내지 못하고 그때 어려움이 커지니까. 그래서 훈련 순서를 그렇게 하는 것입니다.

질 문: 훈련 단계에서 칭찬이나 인정 지지가 중요하지 않은가요? 태도, 말, 관점을 가르쳐야 할 것 같은데, 이 부분에 대해서 어떻게 훈련을 진행하십니까?

답　변: 제일 좋은 방법은 적당한 순간에 칭찬 대상에게 직접 시범을 보이는 것입니다.

질　문: 초기 단계도 지금-여기에서의 자기 기분을 표현하는 것을 중요하게 여기면서 자기감정을 표현합니까?

답　변: 초기 단계에서는 지금-여기에서 느끼는 감정을 솔직하게 주고받자는 학습 방법에 대한 이해를 중점적으로 돕습니다. 훈련 단계로 넘어가면 지금-여기에서 감정을 주고받더라도 어떤 종류의 감정을 어떻게 주고받는지 구체적으로 훈련합니다.

질　문: 초기 단계에서 개방을 하나요?

답　변: 초기 단계에서는 '지금-여기에서 느끼는 감정을 솔직하게 주고받는 자리가 이 자리다.' 하는 것을 알아차리는 것까지면 만족합니다. 훈련 단계로 넘어가면 지금-여기에서 느끼는 감정을 표현하더라도 내가 나한테 느끼는 감정, 내가 상대한테 느끼는 감정, 상대가 상대한테 느끼는 감정, 상대가 나한테 느끼는 감정, 이처럼 감정의 종류가 있다는 것을 알아차리게 합니다. 그럴 때 효과적으로 감정을 주고받으려면 어떤 순서로 어떤 것부터 먼저 주고받는 것이 효과적인가 하는 것을 하나하나 훈련해 나가는 것입니다.

질　문: 거기에 순서가 있습니까?

답　변: 단계가 있습니다. 자기감정을 개방할 때는 내가 나한테 느끼는 감정, 내가 상대한테 느끼는 감정을 먼저 하는 게 낫고, 상대방과의 관계에서 불편이 있어서 도와줄 때는 상대방의 감정을 먼저 받아 준 다음에 내가 상대한테 느끼는 감정은 나중에 하는 게 효과적입니다.

질　문: 초기 단계에 주로 자기감정을 표현하는 쪽에 내가 나에 대해서나 상대에 대해서 개방하고 표현하는 데 초점을 맞춘다면 훈련 단계에서는 받아들이는 것 이런 것을 훈련한다고 봐도 되겠습니까?

답　변: 그렇게 보셨군요. 초기 단계에서는 참가자들이 자기감정을 표현해야 하는 이유도 잘 모르고 요령도 서툴기 때문에 자연히 감정 표현을 많이 하게 합니다. 그러나 훈련 단계가 되면 자기감정을 표현하는 것과 상대의 감정을 듣고 받아들이는 것을 함께 훈련하게 됩니다.

질　문: 훈련과 관계없이 자신의 문제를 내놓고 해결하려는 욕구와 시도가 있는 참가자의 경우에는 어떻게 진행합니까?

답　변: '당신이 이야기하는 문제가 정말 절실한가 보다. 나도 효과적으로 돕고 싶다. 그러나 아직 우리 집단 전체가 그 문제를 해결할 수 있을 만큼 역량이 자라지도 못했고, 내가 보기에는 미안하지만, 당신도 그런 도움을 제대로 받을 수 있는 역량이 지금은 좀 모자라는 것 같다. 지금 당신 문제를 해결하려면 적어도 우리 집단에서 1시간 이상의 시간을 사용해야 할 것 같은데, 만약에 우리가 그런 역량이 훈련되어서 자라고 난 다음에는 당신의 그 문제는 저절로 해결되거나 아니면 해결하는 데 5~10분 정도의 시간만 가지고도 해결할 수 있어서 뒤에 다루면 훨씬 효과적일 것 같은데 참아 줄 수 있겠느냐?'라고 물어봅니다. 그다음에 마칠 때까지 우리가 당신 문제를 다룰 수 있는 시간이 없다고 생각하면 그때 참지 말고 이야기를 해 주면 그때 특별히 시간을 내서 그 문제를 다루겠다고 약속합니다. 그런 안내를 하면 대부분의 참가자가 자제해 줍니다. 중간에 '혹시 당신이 그 문제를 해결하지 못하고 가게 될까 봐 불안하지 않느냐?' 하는 배려가 필요합니다.

질　문: 중지시키기에 충격적이거나, 양해를 구하기에 무게가 있는 문제가 있을 경우에는 어떻게 합니까?

답　변: 공감 수용하면 됩니다. 촉진자의 역량에 따라서 다릅니다. 읽어만 줘서는 풀어지지 않습니다. 속 시원하게 풀어낼 수 있는 촉진자라면 짧은 시간에 공감 수용이 가능합니다. 상대방의 마음을 읽어만 주고 수용을 못할 정도의 역량이라면 '이 분의 심정이 이해되는 사람이 누가 없는가?' 하고 다른 참가자들을 동원해서 공감 수용을 합니다. 그런 경우에는 집단참가자들의 도움을 받으면 됩니다.

질　문: 훈련 단계에서 개인적인 문제를 어느 정도까지 다뤄 줍니까?

답　변: 훈련 단계에서는 그 사람의 문제를 그 자리에서 직접 다루는 것이 집단 전체의 훈련에 도움이 되고 훈련의 한 사례가 된다면 그것은 그 자리에서 다룹니다. 다른 참가자들이 관심도 없고, 학습해야 할 내용이 별로 없으면 뒤로 물립니다. '공감 수용하고 난 다음에 뒤에서 다뤄도 되겠냐?'고 묻습니다.

질　문: 훈련 단계에서 집단 전체에 대해 피드백을 하는 경우, 전체적으로 훈련 단계에서 집단 전체와 관련해서 퇴보적인 현상이 있을 때에 어떤 반응과 촉진을 합니까?

답　변: 훈련 단계에 들어왔다고 하더라도 참가자들이 사실적인 이야기를 길게 하거나, 많은 참가자가 거기에 관심을 기울이거나, 지금－여기의 감정에 몰입을 못하거나 혼란을 겪는 경우들이 있습니다. 심한 경우에는 다들 주제만 주면 열심히 발언하겠다고 하기도 합니다. 그런 경우에는 바로 피드백을 합니다. '난 지금 우리 집단 전체가 처음에 우리가 지키고자 했던 약속을 못 지키는 것 같다.'라고 이야기하고 그것에 대해서 답답하다든가 불편하다는 피드백을 합니다. 잘할 때는 지지하고 칭찬합니다.

질　문: 집단을 하다 보면 훈련 단계에서도 서로 간에 지지, 축하, 칭찬, 인정이 제법 많이 나타나는 경우가 있습니까?

답　변: 집단의 단계가 훈련 단계에서 성숙 단계의 행동이 나타날 때, 훈련 단계에서 초기 단계의 행동이 나타날 때, 과거로 돌아간 경우 미래의 행동이 앞서서 나올 때도 있는데, 미래의 행동이 다음 단계의 행동에 앞서서 나올 때에는 대부분 거의 지켜봅니다. 왜냐하면 우리가 그쪽으로 가야 할 단계니까 개입할 것이 없습니다. 그러나 과거의 단계로 되돌아갔다면 촉진자가 개입해서 지금 단계로 안내해야 할 필요성이 높아집니다.

7. 훈련 단계 축어록

1) 주체성과 관계성

〈습관적인 부족감/과거 선택에서 긍정적/현재를 선택하는 주체성 회복〉

하　람: 내가 나한테 기쁜 선물인 것 같아요. 또 같이해 주니까 든든하고, 이렇게 알려 줘서 고맙고,

지　운: '내가 나한테 주는 선물이다.'는 주체성이고, '알아주니까 고맙고.'는 관계성이고, 이 두 개를 동시에 하는구나.

팅커벨: 같이 축하해 드리고 싶어요.

　비: 기쁘고…….

지　운: 저런 때 같이 축하해 주고 싶다 할 때 다른 사람들은 동의가 안 되었나? 만약에 동의가 된다면 나도 같은 기분이다, 나도 같은 생각이다라고 동의하는 게 도움이 될까?

집단원: 하는 게 좋죠.

지　운: 응. 그런데 너희들 그걸 잘 안 해. 가치를 갖고 토론해야 할 때는 한 사람이 한 얘기를 반복하면 지루하잖아. 감정은 한 사람이 표현할 때고, 열 명이 표현할 때고 감이 전혀 다르거든. 의도적으로라도 열심히 해 줬으면 좋겠어.

햇　살: 되게 뭉클하고, 벅차실 것 같고, 축하드리고 싶어요. 멋있어요.

지　운: 저 말을 순서를 바꿔서 '정말 축하드리고 싶다.'를 먼저 하고 나서 '왜냐하면 너무 뭉클하고, 너무 멋있는 것 같다.'로 순서를 바꾸면 어떨까? 말을 하면서 혼자서 순서를 자꾸 바꿔 봐.

하　람: 네, 감사하고, 어색하네요. 저한테도 참 인색하고, 주는 것도 하고 싶은데 안 되는 것이 어색하고…….

지　운: 안 되는 걸 보고 있잖아. 하려고 하는 걸 안 보고……. 내가 안 되는 걸 선택했기 때문에 어색하다고 생각 안 하고, '이 상황이 나를 어색하게 한다.'고 보았다면 완전히 주체성 없는 태도다.

하　람: 분명히 알고 싶어서 물어보고 싶습니다. 이 상황이 나를 어색하게 한다기보다는 내가 이런 걸 참 어색해하는 사람?

지　운: 그럼 그건 더 큰 병이지.

하　람: 그럼 제대로 알 수 있겠네요. 이거는.

지　운: '내가 이런 상황에서는 어색하게 느끼는구나. 이런 상황, 이런 특정한 상황에서는 어색하게 느끼는구나.' 여기서 끝나야 하는데 '내가 이런 사람이구나.'로 가 버리면 자기한테 상표를 또 하나 붙이는 거야.

하　람: '무의식 중에 보면 제가 저런 태도를 갖고 있었구나.'가 지금 제대로 확인해 보는 시간인…….

지　운: 무의식 중에 그런 태도를 보이고 있었던 게 지금의 너냐? 과거의 너냐?

하　람: 과거에서만 그러고 싶습니다. (웃음)

지　운: 지금 네가 과거를 보고 있잖아. 이제 거기에서 벗어날 길을 찾았구나. 그리로 내려와.

하　람: 자꾸 하고 싶습니다.

배　움: 하람 님 참 대단한 것 같아요. 이렇게 보면……. 자기 안에 잠깐씩 머무르면서도 함께하는 걸 다 봤고, 다시 돌려주고 이런 것들이 굉장히 자연스럽고, 굉장히 든든하고, 편안하게 나와서 그걸 다 할 수 있다는 게 굉장히 멋있어 보이고……. 그리고 지금 굉장히 기쁘고, 소중한 시간을 정말 같이 축하해 주고 싶어요.

하　람: 참 맑은 거울 같네요.

지　운: 이번에는 배움 네가 제대로 다 보았잖아. 아까 네가 자기 안으로 들어가는 건 아쉽다고 했는데 지금은 반갑고 기뻐.

배　움: 기쁨이 같이 느껴져서 정말 좋아요.

하　람: 안심이 돼요. 지금 조금 약간은 얼굴들이 아직은 긴장이 안 풀린 분도 이렇게 보여서 같이 하고 싶은 마음이 컸나 봐요. 저만의 시간을 빼앗고 싶지 않은 마음, 함께하고 싶은 마음…….

지　운: 착각이야. 이게 너만의 시간이라고 자꾸 생각하는데……. 너는 오늘부터 드라마 보면 주인공 한 사람만 보고 딴 사람 하는 것은 보지 마라.

하　람: 제 시간은 제 시간대로 기쁘고, 아직 낯선 분들한테는 그 분들하고 같이 나누고 싶은……. 구분해서 전하고 싶네요.

지　운: 그런데 아직도 제 시간이라고 하는데 이건 우리 시간이지, 집단에서는 네 시간이 아니야. 네가 저렇게 너의 이야기를 많이 할 수 있었던 것은 남들이 허용을 해 줬기 때문이고, 남들이 자기 이야기를 많이 안 했기 때문이야. 너의 책임 반, 집단의 책임 반이지. 네 책임만 있는 게 아니야. 절대 그게 아니야.

〈익숙한 주체성 회복에서 새로운 관계성 회복의 기회〉

팅커벨: 참 이런 이야기를 꺼내는 게 편안하고, 자연스럽고, 즐겁고, 나눌 수 있어 좋

고…….

소리랑: 그러면서 참 자연스럽고, 멋있어.

  비: 팅커벨 축하하고, 참 뿌듯하겠다 싶어 함께 기쁘고.

지   운: 지금도 팅커벨이 자기가 하고 나니까 자기가 편하고, 이것이 전부 뭐야? 자기중심적인 행동이잖아. 나를 이렇게 편안하게 만들어 주는 여러분들이 어때?

팅커벨: 고맙고, 든든하고…….

지   운: 그러니까 너는 기회만 있으면 주체성을 회복하는 쪽으로는 자주 가. 너한테 제일 약점이 그 순간이 관계성을 회복할 기회인데 그걸 안 해.

팅커벨: 꽂혀 있었던 것 같아요.

지   운: 또 너한테 가 있다. '그럴 때마다 저를 보면 안타깝고 답답하셨죠?' 이렇게 나와야지.

팅커벨: 안타깝고 답답하셨죠.

지   운: 그렇지. '더구나 지운 님은 늘 우리가 하는 훈련이 관계 개선 훈련이고, 만남의 훈련이라고 강조하시는 분인데 그만큼 강조해도 제가 같은 짓만 반복하고 있으니까 얼마나 답답하셨겠습니까?' 이렇게 나와야지. 너희들이 집단을 한다는 건 뭐야. 나를 잊어버리는 거야. 나를 장사 지내고, 앞에 있는 사람을 봐. 저 사람이 왜 저럴까, 저 사람이 지금 무슨 심정일까, 저 사람이 어떤 성품일까 그것만 봐. 그걸 봐야 상대가 누굴 봐줘? 상대가 너희들을 봐줄 것 아니냐. 집단 한다는 건 뭐야? 상담한다는 건 뭐야? 내가 있는 게 아니잖아. 누구를 위해 있는 시간이야? 내담자를 위해서 쓰는 시간이야. 온전히 계속 그 사람들을 봐.

팅커벨: 또 다리가 떨리고…….

지   운: 이 녀석아! 너는 떠는 다리를 보고 있으면 자꾸 더 떨잖아. 안 떠는 다리가 주변에 얼마나 많아? "배움아! 너는 어쩌면 그렇게 자세가 편안하고 푸근하냐. 너를 보기만 해도 내가 마음이 편해져." 하는 순간에 너의 마음이 편안해져 가잖아. 그걸 보고 뭐라고 하는지 아냐? 차력이라 하는 거야. 너는 떠는 네 다리를 네 힘으로 안 떨게 하려니까 기합술을 하는 거야. 기합술이 차력을 이길 수 없다. 왜? 기합술을 해서 자기 힘을 모아 놓으면 상대가 그 힘을 이용해서 이겨 버리니까.

관계를 맺을 때는 차력을 해라. 남들과 마주 앉았을 때 내가 긴장되면 긴장된 나를 보지 말고 편안한 상대를 봐라.

(이 절은 피드백해 줄 내용을 카드로 적어서 교환해서 읽으면서 피드백을 주고받는 내용이다.)

2) 나와의 만남

⟨Free from my self⟩

비: 저는 저와의 관계에서도 어떻게 해야 한다는 생각으로 갔지. 어떻게 하고 싶으냐고 묻질 않았던 것 같아서……

지 운: 사람들에게는 두 개의 세상이 있단 말이야. 하나가 당위의 세상이야. 마땅히 이렇게 해야 한다는 당위의 세상이고, 하나는 자연스러운 세상이야. 둘이잖아? 거기서 당위의 세상을 강조한 사람이 공자야. 충·효·인·의·예·지 이렇게 되잖아? 한편, 자연스러운 세상을 살아가는 것을 보여 준 사람이 노자야. 그래서 노자는 자율적인 인간을 강조했고, 공자는 절제하는 인간을 강조했거든. 사람이 세상을 살아가는 데 그 두 개가 다 필요하잖아. 그런데 우리가 매우 많은 시간을 당위론을 가지고 살아왔기 때문에 이렇게 하면 맞나, 틀리나, 어떻게 해야 하나 이쪽에는 굉장히 관심이 많아. 그런데 네가 이렇게 해야 한다는 생각을 가지고 있을 때는 그 생각이 어떻게 너의 생각이 되었어?

비: 부모님이나 선생님의 영향을 받았어요.

지 운: 그래. 그런 비합리적인 신념이 생긴 그 신념들은 대부분 원래 네 것이 아니야. 다른 사람에 의해서 강요되었거나, 억압받았거나, 아니면 그대로 따르지 않으면 네가 비판받거나, 비난받거나, 위험했기 때문에 받아들이게 된 것이야. 그래서 남이 너한테 강요한 것이 네가 너한테 강요하는 것으로 바뀌어서 비합리적인 신념이 되었거든. 그런데 우리가 자율적인 인간이 되려면 거기서부터 벗어나야 하잖아. 그걸 Free from my self라고 하거든.

허허허(웃음). 그렇잖아? 여기는 우리가 그런 나 자신으로부터 자유로워지려고 하는 자리가 아니냐? 그러므로 이렇게 하는 게 옳으냐? 그르냐? 그걸 하지 말고 일단 네가 하고 싶으냐? 아니냐? 그걸 찾아서 우선 네가 하고 싶은 대로 해 보라는 자리가 이 자리야. 그렇게 하려니까 비도덕적일 수 있고, 남한테 상처 줄 수도 있고, 감정적으로 불안정해질 수도 있고, 그런 것들을 감수하자고 약속하고 만든 자리가 이 자리야. 우리가 그런 것들을 해 보는 이유는 뭐야? 나 스스로 자율적인 인간이 되기 위해서야.

거북이: 지운 님 말씀대로 시도하려면 용기가 많이 필요하겠네요. 그 순간순간.

지　운: 사실은 그……. 용기가 필요 없는 건데 용기가 필요한 걸로 착각을 해.

거북이: 그것도 비합리적인 생각일 수 있다는 말씀이시죠. 용기가 필요하다는…….

지　운: 착각이지. 하면 되는 건데.

거북이: 할 때 부담되고, 두렵고.

지　운: 그러니까. 그게 하기 전까지는 그렇게 부담되고, 두려워. 그러나 일단 하고 난 뒤에 봐라. 두려움은 그 순간에 없어지지.

거북이: 하고 난 이후에 오는 피드백이 또 만만치 않고.

지　운: 만만치 않지. 만만치 않지만 네가 감당할 수 있는 양까지만 하면 되잖아. 아무리 큰 게 와도. 그렇지? 너 전라도에서 왔잖아?

거북이: 네.

지　운: 한정식 집에 가 봐라. 반찬이 한 60가지 있잖아. 그걸 다 먹느냐?

거북이: 먹고 싶은 것만 먹죠.

지　운: 그렇지. 오는 것도 그렇단 말이야. 한정식 집에 갔듯이……. 맛있는 것만 골라 먹어.

거북이: 그게 이렇게 지운 님. 딱 걸렸을 때……. 아! 이게 맛있겠다 하고 내가 딱 입에 걸렸을 때 이로 인해 고통스러운데 거기에 걸려서 또 다른 걸 먹지도 못하고, 거기에 매여 있을 때는 답답한 거죠.

지　운: 그게 너의 착각이지.

거북이: 아! 이것도 착각인가요.

지　운: 그렇지. 맛있는 걸 그때 골라서 먹었잖아. 그런데 뭐가 거기서 걸리기는 뭘 걸려?

거북이: 제가 불편한 피드백이라고.

지　운: 그래. 네가 불편한 피드백이라고 했지. 네가 말 듣는 능력이 생기면 아무리 불편한 피드백을 해도 그 밑에 그 사람이 너를 위하는 마음이 있는 그걸 골라서 들으면? 요즘 봄에 아주 쓴……. 고들빼기처럼 쓴 거 있잖아?

거북이: 네.

지　운: 먹으면서 '아! 이게 쓰구나!' 하고 먹을 때와 '아! 쓴 게 몸에 좋구나!' 하고 먹을 때에 관점이 어때?

거북이: 전환이 필요하다는…….

지　운: 그렇지. 홍어 있잖아. 그 냄새 나는 것도 맛있다고 먹는 사람이 있잖아. 어떤 사람은 그냥 구역질을 하는데 어떤 사람은 얼마나 맛있게 먹어. 그건 네 선택이야.

거북이: 지운 님! 관점 전환이 계속 반복될수록 어떤 힘이 생길까요?

지　운: 그럼.

거북이: 처음에는 좀 미진하고, 와 닿지 않아도…….

지　운: 할수록 그 힘이 더 세지잖아. 홍어도 자꾸 먹어 봐라. 먹을수록 맛있지.

거북이: 예. 맛있죠.

지　운: 처음에는 입천장 부르트고, 냄새가 지독한 게 구역질이 날 것 같은데 이제는 없어서 못 먹잖아. 네가 남이 하는 부정적인 피드백을 받아서 소화할 힘만 생기면 아무리 부정적인 피드백도 반갑지.

거북이: 그때까지 가야 한다는 말씀이시죠.

지　운: 그때까지 가면 정말 좋지. 임제 선사가 얘기한 '수인관미(隨人觀美) 전인개신(全人皆神)' '사람들의 장점만 보면 모든 사람이 다 신이다.' 하는 때가 오는 거야. 처음에는 말을 껍데기만 들으니까……. 이게 부정적이다, 긍정적이다, 비난이다 뭐 이렇게 되는 거지. 그 속의 본심을 들으면 비난이 원래 없어.

거북이: 지금 아주 시원해졌고, 지운 님 감사드립니다. 해 보고 싶고…….

3) 남과의 만남

〈책임〉

여 름: 정말 힘이 느껴져서……. 감사하고, 저도 되게 지지받는 것 같고…….

지 운: '힘이 느껴진다.' 하는 건 객관적인 사실에 대한 진술이야. 그것으로는 자기 입장이 나타나질 않아. 힘이 느껴지는 것 같아서 반가울 수가 있고, 고마울 수가 있고, 시원할 수도 있고, 때로는 힘이 느껴져서 불쾌할 수도 있고, 거부감도 느낄 수 있어. 그런데 평소의 대화에서는 자기의 입장을 선명하게 드러내면 위험하잖아. 그래서 대부분 그것은 안 하고, 객관적인 진술만 해. 그런 것에 우리가 익숙해져 있어. 그런데 집단에서는 그걸 넘어서서 자기 느낌을 솔직하게 표현한다는 건 그때그때 자기 입장을 분명하게 밝힌다는 얘기거든. '네가 키가 크다.'는 객관적인 진술이야. 얼마나, 어떻게, 그렇게 키가 크냐? 이것 가지고는……. 네가 키가 커서 부럽다든가, 열등감을 느낀다든가……. 자기 입장이 나와야 해. 그래서 자기 기분을 표현하는 거야. OK? 그리고 또 너는 지금 내 말을 뭐로 들었어? 태도로 들었지. 왜 웃어? 지적이 끝난 줄 알았는데 또 시작되는구나 그래서 웃는 거야? 지적을 면할 길이 없다. 상담자가 된다는 것은 의도를 마음으로만 듣고 반응을 안 하거나 표정이나 태도로 듣는 것만 해서는 안 돼. 말로 확인을 해 줘야 해. 그래서 '네 말이 이해가 된다.'가 아니고 '네 말이 이런 말이냐?'라고 확인해서 이해받았다는 생각이 들게까지 만들어야 해. 상담자는 남의 이야기를 들을 때 말로 들어. 말로 반응해서 말로 이야기해. 남을 설득할 때는 열심히 듣는 태도로 귀로 들어. 그런 게 달라. 그런데 이때쯤 네가 굉장히 안정을 되찾은 것 같아.

여 름: 팅커벨 님이 저한테 칭찬해 주시다가 잠깐 당황스러운 지경에 이르렀는데……. 저 때문에 이런 것 같은…….

지 운: 평생 잊지 마라. '나 때문에 하는 이야기'라는 것은 이번으로 끝을 내라. 앞으로 평생하지 마라. 너한테 일어나는 일은 모두가 너 때문이다. 다른 사람한테 일어

나는 일은 너 때문이 아니야. 대부분 그 사람 때문일 때가 더 많고, 네가 계기가 되었거나 원인 제공을 한 것일 수는 있다. 그러나 네가 원인 제공을 했다 하더라도 결과는 똑같이 안 나올 수가 있잖아. 그렇지? 그건 그 사람의 영향이 더 큰 거야. 그것까지 네가 책임지려 들지 않으면 좋겠다.

〈 '나' 중심에서 '상대' 중심으로〉

은 결: 말씀 들으면서도 좀 긴장이 내려가서 반갑고.

지 운: 지금 계속……. 은결이 너의 말투는 주어가 나다. 내가 이렇고, 이렇고, 이렇다. 주어가 나인 이야기는 모두 '네가 날 이해해 다오, 날 인정해 다오.' 하는 소리거든.

은 결: 그래서 반갑고요.

보따리: 챙겨 줘서 고맙습니다.

지 운: 너를 챙겨 주는 게 아니다. 자기가 빠지려고 너한테 패 돌리는 거다.

보따리: 저도 행복하고, 반갑습니다.

지 운: 보따리도 지금 주어가 나이지? 둘이 똑같은 놈들이다. 너의 보따리를 내려놓고 은결이를 한번 보아라. 은결이가 어땠나?
    은결이를 보니 굉장히 자신감 있어 보이고, 당당해 보이고, 멋있어 보인다 한마디 해 봐. 은결이가 얼마나 좋아하겠냐. 그런데 은결이는 어디 가 버리고, 저도 하면서 네가 나오거든. 그것 참 이상하더라. '저도'라는 말을 먼저 하는 사람은 '저도' 소리를 먼저 하는 사람을 만나면 싫어하더라. 왜냐하면 그런 사람한테서는 자기가 이해받기가 어렵거든. 자기가 원하는 게 없단 말이야. 금방 관심 떨어진다. 또 가만히 있다. 입 다물고 인상 쓰지 말고, 나한테 한마디 해 봐.

보따리: 성장하라고 하신 말씀이신 것 같습니다.

지 운: 표면에 있는 부정적인 감정을 공감, 수용하지 않은 채 숨은 뜻, 숨은 의도로 들어가지 마라. 자! 집단이 지금처럼 침묵이 된다. 촉진자가 뭐 해야 할 때냐?

보따리: 침묵해야 할 때입니다.

지 운: 침묵은 만병통치약을 하나 얻은 것이다. 아무 때나 그 대답을 하면 베스트지. 그 런데 진짜 베스트가 되려면 그걸 뭐 할 수 있어야 해? 실천을 할 수 있어야 해. 말 안하고 침묵하기는 그렇게 어렵지는 않다. 어지간하면 할 수 있는데 그런데 그때 마음속으로 무심코 있기가 정말 어렵잖아. 그렇지? 그래서 자꾸 말하고 싶 어진다. 그런데 최선이 어려울 때는 차선이라도 할 수밖에 없다.

⟨ '질문-대답' 에서 내 입장 표현으로⟩

티 나: 궁금해요. 무슨 생각들을 하고 계시는지……. 같이 하고 싶어요.

나 무: 난 편안하고, 티나 언니 감정이 궁금해요.

티 나: 나무 님 편안하다고 하시니까 그 말 듣는 게 참 좋고, 저도 궁금해요. 무슨 생각 들 하시나……. 불편하지는 않아요. 그런데 아주 편안하지도 않고, 좀 더 편안 해졌으면 좋겠고…….

지 운: 지금 나무의 그 말을 질문으로 받아들이고 티나가 뭐를 했어? 대답했거든. 집단 을 하는 거야? 안 하는 거야?

티 나: 보시면서 아쉬우셨나 봐요.

지 운: 아쉽지. 너희들이 잘못하면 저렇게 되거든. 지금 기분이 어떠냐 하면 지금 내 기분은 이렇습니다. 이렇게 대답이 나오게 되지. '네가 지금 나한테 관심이 있 는 모양인데' 또는 '네가 궁금한 모양인데 나는 편안하고 반갑다' 처럼 기분이 안 나오잖아. 그렇지? 제일 하수 같으면 '지금 기분이 어떠냐?' 하면 '너 보기에 는 어떨 것 같으냐?' 라고 되물어보기라도 해 봐. 어떻게 보여서 네가 나한테 그 런 질문을 하냐? 이거라도 묻기라도 해야 해. 그런데 '지금 기분 어떠냐?' 하면 내 기분은 이렇다고 대답해 버리면 집단이 안 되고 뭐가 되는 거야? 대화의 모임 이 되는 거야. 그걸 열심히 하면서 집단 한다고 하는 사람도 있다.

다이아몬드: 티나 님 우리 집단이 조금 적극적으로 활성화되었으면 좋겠다는 바람이 있 으신가 봐요.

지 운: 티나가 한 소리냐? 그러면? 네가 점친 거냐? 어떻게 알아맞혀?

다이아몬드: 저도 그런 마음이 있는데 티나가 궁금해한다고 하니까 집단이 적극적으로 돌아가길 바라는 것 아닌지…….

지   운: 네 마음에 비춰 봐서 혹시 그런 것이 있는 것 아닌가. 그런 게 궁금할 때 너의 기분이 어때?

다이아몬드: 그냥 궁금하죠.

지   운: OK. 그럼 그렇게 표현해. 티나의 기분이 어떤지 궁금하다. '네가 이런 것 아니냐?'를 잘못하면 유도 질문이 되어 버려. 참 묘하다. 마음이 반반 정도일 때 한쪽으로 '이거 아니냐?' 이러면 '예' 하거든. 그 소리 듣고 자기가 그쪽인 걸로 선택해 버리는 수가 있어서 반반일 때 잘못하면 유도 질문이 돼. 내가 궁금해서 묻는 거야.

티   나: 한편으로 그런 것도 있는 걸 금세 알아봐 주시네요. 다이아몬드 님.

지   운: 한편으로 뭐 이런 걸……. 금세 또 알아봐 주시고 이런 것 다 빼고 이 소리 듣고 내가 어때? "내가 시원해졌고, 알아봐 줘서 고맙고." 식으로 피드백을 서로 주고받아라.

〈부정적 시각에서 긍정적 시각으로〉

예쁜사랑: 오래간만에 집단에 참여하니 긴장도 되고 제대로 알아차리고 싶은데 난감하기도 하고, 막막하기도 하고, 도움도 받고 싶고, 이건 뭐지 하는 의아함도 들고.

지   운: 그럴 때 오래간만에 해서 이렇다 하는 건 전부 핑계거든. 그거 다 빼 버리고, 뭘 잘하고 싶은데 잘 안 돼서 하는 건 과거의 실패 경험이야. 그렇게 그거 빼 버리고 하면 마음이 편해져. 그런데 너는 뭔가 잘 안 될 때 지금 잘 안 되는구나로 안 가고, 원인이 뭔가로 가서 이래서 이렇구나로 가 버려. 이런 게 군더더기야. 그다음에 잘 안 되는 게 답답한 게 아니라 네가 정말 잘하고 싶은 마음이 있는 그쪽으로 가. 바로…….

배   움: 전 지금 좀 답답하고요. 함께하고 싶은데 잘 못 알아들어서 좀 답답하고, 아쉽기도 하고요.

지 운: 배움아! 함께하고 싶은데 잘 못 알아차린다고 지각하니까 헤매는 거야. '좀 더 분명하게 알아차리고 싶거든요.'로 나가. 그렇지?

배 움: 그리고 하람 님은 알아 가는 과정 중에서 분위기가 좀 무거워지는 것 같아서 그 부분이 좀 안타깝고.

지 운: 뭐가 어떻게 돼서 안타까워?

배 움: 하람 님이 아까 이렇게 이야기……. 말씀하시다가 자기 안에 잠깐 머물렀어요. 그러면서 가라앉았다고 할까, 분위기상……. 자기 안에 들어갔던 게…….

지 운: 그래서 남들과 만나려면 남하고 관계를 맺는 부분하고 자기 내면에서 통찰하는 부분하고 상호작용을 해야 하잖아. 그렇지?

배 움: 네.

지 운: 그런데 자기한테 가려면……. 통찰하려면 밖을 외면하고, 자기를 들여다보는 순간이 필요하거든. 이렇게 자기 내면세계를 깊이 있게 만나면 남들과의 만남도 깊이가 깊어질 수 있잖아. 그게 참 필요한 과정이고, 유익한 과정이다. 알아들었는지 모르겠어?

배 움: 예.

지 운: 응. 알아들었어. 알아듣고, 네가 대답도 안 하고, 이렇게 가만히 앉아 있는 건 '자기한테 빠져 있다.' 이렇게 볼까? 아니면 '얘가 제대로 알아들으려고 애쓴다.' 이렇게 볼까?

배 움: 답답하셨을 것 같아요.

지 운: 답답하지는 않아. 이놈이 또 예를 들 사례를 제공해 주는구나. 이렇게 생각하니 고맙지.

배 움: 아까 하람 님이 하실 때 그냥 '긍정적인 면을 보지 않고, 자꾸 못하고 있다.'라고 본 것에 대한 아쉬움이…….

지 운: 그러니까 그럴 때 하람이 지금 자기표현을 못하고 있다고 보는 게 아쉽다. 이렇게 보는 것하고……. 하람이 저걸 긍정으로 바꾸려고 애를 쓰고 있구나. 그래서 표현을 하는구나. 그리고 하람이 그렇게 안 하면 어떠냐? 네가 그렇게 알아들으면 되지. 그게 상담하는 태도거든. 내담자가 막 부정적인 이야기를 할

때 그 속에 있는 긍정을 보고 네가 알아차리잖아. 저는 막 힘들어 가지고, 곧 죽을 지경인데 앞에 있는 사람은 너무 편안하거든. 그럴 때 내담자들이 나를 쳐다보면 선생님 저는 곧 죽을 지경인데 선생님은 어쩜 그렇게 편안하십니까? 이렇게 하면……. 네가 그렇게 봤다면 너의 심정을 너무도 몰라주는 것 같아서 야속하기도 하고, 아쉽기도 했겠구나. 그런데 나는 네 이야기를 들으면서 전혀 걱정이 안 되네. 왜 그런지 모르겠어. 네 소리가 이런 소리고, 네가 죽을 것 같은 고통을 느낀다는 소리가 아니냐? 그런데 나는 그 소리를 들으면서 왜 이렇게 걱정이 안 될까? 네가 정말 죽을 것 같으면 그 힘으로 가서 어디로 죽으러 갔을 것 아니냐? 그런데 왜 나한테 왔느냐? 살고 싶어서 온 것이 아니냐? 나는 너의 그 살고 싶은 마음을 보니까 편안한 거야. 그다음에 너하고 얘기하면서 조금씩 마음이 편해지는 것 같아. 그래서 이제 살아갈 길이 나온 것 같고, 그 길로 온 것 같아서……. 구렁텅이에서 빠져나오는데 내가 걱정해야 할 일이 뭐 있느냐? 그런 태도거든. 그 미소는 무슨 의미냐?

배 움: 재미있고, 시각의 전환이…….

지 운: 그렇지. 봤어. 네가 그걸 봤어. 네가 날 보고 재미있는 것보다 내가 널 보고 즐기는 게 더 클 것 같아. 지금.

배 움: 명쾌하게 설명이 되어서…….

지 운: '시각을 저렇게 바꾸는구나.'를 봤고, '그게 가능하구나.'를 봤고, '정말 효과적이겠구나.'를 봤고, 그러면서 네 마음속에 배우고 싶은 동기까지 나왔거든. 그럼 난 할 일 다 했어. 그다음은 네 몫이야.

배 움: '본인이 알아차림에 대해서 좀 무겁게 가지고 가는구나.' 하는 아쉬움이 있어요.

지 운: 그 사람의 그 행동을 그렇게 지각하는 건 나와 더불어 나에게(with me and to me) 그렇게 보이는 것이야. 하람이 무겁게 가져가고 있지만 그걸 무겁게 보고 있는 너도 있는 거야. 그게 반반 책임인 거야. 저렇게 무겁게 가져가는구나. 쟤가 무겁게 느껴져 벗어나려고 애쓰는구나. 네가 그걸 봐줄 수 있어야지. 어디로 가느냐는 거야. 밝음으로 안내하는 거야. 생명으로 안내하는 거야. 답

답하게 굴면 내가 이해해 줘 버리면 되는데……. 이해는 안 해 주고, 상대가 답답하게 안 굴어야 하는데 이렇게 되어 버리니까 뜯어고치고 싶은 욕구가 들잖아. 그건 상담자가 아니라 기계 수리공이 되는 거야. 자꾸 고장 난 기계를 보고 고치려고 드는 거야. 왜 웃어?

배　움:　잘하고 싶은 마음이 들어서…….

지　운:　너만 아니고, 내담자도 그걸 봐주고, 그걸 길러야지. 자기가 못 지각하면 찾아 주고…….

하　람:　나를 보면서 안타까우셨고, 함께 기쁨으로 가져갈 수 있는 그런 아쉬움이셨구나. 배움이 나에게 지지하는 마음. 기뻐하면서 같이 갈 수 있는 것에 대한 지지하는 마음. 신선해지고…….

배　움:　항상 든든하고, 섬세한 부분……. 이런 부분들이…….

지　운:　지금 하람이 반응이 달라지니까 네 반응도 달라지잖아. 네가 나를 보면서 안타까움이 느껴졌겠다. 이 소리지? 그다음에 그럴 때 네가 나를 보고 안타까웠겠다. 이걸로 배움의 안타까움을 100% 다 공감해 냈다는 자신감이 있으면 그러면 거기서 더 안 가도 돼. 그런데 지금은 내가 봤을 때 거의 리딩 수준이거든. 그러면 그다음엔 내가 그렇게 안타깝게 만든 건 정말 미안하다. 그러나 그 안타까움을 넘으려고 네가 나한테 이렇게 말해 주는 건 정말 고맙고, 앞으로 네가 이렇게 가자는 소리 아닌가. 이렇게 하나씩 분명하게 해 줬으면 좋겠어.

배　움:　이런 부분들이 크게 느껴지고, 함께하고 싶었는데 항상 안으로 가지고 들어가는 것처럼 느껴져서 아쉬웠어요.

지　운:　그러니까 크게 느껴져서 내가 어때? 내 감정이 표현되어야 내 입장이 나와. 안으로 갖고 들어가는 게 아니라 밖으로 나오길 바랐어요. 어 다르고, 아 다르지.

비:　참 따뜻하고, 든든하고…….

물　빛:　저도 따뜻하고, 든든하면서 하람이 그 순간 자기개방 하면서 그 순간 알아차림이…….

지　운:　물빛이 참 산뜻했어. 군더더기가 다 빠졌어. 네가 몸만 날씬한 게 아니라 말도 날씬해졌어.

〈자기 중심에서 관계 중심으로〉

겨울오리:　긴장되고…….

지　운:　긴장되고 하는 건 뭐야? 누가 긴장되고야?

겨울오리:　제가…….

지　운:　발언이 자기중심적인 발언이잖아. 그렇지. 자기중심적인 발언에서의 부정적인 발언이야. 대부분의 집단에서 처음 하는 사람이 이렇게 부정적인 발언이 먼저 나오기가 쉬워. 촉진자는 이 표현이 나오면 그냥 자연스럽구나! 이렇게 보면 되거든. 그런데 사실은 집단을 모아 놓으면 어디가 제일 먼저 튀어나오나? 제일 약한 놈이 제일 먼저 튀어나온다. 제일 참기 힘든 놈이 제일 먼저 발언하거든. 그래서 저기서 긍정적인 발언, 이렇게 훈련된 사람이 나오기를 기대하기에는 참으로 무리한 일이야. 그러나 저 사람들이 저렇게 부정적인 발언을 할 때 나중에 촉진자는 저것을 긍정적인 표현을 할 수 있도록 고쳐 주고 가르쳐야 할 내용이잖아. 훈련 단계에 가서 가르쳐야 할 내용이니까 이 집단이 어느 정도인가 하는 건 내가 파악은 하고 있어야 하지 않겠냐? 그렇지.

겨울오리:　반갑고요. 설레고요. 기대되고요.

지　운:　긴장되고, 반갑고, 설레고, 기대되고……. 이렇게 긍정적인 게 뒤에 서너 개씩 뒤에 연달아 나오잖아. 저건 굉장히 반가운 이야기야.

겨울오리:　흥미진진하고요.

지　운:　저거 순서만 다 바꿨으면 나한테 칭찬받았을 텐데. 우리 동네 가면 하수구라서 냄새가 심하던 걸 다시 개발해서 공원을 만들고, 연못을 잘 만들어 놨어. 작년 겨울에 날아왔던 겨울오리들이 돌아가지를 못하고 텃새가 되어서 거기 있는 거야. 지금도 가면 한 여섯 마리가 있는데 올해에는 새끼를 몇 마리 더 낳을지 몰라. 겨울오리가 저것만 긍정으로 바꾸면 텃새가 될 수 있는데 아직은 철새야. 타고난 습관을 그냥 쓰고 있는 거야. 그러나 부정이 저렇게 적다는 것은 촉진자 측면에서 봤을 때는 안전하지. 왜냐하면 이 부정적인 감정 때문에 긴장이 너무 크면 이 사람한테 피드백하기가 굉장히 힘들잖아. 언제까지 해야 해? 다 풀어놓고 그다음 작업을 해야 하는데 한마디 부정하고 쭉 긍정적인 단어 나온다면 거의 바로 지적해도 괜찮을 정도구나. 나는 그거 파악하는 거야.

겨울오리: 무엇보다 반갑습니다.

지　운: 그렇지. 자기중심적인 발언 계속하다가 '무엇보다 반갑습니다.' 무엇보다 반가우면 그걸 제일 먼저 하면 어떠냐? 관계 지향적인 행동이 하나 나왔잖아. 겨울오리가 지금 개인중심적인 발언을 하다가 관계중심적인 발언을 하는구나. 이걸 보고 있어야 돼. 촉진자가…….

햇　살: 반갑고, 부담이 있었나 봐요.

지　운: 반갑고, 관계 지향적인 행동 바로 하고 그다음에 자기가 부담이 좀 있다 해서 자기감정을 털고……. OK. 다른 집단하고 다른데 대부분 이렇게 처음 시작하면 한 사람이 자기 발언을 해 버리면……. 여기는 관계없이 그다음 사람이 또 자기 소리 하고, 또 그다음 사람이 자기 소리하고 이래서 교차되는 집단이 많거든. 이러면 집단은 '관계 형성이 안 되는구나. 각자 따로 노는구나!' 이렇게 되잖아. 지금은 관계 지향적인 발언을 하니까 이렇게 주고받는 말들이 시작이구나.

햇　살: 저도 좀 설레고, 잘하고 싶고…….

지　운: 그렇지. 관계 지향적인 행동하고, 자기표현 긍정적으로 하고 있고, 이러면 예쁘지.

비: 반가워요. 즐겁고…….

지　운: 여기도 관계 지향적인 행동인 반갑고라고 말하고, 그다음에 자기가 즐겁다는 긍정적인 발언도 하고……. 햇살이 부담된다는 건 반갑다. 부담된다는 건 그 밑에 있는 잘하고 싶다는 마음이 큰 걸로 보고. 그런데 상대방이 부정적인 이야기를 할 때는 먼저 부정적인 감정을 완전히 공감하고 난 다음에 내면에 있는 긍정적인 의도를 받아 주는 것이 좋다. 부정적인 감정이 제대로 공감도 되지 않았는데 바로 긍정적인 의도를 받아 주는 것은 무리가 생긴다.

햇 살: 함께 가자는 말로 받아 주시니까 굉장히 기쁘고, 의욕이 생기는 것 같아요.

지 운: 함께 가자는 말로 받아 주니까 기쁘고, 내가 의욕이 생긴다 하고 그렇게 받아 주는 그 사람은 어떠냐? 햇살아.

햇 살: 고맙고…….

지 운: 아, 그건 내가 그 사람한테 대한 감정이고, 네가 보는 그 사람의 성품은 어때?

햇 살: 애정을 가지고 보고, 함께하고자 하는 자체가 큰…….

지 운: 그걸로 저 사람이 나를 알아보는구나 하는 느낌 드느냐? 안 든다. 누가 해 봐라. 함께하자는 저 사람이 어떤 성품을 가지고 있으므로 나를 그렇게 보느냐?

산수국: 따뜻하고, 여유가 있고…….

지 운: 여유가 있고, 또? 지금 나는 산수국 이야기를 들으면서 산수국이 제일 듣고 싶어 하는 소리가 따뜻하고, 여유 있는 사람이란 소리가 아닌가 하는 생각이 들어. 상대에 대한 뭐가 있어?

집단원: 관심, 리더십…….

지 운: 전부 남의 다리 긁는 것 같거든. 리더십하고 무슨 상관이 있지? 지금 햇살이 한 말을 듣고, 그 속에 들어 있는 숨은 의도를 알아차리는 것 아냐? 그렇지? 그래서 듣는 사람으로 하여금 '아! 저 사람이 나를 알아주는구나!' 하는 실감이 나게 했단 말이야. 그걸 알아줘 보라는데 자꾸 따뜻하고, 리더십 있고, 딴 걸 알아주는 것 같아.

햇 살: 명석하고, 통찰력 있으시고…….

지 운: 그렇지. 명석하고, 통찰력 있는데. 자! 얼마나 명석하고, 통찰력이 있으시면 제가 하는 말의 그 숨은 의도나 내가 정말로 진실하게 표현하고 싶었던 내 속뜻까지 그렇게 알아봐 줍니까 하는 말만 듣지 말고, 좀 더 찾아서 말 속에 있는 그 사람을 자꾸 봐.

〈행동이나 태도에서 성품으로 만남〉

국 밥: 관심이죠.

지 운: 그런데 다른 사람을 볼 때 저 사람이 나한테 신경을 쓰는구나, 관심을 쓰는구나. 이렇게 볼 때는 내가 고맙잖아. 그건 상대방이 하는 말을 내가 받아 버리는 거잖아.

국 밥: 네.

지 운: 그렇지. 네가 볼 때는 그런 말을 하는 양지가 어떤 사람으로 보이는 거냐?

국 밥: 따뜻하고, 자상한.

지 운: 그러니까. 그러면 네가 양지를 보는 눈이 되지. 그래서 네가 받지만 말고, 되돌려 주면 이렇게 주고받아지는데 너는 자꾸 받고, 받고가 돼. 무슨 소리인지 못 알아듣겠어?

국 밥: 되돌려 주는…….

지 운: 그러니까 내가 지금 이 말을 하면 너는 그 말을 듣고 자기 생각만 하지 상대가 안 보이잖아.

국 밥: 그런 것 같아요.

지 운: ‘그런 것 같아요.’도 누가 그런 것 같아? 네가 그런 것 같잖아. 내 말 듣고 누굴 봤나? 너를 봤나? 나를 봤나?

국 밥: 저를 봤어요.

지 운: 그러니까. 네가 지금 다른 사람하고 대화를 하면서 너만 보고 있는 거야. 앞에 있는 사람이 너한테서 뭔가 받는다는 느낌이 안 드는 거야.

국 밥: 전 많은 도움이 됐어요.

지 운: 그러니까. 누가 도움됐어?

국 밥: 저한테 도움이 된 것 같아요.

지 운: 그러니까. 너한테 도움이 됐지. 아직도 네가 나하고 얘기하면서 너 도움이나 받지 나는 지금 외면하는 거거든. 그러면서 네가 앞에 있는 사람들이 이야기한 내용을 받아들였기 때문에 외면하는 줄도 모르는 거야.

국　밥: 굉장히 죄송해졌어요.

지　운: 어. 이제는 내가 보이는 거야.

국　밥: 지운 님 답답하신 게 너무 커서 저한테 말씀하시는……

지　운: 그럴 때 네가 지금 내가 이야기하는 내용을 들었어. 그 밑에 있는 답답한 기분까지 들은 거야. 그런데 답답한데 내가 왜 이 소릴 너한테 하겠냐? 뭐 하려고?

국　밥: 저를 저한테서 끄집어내시려고.

지　운: 그렇지. 그럴 때는 '답답하게 만들어서 죄송합니다.'가 아니라 '저를 이렇게 끄집어내 주셔서 감사합니다.'로 해야 얘기가 달라지지.

국　밥: 예.

지　운: 그런데 내가 왜 너를 끄집어내고 싶겠냐?

국　밥: 다른 사람한테 제 마음을 전해 주려고.

지　운: 어. 다른 사람한테 전해 주려고. 그 밑에 뭐가 있나? 네가 미워서 그러냐?

국　밥: 사랑해서 그렇습니다.

지　운: 그러니까 '저를 이렇게 아껴 주셔서 고맙습니다.' 또는 '가르쳐 주셔서 고맙습니다.'라고 할 때의 관계 형성과 '답답하게 만들어서 미안합니다.'라고 할 때의 관계 형성은 차원이 다르잖아.

국　밥: 네. 정말……

지　운: 어. 네가 분명하게 알아들었어. 상대방이 어떤 말을 하든지 받아들이는 차원은 네가 선택하는 거야. 그런데 너는 내가 저 사람한테 불편을 끼쳤구나. 이 차원에서 선택을 하니까 네가 자꾸 기죽는 거야.

국　밥: 네.

지　운: 죄송하고, 미안하고 그러니까.

국　밥: 네. 감사합니다.

지　운: 그 차원에서 사람 만나서는 당당해지기가 어렵다. 아! 저 사람이 진정으로 날 아껴 주는구나. 이렇게 되면 네가 기죽을 일이 없잖아.

국　밥: 예. 지운 님한테 먼저 감사드리고, 봐 주신 양지 님한테도 굉장히 감사드려요. 따뜻하게 봐 주셔서 제 마음이 훈훈해지고, 사랑하는 마음으로 돌려드리고 싶어요.

4) 지금-여기

〈자신과의 문제〉

거북이: 너무 따뜻하고, 힘 나고, 여유를 좀……. 여유가 생기는 것 같아서 고맙고, 저도 얼른 정신 차리고 가벼워지고 싶은……. 여전히 부담감은 계속……. 눈길에 대한 부담감이 큰 것은 사실이고.

햇　살: 전 거북이 님 잘 돕고 싶은데……. 거북이 님이 정말 마음으로 만나고 싶어 하시 잖아요. 느끼고 싶어 하시고……. 그런데 뭔가 피드백이 와서 그걸 할 순간이 오면……. 불편감이 커서 여유를 찾느라고 기회가 뒤로 밀리고, 밀리고 하는 걸로 보여서 그 부분을 잘 돕고 싶은데. 그런 얘기 들어올 때 조금 힘을 내셨으면 좋겠어요.

거북이: 따뜻하게 들리고요. 피하고 싶지는 않고. 도움을 좀 받을 수 있으면 받고 싶고요. 여유를 가지고서…….

지　운: 지금 기분이 어떠냐?

거북이: 지금 기분은……. 부담스럽기도 하면서

지　운: 부담스럽고 또?

거북이: 한편으로는 흥미도 생기고, 흥미로움도 올라오고.

지　운: 어떤 흥미가 올라와?

거북이: 뭔가 나를 제대로 이렇게 볼 기회라는 생각에……. 여기서 자꾸 멈추고, 걸려 있는 제가 답답하거든요. 무겁고, 스스로한테도 좀 안타깝고. 그러면서 "몇 발자국 나아갈 수 있는 기회다."라고 생각하니까 계속 관심 가고, 흥미로운 거죠.

지　운: 너는 그렇고. 다른 사람들은 흥미가 있겠나?

거북이: 좀 미안한 마음이 올라오고요. 저는 갑자기……. 지금 지운 님이나 우리 집단의 눈치가 보이고.

지　운: 응?

거북이: 지운 님이나 우리 집단……. 여러분들한테 눈치가 순간 보이고. 지운 님 말씀

에······. 그렇습니다. 긴장감이 엄청나게 올라옵니다.

지 운: 왜? 뭣 때문에 긴장이 되는데.

거북이: 으~~~흡! (숨을 들이쉬며) 첫째는 뭘 어떻게 해야 할지 모르겠다는 막막함에 올라오는 긴장이고, 어떻게든 해 봐야겠다는 것에 대한 걸림······.

지 운: 응.

거북이: 나아가지지 않는 것에 대한 걸림에 대해 무거움······. 이런 것들에 자꾸 잡힌 거 같아요. 그래서 긴장감이 느껴지고······. 편해지고 싶고, 가벼워지고 싶고, 그리고 여러분한테 이렇게 불편함을 끼치고 싶지 않고, 그런 마음······.

지 운: 응.

거북이: 이 얘기를 하고 나니까 조금 가벼워진 거 같아요.

지 운: 다른 사람들은 지금 거북이한테 어떤 기분인지 궁금해.

   안: 저는 사이드 브레이크 걸어 놓고 액셀러레이터 밟고 있는 것 같은 느낌. 굉장히 불편할 것 같은데······. 말에서 묻어 나오는 불편함은 별로 없고······. 많이 불편하신 분이 말만 나오는 느낌······. 그게 풀리려나? 많이 답답하시겠다.

물 빛: 거북이 님 얘기 들으면서 본인은 굉장히 답답할 것 같아요. 내 상황도 보이고, 전체한테 폐 끼치는 상황도 보이고······. 양쪽 다 보이는 것 같아서 그냥 이도 저도 못하고 이렇게 막 눌러놓는 거 아닌가 싶은 마음이 들고······.

거북이: 서 있는 느낌······.

물 빛: 그래서 오히려 더 힘들지 않을까 싶은 마음이 있어요. 이 자리에서 서로 불편한 거 해 보고, 폐 끼쳐도 보고, 함께 가자고 온 자리인데. 폐 안 끼치고자 이렇게 혼자 하면 힘들지 않을까······. 끼쳐도 좋으니까 함께했으면 좋겠다. 그런 마음이에요.

강 물: 저도 좀 보면서 안쓰럽고, 안타깝고. 폐를 안 끼치려는 태도가 오히려 더 폐를 끼치는 상황을 만드는 것 같고. 물빛 님 말씀대로 그냥 자연스럽게 더 표현하시고 그랬으면 좋겠어요.

   안: 저는 물빛 언니 말이 아주 따뜻하고, 안심도 되고. 거북이 님한테 그럴 것 같은데 어떠신지 궁금해요. 물빛 언니 말씀을 듣고.

거북이: 안 님이나 강물이나 물빛 님의 말씀이 따뜻하고, 힘도 되고. 저는 일단 가볍게 표현을 했으면 좋겠고……. 호흡이 짧지 않았으면 좋겠고, 좀 여유롭게 상대하고 나누고 싶은 마음이 간절하거든요. 또 이 말을 하면서 설명한다는 생각에 움찔해지고, 위축도 되고, 눈치 보이고 순간……. 이 표현도 또 하고 나니까 좀 안심이 되는데……. 자기 얘기만 한다로 들릴 것 같아서 긴장되고, 복잡해지고.

재　은: 지금 보면서도 계속……. 참 좋아요. 뭐냐면 아주 정신이 없으실 거 같아요. 다른 사람들 얘기가 다 부담으로 들리고, 질책으로 들리고. 그게 아니라도 거북이님 자신이 갖고 계시는……. 이렇게 해야 하고, 이렇게 해야 하는 많은 것이 있잖아요. 되게 정신이 없으실 것 같은데도 거기서도 계속 마음을 하나하나 찾아서 긴장되고, 불편하고, 여유를 갖고 싶고. 그게 저는 자신을 이렇게 지키고, 여유를 계속 찾으려고 하는……. 표현을 해서 찾으려고 하는 모습으로 보이고. 이 얘기를 하면서 제가 굉장히 떨리네요. 그래서 참 저는 지지하는 마음으로 보고 있었어요. 계속……. 좀 더 빨리 표현했으면 좋았겠다 싶지만……. 지금이라도 표현하고 싶어요.

거북이: 그 말이 마음에 감동되고, 또 고마우면서 따뜻함이 느껴지고, 이런 편안함을 좀 누리고 싶네…….

바라밀: 그런데 그러면서 그 마음 때문에 다른 사람의 마음을 못 받아 주는 걸로 나한테는 보이는데……. 다른 사람들이 마음에서 이렇게 거북이를 도우려고 하는데 그 말들이 불편하면 나는 지금 불편해요, 부담스러워요, 힘들어요, 서운해요 이렇게 툭툭 던져 버리면서 그 말들 아래에 가는 마음은 보지 않는 느낌이 나한테는 들어서 답답해요.

거북이: 답답하신가 봐요.

지　운: 모르겠어. 뭔지 네가 한 시간 동안 뱅뱅 도는데 전혀 진전이 없거든. 문제는 내놓고 해답은 너희들이 내다오. 이러고 죽치고 앉아서……. 문제가 뭐가 문제인지 명확히 되었나? 안 되었나?

집단원: 안 되었어요.

지　운: 안 되었지. 좀 긴장이 되는데 왜 긴장이 되는지 얘기했어?

거북이: 안 물어봐서 안 했습니다.

지 운: 뭐를?

집단원: 안 물어봐서 안 했대요. 하하하(웃음).

지 운: 그러면 딴 사람이라도 좀 물어서 파고들어가야 되잖아. 그런데 또 하나가 지금······. 거북이 태도가 주도적으로 해결하겠다는 태도가 있었어? 자기 감정, 자기 문제를 내놓는 걸 남의 일 이야기하듯이 했어.

집단원: 남의 일 이야기하듯이······.

지 운: 그러니까. 그걸 왜 그냥 둬? 거기에 말려들어서 전부······. 그다음에 거북이가 긴장되면 지금 그 긴장을 주는 대상이 여기 있어서 관계에서의 문제야? 자신과의 문제야?

집단원: 자신과의 문제.

지 운: 자기 문제잖아. 자기 문제면 혼자서 풀든가, 아니면 내놓을 때 긴장된다 하면 그 긴장되는 감정을 분명하게 정리해서 왜 그런 감정을 느끼는지, 어떻게 하는지 분명하게 뭐가 되어야 하는데 그냥······. 그냥 한단 말이야. 지금 우리 집단 전체에서 가져야 할 일인데. 부정적인 감정을 느끼면 지금처럼 그렇게 참아 버리잖아. 지루하고, 따분하고 뭐······. 이럴 때 참아 버리면 거꾸로 되어 버려. 지난 시간처럼. 너희들이 이렇게 듣고, 받아들이는 쪽은 참 잘하는데 깊이까지 참 잘하는데······. 부정적인 피드백을 해야 할 때는 너무들 안 하는 거야. 마찰을 회피하고 참고 있는 거야. 그런 태도를 취하고는 집단이 제대로 진행이 안 돼. 그다음에 자기가 느끼는 감정······. 거북이 네가 느끼는 감정을 네가 알아주지 않으면 아무도 알아차릴 수 있는 사람이 없지 않느냐?

거북이: 네.

지 운: 네가 철저하게 찾아서 '내가 이런 감정이다.' 하고 표현을 하고 풀어 나가면 좋겠는데 그걸 안 해. 그리고는 막연하게 풀어졌으면 좋겠다는 바람만 있는 거야. 그래서 지금-여기에서 느끼는 감정을 찾아서 표현하라는 거야.

5) 느낌이란 무엇인가?

〈방법이 아닌 현재 기분〉

하나하나: 조금 걱정되셨던 것 같고, 지금 제가 조금 망설이고 있어요. '긍정으로 그냥 가. 부정인데 이걸 선택해.' 뭐 이런……. 그러고 나서 좀 아쉽기도 하고.

지　운: 저럴 때 배우기는 긍정 선택하라고 배웠는데 네가 자꾸 부정이 지각되잖아. 저럴 때 어떻게 해야 할까?

참바람: 표현하고, 자기 개방하면서…….

지　운: 응. 개방하면 좋은데……. 내가 묻는 건 저럴 때 부정 감정을 그냥 그대로 표현하는 게 나아? 아니면 그냥 참고, 긍정 단어 찾으려고 애를 써야 해?

집단원: 표현하는 게…….

지　운: 왜 하는 게 나아?

집단원: 시행착오를…….

지　운: 해 봐야 그게 어떤 영향을 미치는지 알고, 자기가 체험을 하고, 고치려는 마음이 우러나오지. 지금은 하나하나가 고쳐야 한다는 건 배워서 결심해서 고쳐야 한다는 거지. 마음속에서 우러나와서 발심으로 고쳐야겠다는 건 아니거든. 그러니까 체험을 해 봐야 발심으로 바뀌어. 실수하는 걸 두려워하지 말고, 자꾸 하라고. 이게 시행착오 학습이야.

하나하나: 결국 부정을 선택하네요. 나래 님 참 마음에 왔는데……. 어떻게 뭐라고 말이 안 나와서 그냥 참 좋다. 이것밖에 없는데……. 그래서 그냥 말은 안 나왔는데 영향을 못 미친 게 좀 미안하고, 제대로 표현되지 않은 게 좀 아쉽고, 티나 님이 염려해 주시는 거 제대로 알아 드렸나 확인하고 싶은 것도 있고.

지　운: 저럴 때 나는 답답해. 지금 꼭 하고 싶은 소리가 뭐냐?

하나하나: 그냥 나래는 좋다.

지　운: 나래는 좋다. OK. 또?

하나하나: 아쉽다.

지 운: 누가? 나래가?

하나하나: 제가.

지 운: 네가?

하나하나: 예.

지 운: 나래는 좋고, 나는 아쉽다. 또?

하나하나: 다인 것 같습니다.

지 운: 다야?

하나하나: 예.

지 운: 그런데 그것만 하면 잘 전달된 것 같지 않잖아. 그래서 앞뒤에 자꾸 설명을 붙인다고. 붙이면 더 전달이 안 되는 걸 모르고……. 네가 좋다. 그런데 나는 아쉽다. 그러면 저쪽에서 뭐가 생겨? 저 사람이 왜 아쉬울까 하는 궁금증이 생겨.

하나하나: 티나 님이 물은 것에 대답하는 것 같아서 또 망설이는 것도 있고…….

지 운: 그럴 때, 물을 때, 나는 지금 대답하고 싶어지는데 망설여진다. 그게 네가 하고 싶은 말이잖아. 아니면 대답하고 싶은데 빼고, 나는 네 얘기 듣고, 망설여진다.

하나하나: 설명되는 것도 걱정되고.

지 운: 그러면 걱정되고, 주저된다. 지금 기분이 어때?

하나하나: 너무 많이 떠올라서 뭐를 잡을지 몰라 혼란스러워요.

지 운: 그럴 때 '나는 너무 혼란스럽다.' 하면 되지.

하나하나: 그러네요.

지 운: 혼란스러울 때 '나는 혼란스럽다.'라고 자기개방을 안 하고, 안 혼란스러우려면 어떻게 하면 되나. 이쪽으로 가지. 그렇잖아?

〈기분 알아주기〉

지 운: 하늘나무 무슨 소리야? 무슨 소리 하려고 하다가 멈췄어?

하늘나무: 말할 차례를 기다렸어요. 비 언니 참 멋있는 게 유쾌하면서도 상대의 말, 그리

고 그 속에 담긴 마음을 정말 진지하게 받아서 가서 그걸 표현하고 있고, 그 유쾌함과 진지함을 너무나 자연스럽게 왔다 갔다 그렇게 하는 모습이 정말 멋있어.

지　운:　OK. 가만 있어. 하늘나무……. 그건 네가 본 비야. 네 입장에서 비를 보고 있는 거야. 그게 있어야 하고, 그리고 지금 비의 기분이 어떨까?

하늘나무:　기쁘고…….

지　운:　또? 비 보고 이야기 해. 나보고 이야기하지 말고. 네가 보기에 비가 어떻게 보여?

하늘나무:　언니 되게 기쁘고, 이러니까 머리로 가서 막막해지는데.

지　운:　그럼 머리로 가 봐.

하늘나무:　제 지각이 개입될까 봐.

지　운:　어차피 개입될 수밖에 없지 않겠니?

하늘나무:　좀 망설여지기도 하고, 집중되니까 조금 떨리기도 하는데.

지　운:　그래. 그건 군더더기니까 다 빼고.

하늘나무:　아! 지금 기쁘고, 이 순간이 참 소중하고, 마음껏 누리고 싶을 것 같고.

비:　네 마음이 참 고맙고, 따뜻하고……. (울먹) 그리고 네가 보내 주는 마음……. 좋고, 고맙고, 네가 있어서 좋고…….

하늘나무:　(웃음) 준 것보다 더 많이 받는 것 같네.

지　운:　그래. 그게 뭘 했기 때문에 그런 것 같냐?

하늘나무:　상대의 마음…….

지　운:　제대로 줬냐? 못 줬냐?

하늘나무:　제대로 못 준 것 같은데…….

지　운:　아니. 제대로 줬으니까 그 이상 돌려받을 수 있지. 네가 그쪽 입장에 집중하면 그쪽 입장이나 심정을 공감할 수 있는 능력이 있다는 걸 네가 신뢰를 좀 하면 좋겠다. 그러면 너한테서 자신감으로 자랄 수 있을 텐데……. 너는 상대방하고 이야기할 때 네 입장에서 보는 것만 자꾸 이야기하고, 저쪽 심정을 확인해 줘서 그 사람의 반응을 확인해 보고, '아! 제대로 봤구나.' 이런 체험을 좀 많이 해서 그쪽에 자신감을 더 길렀으면 좋겠거든. 그게 없으니까 저 사람이 어떤 기분일까……. 내 눈에 보이는 것만 보니까 네가 자신감을 기르기가 어렵잖아. 이 말을 너한테 하는 내 기분은 어떻겠어?

하늘나무: 안타까우셨겠어요.

지 운: 아니지. 지금 하는 걸 보고…….

하늘나무: 기쁘고.

지 운: 그렇지. 과거의 너를 보고 있는 게 아니라 지금의 너를 보고 있는 거니까……. 기쁘고 또?

하늘나무: 안심도 되시고…….

지 운: 응. 안심도 되고……. 답답한 면도 있거든. 저 놈이 자기가 공감할 수 있는 능력, 타인 입장에 서는 능력, 타인 관점 수용하는 능력을 갖추고 있으면서도 사용 안 하는 부분은 모르고 있구나. 그 부분은 좀 안타까워.

하늘나무: 늘 제 입장에서 듣고 있다고 생각이 돼서.

지 운: 그러니까 지금도 또 내 말을 듣고 과거로 갔지. 네 이야기로 갔고, 그것은 빼고 나를 봐. 내가 어때? 지금 내가 듣고 싶은 소리는 '정말 분명하고, 확실하게 알려 줘서 제가 믿고 그대로 실천하기를 바라시는 거죠.' 그렇게 얘기해 주면 마음이 탁 놓이겠어.

허 당: 저는 보면서 지운 님이 참 따뜻하구나. (웃음) 하늘나무를 진짜 아끼고, 애정 어린 마음처럼 저한테 보여서 따뜻하고, 좋고 하면서 한편으로는 좀 아쉽기도 했어요.

지 운: 뭐가?

허 당: 하늘나무가 주춤하는 모습을 보면서 이제 지운 님이 그걸 또……. 하늘나무가 직접 얘기할 기회가 사라져 버릴 것 같아서…….

지 운: 음……. 그런 생각을 했다면 조금 아쉽기도 했겠구나.

겨울오리: 나는 하늘나무가 비한테 참 기쁘고, 지금 이 순간이 소중할 것 같다는 그 말을 하는 순간 나도 모르게 코끝이 찡해졌고, 그게 지운 님 말씀을 통해서 타인의 마음을 그대로 공감했을 때 더 크게 돌려받을 수 있다는 그 얘기를 확인받으

니까 하늘나무, 비, 지운 님을 통해서 너무 소중한 걸 받은 것 같아서 너무 기뻐. 기쁘고, 음……. 이렇게 뭐랄까 기대되고, 반갑고.

지　운: 허 참. 저 놈 우리 셋이서 용을 그리니까 마지막에 네가 눈알을 그려 넣는구나. 우리가 한 걸……. 용을 네가 아주 아름답게 그려 줬어. 그래서 고마워.

비: 저는 하늘나무가 지운 님이 '해 봐라.' 그렇게 시켜서 사람들이 다 쳐다보고 부담스러운 상황 속에서도 마음에 집중을 하려고 하니까 순간 그렇게 고스란히 나한테 감동을 줄 수 있는 하늘나무의 힘을 믿었으면 좋겠어.

티　나: 지금 하늘나무 너무 멋있어. 하고 싶은 걸 했고, 해냈잖아. 지금.

하늘나무: 비 언니 되게 고맙고, 나도 좀 나를 믿어 줬으면 좋겠고, 믿지 않는 내가 있어서 다른 사람들에게 지지받고, 힘 받고 싶은 내가 있었는데……. 아! 그냥 고마워요. 다 그냥 있는 그대로 받아 주는 것 같아서 다 고맙고, 티나 님 참 든든하고, 같이 이렇게 함께해 주셔서 고맙고…….

시냇물: 하늘나무 지금 참 사랑스럽고, 타인을 보고, 시도했고, 확인받고 있는 순간에 자기감정 표현하고 정리해서 자기도 챙기고, 남도 챙기고 하는 게 참 아름답고, 함께할 수 있는 나한테는 큰 기쁨이 되는 것 같아. 축하해 주고 싶어.

하늘나무: 감사하고요. 지금 생각을 상대 관점에서 들어야 하는데. (웃음)

지　운: 어허허(웃음).

하늘나무: 시냇물 님, 정말 감사하고, 어쩜 그렇게 장 안에서든, 밖에서든 한 사람 한 사람 지지해서 그 사람 힘이 날 수 있게 해 주시는지 그 마음이 따뜻하고, 든든하고.

시냇물: 하늘나무 말이 너무 반가워 기쁘고……. 확인받고 싶은 나도 있었거든. 여기서 검증받고 싶었는데 검증해 주는 것으로 들려서 고마워.

하늘나무: 그렇게 말씀해 주시니까 저 잘한 것 같아요.

가을하늘: 저는 하늘나무 님 되게 지지하고 싶고요. 어제 뵈었을 때는 기분이 되게 무거워 보였다가 지금 좀 많이 가벼워지고……. 그 와중에도 농담, 웃음 그런 게 나갈 수 있는 여유와 힘이 있어 보여서 그 모습이 되게 반갑고요. 그리고 내가 스스로 믿는 쪽으로 핸들을 돌리려고 되게 애 많이 써 왔을 것 같은 짐작이 되기는 하는데 지금 그렇게 사람들 도움받으면서 내 힘도 같이 내는 것으로 보

여서 참 반갑고, 좋아요.

하늘나무: 가을하늘 님 저를 쭉 지켜보신 것 같아서 되게 감사하고, 사람을 향하는 마음이 되게 따뜻하신 분이구나. 그래서 같이 집단에 있는 게 더 따뜻해지고……

〈본심 알아주기〉

소 향: 막막하기도 하고, 멍해지기도 하고.

지 운: 그리고 또? 어떻게 되고 싶어?

소 향: 가슴이 좀 열렸으면 좋겠어요. 시원했으면 좋겠어요.

지 운: 그 말을 먼저 하면 어떻게 될까?

소 향: 가슴이 좀 시원했으면 좋겠는데 여전히 막막하고 멍한 느낌.

지 운: 시원해. 반갑고.

소 향: 고마운 마음이 들어요.

JJ: 답답하네요.

소 향: 저는 재미있어요.

지 운: 시원시원해서 반가워. 지금도 JJ는 이해를 못해서 답답하다는 거잖아. 그 밑에 무슨 마음이 있어서 답답한 거야.

JJ: 공감하고 싶은.

지 운: 그러니까 이해를 하고 싶은 JJ가 있는데 그것을 안 하고 못하는 것이 JJ의 실상이야. 그러니까 사고나 말이 부정적이 되어 버려.

JJ: 답답해요.

지 운: 또 그리로 가 버리지. 누가 말릴 수 있겠어. 나도 답답하다 그럴까? 이해를 못해서. 항상 긍정 감정, 부정 감정이 동시에 나타나. 네가 거기에서 부정을 선택하느냐, 긍정을 선택하느냐에 따라서 상대방하고 관계 맺는 영향력이 완전히 달라지지 않느냐? 아예 긍정은 없애 버리고 부정만 선택해서 표현하든가, 부정 먼저 다 해 놓고 긍정 하나 선택해서 표현하는 그런 말투 아니냐?

JJ: 혼란스러워요.

지　운: 어떻게 되고 싶은데?

JJ:　　클리어하게 가고 싶어요.

지　운: 왜 그걸 선택을 안 하고 '혼란스러워요.'를 선택해? JJ가 '혼란스러워요.'를 선택하면 혼란스러워지는 거야. "클리어하게 가고 싶습니다."라고 말하면 그렇게 돼.

〈피드백 1〉

팅커벨: 왜 이렇게 떨리는지 모르겠어요.

지　운: 잘한다. 잘해. 죽이 맞는다.

강　물: 배경을 듣다 보니 더 축하해 주고 싶고, 알려 준 게 고마워요.

지　운: 뭐가 고마워?

강　물: 알려 준 게…….

지　운: 자기 개방한 게 고맙다는 소리 아냐? 그런데 네가 거기서 개방한 건 고맙다 하면 팅커벨을 도운 건 요만치 도운 거야. 그런데 사실은 더 도우려면 뭐를 해야 해? 개방하는 내용이 긍정적이었어, 부정적이었어?

강　물: 자기를 알아차려 가는 모습이 보여서…….

지　운: 그러니까 너는 팅커벨 이야기를 듣고 자기를 알아차려 간다 이렇게 봤잖아. 그런데 알아차려 가는 형태가 자꾸 부정적인 걸 알아차려 가잖아. '네가 개방하고, 자기를 알아차려 가는 이런 점은 참 놀랍다. 그러나 내가 바라는 것은 네가 긍정 선택을 하면 더욱 좋겠다.'라고 하면 적극적으로 도우려 나서는 게 되잖아. 너는 지금 되어 있는 상태를 지지하고, 인정은 하지만 개선의 방향은 안 나오고 있는 거야.

참바람: 팅커벨이 멋지고, 굉장히 벅찬 것 같아.

팅커벨: 저를 편안하게 알려 준다는 게 얼마나 즐겁고, 기쁘고, 상대한테 이해받을 수 있는 건지 새삼 느끼면서…….

지　운: 지금 이런 정도의 집단을 깨어서 보지 않으면 집단 잘되고 있는 거잖아. 개방했

고, 지지했고, 그다음에 개방하니까 마음이 점점 더 편안해지고, 잘되잖아. 그
렇지? 강물하고 했던 것도 잘되었잖아. 그러나 거기에 한발 더 나아가라는 내 욕
심을 갖다 붙이면 이 집단은 또 미흡한 거야.

팅커벨: 제가 정말 이번에는 진짜 오래 묵은 숙제에서 벗어나는 것 같아서…….

지 운: 오늘 잔치 벌여라.

원 더: 떨리는 다리 정말 잡아 주고 싶고, 축하드리고 싶고, 그러면서 저도 지금 심장이
자꾸 벌렁거려서……. 그러면서도 귀여우시고, 지각 안 하신 것에 대해서는 정
말 축하드리고 싶고…….

바 탕: 온몸으로 누리나 보다.

원 더: 반가운 얼굴이 너무 많아서……. 너무 반갑고, 소리랑도 오랜만에 봤는데 정말
자연스럽게 잘하는 것 같아서 축하해 주고 싶고…….

지 운: 그러니까 지금 자연스럽게 잘하는 것 같아서 칭찬해 주고 싶고, 무슨 칭찬이야?

원 더: 행동.

지 운: 행동 그거 가지고는 안 된다. 그 행동을 하게 하는 성품으로 가서 끄집어내야 그
사람이 자란다.

원 더: 잘 모르지만……. 관심이 가고, 말하면서도 너무 떨리고, 이 집단에 내가 너무
오랜만에 감수성 훈련을 하는 거라…….

지 운: 놔 둬라. 처음 온 놈……. 좀 더 헤매 봐라.

원 더: 떨리면서 무슨 말을 해야 할지 모르겠는데 계속 말은 나오고…….

지 운: 지금 정도에서는 특히 자기를 객관화해서 보고 있고, 편안하게 개방하고 있고,
편안해지려고 나아가고 있고……. 그런 정도의 수준도 대단하다 이렇게 봐 줄
게. 왜 웃어?

원 더: 잘 부탁드린다고 말씀 드리고 싶네요. 반갑습니다.

강 물: 정말 잘하고 싶고, 열심히 하고 싶다는 마음이 느껴졌어요. 이야기를 들으면서.

원 더: 고맙습니다.

〈피드백 2〉

유　풍: 그 표정을 보면 당황한 기색이 딱 드러나고 있는데도 하고 싶은 말을 다 하는 것처럼 보였어요. 그 가치가 열심히 노력해서 이뤄 낸 성과처럼 보여서 귀하게 느껴졌어요.

처음처럼: 고맙고, 감사한 게……. 앞에 딱 보여 주시니까 내가 이렇게 그 상황이 될 때 어떻게 가야 할까……. 그 순간이 혼란스럽고, 당황스럽기도 하지만 든든하게 한 발짝 한 발짝 갈 수 있게끔 많은 힘이 되어 주셔서 항상 감사함이 있는 것 같아요. 그게 참 든든하고, 가족 같고.

바　탕: 감사를 상대한테 돌리는 것 같고. 나는 좀 욕심이 나는데……. 굉장히 긴장하고, 불편하면서도 용기 내서 하는데……. 상대가 편하게 받아 줄 때 그 편하게 받아 주는 것에 너무 빨리 마음을 풀어 버리는 것 같아……. 그래서 이렇게 상대가 편하게 받아 줄 수 있게끔 처음처럼이 표현을 한다는 걸 좀 더 믿고, 그다음에 그 내용이 좀 더 전달되고, 그리고 거기에 대한 반응이 나올 때까지 좀 더 머무를 수 있으면 어떨까 하는 그런 아쉬움.

처음처럼: 아쉬우시겠어요.

바　탕: 아니. 지금만으로도 든든한데. 그래서 욕심이 나.

시　아: 지켜보는데 되게 멋있고, 든든했고. 그러면서 한편, 푸르미 님한테 조금 의아함이 생겼어요. 아까 처음처럼한테 나도 관심받고 싶다고 말씀해 주셨는데. 말씀하시는 건 푸르미 님의 선택이고, 자유이지만 그걸 받고 안 받고는 처음처럼의 자유이고 선택이라고 저는 보는데. 그 부분을 얘기하시면서 처음처럼이 푸르미 님한테 "이렇게 얘기하셔서 저는 이렇게 느꼈어요."라고 얘기를 하는 부분에서는 "아! 한번 생각해 볼게요."라고 하시는 건 나한테 적용하는 거랑 상대한테 적용하는 기준이 다른 것처럼 느껴져서…….

지　운: 그때 아쉬웠지?

시　아: 네.

푸르미: 처음처럼 님이 계속해서 피드백을 받으셔서 흐뭇합니다, "감사합니다." 할 때

제가 이렇게 올라오는 게 있었어요.

지 운: 올라오는 게 어떤 거였는데?

푸르미: 비교하는 느낌. 비교해서……. 스스로 비교가 되더라고요.

지 운: 누구하고 비교가 됐어?

푸르미: 처음처럼 님하고 저하고.

지 운: 비교해 보니까 어땠어?

푸르미: 다 이렇게 좋은 피드백을 받고 계시는데.

지 운: 음.

푸르미: 나도 아까 그 피드백을 해 드릴 때 제가 조금 그렇게 나를 챙기지 못한 부분이 아쉬웠나 봐요. 제가……. 그래서 뭔가 이렇게 시원하지 않은데 피드백이 저는 전혀 오지 않고, 머리로만 갔을 때 조금 소외되는 느낌……. 그런 것들을 느끼면서 '내가 왜 그렇게 했을까? 왜 그런 말을 했을까?'에 대한 후회감도 들었었고. 그 피드백이 다 끝난 뒤에 제가 하고 싶은 말을 제가 못하고 머물러 있는 제 모습을 볼 때 안타깝기도 하고. 그런데 시아 님이 그 말을 끄집어내 주니까……. 약간의 시원함이 들어요.

시 아: 저는 들을수록 미진해요.

지 운: 음. 푸르미 계속 지금 약간의 시원함도 너의 시원함이지. 시아한테 고마움이니 뭐……. 지금 관심 두고, 배려해 주는데 대한 반응이 없거든. 그러면서도 너는 받을 건 받고 싶고, 그러면서 줄 건 안 주고.

푸르미: 그 말씀 들으니까 고맙고, 저를 배려해 주고, 챙겨 주는 그 마음이 고맙게 느껴져요. 제가 그걸 말로 표현하지 못하고 빼먹었어요.

지 운: 그리고 다른 사람들이 너한테 관심을 안 주고 그렇게 하는 것은 그 출발이……. 너의 행동 때문인데……. 너는 지금 받을 수 있는 행동을 하지는 않고, 왜 자꾸 안 주냐고 하니까 답답한 거야. 지금 기분은 어때?

푸르미: 그렇게 하지 못하는 제가…….

지 운: 계속 지금 그렇게 후회하고, 반성하고, 네 부족한 것 찾고, 개선 목표 찾고 난 그런 사람을 보면 참 답답하거든.

푸르미: 저도 남 좀 배려해 주고 싶고.

지 운: 우선 너 자신부터 배려하고 해. 너는 아직 배려가 많이 고프잖아. 많이 받아
          봐야 되잖아.

푸르미: (눈시울이 붉어지며 고개만 끄덕거림.)

지 운: 지금 감정이 올라왔는데 왜 참고 있어.

푸르미: 자꾸 이해하려고요.

지 운: 지금 기분이 어때?

푸르미: 처참해요.

지 운: 그 정도 이야기에 처참까지 가잖아.

푸르미: 네.

지 운: 너무 멀리 갔다. 그래서 그 처참에 계속 머물러 있을 거야? 어떻게 할 거야?

푸르미: 저를 다독거려야겠죠.

지 운: 그럼. 다독거리지 말고, 시원하게 풀고 나와.

푸르미: 저도 저를 좀 배려해 주고 싶고…….

지 운: 그래.

푸르미: 또 더불어서 남들도 좀 배려해 주고 싶고.

지 운: 그렇지.

푸르미: 그런데 제 마음대로 안 되는 게…….

지 운: 또? 안 되니까 그리로 갔지. 할 수 있으면 어떻게 될 것 같아?

푸르미: 신날 것 같아요.

지 운: 그래. 그리로 가. '그렇게 하면 참 좋겠네요, 참 하고 싶네요.'로 가. 너의 마음
          을 두고……. 감정은 항상 안되는 것하고, 하고 싶은 것하고 두 종류가 있거
          든. 그런데 너는 안되는 쪽을 자꾸 선택하니까 힘들어지는 거야.

푸르미: 말씀 들으니까 후련해졌어요.

지 운: 후련해지고, 나한테는? 왜 감사 안 해 주나? 난 당연히 받을 짓 했는데.

집단원: 하하하(웃음).

푸르미: 맞아요.

지　운: 그렇지. 그리고 내가 너는 부정 선택만 한다고 볼 때 내 기분이 어떻겠냐?

푸르미: 안쓰러우시겠죠.

지　운: 안쓰럽게 만든 것은?

푸르미: 네. 만들지 않도록 하겠습니다.

지　운: 아니. 그리로 가지 말고. 안쓰럽게 만든 것에 대해서는 어떤 감정이야?

푸르미: 미안하죠.

지　운: 그렇지. 미안하지. 그럴 때는 확실히 미안해하고, 이런 이야기를 해 주는 건?

푸르미: 고맙죠.

지　운: 고맙고, 듣고 나니까 기분은?

푸르미: 후련해요.

지　운: 그래. 그렇게 다 해 봐. 지금 다 잘했어. 손잡고 하나하나 다 가르쳐 줬으니까 그렇게 해. 그러면 다른 사람이 관심 두지 말라고 해도 관심 가져 줄 거다.

푸르미: 네. 힘이 생기네요.

지　운: 그게 없던 게 생긴 게 아니야. 본래……. 가지고 있던 네 힘을 안 쓰고 있다가 쓰는 거야.

〈피드백 3〉

지　운: 우리가 여기에 뭐 하려고 모였어? 마찰 회피나 하려면 여기 올 필요가 없지. 나도 이런 지적하려면 상처 줄까 봐 겁이 나서 가만히 있을까? 서로가 용기가 필요해. 지적하려면……. 공감, 수용하는 것보다도 더 큰 용기가 필요해. 그 용기를 우리 함께 내자고. 상대방이 나한테 이야기했을 때 표면적으로 분명히 나한테 상처가 되더라도 내면으로는 '나를 아끼고, 위해서 하는 거다.' 그런 믿음이 없으면 집단이 진전이 없을 거야.

키　키: 지운 님! 그런데요. 피드백이 여러 사람에게서 오면 받아들일 여유가 없거나 그런 상황에서 앞에 촉진자가 그걸 버텨 주는 것과 전환하는 것의 어떤 기준이 있는 건지.

지　운: 내가 네 말을 잘 못 알아들었어. 지금……. 한 사람한테 여러 사람의 피드백이 막 집중했을 때.

키　키: 그 사람이 받아들일 여유도 없고, 아직 준비도 안 된 것처럼 제가 보는 거죠.

지　운: 촉진자로서 네가 지각했다는 말이지.

키　키: 네. 그러면 그 사람을 그때는 전환하는 게 돕는 것인지, 아니면 끝까지 버텨서.

지　운: 해 봐.

집단원: 하하하(웃음).

지　운: 전환해 보기도 하고, 버텨 보기도 하고. 우선 그걸 네가 판단하지 말고 그 사람한테 "너에게 피드백이 많이 들어오는데 받아들일 여유가 있느냐?" 물어보고, 피드백하는 사람들한테 "네가 피드백을 하는데 저 사람이 지금 받아들일 여유가 있는 것처럼 보이냐?" 묻고, 안 보이는데 하는 걸로 보이면 "저 사람을 위해서 하냐? 네가 못 견뎌서 하냐?" 두 마디만 물어보면 돼. 그런데 제일 중요한 게 뭐냐? 그때 상황에서 도움이 된다, 안 된다를 촉진자로서 네가 판단하고, 네가 결정하려고 그 비결이 있느냐고 나한테 묻는 거잖아?

키　키: 네. 그렇죠.

지　운: 나한테 묻는데……. 나는 알고 있을 것 같으냐?

키　키: 그때그때 있는 그대로.

지　운: 집단 할 때 이렇게 하면 도움이 되고, 이렇게 하면 도움이 안 된다는 공식 같은 것이 있더냐? 진짜 헷갈리고, 웃기고, 집단에서 방해가 돼도 정말 형편없이 방해될 것 같은 행동을 하는 참가자가 있는데 나중에 보니까 그 사람이 제일 공헌을 한 거야. 왜냐하면 저러면 안 된다는 걸 확실히 알려 준 거야.

집단원: 흐흐흐(웃음).

지　운: '이러면 도움이 된다, 저러면 도움이 안 된다.' 이런 정답이 있다고 착각을 하지 마. 그건 정말 착각이야.

키　키: 촉진자가 해야 할 모범 행동이 있다고 생각하는 것부터 착각이라는 거죠.

지　운: 아니. 촉진자가 대신 책임져서 해답을 내놓으려고 하고 바른 방법을 내놓으려고 하잖아. 참가자들한테 물으면 될 텐데. "네가 지금 받아들일 여유가 있느냐? 없다. 그러면 어떻게 하는 것이 좋겠냐?" 참가자한테 물어보면 그들이 선택할 거잖아.

키 키: 상대를…….

지 운: 어. 피드백하는 사람들한테도 내가 볼 때는 이렇게 하는 게 별로 도움이 될 것처럼 보이지 않아서 물어보고 싶은데 어떠냐? 이렇게 네가 하는 말이 저 사람한테 받아들여질 것 같으냐, 전달되느냐, 아니면 네가 하고 싶은 의욕 때문에 하느냐, 저 사람에게 도움이 될 거라고 믿고 하는 거냐? 이렇게 물어.

키 키: 분명히 알려 주셔서 감사합니다.

나 무: 다른 사람이 보기에는 어떤지 얘기를 좀 했으면 좋겠다고 지운 님이 말씀하셨잖아요.

지 운: 그렇지.

나 무: 그런데 지운 님이 간혹 집단에서 하실 때.

지 운: 저 사람을 다른 사람들이 어떻게 보느냐. 다른 사람들이 내면의 감정들을 참고 표현 안 하고 있다고 생각했을 때 내가 어떠냐고 물어볼 때가 많지. 오픈되어야 문제가 해결이 되지.

강 물: 그럴 때 그 사람을 챙기는 쪽의 피드백을 하는 사람이 나오면 나는 불편해서……. 어……. 불편하다는 피드백을 하는 사람들이 하기 힘들어지는 상황도 나올 수 있는데.

지 운: 그렇지. 그다음에 모두가 부정적인 피드백을 할 때 '아니다.' 모두가 NO라고 할 때 한 사람이 YES라고 하는 것도 참 힘들고…….

강 물: 그게 전체 의견이 다 나오기가 쉽지 않다는……. 한쪽이 나오기 시작하면 그쪽으로만 나오게 되기 쉽지. 그런 폐단이…….

지 운: 만약에 네 눈에 그렇게 보이면 반대쪽 의견 있는 사람은 말을 못하고 참고 있는 것은 아니냐고 한 번 더 물으면 되지.

강 물: 아!

하나하나: 지운 님 방금……. 오픈되어야 문제가 해결된다고 하셨는데 문제가 해결된다는 포인트가 막 열려 있다가 다양한 얘기를 들으면서 다르게 접근해 볼 수 있

는 시야가 생긴다는.

지　운: 다르게 접근을 해 볼 수도 있지만 또 그런 자기 모습을 이런 각도, 저런 각도에서 볼 수 있다는 걸 알게 되지.

하나하나: 예. 상대가 다르게 본다는 걸 시야가 넓어지면서 문제가 이렇게 해결될 수 있는.

지　운: 어. 그것도 있지. 여러 가지가 있지. 그다음에 오픈해야 참고 있었던 감정들이 표현되니까 그것들이 풀어지잖아.

하나하나: 집단 전체가 더…….

지　운: 참가자들이 참고 있던 감정들이 있잖아? 그래서 어떻게 느끼느냐고 물어서 표현하면 감정들이 풀어지잖아.

〈칭찬 1〉

하나하나: 참 따뜻하면서 편하게 보이거든요. 말이 가볍게 들리고…….

지　운: 지금도 말하는 내용은 싹 제쳐 버리고, 말하는 태도, 그다음에 실려 오는 메타메시지만 갖고 그것도 긍정적인 반응을 했거든. 그렇잖아? 그다음이 놀라겠더라고 나는.

하나하나: 그게 멋져요. 작은 것도 나누는 느낌. 살짝 긴장이 있었는데 저렇게 가볍게 들어가는 게 참 좋네. 이렇게 보여서 좋아요.

지　운: 처음에 칭찬하다가 잘 안 먹히는 것 같으니까 한 번 더 나갔다. 중간에 멈칫하다가 더 나갔잖아. 그때 왜 멈추었다가 나갔나?

하나하나: 내 긴장을 푸느라…….

블루문: 반갑고, 고맙고, 음……. 조금 긴장되다가 저도 안정되고.

지　운: 이때 내가 보고, 야! 하나하나가 귀신이구나. 내가 지적해서 고쳐질 놈이 아니구나 하는 것을 알아보고 칭찬으로 바꿨구나.

하나하나: 설마 거기까지는 아닙니다.

지　운: 또 너하고 차이가 나는 게 너는 칭찬을 받아들이는 걸 힘들어하고, 블루문은 칭찬을 받아들이기 쉬워 하고 그 차이야. 일상적인 경우……. 지금 같은 경우에는 블루문이 경험이 많고 하니까 그런 피드백을 해도 바로 제자리 돌아왔는데 일상적인 경우에는 이걸 어떻게 해야 할까? 참바람 이야기처럼 인정할 건 인정하고, 지적할 건 지적하고 하는데 처음 발언이기 때문에 강물처럼 답답하다고 이래 바로 갖다 들이대는 것 있잖아. 그건 나니까 하는 거지. 아무나 하면 안 돼. 그런 못된 것 배우면 안 돼.

다이아몬드: 지운 님도 하시지만 강물도 하잖아요.

지 운: 강물이 꼭 못된 것만 배우려고 하더라고. 그래서는 욕먹어. 너 댄스 출 줄 아느냐? 꼭 배워라. 슬로우, 슬로우 퀵퀵이다. (웃음) 너도 지적은 하고, 하나 아쉬운 것은 지금 이 자리에서 느껴지는 기분을 주고받자고 하는 자리인데 그게 지켜지지 않는 것 같아서 나는 그 점이 좀 아쉽다든가……. 그 정도까지 나가 주면 멋있었을 것 같아. 여하튼 바로 블루문이 지금 느끼는 기분만 주고받게 되었잖아. 정말 멋있어.

하나하나: 반갑고, 신기해요.

지 운: 궁금해. 뭐가 신기했어?

하나하나: 이렇게 바로 안정으로 돌아가시는 건 대단하고, 긴장하고 있었다고 하는 건 반갑고…….

지 운: 신기한 건 지금 불편한 감정들을 순간에 바꿔 내는 게 신기하다 이렇게 본 거야. 그러면 너는 내가 신기하구나. 이렇게 보나? 아니면 상대가 전환하는 시간이 나보다는 좀 더 걸리는구나. 이걸 봐야 되나?

블루문: 말씀대로라면 상대적으로 제가……. 저는 그때 상대의 영향을 받아서 왔다 갔다 할 수 있는 영향력을 받는구나. 이렇게…….

지 운: 네가? 그래. 네가 너 받는 영향력 생각했지. 상대방 것 보지 않은 거지. 그렇지? 그것 좀 바꿔라.

블루문: 정말 힘든데요.

지 운: 너한테 거의 마지막 남은 아쉬움의 하나인데 자기중심적인 태도에서 벗어나질 않는 거야. 말은 많이 바꾸려 애를 썼잖아. 그런데 급해지면 그게 나오는

거야.

블루문: 정말 감사해요.

하나하나: 여유롭게 느껴져요. 긴장된 속에서 긴장이 아니라 우리 전체에 관심을 주는 모습. 긴장을 덜어 내시고, 그렇게 여유를 찾는 것 같아서.

지 운: 지금처럼 이렇게 상대방의 행동에 태도 변화에 약간의 감탄을 하면서 신기해 하면서 피드백을 하려고 하면 상대한테 영향을 미칠까? 어떨까?

하나하나: 힘은 좀 떨어지죠.

지 운: 많이 떨어져. 피드백할 때 제일 중요한 게 네가 안정되어야 돼. 그런데 아직은 이 사람 보는 신기함에 너의 불편한 것 이거 두 개가 아직은 말에 묻어서 나오잖아. 차라리 그걸 털어 버려라. 털고…….

하나하나: 배우고 싶어요.

블루문: (웃음) 기분이 되게 좋고요. 너 잘했다 막 칭찬해 주는 것 같아서 행복하고……. 안정, 편안함, 여유 그걸 하나하나 님이 참 원하시는 것 같다. 그리고 어제 봤을 때 하나하나는 적극적이고, 열정적이고, 굉장히 분명한 성격인데 거기다 안정, 여유 이런 것들을 같이 함께하시고 싶은 마음이 충분히 있겠다. 지금 하나하나 님도 되게 안정되고, 여유로워 보이고, 또 저한테 말 거실 때 저도 그 말을 듣고 더 안정되어서 하나하나 님도 그렇게 하고 계신다고 얘기해 드리고 싶어요.

하나하나: 되게 반갑고, 기쁘고, 고마워요. 그리고 이렇게 여유까지 가지면 더 좋겠다. 지금 내가 그렇게 여유 있어 보인다고 그렇게 들리니까 반갑고…….

지 운: 지금 계속 어느 입장에서 듣고 있느냐? 지금 네가 블루문을 보고 있느냐? 너 자신을 보고 있느냐? 너한테는 네가 굉장히 소중하잖아. 그렇지? 상대방한테는 자기가 더 소중해. 어떻게 하면 관계가 잘 맺어지겠나? 더 생각해 봐.

하나하나: 지금 보니까 블루문 님이 참 멋져요. 말씀하시는 블루문 님이…….

지 운: 블루문 말에는 힘이 있지. 왜 힘이 있나? 문장 전체의 길이는 블루문이 기냐? 짧냐?

하나하나: 짧아요.

지　운: 짧은데. 하나하나의 문장이 굉장히 분명하고, 간결하잖아. 그래서 전체를 모아 놔도 그렇게 긴 느낌이 안 들고, 힘이 실리지. 블루문이 제일 좋아하는 것은 무엇이냐?

하나하나: 그런 거 어려운데요. 제일 좋아하는 거…….

지　운: 모르겠어? 관심도 없고. 블루문 같은 애는 의사결정을 이렇게 길게 하지 않고, 금방금방 해내기 때문에 제일 좋아하는 게 척 보는 순간에 사람 알아보는 사이야. 오래 두고, 사귀어 보고, 그러면 별 재미없거든. 화끈해야 하거든. 말도 그렇게 나오잖아. 그런데 너는 지금 블루문하고 말을 주고받으면서 블루문하고 친밀감이나 신뢰감을 돈독히 하겠다는 이쪽의 관심이 아니라 내가 불편을 해소하고, 나의 뭘 고칠 것인가 이쪽에 관심이 더 많으니까 관계에서 서투르지.

하나하나: 저는 또 알려 주시니까 고맙고…….

소리랑: 블루문 님 참 반갑고, 놀라워요.

지　운: 저런 말이 콱콱 먹히잖아. 놀라워요. 이런 말이…….

블루문: 부담되기는 한데…….

지　운: 지금 부담되기는 한데 하는 그 부담이 네 감정의 제일 표면에 있잖아. 밑에 있는 큰 건 뭐야?

블루문: 기분 좋죠.

지　운: 그렇지. 그런데 그걸 빼 버리고, 부담되기는 한데 이것만 내놓잖아.

블루문: 아쉬우셨겠어요. 저놈 또 저러나 싶으셔서.

지　운: 또 저러나 보다 저걸 언제 고칠까 쪽이지. 저게 풀어지면 참 편할 텐데…….

소리랑: 받아들이는 힘도, 주고받는 힘도, 돌려주는 힘도 정말 넉넉하고, 편안하게 들려서 정말 반갑고요.

지　운: 어디 갔냐? 소리랑! 네가 지금 하는 건 말이 아니고 소리다. 칭찬을 전부 나열만 했지. 네가 했던 게 받아들이는 힘, 주고받는 힘, 받아서 태도 변화하는 힘 세 개 봤잖아. 세 개면 아주 완벽한 구성이잖아. 이걸 홍어처럼 삼합을 해. 보는 눈은 확실히 보거든. 칭찬하려는 의도 충분하고, 요령만 익히면 돼.

소리랑:　함께하고 싶고, 따뜻해요.

지　운:　계속 함께하고 싶고, 내가 함께하고 싶고, 네가 따뜻하고, 하나씩 하나씩 나열해. 구슬을 좀 꿰어라. 아직도 내가 이렇게까지 얘기해도 너는 내 소리 듣고, '내가 뭘 고칠까?' 이 생각만 하지. '지운을 어떻게 칭찬해서 가르쳐 준 대로 내가 칭찬할까?' 이 생각까지는 안 가지. 네가 지금 내담자 전공이야. 촉진자의 마음가짐이 아니야. 촉진자의 마음가짐은 누가 무슨 공을 던지든 간에 그 사람에게 되돌려 줘서 그 사람을 도우려는 자세야.

소리랑:　정말 아쉬우셨겠어요.

지　운:　자꾸 아쉽게 만들어라. 진짜 확실하게 가르쳐 주시고 싶은 모양이시죠. 그걸 아쉬운 쪽으로 가면…….

소리랑:　제대로 알아서, 제대로 발휘하라는 말씀이시죠.

지　운:　그게 네 선택이야.

소리랑:　선택까지 제 몫이라고…….

지　운:　그래. 야단으로 받을지, 지적으로 받을지, 사랑으로 받을지는 너의 선택이야.

하나하나:　편하게 만든다는 소리랑 말에 정말 동의가 되는데……. 정말 편해지게 만드는 힘이…….

지　운:　지금 어디 갔나? 하나하나가 지금 소리랑을 보고 있나? 블루문을 보고 있나?

하나하나:　블루문 님을 보고 있어요.

지　운:　이 세상에 제일 미녀가 누구인지 아냐? 그때 그 순간에 내 앞에 있는 바로 그 여자이다. 지나간 여자 찾지 마라. 아! 너한테는 남자구나. 지금 소리랑의 내용에 내가 동의가 된다. 그거잖아. 그지? 그건 블루문을 보는 눈이 너와 내가 같다. 이 소리야. 그래서 블루문 쪽으로 마음이 가 있는 거야. 어쩌면 네가 블루문을 보는 눈이 나하고 같으냐. 이쪽으로 들어가도 되고.

블루문:　처음 소리랑 님 편하다고 생각했는데 지금 말씀도 되게 여유 있고, 편안하고, 안정된 목소리로 들려서 소리랑 님이 자기 얘기를 하시는 것 같다. 그러면서 되게 고맙고, 뿌듯하기도 하고, 든든하기도 하고.

지　운:　이놈도 산만하기는 마찬가지다. 칭찬할 때는 정리들이 안 되는 모양이다.

소리랑: 감탄 되고, 놀랍고, 온전히 사람에게 속속들이 전해주는데 물결치듯이 전해지는 게 진짜 설레게 하고요. 좋다고, 반갑다고 말씀해 주시니까 한결 더 친밀해지고…….

지 운: 언제 한 번 같이 둘러앉아서 인정하는 것들을 구성하는 걸 제대로 한 번 익혀 보아라.

소리랑: 사람에게 힘을 주시는 게 정말 너무 엄청나세요.

블루문: 따뜻하네요.

지 운: 아깝다. 소재가 아깝다. 누가 저 소재를 가지고 블루문을 한 번 인정해 봐라. 정신 차려서 안 들었나? 편안하고, 멋있고, 또 찾아라. 소리랑 네가 한 번 구성해 볼래? 네가 지금 한 말을 나열식으로 칭찬했던 걸 구성해서 한번 해 봐.

소리랑: 잘하고 싶은데…….

지 운: 잘못해도 괜찮으니까 해 봐. 지금 블루문을 보면서 제일 칭찬하고 싶은 게 어느 거야?

소리랑: 블루문 님은 말씀이 편안함을 주시는 거…….

지 운: 블루문 널 보면서 제일 놀라운 건 어쩜 그렇게 편안할 수 있냐? 그리고 너 혼자만 편안한 게 아니고, 그걸 듣는 나도 이렇게 편안하게 만드는 힘도 있잖아. 그게 너한테 제일 놀라운 점이야. 그런데 그렇게 편안한 사람들이 그냥 편안하기만 하지, 다른 사람들 가슴을 울렁이게 하는 감동이 없는 사람들을 내가 많이 봤거든. 그런데 너는 편하면서도 그 말에 힘이 실려 있어서 한두 마디 말로도 가슴에 스머들게 하는 힘이 있잖아. 그 두 가지도 너의 매력이지만 또 하나의 매력은 네 말은 참으로 따뜻해. 그래서 내가 널 좋아할 수밖에 없어. 그런 이야기 같아. 같은 내용을 가지고 구성을 달리 하니까 음식 맛이 확 달라지지.

소리랑: 네. 너무 놀랍고…….

지 운: 그래. 맛깔나게 해. 너는 칭찬할 소재를 파악하는 능력이나 보는 능력이 탁월한데 그냥 나열만 하니까 아깝지 않느냐?

소리랑: 제대로 노력해서…….

지　운:　꼭 해. 꼭 익혀.

소리랑:　사람에게 힘을 주시는 게 엄청난 것 같아요.

블루문:　따뜻하네요.

나　무:　되게 정겹고, 따뜻해서 행복하고, 같이 더 함께하고 싶고.

지　운:　이 두 사람을 확인해 주고, 칭찬해 주고, 우리 전체가 함께하자고 방향을 트
　　　　는…….

소리랑:　반갑습니다. 나무 님 한 마디에 긴장이 싹 내려가고, 아우르는 것처럼……. 제
　　　　마음을 아우르는 것처럼 느껴져서 편안함을 주시는 분이란 게 다시 느껴져요.

지　운:　지금 소리랑이 다른 사람한테 할 때 제일 많이 선택하는 단어가 뭐야?

집단원:　편안함.

지　운:　그럼 앞으로 소리랑을 칭찬할 때 뭘 가지고 칭찬한다?

집단원:　편안함.

지　운:　소리랑이 제일 듣고 싶은 소리가 그 소리다. '칭찬은 듣는 사람이 듣고 싶은
　　　　내용으로 칭찬해야 한다.' 하니까 '그걸 어떻게 파악합니까?' 하는데 그걸
　　　　무슨 재주로 파악을 못하느냐? 그 사람의 말을 몇 마디만 들으면 거기에 나오
　　　　잖아.

나　무:　편해졌나 봐요.

소리랑:　어. 정말 편해졌어요.

나　무:　기쁘고, 반갑고, 오늘 정겨운 마음에 아주 정겹다. 되게 정답다.

하나하나:　나무가 아까 정겹다를 얘기하는 말이 되게 크게 다가왔거든요. 그런데 정겹다
　　　　는 얘기를 또 하시니까 정말 나무한테 그게 참 중요한 부분인가 보다.

지　운:　나는 저러는 동안에 하나하나한테도 정겹다는 단어가 중요하다는 걸 파악하
　　　　고 있어. 그렇지?

하나하나:　축하해 주고 싶고, 같이 나눠서 참 좋고.

지　운:　같이 나눠서 참 좋다 이게 정겹다는 소리잖아. 듣고 싶은 행동이잖아.

하나하나:　귀하게 들렸어요.

지　운:　귀하게까지……. 그럼 그 순간에 잊어버린 척하고 있다가 그런 행동을 할 때

딱 꼬집어서 확인하는 거야.

소 리 랑: 하나하나 님이 나무 님의 말을 귀하게 받아 가는 모습이 뭉클……. 뭉클하고……. 뭉클해요. 조심스럽고,

지　　운: 왜 조심스러웠어?

소 리 랑: 과하게 말을 받은 건 아닌가 싶어서……. 혹시 하나하나 님이 그 정도는 아닌데……. 그럴까 봐.

지　　운: 네가 타인을 많이 의식한다. 먼저 의식하잖아. 그다음에 네가 받은 게 하나하나 생각에 과하게 받은 거라면 너로서는 하나하나가 받은 게 부족하게 받은 거잖아.

소 리 랑: 상대까지…….

지　　운: 네가 본 대로 이야기해 놓고도 저 사람은 과하게 받았을 것 아닌가 해서 조심하는 행동은 위축되는 행동으로 보여 굉장히 답답하다. 분명히 너를 세우면 좋겠다.

소 리 랑: 더 갈고 닦으라는 말씀…….

지　　운: 그게 갈고 닦으면 잘될까? 그냥 생기는 대로 노는 게 낫지 싶은데. 닦을 때 네 기준으로 갈고 닦아야 하는데, 남의 기준으로 갈고 닦으면 중심을 잃게 된다.

소 리 랑: 정말 소중하게 받아 가니까 내가 이걸 건드려서 어떻게 할까 봐 정말 '소중하다.'라고 더…….

지　　운: 이런 태도는 옆에서 볼 때 정말 답답하거든. 내가 약간 건드려서 깨질 것 같으면 그게 뭐 단단하다고, 그냥 깨는 게 낫지. 어떤 사람은 집단 분위기가 화기애애하면 내가 한마디 잘못하면 분위기 깰까 봐 말 못하는 사람 있지. 난 그러면 우선 깨 보라고 권해. 그래야 새로운 분위기를 만들 수 있잖아.

하나하나: 정말 귀하게 받아가는 걸로 대접해 주고 싶어 하는 것처럼 들려서 정말 귀하게 들린다. 그 조심스러움까지……. 지금 이상하게 가슴이 두근…….

지　　운: 지금 귀하게 받아 가는 거……. 하나하나야! 그게 행동이야? 성품이야?

하나하나: 행동.

지　　운: 귀하게 받아 가는 건 행동이지. 귀하게 받아 가려면 그 사람의 성품이 어때서

귀하게 받아 가?

하나하나: 다른 사람의 말을 소중히 여겨서.

지 운: 그래. 자꾸 성품을 한번 찾아봐.

〈칭찬 2〉

하 람: 저는 지금 고민 중이에요. 망설여지기도 하고. 이 순간에도 내가 나한테 자유
         롭지 못하다고 하는 아쉬움과 알아차림에 대한 반가움과 이렇게 시도하는 것
         에 대한 기쁨도 있어요. 내가 이렇게 발언함으로써 누군가 시도해 볼 수 있는
         계기가 될 수 있겠구나. 즐기지 못하는 제 아쉬움.

지 운: '지금 무엇을 못하고 있느냐?'를 보는 것 같구나. 하람아!

하 람: 예.

지 운: 참으로 답답한데 '무엇을 하고 있느냐?'를 보는 것하고는 굉장히 간단한 차이
         인데 왜 부정을 선택하느냐? 처음에 말이 뭐 중이라고 했어?

하 람: 고민.

지 운: 네가 고민 중이라고 하면 고민 중인 게 되어 버리는 거야. 네가 하는 마음의 작
         용에 이름은 누가 붙이느냐?

하 람: 제가.

지 운: 그러니까 네가 붙이는 거야. '고민 중입니다, 생각 중입니다, 심사숙고하는
         중입니다.' 여러 가지 이름을 붙일 수 있는데 너는 그중에 고민이란 이름을 선
         택해 버리면 그 스토리 때문에 그다음부터는 네가 고민하는 사람이 되어 버리
         는 거야. 상황이 그렇다고 생각을 하는 거야. 그런데 상황하고 상관이 없어.
         네가 그 상황을 그렇게 인식한 것이야. 네가 분명히 알아차리면 좋겠어.

하 람: 선생님이 이번에 저에게 중요한 피드백을 주시는구나. 저 또한 이것이 몸에
         익었으면 하는 시작…….

지 운: 출발이 되었으면 좋겠다.

예쁜사랑: 그렇다면 무겁기도 하고, 답답하시겠어요.

하　람:　네. 따뜻하네요. 이렇게 알아주려고 하시니까……. 지금 지속해서 저를 향해 마음 써 주시는 게 되게 따뜻하고, 감사하고, 편안해지네요.

지　운:　지속해서 마음을 써 주는 게 따뜻하고, 감사하다. 지속해서 마음을 써 주는 건 그 사람의 행동이냐? 성품이냐?

하　람:　행동입니다.

지　운:　따뜻하고, 감사하는 건……. 따뜻한 건? 그 사람이 따뜻한 것이고, 감사는 네가 그 사람한테 감사하는 것이고, 편안해지는 것은 내 마음이 편안해지는 것이고. 어떻게 하면 제대로 반응이 되었을까?

하　람:　예쁜사랑 님 참 넉넉하고, 따뜻한 분이시네요. 제가 그 어떤 시점에도 제 마음을 집중해서 알아주시는…….

지　운:　지금 넉넉하고, 네 마음을 집중적으로 알아준다고 했느냐?

하　람:　참 이렇게 넉넉한 마음이면서도 그것이 상대를 향할 때……. 다양하게 알아주고 싶은 마음이 있네요.

지　운:　지금 네가 예쁜사랑을 보고 있고, 초점이 거기에 맞혀 있는 게 아니라 네 머릿속에 머리 굴리고 있는 거야. 말 만들고 있지?

하　람:　네.

지　운:　그 말이 살아 있는 말이겠어? 죽은 말이겠어?

하　람:　전달이 잘 안되겠네요.

지　운:　안 되지. 너한테도 이해가 안 되는데……. 남한테 전달이 되나. 네가 하면서도 마음속에서 이건 아닌데 하고 있잖아. 나는 예쁜사랑 태도가 정말 따뜻하고, 어쩜 저렇게 한결 같을 수 있나 싶어. 이 사람은 참 믿을 수 있는 사람이구나 하는 마음이 들어. 예쁜사랑이 너한테 보내는 애정에 비해서 네가 받는 게 적어 보이니까 나는 아쉬워.

하　람:　아쉬우셨겠어요.

지　운:　편안해진다 하는 그 한마디 말에 편안해지려면 난, 그 사람 성품이 어때? 했을 때 '아! 진짜 넉넉하네요.'가 나오면 좋을 것 같아.

〈칭찬 3〉

팅커벨: 조금씩, 조금씩 변화해서 제정신 차리는 거 반갑고, 즐겁고……. 처음으로 일찍 오는 자리를 함께 시작해서 실은 더 즐겁고, 행복해요.

소리랑: 팅커벨 대견하고, 스스로 칭찬하는 거 참 멋있어요.

지 운: 지금 네가 한 칭찬은 뭐를 칭찬했나? 팅커벨의 행동을 칭찬했나? 성품을 알아 준 거냐?

소리랑: 행동.

지 운: '팅커벨 대견하고 이렇다.' 하는 것은 그 사람의 행동을 칭찬하는 것이다. 그 것은 그런 행동을 하는 팅커벨의 성품을 보는 건 아니거든. 우리가 칭찬하는 걸 보고 '저 사람이 프로로 훈련받은 사람이구나.' 하고 판단하게 된다. 그 기준은 두 가지잖아. 행동이나 말을 칭찬하면 아마추어이고 행동이나 말의 밑에 있는 성품, 동기를 알아봐 주고 칭찬하면 프로잖아. 팅커벨의 행동 밑에는 뭐가 있어?

소리랑: 열정.

지 운: 열정도 있고 또?

소리랑: 표현하는 솔직함.

지 운: 표현하는 솔직함도 있고 또?

소리랑: 적극성도 있고.

지 운: 적극성도 있고, 개선하는 의지력 있고, 통찰력 있고, 개방할 수 있는 마음이 열려 있고, 그러면서 자기 성공에 대해서 스스로 축하하는 마음도 있고……. 그런 하나하나가 오늘의 이런 자리까지 너를 안내한 거 아니겠냐. 그런 게 나는 참 놀라워. 이렇게 되는 거야. 지금은 전부 나열을 했지만 제대로 하려면 그걸 묶어서 세 가지로 구성해서 너 이거 정말 놀랍다. 그런데 너 이거 있으면 서도 이것도 또 있다. 그런데 이 두 개도 있지만 네가 하나 더 있다고 해서 완벽하게 해서 그 한마디 듣고 쟤가 두고두고 너를 못 잊게 만들어 내.

소리랑: 그렇게 만들란 말씀이시죠?

지 운: 내가 너한테 되게 무리한 기대를 했나 보다. '지금 그렇게 만들란 말씀이시 죠?' 이건 적극적인 경청의 수준이야. 내가 그렇게 해서 하라고 하면 그 순간 에 내 성품들을 보고 세 가지로 구성해서 나한테 직접 칭찬을 해서 내가 입이 쩍 벌어지게까지 만들어 내기를 나는 기대하는 거야. 그런데 너는 '듣고 그래 야 되는구나.'라고 배우고만 있어. 할 생각을 안 해. 겨울오리는 뭐가 그리 재 미있어.

겨울오리: 지운 님이 소리랑에게 칭찬에 대한 것을 계속 피드백 주는데……. 이번 달뿐 만 아니라 지난달, 지지난달에도 칭찬에 대한 피드백을 주시는 거예요. 다른 사람들에게는 다른 피드백인데 소리랑한테는 특히 칭찬에 대한 피드백을 많 이 주시는구나. 소리랑이 이걸 하기를 기대하시는구나. 소리랑의 능력은 이거 구나. 이런 생각을 했는데 소리랑이 갑자기 뒤돌아보면서 '네.' 하는 표정을 지으니까 너무 웃겨 가지고……. 아! 그런데 왜 이걸 설명하게 하세요. 아! 그 런데 지운 님 저 이렇게 이 생각을 이야기하는 게 저한테는 너무……. 이 생각 이 너무 부끄럽고, 괴로워요.

지 운: 그러니까. 둘이서 같은 클래스에서 공부한다는 증거가 나온 거야. 나중에 둘 이 함께 칭찬 인정을 연습해서 나한테 실기를 보여라.

겨울오리: 아!

지 운: 그게 소리랑이 칭찬을 자주 써. 쓰는데 아마추어 실력밖에 안되니까 분명하게 가르치려는 거야. 확실히 해내 봐. 한 번만 제대로 해내면 그다음에는 해낼 수 있을 게 아니야. 이 녀석도 머리는 좋아서 남이 잘못하면 뭘 못 하는지는 금방 알아. 그런데 아직은 자기가 할 줄은 모르는 거야.

〈갈등 해결〉

모 과: 난 지금 내 얘기를 좀……. 공감 수용이 목표인데. 지운 님의 마음에 대해서 하 나라도 공감 수용을 하고 싶은데……. 지운 님의 눈치를 난 계속 보고 있고, 지 운 님이 나만 미워하는 것 같고.

지 운: 그거 공감 잘했다.

모 과: 그러면서도 한편으로는 지운 님이 나만 예뻐했으면 좋겠고. 이런데 어떻게 공감 수용이 되겠냐. 이런 내 마음을 보니까 부대끼는 와중에 아! 이건 얘기를 하면서 풀어내고 싶고, 정말 오랫동안 지운 님 눈치 보느라 힘들었고……. 으……. 하……. (한숨) 남들은 아니라고 그러는데 지운 님 나만 미워한다고 내가……. 좀 아프고……. 그런데도 사랑받고 싶고, 그런데도 공감 수용하고 싶고……. 아!~ 참…….

지 운: 조금은 시원하겠다.

모 과: 복잡해요.

지 운: 아까보다는 많이 시원해졌잖아. 말하기 전보다는.

모 과: 지금도 지운 님은 하나하나 해 나가라고 말씀하시는 것 같아요.

지 운: 네가 공감 수용을 목표로 삼아서 그거 하려고 자기 개방부터 시작하잖아.

모 과: 예.

지 운: 잘 해 나가고 있는 거잖아. 상대를 공감하려면 먼저 그렇게 개방을 해서 네 감정부터 푸는 게 좋지 않더냐? 그것은 뛰어넘지를 못하는 게 아니냐?

모 과: 뛰어넘지를 못한다고요? 뛰어넘을 수는 없다고 하시는 거예요?

지 운: 그럼 다 겪고 지나가야 할 일이라.

모 과: 말씀 들어 주셔서 감사하고.

지 운: 그런데 지금 너한테 참 신기한 소리를 들었는데 "내가 너만 미워한다."는 나는 상상도 못할 이야기를 들었는데 근거가 뭐고?

모 과: 제 기억에는 근거가 확실해요.

처음처럼: 물증은 없고.

지 운: 어. 그게 제일 힘들어.

모 과: 나만 미워하시는 것 같은데도 나만 사랑해 줬으면 좋겠다는 이 바람이 또……. 그것도 다 제치고 나만.

지 운: 그거는 나한테 미움받을 만하다. 달성 불가능한 걸 요구를 하고.

모 과: 참 감사해요. 참……. 몇 년씩이나 묵혀 가지고……. (눈물을 흘리며) 오래 묵

했던 것 같은데 얘기를 하니까 좀 가볍게 다뤄지는 게…….

나　무:　난 모과 정말 지지하고 싶은데……. 느낌 아니까……. 그……. 그런 감정을 표현해서 시원해지는 그게 모과가 참 자유로워지는구나. 난 축하해 주고 싶어. 너무 복닥복닥 힘들었을 텐데…….

모　과:　남들은 믿어 주지도 않고…….

나　무:　모과는 그런 느낌이 들 만한 충분한 상황도 있었고, 그런 마음도 있고, 난 얘기를 들으면서 나만 너무 귀염받고 싶기 때문에 내가 귀염을 받지 못할 때 나를 미워한다는 마음이 참 더 상대적으로 너무 컸을 것 같고, 그만큼 내가 소중한데. 지운 님의 사랑을 받고 싶다는 욕구가 있었고, 또 그 마음을 표현하면서 시원해지고, 마음이 비워지면 지운 님도 마음에 들어오고, 다른 사람들도 들어와서 공감도 더 가능해질 것 같고, 그래서 지지하고, 모과가 더 자유로워졌으면 좋겠어.

모　과:　아! 담담하게 들리고, 따뜻하고, 아까도 멋졌지만 지금 나에게 지지 보내는 모습은 더 멋지고, 참 고맙고.

하나하나:　모과는 참 지금 되게 유쾌하고, 아프다는데 유쾌하고, 속상한 것 같은데 밝고, 가볍고, 정말 보면서 모과가 힘이 커졌나 보다. 자기 아픔도 달래고, 그걸 또 드러내는 힘이 더 커졌나 보다. 난 이렇게 보여서 지금 몇 년 묵은 걸 가볍고, 경쾌하게 풀어내는 게 모과의 힘인 것 같아.

모　과:　고마워. 하나하나. 네가 나한테 준 힘이고, 또 이렇게 돌려주는……. 정말 힘……. 힘을 내고, 힘을 단단하게 만들어서 갈 수 있도록 한 분 한 분 도와주신 것 같고.

바　탕:　하나하나 참 따뜻하고, 뭉클한 것 같아. 나도 참 모과가 놀랍고, 대단한데. 묵혀 둔 거라고 하지만 그걸 분명히 딱 지켜보는 것 같아. 그러면서 풀어내고, 자기 것 이야기하기 전에 앞에 이야기한 사람들을 미리 다 담았잖아. 지금을 놓치지 않으면서도 자기 속에 들어가서 풀어내는 그 힘이 진짜 멋있어. 지금 되게 편하게 보여.

모　과:　바탕 님이 지금-여기에서의 모과를 봐 주시는 것 같고, 알려 주시는 것 같아요.

나　래:　나는 모과 님 볼 때마다 참 신기한 게…….

모　과:　신기해요?

나　래:　지금도……. 신기하고, 재미있기도 하고, 모과님 참 몇 년 동안 묵혔다고 한다면 쉽지 않았을 얘기를 참 담담하고, 편안하고, 유쾌하게 그렇게 내놓고 나누는 모습이 참 저게 스스로에게도 어두울 수 있고, 힘들 수 있는데 어쩜 저렇게 편안하고, 유쾌하게 내어놓을 수 있을까? 그게 참 모과 님의 매력이자 힘인 것 같다는 생각이 들어요. 그런 모습이 보기 좋고, 신기하고.

모　과:　뭐라고 말을 하고 싶은데 뭐라고 말을 해야 할지 잘 모르겠어요.

팅커벨:　아까 하나하나 님 피드백 뭉클하면서도 감동이었고요. 저는 모과 님한테 지지하고 싶은데요. 저도 지운 님한테 혼자만 특별해지고 싶다는 생각 참 많이 했어요. 그런데 그게 나쁜 게 아니라 그냥 그러고 싶은 제 마음……. 모과 님 마음 같이 받아 주고 싶고, 그런데 저는 미워하고 있다는 생각은 안 했던 것 같아요.

초　롱:　참 멋있다고 생각이 드는 게 모과 님의 목표가 공감 수용인데 하면서 말을 시작했는데 내 마음이 어디 있는가에 대해서 분명하게 알고 있고, 그걸 지운 님이 네가 지금 이러고 있다고 선명하게 보여 주고, 이걸 넘어서야 한다고 설명해 주시고, 그걸 넘어섰을 때의 모습이 어떤지에 대해서 여러 사람이 모델링이 되어서 보여 주는 게 참 멋있고, 한 폭의 그림 같고, 그중에서 내가 받았던 피드백 중에 가장 내 마음에 와 닿았던 것을 잘 기억했다가 모과 님도 모과 님과 같은 사람을 누구보다도 더 기가 막히게 공감할 수 있지 않을까. 참 멋있다는 생각이 들었어요. 너무 길었나.

물　빛:　모과가 청사진을 쫙 보여 주는 것 같아. 우리가 함께하는 걸 보여 주는 것 같아서…….

하나하나:　초롱이 쓰는 시 같은 얘기는 길어도 상관이 없을 것 같아요. 한 편의 시같이 들려서…….

초　롱:　감사합니다. 확인해 주셔서 너무 감사하고. 함께 정말 같이 보고, 같이 간다는 느낌. 든든합니다.

비: 초롱 마음이 정말 깊고, 정성스럽게 느껴져요.

거북이: 초롱 님이 우리의 현 모습을 반영하듯 화폭에 담으신 것 같아요.

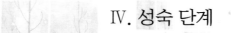

Ⅳ. 성숙 단계

1. 특징

다른 집단에서는 작업 단계나 문제 해결 단계로 불리는 단계가 있는데 감수성 훈련 집단에서는 그런 단계 대신에 성숙 단계가 있다. 훈련 단계에 몰입하고 있던 집단은 차츰 차츰 성숙 단계로 넘어간다. 성숙 단계의 특징은 크게 세 가지이다. 첫째, 3분의 2 이상의 참가자들이 문제 해결 역량을 터득하게 된다. 여기서 문제 해결 역량이란 참가자들이 긍정적인 인간관을 가지게 되고 전문적이고 과학적인 의사소통 능력이 훈련되며 대인관계 능력, 문제 해결 능력, 조력 기술 등이 터득되는 것을 말한다.

둘째, 집단 내에서 문제 해결적인 풍토가 조성된다. 즉, 참가자들의 자기개방이 늘어나고, 실수를 두려워하지 않으며, 도움을 주고받는 데 익숙해지고, 참만남이 이루어지는 것이다.

셋째, 많은 참가자가 자신이 가지고 있는 문제해결 가능성을 믿게 되어 서로서로 자기 문제를 개방하고 해결하려고 나서게 된다. 성숙 단계가 되면 참만남이 이루어지면서 참가자들의 문제가 풀어지게 되는 것이다.

그동안 학자들이 연구한 대인관계의 문제를 해결하는 길은 크게 두 가지가 있다. 가령, 오해나 갈등을 겪고 있는 두 사람의 문제를 해결하려면, 첫째, 문제에 초점을 두고 문제를 해결해 나가는 방법이 있다. 이 방법은 ① 문제를 분명히 하고, ② 누가 해결 욕구가 있느냐를 찾고, ③ 내가 상대에게 하고 싶은 또는 듣고 싶은 말이나 감정은 무엇이고 상대가 나에게 하고 싶은 또는 듣고 싶은 말이나 감정은 무엇인지를 찾아서, ④ 어떤 순서로 말을 할 것인가를 모색하는 것이다. 둘째, 사람에 초점을 두고 성숙해 나가는 길을 택하는 것이다.

두 사람 중 한 사람이라도 인간 이해 능력이 자라거나, 사랑하는 마음이 넘쳐흐르거나, 자아를 초월하거나, 수용 능력이 자란다면 그 순간에 문제는 사라진다. 이런 접근 방법은 문제 해결에 초점을 두는 접근 방법과는 뚜렷한 차이가 있다.

성숙 단계는 감수성 훈련 집단의 꽃이다. 참가자들은 그동안 자기가 그렇게 집착하고 있던 문제들이 한 순간에 사라지는 경험을 할 수 있게 된다. 어떤 사람들은 이럴 때 허탈해진다고도 한다.

가장 소중한 체험은 "나는 나이고, 너는 너이다."라고 생각하던 사람들이 "나는 나이면서 너이고, 너는 너이면서 나이다."라는 체험을 하게 되는 것이다. 이처럼 다른 사람들과의 진정한 만남은 사람을 변화시킨다.

이런 만남이란 체험을 통하지 않고서는 알기가 어렵다. 마치 여자들이 아이를 낳고 어머니가 되어서야 비로소 조건 없는 사랑을 체험할 수 있듯이 참가자들이 참만남을 경험해 보면 세상을 보는 눈이 바뀐다. 온 세상이 바뀌면 자기도 바뀌겠지만 마음 한번 바꾸어 먹으면 온 세상이 달라지는 것이다.

혼자서 수양하는 사람들은 자기 경험의 한계를 벗어나기가 어렵다. 그러나 집단에서 다른 사람들과 만나서 타인 관점이 수용되고 상대의 입장을 고스란히 받아들이면 그의 삶이 간접으로 체험되어서 내 삶의 폭이 커진다. 예를 들어, 30세의 참가자 20명이 참가한 집단에는 600년의 삶이 녹아 있다. 남을 받아들인다는 것은 이처럼 자신이 성장하는 지름길이다.

참만남이 이루어지는 때부터 집단 내에서는 참가자 각자가 가지고 있던 개인적인 문제는 더는 너와 나의 문제가 아니라 우리의 문제가 된다.

집단에서 문제가 있는 것이 문제가 아니라 문제 해결 역량이 부족한 것이 문제라는 것을 절실하게 체험하는 단계이다. 그리고 이 단계에서는 집단의 문제 해결 역량이 극대화되어 있으므로 참가자들이 가지고 있던 많은 문제가 아주 쉽게 해결되기도 한다.

이 단계에서 참가자들은 집단 내에서 다른 참가자들과의 사이에서 발생한 문제도 해결하지만 자신이 집단 밖에서 겪고 있었던 문제도 함께 해결해 나간다.

이처럼 집단이 성숙 단계에 이르렀다 해도 몇몇 참가자는 아직도 초기 단계의 혼란을 겪을 수도 있다. 집단도 성숙 단계에 머무르거나 계속 발전해 나가기만 하는 것이 아니라,

때로는 다시 초기 단계로 되돌아가거나 훈련 단계로 되돌아갈 수도 있다. 그러나 성숙 단계에 도달했다면 이전 단계로 되돌아간다고 하더라도 곧바로 성숙 단계로 다시 돌아올 것이다.

2. 참가자들의 태도

성숙 단계에서 나타나는 참가자들의 태도는 크게 두 가지이다. 하나는 참가자들이 참만남을 체험하는 일이고, 다른 하나는 인간적인 성숙을 도모하는 일이다.

1) 참 만남

이 단계에서는 참가자들끼리 참만남을 경험하게 된다. 처음에는 단순하게 개인과 개인의 일대일 만남이 이루어지다가 몇몇 사람들의 소집단 만남이 이루어지고, 마지막에는 모든 참가자가 하나가 되어 일체감이 조성되기도 한다. 나이, 성격, 경험이 서로 다른 참가자들이 심정이 통하고 한마음 한뜻이 되어 일체감이 조성된다는 것은 참으로 신기한 경험이다. 더구나 감수성 훈련 집단처럼 100명이 넘는 대규모 집단이 5~6일 만에 일체감이 형성된다는 것은 아무리 생각해도 거의 기적같이 생각된다.

집단상담을 하는 동안에 받을 수 있는 가장 큰 선물은 경험이나 가치관 성격 등이 크게 다르고 이해하기 힘들었던 사람들도 한마음 한뜻이 될 수 있다는 것을 체험하는 일이다. 특히 집단원 중에서 유난히 거부감을 느끼던 다른 참가자와 만나서 하나가 되는 체험을 해 보면 이 세상에는 포기할 수밖에 없는 개인이나 집단은 없다는 것을 굳게 믿게 될 것이다. 사람이 살아 있다는 것은 하늘이 포기하지 않았다는 것인데 '하늘이 포기하지 않은 사람을 인간이 포기할 수는 없다.'는 것은 집단체험을 통해서 배울 수 있는 가장 큰 믿음일 것이다.

2) 인간적 성숙

인간적 성숙이란 개인성숙과 집단성숙으로 나눌 수 있다. 개인성숙은 한 사람 한 사람의 참가자들이 씨알머리가 있고 말귀 알아듣는 사람이 되어 확고한 주체성을 가지고 모든 사람과 관계가 좋은 철인이 되는 길을 가는 것이다. 여기에서 '씨알머리'라는 말은 모든 생명의 근원이 되는 '씨'와 그 씨앗을 품고 있는 '알'과 알의 핵심인 '머리'를 세 번 강조하는 말로 주체성을 뜻한다. 그리고 말귀를 알아듣는다는 말은 소통이 된다는 말로 관계성을 뜻한다. 한국인들은 이처럼 주체성이 있고 관계성이 좋은 사람을 철인이라고 했다. 철인은 신보다는 부족해도 성인보다는 더욱 성숙한 사람으로 인간 완성의 목표로 생각했다.

집단의 성숙이란 참가자들이 서로 도우면서 함께 성장해 나가는 것이다. 집단을 훈련 집단, 상담집단, 치료 집단으로 나누어 볼 때, 일반적으로 상담집단이나 치료 집단에서는 주로 촉진자가 참가자의 문제를 적극적으로 돕는다. 마치 집단 속에서 개인 상담을 하는 것처럼 진행되는 것이다. 이런 경우에는 집단 전체가 하나가 되는 일체감을 경험하기는 거의 불가능할 것이다.

그러나 감수성 훈련 집단에서는 집단 전체에서 일체감이 형성되면 그다음에는 집단이 성숙해 나가는 체험을 할 수 있다. 이 체험은 개개인이 성장해 나가는 것과는 다른 특별한 체험이다.

3. 성숙 단계의 학습 과제

1) 허구적 자아를 버리고 실제적 자아를 되찾는다

성숙 단계에 오면 참가자들은 자기 틀을 벗어던지고 자기 자신으로부터 자유로워진다. 바른 생각을 하게 되고, 감정적으로 안정되며, 상생 행동을 하게 된다. 이렇게 되면 집단 내에서 의사소통이 원활해져서 말을 주고받다가 마음을 주고받고 나아가서 사람과 사람이 만나게 된다. 이런 만남을 통해서 진정한 자아를 되찾게 된다.

2) 지금-여기에 충실하게 된다

초기 단계에서는 많은 참가자가 이미 지나가 버린 과거를 후회하거나 아직 닥쳐오지도 않은 미래를 불안해하기도 한다. 그러나 이 단계가 되면 참가자들의 주된 관심이 과거나 미래가 아니라 지금-여기에 맞춰진다. 과거는 아무리 좋은 것이었다고 해도 다시는 돌아오지 않으며, 아무리 나쁜 것이었다고 하더라도 그것이 지금의 당신을 어떻게 하지는 못한다. 또한 당신이 그렇게 간절히 소망하는 아름다운 미래는 지금 당신이 어떤 선택을 하는가에 달려 있다.

3) 과거는 용서하고, 현재는 사랑하고, 미래에는 희망을 가지게 된다

상담이라는 학문이 생긴 이후에 알아차린 최고의 지혜는 '과거는 무조건 용서하고, 미래에는 무조건 희망을 가지며, 현재는 무조건 이해하고 사랑한다.'이다. 이는 자기 자신만이 아니라 자신과 관계를 맺은 모든 사람에게 다 같이 적용되며 더욱 중요한 것은 무조건적이어야 한다는 것이다. 성숙 단계에서는 많은 참가자가 이 지혜를 사용할 줄 알게 된다.

4) 현상을 직시하고 새로운 관점으로 문제를 인식하게 된다

누구에게나 고통스러운 문제는 있을 수 있다. 그런데 사람들이 고통을 겪는 것은 이런 문제가 있기 때문이기도 하지만 그보다는 이런 고통이 없어야 한다는 착각 때문인 경우가 더 많다.

현실을 직시하는 사람들은 살아가는 동안에 문제가 없기를 바라지는 않는다. 살아 있다는 것은 문제의 연속이며 그 문제들을 해결해 나가는 동안에 우리의 삶이 더욱 풍성해진다고 믿게 된다. 이처럼 자기 인식을 바꿔서 새로운 관점으로 문제를 보게 된다.

5) 자기 본심을 솔직하게 주고받게 된다

집단의 초기 단계에는 많은 참가자가 자기 본심을 있는 그대로 표현하지 못한다. 심지어는 몇 번씩 바꿔서 표현하기 때문에 말을 듣고도 본심을 알기가 어렵다.

그러던 사람들이 훈련 단계를 거치는 동안에 자기 본심을 표현하는 훈련이 되어서 성숙 단계에 다다르면 본심을 왜곡하거나 가장하지 않고 있는 그대로 솔직하게 주고받을 수 있게 된다. 이렇게 되면 말이 간결하고 분명해져서 하기도 쉽고 알아듣기도 쉬워진다.

마음에도 없는 말, 입에 발린 말은 하지 않게 되며 설사 그런 말을 하는 참가자가 있다고 하더라도 다른 참가자들이 금방 알아차리기 때문에 집단 내에서 통하지 않게 된다.

6) 변화의 가능성을 믿게 된다

많은 참가자가 자기 변화를 시도했다가 실패한 경험이 있다. 그 때문에 단 며칠간의 훈련을 통해서 자신이 달라질 수 있으리라는 믿음을 갖지 못하는 사람들이 많이 있다. 그러던 사람들이 함께 참가한 사람들이 변화해 나가는 모습을 직접 목격하고는 자기도 달라질 수 있을 것이라는 가능성을 믿게 된다. 이때부터 집단의 변화는 가속도가 붙는다.

7) 일체감이 조성된다

성숙 단계의 가장 큰 특징은 만남이 이루어진다는 것이다. 개인과 개인의 심정이 통해서 만나는 체험도 아름답지만, 모든 참가자가 일체감을 느끼는 단계는 집단이 아니고서는 도저히 맛볼 수 없는 독특한 체험이다.

8) 문제 해결형 조직풍토가 건설된다

성숙 단계가 되면 많은 참가자가 문제를 회피하거나 외면하려 들지 않고 직면해서 해결하려고 한다. 아무리 어렵고 큰 문제가 있더라도 '문제가 있다는 것은 해결할 능력도 함께 있다.'는 것을 믿게 된다.

9) 집단 참여가 적극적으로 된다

이 단계가 되면 참가자들은 촉진자의 도움이 없어도 상호촉진을 해 나가면서 집단을 자발적으로 이끌어 나간다. 참가자들의 자기 노출도 깊어지고 모험과 도전을 많이 하며 앞장서서 자기 직면을 하려고 한다.

4. 촉진자의 역할

집단 전체에 화기애애한 분위기가 건설되고 참가자들의 조력 기술이 늘어나면 이때부터 촉진자는 한 발짝 물러서서 참가자들이 서로서로 돕는 것을 지켜보는 '없는 듯이 있는' 사람의 역할을 해야 한다.

감수성 훈련 집단에서는 이처럼 참가자들이 서로가 서로를 도울 수 있는 상태가 되는 것을 이상적인 집단이라고 생각한다. 훈련 단계에서처럼 앞장서서 가르치고 시범을 보이던 역할은 그렇게 많이 필요하지 않다. 한발 물러서서 집단원들끼리 문제를 해결하고 성장해 나가는 과정을 지켜보고 있는 일이 가장 많아진다. 그러다가도 집단이 어려움을 겪기라도 하면 누구보다 앞장서서 도전하고 모험을 시도하기도 한다.

성숙 단계의 또 다른 특징은 촉진자의 자기 노출이 늘어난다는 것이다. 사실 초기 단계나 훈련 단계에서는 촉진자의 개인적인 노출은 그리 쉽지 않다. 오해나 갈등을 불러일으킬 수 있기 때문이다. 그러나 성숙 단계가 되면 촉진자도 자기 노출을 해서 촉진자도 참가자와 같이 문제도 있고 갈등이나 고통도 가지고 있다는 것을 알려 줄 필요도 있다. 이런 자기개방이 참가자들에게 친밀감을 주는 데 도움이 될 것이다.

그리고 유머를 효과적으로 사용하면 집단에 윤활유가 될 것이다. 촉진자의 유머는 집단이 원활하게 운영될 때도 효과적이지만 집단이 어려움에 봉착했을 때 더욱 필요하다.

5. 성숙 단계에 관한 설명(축어록)

집단상담 장면

〈상호 촉진〉

나 비: 풍만해져서 나눠 주실 수 있을 때까지 좀 보고 싶어요.

바람이 분다: 너무 배고프거든요……. 목이 마르고.

하 람: 나비……. 넉넉하고 따뜻한 모습 참 보기 좋고요. 같이 훈훈해져요.

마 리: 아직은 징징거리시는 거 맞거든요…….

나 비: 시원해요. 분명하고.

바람이 분다: 뻥 뚫려서 좋아요. 고마워요.

마 리: 하지만 그와 동시에 기대도 하고 있어요. 유연하게 받아 가실 수 있는 바람이 분
         다 님을 기대하고 있어요.

바람이 분다: 고마워요.

키 키: 저는 나비 님과 다르게요, 바람이 분다 님이 우리를 너무 듣는 사람으로 규정하
         고 이렇게 달라고 하니깐 '저거를 내가 다 채워 줄 수 있겠느냐? 내가 끊임없이
         들어 줄 수가 있겠느냐?' 해서 바람이 분다 님이 멀게 느껴져요……. 다가갈 수
         없고……. 나는 듣는 사람의 역할만 해야 할 것 같은 그런 부담감이 있어요.

미 지: 저는 키키 님이 그 누구보다도 마음의 열정을 갖고 돕고 싶어 하는 분이라는 걸
         늘 느껴 왔는데, 오늘 정말 용감하게 표현을 하신 것 같아요. 정말 하기 어려운
         말을 하신 것 같아서 '어, 정말 대견하다, 든든하다.' 그런 느낌 전해 드리고 싶
         어요.

키 키: 어, 갑자기 울컥하는 마음이 올라오는데……. 몰랐던 제 성장을 알아차려 주는
         것 같고요. 굉장히 뭉클하네요.

미 지: 저도 뭉클해요……. 키키 님을 보면서.

키 키: 사실 나비 님의 말이 너무 따스했고요……. 온전히 전해졌고요……. 내 마음이 냉담했다는 것이 조금 당황스러웠고 실제로도 바람이 분다 님이 냉담한 마음이 들었는데, 그거를 말한 건데 그 말을 할 수 있다는 게 제 힘이었다는 것을……. 어, 너무 감사해요.

지 운: 나는 미지를 보면서 깜짝 놀랐어. 그동안 미지가 관심의 초점이 늘 자기 자신이었지, 타인에 대한 관심은 거의 없었는데, 키키의 변화를 알아차리고 감동을 주고 그러는 것을 보면서 내가 감동을 받아 아주 기분이 좋아.

〈촉진자에 대한 아쉬운 마음 표현〉

바다나비: 지운 님한테 조심스러우면서 아쉬움이 들어요.

지 운: 나한테? 왜.

바다나비: 예. 그 이유는 저희가 다른 사람을 빨리 이해할 수 있어서 좋기는 하지만, 저희 힘으로 이해하고 싶었는데 설명을 앞서서 해 주시니 기회를 갖지 못한 아쉬움이 있어요.

지 운: 반갑다. 든든하고, 기대되고.

바다나비: 굉장히 조심스러웠는데 지운 님이 그렇게 받아 주시니까 제가 가슴이 벅차네요, 갑자기.

〈자기 통찰〉

수 련: 저는 믿음이 다른 모든 분에게 있다는 것 알려 드리고 싶어요. 그리고 그 믿음으로 제가 여기에 왔다는 것도 얘기하고 싶어요.

유 풍: 어제 피드백할 때도 어떤 존재에 대한 깊은 애정을 표현한 것으로 보여서 대단히 흐뭇하고 숙연해졌는데, 지금 마찬가지로 똑같이 그런 느낌이 전달돼서 너무 흐뭇하고 좋습니다.

수 련: 제가 감수성 훈련 오면서 내가 여길 왜 오나 하는 생각을 좀 자주 했거든요. 크

게 문제를 내놓을 것도 없는데 실제로 "수련은 여기 왜 와?"라고 물어 오신 분들도 있고요. 어, 근데 이번 집단에서는 왠지 그 물음에 대한 대답을 찾아갈 것 같은 윤곽이 보이고 색깔이 보이는 느낌이 들어서, 제 것도 좀 찾아가는 것 같아서 좀 안심이 되고 마음이 놓여요.

수 련: 이미 찾은 것 같고 그 믿음에 의해서 오는 것 같아요. 아까 그것을 말로 표현한 것 같아요. 그래서 그 믿음을 입 밖에 내고 싶었던 것 같아요.

〈촉진자의 확인〉

지 운: 음, 이 시간에는 한 사람 한 사람 이야기할 때마다 축복받는, 너무 기쁘고 마음껏 누리고 싶어. 수련을 보면서 정말 축하하고 싶은 부분이 뭐냐면 처음 수련을 봤을 때 '아! 어떻게 한 인간이 저렇게 성숙한 모습을 보여 줄 수 있나, 정서적으로 어떻게 저렇게 안정될 수가 있나.' 거의 미동도 하지 않는 그런 감정들이잖아. 정말 아쉬웠던 게 그게 혼자 하는, 그래서 '그걸 남한테 나누어 주거나 남을 돕거나 또 남들과 더불어 성장하는 걸 익힐 수 있었으면 좋겠다.' 했는데 오늘 그걸 해내는 모습을 보여 주니까. 내가 보고 싶었던 모습이거든. 그래서 마음껏 축하해 주고 싶은 거야. 옛날에 어떤 스님이 "온 세상 사람들이 다 부처 되기 전에는 나는 부처 되고 싶지 않다." 이런 말씀하실 때 "온 세상 사람들이 다 부처 되기 전에 진짜 부처 된 분 있습니까?"라고 여쭤 본 적이 있다는 이야기를 한 적이 있는 것 같은데, 네가 아무리 성숙해진다 하더라도 이 방 안에 미성숙한 사람들이 함께 있으면, 한 사람이라도 남아 있다면 네가 제대로 성숙한 게 아니다. '난 늘 집단의 학습 정도는 집단 전체에서 제일 학습 못한 사람의 수준이 집단 전체의 수준이다.' 이렇게 생각하는 사람인데 나누어 주고 주고받고…….

〈치악산의 감정〉

치악산: 이럴 때 이 눈물을 흘려야 하는 거 아닌가? 근데 이 눈물이 안 나니까 그게 나는

잘 모르겠어요.

늘푸름: 저는 치악산 님이 원래 가지고 계시던 배짱이나 이런 걸 좀 잃었다고 얘기하는 게 얼마나 힘들었을까 싶어서 좀 안쓰러움이 생기고요. 그렇게 힘들고 거부감을 느끼면서도 끊임없이 노력하고, 저기에 뭐가 있나 들어가 보려고 하고 그러니까 다른 사람의 마음을 좀 받아들이고 거기에 따라 반응하려고 노력하는 게 많이 보여서, 동지 얘기하셨지만 빨리 성장하실 것 같은 기대감도 들어요.

치악산: 동질감을 많이 느낍니다. 왠지 모르게 굉장히 가깝게 느껴지네요. 고맙습니다.

편 안: 동질감 느껴지고, 성큼 다가온 것처럼 느껴집니다.

자유혼: 전 치악산 님을 보면서 참 저하고 닮았다. 로봇이라고 했는데 저보다는 훨씬 낫구나. 저는 콘크리트였거든요. 그리고 눈물을 이야기하니까 저도 눈물만 흘리면 되는 줄 알고 엄청 울려고 애를 썼거든요. 어느 순간 눈물이 약간 보이기에 드디어 감성이 왔다 이러고서, 그래서 "드디어 저도 눈물이 왔습니다." 이랬더니 지운 님이 "야, 눈물만 나면 감성인 줄 아냐? 안 울고도 찾을 수 있어." 하시더라고요. 그 말에 제가 갑자기 확 밝아졌어요. 너무 울려고 애쓰지 말고 같이 나누면 될 것 같아요.

치악산: 오오.

자유혼: 부끄럽습니다.

〈햇살사람을 향한 지지〉

진 희: 햇살사람 님이 어제 방에서 매우 큰 것을 찾았다고 벅찬 감정을 느끼셔서 이 게 어제도 되게 버거웠었거든요. 그런데 그 모습이 너무 화사하고 예뻐서 그걸 함께 느끼고 함께 나눴으면 하는 바람이 저도 있었는데, 이렇게 나와 주셔서 정말 반갑고 지지를 드리고 싶어요.

햇살사람: 제대로 축복받는 것 같아서 너무 기쁩니다.

지 운: 지금 모습 보는 것이 참 기쁘고 축하하고 싶어.

햇살사람: 예. 85명이 참여하셨다고 하는데 온전히 85명의 시선이 저에게 꽂히면서 그

시선이 느껴져요. 참 편안하고 따뜻하고 좋습니다. 이거 느끼라고 편안 님이 자꾸 내보내셨나 봐요. 참 힘이 됩니다.

나 비: 축하드리고 웃는 모습이 정말 기뻐하시는 게 느껴지고 저희도 같이 기뻐한다고 말씀드리고 싶었고, 자세히 설명하지 못해도 한마디도 보태지 못하면 저 스스로가 아쉬울 것 같아서 다시 한 번 축하드립니다.

햇살사람: 예, 고맙습니다. 아, 감수성 훈련 정말 잘 왔네요. 예, 정말 잘 왔어요. 네, 계속 공부하고 싶습니다.

행복샘: 좋아하시는 모습이 아름다워요.

햇살사람: 예, 감사합니다. 온전히 받고 있어요. 참 좋아요. 네, 자신을 찾아가는 것이 이렇게 기쁜 줄 참. 예, 정말 사람이 꽃보다 아름답다고 하는데 꽃만 아름다운 줄 알았는데. 예, 사람을 보는 눈이 이렇게 바뀔 수 있다는 게 정말 놀랍고. 예, 기쁘고 행복하고 그렇습니다.

치악산: 제가 갑자기 그 이런 말씀을 드리는 거 이거는 모르겠는데, 마음에 참 그거를 주고 싶어요.

햇살사람: 마음에 그게 뭔지, 네, 알겠습니다.

치악산: 얼굴이 밝아오고 힘이 넘치면서 이렇게 내가 더 많이 드리고 싶네요. 많이 받으신다는 게.

햇살사람: 햇살이 비친다는 것 같아서 칭찬으로 들립니다.

치악산: 칭찬이 아니고 마음.

햇살사람: 그 마음 전달됩니다.

치악산: 네. 마음을 꼭 드리고 싶네요.

햇살사람: 고맙습니다. 예, 그 마음이 사랑하는 마음이죠.

들 꽃: 지금 이 순간 자기 안의 참사랑을 찾고 키워 나가는 모습 너무나 보기 좋고요. 또 지금의 이 행복을 충분히 누리는 그 모습 보면서 저도 함께 행복해지는 것 같습니다. 예, 참 기쁘네요.

햇살사람: 네, 감사합니다. 칭찬샤워 뭐 이런 거 받은 적이 있었는데요. 백 배 천 배 만 배입니다. 네, 고맙습니다.

집단원: 지금 햇살사람 님이 샤워를 받는 거예요.

햇살사람: 이거 하고 싶어요. 사랑합니다. 예, 쑥스럽지 않게 당당하게 할 수 있어서 너무 좋아요. 고맙습니다.

〈바람이 분다 지지, 함께 만남〉

바람이 분다: 제가 잘 알아들을 수 있게 차분차분 말씀해 주셔서 고맙고요. 나도 이렇게 화낼 수 있는 사람이라는 것을 보여 주고 싶었고요……. 한 번 화내 보니까 된다는 것도 알 수 있었고요. 앞으로는 나 못해, 나 그거 힘들어, 네가 좀 해 봐, 이렇게 해도 될 것 같아요.

지 운: 지금 굉장히 반갑거든.

바람이 분다: 저도 반가워요.

지 운: 정말 반가워.

바람이 분다: 그래서 나하고 비슷한 상황 이야기만 나오면 시도 때도 없이 막 올라오는 것을 누를 수가 없었어요. 지금은 너무 편안하니까 다 받아 줄 것 같고……. 또 제가 어떤 일을 해도, 어떤 실수를 해도, 또 지운 님께서 다 평정을 해 주시고 이렇게 해 주실 거라는 믿음이 있었기 때문에 징징거리고 싶었나 봐요……. 난 어릴 때부터 착한 아이의 대명사였거든요…….

처 음: 우리 웃음소리가 조롱으로 들렸다면 정말로 불편하고 화났을 텐데도 다시 돌아와 앉아 있는 게 우리를 신뢰하고 믿는 마음이 정말로 고맙고, 그런 바람이 분다 님이 신뢰가 되고. 또 하나 편안하게 할 수 있는 장이라는 믿음 가지고 끝까지 찾아가는 모습이 정말 반가워요.

여 유: 지금 저는 신발까지 벗어서 너무 열이 나는데요, 너무 축하드려요. 저도 한 말씀 드리고 싶어요. 저는 지운 님만 저희에게 어떤 통찰의 기쁨을 주시는 줄 알았는데요. 각자 정말 서로에게 보내 주는 지지와 사랑과 이 보살핌이 우리에게 정말 큰 힘이 되었다는 것을 이 집단에서 정말 큰 선물로 받아서 중간중간 너무 기뻤거든요. 그것을 꼭 나누고 싶었어요. 감사합니다.

뜨　락: 바람이 분다 님 기다리기가 너무 힘들었어요. 아니 이렇게 감동적인 드라마를 처음 본 그런 기분. 가슴이 너무 뜨겁고 정말 사랑이 넘치는 분인데 그 사랑을 나누고도 싶고 또 내 것도 찾고 싶고 이래서 막 그것이 주체가 안 되어 가지고 그런 모습 다 느끼고 있었어요. 너무너무 사랑하지 않을 수 없어요. 너무너무 사랑합니다. 너무너무 아름답고 외모만큼 외모보다도 훨씬 아름답고 긴 말이 필요 없을 것 같아요. 사랑하지 않을 수 없는 그런 여인 정말 너무나 사랑해야 할 여인입니다.

바람이 분다: 고마워요.

6. 성숙 단계 인터뷰

질　문: 성숙 단계가 시작되었다는 것을 어떻게 알 수 있습니까?

답　변: 참가자들이 서로 돕기 시작합니다. 개인 문제를 스스로 오픈하는 사람도 있지만 자기 문제를 스스로 깨달아서 문제가 사라졌다는 보고를 하는 사람들이 늘어나고, 화기애애한 분위기를 건설합니다. 서로가 협력적인 풍토를 조성합니다.

질　문: 성숙 단계에서 촉진자의 중요한 역할, 태도가 있다면 무엇입니까?

답　변: 없는 듯이 있는 것, 지켜보고, 기다려 주고 하는 단계입니다.

질　문: 단계를 딱 자를 수 없는 것이 집단의 특징인데, 집단원들이 초기 단계나 훈련 단계의 태도를 보일 때, 촉진자의 역할은 무엇입니까?

답　변: 앞서 가는 사람들 15%, 집단의 학습 방법이나 표현 요령이나 내용을 제대로 이해하지 못하는 사람들 15%, 중간 70%. 이것이 집단의 특성입니다. 촉진자는 앞서가는 사람이나 뒤처진 사람이 아니고 그 중간에 있는 사람에게 초점을 맞추는 것이 주가 되어야 합니다. 그렇다고 해서 뒤처진 사람들을 그냥 두면 영원히 뒤처질 수 있으므로 필요하다면 중간중간 그 사람들에게 초점을 맞추고, 지도도 해 주고, 정말 필요하다면 쉬는 시간에 개인적으로 이 사람들에게 코칭을 해야 할 필요도 생깁니다. 그러나 그보다 더 이상적인 형태는 쉬는 시간에 참가자 중 그 사람을 돕고자 하는 사람이 나타나는 상태입니다. 개인적으로 서로 도울 수 있도록 하는 일, 그것을 지켜보는 일, 그것이 촉진자의 중요한 역할입니다. 서로 도왔을 때 잘 돕는다고 지지도 해 주고, 쉬는 시간에 도움을 받았을 때 그것을 집단에 와서 발표하게 하고, 그 도움이 확실한 것인지 제대로 돕는 것인지 확인해 주는 일이 중요합니다. 왜냐하면 그것은 새로운 행동이기 때문에 많은 사람이 돕는 참가자가 좋은 행동, 바른 행동을 하고 있으면서도 자기가 정말 잘하는지, 왜 그것이 잘하는 행동인지를 모르는 경우가 많기 때문입니다.

질 문: 상호 촉진이 활발하게 일어날 때는 촉진자가 뒤로 빠져 있다가 어느 순간에 그동안 나눈 이야기들에 대해서 한번 정리해 주는 것입니까?

답 변: 정리라기보다 확인을 하는 것입니다. 왜냐하면 여러 사람이 자기 경험을 나누고 있는데 '촉진자가 물러나 있는 것 같아도 한 사람 한 사람의 이야기를 정말로 진지하게 듣고 있구나.' 하는 것을 알려 줄 수 있고 모든 사람이 우리가 지금 무슨 일을 하고 있구나 하는 것을 되짚어 줄 수 있으므로 중요한 역할입니다.

질 문: 무슨 일을 하고 있나 되짚어 주는 것이란 무엇입니까?

답 변: 한 사람 한 사람 발언한 것이 '당신은 지금 이런 일을 하고 있고, 당신은 내면세계 통찰을 하고 있고, 당신은 저 사람을 지지하고 있고, 당신은 자기 개방을 하고 있고, 당신은 피드백을 하고 있습니다. 그리고 피드백을 주고받으면서 우리가 어떻게 새로워져 가고 있는가.' 이런 것을 확인해 주는 일입니다.

질 문: 상황, 단계를 알려 줍니까?

답 변: 그렇습니다. 왜냐하면 이 단계에 가서는 잘하고 있으면서도 어떻게 잘하는지 모를 때가 많기 때문입니다.

질 문: 성숙 단계에서 이루어 내야 할 과업, 목표가 있다면요?

답 변: 참가자들끼리 서로 만남이 이루어져야 합니다. 문제 해결보다는 한 사람 한 사람 일대일의 만남이 필요합니다. 그것이 몇 사람씩 확대되고 참가자 전원이 일체감을 느끼는 경험을 할 수 있다면 가장 이상적입니다.

질 문: 상호 촉진 현상은 어떻게 나타납니까? 피드백은요?

답 변: 피드백도 중요하지만 서로 헬핑하는 능력이 중요합니다. 피드백은 상대방한테

비추어 주는 정도이고 되비춤을 받은 사람이 태도를 변화해 나가고, 또 다른 사람한테 이해를 얻어 내고, 관계를 개선해 나가는 역량이 자라는 것까지 도와야 성숙 단계입니다.

질 문: 초기 단계나 훈련 단계에서 미루어 두었던 개인적인 문제들이 나올 때를 의미하는 것입니까?

답 변: 자연스럽게 오픈되고, 자연스럽게 많은 사람이 돕게 됩니다. 촉진자 한 사람이 도울 때와 여러 사람이 함께 도울 때 문제 해결에 미치는 영향력이 굉장히 차이가 있습니다.

질 문: 많은 사람이 지지하고 이런 것도 있었는데, 대부분의 사람이 너 나 할 것 없이 지지를 하고 격려를 하고 이런 사람들이 있었던 것 같습니다.

답 변: 그렇습니다. 그것이 한 개인이 태도 변화가 있을 때 나머지 전원이 지지도 했지만 더 중요한 것은 화제의 초점이 안 되었던 사람들도 서로가 그 지지를 함께 나누고 함께 지지받고 있는 느낌이 들었던 것이 이 집단의 가장 큰 특성입니다. 정말 멋진 집단이었어요. 예를 들면, 햇살사람의 경우 그런 지지를 받아 봤고, 하늘도 그런 전원 지지를 받아 봤습니다. 특히 처음에 집단에서 그렇게 많은 지적을 받았던 바람이 분다가 그런 지지를 받아 낼 거라고는 상상 못했습니다. 그런데 바람이 분다도 많이 변화했지만, 나머지 집단 구성원들의 수준이 높아짐으로써 그런 행동을 모두 이해하고 지지할 수 있는 수준이 된 것입니다. 거기다가 이런 지지도 좋지만 참가자 전원이 정말로 하나 되는 참만남의 기쁨을 보는 게 이 집단에서 최고의 성과라고 봅니다.

질 문: 성숙 단계에서 사실을 얘기하기도 하고, 감정을 얘기하기도 하고 섞여 있는데 감정에 초점을 맞추라는 말은 거의 안 하는 것 같습니다.

답 변: 왜냐하면 초기 단계나 훈련 단계에서 지금-여기에서의 느낌을 솔직하게 표현하는 것이 굉장히 중요한 하나의 수단입니다. 그러나 감정만 주고받아서는 이해가 안 될 때가 있으니 성숙 단계에 들어와서는 그것을 강하게 요구하지 않을 뿐입니다. 초기 단계에서도 지금-여기에서의 감정을 주고받자고 하는 것이 강요가 아니라 권유 사항이라는 것은 분명하게 말합니다. 참가자 중에는 그것을 강

요하는 태도를 보여서 감정만 표현하지 않고 사실을 표현하는 것을 아주 거부하는 사람들이 있는데, 사실을 표현하는 것도 필요하다는 것을 안내할 필요가 있습니다.

질 문: 기분 때문인지 몰라도 성숙 단계쯤 가면 사실 이야기를 해도 집단원 대부분의 관심이 심정적으로 공유되고 있다는 느낌이 듭니다.

답 변: 그렇게 되기도 합니다. 또 사실을 말하는 사람도 굉장히 간추려서 이야기할 힘이 생겨요. 자제할 힘도 생겼고요.

질 문: '내가 이런 게 문제다.'라고 자기 개방하거나 '내가 이런 것을 깨달았다.'라고 개방하는 것에 대해서는 어떻게 생각하십니까?

답 변: 내 문제를 알아차린 것은 깨달음이라고 보기는 어렵습니다. 내 문제의 해결 방안을 찾아야 깨달음이라고 볼 수 있습니다. 그러나 문제든 해결 방안이든 집단에 발표하는 것은 집단에 상당히 도움이 됩니다. 그리고 자기가 통찰하고 음미한 결과를 집단에 나누어 가지는 것은 매우 큰 도움이 되는 일입니다.

질 문: 그것을 나누기 때문입니까?

답 변: 그렇습니다. 개인은 체험을 말로 진술함으로써 훨씬 구체적이고 분명해질 수 있습니다. 다른 사람들은 다른 통찰을 배울 기회가 됩니다.

질 문: 성숙 단계에서 나오는 이야기들이 깊은 자기 통찰, 속 깊은 이야기들로 표현이 됩니까?

답 변: 집단이 성장해 나가는 단계가 크게 두 가지입니다. 하나는 개인이 자기 내면세계를 통찰해 들어가서 내면적인 자기와 만나는 것입니다. 그다음에는 집단의 다른 사람들과 그런 통찰을 나누어 가져서 더불어 성장해 나가는 길입니다. 초기 단계나 훈련 단계에서는 자기를 음미하고 통찰할 기회가 많지 않습니다. 불안하거나 불안정하거나 요령 익히는 것에 더 관심이 높기 때문입니다. 그러나 성숙 단계에 오면 마음이 편안하고 안전하다고 느낍니다. 표현할 요령이 생기고 나면 자기 내면세계를 통찰하는 경험이 많아집니다. 그게 집단에서 굉장히 도움이 됩니다. 자기한테도 도움이 되고 남들에게 나누어 줄 때에는 굉장한 도움이 됩니다.

7. 성숙 단계 축어록

1) 주체성

〈남을 통해 자신을 믿어가는 힘과 스스로 갖는 믿음〉

사과09: 저 스스로 너무 부족하다고 느끼는 부분이 있었는데 그게 부족한 게 아니라 그 나름의 괜찮은 삶이라는 걸……. 아까 지운 님하고 잠깐 얘기했는데 너무 안도감이 들고, 그리고 편안해져도 괜찮겠다는 생각이 드니까 불안했던 마음이 편해지고, 누군가로부터 지지받고 인정받는 것 같아서 행복하고. 여기 계신 참가자들이 있어서 내가 좀 힘낼 수 있겠다 생각하니까 기쁘고, 고맙고. (눈물을 흘림)

황우주: 사과09 지지해요. 아침에 눈물 흘리는 모습 보고 마음이 짠하기도 하고, 무슨 일인가 싶었는데 지금 얘기해 줘서 안심되기도 해요.

사과09: 반갑고, 어렵다 생각하는 사람 있으면 바로 항상 누구라도 지켜보고 있는 황우주 님의 넓은 마음 멋있고, 또 이렇게 알려 주시는 따뜻한 마음 기분 좋고.

황우주: 나도 지금 마음이 너무 따뜻해져요.

사과09: 이 집단이 더 멋있는 것 같아요. 누구 한 사람 힘들 때 그 사람을 향해서 달려와 줄 수 있는 열정과 에너지가 있는 분들이신 것 같아요.

황우주: 믿고, 이렇게 나눠 주는 사과09가 있어서 더 좋아요.

사과09: 신뢰가 가는 황우주 님이 저에게 신뢰가 간다니까 더 믿음이 가고, 그 말에 더 알게 되고, 만나게 되는 것 같아요.

여 자4: 사과09 님이 뭔가 아픔이 있나 하고 염려하던 마음이었는데 기쁨의 눈물인 것 같아서 안심되는 마음도 있는데 지금 제가 너무 머리가 아프고, 뭔지 막 너무 무거워지고, 그래서 좀 털고 싶어서……. 털고 싶어요.

사과09: 저를 염려해 주시는 마음 너무 감사하고, 또 저도 무거운 마음이 있었는데 목소리 크게 시원하게 내서 말씀해 주시니까 그 무거운 마음이 좀 날아간 것 같아요.

바　탕: 저는 사과09가 편해지고, 그리고 이렇게 사람들을 통해 든든해지고 그랬다는 게 이제 상대방을 보면서 알아주고 하는 걸 보면서 안심이 됐어요. 그러면서 좀 안타까운 건 지운 님 한두 마디 듣고, 내 인생도 그런대로 괜찮았다 하고 편해지는 게 안타까워요.

사과09: 지운 님 한두 마디에 제가 편해지는 것 같아서 안타까운 마음이 드신 것 같고요. 처음에는 그 마음이 있었는데 지금은 그 마음이 출발이었다면 그 이후에는 황우주 님도 오시고, 다들 이렇게 오셔서 얘기해 주시면서 함께 있다는 걸 더 느낄 수 있어서……. 우리가 든든하다. 제가 또 함께 있다는 걸 느낄 수 있었다고 알려 드리고 싶어요.

연　우: 사과09 님 집단에 대한 사랑과 신뢰가 느껴지고, 함께한다는 것에 매우 큰 힘을 받는 것 같아서 저도 든든해요.

사과09: 연우 님이 그렇게 든든한 마음으로 지켜봐 주시니까 또 같이 든든해지는 것 같아요.

꽃송이: 전 약간 의아하고 안타까운 마음이 드는데, 바탕 님 말씀을 정말 잘 받아 가셨으면 하는 소망이 제게 있나 봐요. 확인하고 싶은 마음도 있고.

사과09: 바탕 님 말씀을 잘 받아 가는지 확인하고 싶으신가 봐요.

꽃송이: 예.

사과09: 저도 확인시켜 드리고 싶은 마음이 있어요.

꽃송이: 말씀 나누면서 약간 마음이 놓이는 게 뭔지는 모르겠지만 전달되는 게 있는 것 같아요.

여　자8: 저도 사과09가 처음에 이제 눈물을 흘리고 할 때 축하해야 할 일인 것 같은데 사과09 얘기 들으면 들을수록 제 마음이 무겁고, 기운이 쭉 빠져서……. 저는 심정이 그렇다고 알려 드리고 싶어요.

한　벗: 저는 사과09가 자기 삶이 좀 부족했다고 느껴서 좀 위축되고, 소심해지고 그랬던 마음이 그래도 지운 님 말 한마디에 "괜찮은 삶이다. 그 나름대로 괜찮은 삶이다."라는 그 말을 마음에 담고, 희망으로 가져가고, 또 그 말에 힘을 얻고, 그러면서 자기를 다져가는……. 너무 진중하게 그 말을 가슴속에 담는 게 굉장히 반가웠고. 또 그런 나름대로 그 괜찮은 삶을 풍요롭게 가졌으면 하는 지지를 보내고 싶어요.

사과09: 제가 스스로 부족했다고 느끼는 부분도 이야기해 주시고, 그리고 또 긍정적으로 잘 받아가는 부분도 이야길 해 주시니까 제 마음 잘 알아주시는 것 같아서 고맙고. 지지되는 말로 들려서 힘나고, 잘 받아가고 싶어요. 그리고 여자 8 님 말씀 고맙고, 무슨 내용인지 잘 알아듣고 싶고 그래요. 물어봐 주시고, 말씀해 주셔서 고마워요.

지 운: 바탕 아직 답답하겠다.

바 탕: 안쓰럽고, 걱정돼요. 답답하고.

황우주: 저는 사과09가 생각의 전환이 온 것이 반갑고, 지지하고, 축하하고 싶어요. 지금도 무거운 기분은 느껴지지만 그걸 잘 다져서 자기 걸로 정말 굳건하게 힘을 가졌으면 하는 바람이 있고, 지금 그 과정이라고 알아 드리고 싶어요.

사과09: 과정……. 과정 중에 있으니까 힘내라는 말로 들려서 감사해요. 그리고 바탕 님께 더 잘 돌려 드리고 싶은데 좀 안타깝고 그래요. 스스로도.

한 벗: 이제 좀 묵직함이 느껴져서 반가워요. 전에는 말이 동동 떠 있는 것처럼 보였고, 아슬아슬하게 보이는 면이 있었는데 지금은 진중한 그런 모습이……. 느낌이 있어 신뢰가 가요.

몽 이: 저는 금방 말이 굉장히 답답했거든요. 바탕 님한테 돌려드리지 못하는 자기 자신을 굉장히 안쓰러워하는 그런 모습이……. 그런데 말하는 내내 저는 좀 의아했어요. 이야기는 굉장히 반갑고, 기쁘고, 안심된다고 하는데 저는 얘기를 들을수록 계속 마음이 무거워지고, 조금……. 그러니까 내가 말을 한번 드려 봐야 하나, 표현하고 풀까? 말까? 계속 좀 망설이고 있었거든요. 이런 상황에서 얘기하시는 걸 들으면서 다른 사람의 말에 계속 이 사람이 말하면 '맞아! 그랬지.' 하는 느낌. 또 그냥 계속 '맞아! 그랬지.' 하면서 스스로도 그러면서 안타까워하는 것이 느껴져서 이야기를 들으면서 편하고, 마음으로 기쁘고, 반가워하지를 못했던 것 같아서 그러면서 한편으로는 좀 안타깝기도 하고 그

래요.

지 운: 나는 지금 한벗이나 황우주나 바탕이 사과09를 보는 관점이 같은 걸로……. 같게 보고 있는 것 같은데 말이 다르게 나왔던 거고. 너는 굉장히 비슷하게 보는 것 같거든. (몽이를 향해) 같은 상황을 보면서 사과09를 돕는 방법이 지금 다 다르게 하고 있어. 아직도 사과09를 딱 꼬집어서 도와 주지를 못하는 것 같아서 약간은 지루하면서도 기다리고 있었어.

참 빛: 저도 축하해 주고 싶은 게 그……. 그 말 되게 어떻게 보면 자기 자신한테 해 주고 싶은 말이고, 듣고 싶은 말을 들어서 그 순간에 눈물이 날 정도로 확 와 닿으신 것 같은 느낌이 들고요. 그리고 사과09 님 태도가 정말 평소의 한벗 님 말씀처럼 그 말의 어떤 파장을 온몸으로 이렇게 표현하고 계신 것 같아서……. 그래서 잘하고 계신 것 같다는 느낌이 들어서. 시작점에서 이렇게 머무르고 있는 것으로 보여요.

사과09: 제가 음……. 시작점에 있다는 두 분 말씀 감사하고, 머무르고 있다는 말씀은 좀 안타깝게도 보셨을 것 같아요.

참 빛: 머무른다는 말씀이 한 분 한 분 말씀을 다 느끼고 계시는 것 같아요.

사과09: 아! 잘하고 있고, 지금 것도 황우주 님 말씀처럼 과정 중에 있다고 하시는 것 같아서 참빛 님 말씀 되게 지지가 돼요. (침묵)

첫: 저는 사과09가 힘냈으면 좋겠습니다.

사과09: (고개를 끄덕끄덕)

첫: 지금과 다른 방식으로……. 이전과 다른 모습으로 지금 우리한테 보여 주는 게 새롭고, 그래서 한편, 믿음이 더 가는 부분도 있고. 하지만 온전하게 다 들리고, 다 표현하지 못하는 그런 아쉬운 부분은 있는 것 같지만 그래도 나는 사과09가 스스로 힘을 내고……. 잘 뿌리내려 갔으면 좋겠어요.

사과09: 음……. 온전하게 다 받지 못하는 그 부분까지도 음……. 과정이라 생각하고, 참……. 음……. 감사하다는 말이 제일 맞을 것 같아요. 다른 말 필요 없이……. 잘 받고 싶지만 못 받는 내가 있는데, 그 못 받는 것에 대한 것보다도 잘 들으려고 깨어 있으려 하는 나를 보고 싶고, 용기 잃지 않고 진짜……. 해 보고 싶어요.

첫:　내 눈에는 사과09가 힘을 내는 것 같지만……. 그리고 기뻐하는 마음도 있는 것 같지만 되게 슬픔도 커 보이거든요. 그래도 여러 사람 너한테 피드백해 주는 사람 한 사람 한 사람 귀 담아 들으려고 하는 그런 모습에서 마음이 아프기도 하고, 저게 사과09이지 하는 인정이 되는 부분도 생기고.

사과09:　저 자체를 본다는 말이 되게 넉넉하게 들려요. (울먹이며)

바 탕:　어떤 마음이 드나 하면 빙판이 빛의 거울에 반사된 그 부분만 보는 것 같아요. 큰 거울로 비춰 주면 '내가 많구나.' 하고, 조그마한 거울로 비춰 주면 '그런 내가 있지.' 하고. 가지고 있으면서 가지고 있는 것 말고, 받아서 자꾸 비춰서 그거 듣는 걸로만 전부인 것처럼 자꾸 하는 게 너무 안타까워요.

사과09:　저도 잘 보고 싶어요.

바 탕:　비춰 줄 때만 보이니까 답답하죠. 사과09가 해 온 것, 가진 것……. 든든함에서 오는 안타까움이라고 이야기해 주고 싶어요. 자기가 자기를 더 못 믿는 것 같으니까요.

사과09:　더 믿어 주고 싶어요.

바 탕:　불안이 올라올 때는 그럴 만한 이유가 있을 것 같은데 자꾸 다른 데서 달래려고 하는 것 같아 답답하고……. 힘냈으면 좋겠어요.

여 자4:　저도 사과09 님 힘냈으면 좋겠고, 아까 제가 깨어서 봤으면 좋겠다고 말하는 그 순간에 사과09 님 표정이 확 바뀌면서 잠시 불이 들어온 듯 바뀌더라고요. 그 순간에 저는 어떤 느낌이 들었냐 하면 '어! 저 순간에 자기가 자기를 믿는구나.' 그때 그……. 자기가 자기를 믿었던 그 순간이 있었다는 걸 알려 주고 싶었어요.

사과09:　놓치지 않고 말해 주셔서 너무 고맙고, 정말 귀하게 가져가고 싶어요. 저를 봐 주신 그 모습……. 그리고 좀……. 그걸 제가 믿어 주고, 알아주고 그랬으면 좋겠어요. 하~(한숨).

여 자4:　정말 여유 찾고, 정말 자신을 알아주고, 믿어 주고 그랬으면 좋겠어요.

첫:　여자 4 님이 사과09를 아끼는 마음이 물씬물씬 전해졌고, 또 그 밑에 사과09뿐

만 아니라 사람을 그렇게 아끼는 마음까지 함께 전해져서 되게 행복하고, 아름 다웠어요.

2) 나와의 만남

〈자신을 돕는 힘〉

원 더: 마치 제 한계를 넘어서는 어려움이 있는……. 그런 사람이 주변에 있으면 사실은 저도 수렁에 빠지는 것 같아요. 가는 마음을 어떻게 할 수도 없고……. 거기서부터 나를 찾고, 자유롭고……. 그 사람이 그렇게 힘든데 나는 편해도 되는지…….

옹달샘: 제가 보기에 원더가 지금 이 순간이 아니고 자꾸 과거로 가는 것 같아 아쉬워요.

겨울오리: 잘 알고 싶고 얘기를 잘 들어주고 싶은 마음이 저는 있거든요. 그래서 말 꺼낸 게 반갑기도 하고, 좀 더 얘기를 꺼냈으면 하는 마음도 있고…….

원 더: 제가 어떻게 할 수 없는데 마음은 거기로 가요. 힘든 사람한테 가는데……. (침묵) 그런데 끝이 안 보이는 그런 수렁 같은…….

겨울오리: 절망스러우신가 봐요.

비: 그런 원더가 정말 힘들겠다.

원 더: (훌쩍이며 눈물을 흘림).

비: 그 사람……. 정말 힘든 사람의 문제가 해결되지 않으면 원더 마음이 계속 불편할 것 같고. 그 사람보다 내가 더 편한 것조차도 불편하고, 그렇게 마음을 쓰면 정말 가는 마음조차 되게 부담스러울 것 같아. 네 스스로가 버겁고…….

원 더: 그런데 어떻게 해야 할지 잘 모르겠어요.

오 름: 그럴 때 굉장히 막막하고, 이러지도 저러지도 못하고……. 지금 원더를 돕고 싶은데 정말 어떻게 도와야 할지도 막막해요. 그러면서도 한편으로는 좀 아쉬운 것도 있고, 좀 조심스럽기도 하고, 그런데 또 하나는 이렇게 힘든데 해 주고 싶은 말이 있어서 꺼낼까 말까 하는 마음이 있어요. 좀 염려스러워요.

거북이: 저는 원더가 정말 반가운데. 정말 지금 여기서 자신을 만나고 있는 것은 아닐까 싶거든요.

오 름: 아까 원더가 마님한테 피드백할 때 좀 아쉬웠거든요. 마님이 편안해졌으면 좋겠다고 말하면서 스스로 편안해져 가는 모습이 멋있고, 든든했고. 그런데 그럴 때 원더는 편안해졌으면 좋겠다 하면 그 사람의 힘들다고 하는 그 말만 듣고는 본인이 힘들어하는 것 같고, 말하면서 편안해하는 마님은 안 보는 것 같아서 마님은 오해받은…….이해받지 못하는 느낌이 들었을 것 같아요.

겨울오리: 오름 얘기에 너무 동의가 되고, 원더한테 아쉬운 것은 불편해하는 그 사람만 보고, 불편을 벗어나는 힘은 안 보는 것 같아서 아쉽고. 또 그것은 본인도 마찬가지라는 생각이 들어요. 힘들고 버거운 본인만 보고, 남을 도와주고 자기 자신을 돌볼 수 있는 자신의 힘은 안 보고 있는 것 같아서 아쉬워요. 그런데 이 자리에서 힘들고, 버거운 모습을 나타내 보이는 것은 반가워요.

비: 우리가 원더를 돕고 싶은 마음이 크고, 원더를 돕듯이 원더가 자기 자신을 돌보는 것이 우리를 돌보는 거라고 얘기해 주고 싶어요.

온 돌: 전 지금의 원더가 너무 반갑고, 자기 자신을 챙기는 것으로 보여요. 그리고 막막하고, 힘들고, 버거운 지금의 마음이 너무 커 보이는데 그게 방향을 전환할 수 있는 계기로 보여서 '아! 이제 정말 바꾸고 싶구나.' 그런 전환점으로 보여서 너무 반가워요.

하나하나: 난 두 가지를 다 챙겨 갔으면 하는 바람이에요. 온돌이 이렇게 지지해 주는…….지금의 자기를 지지해 주는 마음도 그대로 받아 갔으면 좋겠고, 겨울오리나 비처럼 되는 모습을 바라보는 그래서 부정으로 힘들어지는 게 아니라 그것도 챙겨 가는…….놓치지 않았으면 하는 그런 마음이에요.

원 더: 일단 어떻게 도와야 할지 모르겠다고 말씀하시는 그 자체가 정말 저를 생각해 주고 있구나! 안심됐고요. 자신을 챙기는 힘으로 가져갔으면 좋겠다는 비 언니 말도…….그 힘을 좀 찾아가는 듯 보였는데 다시 더 큰 산이 제 앞을 막으니까 다시 주저앉는 제가 보이면서 내가 나를 돌보고 나를 찾는 여유조차도 미안하고, 죄스러운 마음이 있었는데…….그래야만 된다는 걸…….내가 더

힘을 내고……. 내가 더 잘 서 있을 때만이 관계도 개선되고, 상대방도 도울 수 있다는 걸 알고 있다는 걸 좀 알려드리고 싶고, 온돌 말은 따뜻해서 기억이 나고, 정신도 좀 차려졌어요.

바라밀: 한 명 한 명씩 챙기는 원더를 보니까 자기 안에만 들어가 있지 않고, 나와 있구나 해서 안심되고, 또 믿어지고.

원 더: 제가 제 안으로 들어가고는 있었지만 마님의 그런 피드백 다 듣고 있었거든요. 진심으로 축하드리고 싶고, 음……. 제가 마음 쓰는 거 불편하셨다는 걸 그렇게 용기 내서 말씀하신 거 지지해 드리고 싶고, 안심시켜 드리고 싶은 마음도 있었는데 제가 계속 제 속으로 자꾸 들어가는 바람에 기회를 놓쳐서……. 말씀 꼭 해 드리고 싶었어요. 지금 시선들이 너무 따뜻하고……. 아까보다는 덜 긴장되고.

옹달샘: 저는 아까 원더 말 중에 '한 개의 산을 넘으니까 한 개의 큰 산이 가로막고 있다.'는 이야기가 딱 들어오는데 이 순간에 그런 말을 해도 될지는 잘 모르겠는데 해 주고 싶은 말이 있는데 괜찮겠나? 잘 모르겠네.

원 더: 네.

옹달샘: 한 개의 산을 넘었으면 그다음 산 또 넘으면 되지. 뭘 또 그렇게 걱정하노?

원 더: 그러게요.

겨울오리: 또 마님한테 말을 못했었다고 얘기를 했지만 방금 또 말을 했잖아요. 또 내가 주저 않았다고 얘기를 했지만 이미 앞에 와서 사람들한테 얘기를 하면서 또 가고 있다고 알려드리고 싶고…….

원 더: 네. 맞아요. 저 가고 있어요. 알아주셔서 감사해요.

〈과거 재구성〉

강 물: 저의 부모님이 그럴 수밖에 없었던 모습이 더 이해되고, 받아들여지는 만큼 저의 지금 가족, 주변 사람들도 이해하고, 받아들이는 것도 더 자유롭게 살 기회가 된 것 같아서. 오히려 제 삶이 아프기만 한 게 아니라 과거의 삶이 아름다

운 부분이 많아요. 고마운 부분도 많고. 세상에 와서……. 있는 집 자식으로 와서 편안하게만 살다 갔으면 세상이 얼마나 우리한테 주는 경험들이 감사한지 모르고 갈 텐데. 그런 집안에 와서 경험하고, 세상을 더 깊이 경험할 기회를 갖는 것 같아서 감사함이 더 커요.

집단원 2: 살아온 힘으로……. 살아 내 온 그 힘으로 자기 자신을 돕고, 내가 보듬어 주니까 다른 사람을 한없이 보듬는 것 같아요.

강　물: 저는 좀 제가 도움을 받고 싶어서……. 지금 좀……. 아까부터 마음이 아프고요. 알아차려진 건 반갑고, 고맙기도 한데……. 그게 계속 어깨랑 몸에 좀 있어서 무겁고요. 이야기해서 좀 편안해지고 싶고. 제 얘기가 혹시라도 하늘나무 님한테 조금이라도 불편을 끼치면 이야기를 그냥 해 주셨으면 좋겠고요. 하늘나무 님의 모습은 아니고. 아까 하늘나무 님의 과거 모습을 보면서 제가 아팠다고 이야기했잖아요. 지운 님은 다르고 거기에 대해서 느낀 바는 없다고……. 제 아픔이더라고요. 제 가족관계에서 우울감에 홀로 빠져 있는 어머니. 저도 그걸 받아서 홀로 있었던 제 아픔, 제 외로움, 그리고 어머니에 대한 안쓰러움. 그리고 제가 어찌할 수 없었던 어린 시절의 속상함, 돕고는 싶은데. 그때 제가 많이 아팠구나. 그게 투사되어서 보였구나. 제가 굉장히 많이 아팠었구나. 그걸 알아차리는 계기가 되어서 반가운데 지금도 좀 아프고. 이야기하면서 어깨가 좀 결리고 속상해요. 그때는 너무 어려서 도울 수가 없었어요. 그런데 가족 중에는 도울 수 있는……. 어쨌든 아버지도 뭘 할 수 있는 그런 사람이 전혀 못 되고. 누구도 그걸 어떻게 할 수 있는 가족 구성원은 아무도 없었어요. 제가 너무 어린 나이에 애어른이 되어서. 뭐 하지도 못하면서 그냥 버티고만 있고, 힘만 쓰고, 용쓰느라 고생을 많이 했구나 싶어서 제 어린 시절에 대한 안쓰러움도 있고. 그래서 그때 있었던 가족 구성원들은 돌아가시기도 하고, 요양원에도 가고, 이제 한 세대가 흘렀던 거죠. 제 세대만 남았는데 그것이 제 집안에 대대로 흐르지 않고, 제 대에서 정리가 되어서 감사하기도 하고, 그분들 세대에서는 어쩔 수 없었구나. 인정은 되지만 그래도 마음은 좀 아프고……. 마음이 많이 아파요. 그 모습을 오히려 하늘나무 님 홀로 계실 때 봤었나 봐요. 그 기억이 확 떠오르는 게…….

재　은: 강물이 참 고단했겠다. 마음이 굉장히 많이 아팠고……. 그런데 그 힘들고 아팠던 자신을 돌봐 주고 있고, 그래서 하늘나무 님 외로움 챙겨 주려고 했던 거고.

강　물: 네. 그런 부분 있어요.

재　은: 그런 자기 자신이 있다는 것도 알려 주고 싶고, 되게 아프면서도 반갑고 그래요.

강　물: 알게 된 건 반갑기도 한데 잘 안 떠나네요. 그 부분이 좀 가벼워졌으면 좋겠는데.

하늘나무: 저는 우선 제가 배려받는 것 같아서 감사해요. 말씀 들으면서 재은과 마찬가지로 아프면서 반가웠어요. 어린 강물은 얼마나 아팠을까. 이 생각이 들고……. 그리고 너무나 많이 아팠기 때문에 돌봄의 시간도 충분해야 하지 않을까. 그럴 때 이렇게 함께 내어놓으면서 같이 할 기회를 주셔서 너무 고맙고. 그냥 어떻게 해야 할지는 모르겠는데……. 얘기를 들으면서 마음이 가네요.

강　물: 이야기를 해 주시는 것만으로도 고맙고. 어느 부분에서는 하늘나무 님이 이렇게 확 나와서 이야기를 함께해 주시는 부분이 위안이 된다고 그럴까, 대리만족이라고 할까. 감사함이 있어요.

처음처럼: 강물이 참 대단해 보이세요. 예전엔 굉장히 애썼는데 지금 참 담담하게 자기 마음을 감정을 정리해 내고, 이런 걸 편안하게 오픈하면서 안정을 찾아가는 모습이 정말 놀라웠거든요.

강　물: 네.

처음처럼: 지금은 그 전보다 정말 여유 있게……. 내가 어떤 문제가 있더라도 여유 있게 헤쳐 나갈 힘이 많이 느껴져서 대단하게 느껴졌어요.

강　물: 하늘나무 님하고, 처음처럼 님이 제가 왜 이 이야기를 하는지 그대로 알아주시는 것 같아서 정말 고맙고.

지　운: 응.

강　물: 재은한테도 고맙고. 잠깐 가서 그때 그 힘들었던 나를 다시 만나서 챙겨 주고 싶었고. 어릴 때 그 어린 녀석이 험난한 세상을 버텨 내고 살아 내느라고 애쓴 어릴 때 제 모습한테 정말 고맙고요.

지 운: 웅.

강 물: 그……. 너무 어려서 어떻게 할 줄 몰라서 세상이 전쟁터인 것처럼 처절하게 싸우다시피 하면서 아무것도 모르면서도 돈 벌고 살아나야만 하는 게 최선 이었던 적도 있어요. 그런데 그 속에서 살아 내서 오늘 지금을 만날 수 있잖 아요.

지 운: 그래.

강 물: 그 아이가 얼마나 힘들었던지, 화가 났었던지……. 제가 그 아이가 세상에 처음으로 드러냈을 때 경기하고, 경악하고, 지운 님한테도 제가 잘 기억이 안 나는데 욕을 했던 거 같아요. 누워서……. 어머니 욕도 하고, 온 가족 욕도 하고……. 그 일이 있었던 게 한 삼 년, 사 년 되었던 것 같은데. 그러면서 걔가 왜 그렇게 경악을 하고, 발악하였는지도 더 이해도 되고, 저라는 사람의 삶에 대해서도 더 깊이 이해가 되고, 저에 대해서 더 깊이…….

허 당: 저는 강물 님 말씀 들으면서 무슨 말부터 어떻게 해야 할지 정리가 잘 안 되는데 되게……. 정말 멋있다는 생각이 들고. 삶을 온전히 긍정으로 받아들이는 것 같아서 축하드리고 싶고. 어린 날의 모습이 되게 무기력하고, 어떻게 보면 정말 절망스러웠을 것도 같은데 지금 그걸 분리해서 보고 계신 것 같아서……. 그래서 나를 용서하고, 받아 주고, 살펴 주는 그 마음 너무……. 제가 벅차게 느껴져서 정말 축하드리고 싶고…….

거북이: 강물 님 말씀을 들으면서 힘들었던 일도 있었지만 좋은 일도 있었다는 그 말씀이 전에 지운 님께서 감정의 희비에 좋고 나쁜 것을 구분하지 말고 온전히 누리는 쪽으로 가라고 하시던 말씀이 생각나는 것 같아서 경이로움을 표하고 싶은 마음이고, 지지하고 싶고, 담담하면서도 차분한 모습이 정말 멋지다고 얘기해 주고 싶고. 계속 그 힘을 자기 걸로 가져가길 바라는 마음을 실어서 보내 주고 싶어.

가을하늘: 되게 애잔하면서도 반갑고, 축하드리고 싶고. 힘을 뺀 사람의 힘과 여유가 굉장히 멋져요. 뭉클하기도 하고요. 그리고 나 자신을 내가 이렇게 보듬고, 보살피는 모습이 되게 감동적이고. 옆에서 같이 막 기뻐지는 것 같고요. 되게 축하

드리고 싶고, 이런 게 정말 강물 님이 가지고 계시는 힘이구나.

강　물: 저를 이렇게 축하해 주시는 거 감사하고. 저도 거북이 님처럼 그런 한 부분이 있어요. 주변의 눈치를 보고 있는 나. 내가 이렇게 시간을 많이 써도 되나? 어……. 그거 하나 가지고 있어요. 그래서 지금 개방하고 싶고. 나를 위해서 시간을 써 줘도 되는 부분이 있지만 내 이야기가 많은 분한테는 어떤, 어떤 분들한테는 정말 힘이 되고, 도움이 될 수 있는데. 그 부분에 대해서 더 믿어 주고 싶고, 음……. 눈치 보는 것도 필요하고요. 어떤 분들은 지루할 수도 있잖아요. 지루할 수도 있고, 다른 관점에서 보는 분들도 있고, 다 다르게 볼 수 있는데. 그런 분들은 그런 분들대로 갈 수밖에 없는 이유도 있고, 이해하고, 눈치 안 볼 수도 있는데 좀 묘한 게 있어요. 그런 부분에 대해서는 거북이 님이 좀 이해되는 바가 있어요. 자유롭지가 않아요. 저도…….

거북이: 저를 불러 줘서 고마워요.

유　연: 저도 축하드리고 싶어요. 힘이 있는 분이시잖아요……. 그 힘을 자기를 살피고, 돌아보고 하는데 묵직하면서도 자연스럽고, 가볍게 사용하시는 것 같아서 조금 더 많이 전보다는 많이 편해지신 것 같고, 좋아지신 것 같아서 축하드리고 싶어요.

강　물: 그런 모습들하고 붙어 있지 않고 떨어져서 보고, 챙겨 주는 제가 있어서 편안하고, 감사드리고. 제게서 좀 다른 분들한테로 떠났으면 하는 바람도 있고 그래요. 네. 괜찮다고 알려 주고 싶고.

처음처럼: 강물 님이 눈치 본다는 게 배려받는 듯한 느낌이 들어요.

집단원: 하하하(웃음).

강　물: 하하하(웃음). 아! 그러셨구나.

가을하늘: 강물 님이 많이 편안해지셨네요.

산수국: 저도 강물 님 지지해 드리고 싶은데 예전에 그……. 가지고 계셨던 힘이 이해할 수 없던 부분이 많이 이해가 되었고요.

강　물: 아! 그러셨구나.

산수국: 어떻게 갑자기 편안해질 수 있었지. 그랬는데 그 이유도 같이 나눠 주셔서 반

갑고, 지지해 드리고 싶습니다.

키 키: 저도 축하드리고 싶은데. 거북이 님 축하받는 상황에서 벗어나지 못한다고 하셨지만 자기 상태를 알려 주면서 우리랑 함께 만나고 싶어 하는 간절함이 느껴졌고. 그 안에는 우리 모두를 굉장히……. 집단원들을 신뢰하고 있구나. 그게 느껴져서 함께하면서 감동적이었다고 그 용기에 박수를 보내고 싶습니다.

강 물: 예. 사람에 대한 신뢰……. 사랑, 믿음 이런 것들이 제 안에서 정말 크게 자랐죠. 그게 없어서 난리를 치고 살았던 것 같아요. 사람도 보이지 않고, 안 보이니까 불신이나 두려움만 더 커져서……. 재산은 지켜야 하고, 사람은 경계해야 하고 이래서……. 사람이 보이고, 신뢰가 보이니까……. 이런 저의 삶에 대해서도 고스란히 개방해서 보여 드릴 수도 있고, 부탁해서 도움을 받을 수도 있는 제가 되어서 정말 감사합니다.

팅커벨: 강물 님 굉장히 놀라운 게 지금 이 자리에서 과거, 현재와 미래를 동시에 다 단단하게 채워서 만들어 가는 것 같아서 그 힘이 정말 놀라워요.

온 돌: 저는 막 두근거리는데 제가 하고 싶은 걸 강물 님이 하는 걸로 보니까 희망도 보여요. 지금 여기 강물 님이 달라지니까 강물 님의 과거가 재편되는 모습이 보였고, 지금 여기의 강물 님이 편안해진 만큼 과거의 애어른이었던 그 아이가 편안해지는 걸로 보여서 그게 너무 보기 좋았어요. 저도 그렇고. 그래서 편안하면서도 담담하고, 두근거리는 마음으로 봤어요.

원 더: 저도 축하드리고 싶고. 예전에 꼬마가 받았을 상처가 가지고 있던 힘을 상처를 극복하는 힘으로 사용하시는 게 참 좋아 보이고, 그걸 축하해 주시는 집단원들 한 분, 한 분의 모습이 오늘 처음으로 집단에 참여한 저로서는 굉장히 기쁘고, 제가 이렇게 발언을 할 수 있게 이끌어 주신 거 같아서 고맙고, 그렇습니다.

강 물: 제 이야기가 그렇게 신뢰를 하고 참여할 기회가 됐다니 기쁘고요. 그리고 과거를 다른 관점으로 볼 수 있게 재편해 보고 있는 저를 이렇게 그대로 알아주시는 것 같아서 감사하고. 원더 님께서도 그렇게 가실 거라는 지지를 드리고요. 있었던 사실에 대해서……. 다른 관점에서 재해석해서 볼 수 있는……. 그런 힘이 생긴 저한테 정말……. 해낼 수 있는 저 자신한테도 고마워요.

온 돌: 정말 감동이에요. 사실, 상황은 바뀌지 않아도 인식을 바꿔서 마음이 편해질 수 있다는 걸 알게 돼서.

강 물: 그 부분이…… 감수성 훈련에 참가하신 분들이 함께 해 주셔서 정말 큰 힘이었고, 지운님께 가장 감사드리고. 지독하게…… 하는 저한테도 고맙고, 정말 감사드립니다.

지 운: 참……. 그……. 이런 순간을 맞게 되어서 기뻐. 축하하고 싶고. 정말 다행한 일이고. 강물이 살아온 이야기를 들었을 때 너무너무 놀랐어. 그리고 지금 저런 모습으로 있다는 건 내 생각으로는 기적이지. 어쩌면 저런 삶이 있을 수 있냐. 이런……. 내가 참 많은 사람의 삶을 들었고. 또 행복한 사람들은 나한테 잘 안 오잖아. 그런데 어쩌면……. 모든 조건에서 하나도 없지 않았느냐? 기댈 곳이 있었느냐? 건질 데가 있었느냐? 소도 비빌 언덕이 있어야 한다는데. 아무리 찾아보아도 강물이 기댈 수 있는 언덕은 자기 등뼈밖에 없더라고. 이런데도 강물이 무슨 힘이 있어서 그걸 이겨 내고 이날까지 왔는지……. 참 의문이었는데 차츰차츰 지나면서 지금 산수국이 강물이 하나하나 이해되듯이 이런 게 있어서 그렇구나, 이런 게 있어서 그렇구나 하고 이해되고……. 빠져나오는 걸 축하하고 싶고, 그래서 참 기뻐.

강 물: 정말 감사하고 고맙습니다.

〈기대에서 벗어난 현재의 나〉

모 과: 반가워요. 마음은 받아 주고 싶은데……. 거북이 님 말씀 들으니까 마음은 받아 주고 싶은데 내가 지금 막막하다 이렇게 말씀해 주시는 것 같아서 그게 반갑고. 그런 거북이 님을 제가 지금 알게 돼서 시원해요.

거북이: 안심이 되고, 모과 님에 대해서 따뜻함도 느껴지고, 나름 배려를……. 이해해 주신다는 생각이 들어서…….

물 빛: 전 얘기 들으면서 어떤 느낌이 드냐 하면 거북이가 좀 난감하고, 답답하지 않을까……. 저 같으면……. 거절할까 두렵다 하면서 딱 한계를 정해 놓고, 모과

	가 상황으로 얘기를 하는 게 아니라 전체로 들어오니까 꼼짝 못할 거 같은 느낌이 드는 거예요.
거북이:	어떻게 하든 간에 모과 님의 마음을 좀 달래 주고 싶은데……. 딱히 방법은 없고. 맞춰 주고 싶은 마음은 있어요. 생각은……. 그런데 그 마음이 뭔지를 몰라서 좀 답답하고…….
비:	안타깝기도 하고, 친해지자고 하는데 맞춰 주려고 한다고 하니까 좀 답답하기도 하고.
거북이:	그 관점이었다면 답답하셨을 것 같은데……. 답답하실 것 같아요. 저도 답답한 부분이 있는데 어떻게 해야 할지를 모르겠어요.

(중략)

물 빛:	저는 답답해서 좀 풀고 싶은데……. 거북이도 답답할 것 같고, 모과도 답답할 것 같고, 지금 제가 답답하거든요.
지 운:	모과는 그나마 거부 안 당한 게 안심이다. 이런 것 같아.
물 빛:	상황 없이……. 상황 빠지고 그냥 친해지고 싶다. 이렇게 마음만 나오니까……. 이렇게 그냥 주고받는 말이 헛것이 되는…….
거북이:	아! 지금 보니까 모과하고 말을 하는데 제가 주변에 신경을 더 쓴 것 같아요. 자꾸 부끄럽고, 제가 눈치가 보이고, 어색하고…….
하나하나:	지금 거북이 말 되게 시원하고, 시원할 거 같고.
거북이:	나는 의아해. 또 그 시원하다는 말이 뭐가 시원한지. 의아하고 저로서는……. 하여튼 안심은 되면서.
물 빛:	하는 말에 감정이 실려 있고, 들으면 매우 시원해.
거북이:	또 부담되고, 또 해야 한다는 생각에……. 그 말은 아주 고맙고, 지지가 되고, 따뜻하고, 의지감도 생기고, 신뢰감도 가고 그런데 어떻게 하지 하니까 또 막막해져요. 부담도 되고 참 눈치를 많이 본 것 같아요. 주변이 나를 어떻게 볼까……. 거기에 대해서 마음이 많이 가 있는 것 같아요.
유 연:	저는 거북이 님에게 좀 확인하고 싶은 게 있는데요.
거북이:	응.

유 연: 좀 전에 물빛 언니 피드백 듣고 따뜻하고, 안심되고, 그렇게 피드백을 하셨잖아요. 그런데 그다음에 또 뭔가를 해야 할 것 같은 불안이 있었는지. 그리고 그 말씀을 하시고 나서 내가 뭘 해야 할지 몰라서 막막하다고 말씀을 하셨어요. 뒤에 뭔가를 해야 한다고 부담감이 있으셨나요?

거북이: 크죠. 뭔가를 해내서 좀 자연스럽게 가야 하는데 하는 생각이……

유 연: 저는 그게 좀 안타까운 게 이미 하셨거든요. 물빛 언니한테 피드백했는데……. 그러면 그 피드백은 피드백이 아니고 다른 뭔가 거북이 님이 생각한 피드백이 있나 봐요. 그걸 찾으려고 하는데 못 찾으니까 난감하고, 막막하고 그렇게 가져가시는 건 아닌지……

거북이: 네. 막막하고, 난감하고. 그 이유가 그런 것 같아요. 한 번은 해서 한 거는 한 것이 아니고 끊임없이 해야 한다. 그것이 아니면 아니다는……

유 연: 그러면 앞에 했던……. 물빛 언니한테 했던 피드백이 아까운 것 같아요. 그건 되게 소중하고, 진짜 하고 싶은 거잖아요.

거북이: 돌보고……. 돌본다는 마음이 진짜 이상한데 그 마음을 받아 주고 싶은 마음은 진심이에요. 얼마나 힘들까……. 불편하고, 부담될까, 무거울까……. 그런 마음을 가볍게 소통하고 싶은 마음은 진심이에요. 그걸 말로 표현하지 못하는 내가 답답하고.

지 운: 지금 했잖아.

거북이: 뭐지 또? 지운 님 말씀하시는 게 또 뭐지 의아하고, 궁금하기도 하고……

나 무: 나는 거북이가 '부담스럽다, 그리고 못해서 막막하다, 어떻게.' '어떻게 할지 모르겠다. 그래서 막막하다.', 그리고 다른 사람이 얘기했을 때 '더 잘해야 할 것 같아서 부담스럽다.' 등의 얘기를 아주 많이 한 것 같아.

거북이: 예. 맞아요.

나 무: 그게 자신한테 너무 힘들 것 같고……. 그게 나는 어떻게 느껴지나 하면 참 자신이 부족하게 느껴지고, 뭘 자꾸 해야 한다고 생각하는 것 같아서.

거북이: 그것이 크게 느껴져요. 맞아요.

나 무: 그래서 하는 자기도 못 보고 자꾸 더, 더 그래서……. 그게 난 제자리에서 맴

도는 것처럼 느껴져서……. 그냥 나 하는 만큼 인정해 주고, 괜찮다 하고, 또 더 나아가고 거북이잖아.

집단원: 하하하(웃음).

나　무: 어떻게 빨리 가나. 왜 자꾸 본인이 기대를 걸어놓고 부담스러워하면서 다른 사람이 얘기하면 그걸 부담스럽다고 하고. 만나자고 하는 자리인데……. 그래서 정말 편하게 하고 싶은 대로 하면서 누리면서 그렇게 가면 좋겠어.

거북이: 지금 나무 얘기 들으면서 전에는 시간이 좀……. 대화가 길어지면 부끄러움이 많이 올라오고, 빨리 빠져나가고 싶고 그런 게 강했는데. 지금은 그런 것보다는 이렇게 '아! 내가 이렇게 나와서 어떻든 하고 있구나' 하는 생각에 머물러서 좀 안심은 돼요. 제가……. 이렇게라도 하고 있다. 부끄러움이 참 컸거든요. 무안하고……. 그……. 질타당한다 생각하면 어디 숨고 싶고, 그 자체……. 말하는 자체도 내가 스스로 받아 주기가 쉽지 않았어요. 거절하고 싶고, 거부하고 싶고 그랬는데. 남 잘하는 것만 보이고……. 저를 처음 지금 받아들이는 것 같아서 제가 다행스럽고, 안심되고 지금…….

지　운: 지금 상당히 편해진 것 같네.

거북이: 네. 호흡이 좀 길어지고, 이렇게 좀 차분해진 것 같아요. 부담스럽지 않고 주변이……. 이런 일도 있네요. 고마워요. 그런데 또 '어떻게 하지?'로 가니까 부담감이 또 올라와요.

비: 어떻게 하지 마.

거북이: 어떻게 안 할게.

처음처럼: 지금 거북이 님 모습이 참 놀랍거든요. 힘들다고 하면서 지금 하는 모습을 계속 보여 주고 계시니까……. 참 이런 모습이 놀랍고, 편하게 가져가는 모습이 대단하게 느껴져요.

거북이: 너무 고마우면서도 집단에 대한 신뢰감이 생겨난 것 같아요. 그러면서 고마움이 느껴지고, 따뜻함도 느껴지고……. 그러다 보니 저에 대한 허용감이 생기는 것 같아요. 이렇게 말하는 것이 아마 그 반증인 거 같아요.

처음처럼: 지금 이 이야기가 저한테는 참 귀하게 들리거든요. 있는 그대로 거북이 님을

만나는 것 같고, 이 얘기가 참 귀해요.

거북이: 지금 이 이야기가 귀한 것 같다고 할 때 부담감이 좀 확 올라오는 거예요. 또 이게 뭐였지? 공식이 뭐야? 이쪽으로 가니까 부담감이 생기네요.

비: 어차피 모르면서 계속 생각하네.

거북이: 굉장히 편안하네.

바라밀: 거북이가 허용한다고 했을 때 아주 반가웠거든요. 자기 자신에 대해서 허용한다는 것. 한편으로 염려스러웠던 것은 맞춰 주는 것. 상대한테 맞춰 주려고 하니까 나에 대한 허용이 자꾸만 되지 않으면서 부담스럽고, 힘들지 않았을까 하는.

거북이: 반응이 매우 힘들었죠. 필요 없이 말도 많이 해야겠고, 나는 그렇게 하고 싶지 않은데. 또 오해받을까 봐 또 두려워서 표현하게 되는……. 그런 자체가 좀 상대의 피드백 자체가 불편하고, 제가 해 놓고도. 지운 님 말씀……. 조금 전의 말씀처럼 조금 편해진 것 같다는 말씀이 저한테 엄청 위로가 되고. 제 정체의 어떤 자아가 아니라 자기의 모습을 보는 것 같아서 반가웠어요. 그 자기라는 자체를 좀 누려 가도록 하고 싶어요.

지 운: 반갑다.

나 무: 저는 거북이 님의 부담감을 되게 존중해 드리고 싶어요. 부담감 때문에 제대로 만나지 못하고, 부담감 때문에 너무 힘들고, 그래서 또 막막해지고 했는데……. 반가웠던 것은 아까는 부담감 때문에 어쩌지 못했다면 좀 전에는 부담감이 또 올라오네. 그걸 그대로 지켜보고 해야 되겠다로 안 가는 것 같아서 계속 올라오겠죠. 올라왔던 거니까 그거 같이 안고 편하게 만났으면 해요.

거북이: 큰 힘이 되고, 신뢰감도 올라오면서 의욕도 생겨요. 지금 이렇게 말하는 순간, 표현하는 순간이 아주 가볍고. 긴장감이 있을 텐데도 안 느껴지고.

지 운: 그게 멋있다.

거북이: 그래서 지금처럼 누리는 느낌이 들고, 그리고 같이 누려 주신다는 마음이 들어서 마음이 이렇게 따뜻해지고. 믿어지네요.

3) 깨달음

〈분별심에서 자유로움〉

온　돌: 저는 겨울오리 님의 슬픔도 참 반가워요. 지금 기쁨을 누리면서 힘들었던, 기다렸던, 그리웠던 자기를 같이 돌보는 걸로 보여요. 편안하게 슬프기도 하고, 기쁘기도 했으면 좋겠어요.

강　물: 저는 아까 지운 님이 이야기해 주실 때 올라오는 감정에 대해서 끝없이 자기성찰하라는 이야기로 들려서 정말 귀하게 들렸고요. 정말 감사하고요. 고맙습니다.

지　운: 고마워. 가을하늘한테 한 이야기를 강물이 네 것으로 가져간 게 참 고마워. 지금 온돌이 기쁨은 좋고, 슬픔은 안 좋고 하는 이 분별심을 넘어가는 것을 보니까 아주 기뻐. 잘하고, 못하고, 좋고, 나쁘고, 있고, 없고를 넘어서면 새로운 세계가 보이거든.

비: 지금 지운 님 말씀 참 감사한데……. 분별심을 버리려고 노력하지 않고, 분별심에서 좀 더 자유로워질 수 있을 것 같아서.

가을하늘: 가볍고, 기대도 되고. 어……. 말 꺼내니까 좀 긴장이 올라오고, 시선들은 반갑고요.

지　운: '말 꺼내니까 긴장이 올라오고요.'라고 말을 하고 난 다음에 그 긴장이 무엇 때문에 오는 긴장인가 자기 작업으로 찾아. 찾아서 분리하고, 다음에 그런 긴장이 안 오도록 하고……. 그런 작업을 계속해야 해. 말만 하고 그다음에 멍하니 앉아 있는 이런 무책임한 태도로 집단에 임하지 마.

겨울오리: 갑자기 막 얘기하고 싶어졌는데요. 여기 온 게 너무너무 반갑고, 기쁘고, 그리고 저한테 공부할 기회가 온 게 너무 행운이고, 좋고. 아! 그런 마음으로 여기 달려와서 아주 기뻤는데 그 기쁨을 표현할 기회를 놓쳤어요. 그래서…….

지　운: 스톱. 지금 기회를 잡았잖아. 왜 놓쳤다고 해.

겨울오리: 그러게 말이에요. 기쁘고, 행복하고, 반갑고, 기대되고, 설레고, 두근거리고.

그리고 의아한 것은 이런 기쁨을 얘기할 때 밀려오는 슬픔이 어디서 오는 건지 약간은 의아해요. 그래도 좋아요. 아주 좋아요.

온　돌: 겨울오리 님이 진짜 많이 기다려 왔나 봐요.

겨울오리: 가끔 집에 있을 때 이렇게 옛날에 있었던 집단의 한 장면……. 내 것이나 이렇게 그때 들었던 느낌, 사람들의 표정……. 이런 것들이 한 장면씩 이렇게 떠올랐다가 스쳐 지나곤 했어요. 그때 그랬었지. 그 장면…….

하나하나: 그리웠나 봐요.

겨울오리: 꼭 오고 싶었어요. (눈물을 흘리며) 내가 너무 좋은데 왜 슬픈지 정말 의아해요.

하이디: 벅찬 그 설렘이 전달이 되고요. 저도 덩달아 에너지가 막 샘솟는 것 같아요.

겨울오리: 되게 신나고, 재미있을 것 같아요.

비: 저는 겨울오리한테 말을 좀 전하고 싶은데……. 보고 싶었다는 말이 이렇게 가슴이 뭉클하고, 나도 왜 그러는지 모르겠는데 같이 눈물이…….

겨울오리: 말문이 막히네요. 왜 울지. 내 기쁨도, 내 슬픔도 소중하게 내가 다루고 같이 나누고 싶어요. 참……. 기쁨도, 슬픔도 나한테는 어렵게만 느껴졌는데 이제는 쉽게, 쉽게 함께 나누고 싶어요. 그동안 기쁨도 아껴 놓고, 슬픔도 아껴 놓고…….

비: 말 한 소절 하나하나가 굉장히 소중하게 무게 있게 다가오고…….

소리랑: 겨울오리 님이 숨겨 놨던, 아껴 왔던 그 감정들을 지금 이 순간에 만나고, 터뜨려 내는 게 참 반갑고, 멋지고, 소중해요. 그 말에 따뜻해지고.

겨울오리: 이해받을 수 있을까 하는 두려움……. 또 있는데 약간 사라졌어요. 말하니까 그 느낌이 사라지고……. 진짜 놀랍고, 반가워요. 진짜 반갑고…….

물　빛: 정말 반갑고, 축하해요. 그러면서 같이 누리는 것 같아서 참 보기 좋고, 정말 순간순간 누렸으면 하는 바람이 컸는데 그 마음 가져가는 것 같아서 참 귀하게 느껴져요. 많이 들었던 말 중에 아끼다 똥 된다는…….

처음처럼: 겨울오리 님 너무 놀랍고, 대단한데……. 항상 함께 있는 것처럼 소통을 너무 잘하시는 것 같아요. 오늘은……. 집단에서 보니까……. 너무 시원하고, 예전에 겨울오리 님이 정말 소통하고 싶어서 애쓰는 모습을 봤는데 떨어져 있는

동안 정말 그동안 애쓰셨구나.

겨울오리: 어제 보고, 오늘 다시 뵙는 것 같아요.

처음처럼: 너무 놀라워요.

허 당: 겨울오리가 되게 정말 뜨거운 사람인 것 같아요. 저도 말 들으면서 마음이 막 두근두근해 가지고……. 떨어져 있어도 항상 함께 있었다는 느낌이 들고, 보고 싶어서 그걸 어떻게 했을까…….

겨울오리: 보고 싶은 사람이 허당인 줄 몰랐지.

집단원: 하하하(웃음).

마 님: 저는 겨울오리가 기쁘다, 신난다 하면서 막 달려왔다는 표현이 너무 신선하게 다가왔어요. 생동감 있고……. 살아서 펄떡펄떡 뛰는……. 나한테 그 말이 되게 크게 다가왔어.

팅커벨: 마님이 그렇게 표현해 주시니까 그……. 신선함과 생동감이 같이 전해지는 느낌이어서 갑자기 저도 생기가 돌고……. 누군가 이야기를 할 때 그 순간 부럽기도 하고, '아! 나는 저걸 못했나' 하는 생각도 들었었는데 '아! 나도 저걸 잘 하고 싶구나' 하는 생각이 드니까 편해지고, 공부도 이걸 같이 하고 싶고 그런 생각이 들었어요. 참고 싶지 않고 편해지고 싶다.

지 운: 온돌과 너의 차이는 너는 지금 했나, 못했나에 걸렸잖아. 그러면서 저건 부럽고……. 네가 못하니까 부럽잖아.

팅커벨: 나름으로는 벗어났다고 생각을 하고 있었는데.

지 운: 지금도 또 벗어났나, 안 벗어났나…….

팅커벨: 막막해졌어요. 머리가 하얘졌어요.

지 운: 끝없이 말을 하면 반복이야. 다른 사람들 놔두고 너니까 한마디 더 해 주고 싶어. 지금 네가 분별하는지, 분별 안 하는지, 내가 분별하고 있나, 안 하고 있나?

팅커벨: 하고 계시는데……. 이 순간에 하(한숨). 못 알아…… 먹는 것 같아서 잘 이해가 안 가고, 모른다고 말하고 싶어요.

지 운: 네가 하는 것은 문제라고 하면서 나는 왜 하고 있겠나? 왜 그러는지 네가 한번 생각해 봐라.

비: 지금 지운 님 말씀 참 감사한데……. 분별심을 버리려고 노력하지 않고, 분별심에서 좀 더 자유로워질 수 있을 것 같아서.

지 운: 축하한다. 축하해. 너희들이 이렇게 알아들을 때 너무 기뻐. 노예냐, 주인이냐의 차이지. 있느냐, 없느냐의 차이는 아니야.

온 돌: 팅커벨 님 든든해요. 왜냐하면 분별하면서도 분별에 멈추지 않고 항상 전환을 끊임없이 하시는 것 같아서……. 놓여날 수 있을 것 같아서…….

지 운: 어떤 전환을 끊임없이 한다는 거지?

온 돌: 그러니까 긍정 선택.

지 운: 아! 분별해 놓고 긍정 선택을 한다. 처음부터 안 하면 더 좋지.

온 돌: 분별로만 끝나지 않을 것 같아서 지지하고 싶어요.

은 결: 저는 비 언니를 축하해 주고 싶어요. 분별심에서 벗어나고 싶다는 그 말씀을 하시는 걸 정말 축하해 주고 싶고, 저도 분별심에서 자유로워지고 싶어요.

지 운: 내 눈에는 분별심이란 게 비한테는 습관이지만 너한테는 병 같아. 은결은 비가 벗어나는 걸 보고 축하하고 싶고, 너도 벗어나고 싶어 하는 그 마음을 갖는 씨앗을 심는 것 같아서 축하하고 싶어.

하나하나: 저는 비 님 축하드리고 싶은데 오늘 뭔가 이렇게 준비된……. 다 열어 놓고 있는 대로 다 받아 가는 것 같아서 정말 축하하고 싶고, 그러려고 얼마나 애쓰셨을까 느껴지기도 하고, 하여튼 지금은 막 스펀지 같이 다 받아가는 게 놀랍고.

지 운: 하나하나야. 그건 애써서 가는 자리가 아니다. 그건 애를 안 써야 가는 자리다.

하나하나: 살려면 애써야 한다고 하셔서 그 애를 쓰는 것도 저는 좋게 보입니다.

강 물: 저는 하나하나 님 얘기가 과정을 칭찬해 주는 걸로 들렸어요.

지 운: 응.

비: 저는 하나하나 님이 그걸 보시는 눈이 있으시니까 해 갈 수 있을 거라는 생각이 들어요. 감사합니다. 그리고 저는 지운 님께서 애쓰지 않아야 가는 자리다. 솔직히 하나하나 님이 칭찬을 해 주시는데 그게 마음에 막……. 확 고맙다는 생각이 별로 안 들었어요. 하나하나 님 마음은 알겠는데……. 그런데 그 말씀을 하시니까 아~하(한숨). 잘난 체를 하면 뿌듯하기도 하고, 감사하기도 하

고, 또 여전히 애쓰고 있는 저도 괜찮고.

지 운: 그래. 지금 온돌도 비한테 희망을 주려고 애를 썼고, 비도 또 하나하나한테 희망을 주려고 애쓰는 모습이 보기 좋다.

비: 지운 님 그 말씀에서 아! 애쓰는 것에서도 좀 더 자유로워질 수 있겠구나.

지 운: 음.

비: 이렇게 하나하나 정말 다 새기고 싶었는데 새겨지는 제가 굉장히 상상이 안 되는데…… 괜찮은 것 같기도 하고, 자랑스러운 것 같기도 하고, 멋진 것 같기도 하고, 또 감사합니다.

재 은: 저는 비 님한테 감사드리고 싶어요. 오늘 와서 말씀하실 때마다 배우게 돼요. 지운 님의 어떤 말씀이나 누구의 말이든…… 성장하고, 편안하고, 자유로워지는 데 의미를…… 나름의 의미를 말씀해 주시는데 그게 굉장히 저한테 의미가 있고, 음미하게 되고, 더 배우게 되고, 깊이 감사드려요. 예. 저한테도 굉장히 의미가 있다는 걸 알려드리고 싶어요. 모습들이…… 말씀하시는 게.

지 운: 응.

비: 재은이 말이 굉장히 안심되고, 고맙고. 음…… 계속 이렇게 말하고 싶으면서 얘기하는 게 배우려고 하는 규정…… 이렇게 될까 봐 많이 주저되는 마음이 있었는데 그렇게 말해 줘서 고마워.

재 은: 정말 큰 도움이 돼요.

은 결: 그리고 비 언니가 하는 말 하나하나 같이 배우고 싶고, 더 지지가 되고, 든든함이 느껴져서 비 언니한테 정말 고맙다고 다시 돌려주고 싶어요.

비: 맘대로 해도 괜찮다고 얘기해 주는 것 같아서 고마워.

지 운: 그게 애쓰지 않아도 가는 자리라는 게 노자의 무위(無爲)이고 무위사상(無爲思想)인데 대부분의 사람은 무위(無爲)면 아무것도 안 하는 게 무위(無爲)인 줄 알아. 그게 아니거든. 무위(無爲)면 무불위(無不爲)야. 무위(無爲)가 되어야 어떤 것도 못할 게 없는 자리거든. 모든 걸 다 할 수 있는 자리가 무위(無爲)야.

비: 제가 요새 아무것도 안 하는 것 같아서 불편했는데…….

지 운: 아무것도 안 했는데 불편하긴 했구나.

비: 지운 님이 말씀하시는 그건지는 아직은 잘 모르겠지만.

지 운: 언젠간 알게 되겠지.

비: 안심이 돼요.

하늘나무: 비 언니 정말 많이 축하하고, 많이 기쁜데 나는 이 기쁨이 참 담담하게 기뻐서 그것도 좋아요. 왠지 그냥 이게…… 언니한테는 당연하게 찾아오는 일이라는 생각……. 믿음이 있어서 너무 좋고. 좀 색다른 기쁨을 느낄 수 있어서 언니한테 참 고맙고.

비: 하늘나무 고마워. 같이 여기 있어서 너무 좋고…….

지 운: 물어보고 싶은데……. 그 담담한 기쁨에 대해서 어떤 느낌이 들어?

하늘나무: 그렇게 느끼는 게……. 음 신비하기도 하면서 저 스스로가 기뻤어요.

지 운: 축하해.

하늘나무: 뭔가 아!~ 놀라고, 대단한 기쁨. 이런 게 아닌데……. 내가 누군가를 믿고 있었구나 하는 것을 좀 찾는 기회도 있어서…….

지 운: 그렇게 희노애락(喜怒哀樂)이 미동하는 거 있잖아. 가볍게 움직이는 거……. 그렇지? 우리가 가고 있는 길이 그걸 향해서 가는 거야. 격동하던 감정들이 잔잔해져, 그렇게 되면 아주 작은 감정을 하나 느껴도 격동할 때의 큰 감정만큼 기쁘고 그런 것 같아.

4) 남과의 만남

〈함께 나눔〉

판도라: 아! 정말 기쁨의 순간이 소중하고, 이렇게 알아차린 저한테 지지해 주고 싶고.

지 운: 딴 사람들이 지지를 해 주도록 여백을 좀 남겨 주면 좋겠어.

다이아몬드: 판도라가 자신을 지지하는 모습은 다른 사람이 지지하는 모습을 받아 가는 모습보다 더 나는 멋지게 보였어.

지 운: 그랬어?

딸기주스: 그리고 자기를 믿는 것 같아서 든든했어요.

지　운: 그럴 때 다이아몬드가 아쉬운 거야. 자기를 믿는 것도 멋있지만 자기가 지지해 버리면 관계가 안 되잖아. 관계할 여지를 남겨 두면 더 좋겠고. 그다음에 긍정, 부정 선택도 자유지만 눈치니 뭐 이런 것도 긍정으로 사용하느냐, 부정으로 사용하느냐, 사용도 자기 몫이야.

판도라: 같이 이렇게 함께 기뻐해 주니까 든든하고 정말 좋아요. 설레고.

다이아몬드: 축하해.

판도라: 이렇게 기쁨의 순간이 있을 때마다 함께해 주신 분들이 주마등처럼 지나가면서 되게 그 마음을 어떻게 다 전달할 수 있을까 싶으면서도 행복하고, 그러네요.

나　무: 나는 너무 뭉클한 게 어쩜 저렇게 크게 받아 갈 수 있을까. 머리로 아는 것을 깊이 마음에 새겨서 판도라가 알았어요. (울먹이며) 하는 것은 믿어지고, 마음이 움직이니까 그게 변화되는 게. 나는 어제부터 판도라가 감동스러웠어요. 정말 삶이 달라지는 게 보이는 게……. 정말 노력하고, 고생하고, 치열하게 해서……. 판도라가 얼마나 자신을 아끼고, 위하면 저런 귀한 걸 가져갈 수 있을까. 함께해서 정말 좋아요.

판도라: 아! 행복해요.

시냇물: 판도라 축하해. 떨림이 간절함이 느껴지는데 그게 판도라에게 얼마나 소중한 걸까 싶어.

나　무: 아쉬움으로 가져갈 만큼 얼마나 크게 주고 싶었으면…….

지　운: 지금 그……. 판도라의 감동을 나무가 고스란히 느끼는 것 같아. 그 모습이 참 따뜻하고, 보기 좋아. 너나 되니까 느끼지 아무나 그렇게 느끼나. 그 태도나 말씨나 어쩜 그렇게 따뜻하냐. 참 보기 좋아.

판도라: 지운 님은 어쩜 제가 그 순간에 느꼈던 그 심정이나 고마움을 고스란히 알아주시는지 정말 반갑고, 나무 님은 그동안에 제가 애써 온 걸 고스란히 봐 주는 것 같아서……. 제 심정을 다 알아봐 주시는 게 너무 따뜻하고, 고맙고, 안심되고.

〈스스로 소외시킴에서 함께 나눔으로〉

지 운: 해우담은 지금 기분이 어떤지 궁금해.

해우담: 판도라 님의 순수한 열정이 느껴져서 저도 같이 벅차고, 감동에 젖어 있었어요.

지 운: 지금처럼 이렇게 함께 나눌 수 있으면 더 좋겠어.

해우담: 지운 님 열게 해 주셔서 감사합니다.

지 운: 지가 열어 놓고, 날 보고 또…….

바 탕: 해우담 님 말씀 들으면 뭔가 이렇게 깊은데 뭔가 울림이 있는……. 뭔가 깊은……. 먹먹해지기까지 하는.

해우담: 왜 슬퍼질까요? 왜 먹먹해질까요? 잠시 잊어버렸던 시간에 대한 회복하는……. (눈물을 흘리며)

지 운: 축하하고 싶어. 네가 되찾아가는 게 귀하게 느껴져. (무언가 생각하는 듯 잠시 침묵)

해우담: 치열한 삶들에 대해서 그런 마음들이 되게 귀하게 느껴지고, 그 많은 대가를 치러야 하는 용기도 조금씩, 조금씩 되찾는 게…….

지 운: 그런 것은 다 가지고 있잖아.

해우담: 그러네요.

지 운: 그런데 왜 자꾸 고독한 길로 가는지, 너를 소외시키는지……. 그게 내가 참 궁금하고, 언제 나오나 하고…….

해우담: 여기 모인 많은 분이 기다리고, 기다려 주는 그 순간들……. 그 마음들……. 따뜻함으로 지금 느껴져요.

지 운: 네가 기다리고 있다는 걸 기억해 주는 것만 해도 고마워. 그것마저도 네가 잊어버릴까 봐 약간의 염려가 있었어.

해우담: (눈물을 흘리며) 좀 더 편안해지고요. 잘해 낼 수 있을 것 같아요.

지 운: 그래.

바 탕: 지운 님 참 멋있어요. 해우담을 얼마나 신뢰하시는지, 얼마나 지켜보고 계시는지.

지 운: 어떻게 이런 놈을 안 믿을 수 있나. 얼마나 진지하고, 책임감 강하고……. 뭘 하나

를 해도 허투루 하는 게 없잖아. 얼마나 절실하게 하나하나씩 하느냐. 정말 뜨겁게 사는데 제일 안타까운 게 계속 고독으로 간단 말이야. 그거 하나 빠지면 나머지 거는 다 갖췄는데. 그래서 볼 때 마음 한편으로는 아리지. 너 생각할 때…….

해우담: 영원한 샘물을 마시러 와요. 그 아리다는……. 마치 어제, 오늘처럼 마치 아리다는 문 앞에 서 있는 것 같아요.

지　운: 그래.

해우담: 그리고 그 문의 재질은 고독이라는 걸로 만들어진 것 같기도 하고. 아마 그 문을 뚫고 나가야 하는 시간인 거…….

지　운: 그래. 그래.

해우담: 그 문 앞에 서 있는…….

지　운: 그게 뚫기 전에는 강철 같아. 뚫어보면 종이 한 장도 안 돼.

해우담: 예.

지　운: 이제 시원하다.

〈다름의 소중함〉

팅커벨:　지금 여기가 아주 즐겁고, 촉촉한 단비가 내리는 것처럼 이렇게 촉촉하고. 하나의 파동이 이렇게 쭉, 쭉, 쭉 이어져서 전체로 퍼져……. 잔잔하게 퍼지는 즐거움이 매우 크게 느껴지면서도 칭찬은 칭찬을 받는 사람만 누리는 게 아니라 주면서 누리는 모습들이 너무 보기 좋고, 그 자체로 정말 멋있고. 주는 그 자체도 너무 멋있고, 이렇게 누리는 그 모습들이 참 멋있어요. 감동적이에요.

소리랑:　팅커벨 대단하고, 대견하고……. 그걸 감동으로, 그리고 감정으로 나누는 모습이 신선하고, 멋져.

지　운:　그러니까 한 사람을 놓고 보는 시각이 이렇게 차이가 날 수가……. 지금 나는 계속 너의 분별심을 이야기하다가 그 선입견이 박혀 있는데……. 그래서 이 녀석 봐라. 누리고, 못 누리고. 주는 사람, 받는 사람 또 분별하고 있구나. 여기에 걸려 있는데 그걸 소리랑은 저렇게 들어주니까 좋구나. 그러니 내가 시각을 소리랑처럼 바꿔야 될 것 같아.

하나하나: 저는 지운 님하고 좀 다르게 봤는데요.

지 운: 그래. 다르게 봐야지.

하나하나: 주는 사람, 받는 사람의 분별을 넘어가는 것 같아서 오히려 저는 축하해 주고
싶었는데…….

지 운: 너하고, 나하고의 차이는 내가 보기에 얘는 주는 사람, 받는 사람을 구분해 놓
고. 받는 사람만 보다가, '이제는 주는 사람도 받는구나.'를 보고 있는데 그래
도 역시 주는 사람 받는 사람으로 그대로 나뉘어 있지.

하나하나: 얘기하고, 분별했네요. 그래도 하나는 넘어가는 거 같은데…….

지 운: 뭘 넘어갔어?

하나하나: 주는 사람은 주기만 하고, 받는 사람은……. 주는 거, 받는 거는 분별을 했지
만 그 선은 넘어 갔던 거 같다고 우기고 싶습니다. 흐흐흐(웃음).

바라밀: 그걸 넘어서 함께하고 있다는 걸 봐서 팅커벨한테 감동적이었고, 그렇게 다가
오지 않았나 하는 생각이 듭니다.

지 운: 그래.

팅커벨: 깊이 이해받는 것 같고, 제 마음을 잘 알아주시는 것 같아서 좋고.

옹달샘: 저는 팅커벨이 말할 때 애쓰지 않고, 아주 자연스럽게 말하는 것 같아서 좋았
어요.

지 운: 한 사람의 행동을 놓고 이렇게 다양한 각도에서 보는 게 이렇게 오픈되는 게
참 반가워. 누가 본 거는 맞고, 내가 본 거는 틀리고 이런 개념 없이 각자 내가
보는 게 제일 소중한 이런 자리가 참 반가워.

처음처럼: 팅커벨 보면서 저는 참 흐뭇하고, 축하하고 싶은데. 본인뿐만 아니라 전체를
다 살리는 것 같아서…….. 옆에서 지켜보는 사람도 빛이 나게 해 주는 것 같아
서 흐뭇했어요.

거북이: 저는 지운 님 말씀에 안심되면서 용기도 생기고, 의욕감도 생긴다는 걸 알려
드리고 싶었어요. 다르다는 것에 대해서요.

지 운: 다르지. 다르므로 소중한 거야.

거북이: 틀린 것이 아니고 다르다는 관점이 정말 감동으로 다가왔어요.

⟨기대, 방편모색에서 본심⟩

소 명: 저는 거북이 님이 좀 마음이 쓰이고요. 저를 따뜻한 시선으로 지켜봐 주셨다는 걸 말씀을 통해 알게 되었는데 그 부분에 대해 충분히 마음을 전해 드리지 못한 거 같은 아쉬움이 남고요. 지금 시선이 아래로 가 있는 걸 보면서 어떤 마음이실까 좀 살펴졌어요.

거북이: 긴장이 되었다가 풀어졌다가 또 안심도 되었다가 어떤 마음일까 그 질문에 대해서는 막막하기도 하고, 좀 덤덤한 느낌이었는데 시선이 아래로 간다는 걸 보고……. 지금 스스로 좀 아쉽고, 설명하는 게.

나 무: 소명에게는 어때요?

거북이: 관심 가져 주는 마음이 따뜻하고……. 또 억지로 찾으려니 나 스스로는 좀 답답하고……. 관심 가져 줘서 고마워요. 하다보니까 좀 부담되고, 긴장도 되고…….

소 명: 좀 편안해지셨으면 하는 바람이 있고요. 저는 거북이 님께서…….

거북이: 긴장이 좀 돼요.

소 명: 그 긴장을 제가 드리는 거 같아서 좀 조심스러운 부분도 있고요.

거북이: 약간 혼란스럽고, 저는 계속 좀 긴장되고, 그리고 죄송하다는 말에 대해서 그렇지 않다는 걸 말씀 드리고 싶고, 저도 좀 편해지고 싶어요. 그리고 소명 마음도 좀 느끼고 싶고……. 왜 이렇게 긴장이 되지.

강 물: 저는 소명 님이 챙겨 주시려는 모습은 되게 따뜻하고, 보기 좋은데……. 어……. 아쉬운 부분이 있어요. 도우려는 마음으로 나서서 돕고 계시는데 내가 불편을 주지 않았나? 그래서 오히려 사과하려는 태도는 아쉬워요.

소 명: 강물 고맙고요. 저는……. 도와 드리고 싶은데 어떻게 도와 드려야 할지 좀 막막해져서……. 어떻게 편안하게 도와드릴 수 있을까…….

거북이: 저는 지금 편안해졌는데 저를 계속 바라보고 계시고, 어떻게 편안해질 수 있

을까 하니까 좀 부담이 되고.

소　명: 아!

거북이: 좀 놔뒀으면 좋겠는데 건드리는 것 같아서……. 어떻게 또……. 막막해지기도 하고. 이 얘기 하면서 좀 보이긴 했어요. 좀 놔두세요.

나　무: 나는 소명이 그 마음을 더 소중하게 봤으면 좋겠다는 바람이 있고. 좀 아쉽고, 답답했어. 좀 편해졌으면 좋겠고, 그 마음 되게 간절한데 자꾸 아쉽고, 답답함 으로 가서 오히려 더 불편하게 만드는 것 같아서…….

소　명: 나무의 얘기가 굉장히 의미 있게 들려서 생각하게 되는데…….

물　빛: 지금 소명의 태도는 좀 답답해. 소명은 나무는 안 보고, 아까 소명이 거북이 님한테 피드백했을 때 거북이 님 반응하고 똑같이 하는 것 같아서…….

거북이: 조금 그 말이 더 서운하고 뭘까 궁금하고……. 말해 줘서 고맙고.

소　명: 아쉬울 것 같아요. 나도 아쉬우니까. 지켜보는 마음들이 아쉽게 느껴지는데 굉장히 막막하네요.

나　무: 그런데 막막함, 아쉬움 밑에 마음은 어떤 마음이야?

소　명: 잘하고 싶은 마음이지.

나　무: 응. 그걸 표현하고 더 잘하는 방법으로 안 가고……. 그 마음은 있는데 안 되 는 것에서 도는 거 같아서.

소　명: 어떻게 하면 잘하게 될지에 대해서 자꾸 찾는 것 같아서 그 부분에서 내가 좀 쫓기는 마음이 있어요.

나　무: 제대로 된 방법으로 정말 잘 돕고 싶구나.

소　명: 응. 나무처럼 잘 돕고 싶고, 제대로 한 번 해 보고 싶은데……. 꼬이는 거 같아 서 좀……. 순간순간 너무 당황되고, 난처하고…….

나　무: 그래. 상대를 돕는 방법은 마음을 내서 심정으로 돕는 방법과 제대로 된 방법 을 찾아서 요령으로 돕는 방법이 있는데 심정은 좀 덜 보고, 방법만 찾는……. 그래서 막막해 하는 것 같고, 그래서 이 두 가지가 같이 갔으면 좋겠다.

겨울오리: 저는 이상하게 나무 님 이야기 들으면서 답답함이 올라와요. 소명 님께서 하 신 시도가 아쉬운 면도 있고, 지금 이렇게 나무 님의 피드백이 소명 님한테는

도움이 될 수도 있는데 제가 지각하기에는 나무 님이 어……. 여유를 안 주고 상대한테 이렇게 해라, 저렇게 해라라고 설명하는 것처럼 느껴져서 답답함이 올라왔어요. 이렇게 표현하는 저 자신한테도 아쉽습니다.

소　명: 제 편 들어주는 것 같아서 고맙고요. 답답했던 거 같아요.

바라밀: 정말 답답하고, 시원해지고 싶고. 저는 소명이 거북이한테 가는 마음이 아까 참 궁금했어요. 거북이가 소명한테 피드백하는 마음이 고마웠는데 거기서 표현하지 못한 아쉬움을 가지고 거북이한테 갔던 건지, 아니면 거북이가 염려스러워서 갔던 건지 하는 것이 나한테는 좀…….

소　명: 겨울오리 님……. 예. 저한테는 좀 도움을 주고, 지지해 주고 싶은 마음에서……. 또 겨울오리 님은 후련해지고 싶은 마음에서 말씀을 하셨던 것 같아서 반갑고요. 후련해지셨으면……. 사실은 나무가 저한테 하는 말이 많은 도움이 되는 거여서 의미 있게 듣고 있었기 때문에 겨울오리 님은 답답하셨고, 저는……. 귀 담아 들을 만한 시간이었다고……. 지루함을 드렸다면 참 죄송하고요. 저로 인해……. 흐흐흐(웃음). 바라밀 님이 해결하려고 이렇게 거북이 님한테 다시 돌려주는 거 같은데 그건 다들 지루해할 거 같아서 제가 해야 되나, 말아야 되나 사실은 주저되는 부분이에요. 사실은……. 해도 되나요?

겨울오리: 지루해요.

소　명: 그렇죠. 나도 지루해져서 어디서부터 풀어야 할지 모르겠어요. 막막해요.

산수국: 나는 좀 다른데……. 바라밀 얘기를 해결하려고 하는 것으로 받아들이는 게 좀 많이 아쉬워요. 사실은…….

티　나: 저도 아쉬워요. 같은 얘기인데 그것에 대해서 계속 답을 내려고 하는 소명 님이 계셔서…….

소　명: 산수국 님하고 티나 님……. 현재로 오게 해 주셔서 감사하고요. 후～～우(한숨).

재　은: 지금 이 상황을 책임지고 싶으신가 봐요. 해결하고 싶고, 다들 좀 명쾌하게 시원해지도록……. 하고 싶은 걸로 보이는데……. 시원하게 해 주고 싶으신가 봐요.

소　명: 고맙고, 그만큼 재은 님도 빨리 해결해서 넘어섰으면 하는 기대도 있으신 걸로…….

재　은: 편안해지셨으면 좋겠어요.

소　명: 응. 제가 편안해졌으면 좋겠다…….

재　은: 예.

강　물: 지금 소명 님 모습 조급해 보이고, 답을 찾아 내놓으려고 하는 사람으로 보여서 안쓰럽고, 힘드실 거 같아요.

소　명: 맞아요. 힘들고, 갑갑하고…….

하나하나: 저는 소명 님한테 안타까운 게 기대라는 말을 두 번이나 쓰시고, 아까 거북이 님한테도 그렇고, 겨울오리 님한테도 그렇고……. 지금도 기대로 가고 그러는 게 주려고 했던 마음이나 그 마음을 보기보다 그걸로 인해서 이렇게 내가 뭘 잘못했나? 이렇게 내 마음이 흐트러지는 게 너무 아까워요. 그 순간에……. 그런 생각이 드는 순간에 그렇게 가 버리는 거예요. 내 마음이 너무 아까워요. 그 마음을 잘 챙기셨으면 해요.

강　물: 이걸 해결 안 해도 된다고 이야길 드리고 싶고요. 그냥 소명 님 마음이 편해졌으면 좋겠어요.

소　명: 해결을 하고 싶어요. 흐흐흐. (웃으며 티슈를 뽑아 흐르는 눈물을 닦으며)

　비: 소명 님이 편안하게 있는 게 해결하는 거라 알려 드리고 싶어요.

소　명: (잠시 침묵) 비도 고맙고요. 마음이 느껴졌으면 좋겠어요. 자꾸 막 내용이 떠도니까…….

　은: 아주 답답하고, 속상하고, 안타까우실 거 같아요. 지금 상황이…….

나　무: 나는 반가운데 소명이 마음을 잘 느끼고 싶다는 게…….

소　명: (잠시 침묵) 머리로 자꾸 느껴지는 거예요.

나　무: 그래서 속상하지?

소　명: 답답하지. (웃으며)

나　무: 답답하면 느끼고 있네. (잠시 침묵) 나는 하나하나 말이 대단히 반가운 부분이……. 소명 보면서 아주 아까운 게 간절함이 있잖아. 마음으로 잘 느끼고 싶고, 잘 돌려주고 싶고, 잘 만나고 싶고, 그런 마음들이 있지?

소　명:　(고개 끄덕끄덕)

나　무:　어. 그 마음을 네가 더 소중히 여겼으면 좋겠다는 바람이 들어. 정말 그러고 싶구나. 이렇게……. 그래서 그 소중한 마음이 자꾸 안 되는 갑갑함이나, 답답함이나, 막막함을 갖다 덧붙이니까…….

소　명:　어떻게 해야 할지 모르겠네.

나　무:　기분이 어때?

소　명:　막막하고, 어떻게 해야 할지…….

키　키:　저는 소명 님을 좀 기다려 주고 싶고요. 그게 방법이든, 머리든, 뭐든 소명 님 식으로 마음껏 하라고 기다려 주고 싶고요. 그리고 머리로 그런 쪽으로 가는 아쉬움. 지금 하고 있고, 계속 하고 있고, 사람들이 보고 있다고 알려 드리고 싶어요. 하고 있다고……. 그렇게 하는 자신을 봤으면 좋겠어요. 시도하는…….

〈남과의 만남 1〉

비:　전 옹달샘 님을 뒤에서 보는데 옹달샘 님이 되게 커 보여요. 옹달샘 님께서 말씀하신 말을 들을 때는 상대를 보고, 말을 할 때는 내 입장에서만 보겠다는 그 목표를 저도 함께 해 보고 싶어요. 지지하고 싶고, 같이 하고 싶고…….

옹달샘:　든든하네요. 그렇게 받아 주셨다니 감사하기도 하고, 같은 길을 가고 있다는 것에서 안심도 되고, 설레기도 하고 조금……. 걱정도 조금 돼요. 잘할 수 있을까…….

물　빛:　들으면서 참 따뜻하고, 뭉클하고, 옹달샘 님한테 지지 보내 드리고 싶고……. '안 되면 또 하죠.' 하는 마음도 들고.

옹달샘:　좋아요.

시냇물:　옹달샘 님 말 들을수록 신뢰가 가고, 다른 사람 말할 때 상대를 보는 거랑 내가 말을 할 때 나를 보는 게 쉽지는 않은 건데 그걸 말씀으로 표현하셨고 또 "내가 잘할 수 있을까." 하는 말 속에서는 정말 그 길로 쭉 가고 있는 모습으로 보

여서 제가 감동되고……. 저도 그러고 싶은 마음도 생기고, 지지도 해 드리고 싶고, 들을수록 자꾸만 커지는 것 같아요.

옹달샘: 저는 시냇물 님 말씀하시는 게 제가 처음 집단에……. 여기 감수성 훈련에 왔을 때 끊임없이 그걸 나한테 보여 주셨잖아요. 나한테 다가오셔서 손 내밀고, 내 마음 읽어 주고, 보듬어 주고 하셨잖아요. 그렇게 하고 싶다고요.

강 물: 옹달샘 님 말씀은 자기 걸음으로 가시겠다고 들려서 지지 드리고, 저는 지금 제 이야기 잠깐 하고 싶고요. 저는……. 제가 이런 부분에서 대견한 부분도 있지만 사실 귀찮고, 불편하고, 짜증나는 부분도 있어요. 음……. 저의 행동력은 되게 반갑고요. 적극성……. 그냥 있고 싶은 저도 있는데 자리 빈 게 계속 보이니까 제가 와서 채워야지, 채워 줘야지……. 또 나를 잊고 싶었는데 그런 나를 안 봐 주고 또 행동으로 계속 행동하면서 살아온 저를 또 여기서 그대로 보인 것 같아서 좀 짜증이 나요. 귀찮고……. 그냥 나왔어요. 자꾸 비어 있다고 하니까……. 있고 싶었는데 그냥 나왔어요. 있고 싶은 마음이 더 컸는데 몸이 자꾸 움직여서……. 이런 데서 더 자유로워지고 싶어요. 한편으로는 안 움직이는 분들 볼 때는 죄송하지만 탓하는 것 같은데 답답했어요.

시 원: 편하게 자기 얘기를 꺼내 놓는 강물 님 참 멋지고 또 한편으로는 지금 옹달샘 님이 중심이신 것 같은데 슬쩍 강물 님으로 가져가는 건 좀 아쉬웠어요.

블루문: 전 말씀 들으니까 옹달샘 님 지지 드리고 싶은 마음도 있었는데 이렇게 강물 님이 나오셔서 얘기하실 때는 약간 마음이 좀 서운하기는 했지만 그래도 강물 님 얘기는 또 강물 님 얘기를 들으면서 그대로 집중이 됐고요. 그런데 시원 님 말씀하실 때는 저는 좀 마음에 걸리는 게 '옹달샘 님이 중심이신 것 같은데 강물 님이 슬쩍 가져간다.' 이렇게 하시니까 그건 시원 님 지각인 것 같고, 그런 서운함이나 불편함은 드실 수 있겠지만 그렇게 말씀하시니까 저는 마음에 좀 걸렸어요. 강물을 탓하는 것처럼 보였고, 그래서 저도 아쉬움은 좀 있었는데 시원 님도 그런 마음이지 않을까……. 이런 생각을 했고요. 그리고 강물 님이 얘기하실 때는 옹달샘 님에게 말할 때 그 느낌과 다르게 기분이 좀 가라앉게 됐고요. 들으니까……. 또 한편으로는 '아하! 뭐 저런 얘기를 하나?' 뭐 이런

귀찮은 느낌이 저도 들었고요. 아주 작은 얘기 같은데……. 그렇지만 강물 님한테는 굉장히 중요한 이야기니까 듣고 싶다 그런 생각이 들었고……. 참 강물 님이 그럴 때 기대에 부응하려고 하는 자기 자신을 보는 게 참 싫으신 모양이다. 그냥 기대에 부응 안 하고 내 뜻대로 자유롭게 하고 싶은 대로 그냥 했으면 좋겠다. 이런 마음이 전해져서 그 마음이 되게 복잡하고, 귀찮고, 짜증나고, 그런 자기가 못마땅했겠다. 이렇게 좀 느껴졌어요. 그러면서 또 그런 자기를 강요하듯이 남한테도 왜 저기 비었는데 왜 안 나가 그렇게 강요하고 싶어 하는 또 남에 대한 마음도 읽으시고……. 그래서 참 섬세하게 보이고, 그러면서 참 작은 것에도 알아차리고 변화하고 싶어 하시는구나. 이렇게 보여서 지지해 드리고 싶고.

하나하나: 저는 블루문 님 좀 긴장하시는 것처럼 보여서 지지해 드리고 싶고, 지금 열심히 다 챙기면서 하고 계시다고……. (웃음)

물 빛: 블루문 참 따뜻하고, 잘 살피고, 자기 것도 잘 표현하고, 참 든든하고 지지도 보내고 싶고 그러면서 저도 살짝 걸리는 게 작은 일을 저렇게 표현해야 하나 하는 그 말에는 저도 좀 걸렸어요. 강물이 정말 해야 하는 의무감에서 벗어나서 정말 하고 싶은 대로 할 때 하고, 물러설 때 물러설 수 있게끔 정말 편하게 하고 싶은 마음이 크구나. 그거 내 놓고 시작이겠다 싶어서 반가웠고.

블루문: 되게 고맙기도 하고, 약간 억울한 느낌도 들고……. 그런데 참 따뜻하고, 뭔가 더 강물 님한테 주는 지지의 마음을 지금 이 순간에 얘기해 줘서 저도 더 그 마음으로 가게끔 도와주시는 것 같아서 되게 다행스러운 것 같아요.

거북이: 저는 블루문 님하고 물빛 님, 그리고 시원 님이 정말로 따뜻하고, 고마운 마음까지 들고……. 이 강물 님에 대해서 정말 지지하고 싶어요. 세 분은 강물 님을 지지하는 데 있어서 마음을 다해서 하신 것 같고, 각자의 상황에 맞게 먼저 우리 블루문 님은 강물 님을 지지하는 부분에서 쉽지 않았을 것 같은데 옹달샘 님하고 함께해서 무리가 가지 않게 하는 것으로 인식이 돼서 반가웠고. 강물 님은 정말 이렇게 힘든 것과 힘들지 않은 부분에서도……. 그 부분에서도 자유롭게 하고 싶어 하는 그 마음이 정말 대견스럽게 느껴졌어요. 말이 길어

지니까 제가 좀 초조해지고······.

바라밀: 굉장히 참 섬세하고, 따뜻하구나 하는 생각이 들었어요. 작은 부분의 걸림도 내어놓고, 그 걸림에 대해서 내가 느끼는 감정들을 표현하면서도 상대의 마음도 충분히 이렇게 알아 가는 것들이 저한테는 따뜻하게 느껴져요.

강 물: 저는 시원 님 입장에서 좀 아쉬웠겠다 싶었고, 솔직하게 얘기해 주신 것은 반갑고요. 그리고 블루문 님이 되게 섬세하게 여러 상황에 대해 이야기하시는 것이 참 섬세하다 싶고, 그러면서 떨림이 이렇게 있으신데 그런 것에서 편안하게 이야기하실 수 있는 모습 보고 싶고요. 그리고 물빛 님께서 강물이란 사람이 이런 자기가 해야 한다는 상황에 대해서 책임을 지는 것이 힘들었겠다. 알아주시는 것 같아서 반갑고, 고맙고, 저란 사람에 관한 관심이나 통찰이 깊으시다 싶어서 되게 감사했고요. 상황을 책임지고 살아오는 것에서 좀 더 벗어나고 싶어요. 상황을 책임 안 지고 나 혼자 편하게 있는 것도 하고 싶어요. 여기는 내가 상황을 책임질 일도 아닌데 왜 여기까지 와서 내가 상황을 책임지려고 하는지······. 지운 님 기대 쪽으로 보시는 부분이 있는데 그건 좀 적고요. 그것보다는 상황을 책임져야 한다는 것이 강하게 작용하고 있어서······. 저 여기 감수성 훈련 상황에 책임지라고 하는 사람도 없고······. 제가 생각해서 이 상황이면 나라도 책임져야지, 나라도 채워 줘야지······. 이렇게 가는 제가 대견하기보다는 답답해요. 저한테 아쉽고, 상황을 책임 안 질 때는 질 필요 없는데 왜 져요. 저 편한 대로 혼자 빠져서 놀아야지.

겨울오리: 강물 님 처음에 말씀하실 때 약간 어! 귀찮은데 이런 얘기를 꺼낸다. 이런 모습······. 작은 일인데 꺼낸다. 이런 말씀 처음에 하실 때 '어! 뭐지?' 그랬는데 말씀을 다 듣고 나서는 강물 님 말씀이 너무 이해가 되고, 진짜 원하시는 본심이 뭔지 딱 알게 되어서 되게 반갑고, 강물 님하고 더 가까워진 느낌이었어요. 이야기를 듣는 것만으로도 전 되게 기뻤어요. 반갑고.

강 물: 그대로 들어 주신 게 고맙고, 한편으로는 매우 아파요. 제가 저 자신에 대해서······. 이렇게 상황적인······. 제가 고생을 많이 해서······. (하하하 헛웃음)

겨울오리: 그 강물 님이 아파하는 부분에 대해서는 전 약간 좀 의아하고 오히려 전 강물

님이 빈자리가 있어도 다른 사람을 답답해하지 않고 저 뒤에서 그냥 나 혼자 편안하게 나 하고 싶은 대로 즐기고 싶다 그 마음이 되게 크게 느껴졌어요. 그래서 더 반가웠어요. 아픔보다는 그게 더 많이 느껴져서⋯⋯.

강　물: 사실은⋯⋯. 아픔보다는 그렇게 살고 싶어요. 상황 책임 안 지고⋯⋯.

겨울오리: 그게 되게 기쁘고 반가웠어요.

강　물: 상황은 상황대로 보고 나는 나를 챙겨서 편하게 놀고 싶어요. 쉬고 싶고.

〈남과의 만남 2〉

처　음: 바라밀 님이 되게 놀랍고, 조그마한 것까지도 다시 찾아서 세워 주고, 지지해 주는 부분들이 정말 따뜻하고, 믿음이 가고. 그리고 블루문이나 물빛이 이렇게 공감적으로 지지해 주고, 한 고비 넘어가고, 성장하는 모습이 뭉클하면서도 대단해요. 함께하고 싶다는 마음 때문에 떨려요. 멋져요.

물　빛: 지지 반갑고, 고맙고, 처음 님이 해 주셔서 더 기뻐요. 처음 님이 열고 하겠다고 자리하시는 게 반갑고.

하나하나: 전 두 분한테 새로운 걸 배워서 감사하고, 고맙고, 보면서 놀라웠고. 나무 님이 얘기하신 부족하지 않은 자기를 아는 것도 중요하겠지만 부족하다고 여기면서도 서로를 도우면서 더 나아갈 수 있는 걸 보여 주시는 게 참 든든하고요.

강　물: 저도 두 분 정말 축하드려요. 함께하면서 서로가 돕기도 하고, 본인 자신이 더 넉넉해지고, 여유로워지고 정말 축하드려요.

　비: 저는 처음 님의 말의 힘이 놀라워요. 저도 되게 뭉클하고, 감동받았는데⋯⋯. 처음 님이 말씀을 하시는데⋯⋯. 처음 님의 말씀에 따라 막 제 마음의 감동이 더 일어나고 출렁이는 느낌까지 있어요.

바　탕: 저도 가슴이 뜨끈뜨끈 했어요.

처　음: 나누면 이렇게 커지는구나. 진짜 기뻐요. 감사하고⋯⋯. 이게 함께하는 거구나.

　비: 그 말씀에 더 커지고, 깊어지는 느낌이에요.

나　무: 전 처음 님이 보유하고, 가지고 계실 때도 참 컸지만 나누면서 더 풍성해지고,

커지니까 더 기쁘고, 기대가 되고, 더 만나고 싶고, 정말 처음 님이 더 많이 나누면서 풍성하게 나누시고, 돌려주시면 좋겠다는 바람이 들어요.

처　음:　지지받는 것 같아서……. 고마워요.

블루문:　전 처음 님 말씀 아까 들을 때 처음 언니한테 제가 드리고 싶은 말씀을 처음 언니가 우리한테 해 주고 있다. 분명하면서도 되게 따뜻하고 깊다. 함께 나눈다. 정말 나무 말처럼 그게 보유되고 있었는데 이제는 은은하게 함께하고, 퍼지고 나눠 주고, 배가되는 것 같은 느낌이에요.

처　음:　정말 반가워요. 되고 싶어 하는 나의 모습을 향해서 한 걸음씩 나아가고 있다고 지지해 주는 것처럼 들려서 정말 고맙고, 힘이 되고 우리 서로 함께 해내고 있다고 말하고 싶고.

블루문:　멋지다. 그 말…….

보따리:　말에 굉장히 힘이 있어서……. 어제 지운 님이 지적하신 것처럼 콕콕 찍어 가지고 하는 것들이 굉장히 힘 있게 보이고요. 멋있어요.

처　음:　보따리 님 얘기 들으면서 또 하나 올라오는 게 예전에는 말에 힘이 있다는 말이 그렇게 듣기 싫었어요. 그런데 그 말이 이렇게 고맙고……. 내 안에 또 나를 봐 주는 것 같아요. 그런 또 다른 나를 보이고 있구나. 이게 저한테 되게 반갑고요.

시　아:　저는 처음 님 참 멋있게 느껴졌는데요. 분명함과 따뜻함도 있지만 거기에 진심까지 실려서 말에 더 힘이 실린 게 아닌가……. 그래서 되게 멋있어 보여요.

지　운:　옛날의 힘하고, 오늘 힘하고는 종류가 다르지. 영어로는 force와 power로 두 단어가 다른데 우리말은 단어가 같아.

처　음:　제 생애 최고의 날인 것 같아요. 정말로 분명하단 소리, 따뜻하단 소리, 힘 있단 소리, 그리고 제가 추구하는 진실하단 소리까지 들어서 정말 감사합니다.

나　래:　저도 한마디 보태고 싶은 마음인데 전에 뵈었을 때와 느낌이 많이 달라지셔서 어떤 변화가 있었을까 궁금했었어요. 그런데 오늘 장에서 보여 주시는 모습 보면서 아! 참 전에도 멋있고, 친해지고 싶고 하는 부분이 있었지만 오늘은 정말 더 친밀한 느낌, 그리고 정말 축하드리고 싶고, 정말 더 멋지시구나. 더 잘 나눌 수 있겠구나 기대도 되고 되게 반가워요.

처　음:　어제 옆에서 나래 마음으로만 챙기고 표현하지 못한 저에 대한 아쉬움이 있었
　　　　는데 지금이라도 이렇게 서로 만날 수 있고, 손 내밀어 줘서 고맙고, 머리로만
　　　　하지 않고, 이제는 정말 더 해야겠다, 실천해야겠다는 게 더 올라오게 해 줘서
　　　　고맙고.

나　래:　정말 잘 받아 주시는 것 같아서 기뻐요.

〈남과의 만남 3〉

하늘나무:　가을하늘 님! 좀 더 친하게 지내요.

가을하늘:　그 말씀……. 되게 어.……. 뭐랄까 따뜻함이 전해지고, 저도 그게 느껴지고,
　　　　'더 친하게 지내요.' 이런 말이 뭐랄까……. 전체 있는 데서 이런 말 들으면
　　　　쑥스러워지는…….

지　운:　왜?

가을하늘:　모르겠어요.

지　운:　이런 얘기라는 게 뭐 어떤 얘기인데?

가을하늘:　쑥스러워요. 그러니까 더 친해졌으면 이런 얘기를 집단에서 들으면…….

지　운:　그래. 기회를 줄 테니까 둘이 해라. 순간에 저게 끼이는 거지. 그렇지? 이성으
　　　　로 보이는 부분이 끼이는가 봐. 쑥스럽다는 게…….

가을하늘:　예?

지　운:　이성으로 보이는 부분이 끼이는가 봐.

가을하늘:　이성이 아니고 다른 성…….

지　운:　친해지고 싶다는 이야기가 쑥스럽다는 게 가을하늘이 하늘나무가 여자로 보
　　　　이는 부분이 조금 있는 게 아니냐? 이 말이지. (웃음) 더 쑥스러워졌다.

겨울오리:　지운 님.

지　운:　왜?

겨울오리:　지운 님 말씀이 해석이 더 이상해요. 그러니까 추측이…….

지 운: 그러니까 내가 왜 쑥스러우냐고 물으니까 지금…….

허 당: 그럼 확인해 볼까요? 제가 친해지고 싶다고 했을 때랑……. (웃음) 당황스러우시면 이성이 아니죠. 이성이 아닌가 봐.

팅커벨: 저 하늘나무 님 축하하고……. 옆에 앉아 있으면서 저도 많이 편해졌어요. 아까 이성으로……. 상대를 봐야 한다는 게……. (웃음) 그 부담이 저도 있었는데 그걸 하늘나무 님이 털고 가시면서 자유롭고, 자연스럽게 상대를 만나는 것 같아서 그 모습이 참 편하고, 덕분에 저도 같이 편해져서 고맙고.

하늘나무: 뭘 했는지를 알려 주셔서 되게 선명하고요. 그리고 또 팅커벨 님도 편해지셨다니까 안심도 되고, 알려 주셔서 고맙고……. 더 편안해지셨으면 좋겠어요.

팅커벨: 참 그 말이 힘이 되고, 편안하면서 편안함을 누리고 싶어요.

보따리: 두 분 말씀하시는 모습이 굉장히 따뜻해요.

하나하나: 저는 하늘나무한테 축하하고 싶은데 성장하는 모습을 보여 주는 걸로 보이거든요. 예전에 제가 기억하기로는 우리가 하늘나무한테 하는 피드백이 공감과 위로와 안쓰러움이 많았다면 지금은 함께 나누고 있는 것이 성장 지점처럼 보여서 축하드리고 싶어요.

하늘나무: 되게 뿌듯하고요. 하나하나 님 피드백받고 싶었는데 받아서 되게 기분 좋아요.

비: 애교도 있다니까.

하늘나무: 예. 고맙습니다.

나 무: 하나하나 되게 반갑고, 정말 비슷한 마음이야. 나는 아까 티나 님이 하늘나무에게 "네가 하고 싶었잖아. 지금 해내고 있잖아." 이 말이 정말 먹먹하게 느껴지는데 이렇게 나누고 있었기 때문에 함께 가는구나. 저렇게 믿어 주고 함께 하는 거구나. 지금도 먹먹하고요. 보유하고 있는 자원을 마음껏 발휘하는 것 같아서 반갑고, 축하드려요. 그리고 아까 하늘나무 님이 더 믿고 싶어서 지지받고 하고 싶었다는 게 정말 자기를 사랑하는 마음이구나. 그런데 지금은 이처럼 다른 사람을 지지하고, 든든하게 하는 걸 하늘나무가 하고 있다는 걸 정말 알려 드리고 싶어요. 말 한마디에 진심이 어쩌면 저리도 고스란히 담겨 있는지 말 속에서 마음이……. 정말 축하해요.

오　름: 저는 지금 이 순간이 정말 감동적인데……. 멈춰 서 있는 사람에게 지팡이를 주고, 스스로 일어서게끔 해서 돕고, 혼자 조금씩, 조금씩 나아가게 하고. 나머지 분들이 정말 그분이 제대로 나아가게 하기 위해서 한 마음으로 돕고 있는 이 모습들이 너무나 감동적이고 멋있어요. 한 사람을 돕기 위해서 얼마나 많은 사람이 마음을 내고 함께 가고……. 확인하고, 다시 가고 하는지……. 이런 것들이 너무나 감동적이고 이 자리에 내가 있다는 게 감사합니다.

새　늘: 나무 님 의견에 전적으로 동의하고요. 아까 티나 님 얘기를 들었을 때 정말 지켜보아 주고 있고 그동안 계속 든든하게 지지해 주고 있다는 느낌이 들어서 목소리만 들어도 정말 힘이 되는 느낌. 정말 아름다웠고요. 하늘나무 님도 정말 누릴 것 누려 가면서 그대로 또 누린 만큼 돌려주시는 모습이 감동이고요. 새로운 출발점이 되기도 하겠지만 제가 본 하늘나무 님은 원래의 자리로 오신 듯한 느낌이 들어서 더 기대가 되고, 설레기도 하고…….

하늘나무: 저 수다스러워져도 돼요? (웃음) 한 분 한 분 말씀이 너무 좋고……. 너무 좋아서 지금 이 순간에는 정말 고스란히 사람의 마음이 들어오는 것 같아서 이 기분도 마음껏 누리고 싶고, 말씀해 주신 분들 다 너무 감사하다고 전해 드리고 싶고……. 소중하다는 말이 더 새롭게 들리고, 더 뜻 깊게 들리고…….

예쁜사랑: 하늘나무 님 너무 멋지고, "나를 온전히 믿는 가운데 상대를 볼 수 있구나."를 비춰 줘서 가을하늘 님 덕에 집단이 따뜻하고, 그걸 해내고 있네요.

지　운: 갑자기 왜 가을하늘이……. 그러니까 네가 마음이 어디로 가 있는지…….

가을하늘: 마음속에 제가……. (웃음)

지　운: 지금 나무가 하늘나무한테 이야기할 때 정말 감동이었어. 이렇게 말 내용도 그렇고, 거기에 실려 오는 네 느낌이 너무 따뜻하고, 좋았어.

허　당: 지운 님 말씀에 동의가 돼요. 나무 님이 눈물을 머금고……. 화장 지워지지 않을 정도로만……. 아! 진짜 신뢰가 가고, 말이 들리는 게 아니라 마음이 먼저 들리니까 저도 같이 울컥하더라고요. 오름 님 말씀하실 때도 그랬고. 하늘나무 보면서는 아! 아까 들으면서 계속 감탄이 되는 게 말이 재산인 사람이구나. 말이 재산이고, 어쩜 저렇게 말을 소중하게 쓸 수 있을까? 하면서 말 한마디 한마디가 다 신뢰가 되고, 그게 하늘나무를 세우는 기반이 되겠구나 하는 생각이 들었어요. '이제 사람들의 신뢰를 같이 나눌 수 있는 기반이 다져졌으니 그 위에 서기만 하면 되는구나.'라는 생각이 들어서……. 그리고 서 가는 모습으로 보였고, 참 축하드리고 싶었어요.

하늘나무: 비춰 줘서 고맙고요. 그러면서 자꾸자꾸 웃음이 나오는 건……. 들으면서 말씀하시는 그 내용이 다 그분들이 가지고 계신 건데……. 지금 제가 듣기에는 그렇게 들리거든요. 허당 님의 말씀도 정말 소중하고, 그냥 귀에 쏙쏙 들어와요. 거기에 정성스러운 마음까지 같이 와서 참 그냥 듣고 있는 게 편안하고 좋고……. 되게 존중받는 것 같고…….

허 당: 참 행복하네요.

바라밀: 행복해져. 하늘나무 얘기를 듣고 있으면 정말 사람들 마음 하나하나에 그 마음은 그대로 가고 있구나. 신발 다 신고 있는데 하는 생각……. 그냥 걸으면 되는데……. 준비가 이미 되어 있다고 늘 느끼는데……. 정말 많이 듣고 싶은데 오늘 이렇게 해 주니까 정말 반갑고, 축하해 주고 싶고.

하늘나무: 그냥 좋아요. (웃음) 그리고 저는 정말 잘 누릴 수 있게끔 함께해 주셔서 정말 감사하고요. 그러면서 다른 분들도 함께 나눴으면 좋겠다. (웃음) 부담은 아닌데요. 그냥 같이……. 이렇게 하고 싶어서…….

지 운: 그래. 다른 분 누가 했으면 좋겠어?

하늘나무: 제가요? 지운 님은 어떠세요?

지 운: 응. 난 지금 아주 편안하고 기뻐.

바라밀: 지운 님도 기쁘실 것 같아요.

초 롱: 저도 축하하고 싶은데요. 말에 마음만 담는 것이 아니라 말에 나를 담고, 너를 담아서 딱 함께 되는 그래서 귀가 기울여져요. 무슨 말이 나올까? 참 귀하게 느껴지고, 마음껏 축하하고 싶고, 축하받으셨으면 좋겠고, 그래서 피어나는 기회도 되고……. 그런 하늘나무 님을 통해서 나무 언니 피드백은 참 세세하고, 오름언니 피드백은 전체를 쫙 보고 있고, 그 속에 아까 비 님이 이야기한 것처럼 참 근사하다. 한 사람 한 사람……. 누렸으면 좋겠고, 정말 축하하고,

　　　　　우리 모두가 멋있고 그러네요.

하늘나무: 초롱 님도 멋있어요.

초　　롱: 너무 많은 내용을 한꺼번에 전달한 것 같아서…….

바라밀: 초롱이 나무가 아까 가졌던 그 먹먹함, 오름의 감동스러움과 비가 이야기했던 근사함까지 다 묶어서 주니까 아! 정말 그렇구나 하는 이게 와서 되게 따뜻하고, 기분이 좋아지고 그러네요.

물　　빛: 정말 먹먹하고, 숙연해지는 게 처음 이 집단 시작하면서 보유 능력을 실력으로 이렇게 했는데 지금 막 다들 피어나는 것 같아서 되게 기쁘고 좋네요. 먹먹하고.

오　　름: 그러면서 제가 저한테도 기쁜 게……. 한 분 한 분 이야기할 때 예전에는 이렇게 틀로 해서 아! 되고, 안 되고 이런 게 있었는데 오늘은 그런 것들 없이 그대로 느껴져서 정말 감동이고…….

허　　당: 축하해요.

지　　운: 참 좋다.

시　　아: 참 편하고, 자유로울 것 같아요.

바라밀: 시아가 입 떼서 반가워. (웃음)

지　　운: 너도 기다렸느냐?

시　　아: 나는 하늘나무 보면서 참 맑고, 투명한 진실의 거울 같은……. 그 거울 속에는 어떤 사람이 와도 그 사람 있는 모습 그대로 비춰 주면서 되돌려 주는……. 그런데 거기에 하늘나무의 진심이 실리니까 그 사람이 갖고 있는 것뿐만 아니라 잠재되어 있는 것까지, 미처 알고 있지 못하는 것까지 비춰 주는 걸로 보여서……. 너무 좋고, 그리고 하늘나무가 마음이 가니까 먼저 스스로 입을 떼려고 하는구나. 그래서 비하고 정말 친밀한가 보구나. 그렇게 느껴져서 하늘나무 모습 보니까 기분 좋고, 축하해.

하늘나무: 시아 님 축하 받아서 너무 좋고, 그러면서 오름 님 너무 축하드리고 싶고, 오름 님 축하드려요. 한편으로는, 제 짐작이기도 한데 가지고 있었던 숙제 같은 게 풀려서 정말 시원하실 것 같고…….

오 름: 사실이에요.

   비: 저는 또 오름 언니의 이야기와 하늘나무가 이야기하는 것을 보면서 정말 한 사람을 돕기 위해서 온 마음을 이 많은 사람이 쏟고 있는……. 그런 게 되게 감동으로 느껴지고, 그런 마음을 내가 갖고 있고, 나도 그 사람이라는 것을 우리 각자가 믿으면 정말 좋겠구나. 그런 마음……. 그리고 오름 언니 말이 되게 감동적이고.

오 름: 확인해 줘서 고맙고.

지 운: 음……. 오름의 말도 참 감동적이지만 그 말을 믿을 수 있도록 한 우리의 행동이 같이 감동인 거야. 참 오늘 난 아주 기뻐. 음……. 사실은 여러 사람이 하늘나무를 도왔지만 하늘나무가 얼마나 많은 사람을 돕고 있는지 양쪽을 다 보고 있으니까……. 일방적으로 주고받는 그런 관계가 아니잖아. 그게 참 얼마나 멋있느냐.

〈남과의 만남 4〉

시냇물: 하이디 반갑고.

하이디: 반갑고 따뜻하네요.

예쁜사랑: 밝게 웃는 하이디 모습을 보니까 기뻐요.

하이디: 따뜻하네요.

티 나: 예쁜사랑 님 웃음도 참 보기 좋아요.

하이디: 티나 님 반가워요.

티 나: 반가워요.

예쁜사랑: 평소 좋아하는 사람이 보기 좋다고 하니까 저도 반가워요.

티 나: 좀 설레게 하네요.

시냇물: 설렌다는 말이 기대가 돼요.

지 운: 지금 분위기가 상당히 상쾌해요. 기분 좋아요.

처음처럼: 집단이 참 따뜻하게 느껴지고, 마음도 좀 더 편안해지고.

예쁜사랑: 처음처럼 님이 넉넉하고, 푸근하고.

처음처럼: 따뜻하고, 참 편안해요.

티　나: 시냇물 님 아까 말 아끼시는 것 같아서 저도 좀 궁금하고.

지　운: 티나가 지금 참 친절했어. 고마웠어.

티　나: 친절……. 친절로 보이시나요?

지　운: 아! 네가 시냇물한테…….

티　나: 알려 주셔서 감사해요.

지　운: 나한테는 친절해 보였어.

산수국: 굉장히 살뜰히 살피는 마음 같아서 훈훈하고, 따뜻했어요.

처음처럼: 지운 님 참 반가운데 이렇게 적극적으로 참여하시고, 피드백해 주시고…….
　　　　　집단이 더 재미도 있고, 신뢰로운 것 같아요.

티　나: 위트 있고, 저는 재미있어요.

시냇물: 든든하고, 재미있고, 신뢰할 수 있고…….

지　운: 그렇지? 나는 처음처럼 이 녀석이 참 좋아.

처음처럼: 편안하고, 참 감사하고…….

산수국: 나는 처음처럼 님이 지운 님께 편하게 얘기하고 그런 걸 보면 정말 여유가 있
　　　　어졌구나. 축하하고…….

처음처럼: (눈물 흘리며 안경을 벗고 눈물 닦음.)

지　운: 우리한테는 제주 분들이 여럿 있는데 감수성 훈련에 오는 게 너무 고마워. 얼
　　　마나 힘든지 아는데. 공부하는 사람들이 와서 제대로 공부하고, 거기에 뿌리
　　　내려서 상담을 보급해 줄 거다 생각하니까 기대가 돼. 잘 한번 해 봐. 그동안
　　　여자들이 열심히 오는데 그래도 남자가 좀 있어야지 했는데 처음처럼도 오고,
　　　허당도 오니 든든해.

산수국: 지운 님한테 감사드리는 게 정말 특별하게 요청할 때마다 와서 해 주시고, 그
　　　런 애정이 있기 때문에.

지　운: 나도 젊을 때에 제주에서 몇 년 살았으니까 정이 들었지.

산수국: 그리고 저는 뒤늦게 참석했지만 젊은 친구들이 처음처럼, 허당, 정말 열심히

참여하는 모습이 든든하고요.

지 운: 이 녀석들이 우리 감수성 훈련의 맛을 아는 거야. 써 보고 성공 체험이 되니까 자신감이 자꾸 느는 거지.

오 름: 지운 님의 지금 말씀이 처음처럼이 제주도에서 역할로도 인정받고, 참 좋은 사람이라고 얘기해 주실 때는 존재로도 알아봐 주시는 것 같아요.

지 운: 존재로 마음에 드는 거야. 역할은 아직 인정 못해. 존재를 보니까 앞으로 그런 역할을 해 주길 소망하고 있을 뿐이지. 지금 하는 역할로는 내 성에 안 차지.

산수국: 더 열심히 하라는 말씀이시죠?

지 운: 그럼 더 열심히 해야지. 위축되지 말고 영향을 미치고 퍼져 나가고……. 허허 내가 또 욕심을 부렸지.

처음처럼: 감사한 게 모델이 있어서…….

지 운: 아! 그래.

처음처럼: 특히 함께하시는 분들 통해서 좀 많이 배우고, 나눌 수 있어서 가장 큰 행복인 것 같습니다. 혼자 가지 않고, 함께 나누고, 확인받고……. 따뜻하세요.

지 운: 고맙고, 너희들이 참 든든해.

예쁜사랑: 지운 님 한 말씀 한 말씀이 감동으로 전해져 가슴이 울려 감정이 울렁거리고.

지 운: 너는 가끔 나한테 그런 이야기를 해 주지만 내가 너한테 감동받는 건 정말로 대단하다. 그 끈기, 인내……. 감탄이지. 의사결정 하는 거 하나하나가……. 나는 상담과 말과 요령을 가르치지만 너는 너의 삶 자체가 다른 사람들에게 얼마나 큰 희망을 주는지를 네가 알게 될 거야.

예쁜사랑: 지운 님 말씀이 가슴에 와 닿아 울리는데, 지운 님이 가르쳐 주신 것 같아요. 그 순간에 상대를 만나고, 나를 만나고……. 또 그게 나의 말이 상대에게 빛이 돼서 더 감동이 되어 만나는……. 그게 감수성 훈련의 매력인 것 같아요…….

지 운: 그렇지. 내가 가르쳐 준 건 아닌 것 같다. 네가 감수성 훈련을 그렇게 배워 낸 거지. 네가 필요하니까…….

예쁜사랑: 또 그것까지 저에게 돌려 주시니까.

지 운: 돌려 주는 게 아니야. 네 것이야. 네 것은 네가 챙겨야지. 네가 네 것 챙기는 능

　　　　　력이 좀 떨어지지. 그것만 생기면 네가 더 좋아질 것 같아.

예쁜사랑: 지운 님이 이렇게 믿고 기다려 주시는 것이 제가 성장할 수 있는 큰 힘으로 느
　　　　　껴져서…….

지　운: 네가 이렇게 믿을 만한 모습을 보이니까 믿는 거지. 내가 늘 하는 소리잖아.
　　　　　믿을 만한 놈은 믿을 만하다고 믿고, 믿기 어려운 놈은 믿기 어려운 놈이라고
　　　　　믿거든. 그런데 믿기 어려운 놈을 믿을 만한 놈으로 믿고는 배신당했다 이러
　　　　　고 다니는 놈을 보면 기가 차지. 그런데 너를 보면 참……. 정말 속으로 대단
　　　　　하다 그렇게 생각하지. 다 이겨 내잖아. 너한테 오는 모든 고통을 다 이겨 내
　　　　　고 있잖아. 그렇지?

예쁜사랑: 그래서 삶이 재미있는 것 같아요.

지　운: 그래……. 살아 볼 만하지.

예쁜사랑: 네. 이젠 살아 볼 만해요.

지　운: 그때까지 그 변화가……. 그렇지?

예쁜사랑: 그래서 정말 다른 세상에 사는 것 같아요.

지　운: 자기가 하면 죽을 고생이지만 구경하면 재미있다.

예쁜사랑: 재미있어요. 그래서 지운 님이 지금 여기가 아닌 너머에서의 세상은 어떤 세
　　　　　상이냐고 할 때 지운 님은 거길 가 보셨나 보다.

지　운: 안 가르쳐 줘. 거길 가 봤다 해도 거짓말이고, 안 가 봤다 해도 거짓말이니까.

예쁜사랑: 그래서 가 보고 싶은 소망은 생겼어요.

지　운: 그럼. 걱정하지 마. 기다리고 있으면 자연적으로 무임승차하고 가게 될 텐데
　　　　　왜 서둘러서 미리 현찰 내고 가려고 해.

하이디: 함께 있는 게 감동이어서 벅차네요.

지　운: 그래.

티　나: 예쁜사랑 님 지금 참 멋있으세요. 예전에 힘들 때 모습도 뵈었는데 정말 축하
　　　　　드리고 싶어요.

예쁜사랑: 항상 옆에서 따뜻하게 지지해 주고, 챙겨 주고, 손잡아 주는 티나가 따뜻하고,
　　　　　든든해요.

지　운: 하이디가 많이 단단해졌어.

하이디: 기쁘네요.

예쁜사랑: 아름다워요.

지　운: 처음에는 하이디라고 하니 이름을 거창하게 붙이는 것 같더니 자꾸자꾸 그 이름을 닮아 가는 거야. (웃음)

하이디: 굉장히 반갑고 기뻐요.

지　운: 그럼 반갑지. 기쁘고.

예쁜사랑: 축하드려요. 저는 지금 숨을 못 쉴 만큼 감동이 오는데…….

지　운: 왜?

예쁜사랑: 제가 이렇게 지나 왔던 말 한마디도 지운 님이 다 기억하고 계시고, 저를 지켜봐 주신 것 같아서…….

지　운: 너는 나한테 참 소중한 교보재야. (웃음) 삶이 한 사람 인생을 짓누르면 멀쩡한 사람이 얼마나 바보 같은 짓을 하는지, 얼마나 바보 같은 생각을 하는지 확실히 증거를 해 주더라고. 그다음에 한 사람이 주체성을 잘 찾고, 자기 삶을 알차게 성숙시켜 나가면 어떤 상황도 그 사람을 괴롭히지 못한다는 걸 너 스스로 증명해 나가는 걸 나는 하나하나 눈여겨봐 오지 않았느냐? 귀한 모습이잖아. 그러니까 사람을 어떻게 돕고, 상담하면 되는지 너는 나한테 가르치는 좋은 교재였는데 너는 교재인 줄도 모르고 교재가 된 거지. 한 놈, 한 놈들이 나한테 가르친 것들이 그런 것들이야. 너는 고통을 겪고 이렇게 완전히 발효가 되어 가. 네가 너를 완전히 비료로 만들었지. 쓰레기가 비료가 된 거야.

예쁜사랑: 저는 지운 님이 제가 감수성 훈련을 만나고 난 뒤부터 지금까지를 하나하나를 다 기억하고 쭉 비춰 주시는 것 같아서 감동이에요.

지　운: 너한테도 생생하겠지만 나한테도 생생한 거야. 신기한 거는 너희들이 말을 안 하면 내가 모르는 줄 아는 게 신기한 거야.

시냇물: 신기한 게요. 말하지 않고 그냥 있는데 느낌이 잔잔한 느낌이…….

지　운: 오잖아.

시냇물: 얘기할 때도 느낌이 와요.

지　운: 처음처럼이.

시냇물: 예. 처음처럼이 얘기할 때는 그 감동이 확 전해지고, 하이디가 얘기할 때도 전해지니까 너무 행복해요.

티　나: 동의돼요.

지　운: 동의되겠지. 티나도 이제는 안 헷갈리니까 그게 들리지. 저놈이 수시로 메일 보내고, 전화할 때……. 신기한 게 자기가 답을 다 가지고 있으면서도 묻고, 확인을 해야 직성이 풀리는 버릇이 있으니까…….

산수국: 단단해졌어요. 티나가 되게 단단해졌어요.

지　운: 산수국 덕이지. (웃음) 경상도 말로 그걸 차돌멩이라고 하거든. 차돌멩이들……. 차돌멩이 옆에 있는데 자기가 안 단단해지면 어떻게 하냐.

산수국: 저까지 살려 주시고.

지　운: 네가 언제 죽은 적이 있나. 단단하기야 너 만한 애가 있나.

티　나: 막힐 때 물을 수 있는 선생님이 계셔서 너무 감사드려요.

지　운: 그러니까 처음에 나는 스승을 모시기만 하다가 너희들이 나한테 스승이라고 할 때 놀라서 절대 그러지 말라고 했었잖아. 그러다가 곰곰이 생각을 해 보니까 내가 선생님을 찾아다닌 게 62년부터 95년까지니까 34년을 막힐 때마다 전화 드리고, 찾아뵙고 했던 그때에……. 아! 멀리 계셔도 스승이 계신다는 것 자체가 나한테 큰 힘이 되었는데 허수아비라도 너희들이 그렇게 부를 수 있는 사람이 있는 것이 그대로 너희들한테 의미가 있을 것이라는 생각이 들었어. 그래서 "그러면 불러 봐."라고 이야기를 했는데 이상하더라. 자꾸 시간이 지나니까 이제는 그렇게 낯설지는 않아. '아! 내 마음이 이렇게 간사하구나.' 라고 생각하고 있어.

티　나: 감사하다는 말 밖에는…….

지　운: 말 안 해도 네가 감사하는 줄은 알아. 꼭 말해야 아나.

예쁜사랑: 지운 님! 아버지처럼 따뜻하게 느껴져요.

지　운: 그래?

예쁜사랑: 네. 그리고 감히 어떻게 스승님이라고 부를 수 있을까 제가 너무 낮고, 작고

이랬는데 지금 이 순간에는 제자로 인정받는 것 같아서 뿌듯하고 좋아요.

지 운: 고맙지 뭐. 한 사람 한 사람이 성공 사례잖아. 자기를 재창조하는 성공 사례잖아. 너희들 하나하나의 사례들만 다 모아서 쓰면 그게 기적이지. 참 웃기는 건 남편이 그렇게 반대하는데도 어떻게 하든 설득해서 주말에 1박 2일씩 참여하고. 그렇게 해 나가는 동안에 그 남편이 바뀌고, 감사하게 만들고, 그렇게 반대하던 사람이 차 태워 주고, 그렇게 바꿔 내는 힘이 너희들한테 있잖아.

시냇물: 그렇게 할 수 있게끔, 내가 믿을 수 있게끔 내 안에서 나를 채워 주고, 믿고 올 수 있게끔 만들어 주는 그게 훨씬 더 컸었던……. 그런 부분들을 내가 감수하고 오고 싶었을 만큼 집단이……. 그래서 내 인생이 새롭게 된 게 아닌가…….

지 운: 그러게 점점 더 행복해지잖아. 네가 느끼는 행복의 정도가 점점 더 커지고, 또 그 행복을 나눠 주는 사람의 숫자가 늘어나고 그게 우리가 살림살이하는 거잖아.

시냇물: 참 신기한 게 그게 머물지를……. 지운 님 자꾸 뵈면서 배워 와서 그런지 머물지를 않고 조금씩, 조금씩 자꾸 목표를 바꾸는.

지 운: 네가 목표를 바꾸는 게 아니라 하늘이 너로 하여금 자라게 하는 게야.

시냇물: 예. 어느 순간 다른 목표가 정해져 있고…….

지 운: 네가 처음부터 의도해서 가는 길이 아니잖아. 가다 보면 거기로 가 있잖아. 이 마음공부를 하기 시작하면 머물 수가 없어. 머물면 죽는 거야. 그게 부처님 경전 중에 아주 귀한 경전이 금강경이거든. 팔만대장경을 다 압축하면 금강경 하나야. 그걸 또 압축하면 반야심경이고, 반야심경을 압축하면 색즉시공, 공즉시색이고……. 그걸 다 압축하면 무다. 금강경의 제일 소중한 구절이 '머무르지 말고 마음을 써라.'야. 처음에 그 구절 접할 때는 머무르지 말고 마음을 써라. '무슨 이런 소리를 했나?' 했는데 갈수록 꼭 실천하고 싶더라.

시냇물: 어떤 내용인지 뭔지도 모르면서 계속 이 배움만 추구하면서 왔는데.

지 운: '독서백편 의자현'이라고 그랬어. 멋모르고도 백 번을 읽으면 뜻을 저절로 알게 된다고 했어.

시냇물: 어느 순간에 그걸 하고 있는 제가 있더라고요. 그리고 받아들이면서 불편감이

점점 줄어들고 그리고 또 내가 노력한 것보다는 상대 쪽의 노력이 저한테 더 크게 다가와서 자연스럽게 그쪽으로 가고 있어서 그게 더 감사했어요.

지　운: 지금 너희들이 하는 이야기들 몇 마디만 들어도 아! 이놈은 제대로 공부한 놈이구나, 이놈은 가짜구나 하는 걸 나는 금방금방 알잖아. 지금 네가 그런 말을 할 때 얼마나 짙은 체험을 가지고, 얼마나 바른 태도로 살아왔는가가 그냥 보이잖아. 기특하지.

시냇물: 가르쳐 주실 때 그 가르침이 저한테는 너무 소중했고, 그대로 잘 키워 내고 싶은 그런 마음으로 제가 늘 왔던 것 같아요. 지금은 좀 더 잘 익혀서 조금 더 지금보다는 조금 더 확장시키고 싶은데 하려고 보니까 제가 부족한 거예요.

지　운: 그러니까. 부족한 거야 죽을 때까지 늘 부족한 거니까……. 부족하냐 아니냐 이건 중요한 게 아니거든. 부족하기 때문에 내가 열등감을 느끼느냐, 부족하기 때문에 공부하고 싶은 마음이 우러나오느냐 그 차이일 뿐이야. 부족 자체가 문제가 아니야.

시냇물: 부족하기 때문에 하려고 하는……. 어느 순간에 그쪽으로 가 있는…….

지　운: 부족감을 느끼는 게 열등감을 갖게 만드는 원인이 되기도 하지만 사람을 겸손하게 만들고, 성숙시키는 데는 그 이상의 비료가 없다.

시냇물: 예. 지운 님 잡초라고 말씀하셨을 때…….

지　운: 잡종. 잡종강세라는 게, 동물이나 식물들을 순종끼리 교배해 버리면 금방 약한 점들이 부각되어서 곧 죽는단다. 그런데 순종만 있을 때 전혀 상관없는 딴 걸 하나 가지고 와. 그래서 뒤섞어 놔. 뒤섞어 놓으면 또 잡종이 되잖아. 잡종이 되면 아주 강인해져.

시냇물: 지운 님 그 잡종이라는 말 속에 신뢰하고, 믿음, 사랑 이런 게 저는 느껴졌어요. 우리 모두를 정말 아끼시는구나.

산수국: 놓칠 뻔했는데 시냇물 님이 다시 얘기를 해서 들을 수 있었는데 저는 선생님이 잡종이라고 했을 때 우리가 정말 다양한 사람이 모였구나. 그걸 인정해 주시는 것 같아요.

지　운: 뭐 어떨 때 필요할 때 있으면 별의별 놈이 다 있으니까 전화 한 통이면 다 돼.

그렇잖아.

시냇물: 산수국 님한테 제가 참 놀라운 게요. 말씀해 주실 때마다 참 편안하면서 상대가 듣고 싶어 하는 말을 그대로 고스란히 엑기스만 전해 주시는 것 같아서……. 쏙쏙 들어와서 놀랍기도 하고, 고맙기도 하고, 전해 드리고 싶었어요.

산수국: 어쩌면 제가 듣고 싶은 얘기를……. 편안하게 하고 싶었어요.

시냇물: 참 소중하다. 들으면서 참 소중하다 싶어서…….

산수국: 따뜻하게 바라봐 주는 눈빛들이 참 저를 훈훈하게 하세요.

예쁜사랑: 참 따뜻하면서도 사랑이 넘치고, 분명함까지 갖춘 시냇물 님이 참 멋지세요. 어쩜 그렇게 통찰력도 있으시고…….

시냇물: 그렇게 보였어? 그렇게 되고 싶어서, 그렇게 가려고……. 그렇게 가고 싶어 하는 내가 있어서……. 그걸 알아주는 것 같아서 뭉클하고, 고맙고, 가는 과정이라고 얘기해 주고 싶어.

처음처럼: 시냇물 님 참 축하드리고 싶은데……. 지금 말씀하시는 게 참 자유로우신 것 같아요. 편안하면서도 상대방한테 마음도 온전히 전하고, 감정도 나눠 갖고 하시는 게……. 밑바탕에 편안함이 있으니까 좀 더 제대로 전달이 되고, 자유로우신 것 같아요.

시냇물: 참 고맙고, 굉장히 뭉클한 게요. 참……. 제가 학교에서 하고 싶은 게 있거든요. 자유롭고, 편하게 받아주면서 내가 배운 걸 전하고 싶어요. 아이들한테……. 맑으니까……. 더 빨리, 금방금방 달라지는 애들이 있어서 10명이든, 20명이든 집단을 한 번 하고 싶은데 청소년이라 어렵거든요. 내가 좀 더 이 기술을 익혀야겠다 싶었는데……. 그걸 읽어 주는 것 같아서…….

산수국: 시냇물 님 참 놀라운 게 지금 가는 과정이다. 그래서 재촉하지 않고 정말 하고 싶은 바를 천천히 다하는 여유 있는 모습……. 축하해 드리고 싶어요.

시냇물: 급하게 마음먹는다고 되는 게 아니잖아요. 내 걸음으로 바르게 익혀서 잘 쓰고 싶은 마음은 있고요. 급하게 가고 싶진 않고요. 급하게 가는 것이 제대로 가는 게 아니더라고요. 지지해 주는 걸로 들려 고마워요.

산수국: 같이 되게 부족했던 마음 내려지면서 든든해지는…….

시냇물: 든든하고. 고맙고…….

처음처럼: 저는 지금 이 순간 저한테 축하하고 싶은 마음도 있고요. 같이 나누고 싶은 마음도 있는데……. 전에는 뭔가 애쓰고, 노력해야 했는데 지금 이 순간 소통하는 게 그냥 애쓰지 않고, 그냥 편안하게 하고 싶은 대로 하는 게……. 내가 원하는 길로 가고 있구나 생각되어서 축하하고 싶어요.

예쁜사랑: 처음처럼 님 정말 축하드리고 멋져요. 자기를 알아차리면서도 혼자 알고 있지 않고, 개방까지 해서 얘기하고……. 넉넉하고, 자유롭고…….

티　나: 축하를 누렸으면 좋겠고, 처음처럼 님이 용기가 돼서……. 저는 생각이 먼저 작동이 되는 사람이라서 집단을 하면서 생각을 많이 하는 게 느껴지거든요.

시냇물: 금방 지지해 주는 예쁜사랑 멋있고, 난 처음처럼 너무 멋있어요.

지　운: 지금 이야기가 많은 생각을 하게 만드는데……. 능동적인 주의 집중을 해서 막 애써서 노력하고, 결심하고, 추구하고, 좀 더 나아가면 쟁취하고 이런 삶을 다 놓아 버리고 수동적인 주의 집중을 해서 저절로 되고……. 그냥 되고……. 애써 가지 않아도 오고, 아무런 결심을 하지 않아도 마음속에서 우러나오는 그런 세계의 맛을 봤다는 건 전혀……. 새로운 세계를 경험하는 것이거든. 그런 모습을 보며 처음처럼이 스스로 축하하는 걸 보는 게 정말 기쁘고, 축하하고 싶어. 평생을 살면서도 그런 세계가 있다는 것도 모르고 살아가는 사람들이 대부분이 아니더냐? 그리고 자기가 목표를 정해 놓고 그 목표를 달성하기 위한 수단으로 자기를 사용하느라고 자기를 잃어버린 사람들은 얼마나 많으냐?

인도의 성인 간디는 '사람은 자기 자신이 목적이다. 유일한 목적이기 때문에 모든 사람이 다 평등하다.'라고 했다. 이제 네가 너 자신이 목적임을 분명하게 알아차리게 된 거야. 진심으로 축하한다.

산수국: 처음처럼이 정말 해 보고 싶은 거잖아요. 애쓰지 않고도 편안하게 하는 거…….
그걸 한 걸 스스로 더 누리고 싶다는 말로 들려서 더 축하해요.

처음처럼: 온전히 누리고 싶어요.

지　운: 그렇지. 지금 그 소리는 논리나 합리적인 사고로는 도저히 도달할 수 없는 그런 경지야. 참 신기해. 그런 걸 이렇게 알아서 온단 말이야. 참 신기해. 그런 걸 안다는 게…….

다이아몬드: 축하해. 그동안 의식이, 네가 의식의 종노릇을 하다가 이제부터는 의식의 주인 노릇을 하게 된 거야.

오 름: 알아차리고, 표현하고, 누리고, 나누는 모습이 참으로 멋있어.

지 운: 저 녀석은 진작 수련 감독 자격을 줬어야 하는데……. (웃음) 주고 나니까 수준이 확 올라가……. 저 참 오래 공부하면서 맨날 헷갈리고 해서 저걸 어떻게 하나 했는데……. 지금 같은 표현들이 귀가 반짝 뜨이면서 눈이 확 열리고 하잖아. 제주도에 좋은 말이 많지만 진짜 좋은 수놈 말은 한두 마리밖에 없잖아. 네가 그런 숫말이 되어 주기를 기대하고 있었어.

오 름: 든든하고…….

지 운: 든든하다.

시냇물: 지금 오름 님 축하하고 싶어요. 오롯이 받으면서도 옛날처럼 붕 뜨는 게 없어서 축하해 주고 싶어요. 그냥 자연스럽게 받아들여서…….

지 운: 뜨는 것만 없나 인정받겠다는 게 없잖아. (회상하듯)

오 름: 정말 기쁘고, 감사합니다. 지운 님! 이번에 목표가 해야 됨이 아니라 그냥 하는…….

지 운: 겁도 없이……. (웃음)

오 름: 참 좋네요.

지 운: 참 그 인정욕이라는 게 참 무서운 건데……. 오름……. 또 기적이 하나 더 있잖아. 거북이……. 거북이 인정욕 진짜……. 거북이는 또 힘까지 있어 가지고. (웃음) 그런 사람들이 잘못해 버리면 그 인정욕을 없애 버리려고 해. 그래서 내가 늘 묻지. 너 비싼 돈 주고 좋은 엔진 달린 스포츠카를 사 가지고 '이 엔진 성능이 너무 좋아서 잘못하면 사고 나겠다.'고 염려가 되면 엔진 성능이 부족한 것으로 바꿀래? 아니면 운전 방법을 바꿀래? 그 인정욕이 얼마나 강한 너의 성장 동인이 되는 생명 동기인데. 내가 바르게 사용할 방법을 배우려 하지는 않고, 없애 버리려고 하고……. 왜 바르게 쓸 생각은 안 하고, 하늘이 준 귀한

선물을 그렇게 없애 버리려 하느냐?

처음처럼 네가 편안해진 걸 보면서 정말 기쁘고, 축하하고 싶은 부분이 하나가 있고. 한쪽은 의도적으로 좀 더 노력할 부분이 없는지 물어보고 싶어. 내가 보기에는 너는 지금 실력으로 네가 상담을 하는데 불편함을 별로 안 느끼니까 욕심이 더 안 생기는 것 같아. 좀 더 큰 목표를 가지고 욕심을 내서 도전하는 모습을 보고 싶어.

처음처럼: 참 감사하는 마음이 있고요. 지금 모습 축하하고 싶은 마음도 있고, 제대로 받고 싶은 마음도 있고, 참…… 그런 부분을 이렇게 얘기해 주시니까 감사하고, 그리고 또 저 스스로도 다짐하고.

지 운: OK. 집중하고, 상담 기술들을 쭉 정리해 놓고 내가 잘하고 있는 것, 못하고 있는 걸 이렇게 골라 가지고 하나하나 더 개발해 나갈 계획을 세워 봐. 이런 점검을 한번 해 봐, 너는 전부 다 잘하잖아. 특기가 없잖아. 그런 네 모습에 만족하는 거냐?

처음처럼: 지운 님 말씀이 제가 최근에 고민하고 있고…….

지 운: 쓸데없이 고민하지 말고 그 시간에 공부해. (웃음)

처음처럼: 그래서 제 과정 있는 그대로 봐 주시는 것 같아서 든든해요.

지 운: 모두 다 제쳐 놓고 하나에 집중해서 정말 깊은 데까지 한 번 들어가 봐.

처음처럼: 예.

5) 느낌이란 무엇인가?

〈부정적인 감정 표현하고 시원해짐 1〉

마 님: 저는 좀……. 털어놓고 싶은데……. (울먹) 마음은 따뜻한데 저는 불편했거든요. 불편하다고 지금이라도 얘기하고 싶고……. 그리고 좀……. 같이 이렇게 따뜻함과 불편함이 같이 들어올 때 불편한 것도 억누르지 않고 이렇게 표현했으면 좋겠고…….

오　름: 시원하고 멋있어요.

마　님: 네. 뭔지 모르겠어요. 불편하다고 하면 마음을 안 받는 것 같고, 마음을 받자니 나는 그만큼 불편하고……. 어떻게 해야 될지 막막하고, 이렇게 말하고 있는 제 자신은 대견하기도 하고, 좀 시원하기도 하고, 조금 더……. 이 시간이 걸리지 않고 바로 얘기했으면 좋겠다는 바람도 있고.

예쁜사랑: 지금 마님 모습 너무 멋져요. 불편하다고, 불편한 맘을 얘기할 수 있는 마님을 만나게 돼서 되게 반갑고, 용기도 있고…….

마　님: 용기는 냈는데 원더 어떻게 생각하는지 궁금하기도 하고.

원　더: 마님 되게 시원하고, 안심시켜 드리고 싶고, 솔직하게 말씀드리면 저는 오히려 고맙고…….

바라밀: 두 마음이 다 있었잖아요. 따뜻하기도 하고, 불편하기도 하고……. 그런데 따뜻함을 아까 표현하면서 많이……. 더 불편했었다. 그렇죠?

마　님: 불편한 걸 표현을 못할 것 같으니까…….

바라밀: 그러니까 모아 놨다가 하니까 불편만 있는 것처럼 가는 것 같아서 마음이 더 애 쓰이고 그러지 않았나 싶은 생각이 들어서 참 시원하겠다.

마　님: 시원하네요. (웃음) 원더가 또……. 오히려 안심……. 된다고 하는 것 같아서 좀 더 안심되고…….

바라밀: 불편하다고 얘기하는 것 자체도 원더를 돕는 방법이지 않을까 하는 생각이 들어. 그래야 내가 불편한 자기를 보면서 마음을 주는 자체가 오히려 상대를 돕기보다는 좀 더 힘들게 할 수 있다는 부분을 알게 되는 부분이기도 하니까……. 그래서 이렇게 서로 오고가는 것 자체가 좋다고…….

오　름: 마님의 용기가 멋있고, 자기를 살피는 건 더 멋있고, 그러면서 상대까지 살피는 건 정말 따뜻하고.

마　님: 그 말이 되게 지지가 되고, 안심도 되고.

오　름: 말하면서 또 편안해져 가는 마님을 보니까 더 든든하고.

원　더: 오름 님 너무 시원해요.

마　님: 말하고 나니까 많이 좀 내려갔어요.

시 아: 마님 목표 달성한 것 축하하고요. 그리고 마님이 내가 불편한 것보다 원더 마음 따뜻한 것 먼저 받고 내 불편했다고 표현하는 건 더 멋지고.

마 님: 잘했다고 지지하는 것 같이 들리니까 좀 기분이 좋아졌고, 고맙고.

다이아몬드: 나도 시아 말에 동의해요.

오 름: 나는 아까 그 상황에서 마님이 그 순간의 존재로 받아들이지 않는 것 같아서 좀 아쉬웠을 것 같거든요. 따뜻하면서도 아쉬움이 있어서 그것 때문에 상대를 또 안심시키는 모습이 아리게 보였어요.

마 님: 한 번 시도해 봤다. 그런데 되게 안심이 되고, 잘했다 싶기도 하고, 그런데 좀 더 안심이 되었으면, 더 편안해졌으면 싶고⋯⋯. 자꾸 해 보고 싶네요.

햇 살: 그 말 되게 반갑고, 저도 같이 해 보고 싶고⋯⋯. 아까보다 많이 편해 보여요.

지 운: 네가 말을 하니까 햇살이 입을 떼고 말을 한다. 재주 있다.

마 님: 저는 사실 햇살이 지금 입 떼서 반가웠어요. 계속 신경이 좀 쓰이고 있었어요.

햇 살: 고마워요.

마 님: 같이 나누고 싶은 마음이 컸었나 봐요.

햇 살: 편안해져 가는 모습 보면서 편안해지고 싶은 마음이 계속 있었는데 저렇게 하면서 편안해져 가는구나. 나도 같이 그렇게 하고 싶다. 이런 마음이 생겨서 나도 말을 하고 싶어지더라고요. 그래서 감사드려요.

바라밀: 그러면서 아직 목소리에 떨림이 전해지네요.

햇 살: 긴장한 것 같아요.

마 님: 저는 햇살이 말하는 게 제일 안심이 돼요. 지지도 고맙지만⋯⋯. 저는⋯⋯. (울먹이며) 어떻게 해야 될지 모르겠는 막막함이 너무 큰데 햇살의 그 말이 그 무엇보다 지지가 되는 것 같아요. 나는 어떻게 해도 된다. 안심이 되고⋯⋯.

햇 살: 말을 안 하고 있던 사람이 나를 어떻게 생각하고 있을까 많이 신경이 쓰이셨나 봐요. 진작 말을 할 걸⋯⋯.

마 님: 나를 보면서 이렇게 스스로에게도 안심이 되어 간다고 느꼈는데 그 말을 들으면서 더 안심이 되는 것 같아요. 내가 어떻게 해도 여기 폐를 끼치는 게 아니고, 나누는 거고, 누군가에게는 도움이 된다는 안심이 좀 더 된 것 같아요. 집

단에서 얘기하고 나니까 좀 더 시원하기도 하고, 뒤에서 조그맣게 얘기하는 것보다 여기서 얘기하니까 더 안심되고, 시원하고……. 아! 저는 저 스스로에 대해서는 반갑고…….

옹달샘: 마님 참 반갑고, 안심되고, 신뢰롭다. 그리고 햇살은 참 반가워요.

햇 살: 고맙습니다. 든든해요. 그리고 마님 얘기 들으면서 아까보다 더 편해졌고, 고맙고.

마 님: 신기하네요. 신기한 게 말하기 전과 말한 후하고 많이 달라요. 그리고 아니다 싶기도 하고, 허무한 생각이 들기도 하고…….

지 운: 잘한 것 같아. 축하해.

시 원: 정말 반갑고, 자기 자신을 챙기는 모습……. 좀 주저주저하고 내놓기 좀 어려워하고 했는데……. 그렇게 하면서도 안으로 새기는 게 아니라 시도를 계속 하고 있잖아요. 그 모습이 참 멋지네요. 또 그런 모습을 보고 옆에 있는 햇살에도 영향을 미치고. 또 햇살은 또다시 마님에게 돌려주고 참 편안해 보였어요.

마 님: 시도하고 있는 저 자신도 봐 주시고……. 시도하고 있는 저를 보면 좀 멋있기도 하고……. 멋있다기보다는 해냈구나 하는 안도감이 들어요.

〈부정적인 감정 표현하고 시원해짐 2〉

팅커벨: 두 분 나누시는데 나는 긴장되고, 불편해지고……. 자꾸 혼자서 이야기하고 있고, 내가 이야기를 하면 상대가 어떻게 반응할까 하는 이 눈치 때문에 계속 혼자 생각하고, 답하고 이렇게 말해야지 막 이런 모습이 느껴지니까 지금 많이 불편하고……. 귀도 먹먹해지는 기분이 들고, 지금 이야기하니까 되게 속이 상하고, 그러면서도 또 이야기를 좀 해야지 편해질 것 같고. 아! 눈치 안 보고, 내가 하고 싶은 말을 편하게 하고 싶어요. 애를 쓸 때는 쓰더라도 또 애쓰지 않을 때는 애쓰지 않고, 자유롭게 말하고 싶고, 편해져서 가고 싶어요.

시냇물: 팅커벨 말 꺼내기까지 많이 주저하고, 많이 생각하고 그랬던 것 같아요. 좀 편안했으면 좋겠고, 지금 말해 주는 거 되게 용기 있는 모습이고. 목표했던 것을

　　　　　　하고 있어서 잘한다고 지지해 주고 싶고.

틴커벨: 　되게 지지받고 싶고, 받고 싶다고 말하니까 편해요. 그냥 눈치만 보고 지지가 안 오나? 이런 게 아니라 받고 싶다고 말을 하니까 편해요. (울먹이며)

시냇물: 　이렇게 표현해 주니 반갑고.

틴커벨: 　받고 싶다고 하면 거지라도 될까 봐 받고 싶다는 말도 못했는데.

바　탕: 　틴커벨이 이야기하는 내내 잘한다, 잘한다, 잘한다, 이렇게 돼요.

틴커벨: 　고마워요. (웃음)

처음처럼: 저는 반갑고, 축하하고 싶은데. 정말 주저주저하면서도 용기 있게 얘기하는 건 반갑고, 축하해 주고 싶은 건 자기를 챙기는 것 같아요. 내 부정적인 감정이든, 긍정적인 감정이든 챙겨서 얘기하면서 풀어내는 과정인 것처럼 느껴져서 정말 축하해요.

틴커벨: 　안심이 되고, 챙기는 모습으로 봐 주니까 저도 편하고, 그러면서 그 잘한다, 잘한다 하는 한마디가 내가 뭘 해도 괜찮다, 괜찮다 하는 말로 들리니까 눈치 보고 이런 불안이 사라지는 것 같아요.

바라밀: 　말해 줘서 반갑고. 아까 틴커벨이 모과한테 피드백할 때 되게 좋았거든. 얘기하면서 나는 미워하지 않는다고 할 때 되게 시원했어. 그래서 한편의 마음에 항상 이게 남았는데 집단이 흘러가면서 언제쯤 초대해야 되나. 이 마음이 있었는데 스스로 나와 줘서 너무 고맙고. 나는 이 안에 있는 것을 내려놓을 수 있어서 오히려 고맙다고 얘기해 주고 싶어.

틴커벨: 　기다렸다는 말이 참 고맙고, 귀하면서도 또 지금 이 순간에 저를 초대해 주는 것 같아서 따뜻하고, 관심 받고, 사랑받고 있구나 생각이 들어요.

마　님: 　반갑고, 축하하고, 지지해요.

시냇물: 　틴커벨이 자기 표현을 정말 잘한다. 자기 하고 싶은 말을 처음에는 긴장되면서 하고, 표현해 나가는 동안에 점점 편안해져 가는 모습까지 보여 줘서 되게 반갑고, 저렇게 자기 표현으로 풀어 나가면서 안정되어 가는구나를 보여 주고 확인시켜 주는 것 같아서 고마운 마음도 들고.

틴커벨: 　되게 잘하는 것 같아요.

겨울오리: 팅커벨 잘하고 있고, 진짜 이뻐요. 지금 모습. 스스로 생각하면 뿌듯할 것 같고, 보면 예쁘고.

팅커벨: 되게 이해받고 있는 기분이 들고 좋아요. 아! 이해받는 기분이 이렇게 좋구나. 새삼 느끼고, 으쓱하기도 하고.

비: 거지 안 같나? (웃음)

거북이: 팅커벨이 스스로를 그렇게 잘 챙기고 돕듯이 상대에 대해서도 그 방법으로 잘 세울 수 있겠구나 싶은 믿음도 들고.

팅커벨: 지금 이 순간에 나한테 머물지 말고, 타인에게도 좀 더 관심을 그렇게 주면 할 수 있다는 말로 들려서 귀하게 들려요.

거북이: 그 힘이 보여서 소망이 생겨요. 그것도 알려 주고 싶고.

팅커벨: 그런데 거북이 님이 그렇게 말씀을 하시니까 좀 새삼스럽기도 하고. (웃음)

거북이: 새삼스럽다는 말이 참 반갑네.

시 아: 팅커벨 지금 모습 너무 참 멋지고. 받고 싶을 때 당당하게 받으면 거지도 더 멋있어 보여. 당당하게 말하면 난 언제든지 줄 수 있다고 알려 주고 싶어.

나 무: 와~ 시아가 그 말을 하다니 반가워요. (웃음)

시 아: 새삼스러운가 봐요. (웃음)

햇 살: 저도 아까 팅커벨 모습……. 나오시는 모습 되게 반가웠고, 바라밀 님 피드백 하는 게 저한테는 굉장히 감동이었는데 그 스스로 나온 모습을 온 마음으로 기뻐하시는 마음이 막 전해지더라고요. 사랑이 참 뜨겁다.

처음처럼: 팅커벨 시작은 받는 것으로 시작했지만 지금은 나눠 주는 것 같아요. 멋있고.

시 원: 자기 상태 알려 주고, 또 그걸 받아서 챙기고, 또 챙긴 것을 나눠 주고, 그런 것들이 우리가 정말 가야 할 길이 아닌가 하는 모습을 보여 주니 참 반갑고.

팅커벨: 으음! 그렇게 말씀해 주시니……. 우리가 가야 할 길을 보여 준다고 하시니까 굉장히 막 자신감이 솟고, 어떻게 그렇게 봐 주실 수 있나 싶어 참 따뜻하고. 그러면서 아까 시아 님이 거지라도 당당하게라는 말이 저는 거지가 거지처럼 안 들렸어요. 그냥 당당하게 서 있는 제 자신을 느끼고, 그런데 갑자기 처음처럼 님이 거지로 시작했다고 해서 갑자기 힘이 좀 **빠졌어요.**

바 탕: 그렇게 복닥거리면서 나왔지만 그 전에 두 사람 알아봐 주고, 그리고 나왔잖아. 그리고 달라는 게 아니라 내가 이런 상태라 하고 자기를 개방하는 게 힘 있고, 멋있었어. 지금 처음처럼에 대해서 그 말 하는 게 난 되게 시원하고, 당당해.

거북이: 주는 모습이 정말 공주처럼 주는 모습이라……. (웃음)

온 돌: 저는 팅커벨을 통해서 하나 배워 가는 게 너무 좋고, 기쁘고, 고마운데. 자기 부족감을 얘기하는데 그게 참 자기를 보살피는 걸로 보이고, 자기를 챙기고, 보듬고, 수용하는 걸로 보이는 게 너무 새로웠고. 혼자 하면 자기부족감과 자책으로 가져가는데 그걸 꺼내 놓으니까 수용되고, 오히려 챙김받아지고, 나눠 줄 수 있게까지 되는구나. 되게 새롭고, 배워 가는 점이라 좋았어요.

하나하나: 나는 좀 생각이 달라서 조금 조심스러운데. 팅커벨이 받아서 힘내는 모습은 되게 축하하고 싶고, 멋있고. 받아 가는 힘은 되게 넉넉하고, 큰 것 같은데 전 아까 좀 의아했거든요. 자기 이야기를 하면서 더 긴장하는 것 같이 보였어요. 얼굴도 빨개지고, 얘기를 하면서 시원해지는 게 아니라 하는 순간에 뭔가 일어나는지는 모르겠는데 더 긴장하고 이런 모습이. 내가 표현하고 두 가지라고 우리는 배웠던 것 같은데 표현하면서 시원해지는 힘도 길렀으면 좋겠다. 받아서 나는 시원해지는 걸로 보였거든요. 제가 지금 좀 조심스러워요.

시 아: 나는 하나하나 말에……. 표현해서 시원해지는 것과 받아서 시원해지는 걸로 구분하는 걸로 나는 들리고. 표현해져서 시원한 것도 있겠지만 받아서 시원해지면 나중에 그걸로 다시 충족이 되면 다른 사람한테 되돌려 줄 수 있는 힘으로도 갈 수 있지 않을까. 그렇게 느껴지는데.

하나하나: 그 모습이 벌써 보이고는 있어요. 팅커벨이 받아서 힘내서 돌려주고 하는 거 보여 주는데 난 그보다 앞서서 스스로 시원해질 수 있는 힘을 보고 싶은가 봐요.

시 아: 그건 하나하나의 바람인 것 같아.

나 무: 하나하나는 얘기하고 긴장이 좀 풀리나? (웃음)

하나하나: 조심스럽다 말하고는 좀 풀렸어요.

블루문: 하나하나 얘기를 들으면서 한편에는 들으면서 가슴이 좀 내려앉아서 좀 아쉽

기도 하지만 또 한편으로는 애정과 받는 힘과 스스로 변화하는 힘, 알아차려서 표현하는 힘 이걸 구분해서 자기 스스로 하는 힘도 키워라. 이런 걸로 보여서 선명하고, 애정도 깊고 그렇게 보였어요. 지지하고 싶고, 놀랍고, 그렇게 볼 수 있는 힘이.

하나하나: 조금 더 솔직하자면 애정이기도 하고, 나도 그렇게 하고 싶기도 하고.

다이아몬드: 나도 하나하나한테는 굉장히 중요한 부분일 수도 있고, 그 부분을 키워 나가고 싶고, 그걸 아까 나무가 물었을 때 표현하고 시원해졌다고 해서 되게 반갑고, 나는 그 부분에 대해서는 널 지지하고 싶어.

첫: 저는 하나하나 님이 말씀하신 데 되게 동감이 되었어요. 그리고 팅커벨한테 무엇을 이야기해 주고 싶어 하는가 저는 좀 감지가 되는 것 같아요. 팅커벨 보면 되게 스스로 뿌듯해하고, 받아서 행복하고, 이렇게 누리고 있고, 소녀처럼 이렇게 천진난만하게 되는 이 순간을 보면서 되게 기뻤거든요. 그런데 이 순간을 나는 팅커벨이 꼭 기억을 했으면 좋겠다는 마음이 생겼어요. 그런 바람이 생기더라고요. 그래서 이런 사람이 없는 순간도 있을 거잖아요. 밖에 나가면. 그런 순간에도 여기서 주고받는 사랑을 기억했다가 스스로한테 꼭 챙겼으면 좋겠어요. 그러면 더 이상 속으로 얘기를 하는 그런 순간에도 많이 혼란스럽거나 힘들지 않고, 그래서 잘 이겨 나갈 수 있을 거라는 마음이 생겨요. 그래서 꼭 이 사랑을 기억을 했으면 해요.

겨울오리: 첫 말을 들으니까 답답하고, 팅커벨이 살펴지고, 또다시 하면 안 되나? 해도 되잖아. 또다시 여기 와서 또 얘기하고, 반복할 수도 있는데……. 약간 아쉬움과 거부감 그리고 팅커벨이 살펴지고.

바 탕: 어떤 이야기라도 정말 팅커벨을 위하는 마음이 절절히 느껴지고.

시 아: 그런데 나는 팅커벨이 지금 받는 것도 마음껏 속 시원하게 받고 있나? 아까 처음처럼이 거지 이런 얘기할 때 걸리는데 거지든 말든 내가 받고 싶은 것 온전히 받고 가면 참 좋겠다. 거지라고 하더라도 내가 받고 당당하게 누리면…….

바 탕: 아 정신없겠다.

팅커벨: 말을 하고 싶어요. 살펴진다고 하시면서 자꾸 말을 하시니까 저는 타이밍을

자꾸 놓치고, 그러면서도 이렇게 이야기하니까 또 좋고. 정말 바탕 님 말씀처럼 한 분 한 분 챙겨 주시고, 아껴 주시는 마음이 정말 큰데. 그러면서도 아쉬운 느낌은 있어요. 제가 마치 다음에 또 그럴 것 같은 사람 취급하는 것 같고, 못 믿는 것 같고, 그러면서도 애정은 느껴지고. 그렇게 하고 있는 제가 있기 때문에 이걸 기억할 수 있는 제 자신도 있다는 걸 알려 드리고 싶고, 안심하셔도 괜찮다고 알려 드리고 싶어요.

첫: 내가 안심이 된다.

팅커벨: 겨울오리 님처럼 또 받고 싶을 때 또 받고 싶다고 당당하게 말하고 싶어요.

〈느낌에서 벗어남〉

팅커벨: 저는 빨리 말을 하고 싶어요. (웃음) 뒤에서……. 목표는 세워 놓고 뒤에서 이 사람, 저 사람 마음은 가고 있었는데 혼자 대화를 하고 있는 제 자신을 발견하면서 그 모습에 좀 짜증도 났고, 답답하기도 했고, 좀 한심하기도 하고, 그러면서 용기도 좀 필요했던 것 같고, 그러면서도 이렇게 하는 이 순간에는 편하고, 좀 대견하고, 자랑스럽고, 시원하고 기뻐요.

거북이: 정말 기쁘고, 편안할 것 같은 생각이 드네.

나 래: 팅커벨 반갑고, 귀엽고, 기대돼.

시 원: 유쾌해지려고 해.

팅커벨: 이럴 때 몸이 달아오르니까 어쩔 줄 모르겠고, 뜨겁고, 정신이 없고, 떨리고, 그러면서도 한 사람, 한 사람의 마음이 참 귀하고, 고맙고. 고맙다고 전해 주고 싶어요.

마 님: 저는 아쉬워요. 선수를 빼앗겼구나. (웃음) 아까 그 집단이 너무 감동적이었는데 나는 뒤에 앉아 있으니까 한 발 빼도 되지. 굉장히 참여하고 싶은 마음이 컸다가 또 반대로 한 발 빼도 되지 하면서 아쉬운 마음이 컸는데 팅커벨 모습 정말 보기 좋고, 멋져 보이고, 기분 좋고, 반갑고.

팅커벨: 지금 이 순간에 마님이 목표하는 것들을 표현하고, 전하는 모습들이 참 반갑고,

그러면서도 헤매고 있는 모습 참 사랑스럽고, 그러면서도 유쾌하게 만들어 주시고, 함께하고 싶어요.

마 님: 해내고 있다고 알려 줘서 고맙고.

티 나: 팅커벨도 목표 지금 하고 있다고 알려 주고 싶어요. 반가워요.

온 돌: 팅커벨 굉장히 용기 냈구나. 알아주고 싶고, 되게 애쓰고 있는 걸로 보이는데 그게 참 좋은 애씀……. 긍정적으로 저한테 다가오고, 같이 의욕이 나고, 좋아요.

6) 성장

〈이성 표현에서 감정으로 표현〉

하이디: 기쁘네요. 제가 늦게 왔는데 제 자리가 남아 있어서요.

지 운: 하이디가 감정이 굉장히 가벼워졌어. 정말로 축하해.

햇 살: 편안함 속에서 나오는 가벼움이라 들을 때 더 기분이 좋고, 축하드리고 싶고요. 저도 좀 그렇게 가벼우면서도 편안하게 깊이 나누고 싶어요.

겨울오리: 햇살 님 말씀 들으니까 반가워요. 반갑고, 지지하고 싶고.

유 연: 나도 햇살이 되게 반갑고, 지지하고 싶고.

거북이: 햇살 님 반갑고, 지지하는 마음 전하고 싶어요. 함께하고 싶다는 말이 따뜻하게 들리고.

햇 살: 거북이 님 말씀 되게 따뜻하고, 뭉클하고.

보따리: 햇살 님이 가볍게 나누고 싶다는 말이 굉장히 저한테 힘이 되고, 저도 그렇게 함께 나누고 싶은 마음이 많았었는데 굉장히 힘이 돼서.

햇 살: 반가워요.

하이디: 특히 그 가벼우면서도 깊이라는 단어에 제 마음이 머물러 있어요.

햇 살: 저는 살짝 그 말을 하면서 너무 욕심이 크지 않았나. 기대가 너무 높았나. 그런 염려도 약간 있었는데 머물러서 음미하신다는 걸로 들려서 조금 안심되고.

지 운: 그동안 햇살의 이야기는 이성적인 이야기였는데 지금처럼 뭉클하다든가 염려

된다든가 그런 감정 표현이 많아졌거든. 그건 서로 심정을 주고받을 수 있는 영역이야. 감성은 거의 안 쓰고, 이성을 주로 사용하던 네가 지금처럼 정을 주고받을 수 있게 되면 다른 사람들한테 호의적인 반응을 많이 받게 될 거야. 네가 감성을 사용하면서 그 효과를 확실히 맛보면 좋겠는데.

햇　살: 비춰 주시니까 되게 감사하고, 제 모습이 되게 반갑고.

지　운: 그러니까 지금 감사하고, 반갑고 이게 다 감정 단어들이야. 그걸 쓰는 걸 조금 더 늘리면 늘릴수록 더욱 많은 감정을 나눌 수 있게 될 거야. 너는 그런 감정적인 정서 작용이 없어서 안 쓴 게 아니라 표현을 안 했던 것이기 때문에 표현만 해내면 금방 늘어날 거야.

햇　살: 감사하고, 더 의욕이 나고. 있는 걸 쓰면 된다고 하니까 더…….

지　운: 너는 네 감정이 격동하지를 않고 미동하니까 네가 잘 알아차리지 못할 수 있는 그런 부분이 더 많았을 거야. 그게 네가 감정이 없어서가 아니고 안정되어 있어서 미동하는 거니까 그렇게 바로 알면 자신을 가질 수 있을 거야.

햇　살: 지지하고, 응원해 주시는 게 정말 따뜻하고, 감사해요.

〈자기 돌봄에서 상대와 나를 돌봄으로 확대〉

겨울오리: 햇살이 말을 하면 할수록 점점 더 내가 마음이 기뻐요. 기쁘고, 신나.

햇　살: 함께 기뻐해 주는 게 되게 기쁘고, 뭉클해하는 모습 고맙고, 든든하고.

지　운: 지금 겨울오리 모습 보는 게 정말 좋거든. 늘 보면 자기 생각밖에 안 하고……. (웃음) 남을 돌볼 여유가 없었잖아. 너 자신을 돌보기가 급급해서……. 그런 네가 지금 햇살 마음을 네 마음처럼 알아주니 네가 너무 예뻐. 아름답고.

겨울오리: 참 놀랍게도 이렇게 다른 사람들 도움을 통해서 내가 어디로 가야 하는지 방향과 목표를 본 것 같아서 그리고 또 목표를 정하자마자 한 번에 금방 해낼 수 있어서 너무 기쁘고, 감사해요. 다른 분들이 알려 주셨어요.

가을하늘: 알면 또 해내는 힘이 있는 것 같아요. 축하해요.

겨울오리: 바로 이렇게 또 말씀해 주시니까 제 자신도 너무 기뻐요.

지　운:　그렇게 하나씩 성공 체험을 하는 게 네 자신감을 높이고, 네가 너를 더 사랑하는 길로 갈 수 있을 거야.

〈지위 권력(force)에서 개인 권력(power)으로〉

거북이:　겨울오리가 놀랍고, 예쁜 것이 너는 말을 하면 행동까지 변화하기 때문에 참 신뢰할 수 있고 좋아. 그리고 그걸 해내는 걸 보니까 반갑고, 계속 지지하는 마음이 가는 거야. 잘하고 있다고 얘기해 주고 싶어.

겨울오리:　어쩜 그렇게 섬세하시고, 따뜻하신지 제가 잘하고 있는 것도 잘 봐 주시고, 제가 또 꾸준히 앞으로 가라고 격려까지 해 주시니까 너무 고맙고, 든든해요.

지　운:　그러니까 섬세하단 말이 과거의 거북이한테는 어울리지 않았잖아. 그런데 지금은 네 말에 그냥 동의가 되거든. 그게 참 신통한 거지.

거북이:　그러게 말이에요. 지운 님.

마　님:　저는 거북이 오빠 보면 참 놀랍거든요. 힘이 아주 많이 빠지신 것 같은데 부드러워졌지만 더욱 강한 힘이 느껴져요.

〈내 입장에서 있는 그대로의 상대를 보는 눈〉

유　연:　저는 마님을 칭찬해 드리고 싶어요. 반가운데 예전까지는 나를 챙기는 마음이 주로 많이 보였다고 한다면 지금은 햇살을 챙기는 마음, 거북이 님한테 보내는 마음이 되게 편안하면서도 여유롭게 나오고, 시작이 보이는 것 같아서 축하드리고 싶어요.

마　님:　살짝 조금 긴장되기도 하지만 지금 제 모습이 그렇다고 알려 주시는……. 좀 여유 있고, 다른 사람한테 시선이 가고 있다고 지금 알려 주시니까 저에 대한 믿음이 조금 더 자라는 것 같고, 같이하고 있다고 알려 주셔서 반가워요.

지　운:　자라고 있으니까 자꾸 길러. 지금 거북이가 사용하는 힘이 하나가 개인 권력(power)이고, 하나가 지위 권력(force)이잖아. 그렇지? 강요하는 힘은 빠져 버리고 저절로 다른 사람한테 우러나오게 하는 힘으로 바뀌었으니까 그걸 네가 보는 거야. 너는 눈이 참 맑잖아. 거북이를 있는 그대로 봐야 그게 보이거든. 그 순간에 너는 너를 전혀 보지 않고, 거북이만 보고 있는 거야. 그걸 보는 게 나는 기쁜 거지. 너도 너만 보던 녀석이…… 어째 그리 철저하게 자기만 보던지 몰라. 그러던 네가 이렇게 눈을 뜨고 남을 보지 않느냐?

마 님: 저 스스로도 축하하고 싶고.

지 운: 그럼. 축하할 일이지.

〈투사된 관계에서 있는 그대로의 동등한 관계로〉

강 물: 거북이 님이 아까 지운 님 말씀에 이야길 하시는데 편안함과 여유와 힘, 동등함이 느껴졌어요. 지운 님하고의 관계에서 그대로 마주하는 동등함이 느껴져서 되게 부러웠어요.

거북이: 지금 그 말이 너무 감동이 되고, 자유로움이 느껴지고, 그걸 보는 강물의 여유와 유연성, 있는 그대로를 허용하는 폭넓은 마음이 느껴져요. 지운 님에 대해서 아버지상에 대해 두렵고, 눌리고 하면서 그동안 많이 고통스러웠는데 지운 님과의 관계에서 편안함이 있는 그대로 느껴지니까 오히려 전에는 힘듦, 부담스러움이었다면 지금은 정말 마음에 감동이 오고, 그럴 때마다 좋고, 그냥 또 좋고. 지금도 또 하나하나 이렇게 나눠 주시는 모습이 너무나 자상하고, 자애롭고, 사랑이 묻어나는 모습이 힘 있게 느껴지고, 그래서 저는 마음이 너무 좋은 거예요. 그런데 그걸 알려 주니까 고맙고. 나누고 싶었는데.

지 운: 지금 너희들 두 사람이 주고받는 걸 보니까 내가 지금 아주 편하고 기쁘거든. 두 사람 다 자기 아버지의 상을 나한테 덮어씌워 놓고, 그걸 '나'라고 보고, 자기 아버지한테 공격하고 싶은 걸 나한테 덮어씌우던 녀석들이 이제 그 색안경을 벗고 편하게 대하는 게 지금 이 순간에 동시에 일어나니까 아주 편하다.

거북이: 감사해요.

지 운: 그런데 지금 강물이 거북이를 보는 그 눈이 너무 맑아. 참 보기 좋다. 사람을 그

렇게 볼 수 있는 눈을 자꾸 길러.

강 물: 아까 거북이 님이 저를 칭찬해 주고, 받아주는데 저는 친형인 것 같이 느껴졌어
　　　요. 꼭 형이 지지해 주는 것 같아서 흐뭇하고 힘이 되고 고마웠어요.

거북이: 그렇게 받아 가는 모습 고마워. 좋네.

강 물: 예, 고마워요. 형, 정말 고마워요.

거북이: 난 진심으로 참 좋아. 느껴지고, 같이 또 이렇게 손잡고 간다는 모습이 참 좋네.
　　　안심되고, 마음이 참 쓰였고, 마음이 많이 갔고, 마음에서 울림이 자주 있었는
　　　데 지금 강물의 모습 정말 반갑고 좋아.

강 물: 기쁘고요. 가족한테 챙김받는 그런 기분이에요.

거북이: 정말 잘 해냈어. 축하해.

강 물: 정말 저도 대견하고, 형도 대견하고 멋있고.

거북이: 너도 멋있어.

보따리: 두 분이서 나누시는 걸 보니까 굉장히 흐뭇하고, 거북이 님이 전달하는 모습이
　　　사랑이 막 넘쳐나는 것 같아서 진짜 흐뭇하고 좋네요.

거북이: 참 따뜻하고, 정말 같이하는 그 마음이 선하게 느껴지고.

보따리: 거북이 님 진짜 멋있어요.

시 아: 강물 되게 축하하고, 가족들 때문에 매우 힘들었는데 정말 형이라고 자연스럽게
　　　나오더라고, 챙김받는 모습, 함께 나누는 모습이 너무 뭉클하고. 거북이 오빠도
　　　너무 놀랍고 마주 보고 있는데 처음에 디카프리오 같았는데 갑자기 예수상이 떠
　　　오르는 거야. 아까 강물이 오빠가 지운 님하고 어떤 동등한 관계 그렇다면 오빠
　　　도 강물하고 관계 나누는 게 참 동등하고, 대등하게 그러면서도 참 자애롭게 바
　　　라보고, 따뜻한 눈길을 주고받는 것들이 옆에서 보니까 너무너무 뭉클하고.

지 운: 동등한 관계라는 게 이 세상에서 제일 소중한 관계야. 연령이고, 뭐고 아무것도
　　　없이⋯⋯. 부처님 말씀 중에 내가 아주 좋아하는 말씀이 몇 가지 있는데 그중에
　　　누구를 만나든지 맞서라. 일대일로⋯⋯. 절대로 나를 높이고 상대를 낮추지도
　　　말고, 나를 낮추고 상대를 높이지도 말고 누구하고라도 맞서라 하는 말이 내가
　　　제일 좋아하는 말이라서⋯⋯. 아까 그 말들이 굉장히 반가워. 그런데 이 많은 사

람 중에 나하고 동등한 관계를 맺어 주는 사람이 거의 없잖아. 그래 가지고 너희들이 나를 왕따시킨다고 생각 안 하고, 존중한다고 느끼지. (웃음) 한 순간 잠깐이라도 그런 관계로 만나지는 게 나한테는 기쁨이야.

거북이: 지운 님의 그 말씀 정말 소중하게 와 닿고요. 그리고 정말 실상이 뭔지를 순간에 이렇게 만날 수 있는 걸 촉진해 주셔서 고맙습니다.

〈겸손함이 익숙했던 사람이 자신감까지 함께 성장〉

지　운: 보따리 너는 둘이 이야기하는데 거기 끼어드는 애가 아니거든. 너는 네 차례가 아니라고 생각되면 참고 기다렸다가 여기 아무도 말하는 사람이 없으면 그때 가서 뒷북치듯이 한마디 하거나 아니면 말아 버리거나. 그러던 네가 조금 전에 끼어드는 게 멋있었어.

보따리: 감사합니다. 저도 신기하고, 의아해요.

지　운: 네가 적극성, 자발성, 주도성 이쪽이 늘어나는 거야. 네가 잘 안 쓰던 건데. 그게 잘못 쓰면 마찰도 생기고, 갈등도 불러일으키지만 제대로 쓰면 개선의 지름길이 돼. 더 자신 갖고 도전해.

보따리: 지운 님이 이렇게 지켜봐 주시고, 갈 수 있도록 이렇게 용기도 주시고, 지지해 주셔서 참 고맙습니다.

지　운: 그래. 네가 편안하고, 안전하고, 인내하고, 성실하고 이런 쪽은 굉장히 많이 길러 놨잖아. 그러나 도전하고, 쟁취하고 이쪽은 거의 안 썼던 너의 다른 한 면이거든. 그런데 그쪽을 쓰기 시작하는 네가 참 기쁜 거야. 네가 그렇게 해서 어디까지 자라날까 생각하면 참 재미있거든.

보따리: (눈물을 흘림) 지운 님 말씀 들으니까 마음이 따뜻하고, 이렇게 눈물 난 적은 처음인데 그렇게 말씀하시고, 자라는 모습까지 기대하시고, 힘을 주시니까 너무 마음이 따뜻해요.

지　운: 네가 이렇게 변화하고, 성장해 내기까지는 이 자리에 있는 많은 사람의 지지나 힘이 필요하잖아. 다리 아프면 지팡이 짚고 가야 하고, 다리 다 나으면 지팡이는 버려야 하는 건데. 지금은 도움을 받고, 성장하고 난 다음에는 그 도움을 덜 받아도 되니까 그때까지는 많은 도움을 받아. 지지도 받고, 그러면서 커 나가는 것이 아니겠어? 그런데 건방진 사람이 겸손을 배우는 것하고, 너처럼 겸손한 사람이 자신감 기르는 것하고 어느 것이 더 힘이 들 것 같으니? (웃음) 너처럼 이렇게 안전을 추구하고, 마찰 안하고 이런 걸 추구했던 사람들이 자신감을 배우는 것을 훨씬 더 힘들어하더라. 그런데 지금처럼 시작하기만 하면 성공 체험이 될 테니까 우리가 이런 사람들한테는 계속 안전한 분위기를 만들어 주면 좋겠어.

〈성장의 기쁨과 축하〉

팅커벨: 지금 뿌듯하고, 힘나고 즐거워요.

비: 반가워요.

강 물: 반갑고, 대견하고, 스스로 이렇게 쭉 나와 준 것도 멋있었어요.

팅커벨: 한 분 한 분 반갑다, 대견하다 이런 것도 큰 힘이 되고 지지가 돼요.

햇 살: 고맙고, 기쁘고요. 반갑고……. 반갑고, 설레는 것도 있고, 편안하게 더 나누면 좋겠고, 약간 조급한 마음이 드는데 편하고 자유롭게 나눴으면 좋겠고.

팅커벨: 햇살 님이 그렇게 챙겨 주시니까 한결 더 편해지는 것 같고, 챙김이 참 따뜻하게 느껴지고.

안: 같이 편해지면 좋겠어요.

비: 안이 되게 반가워. 팅커벨한테 내가 얘기할 때나 강물 님이 얘기할 때 이렇게 하는 말들이 되게 따뜻하고, 팅커벨을 지지하는 말로 들리고 그런 것들을 말로 풀어내서 해 주면 좋겠어. 안의 말을 더 많이 듣고 싶다.

안: 더 적극적으로 하란 말씀이시죠.

비: 뭔가 그 걸로는 아쉬운……. 내 마음이 좀……. 안의 말을 더 듣고 싶은 내 마음도 같이 표현하고 싶네.

안: 비 님이 옆에 앉은 순간부터 반가웠고, 참 멋진 것 같아요. 보고 싶었는데 반

갑고, 좋고, 멋있어요.

모　과:　비와 안이 나누는 모습이 참 보기 좋고, 비가 갖고 있는 유쾌함⋯⋯. 그리고 진실함과 함께 안이 갖고 있는 싱그러움이 어울려서 참 기분 좋게 하고요. 그러면서 난 팅커벨한테 마음이 가는 게 먼저 나와서 적극적으로 제일 먼저 하는 얘기가 뿌듯하다. 전 그 뿌듯함을 지지하고 싶어요.

팅커벨:　모과 님이 두 분을 지지하는 모습 참 따뜻하고, 아! 모과 님이 새롭게 다가온다 싶고, 멋있고, 그것을 놓치지 않고 지지하는 모습이 참 넉넉하신 분 같아요.

안:　모과 언니 참 따뜻하고, 사랑스러워요. (웃음)

팅커벨:　그러면서 저는 비 님이 참 놀라운 게 순간순간 전혀 머무름 없이 듣고 싶은 거, 원하는 것들을 명확하게 표현하시는 모습이 정말 적극적이고 머무르지 않으시는 것이 함께 시원시원해지는 것 같아요.

비:　머무르지 않는 내 모습 팅커벨이 봐 주니까 정말 같이 나누고 싶고, 같이해서 참 좋다. 그리고 모과 님은 참 잔잔하게 마음을 전달해 주는 게 굉장히 놀랍고, 그러면서도 잔잔하게 전해 주는 마음이 참 크게 온다. 나열하는 느낌이 아니라⋯⋯. 축하드리고 싶어요.

모　과:　받고 싶어요. 그 축하를⋯⋯. (울먹거림) 그동안 비가 나로 인해서 불편했던 적들이 있었고, 나도 알고 있었고, 비도 표현해 줬었고 그런데 그걸 지금 축하로서 잔잔하게 전해져 오고, 나열이 아니라 한 사람 한 사람에게 간다고 비가 축하해 주는 마음을 진정으로 내 것으로 받고 싶고, 확인해 줘서 고맙고.

비:　그 말씀을 들으니까 더 크게 축하드리고 싶고, 더 누리셨으면 좋겠고, 그리고 제 마음도 풀어 주시는 것 같고, 그걸 통해서 모과 님 마음도 푸시는 것 같아서 되게 고마워요.

예쁜사랑:　모과 님 뿌듯하고, 만족스럽고 그런 느낌이 그대로 전해져서 감동이고. 그리고 사람을 알아봐 주는 그게 정말 따뜻해요. 그러면서 분명하고 상대에게 가 있는 그 모습이 아름답고, 예쁘고. 비 님 정말 분명하면서도 따뜻함이 온전히 전해지네요.

비:　제가 얘기할 때 늘 이렇게 예쁜사랑 님께서 지지해 주시고, 정말 그 마음이 크

게 느껴지고, 따뜻하게 느껴져서 감사해요. 진짜 감사하다, 참 감사하다. 큰 애정이 느껴져서 감사해요.

예쁜사랑: 마음에 시원한 비가 내리는 느낌……. 장을 쥐락펴락하는 유연성도 좋고…….

비: 내렸다, 그쳤다. (웃음) 예. 저 좋아요.

예쁜사랑: 그래서 닮고 싶은 멘토.

비: 아이고……. 멘토까지. 감사하죠. 같이 가면 좋겠어요.

예쁜사랑: 그 말 들으니까 든든하고, 따뜻하고.

강 물: 모과 님 한 번 더 챙겨드리고 싶은데 비 님하고 이렇게 과거에 좀 힘들었던 거……. 지금 이렇게 만나 가는 모습들……. 아까 그 잠깐 나누는 사이에 서로 감정이 만나 가는 모습이 정말 아름다웠었고, 용기도 멋있었고, 상대를 이해하고, 수용하고 받아들이는 것이 참 넉넉해지셨구나 싶어서 제가 보면서 아름다웠었어요. 그리고 모과 님이 전하는 것도 다르게 전하는 게 비 님한테는 잔잔하게 전해 주셨고, 팅커벨 님한테는 되게 힘을 줬어요. 주는 사람마다 맞춰서 그렇게 에너지를 전달하시는 걸로 저한테는 보여 가지고……. 정말 상대봐 가면서 에너지 주시는구나. 힘 주시는구나. 싶어서 멋졌어요.

모 과: 이 순간 강물 님이 참 멋져 보이세요. 참……. 정말 제가 원하는 어떤 부분을 알아봐 주시고, 그 과정인데도 알려 주시고, 확인해 주시고……. 그러면서 강물 님도 모과를 통해서 가지는 어떤 소망이 있으시겠구나 하는 마음이 들면서 그 길을 지지하고 싶어요.

강 물: 고맙고, 따뜻하고. 소망은 지금 여기서 모과 님하고 잘 만나 가는 것……. 그게 소망이라고 알려 드리고 싶고……. 고마워요. 한 사람 한 사람 소중히 만나는 걸 제 소망이라는 걸 알아차릴 수 있게 해 주셨어요.

모 과: 고마워요.

온 돌: 저도 강물 님 반가운데 놀랍고. 아니 어쩌다가…….

강 물: 여기 계시는 여러분들이 많이 지지해 주셨고, 소중히 싸서 안아 주셨어요. 정말 감사해요. 그리고 시아 님이 제 마음을 그대로 읽어 주시고, 받아 주시는데 그 고마움이 되게 크더라고요. 아! 그런 걸 받아 보면서 아! 이렇게 사람을 그

때그때 만나고 그 사람의 마음을 받아 주는 게 굉장히 소중하구나. 그래서 지금 사람을 만나야 되는구나. 더 느낀 것 같아요. 그래서 조금 더 그쪽으로 알아 가는 것 같아서 이렇게 전투적 자세에서 함께 사는 쪽으로 약간씩 선회를 하는 계기가 되는 것 같아요.

온　돌: 지금 얘기가 되게 감동적이에요. 아! 강물 님이 마음을 주고받는 맛을 좀 보셨나 보다. (웃음) 싸안아 주는…….

소　명: 온돌 말이 시원하게 들려요.

강　물: 앞으로 온돌 님 밑에서 잘 배울게요. 맛도 보고…….

온　돌: 그래서 강물 님 힘이 많이 빠지고, 여유로워지셨나 보다.

시　아: 강물 고맙고. 강물 말을 통해서 아까 지운 님이 나한테 말씀하셨던 것 다시 한번 확인할 수 있었고……. 피드백하면서 강물처럼 그렇게 나누면서 즐겁고, 행복하고.

강　물: 제가 지금 올라오는 것들을 그대로 나눌 때 저한테도 도움이 되지만 이렇게 시아 님한테도 도움이 되고, 모두에게 도움이 되는구나를 확인시켜 주는 자리가 돼서 더 감사하네요. 더 고마워요.

시냇물: 저는 모과한테도 어쩌면 강물한테 자기 감정 하나도 안 실리면서 강물의 감정을 고스란히 다 읽어 주고, 자기 표현이 될 수 있는지 멋있었다고 시간이 좀 지나갔지만 피드백하고 싶었어요.

모　과: 기쁘고…….

햇　살: 저는 강물 님 말씀 감동적이기도 하고, 또 어떤 게 느껴졌나 하면 본인이 자신의 의도를 제대로 전달하는 능력도 좋을 거고, 그렇지 않아도 시아 님처럼 이렇게 그걸 잘 알아듣고, 그걸 얘기해 주는 사람이 있다면 그걸로 내 말도 전해지면서 되게 든든하면서 같이 가는 느낌도 좋을 것 같아요.

강　물: 정말 잘 들리고요. 그런 걸로 인해서 같이 함께 간다는 말이 더 깊이 다가와요.

안: 저는 강물이 이렇게 자신의 마음을 솔직하게 표현하고 배워 가는 그 모습이 참 신뢰가 가고 보기 좋아요.

강　물: 예. 저를 솔직하게 드러내서 솔직하게 비춰 주시고, 받아 주시고 그럴 수 있는 자리가 여기에 있다는 게 삶의 가장 큰 축복 중에 하나예요. 정말 축복받았구나. 그런 축복 속에 살고 있어서 그 자체로도 참 행복해요.

비: 강물 님 축하드리고 싶고, 지금 편안하게 자기 삶도 조망하고, 깨우치는 것도 그대로 알려 주시는 것 같아서 되게 반갑고, 그러면서 아쉬운 제 마음도 좀 전해 드리고 싶은데……. 아까 시아가 저는 참 따뜻했거든요. 참 따뜻하다. 그런데 강물 님의 의도는 참 따뜻하고 좋은데 표현을 그렇게 하면 알아들을 수 있는 사람이 정말 강물 님의 의도가 제대로 전달이 안 돼서 오해받는 부분이 있으실 것 같아서 강물 님의 의도와 내용이 좀 일치되면 강물 님의 마음이 훨씬 더 따뜻하게 잘 전달될 것 같아서……. 그 마음은 좀 전해 드리고 싶어요.

강물: 제 이야기가 상대가 잘 알아들을 수 있게 이야기를 해 줘야 되는데 제 걸림이 있어서 굴절되다 보니까 이렇게 통역해 주시는 분도 필요하고……. 고맙고, 따뜻해요.

7) 기분 알아주기 1

원디: 너무 재미있고, 너무 안전하고, 따뜻하고, 어……. 더 열심히 해라! 이 말도 사랑이어서 뭉클하고. 그리고 여린 속살을 드러내도 아프지 않게 감싸 주는 우리 집단이 너무 고맙고, 위대하고.

강물: 저도 여기가 고맙고, 소중하고, 힘이 되고, 지지가 되고, 감사해요.

하나하나: 원디 님 말 되게 감동적으로 다가오고, 따뜻한 분인 것 같고, 정말 따뜻하게 품어 주실 것 같고, 떨림이 이상하게 오네.

원디: 분명하고, 하나하나 님이 이렇게 뭔가 참가자들을 챙겨 가는 모습을 봤는데 그런 하나하나 님이 따뜻하다고 해 주니까 정말 제가 따뜻함이 한결 더 따뜻해지는 것 같고.

바라밀: 뭉클하다고 했는데 정말 뭉클함이 느껴져서 참 좋았어요.

원디: 티나 님 사랑이 저한테 그대로 전해졌어요. 저를 초대해 주셨는데 제가 자유의 의지로 가고 싶었다고 하니까 마지막에 뭔 자유의 의지가 있냐. (웃음) 저

를 이렇게 초대해 주시고, 챙겨 주셨어요. 그런데 그 사랑이 너무나 감동적이고, 좋았어요.

배 움: 지금 윈디 님 말씀 재미있고요. 아까 말씀하실 때 안전하다가 딱 와 닿았어요. 그 말이 참 좋았고, 아까 언니가 이야기할 때 되게 편안하면서도 쉴 수 있는 공간이라는 것을 느낄 수 있게 해 주셔서 감사하고.

거북이: 참 따뜻하고, 훈훈하고, 또 가까이에서 보니까 더 정겹고, 반갑고, 눈, 코, 입이 더 잘 보여서.

팅커벨: 뒤에서 보니까 거북이 님은 뒤통수가 더 잘 보이고.

모 과: 정말 따뜻하고, 포근하고, 가볍고.

거북이: 나도 그래.

모 과: 그러면서 시냇물 님의 피드백이 어제, 오늘 계속 남는데 다른 사람의 마음결에 가서 한 번 싹 쓰다듬어 주는 게 너무 따뜻하고……. 머리까지 찡하네. 시냇물 언니가 이때까지 쭉 오면서 흔들리면서 해 왔던……. 그러면서 언니가 더 단단해지고, 그 마음결이 그대로 풀어져 나가는 모습이 참 좋고, 멋지고, 아름답고…….

시냇물: 고맙고, 나도 찡해지면서 쑥 지나가더라고. 한마디 말할 때마다 내 속에서는 과거의 모습들이 하나씩 지나가고. 지금 내가 참 기쁜 게 하고 싶은 말을 내가 하면서 자기중심적인 태도가 빠지고 덜 실려 나가는 것……. 그런 것이 내가 참 기쁘고, 그렇게 되니까 사람들이 좀 기억에 남아. 장이 끝나고 난 다음에도 그 모습들이 나한테 남아 있어서 참 기쁘고.

거북이: 흐뭇하고, 따뜻할 것 같아요.

예쁜사랑: 시냇물 언니가 사람을 귀히 여기고, 정성껏 담아내는 모습들이 순간순간에 감동이고, 그게 언니가 사람들을 대하는 태도라고 여겨져요.

거북이: 되게 모과가 정성스럽고.

지 운: 너희들이 그런 사이였어? 나는 얘기 들으면서 계속 마음속에 강물이 있었어. 네가 이렇게 편안해져 가는 모습이 참 보기 좋아.

바라밀: 저도 되게 반가웠어요.

거북이: 저도 안심되고 되게 반가웠어요.

바라밀: 강물 님이 편안한 상태에서 나오니까 되게 반갑고, 좋았어요.

지 운: 아무리 흔들림이 있어도 제대로 중심을 찾아가잖아. 바다에 떠다니는 배들은 그걸 복원력이라고 하는데 그게 네가 자꾸 강해지는 게 보기가 좋아. 앞으로 수많은 파도가 올 텐데 그때마다 지금처럼 중심을 잡고 나갔으면 좋겠어.

강 물: 그 말씀도 지지가 되고, 복원력……. 전에 말씀해 주신 회복탄력성을 가질 수 있는 가장 큰 원동력에 감수성 훈련이 있어서 위기 때마다 그런 것들을 더 세워 가고, 잡아 가서 그런 위기들을 넘겨 왔고, 이번에도 그런 일을 해 가고 있고, 앞으로도 그런 것들이 더 탄력성이 생겨서 더 큰 위기에도 더 잘 넘어가서 더 잘 챙겨 가고, 더 멋있게 잘 살아가고 싶어요.

거북이: 강물 참 든든하고, 믿음직스럽고 같이 이렇게 힘이 나요. 멋지네…….

강 물: 한쪽으로는 어쩔 수 없이 가진 역할의 힘듦이 있지만 그거는 지금은 많이 챙김받고, 나누고 그래서 한 부분을 전체로 가져가지 않고, 부분으로 가지고 가면서 나머지 여유 가지고 또 잘 해 나가고, 만들어 나갈 수 있는 힘을 많이 얻었어요. 여러분들 한 분 한 분 감사하고.

시냇물: 강물을 보면서 늘 놀라운 게 참 쉽지 않은 길을 머물지 않고 쭉 가시더라고. 때로는 흔들릴 때도 있지만 다시 제자리 오시고, 또다시 흔들림이 있으면 흔들리는 파도를 타다가 되돌아오시고, 오시고……. 점점 시간이 짧아지는 게 축하드리고 싶고.

강 물: 오래 지켜봐 주신 분이 또 이렇게 이야기해 주시니까 신뢰롭고요. 그게 도반이다 싶고요.

시냇물: 지켜보면서 조마조마할 때도 있었고요. 안쓰러울 때도 있었고. 그런데 어제, 오늘 쭉 지켜보면서는 안심감이 들어요.

강 물: 감사합니다. 그리고 아까 가을하늘 님……. 개인적으로도 가서 말씀드렸었는데 가을하늘 님이 겪고 있는 고난이나 힘듦이 얼마나 버거운 건지 사실은 공감이 많이 가요. 얼마나 힘들었으면 표현하기도 귀찮아져서 그냥 자꾸 내려가고. 그래도 여기서 관심 표현하고, 표현하고 나서 몸에 땀도 좀 빼시고…….

제가 이곳이 제 고향이 돼서 저를 챙겨서 살아가는 것처럼 가을하늘 님도 더 잘 건강하게 살아가셨으면 하는 바람이 있어요.

겨울오리: 강물 님이 가을하늘 님 생각하는 마음 너무 따뜻하고, 좋은데 너무 비장하게 들려서 너무 엄숙해져요.

강　물: 그러셨어요?

하나하나: 저는 강물이 고향이라는 말이 너무 찡하게 와 닿고, 얼마나 소중하게 여기는지, 얼마나 여기서 따뜻함을 얻어 가고 하셨을지, 그건 저 또한 마찬가지이고…….. 그 말이 참 울리네요.

시냇물: 강물이 가을하늘을 지지할 때 온전히 가을하늘만 지지해 줬어요. 저도 찡했어요. 저도 그때 그 순간에 다른 게 없고, 강물이 없고 가을하늘만 보고 계시더라고요. 온전하게 타인을 돕는 그 모습이 저한테는 참 소중한 모습으로 보였어요.

강　물: 정말 그러고 싶었고, 그렇게 비쳐졌다니까 기쁘고요.

시냇물: 함께할 수 있고, 그 모습을 볼 수 있는 저한테는 또 기쁨이에요.

바라밀: 그런데 그 모습이 시냇물로부터 비롯되었잖아요. 시냇물이 강물한테 줬던 그 에너지로…….

지　운: 나는 가을하늘이 겪고 있는 아픈 감정의 깊이나 크기가 너무 커서 감히 내가 공감하려고 나서지를 못하겠더라고. 그런데 강물이 공감하는 걸 보니까 가을하늘이 느끼는 감정하고, 강물이 받아들이는 감정의 크기가 거의 같게 느껴져서 내가 정말 놀랐고, 감탄을 했어. 그 아픔을 느끼는 그 감정을 깔고 주고받다 보니까 비장하게까지 들리는 것 같은데…….. 나는 비장하게 들리지 않았어. 어쩌면 저런 깊은 사랑, 저런 깊은 공감이 되나. 그동안 강물이 다른 사람들을 공감할 때는 표면의 한 부분만 하지, 그 밑에 있는 감정들을 거의 놓쳤는데 그 내면에까지, 그 깊이까지 공감하는 모습을 보면서 너무 찡하고, 거기에 잠겨 있어. 네가 아픔만 그렇게 공감하지 말고, 기쁨도 그렇게 깊이 있게 공감할 수 있는 강물로 커 나가면 좋겠어. 감격이야. 그리고 네가 여기가 마음의 고향이다 하는 거는 하나하나고 같은 감정이야. 네가 왜 그런 소리를 하는지 내가 너무 잘 알고, 그런 소리를 할 법하고, 할 만하다 싶고, 기뻐, 축하하고 싶고. 떠돌던 영혼이 자리를 잡는 거잖아. 우리가 모두 힘을 합쳐서 네가 자리 잡은 게 정말로 잘 잡았구나 생각이 나도록 그런 고향으로…… 아름다운 고향으로 꽃도 심고, 나무도 가꾸고, 그렇게 자꾸 꽃피워 나가는 그런 순간 같아서 보는 게 기쁜 거야.

강 물: 지운 님 지지해 주시는 게 저 자신에 대한 믿음이 생기고, 신뢰도 생기고, 그대로 온전히 더 잘 받고 싶고. 이런 걸 받아들이는 이게 진짜 나일까에 대한 의심이나 이만큼 주셔도 맨날 요만큼밖에 못 받는 그것 때문에 제 자신이 안타까웠어요. 진짜로 내가 한 고생은 산더미인데도 그게 고생으로 안 받아들여지고, 나를 자꾸 외면하고 이쯤이야 했던 저 때문에 저를 많이 괴롭혔는데. 진짜 어마어마한 파도와 폭풍도 지나 왔고, 그런 칭찬들 받아도 될 만큼 되고, 진짜 여기서 그런 역량들 키워 왔고. 제가 고생한 고생이나 이런 것들 넘어온 걸로 타인을 공감해 주고, 싸안아 주고, 챙겨 줄 수 있는 부분으로 가서…… 그렇게 조금씩 더 가고 있다고 들려서 저한테 정말 지지가 되고, 힘이 되고. 지운 님이 하신 말씀 중에 요즘 저한테 가장 오는 것 중 하나가 '과연 나의 범위가 어디냐? 내가 누구냐? (울먹이며) 내가 누구이고, 어디까지가 나의 범위인가?'라는 의문 때문에 더 힘들어지고, 혼란이고…… 나의 범위가 확장은 되는 것 같은데 도대체 내가 뭐 하러 왔는지, 왜 태어났는지도 모르겠고, 어떨 때는 진짜 다 싫어지고…… 그런 걸 겪고 있는 과정 중에 지운 님 그 말씀하시는데 또다시 나의 범위…… 존재의 가치…… 태어난 의미 다시 물어지고, 아! 끊임없이 가야 되는구나. 찾을 수 없는 길이구나. 가야지, 가야지…… 그걸 찾았다 하는 순간에 내가 멈추는 거구나 하는 생각이 들고요. 이게 더 가치롭고, 더 소중하고, 나의 범위라는 게 내가 나에서 더 자유로워지고, 편안해질 때 타인을 더 그만큼 더 많이 챙길 수 있고, 직접적으로 챙길 수 있는 사람, 간접적으로…… 거기까지가 나의 범위이고, 자꾸 확장되는 나라는 생각이 들고요. 그렇게 여러분과 함께 계속 공부해 가려고요. 그래서 여러분의 도움도 받고, 돕기도 하면서 여기 계시는 한 사람 한 사람도 나일 텐데 또 찾아가 보려고

요. 그런데 이게 잘못 드러나서 답 찾기 틀렸어요.

지　운:　뭐 하기 틀렸어? (웃음)

강　물:　답 찾기 틀렸어요. 지운 님을 잘못 만났어요. (웃음) 이상한 데 와서 도저히 찾을 수가 없어요. (웃음) 저처럼 살아온 사람한테는 이게 미치고 환장할 노릇이었는데…… . 투정인데요. 그래도 정말 발을 잘 들여놨죠. 끝이 없고, 답 찾을 수 없는 곳에 와서…… . 만족이란 게 있을 수도 없고…… .

바라밀:　투정도 귀엽게 한다. 그렇죠. (웃음)

강　물:　귀여웠어요?

지　운:　바라밀이 성불은 못한 것 같아도 보살은 된 모양이다.

바라밀:　같은 느낌일 거라는 생각이 들어서. 답 안 찾아질 거라는 거…… . 그런데 같이 가면서 이렇게 순간순간 기뻐지는 순간들이 있잖아요. 그게 참 좋은 것 같아요. 조금 전도 그런 순간이었는데 그걸 누리지 않고, 확 가 버린 것 같아서 살짝 안타까웠거든요. 강물이…… .

강　물:　좀 더 누리고, 가볍게 그냥…… . 충분히 누렸으면 하는 바람이셨구나. 그 마음 정말 따뜻하고, 고맙고요.

바라밀:　갑자기 눈물 난다.

강　물:　날 위해서 울어 주는 것 같아서 정말 기쁘고, 고마워요.

비:　바라밀 님 성불했어요. 저도 조금 아쉬웠는데 말씀해 주셔서 지금 보고 있는 만족 그걸 누리면서 가셨으면 좋겠다. 이런 마음이 들었습니다.

처　음:　저도 그런 마음이면서 끝도 안 보인다는 그 말씀이 끝없이 성장해 갈 힘이 있구나. 되게 든든하고, 그랬던 것 같아요.

강　물:　예. 지지가 돼요. 제가 놓지 않고 갈 거라는 거…… .

바라밀:　"오롯이 보여 주잖아. 지금 집단에서…… ."라고 얘기해 주고 싶어.

시냇물:　목표를 딱 달성하시면 순간에 그 다음 목표 만들고, 달성하면 목표…… . 그래서 '아! 경영을 하시는 분이시구나. 그래서 우리랑 좀 다르시구나.'

지　운:　제일 중요한 건 마지막 말이지. (웃음)

강　물:　그렇죠. 우리 감수성 훈련 참가자들 중에 어떻게 보면 색깔이 가장 다른 사람이기도 해요. 이게 회사이기 때문에 이익이라는 거……. 돈이라는 걸 같이 먹고 사는 단체의 수장이라는 거……. 이 역할과 사람의 성장 이 두 가지를 다 보고 가다 보니까 사실 힘들고, 미치고, 팔짝 뛸 때가 있어요. 그래서 정말 경영이라는 걸 버리고 도망가고 싶을 때가 많아요. 그리고 일을 너무 크게 저질러서 이제 그걸 통해서 먹고사는 사람이 너무나 많이 늘었고, 그런 저를 보고 모델로 보고 따라오는 사람들, 그것 때문에 다니는 사람들이 많아서 이젠 버리지도 못하고 사면초가에 빠졌어요. 사면초가에 빠져서 제 의지와 관계없이 무조건 가야 하는 길이 되어 버렸어요.

시 아: 그동안 강물이……. 음……. 답을 찾아서 홀로 살아온 삶이 얼마나 고단하고, 힘들었을까, 그리고 아팠을까, 또 앞으로 가야 할 길도 힘들고, 고단하겠구나. 그렇지만 감수성 훈련에 와서 사람들하고 힘들고, 아픈 거 나누면서 조금씩 마음의 편안함 찾아가고. 그리고 편안하고, 여유 있는 미소 너무 밝고, 그렇지만 앞으로의 삶이 어떨지는 모르겠지만 마음만큼은 참 편안하게 갈 수 있겠구나 하는 믿음이 생겨서…….

강 물: 고맙고, 따뜻하고요. 그 말이 더 와 닿아요. 바깥 상황과 관계없이 마음만큼은 편안하게 유지해서 갈 수 있는 역량을 키워 가고 있다고 얘기해 주셔서……. 그렇게 가고 싶고, 이번에 와서 한 발 더 뗀 것 같고.

소리랑: 강물 님을 보면서 참 놀라운데요. 여러 번 만나면 만날수록 강물 님 되게 새로운데, 처음에 만났던 강물 님은 자기 혼자 강에 징검다리를 만들기 위해 돌을 하나하나씩 놓는 사람으로 만났다면, 지금은 함께 가는 다리를 만드는 사람처럼 보여서……. 어떻게 하면 튼튼해질까, 어떻게 하면 멀리 갈까, 어떻게 하면 함께 갈까 이렇게 노력하는 사람으로 보여서 기대가 되고. 알면 알수록 성장하는 모습이 보이고, 그래서 함께 가고 싶은 사람이고, 더 기대되는 사람이고, 좋아요.

강 물: 감사합니다. 감사하고요. 감수성 훈련에서 다리로 설 때 함께 가는……. 그동안은 아까 이야기하는 것처럼 저의 편안함이나 성장을 위해서 감수성 훈련에 온 모습이 더 많아요. 지극히 이기적이었죠. 음……. 그런데 지금은 함께 가

고, 다리 만들면서 함께 다 같이 가고, 더 튼튼해지고, 함께 만나고……. 그런
것들이 이렇게 비춰져 가고, 더 잘해 갈 수 있는 사람으로 가고 싶고요. 그걸
알아봐 주신 것 같아서 기뻐요.

소리랑: 참 편안해지고, 든든해 보여요. 안심되고.

나　무: 저는 지금 강물 님이 어느 때보다 되게 신뢰롭고, 믿음이 가요. 말 하나하나가
다 믿어지고, 그리고 하고 계시는 것 같아요. 하고 싶다가 아니라. 그 치열한
과정, 고통 이런 것들이 보석이 되어서 누구보다 그 심정 잘 아니까 잘 도와주
실 것 같고. 그런데 저는 신기한 게 완전히 성장해서 돕는 게 아니라 성장해 가
는 과정 속에서 함께 도우면서 나누면서 영글어질 것 같은……. 그래서 여태
까지 만난 강물 님 중에서 제일 호감 가고……. (웃음)

강　물: 나무 님 얘기 그대로 전해지고요. 저도 정말 기쁘고요. 나무 님 사랑스럽고요.
그 말도 더 깊이 와 닿아요. 과정 중에……. 계속 삶이 과정에 있는 것인데. 옛
날에 하면 한다가 아니라 과정 중에 만나고, 과정 중에 서로 도와가고, 함께
나누면서 사는 삶……. 거기에 더 깊이 갈 수 있어서 그런 모습들로 이야기해
주서서 기뻐요.

나　무: 이전에 잘 받아 가고 싶다, 못 받아 가서 아쉬운 부분이 있다고 하셨는데 오늘
은 주시는 마음들을 그득히 받아 가시는 것 같아요. 좋아요.

강　물: 그런 길을 먼저 가시면서 모델이 되어 주신 선배 분들이 있잖아요. 모델이 되
어 주신 분들이 있어서…….

바라밀: 강물이 지금 그 모델이 되고 있어요. 이전에 정말 이기적이라고 지각이 된 적
이 있었는데 아까 소리랑이 얘기하는 것처럼 자기 징검돌을 자기가 놓으면서
가는 느낌이었는데 지금 조금 전에 가을하늘한테 갈 때는 정말 다리 놓아서
같이 가고자 하는 모습처럼 느껴져서……. 아침에서 이렇게 저녁 오후로 오는
이 과정 속에서도 이렇게 변화하면서 성장할 수 있는 게 이게 감수성 훈련이
구나 싶어서 정말 좋네요. 보여 줘서 정말 고맙고, 기쁘고, 반갑고.

강　물: 함께해 주서서……. 그 치열한 과정을 함께하셨잖아요. 하하하. (웃음)

8) 기분 알아주기 2

가을하늘: 좀 답답하기도 하고, 실은 요새 좀 지쳐 있는데 그 지친 상태로 여기에 왔고. 마음이 나서 얘기를 할 때보다 귀찮기도 하고, 그럴 때가 더 많은 것 같아요. 그런 상태로 여기에 있자니 저 스스로 좀 불편한가 봐요. 그러면서도 이런 나를 내가 먼저 알아주고 싶고, 또 이런 나에 대해서 상대한테 이해받고 싶은 나도 있네요. 몸 살피는 것 안 하다가 해 보니까 할 때 많이 힘들거든요. 통증을 다 견뎌 가면서 이렇게 막 해야 되거든요. 아! 젠장 소리가 나고…… 다른 것에는 관심도 잘 안 가고, 그래서 밋밋해요. 그런데 그 밋밋함이 또 저는 편안함으로 있기도 하고……. 그냥……. 별일 없이 살고 있는 것 같은 그런 편안함이 좀 있으면서도 이전과는 다른 데서 오는……. 그러면서도 계속 뭐가 이렇게 떨쳐지지 않는 어떤 욕구에 대한 이런 것들도 좀……. 지금은 제가 뭘 얘기하고 싶은지도 잘 모르는 상태예요. 그래요. 약간 몸에서 열은 좀 나고……. 지금 제가 좀 보이고 있고요. 아! 그게……. 사람들이 나한테 실망할까 봐 그걸 두렵다고 해야 되나……. 이런 게 좀 있는 것 같아요.

햇 살: 멋있게 보이고 싶은 뭐가 있어요.

가을하늘: 그쪽의 마음만 있는 건 아닌데……. 그냥 이 상태에 있는 나를 이해받고 싶은 마음이 더 큰가 봐요. 그래서 막……. 그동안에 애 많이 썼잖아. 이런 말 듣고 싶고…….

바 탕: 편하게 얘기한다.

참바람: 눈치 본다 해 놓고 할 소리 다하고 실망이다. (웃음) 아! 시원해.

비: 실망 주니까 어때? (웃음)

가을하늘: 줄 법도 하구나. 줘도 괜찮구나. 이런 안심도 좀 되는 것 같고요. 그걸 또 물어봐 주는 비……. 실은 또 그런데 애가 많이 쓰이거든요. 온전히 편하게만은 이야기하는 건 아닌데……. 그런데 말씀처럼 편하게 또 이야기하는 그런 제 모습은 그대로 좋다고 말씀해 주시는 분이 계시니까…….

비: 애쓰니까 실망되고.

바 탕: 그런데 좀 뻔뻔해진 것 같아.

소 명: 애쓰는 것도 참 편하게 애쓰는 것 같았어요.

바 탕: 실망은 주고, 미움은 안 받아 가려고 하네.

소리랑: 애쓴다는 말 믿어지지도 않고, 참 표현……. 얼굴은 웃고 있으면서 마음은 애를 쓰나. 이렇게 의심도 되고……. 말과 행동……. 마음하고 말하고, 마음하고 이렇게 다른데 말은 그렇게 하니까 잘 느껴지지 않아서 와 닿지가 않고, 진짜인가? 애를 쓰나? 이렇게 계속 보게 되고 그래요. 믿어지지가 않아요. 진짜 애를 쓰고 있는 거야. 진짜? 진짜? 오빠가 정말로 잘 수용받을 수 있을까. 그렇게 오빠가 애쓰고 있는 부분에 대해서 보살핌받았으면 좋겠어. 그래서 잘 보살펴주고 싶어. 아끼는 마음이 들어.

바 탕: 소리랑 진짜 마음이 그거였구나.

가을하늘: 말을 어떻게 그렇게 하냐. 되게 감격스럽고…….

허 당: 지금도 감격스러워 보이지 않아요.

가을하늘: 지쳐서 그래. 환장하겠네.

바 탕: 몸이 안 편해 보여. 아픈 것 같기도 하고, 혼자 애쓰는 것 같고, 집중은 해야 될 것 같은데 몸에 통증이 있으니까 견디느라 열은 올라오고, 예전 같으면 무시하고 마음으로 갔을 텐데. 고스란히 느끼면서…….

가을하늘: 맞아요. 순간순간 몸에 열도 나고, 땀도 배이고…….

바 탕: 오래 아팠으면 아프다는 소리 잘 안 나오잖아. 해 봤자 힘만 들고, 고통이라는 게 자기 몫이니까……. 마음이야 나누지만…….

가을하늘: (흐르는 눈물을 티슈로 닦으며) 하! (한숨) 힘들기도 많이 힘들었고, 또……. 서러울 때도 많고, 답답할 때도 있고, 내가 느끼는 그런 지속적인 고통들을 병의 특성도 있지만 사람들은 잘 모를 수밖에 없고, 또 그걸 드러내는 성격도 아니고. 그래 봐야 뭐 하겠어요. 그런 것도 있고, 어떻게 보면 참 미련하리만치 돌보지 않았던 제가 있고. 요즘 돌보기 시작하면서……. 사실 돌보기 시작하니까 좀 나아지는 것 같은……. 나아지는 것에 대해 희망이 생겨서 참 좋더라고요.

바 탕: 걔도 돌봄이 필요했던 모양이다.

가을하늘: 그래서 막 돌보는 그 시간에……. 그……. 감정들이 되게 많이 순간순간 생기
         더라고요. 막 힘들어 죽겠을 때 이런 걸 견디면서 살았을 때가 순간순간 지나
         칠 때가 있고. 그런 걸 견디면서 살아온 제가 기특한 적도 있고, 그리고 그러
         면서 저한테 집중하는 시간을 갖다 보니까 좀 불안하기도 해요. 그런데 나한
         테 집중하면서 다른 부분까지 집중하는 것은 지금 불가능하고……. 이런…….
         이런 저를 그대로 바라봐 주는 그런 걸 많이 느끼고 싶었나 봐요.

바 탕: 힘들게 살아온 자기를 생각하면 애잔하지만 힘들게 살아 온 가을하늘이 대견
         하고, 그대로 내보여도 다 받아 줄 것 같은 믿음이 있어서 좋고.

소리랑: 지금이라도 챙기니 다행이고.

지 운: 편안해진 것 같다.

9) 피드백 1

지 운: 오늘 시아가 말을 많이 아끼는데 궁금해.

시 아: (웃음) 지운 님이 궁금하다 하시니까 갑자기 뭔가 많이 했어야 하나? 하는 생
         각이 들긴 하는데……. 음……. 그냥 보고만 있어도 좋아서…….

지 운: 응. 내가 지금 너한테 묻는 게……. 내가 궁금한 게…….

시 아: 네.

지 운: 네가 상대가 문제가 있다고 보이거나 개선해야 할 포인트가 있다고 보이거나
         하면 적극적으로 나오다가 잘되고 있으면 그냥 보고 있는……. 그걸 확인해
         주고, 더 지지해 주고, 강화해 주고 하는 이런 노력을 별로 안 하는 건 아닌가
         하는 의문이 있어서 묻고 싶은 거야.

시 아: 지운 님 말씀은 그럴 때 좀 더 제가 나서서 함께할 수 있으면 좋겠는데…….

지 운: 그러니까.

시 아: 하지 않는 제 모습……. 그냥……. 그럴 때 되면 저는 다른 분들이 주고받는
         거 보면 좋으니까…….

지 운: 그러니까. 거기에 머물러 버리거든. 한 발 더 나가야 되잖아. 그런데 머무르면 못 건넌다고 지금 하나하나가 이야기를 하잖아. 내가 뭐 부정적인 게 아닌가 하다가 어떤 단계가 하나 이루어지고 나면 그 앞에 하나 더 나가는 걸 원하는구나 하는 걸 비를 보고 배웠다 하는 이 소리거든. 그런데 사람들이 긴장을 풀어 나가기 위해서 동기가 생길 때는 굉장히 강렬하게 나와. 그런데 잘되고 있을 때 목표를 높여 가지고 긴장을 생산해 나가서 앞으로 나가는 길은 훨씬 더 힘이 드는 길이거든.

시 아: 한번 해 보고…….

지 운: 시도해 봐.

시 아: 지운 님 그렇게 알려 주시니까 감사하고요. 좋으면 그냥 보고 머무르고 있는 제가…….

지 운: 그러니까.

시 아: 순간 할까 말까 망설이다가 내가 안 해도 되는데 뭐…….

지 운: 네가 말을 해서 다른 사람들이 시아가 저렇게 하니까 '나는 안 해도 되겠구나.'라고 하도록 해 줘.

시 아: 머무르지 않고 다시 시도해 보겠습니다.

강 물: 하나하나 님하고, 지운 님하고 시아 님 나누는 것 보면서 저도 맥락이 좀 비슷하게 느껴지면서 조금 다른 게……. 이렇게 잘 나누시면서 서로 지지하고, 축하하고, 서로 아껴 주면서 그런 부분 속에서 성장하고 같이 누리고 즐기는 것들에서는 제가 떨어지고, 등한시하고 있는 제가 있는 것을 발견한 것 같아요. 물론 살아오고, 이 공부하는 것도 치열하게 부딪히고 갈등하고 투쟁하다시피 하고 지적하면서 하는 것들만 잘하는 거라는 약간의 편견이나 착각이 있잖아요.

지 운: 그렇지.

강 물: 그걸 알게 돼서 좀 반가운 것도 있고, 그게 필요했던 시절이라 그렇게 했지만 지금은 그런 것에 대해서 조금 더 자유로워지고, 같이 나누면서 행복하게 나눌 때도 같이 나눴으면 좋겠어요. 행복하게 나누는 것에서는 저를 떨어뜨리고

치열하게 부딪히는 것에서는 앞장을 서고…….

지 운: 그래.

강 물: 챙겨서 행복할 때 같이 지지하고, 같이 나눌 수 있었으면 좋겠어요.

시 원: 자기 고백하는 것 같아서 참 듣기 좋아요. (웃음) 편안하게.

지 운: 자기 고백을 하는 것 같은 게 아니고 하는구먼. 이제 그런 걸 돌아볼 수 있는 여유가 생긴 거지. 그전에는 그럴 여유가 없었잖아.

강 물: 전쟁하듯이…….

지 운: 네 한평생이 그랬는데 뭐…….

강 물: 이 공부도 여기 와서 실은 전쟁하듯이……. 지운 님을 한 번 이겨 먹는 걸 가장 큰 목표로 삼았는데 그건 틀린 것 같고……. (웃음)

지 운: 미리 포기하지 마. 달성하기 전에 포기하지 마. 비 올 때까지 계속 기우제 지 내라.

강 물: 그런 이상한 목표보다는 같이 행복할 때 행복하고, 같이 누리면서…….

지 운: 아니지. 제대로 된 목표야. 이상한 목표가 아니고……. 그 목표 달성하면 행복 할 때 행복하고, 같이할 수 있을 거야.

강 물: 아뇨. 싫어요. 같이 놀고, 같이 누리고 싶어요.

바라밀: 강물 얘기가 되게 반갑게 들리고, 이제는 정말 힘 빼고 편안하게 다른 사람들 하고 함께하겠다는…….

지 운: 힘 빼고 나면 매력이 있을까? (웃음)

물 빛: 정말 반갑고, 축하해요.

겨울오리: 강물 님 말씀이 가슴속에 촉촉하게 스며들어요.

다이아몬드: 나도 강물 말 너무 반가운 게 힘들고, 문제 있고, 갈등 있는 것만 돕는 거라 고 생각하다가 축하하는 사람을 축하하는 게 더 좋고, 꽃피우는 거라는 나한 테는 고백으로 들려서 더 좋아.

강 물: 착각하시면 안 되는 게 시작을 해 보겠다는 거지. 전쟁하듯 하는 습관이 사라 지는 것으로 생각하면 오산이실 것 같고.

지 운: 지금 옛날 모습으로 돌아갔어. 아직 어느 게 본색인지 나는 잘 모르겠어. 소명

너는 처음에 몇 마디 하다가 지적받고, 딱 입 다물고 있어서 뭘 하고 있는지 궁금해.

소　명: 궁금하실 것 같아요.

지　운: 응. 궁금해.

소　명: 지금 사람들한테 시선을 돌리면 따라가지기는 하는데, 어느 순간 이건 따라가는 게 문제가 아니고 내 것을 뭔가 해야 한다. 이 생각이 들어서 정리를 좀…….

지　운: 나는 뒤에 것이 동의가 되고, 우선 네가 사용하고 있는 대인관계 태도나 스킬을 분석해서 뭐를 익혀야 되는지를 네가 좀 분명히 알았으면 좋겠어. 그런데 너는 지금 가지고 있는 커뮤니케이션 스킬로 큰 불편을 못 느끼니까 그걸 고쳐야겠다는 생각을 안 하고 있는 것 같아. 네가 꼭 명심하고, 하나하나 체계적으로 훈련해서 전문적인 스킬을 쌓으면 내가 좀 기쁠 것 같은데 안 하니까……. 매번 뭐 좀 할 것 같이 하다가 또 안 하고……. 그리고 안 하는 핑계가 너는 참 좋잖아.

10) 피드백 2

시　아: 저는 물빛 님이 블루문 님한테 말씀하실 때나 지금 처음 님한테 피드백하실 때나 되게 따뜻하면서도 뭔가 절제된 따뜻함이 느껴져서……. 처음 님하고는 또 다른 따뜻함이구나. 피드백은 간결하면서도 그 안에 진심이 실려 가니까…….

물　빛: 되게 뭉클하고, 시아가 고맙고 굉장히 담백하면서도 따뜻하고……. 그러면서도 담담하고 고스란히 받아지는 마음이거든요. 한 사람을 있는 그대로 인정하는 것 같아요.

시　아: 물빛 님이 고스란히 보여 주시니까 제 눈에 보이는 물빛 님을 말씀 드리는 거고……. 제가 잘 표현하고 싶은데……. 좀 답답합니다. 제가 표현하고 싶은 말의 10분의 1밖에 못한 그런 아쉬움은 좀 남지만 계속 물빛 님 보면서 느낀 제 마음을 전하고 싶었어요.

물　빛: 좀 아쉽고, 답답한 면이 있으신가 봐요.

시 아: 제대로 표현을 하고 싶은 만큼 못해서……

물 빛: 저도 좋으면서 지금 이 순간 어떻게 해야 될지 몰라서 멍해지는 내가 있어서……

나 무: 물빛 언니는 표현해서 반갑고, 난 시아 님 말하면 할수록 놀라운 게 그러면 표현한 그 마음의 10배라면 그 마음이 얼마나 클까? 물빛 님을 보면서 그걸 정말 잘 전달하고 싶은 마음이 있을 때 그걸 아쉽다고 들고 가는 건 정말 아깝고. 그 표현하지 못하는 마음을 더 내서 더 하고 싶다고 하면 좋겠어요.

시 아: 저도 나무 님 얘기 들으면서 좀 제대로 제 마음 잘 전달하고 싶고, 그러도록 좀 더……

나 무: 노력하겠다! 하시려고 하는 거죠. (웃음)

시 아: 허당처럼 어휘 선택에 노력하겠습니다. (웃음)

나 무: 그런데 그 마음이 너무 귀하잖아. 내 온 마음을 다 정말 내가 느끼는 것만큼 물빛 님한테 잘 전달하고 싶고, 만나고 싶다는 마음이 얼마나 귀한 마음이에요.

시 아: 알아주는 나무 님이 고맙고요.

물 빛: 따뜻하고. 내가 미처 헤아리지 못한 마음까지 헤아려서 알아주는 마음 고맙고, 다시금 그 말씀 귀하게 느껴지고.

시 아: 다음에 제대로 전달하고 싶습니다.

나 무: 다음으로 가지 말아요.

물 빛: 다음이라니까 지금 그 마음으로도 충분하고 해 주면 더 좋겠고.

블루문: 저는 시아 님하고 물빛 님하고 이렇게 나누는 걸 들으면서 아! 시아 님이 정말로 물빛 님하고 되게 비슷한 느낌을 느끼게 해 줘서 되게 선명하고, 단아하고, 짧고, 분명하고, 되게 깊이 있고. 그래서 참 되고 싶은 모습인가 보다 시아 님한테는 이렇게 느껴지고. 두 사람이 하나같이 주고받을 때 경계 없이, 주고받는다는 느낌도 없이 이렇게 얘기를 주고받는 게 놀랍고. 뭔가 새로운 세계 같은 느낌이 들어서 되게 감탄했어요. 참 부럽기도 하고, 멋있기도 하고, 신기하기도 하고. 그래서 시아 님의 정말 큰마음을 그 말에 못 담아서 막 안타깝고, 아쉽고 하는 그 마음도 참 예쁘고, 그렇지만 멋있게 잘 표현하고 계신다.

시 아: 블루문 님 굉장히 뭉클하고요. 음……. 갑자기 시선이…….

바라밀: 오늘 시아가 참 멋있다는 생각이 들고, 아까 강물에게 해 준 피드백도 그렇고, 물빛 님에게 해 준 피드백도 그렇고 정말 참 담백한데 그 담백함 속에 상대한테 가는 마음이 오롯이 느껴지는……. 그래서 그때 물빛 님이 받을 때 더 잘 받으려고 하는 모습이 되게 감동스럽게 느껴졌었거든요. 그래서 되게 멋지다고 생각을 했었는데 뒤에 아쉽다는 표현……. 나무 님 표현을 들으면서 조금 안심되는 부분도 있었거든요. 그 아쉽다는 표현 속에서 물빛 님이 그때 그 온전한 마음……. 그 마음들을 잘 짚어 줘서 좋았어요.

시 원: 저는 그 시아 님 피드백 보면서 정말로 무엇보다도 자유롭고…….

지 운: 지금 바라밀의 장을 슬쩍 가져가 버리고……. (웃음)

시 원: 아쉬우셨겠어요.

지 운: 재미있었어.

다이아몬드: 저도 제말을 하고 싶은데요. 저는 비한테 고맙기도 하고, 내가 만나 온 비 중에서 참 명석하고, 명철해서 우리 집단 전체를 분명하게 해 주는 비를 많이 만나고, 집단의 분위기를 좋게 하게 하는 그런 비를 만났는데 이번 집단에서는 옹달샘이나 처음한테 옆에 있는데도 온 가슴으로 집단에 임하고 있는 모습이 나한테까지 너무 감동으로 오는 거예요. 왜냐하면 비가 이제 머리가 아닌 가슴으로 만나고 싶다고 하는 걸로 느껴져서.

지 운: 조금 지루한데.

다이아몬드: 그런데 그 옆에까지 가니까…….

지 운: 이젠 답답해지는데…….

다이아몬드: 고맙고요. (웃음)

비: 감사하고, 저도 되게 그 말씀에 감동이 돼요.

지 운: 나도 슬쩍 갖고 와야겠다. 아까 나무가 시아한테 부정 단어 선택하는 것 피드백할 때 참 멋있었어. 그런데 나무가 끝까지 갔으면 좋겠는데 중간에 다음으로 미룰 때 그만 중얼중얼하고 힘이 쭉 빠져 버려서 거기서 스톱하는데 그때 너무 아까웠어.

나　무: 현재로 오도록 끝까지 피드백하라는 거죠.

지　운: 오고 안 오고는 시아의 선택이고, 그때의 그걸 본 네 심정은 분명하게 전달이 됐으면 좋겠어. 왜 그때 그렇게 동력이 갑자기 확 떨어져 버렸는지. 그래서 중간에 '아! 아주 멋있다.'에서 픽하고…….

나　무: 김 새셨겠어요.

지　운: 그래. 아까웠어.

나　무: 어제 제가 목표 진술할 때도 중얼중얼한다고 지운 님이 말씀하셨던 것과 연결되어서 감사하고요. 그리고 정말 애정 있게 시아 님을 돕고 싶은 마음을 끝까지 내서 분명하게 확실하게 하라는 말씀…….

지　운: 그때 내 느낌이 정확하게 전달 안 되는구나 할 때 좌절해 버리는 건 아닌지 찾아보면 좋겠어. 포기해 버리거나…….

나　무: 네.

하나하나: 저는 지운 님 말씀에 나무 님 예전에 교육받을 때 그 장면이 기억이 나거든요. 지운 님한테 진술이 아니라 바람을 자꾸 상대한테 이야기한다고.

지　운: 응?

하나하나: '이랬으면 좋겠어요, 저랬으면 좋겠어요.' 하는 그 부분에 관해서 이야기 들었던 장면이 떠올라서 처음 님한테도 시아한테도 그런 말을 쓰시고 계시는 것 같아서 제가 듣고 좀 아까웠어요.

나　무: 아! 이랬으면 좋겠다. 이런 게.

하나하나: 행동적인 걸…….

나　무: 그러니까 내 감정은 이야기해 줄 수 있지만 이러고, 저러고는 상대의 선택인데 그것을 피드백하는 것 같아서?

하나하나: 말이 그런 식으로.

시　아: 나는 하나하나하고 느낌이 약간 다른데. 나무 님이 오늘 나한테 이야기하셨을 때는 부담이나 강요로 느껴지지 않았어. 이걸 뭐라고 설명하지. 바람을 전한다 하는데 어떤 말을 들었을 때 받는 느낌이 강요나 부담으로 올 때가 있고, 안 올 때가 있는데 오늘 나무 님의 표정에서 그런 게 느껴지지 않았어.

하나하나: 나도 그 차이를 알고 싶었어. 말은 비슷한데 느낌은 어땠을지 알고 싶기도 하고……. 아니라고 하니까.

바라밀: 저는 나무가 처음에 분명해서 되게 좋았고, 그다음에는 지운 님처럼 좌절이라고 생각을 안 하고요. 시아가 지금 준비되지 않았구나 하는 그 부분을 충분히 알아주는 마음으로 봤어요. 그래서 시아가 지금 느끼는 것처럼 강요로는 안 가져가지 않았을까 하는 생각이에요. 그래서 마음이 저렇게 갔구나 하고 저는 느꼈거든요. 그래서 힘이 빠졌구나.

지　운: 결국에는 다른 관점인데 얘한테 변화를 요구하고 있기 때문에 저항이 온다고. 변화를 요구할 때 그 저항을 처리할 준비가 없이 변화를 요구했을 때 중간에 그렇게 자꾸 스톱이 되어 버려. 그러면 시도 안 함만 못하다. 나는 그렇게 봐. 그 저항을 어떻게 처리할 것인가. 사실 나는 저항이라는 단어를 저항하거든. 자기 관점에서 보면 저항이지만 저 사람 관점에서 보면 자기주장이고. 그쪽을 존중하면서 처리하는 걸 배웠으면 좋겠어.

11) 피드백 3

지　운: 아! 물빛의 이런 모습을……. 네가 그동안 얼마나 기다렸냐. 참 감동이다.

배　움: 물빛 언니 이렇게 굉장히 지지적이면서도 유연한테 해 주는 말들이 굉장히 무게가 있는데 편안하게 하는 게 정말 닮고 싶고, 탁월한 것 같아요.

지　운: 그렇지. 물빛이 가지고 있던 틀이 없어졌잖아. 옛날에는 공식에 대비해 요런 경우에는 요래 해야 되는데 너는 요거 하고 있고, 요것만 고치면 되고 이게 있었는데 그게 없어졌어. 왜 웃어?

거북이: 너무 정확하게 말씀해 주셔서. (웃음)

소　명: 물빛 언니의 그런 말 씀씀이나 정교함이 저에게는 모델이 되는…….

지　운: 너도 모델은 있었는데 모델만 있지. 공부를 안 했구나.

소　명: 맞아요. 물빛 언니가 정교한 말을 할 때마다 계속 보고 있고, 참 좋고……. 그런 마음이 참 컸고, 그러면서 거기에 따뜻함까지 같이 묻어나는 데다가 무게감까지 실리고……. 지금은 정교하다는 느낌 없이도 굉장히 편안하게 다가오는데 그래서 저는 좀 아쉬운 부분이 그 정교함을 볼 수 없는 것……. 그것이 뭉뚱그려지면서 편안하게 다가오는 그런 부분이…….

지 운: 물빛이 없어서 못 보는 게 아니라 네가 보는 눈이 없어서 못 보는 거다.

소 명: 그런가 봐요. 그래서 언니가 보여 줬던 정교함이 이제는 제가 찾아서 봐야 하는 데서 오는 아쉬움인데 그렇지만 언니 자체로서의 그런 성장과 변화들이 깊어가는 게 저도 같이 기쁘면서 언니는 저의 롤 모델이에요.

물 빛: 참 기쁘고, 난 늘 소명 보면 정말 언제 어떤 상황에서도 편안하고 폭넓고, 그 깊이는 누구도 따라 갈 수 없고……. 그것에 대한 신뢰……. 사람 주변을 얼마나 밝게 하고, 사람 행복하게 하는지 알고 있으니까 보면서 기쁘고 행복했어요. 거기다가 스킬 보고 배워서 하겠다는 각오까지 다지는 걸로 보여서 더 기쁘네요. 내가 모델이 될 수 있다는 게 참 행복하고.

소 명: 물빛 언니, 언니는 항상 물으면 정확하게 설명을 다 해낼 수 있는 준비가 되어 있는 교본이라는 생각이 드니까 되게 든든하고, 신뢰하고 존경스러워요.

물 빛: 참 기쁘고, 그동안 이렇게 하면서 내가 해 온 것에 대해서 전체적으로 인정받는 것 같아서 참 기뻐요.

강 물: 저도 소명 님 이야기에 동의가 많이 돼요.

나 무: 소명이 발심을 내는 건 되게 반갑고, 그렇지만 앞으로 지켜봐야 할 것 같은……. 그래서 푸쉬하고 싶은 마음이 들어요. 그리고 물빛 언니 정교함에 대해서 소명하고 조금 다른 게……. 물빛 언니의 그 정교함은 정말 처음부터 남다른 그런 건데. 사랑이나 깊이 그런 게 있으면서도 정교함이 더 드러났다면 이제 그 깊이와 사랑과 품어 주는 것 속에서 정교함이 드러나니까 더 풍성해지고, 그게 사람에게 전달되는 게 더 잘 받아들일 수 있게 되는 힘으로 언니가 갖고 가는 것 같아서……. 언니가 얼마나 치열하게 애쓰면서 가지고 있는 게 발휘가 안 될 때의 속상함 이런 것들을 다 넘어서면서 언니가 정말 꾸준히, 성실하게 가는 모습이 정말 너무 대단하고, 그래서 이렇게 이뤄 내고 축하해요.

물 빛: 고마워. 뭉클하고, 지난 세월 나를 전체 한 번 훑어 주는 것 같아서 기쁘고, 아!

항상 내가 여기 왜 오지…….

지　운: 지금 나무한테 반갑고, 고마운데. 반가운 것은 소명이나 물빛을 보는 시각이 나하고 너무 일치해서 반갑고, 고마운 것은 네 덕에 내가 같은 소리를 안 해도 되니까 고마운 거야.

비: 저도 나무 언니 말에 좀 보태고 싶은데 물빛 언니의 정교함이 틀을 깨고 그냥 자연스럽게 정교함으로 나오지 않으니까 물빛 언니의 말들이 나한테 사람들한테 스며들고, 들어와서 내 안에서 더 커지는 것 같아서 물빛 언니 되게 축하해 준다는 걸로는 부족한 것 같아서 마음을 더 주고 싶은데…….

물　빛: 정말 따뜻하고, 축하하고, 지지하고 그런 마음이 고스란히 느껴져 고맙고.

비: 나도 되게 감동적이야.

바라밀: 참 따뜻한 느낌이 들어요. 같이 했던 시원 님의 그 뭉클함이 정말 물빛 님이 얼마나 애써 왔는지를 아는 사람만이 이야기할 수 있는 그런 느낌이어서 정말 따뜻하고, 그 느낌이 저한테 그대로 와서 정말 기쁘고 더불어서…….　얼마나 애썼는지를 아니까 그리고 지금 모습이 너무 멋지고, 너무 선명하게 들려오면서도 따뜻해서 되게 고맙고.

물　빛: 너무 고마워요. 저는 소명, 시원 님, 나무 이렇게 15년 넘게 같이하면서 했던 세월이 먹먹하게 있어서 나누고 싶은데 못하고 넘어간 부분을 얘기할 수 있게 해 줘서 고맙고. 바라밀도 항상 같이 하면서 지지하고, 서로 함께 했던 기억도 너무 고맙고.

거북이: 물빛 님 말씀 너무 감동적이고 가슴을 울리네요.

유　연: 나는 물빛 언니가 더 많이 누렸으면 좋겠고. 그런 모습도 더 많이 풍성하게 했으면 하는 그런 말을 할 수 있게 해 준 비에게도 고마워요. 사실은 아쉬움과 안타까움이 있어서 속상한 마음까지 있었는데 비가 참 멋지게 강물과 지운 님 이야기하면서 자기 하고 싶은 얘기하고, 그다음에 물빛 언니한테 전하는 게.

지　운: 궁금해. 뭐가 아쉽고, 속상해?

유　연: 물빛 언니가 좀 더 풍성하게 누렸으면 좋겠는데 그 타임에서.

지　운: 또 소망을 안 갖고, 기대를 가졌구나.

유　연:　예? 어떤 얘기시죠?

지　운:　풍성하게 누렸으면 하는 기대를 걸고 그렇게 안 되니까 아쉽고, 이리로 간 거 잖아.

유　연:　예. 그렇죠.

지　운:　그렇지. 그걸 소망으로 간직했으면 좋겠고. 유연은 알아들었나? 무슨 소리인지.

유　연:　예.

지　운:　어떻게 알아들었니?

유　연:　내가 그렇게 됐으면 좋겠다고 소망은 가질 수 있어도 그렇게 되어야 한다는 기대를 가지면 그렇게 안 되는 상황이 되었을 때 불편함이라든가…….

지　운:　그렇지. 자기한테도 타인한테도 기대 걸고, 불편해지는 버릇에서 벗어나서 소망으로 간직하고 기뻐하는 쪽으로 가면 좋겠다.

시　아:　물빛 님 축하드리고요. 시원 님하고 물빛 님하고 나누시는 모습 따뜻하고, 뭉클하고 또 다른 분들하고 나누시는 모습도 따뜻한데……. 저는 좀 강물한테 확인하고 싶은 게 있는데……. 아까 제가 듣기로는 나무 님의 그 말이……. '지운 님을 존중하지 않는 것처럼 보인다.'라고 두 번째까지 해도 세 번째 보이고…….

강　물:　세 번째에서……. 억지로까지 재치로 가는 것 같아서……. 그게……. 나무 님이 다칠까 하는 염려가 더 컸어요.

시　아:　어. 나는 그렇게 들었는데, 나무 님이 다른 사람들한테 그걸로 인해서 또 다시 존중받지 못할까 그게 염려된다 하는 걸로 들었는데, 갑자기 강물이 뒤로 철수하는 것 같아서 나는 그 말이 나무 님을 아끼는 말로 들렸거든.

강　물:　예. 아끼죠.

시　아:　나무 님의 위트 넘치고 재치 있는 그 말솜씨가.

강　물:　다른 사람들한테 존중받았으면 좋겠어요.

시　아:　다른 사람들한테 즐거움을 줄 수도 있지만 때론 그런 부분에서 불편함을 느낄 수도 있는 사람이 있으니까 그걸로 인해서 나무 님을 염려하는 걸로 나는 들렸는데 갑자기 쑥 빠져서 좀 아쉬운 마음이 많이 들었어. 그 마음은…….

강　물:　챙겨 주는 건 고맙고. 나무 님의 재치나 위트가 저는 되게 좋고요. 세 번째 할 때

과도해져서 그게 나무 님이 낮아져서……. 지운 님은 두 번째였어요. 나무 님이 존중받지 못할까…….

시　아: 그런데 그 마음을 왜 그냥…….

강　물: 그 이야기를 끝까지 설명하기에는 제가 거기까지는 발심을 못 내더라고요.

지　운: 그럼 내가 속아 버렸나. 나는 나무를 존중하는 걸 날 존중하는 걸로…….

시　원: 저도 지금 그 얘기 나왔으니까 확인하고 싶은데 저는 어떻게 들었냐면 제가 잘못 해석했는지 몰라도 "선생님이 왜 자꾸 그 얘기를 꺼내십니까?"로 들었거든. 옮긴다, 뭐한다.

강　물: 아니에요. 전혀 그건……. 그렇게 들으셨어요?

거북이: 나도 그렇게 들었어.

시　원: 그래서 선생님 이야기에 왜 자꾸 그걸 거론하십니까? 그래서 불편하다.

거북이: 나는 되게 재미있었거든.

지　운: 몰라. 나는 그렇게 안 들었으니까…….

시　아: 그러니까…….

강　물: 시아 님 이야기가 제가 한 이야기예요.

시　아: 예. 결론은 강물이 나무 님이 다른 사람들한테 존중……. 그걸로 인해서 존중받지 못할까 염려스럽다는…….

강　물: 그 재치가 과도하면 안 하느니만 못하다는……. 나무 님의 재치가 분위기를 좋게 하는데 세 번째까지 가니까 과도해서…….

시　아: 설명은 좀 지루하고, 마음은 따뜻했어. 그런데 그 마음을 취소하는 건 좀 아쉽고.

블루문: 시원하다.

강　물: 지금이라도 전할 수 있어서 그것 자체만으로라도 뿌듯하고, 행복하고, 고마워요.

지　운: 시아 네가 한 사람은 행복하게 만들고, 여러 사람 지루하게 만들었다. 분명한 건 강물의 의도를 제대로 알아들은 게 시아다.

시　아: 지운 님 지금 입 연 걸 봐 주세요. (웃음)

지　운: 이런 게 아주 좋다. 아주 좋아.

배　움: 시아 님 되게 시원했고요. 그 말을 해 주는 든든함이나 이런 것이 느껴졌어요.

저도 그렇게 봤지만 굳이 꺼내 가지고.

지 운: 또 미로에 헤맬까 봐.

배 움: 그런 용기나 힘이 좀 부족했거든요. 그런데 이렇게 얘기를 해 주니까 훨씬 더 선명하고, 시원하고 이런 것들……. 그리고 또 본심을 알아봐 주는 마음이 느껴져서 따뜻하다고 느꼈어요.

강 물: 시아 님 정말 고마워요. 제가 나무 님을 얼마나 아끼고 사랑하는지를……. (웃음) 시아 님도 사랑해.

시 아: 아부로 들렸어.

블루문: 저는 그런데 강물 님 얘기를 다시 시아 님이 얘기해 줘서 선명하게 알게 돼서 시원해졌고요. 그런데 그……. 세 번째 가서 과도하다 그 말이 마음에 좀 걸리고, 정말 마음은 위한다고 하지만 세 번째 가서 과도하잖아라고 판단해서.

강 물: 예. 판단이 올라온 거예요.

블루문: 그러면서 책하는 마음도 같이 있는 것 같아서 그 말 듣는 나무 마음이 묘하겠다. 위한다고 하면서 너무 지나치다. 동시에 하는 것 같아 가지고 본인도 자기 마음 헷갈리는 것 같고, 듣는 사람도 좀 헷갈려서 어떻게 할지 잘 모르겠는…….

강 물: 그래서 나무 님한테 개선까지 바라는 제 의지가 있었어요.

블루문: 그래서 저는 그런 게 좀 아쉽고, 답답하고, 동시에 나갈 때 상대가 혼란스럽겠고, 본인도 좀 자기 마음을 모를 수 있겠다 싶어서, 시아 님 덕분에 알게 돼서 좀 시원해졌어요. 저도…….

바라밀: 덕분에 시원해요. 멋지고.

강 물: 한 단계 더 짚어 준 것 같아서 고맙고, 반갑고.

지 운: 시아나 블루문 보니까 입 다물고 있는 놈들이 한 생각이 훨씬 더 선명하다. 아주 선명했어. 시원해졌거든.

12) 피드백 4

재 은: 전 굉장히 반갑고, 정겹고, 말하는 게 떨리긴 한데 오슬오슬 떨림은 있어요. 그

런데 좋고, 궁금하고, 제일 먼저 말하고 싶었어요.

물   빛: 반가워요.

재   은: 반가워요 해 주시니까 굉장히 안심이 되고, 아까 그 떨리던 게 싹 내려가는 게 편하네요.

물   빛: 반갑고, 축하하고, 하고 싶은 거 해서…….

재   은: 지지받는 것 같아서 뭉클하기도 하고…….

온   돌: 나도 반갑고, 지지하고 싶고.

재   은: 반가워요.

시   원: 무엇보다도 하고 싶은 것을 해서 시원하겠어요.

재   은: 네. 시원하고, 조금 어리둥절하기도 하고……. 이렇게 오는 피드백들로 인해서 제 마음이 편해지는 게 저한테는 참 놀랍고, 그 변화가 순식간에 일어나는 것도 놀랍고, 그리고 굉장히 따뜻하고…….

유   연: 나도 반갑고, 지지하고 싶고, 그러면서 좀 긴장되는 것 같아서 편해졌으면 싶어.

재   은: 알아봐 주셔서 감사한 마음은 있어요. 잘 풀어 가고 싶어요.

거북이: 재은이가 이렇게 긴장되고, 그러면서도 자기 표현을 제일 먼저 하는 것을 보니까 재은이란 사람이 참 적극적이고, 자기가 하고자 하는 것을 하는 사람이구나. 참 능동적인 사람이다. 그래서 되게 반갑고, 멋져 보여요. 아. 긴장되네.

물   빛: 동의가 되고, 그런데 거북이 얘기할 때 굉장히 편안해지는 기운이 느껴져요.

거북이: 고마워요. 특히 물빛 님이 말씀하시니까 더 편안하고 더 좋고…….

물   빛: 그 기운이 참 좋네요. 멋지고. 난 재은 축하하고 싶은 게 항상 보면 정리해서 나오는 듯한 느낌이었는데 이번에는 주도적으로 표현하고 나누는 모습이 반갑고 좋네요.

재   은: 제가 말하지 않아도 제가 원하고, 하고 싶어 하는 부분을 알아차려서 얘기해 주시고, 은근히 지지해 주시는, 믿어 주시는 느낌 고마워요. 좀 더 잘 표현하고 싶은데……. 저도 굉장히 낯선 환경이라 굉장히 당황스럽지만 그냥 이대로 있고 싶기도 하고…….

배   움: 재은 님 반갑고요. 이대로라는 말이 굉장히 편안하게 느껴져서 좋고, 약간 긴장

하면서도 이야기하는 게 예뻐요.

재　은: 좋네요. 해야 하는 것에서 놓여나고 싶어요. 지금 이 순간순간에도 계속……. 계속 있네요. (눈물 흘림)

물　빛: 애가 쓰이면서도 순간 알아차리고 표현하고 나누는 모습이 고맙고, 혼자 스스로 지지하는 모습으로 보여서.

재　은: 짚어 주시고, 확인해 주셔서 제가 더 힘이 나요.

　비: 아직은 미숙하지만 애씀도 긴장도 함께 품고 가는 것 같아서…….

재　은: 언니 덕분이에요. 진짜로…….

　비: 축하해요.

재　은: 좀 더 내가 나를 믿게 해 주셨어요.

나　무: 재은이 지지하고, 정말 더 편안하게 사람들하고 마음을 나누고 그러고 싶구나. 그런데 너는 무엇을 해도 예쁘다. (웃음)

재　은: 저의 이 감정 반응이 저는 되게 당황스럽고 그런 것도 있었는데 뭘 해도 예쁘다 그 말이 아휴! 사랑받는 느낌이에요.

거북이: 재은이가 어떠한 감정에……. 한순간의 감정에 머무르는 게 아니고 감정의 흐름 흐름에서 아주 정말 자연스럽게 그 감정을 받아 내는 모습이 정말 탁월한 순발력과 어떤 적응력……. 더 나아가면 상황에 대한 회복탄력성이 큰 친구구나. 그렇게 보여.

재　은: 어쩜 그렇게 듣고 싶은 이야기를 골라 해 주시는지. 정말 갖고 싶은 게 순발력이에요. 즉시성, 순발력…….

거북이: 그런 역경에……. 그런 정도의 사람이라면 어떤 역경에서도 해낼 수 있는 그런 신뢰감이 듬뿍 간다는 것도 알려 주고 싶어.

재　은: 지금 그렇게 해 가고 있다고.

거북이: 집단에서 보여서 나는 되게 반갑고, 좋았어요. 믿음도 가고.

유　연: 저는 좀 전의 나무의 피드백이 되게 따뜻하고, 사랑이 듬뿍 담겼다고 느껴졌고. 그 말을 들은 재은은 되게 든든하고, 안심이 돼서 좋았을 것 같아요. 거북이의 얘기는……. 저는 조금 지루했어요. (웃음)

나　무: 유연에게 불편한 얘기 마음껏 하라고 지지하는 거야.

거북이: 싸움은 말려라.

유　연: 고맙기도 하면서 약간 총알받이로 나가는 것 같아서……. (웃음)

나　무: 시도하는 거 너무 멋져서 힘 주고 싶은 마음이야.

유　연: 어떤지 궁금하네. 거북이는…….

시　원: 나는 거북이보다도 지금 유연이 그런 이야기를 편안하게 하는 모습이 반가웠어요.

유　연: 되게 든든하고, 안심이 돼요. 넉넉히 봐 주시는구나.

물　빛: 참 여유 있고, 자연스럽고……. 그러면서 스스로에 대한 믿음, 단단한 것 같아서 참 보기 좋아요.

거북이: 나는 유연에 대해서 순간 지금 안정감이 느껴지고, 전에 긴장감은 있었지만 또 금방 이렇게 그냥 평온해지는 내 모습을 보면서 안심이 되었고, 그러면서 더 흥미로워지고, 관심 간다는 것을 알려 주고 싶고, 그래요.

유　연: 물빛 님과 거북이 님이 참 감사해요. 약간 긴장되었는데 일단은 좀 더 안심이 되고, 여유가 더 넓어지는 것……. 더 여유가 생겨서 그러면서 내가 거북이 말을 더 잘 듣고 싶었구나. 안 들리는 걸 지루하다 표현하고, 그런데 그 맘은 정말 잘 듣고 싶은 마음이 있었구나가 알아차려졌어요.

거북이: 지금 되게 친절하다는 느낌이 들고, 안심도 되고, 고마운 마음도 들고.

물　빛: 저는 조금……. 갑자기 단어가 생각이 안 나는데……. 그 지루하다는 말이 철수하는 것 같아서 아쉬웠어요.

늘푸름: 유연 언니가 거북이 오빠가 받아 준다는 자체에 만족하고, 원래 내가 불편했던 어떤 부분에 대해서 분명하게 얘기하지 않거나 그냥 쑥 빠져 버리는 것 같아서 아쉽고……. 원래 원했던 부분을 그냥 마음껏 했으면 좋겠다는 마음이 드네요.

유　연: 시도하는 마음을 이렇게 지지하는 것은 되게 고맙고, 이왕 하는 거면 끝까지 분명하게 해 봐라 하는 말로 들리고……. 그런데 또 거북이한테는 철회라는 것보다 그냥 불편한 마음이 걷히는 걸로 보였다. 그걸 하는 것도 되게 좋고…….

지　운: 뭐 자꾸 조심하는 것 같아.

유 연: 그렇게 보이세요?

지 운: 어. 나무가 지지를 해 줘야 나서고……

유 연: 그 말은 좀 걸리네요.

지 운: 걸려? 총알받이 뭐 이런 소리도……

유 연: 말하고 나서도 제가 좀 아쉬웠어요.

지 운: 거북이한테 말하는데 뭐 조심해야 될 게 있어?

유 연: 아뇨. 그건……

지 운: 전달하고 싶은 핵심 내용이 뭐야?

유 연: 마음은 지지와 응원, 칭찬 이런 마음은 알겠는데요. 내용이 좀 길어지는 것 같고, 나열하고, 설명하는 것 같아서 감정이……. 좀 제가 느끼기에는……

지 운: 말이 길다. 그렇게 길게 하면서 딴 사람 길다고 하네.

늘푸름: 저는 지금 유연 언니 모습이 참 좋고, 힘 있게 느껴져요.

유 연: 그걸 알려 주니까 되게 좋고, 또 한편에서는 제대로 하고 싶은 마음도 있고.

산수국: 저도 유연 축하하고 싶은데 정말 남 듣기 싫은 소리 못하잖아. 그거 시도했고, 금방 자기 것으로 가져가는 거 정말 보기 좋아.

유 연: 전 본심 알아 보는 거 하고 싶었어요. 상대의 본심을……

블루문: 울컥하신가 봐요.

유 연: 음……. 감사해요. 저는 참바람이랑 나무가 되게 고마워요. 혹시 내가 총알받이 이런 단어를 써서 기분이 상하지는 않았나?

나 무: 그 정도 단어에 걸릴 사람 아니다. (웃음) 안심해도 된다.

참바람: 지금은 걸리시는 것 같아요.

유 연: 그 말을 나무가 해 줘서 기쁜 것도 있어요.

시 원: 그 얘기를 들으면서 참 유쾌하고, 정말 나무가 그런 말에 걸리지 않는 사람이지. 사람을 좀 잘못 봤구나. 참 넉넉하게 받아 주는 나무 멋지고.

나 무: 시원 님은 제대로 보고 계시네요. (웃음)

시 원: 어느 순간이든지 간에 상대 쳐다보고.

비: 지금 나무 언니가 쑥스러워하는 모습이 귀엽기도 하면서 조금은 아쉽고.

나　무: 잘 받아 갔으면 좋겠다는 말이제.

　비: 응. 그리고 아까 나무 언니가 너무 따뜻하고, 재은한테 피드백할 때 재은의 존재를 인정해서 재은이 뭘 해도 예쁘다는 말이 얼마나 사람을 확 안심되게 하고, 편안하게 하는지……. 그 파워가 놀랍고……. 나는 웃지 말고 이렇게 네 말을 힘 있게 좀 하라는 유연 언니에 대한 피드백도 굉장히 따뜻하고.

나　무: 시원 님하고 비는 든든하고 고맙고. 난 유연의 시도가 너무 좋고, 계속 지지하고 싶고, 그리고 유연이 거북이의 본심도 유연의 진짜 본심도 만나서 하고 싶다는 게 너무 소중하고 단단해진 것 같아.

유　연: 이렇게 내 본심을 알아서 얘기하는 나무가 그렇지. 그게 나무의 모습이지. 인정 돼 지금.

나　무: 유연이 그렇게 얘기해 주니까 더 좋다. 나한테 적수되는 사람이…….

유　연: 그 말이 나는 좋아. 지금 표현이 난 되게 좋고…….

　비: 지금 유연 언니도 나무 언니를 존재로 본심을 알아주는 것 같아서 반갑고.

강　물: 비 님이 그……. 나무 님 지지하는 모습 따뜻하고, 아까 상대방을 그대로 받아 주지 않는 것 같아서 아쉽다고 한 얘기에는 끝까지 상대 다 받아 줬으면 하는 그 본심도 따뜻하고, 비 님이 그런 상황에서 그걸 못 받아서가 아니라 그런 걸 유머와 재치로 돌려주는 모습도 봐 줬으면 하는 바람도 있네요.

　비: 아쉬우셨나 봐요. 저의 따뜻함도 봐 주세요.

유　연: 저는 아까 시원 님이 하신 말씀이 가슴에 남는데요. 유연이 사람을 잘못 봤군. 이렇게 말씀하셨던 걸로 기억이 돼요. 나무는 거기에 걸리지 않는 사람인데. 제가 보는……. 제 모습을 인정하지 않거나 네가 잘못 봤어. 이렇게 밀어내시는 것 같아서 그거는 조금…….

시　원: 그렇게 들렸다면 아쉬웠겠어요. 이렇게 표현해 줘서 고맙고. 둘이 나누는 모습이 보기 좋았고, 특히 나무는 어떤 순간이든 간에 재치 있게 하는 모습을 강조하다 보니까 좀 그렇게 들린 것 같은데 그렇게 표현해 주니까 반갑기도 하고, 내가 그렇게 표현했구나. 나한테 아쉽고, 그러면서도 나무의 재치는 높이 사요.

유　연: 그만큼 나무의 재치나 이런 부분이 크게 다가와서 표현했던 거라고 말씀하셔서

404

제가 부정된 게 아니라고 말씀해 주시니까 또 이해도 되고, 이야기하기를 잘했구나.

시　원: 이해해 줘서 고맙고.

유　연: 예. 편안하게 받아 주셔서 감사해요.

블루문: 저는 방금 좀 묘한 느낌이 들었는데……. 유연이 시원 님한테 얘기를 드렸는데 시원 님의 초점은 여전히 나무한테 가 있는 것 같아서 내가 유연이라면 좀 아쉽고, 서운하고, 허망하겠다는 느낌이 들겠다 했는데 유연은 괜찮다고 하니까 유연은 괜찮은갑다. 그런데 나는 좀 묘하다. 뭔가 큰 건 아닌데 약간 서운한…….

소　명: 블루문 말이 좀 후련하게 들리고, 저도 좀 의아한 느낌이 들었어요.

모　과: 유연이 정말 괜찮은지 좀 확인하고 싶고.

유　연: 아까보다는……. 아까는 제 존재가 틀린 사람, 사람을 잘못 본 사람 이렇게 들렸는데 좀 전의 말씀은 그 말은 빠진 것 같아서……. 너도 괜찮아. 너도 그렇게 볼 수 있어. 하지만 내 눈에는 나무의 이게 너무 크게 좋아 보여서 이걸 '부각시켰어.'라는 말로 들렸어. 이게 없어진 게 아니니까……. 그냥 그대로.

블루문: 쪼매 됐다 하면서 가시는 것 같아요. 요 정도는 됐다, 저 정도는 안 되겠다. 그러시는 것 같아요.

유　연: 크게 보고, 작게 보고는 시원 님 마음이니까……. 그건 뭐 그렇게 보실 만하니까 보시겠죠. 저는 계속 시원 님 말씀이 남는데요. 조심스러운 게 안 좋은 건가. 제가 하는 말이나 목소리나 말투나 이런 게 조심……. 제 평소 모습인데 다른 사람한테는 뭔가 주눅 들고, 조심하고 이렇게 비춰지는 건가. 이런 생각이 좀 들어서.

지　운: 그렇잖아. 아까 그때의 의미는 조심하는 건 좋은 의미가 아니야. 주저하는 것 같은……. 내용을 분명하게 못하고 지나갔는데 다시 거론해 주니까 아! 관심이 있구나 싶어서 조금은 안심이고. 유연이 남한테 부정적인 피드백할 때 하기 힘들어하고, 조심하는 태도가 강하다. 나는 그렇게 보고 있었고. 오늘 또 거기서 벗어나서 시원시원하게 얘기하는 그런 태도가 아니라서 답답하고, 아쉬움이 있었고. 지나갔던 것 다시 물어 주니까 아! 이 녀석 찾아서 개선하려고 하는구나 싶어서 그 부분은 반갑고.

물　빛: 저는 좀 염려되는 게 그 '조심스럽다'도 자신의 태도 전체로 받는 것 같고, 아까 사람 잘못 봤지! 이렇게 전체로 보는 것 같아서 좀 염려가 돼요.

유　연: 그런 면도 있고, 그런 순간도…….

물　빛: 그 순간…….

유　연: 그 순간에는 그랬는데…….

물　빛: 그 말 듣고 잘못 봤다고 그랬고, 아까 거북이한테 피드백할 때 지루해서 지루하다고 하는데 너무 조심하는 것 같다고 그 모습 지적한 건데 평상시 자신의 태도까지 그렇게 보는 건 아닌가 싶어서…….

유　연: 유념하라는 거 고마워요. 그런 경향이 제가 강해서……. 그걸 알아챌 수 있는 순간이 돼서 좋고요. 그걸 좀 더 분명하게 갖고 있으면 나도 좀 편할 것 같고, 관계하기도 좀 편할 것 같다는 생각이 들어요. 그런데 그거하고, 지운 님의 그 조심스러움하고 좀 다른 것 같은…….

　비: 난 같이 들려…….

유　연: 같이 들리는구나.

물　빛: 지운 님 말씀이 크게 들려서 좀 전체로 이야기하는 것처럼 들어서……. (웃음)

블루문: 저는 물빛 언니가 시원시원하고, 적극적이고.

지　운: 물빛이 달라졌어.

블루문: 보는 저도 되게 기쁘고, 행복하고, 편하고, 언니한테 칭찬해 주고 싶고, 같이 있는 게 너무 좋고 그래요.

물　빛: 기뻐해 주니까 너무 기쁘고, 말하는 저도 좋아요.

지　운: 그리고 블루문 입도 떼게 만들고.

강　물: 물빛 님이 정말 섬세하고, 분명하세요.

시냇물: 섬세하고, 분명하면서도 되게 간결해요. 그래서 쏙쏙 들어오면서 정리가 돼서 말할 때마다 기다려져요.

　비: 그러면서도 참 따뜻하고, 깊고…….

물　빛: 정말 따뜻하고, 깊고, 넓은 사람들이 그렇게 지지해 주니까 참 든든하고 좋네요.

재 은: 그리고 되게 애정이 많이 느껴져요. 피드백하실 때마다 그 사람에 대해 정말 온전하게 큰 애정을 담아서 하신다는 느낌이 많이 들어서 제가 받을 때도 너무 깨는 느낌 같은 것들이 있고, 든든하고.

지 운: 나는 참여가 좀 골고루 되면 좋겠다.

온 돌: 저도 물빛 님 너무 감탄스러워요. 감탄스럽고, 잔잔하면서도 어떻게 무겁게 갈 수 있을까.

지 운: 잔잔하면서도 무겁게 말을 해. 뭘 어떤 표현이냐?

온 돌: 잔잔하면서도 울림이 커요. 묵직하게…….

지 운: 나 혼자 억지로 해석을 붙이자면 넌 표현은 참 잔잔하게 하는데 나한테는 참 의미 있고, 묵직하게 들려온다. 이렇게 해석하면 비슷한가?

온 돌: 예. 그렇게 표현하라는 말씀이시죠.

지 운: 아니. 그건 아니야. 너는 너 식대로 하고, 내가 알아들어야지. 처음엔 알아듣기 힘들었어. 네가 적극적으로 발언해 주니까 고마워. 좋아. 배움은 뭐하냐? 미로를 헤매냐? 아직도.

배 움: 아뇨. 좋아서 보고 있었어요.

지 운: 이런 놈들이 딱한 놈들이야. 아까 시아도 이런 소리 했잖아. 좋아서 그냥 보고 있습니다. 머물러 버리면 죽는 거다. 나서라.

13) 피드백 5

시냇물: 같이 있는 사람들이 다 반갑기도 하고, 그러면서도 조금 층을 두고 싶은 게 함께 나눔을 했던 사람들이 지금 좀 더 깊이 와 닿고, 느낄 수 있어서.

강 물: 반갑고, 솔직한 모습 좋고요.

시냇물: 들리는 말이 참 편하고, 따뜻하고.

온 돌: 시냇물 님 같이 나누면서 깊은 만남에 굉장히 기쁘셨나 봐요. 좋고, 상대를 만나는 게 그 얘기 듣고 참 솔직하고, 반갑고 하면서도 약간 서운하고, 저도 깊이 만나고 싶어요. (웃음)

강　물: 온돌이 정말 솔직하고, 유쾌하고, 보기 좋아요.

온　돌: 아! 감사합니다. 서운하다고 얘기하고 좀 조심스러웠는데 이렇게 넉넉하게 봐 주시니까 안심되고, 이렇게 표현하면서도 가까워질 수 있구나.

강　물: 자기 욕구 그대로 드러내서 이야기하는 모습이 용기 있고, 보기 좋았어요.

시냇물: 반갑고, 더 친해지고 싶고, 깊이 만나고 싶고. 섭섭하다는 말이 가까워지고 싶 다는 말로 나한테는 들렸어요. 그래서 더 반가워요.

온　돌: 어. 가까워지고 싶은 제 마음 알아주시니까 더 좋고, 지금 더 가깝게 만나지는 것 같아요.

은　결: 저도 가깝게 지내고 싶다는 느낌이 들 만큼 되게 경쾌했고, 반가웠고, 또 가까 워진 것 같아요.

온　돌: 오! 감사해요. 은결 님⋯⋯. 새로워요. 은결 님이 이렇게 피드백해 주시는 게 반갑고.

은　결: 제 피드백에 이렇게 고맙다고 표현해 주시니까 저도 더불어 반갑고, 더 잘 알 고 싶고, 만나고 싶다는 생각이 들어서 진짜 반가워요.

팅커벨: 온돌이 따스하게 다가오면서 저도 가까워지고 싶다는 생각을 했었는데 은결 언니 말 들으니까 가깝다고 생각되니까 훨씬 더 편안하고, 함께 더불어 가는 것 같아서 행복한 것 같아요.

강　물: 시냇물 님, 온돌 님한테 피드백하시는 모습이 참 넉넉하고, 바로 상대의 본심 알아서 챙겨 주시는 모습이 따뜻하고, 아름다웠어요.

시냇물: 그걸 보고 했다고 알려 주는 강물 님이 나는 더 반가워요. 하고자 하는 걸 보고 표현하셨구나 싶어서 지지도 해 드리고 싶어요.

강　물: 같이 나누는 게 더 힘이 되는구나를 이 자리에서 확인할 수 있어 기쁘고요.

강　물: 감사해요.

시냇물: 미소 지으니까 더 좋네요.

팅커벨: 모과 님 궁금하고 초대하고 싶어졌어요.

모　과: 어. 고맙고. 마음이 시냇물한테 가 있다가 그다음에 팅커벨한테 갔다가 강물 한테 갔다가 이런 마음을 보고 있었고. 그러면서 시냇물 님이 흔들리지 않고 서서……. 상대방을 깊은 울림으로 봐 주고, 그 상대방을 적절하게 봐 주려는 그 모습에서 애쓰신 그대로 시냇물이 흘러서(울먹이며) 그리고 다시 시냇물이 되겠다는 그 모습이 저는 참 깊게 왔어요. 그 모습을 또 보여 주시는 것 같고. 그리고 '팅커벨 혹시 마음이 좀 허전하지 않을까?'라는 내 마음이 있었고.

팅커벨: 혹시 어떤 부분인지…….

모　과: 팅커벨에게 피드백하고 나서 시냇물에게 가서.

팅커벨: (웃으면서) 되게 들킨 것 같은 마음이……. (웃음) 뭔가 이렇게 시작하면서 부담이 있었지만 털고 싶었고, 하긴 하면서도 미진하고, 그런데 그 순간에 그걸……. 그러면서도 그걸 그냥 외면하면서 가려고 하고 있었는데 놓치지 않고 봐 주는 모습이……. (웃음) 빈틈없이 봐 주는 것 같아서 좀 소름이……. 지금 소름이 끼치고……. 그 마음마저도 이렇게 살펴 주시니까 너무 고맙고, 빈틈없이 머무르지 않게…….

시냇물: 팅커벨이 참 맑다, 순수하고 깨끗하다, 이런 느낌이 들고. 모과는 참 자유롭다. 자기 할 말 다 하면서 챙길 사람 다 챙기고, 걸림도 없어 보여서 참 기쁘고, 반갑기도 하고, 축하도 해 주고 싶고. 아! 뭉클함이 올라온다.

모　과: 축하를 나누고 싶고, 같이 뭉클함이 있어요. 아! 더 뭉클하게 오는 것은 (울먹이며) 시냇물이 시냇물로서 만족하는 것 같아서.

시냇물: 음……. 지금 내 안에 있는 이 뭉클함은 모과가 원하고, 바라던 것을 지금 이 순간에 하고 있어서 모과가 뭉클함으로 와 닿은 것 같아요.

비: 모과 님이 진짜 놀라워요. 시냇물 님을 존재 자체로 있는 그대로 인정해 주는 그 모습이, 너무나 기뻐하는 모과 님이 너무나 놀랍고 대단하다.

바라밀: 오늘 모과가 정말 여유롭고, 따뜻하고, 멋지고, 그러면서 지난 시간에 무슨 일이 일어났지? 살짝 궁금해지면서……. 이렇게……. 옛날 일 얘기하면 안 되는데 달라고 하던 그 모습에서 이렇게 막 비춰 주는 모습이 팅커벨한테도 그렇고, 시냇물한테도 가는 것 같아서 너무 놀랍고, 그 모습이 모과 같아서 참 좋다는 생각이 드네.

모　과:　비 님과 바라밀 님의 지지 그리고 응원, 알아봐 주는 마음 감사하고.

물　빛:　모과가 너무 멋있는 게 앞에 있는 사람 그대로 존중하면서 보고 싶다고 했는데 지금 이 순간 시냇물이나 강물, 팅커벨 마음 그대로 따라가면서 시냇물 존중하고, 아! 놓쳤다 싶었던 팅커벨 알아주고 하는 모습이 정말 그 사람 그대로, 그대로 하는 모습으로 보여서 정말 반갑고, 축하하고 싶고, 멋있어요.

모　과:　음……. (울먹이며) 스며 오는 기분……. 기쁘고, 감사하고……. (손으로 눈물을 훔치며) 처음 감수성 훈련에서 만났던 촉진자 언니가……. (휴지로 눈물을 닦으며)

시냇물:　참 기쁜데……. 물빛이 주는 마음 고스란히 받고, 자기도 고스란히 느끼고. 전혀 흔들리지 않고 균형 잡고 있는 모과도 있고, 고스란히 받아 주는 그 마음도 있고.

모　과:　기쁘고, 그대로 있다고 말해 줘서 더 기쁘고, 언니랑 같이 여기 있구나.

나　무:　난 모과가 되게 놀라운 게 말이 별로 없는데도 말 속에서 이런 감정과 뭉클함과 힘이 느껴지는 게 놀랍고. 더 놀라운 거는 아까 시냇물 님한테 그냥 자체로 만족스러우신 것 같다고 지지하고, 축하해 주는데 모과가 보이는 거야. 모과가 스스로를 참 만족스러워 하고, 충만해하는구나. 정말 모과가 원하는 것이었지. 그러면서 정말 지지하고, 응원하고, 축하하고.

모　과:　놀랍고, 감사하고. 그것까지도 알아봐 주시고……. 그다음에 그러면서 더 단단해지고 싶은 바람이야. 그러면서 참 기분 좋으면서도 다른 분들께 마음 쓰이고.

은　결:　참 멋지고요. 참 잘 챙겨 가는 모과 님 모습 너무 예쁘고 사랑스럽고, 주변 사람들도 여유 있게 봐 주시는 모과 님 모습이 참 따뜻해요. 기쁘고, 정말 축하해 주고 싶고.

예쁜사랑:　애쓰지 않고 그냥 그 속에서 묻어 나와서 있는 그대로 표현하는 모습이 편안하고, 또 모과가 지금까지 바랐던 모습이라 더 기쁘고, 축하해 주고 싶고.

모　과:　고마워요.

시냇물:　참 재미있기도 한 게 크게 얘기할 때보다 지금이 더 잘 들렸어. (웃음)

모 과: 시냇물 언니의 유쾌함이 이렇게 살아나는 것 같아.

예쁜사랑: 맑은 시냇물에 모과가 있는 것 같아요.

모 과: 예쁜사랑 님이 거기에서 놀면 더 좋을 것 같아요.

14) 칭찬

시 아: 지운 님 이렇게 계시는 게 너무 감사하고요. (울먹이며)

지 운: 봐라. 사람이 질이 다르잖아.

집단원: 하하하(웃음).

지 운: 마음에 없더라도 너희들이 말을 저렇게 해 봐라.

시 아: 진짜 너무 감사하고요. 제 입장에서는 바탕 님이나 유풍 님, 나무 님이 이렇게 함께하시는 게……. 주고받는 모습이 너무 든든하고.

지 운: 축복이지.

시 아: 네.

지 운: 시아가 요즘 정말로 맑아지고, 피드백이 산뜻해지고. 저 녀석이 얼마나 많은 사람을 얼마나 많이 도울까? 또 너는 도우면 그냥 가볍게 돕지를 않잖아. 깊게 돕잖아. 더구나 너를 찾아오는 사람들이 편안한 사람만은 아닐 거잖아? 어렵고, 힘든 사람이 올 때 그 사람들한테 정말 빛이 될 네 모습을 그리면 네가 앉아 있는 자세가 너무 귀하게 느껴지고, 너를 만난 게 나한테는 이렇게 축복이구나 싶어. 처음에는 저 녀석이 나를 만나서 공부한다고 무슨 고생을 하려고 여기 와서 시작하나? 내가 처음에 그 소리했지?

시 아: 네.

지 운: "겁도 없이 배우겠다고 들어오냐." 했는데 잘 이겨 냈어. 이제는 공부하면서 더 고생은 안 할 거야. 축복으로 해 가면서 해 나갈 수 있을 거야. 그래서 거기까지 와 준 게 내가 참 고마운 거지.

시 아: 지운 님! 제가 여기까지 온 건 지운 님 사랑 때문에 온 거 같고요. 지운 님을 만난 것은 저한테도 축복이고, 너무 감사하죠. (눈물 흘리며)

지　운: 그게……. 나 만난 게 너한테 축복이지만 너 만난 게 나한테도 얼마나 큰 축복이냐.

시　아: 그 말씀 너무 귀하고…….

지　운: 네가 몸이 불편해도 마음이 건강해질 수 있다는 걸 얼마나 많은 사람들한테 증명하고, 나누어 줄 거냐. 너는 그걸 너 혼자 쓸 놈이 아니거든. 있으면 나눠 주고 싶은 놈이니까 얼마나 많은 사람한테 희망과 행복을 나눠 줄 거냐. 그런 걸 생각하면 그냥 기뻐.

시　아: 감사하고……. 그냥 좋아요. 지운 님.

지　운: 그러니까. 지금쯤은 네가 어디에 가서 어떤 집단을 촉진한다고 하더라도 내가 조금도 염려가 안 돼. 약사들이 그러더라. 이 세상에서 제일 좋은 약이 뭐냐고 물으니까 부작용이 없는 약이라고 그러더라. 이 세상에서 제일 훌륭한 촉진자가 부작용이 없는 촉진자야. 그래서 네가 미더운 거야. 든든해.

유　풍: 저는 지금 시아에 대해서 구체적으로 한두 가지 말씀드리고 싶은데.

지　운: 응.

유　풍: 변한 게 너무 많고 편해 보여서……. 그 전에는 사람들에게 따뜻하게 다가가고, 안아 주고 이런 느낌이 컸었는데 이제는 주저함 없이 쭉, 쭉, 쭉 되는 게 신기했어요. 그런데 그것은 시아가 얼마나 조금씩, 조금씩 나가서 이룬 건지 알아서…….

시　아: (흐느끼며 잠시 침묵) 유풍 님이 말씀하신 지금의 제가 있기까지 제가 노력한 것도 있겠지만 함께해 주시면서 계속 끊임없이 네가 잘하고 있다, 할 수 있다고 용기 주고, 지지해 주는 따뜻한 마음들이……. 제가 여기가 참 편안하고, 안심되고, 신뢰할 수 있고, 그리고 내가 하고 싶은 것 마음대로 해도 되겠구나. 그런 신뢰감이 들어서……. 함께해 주시는 여러분의 마음이라고, 그 덕분이라고 저는 말씀드리고 싶어요.

지　운: 응.

바　탕: 여행 님한테 피드백할 때 시아의 감정이 되게 감동적이었거든. 그런데 그……. 삶에 대한, 사람에 대한 시아의 뜨거움이 어떤지 아니까. 난 이 집단이나 사람들하고 만날 때 정말 놀라운 게 그 뜨거움, 그 열정을 상대방한테 맞게 정말 섬세

할 때는 섬세하게 분명할 때는 정말 이렇게 분명하게 조절해낼 수 있다는 거. 이 건 정말 자기 노력 없이는 안 되잖아. 그래서 시아가 지금의 모습을 가꾸기 위해 서 노력한 부분에 대해서 인정, 지지해.

시 아: 바탕 님 인정해 주시는 거 기쁘고, 감사하고요. 늘 바탕 님께서 이렇게 하고 있 어 하고 제가 놓친 부분도 거울같이 비춰 주시니까 그게 저한테는 너무 든든하 고. 바탕 님을 통해 제가 하고 있구나 확인하고, 다음에 또 인지하고 할 수 있 어서…….

바 탕: 참 든든하고 분명해요. 어떤 순간이든 그 시선에 동의가 되고.

지 운: 요즘은 시아가 성장하는 속도에 가속도가 붙어서 저 녀석이 저렇게 가다가 어디 까지 갈까 궁금하고. 이제는 어느 것 하나 걸리는 데가 없잖아. 네가 피드백을 하든, 받든……. 참 보기 좋아.

시 아: 지운 님 말씀처럼 제 스스로도 요즘 참 편안하다고 느껴져서 지운 님 말씀 더 기 쁘고, 제 스스로도 반갑고. 편안함 찾아가는 제가 있어서 저한테 신뢰가 가요.

지 운: 다른 사람들은 편안함 찾아가면 거기서 안주할까 봐 걱정스러운데 너는 편안함 찾아가도 염려가 안 돼.

시 안: 그 말씀이 더……. 더 안심되고. 그렇게 계속 끊임없이 지켜봐 주시는 지운 님 참 놀랍고요.

지 운: 그거 착각하지 마. 늘 지켜보는 거 아니야. 어쩌다 한 번씩 보는 거지.

집단원: 하하하(웃음).

지 운: 너희들은 오래간만에 나타나도 그 순간에 스쳐 보기만 해도 나는 보이는데 너희 들은 그 과정을 내가 다 지켜본 걸로 착각하는 것 같아. 그렇지 않아.

시 아: 지운 님이 그때 그 모습도 보고 계시지만 그 모습 속에서 그 사람이 과거부터 지 금까지 살아온 걸 한 번에 알아보시고 말씀해 주시는 것. 그걸 말씀해 주시면서 내가 이렇게 확인받는 것.

지 운: 그런 부분은 있겠지.

시 아: 네.

지 운: 너도 곧 그거 할 거야.

시　아:　할 수 있으면 좋겠습니다.

지　운:　그래 머지않아서 하게 될 거야.

시　아:　지운 님처럼 누군가에게 참 든든한 버팀목이 되어 끊임없이 지지해 주고 그럴 수 있으면 좋겠다는 바람이에요.

지　운:　지금 하고 있지 않느냐? 새싹이니까. 자랄 거니까. 벌써 고목이 되면 아깝잖아. 집단 분위기가 너무 따뜻하다. 너로 인해서…….

15) 인간관계 개선-상대적

재　은:　(웃으며) 음……. 마음이 여기 갔다, 저기 갔다 하는데 분위기가 되게 따뜻하고, 훈훈하고 그런데 저는 다른 마음이 있으니까 말하기가……. 되게 성장을 다들 축하하고 기뻐하는데 저는 계속 감정이 참……. 말하기가 어려웠어요.

지　운:　재은아! 앞으로 집단에서 내가 이 말을 하면 집단 분위기가 깨질 것 같다는 염려가 있으면 그 순간에 바로 그 말을 해 봐. (웃음) 깨질지 안 깨질지는 해 봐야 아는 게 아니냐? 그리고 네 한마디에 깨질 분위기라면 그런 걸 뭐 분위기라고 소중하게 생각할 게 있겠어? 분위기는 살려 보기도 하고 깨어 보기도 하는 게 아니냐. 깨어 봐야 살리는 걸 실습할 수 있지 않겠니?

블루문:　지운 님 멋있으십니다.

지　운:　깨고, 새 판 깔아야지. 그런데 뭐가 너를 그렇게 불편하게 하노.

재　은:　굉장히 속상한 마음도 있고, 또 한편으로는 누리고 가고 싶은 것도 있고.

지　운:　응.

재　은:　카드 피드백할 때 저한테 주로 들어온 피드백이 상대방을 챙기느라 자기를 돌보지 않는 게 아닌가. 그게 많았고. 그런데 저는 그걸 선택하지 않았어요. 늘 듣는 소리고, 싫었어요. 그런데 다른 걸로 카드 피드백을 하다 보니까 결국 또…….

지　운:　결국은 또 그리로 가지.

재　은:　바탕 님이 너무 귀한 얘기를 많이 해 주셨는데…….

지　운: 예를 들면, 어떤 얘기가 그리도 귀하더냐?

재　은: 그 자리에서 제가 바로 시아 언니가 저한테 했던 피드백이었는데 바로 둘이서 했어요. 바로 그 자리에서 했는데 제가 그걸 하는 과정에서 저한테 생긴 섭섭함이 있는데 사실은 있는지도 몰랐어요. 그런데 시아 언니가 제가 하는 걸 듣고, 너 자신한테는 할 말이 없냐? 이렇게 얘기를 하는데 할 말 다 했는데 이랬는데 바탕 님이 듣고 네 기분이 어떠냐고 물으시는데 그때서야 '아! 답답하기도 했고, 섭섭하기도 했고 그랬던 게 있네.'라고 표현을 했는데……, 그러자 바탕 님이 그렇게 네 감정을 품고 있는 상태에서 다른 사람을 이해하려고 하면 잘되더냐? 이렇게 물으시고 함께 있던 시아 언니도 소통이 다 되는 느낌은 아니다, 이렇게 얘기를 하고, 그런 말 들을 때는 속이 상했는데 제가 답답하다는 마음을 표현하고 나니까 그다음에 진짜 고마운 마음이 드는 거예요. 시아 언니한테……. 그 소리를 지금 7~8년째 계속 듣는 건 싫고, 나는 노력한다고 하는데도 나는 방법도 모르겠고, 진짜 한다고 하는데도 그때는 속이 상했는데 그 자리에서 그걸 딱 체험했을 때……. 아! 내가 내 감정을 털어 내는……. 말해서 시원해지는 느낌을 별로 받은 적이 없어요. 오히려 더 불편해지고, 더 힘들어지고.

지　운: 또 계속 그리로 간다. 이번에 해 보니까 어떻더노?

재　은: 그런데 그 소중함을 사실은 잘 몰랐어요.

지　운: 또? 지금 이번에 어떻게 했어?

재　은: 아! 예. 그걸 딱 털어놓고 나니까 제가 깨끗해지는 거예요. 말해 주는 제우스나 시아 언니한테 고맙고.

지　운: 그래. 그 체험을 했구나. 너한테는 그 순간이 축복의 순간이다. 네가 그동안에 7년을 듣고 했지만 비로소 이제 제대로 알아들은 게 아니냐.

재　은: 그때는 그 '돌봐.'라는 소리가 너무 싫었어요. 뭐 어떻게 해야 되는 건지도 모르겠는데.

지　운: 또? 또 그리로 자꾸 간다. 너 지금 그렇게 부정 선택을 해 가지고는 안 된다. 선택을 긍정으로 바꿔라. 이제 처음 알았어요. 알고 나니까 이렇게 시원해요.

이쪽으로 가.

재　은: 그게 얼마나 소중한 건지 이제 알았어요. 그게 나를 챙기는 거기도 하지만 다른 사람하고도 더 솔직하고 깊은 이런 관계……. 저도 좋고, 상대방도 좋구나.

지　운: 그 순간에 네가 그걸 털어 내는 순간에 상대를 그대로 공감할 수 있는 힘이 생기잖아. 네 감정을 이만큼 깔고 들으니까 이만치밖에 못 듣잖아. 너만 챙기는 이기적인 작업이 아니야. 그게 그다음에 네가 부정적인 감정을 눌러놓고 아무리 상대를 받는다고 받아도 상대는 미흡해. 공감이 안 돼.

재　은: 예. 맞아요. 저도 시원치 않고.

지　운: 그래. 너도 시원치 않고, 그걸 털어 내는 게 같이 살아 나가는 작업이야.

재　은: 좋다고요. 그래서……. (웃음) 벅찬……. 그게 지금 제 감정의 제일 핵심인 것 같아요.

지　운: 그것을 이제 알아차렸구나. 이리로 가면 네가 벅차고, 지금처럼 기뻐할 순간이잖아. 그동안 안 되고, 힘들었고 이걸 자꾸 가져가니까 눈물을 흘리고 앉았거든. 선택을 무엇으로 할 거냐 이걸 찾아.

재　은: 감사해요. 지운 님.

지　운: 그래, 좋으냐? 그 조그마한 것인데도 전체가 제대로 안 돌아가잖아.

재　은: 예. 무겁게 빠질 때마다 지운 님이 계속 오라고, 오라고 해 주세요.

지　운: 그래.

재　은: 그럴 때마다 처음에는 잘 안 느껴졌는데 점점 더 미묘하게 가벼워지는 게 느껴져요.

지　운: 그러니까.

재　은: 지금 방금 전에 더 커졌어요.

지　운: 그런 너는……. 네가 너를 또렷이 보고 있잖아. 보고 있으면서도 외면하고 있던 부분이거든. 네가 관계에서 불편이 생기는 걸 표현했을 때 주고받아서 풀어지는 성공의 체험이 필요했던 거야. 그걸 한 거야.

재　은: 예.

지　운: 한 번의 체험에서 이렇게 자신감이 생기잖아. 앞으로 두 번, 세 번 그런 체험이 늘어나서 네가 완전한 자신감을 가질 때까지 보고 싶은 거야.

재 은: 예. 저도 보고 싶어요. 그리고 믿을 만한 사람이고, 제가 표현을 해도 받아 줄 만한 사람이고.

지 운: 못 믿을 만한 사람도 믿을 만한 사람 될 때까지 해.

재 은: 그다음에 헤헤헤(웃음). 안전 빵에서.

지 운: 끝까지 하면 풀어져. 중간에 멈추지만 않으면. 거북이하고, 강물도 믿을 만한 사람이 되는데, 하하하(웃음). 두 고집불통도 풀어지잖아.

바라밀: 재은 너무 축하하고. 판을 깨는 게 아니고 판을 더 흥겹게 하는 정말 축하해.

지 운: 그럼.

재 은: 고마워요.

거북이: 바라밀 지금 피드백 반갑고, 좋아. 지금은 참 살리는 것 같아.

겨울오리: 재은 모습 너무 기쁘고 좋고. 속상함으로 시작했다가 벅참, 감동으로 끝나는 게 너무 신기하고, 나도 감동적이고.

재 은: 신나. 언니의 느낌이 신나고, 그걸 받으면서 내가 신나고, 가볍고, 좋고.

겨울오리: 진짜 축하해.

재 은: 고마워.

햇 살: 축하하고. 정말 굉장한 체험을 했구나 싶어서.

지 운: 겨울오리 말이 참 재미있는데 그 속상함하고, 이 벅참하고 같은 거야. 속이 상했다 하면 벅찰 수 있는 소재야. 별개가 아니야. 대립된 게 아니야. 그런데 속상함이 왔을 때 '아! 나한테 벅찰 수 있는 기회가 왔구나' 하고 보는 놈하고, 속상함만 왔구나, 이렇게 보는 놈하고 그 차이야.

겨울오리: 소중한 거 가르쳐 주셔서 진짜 감사합니다.

지 운: 그걸 분리해서 보지 마. 너는 그동안 그걸 분리해서 봤잖아. 그동안 네가 겪었던 그 깊은 고통이 다 축복으로 바뀔 날이 있을 거야. 절대 고통만은 안 줘. 하늘이 그렇게 주지를 않아.

바라밀: 지운 님 말씀 정말 벅차 오는데.

지 운: 그래.

바라밀: 어제 겨울오리 히스토리가 다 확 오면서 그게 기쁨으로 벅참으로 가겠다는 마음이 있어서.

지 운: 아! 그랬었구나.

마 님: 저는 지운 님하고 재은이 하는 거 지켜볼 수 있어서 참 복 많이 받았다는 생각이 들어요.

지 운: 그랬어?

마 님: 겨울오리 말처럼 이렇게 속상함으로 시작해서 나를 어떻게 봤느냐에 따라서 벅찬 감동으로까지 가는 걸 보니까 그걸 볼 수 있어서 정말 복된……. 복된 시간이다. 너무 소중하다.

지 운: 그러니까 우리 둘이 하는 걸 계속 같이 하고 있었단 소리잖아. 이런 게 기쁜 거지.

마 님: 표현해서 나누는 게 더 기쁘고.

지 운: 그럼. 그건 재은이에게 꼭 가르쳐 줘. (웃음)

재 은: 감사해요. 굉장히 편안하고, 마님이 그만큼 자기 일처럼 표현해 주는 게 정말 따뜻하고, 이게 함께하는 거구나. 지운 님 말씀 너무 감동적이고.

지 운: 지금 네 마음이 편해지니까 마님의 마음이 그대로 네 마음속에 다 들어오지 않니?

재 은: 예.

지 운: 그게 로저스의 적극적 경청(active listening)에서의 공감이야. 나는 나로 있고, 너는 너로 있고. 네 기분을 내가 받는 유아적 공감인 거야. 그런데 우리의 공감이란 것은 지금 너와 나의 구분이 없어. 우리야. 그래서 네 마음이 그대로 내 마음인 일여적 공감이야. 내가 너를 받는 게 아니고 우리 마음을 함께 느끼는 이게 우리의 공감이야. 네가 이기적으로 되라든가, 너 실속부터 챙기라든가 이런 말로 들었다면 불편할 수 있겠지. 네 가치관하고 안 맞잖아. 네가 잘못 들은 것은 아닐까?

재 은: 그런데 지운 님 말씀 들으니까 저도 다른 사람이 그 사람이 편해지는 게 먼저인데 그러면 상대방도 저한테 그럴 텐데.

지　운:　어. 그렇지. 좋다. 너한테 그게 참 오랜 숙제였는데 이렇게 넘어가는구나.

재　은:　(웃음) 지운 님이 그 말을 던져 주실 때…… . 대집단에서 던져 주실 때부터 이미.

지　운:　시작이 된 거지.

재　은:　예.

지　운:　뿌리가 깊어서 오래 걸렸어. 너한테는 그게 굉장히 깊은 신념이거든. 혹시 네가 그런 걸 가지고 있었나. 남한테 베풀고, 남을 배려하고, 남을 사랑하고 하는 사람은 훌륭한 사람이고. 제 실속 차리고, 자기 것부터 챙기는 사람은 뭔가 조금 부족한 사람이고.

재　은:　철없다고.

지　운:　그런 신념이 있었지?

재　은:　네.

지　운:　그래. 그 신념이 사람을 골병들게 해. 너희 집 문화에서 네가 그래야 할 이유가 충분히 있었을 거야. 그것까지 이해를 해 봐.

재　은:　제가 이기적이라고 욕을 많이 먹어서.

지　운:　그러니까.

재　은:　이기적인 것 같지도 않은데.

지　운:　이기적이라고 욕을 얻어먹었을 때를 생각해 봐. 이 세상에 이기적이지 않은 사람을 하나만 골라 봐.

재　은:　전부 이기적이죠.

지　운:　너를 보고 이기적이라고 하는 사람은 자기 이기심이 너한테 부딪혀서 이기심이 충족되지 않을 때 너한테 이기적이라고 그래. 진짜 이기적이지 않은 사람은 네가 이기적인지, 아닌지 못 느끼잖아.

재　은:　그렇죠.

지　운:　난 남들이 날 보고 이기적이라고 하면 내가 이기적인가? 아닌가? 이런 것은 아예 생각을 안 해. 아! 이 사람이 나를 이기적인 사람으로 보는구나. 난 그렇게 봐. 비는 왜 웃냐?

비: 지금 재은은 좀 멀게 느껴지겠다. 이런 느낌이 들어서.

지 운: 멀게 느껴지겠다고?

비: 예.

재 은: 제 마음을 굉장히 잘 알아주시네요.

비: 가고 싶으면서도…….

재 은: 예.

비: 지금은 거기까지 가고 싶은데 지금은 잘 안 된다.

재 은: 예.

비: 그렇게 느끼고 있을 것 같아서.

나 무: 저는 놀라운 게 상대방이 하는 말이 그게 정말 그대로 자기가 듣고 갈 말이구나. 정말 너 중심적이다 하는 것은 내 중심을 못 채워서 너 중심적인 말로 하는 거구나. 이렇게 보면 진짜 그 말을 들을 게 아니라 그 말을 하는 사람을 봐야겠구나. 이게 좀 새로운 것 같아요.

지 운: 아이고! 참……. 그건 수도 없이 한 소린데 그게 새롭게 들리나.

나 무: 네.

지 운: 그걸 이제 알아듣는다는 소리다.

나 무: 네. 그래서 피드백을 하는 사람이 상대의 삶의 노고를 치하해 줄 때 이 사람의 삶의 노고가 컸었구나. 이렇게 보이는……. 그러니까 신선하고, 정말 뭔가 이렇게 새롭게 조금 더 신선하게 와 닿아서 뭉클하고, 감사하고.

지 운: 그렇지. 상대방이 너희들한테 피드백할 때 그걸 삼키지 말고, 계속 상대를 보라고. 내가 없어져 버리고 상대를 보라고. 내가 그렇게 하지 않았나. 거기에 걸리니까 그때부터 빠지게 되는 거지. 나무가 제대로 이해하고, 제대로 알아들은 것 같아서 참 기뻐.

나 무: 저도 감사해요.

지 운: 너희들하고 이렇게 집단하면서 자아가 살아 있는 것은 자기가 살아 있는 거거든. 그걸 장사 지내 버리면 세상 살기가 참 편하잖아. 네가 없어져 버리는데 세상 힘들고 말고 할 게 어딨냐.

비: 나무 언니가 다시 새겨 줘서 고맙고, 그리고 나도 그렇게 해 보고 싶어.

지 운: 아마 이 방 안에서 그런 말을 상당히 많이 하는 사람 중의 하나가 비라고 봐.

비: 감사합니다.

지 운: 너는 자아가 그렇게 강하지를 않잖아. 남들 많이 보잖아. 그게 네가 참 귀하게 느껴지는 부분이고, 또 네가 상대하는 애들이 어렵고, 힘든 애들이기 때문에 더 그런 측면이 많이 필요하지 않으냐? 그래서 참 적당한 일을 적당한 자질을 가지고 하고 있다 이렇게 생각하고 있어.

비: 감사합니다.

지 운: 음. 그러면서도 더 놀라운 게 네가 그런 역량을 가지고 있다든가 뭐 이래 가지고 자기가 뭘 가지고 있다고 하는 뭐 그런 게 없잖아. 너는 가지고 있으면서도 없는 듯이 행세하고 있고, 있는 줄도 모르고 쓰고 있고, 그런 부분이 더 소중하게 느껴지는 거지.

비: 아! (눈물을 흘리며)

지 운: 너는 농담 한마디하고 끝낼래? (가을하늘을 향해)

가을하늘: 참 아쉽기도 하고, 아! 내가 졸음이 막 와서요. (웃음)

지 운: 졸음 오는 심정은 내가 공감을 진짜 잘하지. (웃음)

가을하늘: 보따리 님한테 말씀하실 때 저한테도 막 크게 들리더라고요. 안 그래도 그런 어려움이랄까…….

지 운: 그래.

가을하늘: 뭔가 나를 내세우려고 할 때 이게 내 스스로가 낯설고, 좀 두렵기도 하고, 그런데 이제 시도를 해 봐야 개선도 된다는 말씀에 안심도 되면서 힘도 좀 생기기도 하고, 되게 찜찜하고 막 힘든 게요. 상대를 이렇게 알아봐 주는 이런 게 말도 잘 생각이 안 날 때도 있고, 마음 자체도 잘 안 날 때가 있어요. 이게 되게 찜찜하고 막……. 그런데 어쨌든 이래 가면서 가야 하는 건 아닌가? 막 스스로 안심시키기도 하는데 온전히 안심은 안 되는 것 같고……. 그러는 중에 있는 것 같고. 여전히 사람들 앞에서 제 이야기를 할 때 몸이 뜨거워지고, 땀이 나고……. 좀 더 편안하게 할 수 있었으면 하는 마음도 들고요.

지　운:　그게 내 경험으로는 끊임없이 반복해서 숙달되는 것 외에는 방법이 없더라. 네가 그런 특성이 생긴 게 제일 큰 원인이 타고난 성격 특성이 있어. 다른 특성들은 바꾸면 되는데 성격 특성은 그걸 넘어서야 된단 말이야. 그다음에 자라면서 형성된 네 경험이 있지. 네 집안 문화가 있지. 그다음에 다른 사람들한테 너는 이렇다, 이렇다라고 계속 들었던 자기 암시가 있지. 그런 것들을 다 바꿔야 되니까 그게 난제가 되는 거야. 그런데 참 다행스러운 것은 우리 집단에서는 그래도 참 안전하다는 것까지는 왔잖아. 네가……. 이런 데가 없잖아. 어디 가서…….

가을하늘:　네.

지　운:　실수가 허용되는 데도 없고, 거기까지 온 것은 참 다행인데 거기에서 더 용기 내서 더 적극적으로 시도를 좀 더 해 보고. 나는 과거에 여러 사람 앞에서 말한다는 건 참 기적이라고 생각했거든. 처음에 강의를 해야 하는데 수백 명의 눈만 딱 보이는데 얼굴도 안 보여. 눈만 딱 보이는데 끔찍하더라. 그래서 천장 보고 강의를 했어. 눈을 못 보고……. 그랬던 내가 다 이렇게 보고, 편안하게 보고 할 수 있게 될 때까지는……. 끝없는 시도를 해 봐야 그게 되더라. 그런 노력을 해 봐. 많이 좋아졌잖아.

가을하늘:　아! 저……. 그런데요. 제가 이런 모습도 있는데요. 다른 학교나 직무 연수 할 때 프로세스를 강의하기도 하는데요. 그럴 때는 되게 편하게 잘해요. (웃음)

지　운:　그러니까.

가을하늘:　막 넉살도 부리고…….

지　운:　그러니까. 이게 네가 못하는 부분하고, 잘하는 부분에서 하나씩 그렇게 영역이 생기기 시작하면 금방금방 자라. 네 성격을 한번 봐. 댐이 있잖아. 시멘트로 만든 댐이 있고, 흙으로 쌓아 올린 댐이 있어. 시멘트 댐은 한 곳만 무너지면 다 무너지는 거야. 그냥 이 댐 전체가……. 흙으로 쌓은 것은 폭탄을 맞아 한쪽에 금이 가도 잘 안 넘어가거든. 소양강 댐이 흙으로 쌓은 댐이야. 그 대신 물이 넘으면 위험하지. 네 특성이 시멘트 댐 같은지, 소양강 댐 같은지, 어떻게 무너뜨릴 건지 네가 찾아봐. 그래서 한 군데 잘하는 영역이 나왔으면 거기서 자신감을 점점 더 키워 가는 게 좋은지, 못하는 것에 도전하는 게 더 빠를 지, 네 특성을 네가 찾아라.

가을하늘: 살펴보겠습니다.

지 운: 지금 같은 경우에 이런 면이 있어요 하고 나오니 왜 이리 반갑냐.

가을하늘: 잘난 체한다는 그런 것에 대한 부담이 큰가 봐요.

지 운: 그러니까. 제일 훌륭한 사람이 하는 게 잘난 체야. 너는 제일 부족한 놈이 하는 짓이 잘난 체인 줄 알고 있지.

가을하늘: 겸손 이런 것에 대한.

지 운: 그건 바보가 하는 짓이야. 왜 그런지 아느냐? 밖으로 겸손할 때 속으로 잘난 체하는 게 있어야 균형이 잡혀. 밖으로 잘난 체할 때 속으로 겸손이 있어야 그게 제대로 되는 거야. 그런데 그 둘 중 한 가지씩만 하니까 문제가 되는 거지. 정말로 겸손한 놈이 속까지 모자라서 겸손해 봐라. 다 바보로 보지. 자신감 넘치는 놈이 겸손해야 그게 겸양지덕이 되잖아. 그치?

가을하늘: 네.

지 운: 잘난 척할 때 내면에 겸손이 없으면 그건 교만이잖아. 그런데 잘난 척할 때 속에 겸손을 가지겠다는 생각을 하지 않고, 잘난 척을 안 하겠다는 쪽으로 가거든. 금기로 가 버리거든.

가을하늘: 잘난 척을 막 하고 싶어지네요.

비: 지금 지운 님 말씀 되게 소중하게 들리고 감사한데. 제가 저의 안과 밖도, 제가 하는 태도나 내 마음도 왠지 일여관으로 봐라. 이런 말씀으로 들려서 새롭고, 소중하게 들려요.

지 운: 그럼.

나 무: 가을하늘은 마음은 되게 겸손했던 것 같아요. (웃음) '이런 걸 잘해요.'도 아니고 그래도 '제가 이런 면도 있어요.'라고 하면서 살피는 면들이 균형이 잡힌 것 같고. 그리고 또 저는 잘난 척한다는 그 사람은 자기가 잘난 척하고 싶은데 욕구가 충족되지 않아서 그럴 것 같아. 마음껏 잘난 척하면 좋겠어.

지 운: 나무는 이제 적용까지 하는구나. 다들 그 말 알아들었나.

가을하늘: 아뇨. 잘 내용을……

지 운: 네가 잘난 척한다고 너한테 부정적인 피드백을 하는 녀석은 자기가 잘난 척을 하고 싶은데 너 때문에 못하기 때문에 기분이 나빠져서 너한테 그런 소리를 하는 것 아닌가? 하고 생각해 보라는 말이다.

가을하늘: 자기가 못하니까……

지 운: 자기가 못하니까 속상해서 너한테 공격하는 건데. 그걸 그렇게 안 보고 내가 잘난 척했구나, 잘못했구나, 이거 안 해야겠구나, 이리로 가니까……. 그 소리를 듣고, 너만 보니까 상대를 못 보니까. 상대가 진정으로 겸손한 사람 같았으면 너를 존경하지 지적하지 않을 것이다. 마찰이 안 생겨. 자기 고집 못 버린 사람이 너보고 고집 못 버린다고 하는 것이나 마찬가지이지.

가을하늘: 누가 막 이렇게 잘난 체하는 모습을 보면 제가 그게 아니꼬웠나 봐요. 나는 잘 못하고, 안하는 걸 저렇게 하는 모습이……

지 운: 다 나오네. 이제. (웃음)

가을하늘: 네. 만약에 제가 잘난 척 하는 모습에 누군가가 부정적인 피드백을 해 오면 이건 본인도 이렇게 잘난 척하고 싶은 마음이 있기 때문일 수도 있겠구나. 이렇게 생각하니 한결 더 마음이 편안해지고.

나 무: 그때 그 상대의 잘난 부분을 인정해 주면 같이 서로 상생도 할 수 있지요.

하 람: 조금 전에 그 말이 유쾌하게 들리면서 신뢰가 가고, 솔직해 보여서 되게 시원했고요. 그러면서 또 알아차림으로 더 편안해지는 것 같아서 그것도 반가워요.

온 돌: 저도 가을하늘 지지하고 싶은데 이야기 들으면서 마냥 가볍고, 자기 표현 참 잘한다는 생각이 들었어요. 자기 자랑을 하고 싶을 때는 자기 자랑하고, 또 그 후에 다른 사람들이 안 좋은 불편한 감정 가질까 봐 그것도 또 솔직하게 내어 놓고, 하람 님 말씀하신 대로 나도 그랬나 보다. 있는 그대로 다 내놓는 게 하나하나가 다 가볍고, 이런 게 지금 가을하늘 님이 하는 자기 표현이 아닌가 생각하니 참으로 보기 좋아요.

가을하늘: 동의가 되네요. (웃음)

V. 종결 단계

1. 특징

종결 단계는 대인관계의 실험실을 해체하는 단계이다. 감수성 훈련에서는 참가자들의 학습 효과를 높이기 위하여 특별한 학습 방법이나 규범을 사용한다. 예를 들면 "지금─여기에서 느끼는 감정을 솔직하게 표현하기가 가능하면 사실 설명을 줄이고 감정만을 표현하자." "상대방에 대한 자신의 느낌을 솔직하게 알려 주자."와 같은 약속은 집단체험의 효과를 높이기 위한 학습 방법이다. 그러나 이런 학습방법이나 규범들은 집단의 학습 효과를 높이는 데는 큰 도움이 되지만 사회에 나가서도 이 약속을 이행하면 부작용이 생길 가능성이 크다. 이런 것들은 집단의 학습 과정이지 학습 목표가 아니다. 이런 것들을 자세히 설명하는 일이 아주 중요한 단계가 종결 단계이다.

2. 참가자들의 태도

1) 만족감

종결 단계에서 참가자들이 느끼는 감정은 주로 만족감, 성취감, 행복감, 희열 등이다. 자기 스스로로부터 자유스러워지고, 참고 있던 많은 감정을 해소하고 나면 정말 편안해지고 만족감을 느낀다. 이런 기분은 집단이 아니고서는 체험하기 힘든 감정이다.

2) 두려움과 기대감

다시 사회에 나갈 생각을 하면 두려움과 기대감이 함께 있을 수 있다. 며칠 전에 떠나온 그 현실로 돌아가야 하는 것이다. 비록 내가 집단체험을 통해서 마음이 변화되었어도 상황은 여전히 그대로일 것이기 때문이다. 그 현실에 잘 적응할 수 있으리라는 자신감을 갖기는 쉽지 않다. 이런 때에는 서로가 터놓고 솔직하게 이야기하는 것이 도움이 된다.

3) 상실감과 서운함

며칠 동안이지만 깊은 정이 든다. 집단 참가자들은 물리적인 시간으로는 보통 3박 4일, 4박 5일간의 짧은 기간 동안 만남을 경험했지만 질적으로는 5년, 10년 함께 있었던 조직 구성원들과 같은 정도의 친밀감과 신뢰감을 느낀다. 그 때문에 헤어지는 데 대한 상실감이나 서운함을 크게 느낄 수 있다.

4) 자신의 미해결 과제를 내놓는다

몇몇 참가자는 마지막 단계에 와서 그동안 내어놓지 못한 개인적인 문제를 불쑥 꺼내게 되는 경우도 있다. 이야기해 봤자 해결되기 어려울 것이라고 생각하던 사람들이 다른 사람들의 문제가 해결되는 것을 보고 뒤늦게 문제를 해결하고 싶은 욕구가 올라온 것이다. '마치기 전에 이것도'라는 심정일 수도 있고, 어떻게든 용기를 내서 표현한 것일 수도 있다.

이런 경우에 촉진자는 가능하면 최선을 다해서 문제를 해결하는 것을 돕고, 그렇지 못할 경우에는 왜 그 문제를 해결하기 힘든지 문제를 이야기한 사람에게 이해받을 필요가 있다.

3. 종결 단계의 학습 과제

종결 단계에서 해야 할 중요한 과제는 다음과 같이 네 가지로 나누어 볼 수 있다.

1) 미해결 과제 다루기

종결 단계에서 우선적으로 다루어야 할 것은 개인적으로나 집단적으로 미해결한 과제가 있는지 확인하는 것이다. 아무리 촉진자가 잘 살핀다고 해도 참가자 전원을 다 알고 있다고는 할 수 없을 것이다. 그래서 이 부분을 참가자들에게 물어보아야 한다. 혹시 자기 자신이나 다른 참가자들이 아직도 해결하지 못한 과제가 있지나 않는지 물어보는 일은 반드시 해야 할 배려이다.

간혹 참가자 중에는 자기 문제를 말하는 것이 힘들어서 끝날 때까지도 말을 못하고 있는 사람들이 있을 수가 있다. 집단원들에게 이런 사람은 없는지 의견을 물어서 결정을 하는 것이 바람직한 방법인데 가능한 모든 문제를 해결하기 위해서 최선을 다해야 한다.

2) 집단경험 되돌아보고 나누기

집단의 특징은 감성적인 체험이기 때문에 이성적으로 정리하지 않으면 쉽게 사라지는 특징이 있다. 그래서 종결 단계에서는 집단에 참여하는 동안에 무엇을 느꼈고, 어떤 것을 배웠는지 정리해 볼 필요가 있다.

가령, 집단에서 평생 처음으로 남들 앞에서 소리 내어 울어보았다는 참여자가 있다고 하자. 어떤 사람들은 이 사람이 울었다는 사실 그 자체를 집단의 성과라고 착각하기도 한다. 그러나 그보다 더 중요한 것은 이 참여자가 울었다는 사실 그 자체가 아니라 이런 울음을 통해서 무엇을 배웠느냐 하는 것이다. 참여자는 이 체험을 통해서 참는 것보다는 우는 것이 도움이 된다는 사실을 배웠을 수도 있다. 아니면 남들 앞에서 우는 일이 창피한 것만은 아니라는 것을 배웠을 수도 있다.

집단 참가자들은 각자 자기 목표를 추구해 나가기 때문에 같은 집단에 참가하고 같은 경험을 공유하면서도 각기 배운 것이 다를 수 있다. 그 때문에 종결 단계에서는 각자가 공부한 내용을 함께 나누고 공유할 필요가 있다.

3) 사회생활 적응 안내

집단에서 아주 좋은 체험을 하고서도 마치고 사회에 나가서 잘 적응하지 못하는 사람들이 가끔 있다. 이들이 혼란을 겪는 가장 큰 이유는 집단과 사회 현실과의 차이를 구분하지 못하기 때문이다.

지금 여기에서 느끼는 감정을 솔직하게 주고받자는 약속은 집단을 효과적으로 운영하기 위한 가장 중요한 학습 수단이다. 그런데 이것을 학습 목표로 착각하고 사회에 나와서 만나는 사람마다 솔직한 감정을 주고받으려 들면 많은 갈등이 일어날 수도 있을 것이다. 집단을 다녀왔다고 행동이나 말투를 너무 급격히 바꾸어도 오히려 이상하게 보일 수도 있다. 행동의 변화는 시간을 두고 서서히 바꾸어도 늦지 않다.

가능하면 평소에 불편했던 사람부터 서둘러 관계를 개선하려고 하지 말고, 관계가 좋았던 사람들과 더 좋은 관계를 맺는 훈련을 하는 것이 도움이 될 것이다.

참가자들끼리 3~4명씩 둘러앉아서 마치고 나가면 어떻게 사회생활에 적용할 것인지를 토론하게 하는 것도 도움이 될 것이다.

4) 추후 학습 안내

이런 과정을 거쳐서 집단이 끝이 난다. 그러나 집단은 마치는 그 순간이 새롭게 시작해야 할 시간이다. 참가자들은 각자가 사회에 나가서 적응해 나가야 한다. 촉진자는 이를 돕기 위해서 지속적으로 정보를 주고받을 수 있는 방법과 참고 도서 등을 안내하는 것도 필요할 것이다.

4. 촉진자의 역할

종결 단계가 되면 촉진자는 가만히 지켜보고 있는 역할을 끝내고 지도자나 안내자의 역할을 해야 한다. 이론 설명이 필요하기도 하고 사회생활이나 앞으로의 공부에 대한 안내도 필요할 수 있다. 참가자가 해결하지 못한 문제가 있으면 왜 해결을 못했는지 그리고 어떤 해결 방법이 있는지에 대한 설명도 해야 하고 때로는 개인 상담을 권하거나 다른 집단을 안내할 필요도 있을 것이다.

감수성 훈련 집단에 참가했던 사람들이 집단을 마치고 나갔을 때에 온라인(http://www.hanal.org, 다음 카페)이나 오프라인을 통해서 자주 만날 수 있도록 안내를 하고 그것을 위해서 촉진자도 많은 시간을 참가자들과 나눌 수 있는 준비를 해 둘 필요가 있을 것이다.

5. 종결 단계에 관한 설명(축어록)

1) 피드백

나 무: 나도 비 반갑고, 지지해. 네가 불편한 감정을 얘기하는데 전체적으로 편안함 속에서 불편함을 얘기하니까 힘이 느껴져. 그래서 유연하게 이 맘, 저 맘으로 가는 것 같아.

비: 나무 언니 반가워.

나 무: 너 마음 풀고, 또 다른 사람하고도 관계 나누고 싶어 표현했고, 표현하고 좀 더 시원해지는 것 같지는 않지만 나누면서 점점 더 편해지는 것 같고……. 살짝 아쉬운 것은 불편한 감정도 표현하고, 네 바람도 이야기하면 더 좋겠다 싶어.

비: 나름대로 한다고 했는데……. 처음에 지루해요 하고 싶었는데……. 지운 님 마음도 알겠고……. 상황도 알겠고……. 그것도 내 선택이고, 지금은 괜찮고…….

은 결: 지금 너무 멋있고, 언니 마음대로 했으면 좋겠고.

물 빛: 정말 반갑고, 비가 자신을 돌보면서 나가는 과정이다 싶어서.

지 운: 피드백이나 자기 주장을 할 때는 상대가 안중에 없어야 한다. 그때 내 마음도 알고, 상대 마음도 알겠고, 뭐 이런 것 때문에 자기 하고 싶은 대로 못하잖아. 그만큼 네 주체성이 줄어든다. 대신 남의 얘기를 들을 때는 자기가 없어야 한다.

비: 그러고 싶습니다.

지　운:　나무는 멋있었다. 네 얘기 들으면서 기분이 좋아졌다. 이제는 말을 안 듣고 마음을 듣잖아. 먼저 듣고, 경청하고, 네 소리는 제일 마지막에 하는 그 순서도 멋있고……. 우리 모두가 지금 나무처럼 저렇게 행동한다면 집단이 정말 멋있을 거야.

나　무:　든든하고, 감사해요. 확인해 주시는 것 같아서……. 더 마음껏 해도 안심하고 할 수 있을 것 같아요. 기쁘고.

지　운:　그게 얼마나 많은 수련을 거쳐야 나오는지 아니까……. 지금 네가 사용하고 있는 그런 기술들은 그냥 되는 것이 아니라 꾸준한 수련을 거쳐야 할 수 있는 것들이라서…….

나　무:　지운 님이 그 사람이 하는 그 모습이 아니라 전체적으로 애씀, 결실, 하고 있는 것을 전체적으로 다 봐 주시고 계시는 것 같아서…….

지　운:　그게 다 보여야지. 쟤가 저런 행동을 할 때는 어떤 과정을 어떻게 거쳐서 나오는지……. 이게 보여야지.

나　무:　그러시구나.

지　운:　어떤 사람들 보면 간단히 한마디 하는데도 내가 그 사람을 인정해 줄 때……. 별 것 아닌 것 같은데도 인정하는 걸 볼 때가 있지 않더냐? 그게 어떤 과정을 거친 결과로 나오는 행동인가를 볼 수 있으면 좋지.

나　무:　진짜 대단하신 것 같고, 닮고 싶고, 배우고 싶고…….

지　운:　요사이 너하고 얘기하면 참 재미있는 게 나는 네가 얼마나 노력해서 그런 걸 얻었는지 보고 있는데 너는 내가 얼마나 노력하고, 어떤 실력을 가지고 있는지를 보아 낸단 말이야. 그럼 너하고, 나하고 같은 수준이 아니냐?

나　무:　아!

지　운:　너도 말만 듣고 있지를 않잖아. 내 말 들으면서 저게 어떻기 때문에 무얼 가지고 있기 때문에 저런 소리를 하고 있는가를 보고 있잖아. 그게 공감이야.

나　무:　정말 배우고 싶고, 저도 하고 싶고…….

지　운:　좀 전에 해 놓고서……. 지 한 줄은 모르고……. 거기서부터 싹을 틔우고 기르면 되는 거야. 없는 걸 가지고 오는 것이 아니라……. 없는 것은 키울 수 없잖

아. "저는 정말 적극성이 전혀 없습니다." 하는 녀석을 적극성을 가지게 할 수는 없다. 조그마한 적극성, 실오라기라도 있어야 네 마음속에……. 키울 수 있지. 네가 가지지 못한 것을 보지 말고, 갖고 있는 것을 찾아. 물도 주고.

나　무: 감동적이고, 지운 님이 지금 이렇게 물을 주시고 싹을 틔워 주시는 것 같아서, 고맙고, 감사하고……. 아까 감사 버전이 많을 때는 그게 그렇게 감사한가? 그런 생각이 들었는데 제가 느껴 보니까 정말 감사하네요.

물　빛: 지운 님과 나무가 대화하는 것을 보고 뭉클하고, 서로가 서로를 끝까지 놓치지 않고 있구나…….

지　운: 우리는 한 사람씩 놓치지 않고 있지만 너는 두 사람을 함께 보고 놓치지 않고 있잖아.

물　빛: 순간적으로 돌리시는…….

지　운: 돌리는 것이 아니라 그게 자기 자리인데 우리가 남을 보고 있기 때문에 자신이 안 보인다고……. 그래서 우리가 서로 모여 앉아 피드백을 하잖아.

나　무: 물빛 언니도 함께 하는 느낌이 든다.

하나하나: 나무 님 축하드리면서 아까 말씀 중간에 안심된다는 말에……. 그 말에 되게 같이 안심되는 느낌이……. 저는 모르겠지만 안심되기 위해서는 그동안 해 오신 게……. 지금 저런 게 안심되면 나는 나중에 안심되는 게 그럴 수 있겠다.

나　무: 하나하나의 말에 울림이 있는데 담담하게 얘기하면서 전체적인 것을 알아주는 느낌이야. 안심이 중요하다는 걸 알아주고, 더 다져 주는 느낌……. 되게 맥을 잘 잡는 것 같아.

지　운: 말하고 싶은 생각이 들었는데 설명을 좀 해도 괜찮겠어? 허락을 좀 받자. 우리 동양인하고 서양인하고 사물을 보는 눈이 아주 다르거든. 서양화에서 풍경화를 한번 봐라. 화가가 그 자리에 앉아서 세상 사물을 원근법에 맞춰서 그려. 서양화가는 풍경화를 그리다가 중단하면, 그 화폭을 집에 들고 가서는 그림을 계속 그리지를 못한다고 하더라. 반드시 그다음날 그 자리에 다시 와서 그려야 된대. 그런데 동양화가는 가서 경치를 봐. 경치를 보고, 그 경치를 자기 마음속에 담아.

그 자리에 앉아서 동양화를 그리지 않아. 마음에 담은 그 풍경을 재창조해 내는 거야. 그래서 동양화를 보면 붕 떠 있거나, 우주 공간에서 보거나, 이쪽에서 봤다 저쪽에서 봤다 마음대로 왔다 갔다 해. 너희가 지금 서구적인 관점으로 훈련이 되어 있어서 사람을 볼 때도 고정된 관점으로 보고 있단 말이야. 자기 입장에서 상대방만 보고 있잖아. 동양화처럼 객관화해서 보고, 주관화해서 보고 하면서 자유자재로 볼 수 있어야 해. 남을 볼 때도 360도 각도에서 보는 것을 훈련해. 동양인과 서양인이 사물을 보는 것에 대해서 너희가 한번 생각을 해 봤으면 좋겠어.

2) 집단상담 장면

자유혼:　사과드리고 가고 싶습니다. 비록 제 사랑이 크다고 해도 너무 제 식대로 주려고 그 마음이 앞서서 여러분 모두를 한 분 한 분 제대로 보지 못한 것 정말 사과드리고, 다시 뵈면 좀 더 큰 자유혼으로 여러분에게 다가가고 싶습니다. 고맙습니다.

금　와:　참 기쁘고 그다음에 가슴으로 사람들을 만날 수 있다는 발견에서 그리고 한 발짝 내딛은 것 같아서 저는 너무 보람되고 기쁘고 원 없이 느끼고 누리고 가는 것 같아서 고맙습니다.

수　련:　믿음이 공고해졌고. 이번에는 제가 그냥 가져가려고 합니다. 주시는 것들을 제가 온전히 받아 가고 싶어요.

금초롱:　믿음이 있어서 더 행복하고요. 이번에 특별한 느낌은 지운 님 외에 우리 모든 참가자가 서로 24시간 내내 교류하고 있었다는 느낌, 우리 힘을 강조하는 거예요. 이런 것들이 집단에서 보이고 나뉘고 나눔을 통해서 더없이 기쁘고 중간 언니의 나를 찾는 과정은 그동안 머리를 통해서 죽어도 안 되었던 스스로를 사랑하는 것이 저절로 온몸으로 터져 나오고 큰 선물 여러분께 너무나 감사합니다.

한　빛:　기뻤어요. 언어의 가치를 새롭게 발견했습니다. 제 마음을 정화시켜서 언어의 예술로 승화할 수 있는 것을 발견해서 기뻤어요. 이 집단을 마음을 통해서 제가 가는 곳마다 갖고 가겠습니다. 감사합니다.

진 희: 굉장히 많이 배워서 가르치고 나누고 싶은 게 많았는데, 가득 받을 수 있어서 너무 행복했고요. 제 마음속에 얼음이 없는 줄 알았는데, 마음속의 응어리가 풀렸다고 알려드리고 싶고요. 지금 너무 설레고 따뜻하고 가득 채워서 너무너무 좋아요. 계속 만났으면 좋겠습니다.

키 키: 말 잘한다는 피드백을 많이 들었는데, 지금 이 순간은 말문이 막히고요. 헤어지기 두려워하던 키키였는데 오히려 설레고 기대되고, 많이 울던 키키였는데 담담하고 편안한 키키이고, 지운 님 감사하고 선배님들 감사하고요. 성장과 함께하도록 오래 지켜 주고 장을 내어 주고 기다려 주고 축하해 주고 자기 일처럼 기뻐해 주는 동기들은 너무 유쾌하고 행복했고 순간 두려워지고 도망가고 싶고 무서워지고 실망했는데, 그때그때 사람하고 풀어야 한다는 것을 확인했고요. 대집단이 좋다고 해도 이해가 되지 않았는데, 알아서 기쁘고 사람이 다 달라서 기쁘고 귀하고 만나야 하고 내가 기쁘고 귀한 것을 알아 가는 것을 체험하는 키키였습니다.

길: 저는 소중한 체험을 한 것 같아요. 마음에 있는 따뜻함이 언어로 표현되었을 때 얼마나 크게 힘을 발휘하는지 제가 매직 구슬 안에 있는 것 같은 느낌인데 이 구슬 속에서 계속 누리고 싶은 따뜻함을 나가서도 내 마음 안에 따뜻함을 나누고 이것이 여러 사람을 살릴 수 있다는 것을 나도 한 번 체험하면서 살고 싶다는 소중한 것을 얻고 갑니다. 감사합니다.

바람이 분다: 오랜 진통 끝에 바람이 분다가 새로 태어났어요. 여기서는 오래 말하면 지루해요, 짜증나요 이러는데, 저는 4박 5일 오천 번 들을 수 있어요. 귀찮은 사람 있으면 저에게 보내 주세요. 바람이 분다 이름을 잘 지었다고 오늘 확신하게 되었고요. 잠실 님 말씀 중에 마음속에 80명 다 있다고 했을 때 '내가 지금까지 살아온 세월 속에 얼마나 많은 사람이 있었나.' 생각해 보면서 어떤 사람의 이야기도 5001번까지도 다 들을 수 있을지 모르겠다는 힘이 있지 않을까 확인했어요. 어제 처음 '노, 화났어.' 하고 박차고 밖으로 나가는 힘이 앞으로 어딘가

에서 쓰일지 모른다고 생각되고요. 힘든 사람들 만나면 수다로 끝나지 말고 머리 나쁘지만 잘 담아서 제대로 들어 줄 수 있으면 살아가는 데 시원한 바람, 따뜻한 바람, 훈훈한 바람, 때로는 광풍으로 시원하게 해 줄 수 있을 것 같아요.

하 람: 집단의 힘이 어떤지를 보고 느끼게 해 주셔서 감사해요. 축제의 분위기를 저도 누리고 같이 누려서 감사합니다. 기쁘면서 담담하고 고요함도 같이 있어서 즐거웠고요. 마지막으로 제 안에 있는 힘이 어떤 건지 잘 몰랐는데 저의 저력이 정말 큰 게 있다는 것이, 아직은 잘 모르지만 주시는 그 마음은 믿음이 가기 때문에 밖에서 내놓고 싶습니다. 고맙습니다.

치악산: 저는 이 분위기, 제가 말을 하려고 하면 진지함을 담았는데도 웃으려는 이 분위기가 어색합니다. 지금까지의 말을 다 모으면 '이보다 더 멋진 시가 없을 것이다.'라고 생각됩니다. 아름다운 시였고 가슴으로 와 닿습니다. 조금 떨리네요. 희한합니다. 중간에 제가 혹시 엉뚱한 말을 해서 불편하게 하지 않았을까 마음이 살펴지고 저항군은 또 새로운 저항군이 만들어질 것 같습니다. 감수성 훈련과 저항군 자신을 위해서도 진행이 될 것 같습니다. 악보다는 선이 세상을 지배할 것 같다는 생각이 듭니다.

글로리아: 저는 새해 선물에 대하여 나누고 벅찬 감정을 한 번 더 누리고 싶습니다. 저에게 큰 나무라는 확신과 또 눈물의 의미가 다르다는 깨달음의 큰 경험을 주신 것에 감사합니다. 이 자리에 계신 분들의 웃음, 울음, 기다림을 통해 서로 함께하며 흘러가는 힘들이 한 사람 한 사람을 변화시켜 나가는…… 이것이 선물이며 집단의 힘이 이렇게 크다는 것을 느끼면서 함께하신 분들과 함께 가고 싶다는 열망을 갖게 되었음을 전해드리고 싶습니다. 또한 저에게는 여러분 한 분 한 분이 새해 선물이며 사람이 선물이라는 것을 알게 해 준 집단에게 너무나 감사합니다. 이 마음을 돌려드리고 싶습니다.

햇살사람: 제가 알맹이인 것을 발견해서 기쁩니다. 혼자 찾아가는 것에만 의미를 두며 살았었는데, 여러 사람의 관심과 사랑을 받으면서 그리고 되돌려 주면서 함께 더불어서 살아갈 때 기쁨이 얼마나 커지는지 체험할 수 있어서 무엇보다 벅차요. 아직은 발언의 횟수도 적고 말하려면 떨리고 어색하지만 칭찬을 받으면

되돌려 드리는 정도는 되는 것 같아요. 그렇게라도 대화라는 걸 행동으로 조금씩 옮기며 소통할 수 있는 용기 있는 사람이라는 것을 확인하는 것이 반갑고 함께해 준 분들이 고마워요. 외톨이로 살다가 더불어 사는 사람으로 살아갈 수 있다는 것이 기대되고 기쁘고 설레요. 저한테 주목해 주시는 눈빛이 따뜻하고 무한한 지지로 느껴져 자신감이 조금씩 올라옵니다. 앞서 공부하신 선배님들이 대단해 보이고 멋져요.

나 무: 5일 동안 행복했고요. 나랑 같이 있어서 참 든든했어요. 내가 나를 보호하고 있다는 느낌이 들어서……. 벅차고 기쁘고 뭉클하고 너무 좋았어요. 참 뜻깊은 5일이었는데, 아픔도 고통도 기쁨도 즐거움도 어떤 감정도 내가 사랑하고 존중할 수 있어서 좋았고, 더 믿음이 생기고 확신이 생기고 더 많이 나눌 수 있는 기대감도 생겼어요.

지 운: 수고들 많았죠? 세 가지를 말하고 싶은데, 제일 먼저 칭찬하고 싶어요. 우리가 집단을 해 나갈 때에 여러 가지 단계가 있는데, 지금 아마 개인성장의 집단으로는 내가 가진 이론의 극치까지 온 것 같아요. 그동안 많은 집단을 하면서 내가 아무것도 안하고 논 것은 처음이거든요. 이번에는 아무것도 안하고 없는 듯이 있을 수 있었어요. 그래서 피곤하지 않았어요. 내가 나선다고 참가자들한테 혼난 것은 처음이에요. 그게 얼마나 기분 좋은 일인지 여러분이 살아가면서 집단에서 한 번 느껴 보길 바라요. 축복이에요. 집단에서 집단 구성원들끼리 돕는 능력이 자라서 서로 도울 때 아무리 뛰어난 촉진자라도 촉진에서 느끼는 일체감이 더 커져서 한 사람이 답답하면 전원이 답답하고 한 사람이 기뻐하면 전원이 다 기뻐할 수 있는, 85명이 들어왔지만 나갈 때는 우리가 한 사람이 되었다는 것이거든요. 그다음으로 가려면 하나 된 집단이 함께 성장해 나가는 단계가 있어요. 그런데 잘 모르겠어요. 15~16명 인원으로는 이런 체험을 많이 했지만 이런 대규모 집단에서 가능한지 모르겠어요. 집단이 이렇다는 것을 알고 있었으면 좋겠어요. 제일 기분 좋은 것이 여러분의 힘으로 해내고 여러분이 돕는 것을 보면서 우리의 상담이론과 기술로 해낸 거예요. 이게 난 기쁜 거예요. 행복샘은 행복샘이 되고 자유혼은 자유혼이 돼야 해요. 자유

혼이 지운이 될 수 없고 될 필요도 없어요. 다 다르면서 하나여야지, 다 같아지면 따로 있어야 할 이유가 없어요. 지금까지 여러분이 개발해 온 역량을 갈고 닦아야 해요. 우리나라 현실에서 상담자가 너무 절실히 필요해요.

두 번째로 이제 여러분이 사회로 돌아가면 그곳은 여기처럼 안전하지가 않아요. 여러분이 있는 그 자리가 내가 지금 앉아 있는 자리처럼 안전하지는 않아요. 여러분은 모든 일을 접어놓고 여기 왔기 때문에 넉넉한 시간이 있고 서로 도울 수 있는 역량을 가진 사람들이 많이 있고 오랜 경험들이 있잖아요. 여러분이 돌아가는 자리에서는 악조건 속에서 일을 해 가면서 사람들을 만나야 하잖아요. 집단을 마치는 이 시간은 마치는 시간이 아니라 바로 시작해야 할 시간이에요. 5일 전에 집단을 시작했지만 사실 이 세상에 태어나면서 바로 집단이 시작된 것입니다. 한세상 떠날 때 집단이 끝난다고 생각하거든요. 영적 수련을 하는 사람들은 죽어도 집단이 안 끝나고 그곳에서도 새로 시작한다고 하더라고요. 여러분이 지금 느끼는 이 기쁨을 그대로 유지하고 주변 사람들에게 전파하기 위해 기억해야 할 몇 가지가 있어요. 첫째, 돌아가서 바로 써먹으려고 하지 마세요. 아직 여기서 배운 것들이 완벽하지 않거든요. 집에 가서 남편이 뭐 배웠냐고 물어보면 "당신 나하고 사느라고 많이 답답했겠다."라고 대답하는 것은 요령만 익혀서 입으로만 되는 것이에요. 그랬다가는 남편들은 십중팔구 "야, 관두고 본래대로 해라." 하든가 아니면 "집단 가서 그런 거 배웠냐." 이렇게 되기 쉽거든요. 더 심한 사람은 직장에 돌아가서 공식 선언을 하기도 합니다. 여러 사람 앞에서 그동안 잘못했다고 사과하고 앞으로는 고치겠다고 약속하거든요. 그리고서는 2~3일 있다가 바로 터집니다. 그러면 훈련 효과가 딱 이틀 간다는 소리 듣기 쉬워요. 또 다른 유형은 말끝마다 "섭섭했겠네." "답답했겠네." 식으로 반응을 하는 사람들이에요. 그러면 다른 사람들이 교육 갔다가 오더니 "내 심정을 잘 알아 준다."라고 할 것 같아요? 아니면 "교육 마치고 와서 사람이 이상해졌다."고 할 것 같아요? 지난 5일간 정말 좋은 경험을 하셨죠? 이 경험을 소중하게 간직하고 사회에 나가서 잘 활용하려면 조심해야 할 것이 많아요. 우선, 여러분이 아무리 진심으로 말한다고 해도 자기 마음이 안 편한 사람들은 가식 같다고 느낄 수도 있어요. 그러면서도 자기가 안 편해서 가식으로 본다고는 전혀 생각하지 않아요. 그러니 오해도 받게 돼요. 주의할 것은 대화를 연습하려면 정말 많이 듣고, 대화가 잘 통하고 편한 분들하고 조금씩 연습하면서 차츰차츰 배워야 돼요. 상담 공부는 천당 가듯이 해야 돼요. 누구나 가고 싶지만 지금 당장 가면 안 돼요. 배워 가지고 당장 쓰려고 하지 마세요. 먼 훗날 그 경지에 가서 써도 절대 늦지 않아요. 그다음 가까이 있는 분들끼리 자주 모여서 나눠요. 마음 공부할 때는 혼자서 하지 말아요. 정말 위험한 길이에요. 멀리 있는 사람은 자주 못 만나니까 홈페이지를 만들었어요. 오늘 돌아가면 3일 이내에 소감문을 올려야 합니다. 감성적인 체험을 이성적으로 정리하지 않으면 금방 사라져요. 이성적으로 정리하지 않으면 다른 영역에서 적용을 못해요. 끝났다고 생각하지 말고 과정이 진행된다고 생각하세요. 여기서 무엇을 배우고 깨달았고 달라졌고 공부했는지를 올리세요. 그다음에 여러분에게 감사합니다. 대규모 집단을 해서 오늘 같은 이런 모습이 내 소원이었는데 소원 성취했어요. 시원하지 않거나 편하지 않은 몇몇 분들 혼자 겪으려고 하지 않고 힘들 때 힘들다고 나눠 줘요. 우리 모두가 여러분과 함께 있을게요. 여러분 정말 수고 많았습니다. 고맙습니다.

6. 종결 단계 인터뷰

질 문: 종결 단계에서 촉진자가 다루어야 할 것이 있다면 무엇입니까?

답 변: 세 가지입니다. ① 촉진자가 최선을 다해 집단 내에서 나타났던 문제에 대해서 해결하려고 애를 썼지만 어떤 개인이나 집단 전체에서 뭔가 해결하지 못하고 참고 있는 말이라거나 혹은 거론되었는데 해결이 부족했던 과제, 미해결 과제를 찾는 일입니다. ② 각자의 학습 정도가 모두 다르므로 그것을 표현해서 공유하게 하는 일입니다. ③ 사회 적용에 대한 안내입니다.

질 문: 구체적으로 어떻게 진행됩니까?

답　변: 마쳐야 할 시간이라는 것을 안내합니다. 혹시 그동안에 못 다루고 해결 못한 과제가 자기 자신이나 주변에 있다고 생각되면 함께 이야기를 했으면 좋겠다고 안내하는 일입니다. 때로 그때에 시간은 없는데 굉장히 많은 시간이 필요하거나 큰 문제를 내어놓는 사람들이 있을 수 있습니다. 그럴 때에 촉진자는 참가자들에게 우리가 이 문제를 해결하려면 상당한 시간이 소요될 텐데 우리가 마치는 시간을 연장하고 이 문제를 함께 다뤄 볼 것이냐고 물어보고, 다른 참가자들이 못 다루겠다고 하면 개인적으로 우리가 어떻게 대해 주기를 바라는지를 물어보기도 합니다. 특별한 경우라면 개인 상담을 권하기도 합니다. 이런 안내가 있어야 합니다.

질　문: 소감 나누기를 구조적으로 합니까?

답　변: 참가자들끼리 무엇을 배우고, 무엇을 느끼고, 무엇을 생각했는지 서로 나누게 하는 것이고, 굉장히 필요한 일입이다. 가능하다면 집단 전원이 함께 앉아서 하면 좋은데 워낙 대규모 집단이라 하려면 시간이 너무 많이 소요됩니다. 3~4명씩 돌아앉아서 나누기도 합니다. 시간이 허용된다면 다른 팀원들과도 나누게 하는 일이며, 이는 소중한 시간입니다.

질　문: 종결 단계가 좀 짧지 않았나요?

답　변: 짧았습니다.

질　문: 소감을 나누는 것으로 끝난 것 같은데 그것은 시간 문제입니까?

답　변: 이번 집단의 가장 큰 특성이 성숙 단계가 굉장히 길었고 학습량이 많았습니다. 그런데 성숙 단계가 거의 끝나 가는 단계에 몇 사람이 자기 개인적인 문제를 오픈했습니다. 그런데 그 문제가 본인에게 너무 절실하고 중요해서 집단 전체가 외면하고 넘어갈 수 있는 그런 문제가 아니었어요. 그리고 80명 정도의 많은 사람이 한 개인을 도울 수 있는 이런 상황은 다시 오기 어려울 겁니다. 그래서 한 개인의 일생도 중요하지만 이 사람을 돕는 것들을 더 체험하는 것도 좋겠다 싶어서 마지막 시간이 될 때까지도 그걸 정리하는 시간으로 사용한 것입니다. 잠실도 그런 경우입니다. 잠실이 굉장한 변화를 이야기해 줬는데 그런 시간을 소요하다 보니까 시간이 바빴습니다. 정리 단계에서 해야 하는 일이 세 가지입니다. 하나가 그동안 각자가 학습한 것을 나누는 것. 그다음에 사회에 나가서 어떻게 사용해야 할 것인지 준비하는 것에 대한 안내, 이런 것이 필요한데 한 사람 한 사람씩 돌아가며 나누기에는 시간이 부족해서 소감 발표로 나누는 일을 대체했습니다. 너무 멋있지 않았습니까? 80여 명의 표현이 하나하나 다 다른데 그 하나하나 학습에서 얻어가는 정도가 차이가 거의 없었습니다. 그런 집단을 다시 해 볼 수 있을까 그런 생각이 들 정도로 멋진 장면이었습니다. 그다음에 이 사람들한테 사회생활에 대한 적응이나 다른 안내는 우리 홈페이지에 있으니까 홈페이지를 통해서 다시 학습할 수 있는 기회를 갖자 하는 안내로 끝났습니다. 전체적으로 봤을 때는 사회생활에서 어떻게 적용할 것인가 하는 안내가 조금 더 필요했던 집단이 아닌가 하는 생각이 듭니다. 그래서 나중에 홈페이지나 카페를 통해서 그런 것들을 주고받은 내용이 많고, 또 저한테 개인적으로 질문해서 메일을 보냈던 사람들이 많이 있습니다. 그 사람들을 지원하고 지지하는 체제가 있기 때문에 종결 단계에서 그렇게 정리할 수 있었습니다.

질 문: 추후 집단 모임에 대해서 어떻게 생각하나요?

답 변: 아주 중요합니다. 기업집단을 가서 해 보면 3박 4일하고 1~2년 계속 그 분위기를 지속해 나가는 집단도 있고, 효과가 딱 한 달 가더라는 집단도 있고. 그것이 추후 집단을 어떻게 하느냐에 따라 달라집니다. 가능하다면 3박 4일을 마친 다음에 몇 개월 뒤에 2박 3일 또 몇 개월 뒤에 1박 2일 이런 식으로 계속해서 집단을 할 수 있다면 가장 이상적입니다. 그것이 어렵다면 참가자 중에서 모일 수 있는 사람들만이라도 한 달에 1~2번 정도 회식이라도 같이하면 자연적으로 집단 이야기가 나오게 되니까 그것이 도움이 될 것입니다. 체계적이고 계획적인 집단의 추후 관리가 없으면 효과를 장기적으로 지속시키는 것은 쉽지 않을 것입니다. 또 개인적으로 참가했던 사람들이 책을 보든지 다른 집단을 경험해 보든지 다른 참가자들과 메일로 경험을 나누든지, 이런 일이 필요할 것입니다.

7. 종결 단계 축어록

비　：반갑고, 재미있고, 감사하고.

바라밀: 반갑고, 함께해서 기쁘고, 감사하고, 여전히 가슴이, 이걸 뭐라고 표현해야 하
　　　지? 몽글몽글하기도 하고, 감동적이기도 하고. 그리고 정말 감사하고.

물　빛: 반갑고, 뭉클하고, 감사하고, 기대도 되고, 고맙고, 기뻐요.

시　아: 함께할 수 있어 반갑고, 기쁘고, 그리고 모두에게 감사하고.

비　：시아님 반갑고, 좋고.

시　아: 참 가벼우면서도 진한 마음이 느껴져서 더 뭉클해지고.

비　：되게 뭉클하고, 뭐라 말로 표현하기 어려운. 함께 가서 좋고.

시냇물: 뭉클하고, 행복하고.

시　아: 선율 좀 궁금하고.

선　율: 감사하고, 편안하고, 기대도 되고, 뭔가 가득 찬?

비　：들으니까 더 가득차지?

선　율: 감사합니다.

비　：되게 예쁘고.

선　율: 잘 알고.

전　체: 하하하(웃음).

시　아: 멋있다.

비　：역시.

바라밀: 너무 멋지다.

지　여: 얄미워요.

전　체: 하하하(웃음).

팅커벨: 되게 유쾌하고, 당당한 것 같아요.

파　랑: (넘어질 뻔) 죽을 뻔 했어요.

전　체: 하하하(웃음).

거북이: 재밌다.

파 랑: 당황스럽네요.

시냇물: 파랑 반갑고, 유쾌하고.

시 아: 되게 반갑고. 당황스러운데도 와서 앉는 거 보니까 씩씩해 보인다. 흐흐흐(웃음).

　비 : 죽을 뻔 했다니 궁금하고.

전 체: 하하하(웃음).

판도라: 살아 있어서 반갑고요.

　첫 : 선율 반가웠어요. 안심되었어요.

선 율: 되게 따뜻하고, 든든해요.

거북이: 여유롭고, 반가웠고.

선 율: 놀랍고, 반갑고, 감사해요. 따뜻하시고.

거북이: 든든해요.

일 여: 많이 편안해지고, 넉넉해진 것 같아요.

시냇물: 선율 분명하고, 지지도 멋있고.

선 율: 감사드리고. 더 찾고 싶고.

거북이: 반갑고, 멋있고.

　비 : 궁금하고.

팅커벨: 고맙고, 좀 아쉽고, 그러면서도 되게 뭉클하고, (울먹이며) 되게 미안하고, 고마
웠고. 그러면서 또 저는 되게 반갑고.

일 여: 놀랍고 궁금해요.

팅커벨: 설명을 해야 될 것 같은.

지 운: 흐흐(웃음). 답답하겠다.

팅커벨: 망설여지고. 설명을 해도 되나요?

일 여: 하하(웃음). 귀엽고, 예뻐요.

팅커벨: 조금 진정되고, 편해지고.

파 랑: 안심되고, 반갑고.

바라밀: 넘어서 미묘해지고.

팅커벨: 정말 따뜻하고, 놀라워요.

바라밀: 파랑은 든든하고. 나무는 궁금하고.

나　무: 고맙고, 편안하고. 파랑은 넉넉하고, 반갑고. 팅커벨은 좀 더 편안해졌으면 좋겠고. 함께하고 싶고.

팅커벨: 참 따뜻해요.

거북이: 나무 따뜻하고, 여유롭고.

팅커벨: 나무님 되게 따뜻하고, 친밀감이 느껴져요.

지　운: 응.

시냇물: 팅커벨 기특하고, 예쁘고.

팅커벨: 참 따스하고, 사랑받는 느낌.

　비　: 훨씬 편안해보이고, 참 대견하고.

팅커벨: 되게 벅차고, 뭉클하고, 한 분 한 분 사랑하고, 따뜻함과 지지로 너무 크게 다가와서. 되게 고맙고, 벅차요. 잘 받아서 더 함께하고 싶고, 더 나누고 싶고.

거북이: 반갑고, 안심이 되고.

바　탕: 조금 의아하면서 궁금한 것 아니야? 하하(웃음). 의아하면서 궁금한 것 아닌가 싶어서, 시냇물 님 말에.

팅커벨: 아니요.

바　탕: 아, 그래? 미안해.

전　체: 하하하(웃음).

　비　: 아니, 미안할 때는 한쪽 손을 올려야 해. (손을 올리며) 미안해.

전　체: 하하하(웃음).

바라밀: 고마워. 놀랍고, 든든하고, 그리고 고맙고.

거북이: 바라밀 참 따뜻하고. 그리고 팅커벨 든든하고. 더욱 든든할 거고. 고맙고. 멋있어. 진짜 든든해.

수　원: 참 놀라워요. 부드러운데도 정확하세요.

일　여: 거기에 다정하고 친절하세요.

바라밀: 고맙고.

나　무: 흐흐(웃음). 쑥스러우신가 봐요.

전　체: 하하하(웃음).

사과09: 파랑 멋지고, 기대되면서도 아쉽고, 답답하고, 궁금하고.

파　랑: 음, 편안하고, 재밌고, 뿌듯하고, 기대되고, 상쾌하고, 고맙고. 편안하고, 안심
　　　되고, 즐겁고. 흐흐(웃음).

판도라: 참 친절하신 것 같아요. 보기에 재밌고.

파　랑: 따뜻하고.

물　빛: 멋있고 든든하면서도 어색해보여요.

전　체: 하하하(웃음).

파　랑: 어색하고.

거북이: 물빛 재밌고, 가슴 따뜻하고.

바라밀: 근데 놀라웠던 건, 감정이 정말 많았구나. 그게 정말 놀랍기도 하고, 신기하기도
　　　하고.

거북이: 분명하고, 바라밀 따뜻하고.

바라밀: 아, 미안하고. 친절하고.

팅커벨: 거북이님은 따뜻하고, 정말 든든하고 멋있어요.

거북이: 고맙고.

파　랑: 훈훈해요.

거북이: 파랑 정말 반갑고, 여유롭고, 믿어지고, 재밌고.

파　랑: 감사하고, 신뢰할 수 있고, 든든하고, 멋있고, 감사해요.

거북이: 멋있다.

판도라: 든든해요. 전체한테 정말 고맙고, 감동적이었다가 지금은 화목해서 정말 따뜻
　　　해요.

거북이: 궁금해요. 어디 갔다 왔어?

전　체: 하하하(웃음).

일　여: 아쉬워요.

바라밀: 아쉬워? 하하하(웃음).

사과09: 답답하시겠어요?

거북이: 하하하(웃음). 안 답답해.

　비 : 시원할 것 같아. 하하하(웃음).

거북이: 하하하(웃음). 고마워.

　첫 : 저는 저 말에 거북이가 어떤 표정을 지었을까 되게 궁금하거든요. 말은 안하는
　　　　것 보면 분명히 표정을 지었을 것 같은데.

파　랑: 7시간의 비밀은…….

전　체: 하하하(웃음).

사과09: 아, 선율 방금 느낌이 궁금해요.

선　율: 너무 웃겼어요. 자괴감 들 것 같고.

전　체: 하하하(웃음).

바라밀: 아니, 표정은 별로 안 바뀌었다고 알려 주고 싶었어요. (팅커벨) 지금 궁금하고.

팅커벨: 당황스럽고, 참 시원하고, 편안하고.

바라밀: 고맙고.

　비 : 재밌어요.

거북이: 재밌어.

파　랑: (시냇물) 궁금해요. 반갑고.

시냇물: 의아해요.

바라밀: 가슴 따뜻하고.

시　아: 좀 아쉽다.

사과09: 저게 파랑이구나 싶어서, 지지해요.

파　랑: 기특해요.

사과09: 좀 안쓰러우면서도, 믿음직스러워요.

바라밀: 든든하고, 안심되고, 귀엽고.

파　랑: 따스하고, 고맙고, 긴장되고, 기대되고.

거북이: 파랑 반갑고, 안심이 돼요.

시　아: 파랑 되게 초대하는 모습 따뜻하고, 반가웠고.

시냇물: 고마웠고, 따뜻했고.

파 랑: 반갑고, 고맙고, 따뜻하고.

바라밀: 시아 분명하고, 따뜻하고. 시냇물 님은 든든하고, 안심되고.

시냇물: 든든하고, 아쉽고?

바라밀: 안심되고.

전 체: 하하하(웃음).

시냇물: 귀가 안 들려서.

바라밀: 어, 더 크게 얘기할게. 놀랍고, 멋지고.

시냇물: (바라밀) 고맙고, 파랑한테 놀라웠어. 못한 아쉬움이 있고.

전 체: 하하하(웃음).

판도라: 시냇물 님 참 멋지세요.

시냇물: 표현해 주는 너는 더 멋진 것 같아. 그런 내 모습을 보고 알려주는 것.

판도라: 벅차고, 든든해요. 뭉클하기도 하고.

시냇물: 고맙고, 계속 뭉클하고 행복한 게 올라오니까. 좀 답답하기도 하고. 흐흐(웃음).

파 랑: 든든하고, 안심되고, 귀엽고.

시냇물: 부드럽고, 따뜻하고, 분명하고. (판도라) 고마워요.

시 아: 확인하고 표현하는 것 되게 반갑고, 지지하고 싶고.

시냇물: 든든하고, 고맙고, 뭉클하고. 나한테는 소중하고.

  비 : 반갑고, 귀하고.

나 무: 소중하고 참 귀하실 것 같아요. 뭉클하고, 감사하고.

시냇물: 고맙고, 스스로가 대단하고, 뿌듯하고. 너무 고맙고.

나 무: 그 마음 너무 귀하고, 축하드려요.

바라밀: 따뜻하고, 든든하고. 손 잡아 주고 싶다. (눈물)

일 여: 시냇물 님 축하드리고. 지금 모습이 넉넉하고, 소중하고, 함께하고 있다는 게 행복하고.

시냇물: 보면서도 기쁘고, 행복하고. 스스로가 너무 자랑스럽고. 함께해 주고 싶고, 고맙고. 계속 그게 올라와요. 뭉클하고, 파랑이 봐주는 게. 고마워요.

팅커벨: 뭉클하고, 되게 아름답고, 예뻐요.

수　원: 기뻐요. 스스로가 자랑스럽다는 것이 굉장히 기뻐요.

바　탕: 그래서 작은 아픔도 속상해.

시냇물: 응?

바　탕: 작은 아픔도 속상하다고.

시냇물: 고맙고, 내 스스로한테도 기쁘고, 고맙고, 잘한다 싶고.

　비　: 되게 벅차고, 신뢰하고. 함께 있어서 되게 소중하고, 이 시간이. 바탕은 참 따뜻
　　　하고.

시냇물: 고맙고, 부드럽고, 따뜻하고.

팅커벨: 바탕 되게 따뜻하고, 기뻐요.

바라밀: 비가 되게 든든하고, 힘 있고.

거북이: 비 참 잔잔하면서도 부드럽고, 따뜻하고, 고맙고.

　비　: 고맙고, 참 든든하고. 바라밀 님, 참 따뜻하고. 또 참 대단하고, 신뢰할 수 있고,
　　　닮고 싶고.

바라밀: Me, too.

전　체: 흐흐(웃음).

물　빛: 되게 넉넉하고, 든든하네요. 시냇물 정말 축하하고, 자기 챙기고 누리는 모습 정
　　　말 반갑고, 든든하고.

시냇물: 든든하고, 반갑고, 고맙고, 의식 있고.

파　랑: 든든하고, 기대되고, 기대돼요.

시냇물: 고맙고, 할 수 있을까 하고.

바라밀, 물빛: (동시에) 하고…….

전　체: 하하하(웃음).

시　아: 동시에.

판도라: 분명하고, 든든해요.

바라밀: 찌찌뽕.

전　체: 하하하(웃음).

비 : 찌찌뽕까지 나왔어. 흐흐(웃음).

수　원: 파랑 참 선해요. 아, 파랑 참 선하다고.

바라밀: 응, 동의되어서.

파　랑: 동의 안 돼요.

전　체: 하하하(웃음).

바라밀: 아쉬워.

나　무: 반가워.

비 : 파랑 참 사악해. 동의해?

전　체: 하하하(웃음).

시　아: 귀여워. 귀여워.

파　랑: 잘못했고.

전　체: 하하하(웃음).

바　탕: 안심되는 게 아니고? 하하하(웃음).

판도라: 지운 님이 더 신기해요.

전　체: 하하하(웃음).

판도라: 주무시면서 미소를 지으시잖아요.

선　율: 전 바라밀 님 참 놀랍고, 닮고 싶고, 되게 다채로우신 것 같아요. 소녀 같기도 하고, 깊으시기도 하고, 따뜻하면서도, 놀라워요.

바라밀: 고맙고, 사랑스럽고.

시　아: 선율이 되게 놀랍고, 바라밀 언니의 그런 다채로운 모습을 보고, 그러는 것들을 보면서 되게 깊이 있게 알아주는 것 같아서, 반갑고, 축하하고. (바라밀) 언니 너무 따뜻해. 눈빛만으로도 정말 알아주는 것 같고, 이해해 주는 것 같고, 받아 주는 그런 마음이 전해져서. 그래서 저는 시냇물 님이 너무 자랑스럽고, 스스로 도 자랑스럽고 그런 내 스스로에게 뿌듯함도 느끼고 이 모습이 함께 있는 저까지 덤으로 더 귀하게 느껴지는 것 같아서 '여기 있는 우리 모두가 시냇물 님으로 인해서 참 소중한, 귀한 사람이구나.' 그렇게 느껴졌어요.

바라밀: 시냇물 님 참 깊고, 시아의 말을 통해서 시냇물 님도 귀해지고, 시아도 귀해지

고, 나도 귀해지고, 다 귀해지는 느낌 전해 와서 참 좋네요.

시 아: 바라밀 언니랑 함께할 수 있어서 더 좋고 행복해요.

지 여: 시아 님이 한 사람 한 사람 공유해 주고, 또 그 사람 알아주는 탁월함에 감탄스럽고요. 저는 조금 걸리는 게 있었어요, 아쉬움에 스스로. 그러니까 선율에게, 그 너무나 외모도 멋있고 당당하고, 그러면서도 따뜻한 것에 관계를 맺기 위해서 상대방을 잘 받아들이는 데 멋있고 놀라면서도, 그 점이 제가 얄밉다고 표현했는데, 멋있는 쪽이 훨씬 컸는데, 그게.

전 체: 하하하(웃음).

지 여: 그래서, 그래도 젊은 사람 미모에는 시기 질투가 많구나.

믿 음: 자기가 꽃인데.

전 체: 하하하(웃음).

사과09: 지여 님 반갑고요. 그리고 항시 느끼는 거라.

바라밀: 근데 참 얄미워요.

전 체: 하하하(웃음).

지 여: 저는 고마워요. 되게 힘으로 받아들여져서.

바라밀: 되게 사랑스러워요. 어떻게 저렇게…….

지 여: 샤랄라.

전 체: 하하하(웃음).

바라밀: 정말 얄밉네요. 하하하(웃음).

바 탕: 고마운 건, 솔직하게 시도하는 게 반갑고. 자기 점검 들어가는 건 좀 아쉽고. 흐흐(웃음).

지 여: 분명하고, 따뜻하고.

바라밀: 따뜻하고, 재밌어요. 든든하고.

사과09: 정말 선율 항상 지지하고 있고. 그 아름다움은 참 부러움을 넘을 정도로 그렇고. 흐흐(웃음). 다채로움을 보는 그 능력, 참 맑고, 기대되고.

지 여: 멋있고.

선 율: 감사드리고. 되게 든든하고, 기쁘고, 돌려드리고 싶고, 그대로. (지여 님) 혹여

나 안심시켜 드리고 싶고. 재밌었고.

사과09: 넉넉하고, 상쾌하고.

지 여: 여유까지도.

바라밀: 넉넉하고, 따뜻하고, 여유롭고, 배려심 깊고, 참 멋지다.

  비 : 그러면서도 깊고.

일 여: 그러면서도 말하면서 떨거나, 긴장하거나, 애쓰지 않는 모습으로 자연스럽게 하는 모습이 참 보기 좋고, 축하하고.

시 아: 거기에 말 한마디로 집단 분위기를 확 밝게 바꾸는 힘까지 있어서 보는 재미도 있고, 덤으로 즐겁고. 근데 지여 님은 너무 소녀 같으세요. 흐흐흐(웃음). 그래서 되게 사랑스럽다는 느낌이 들어요. 솔직하게 표현하지만, 그게 어쩜 저렇게 진짜 얄밉지 않게 얄밉게 말을 할까.

전 체: 하하하(웃음).

사과09: 명쾌하고, 시원하고.

일 여: 표현력 짱이다, 진짜.

시 아: 그리고 말씀 한마디 한마디에 그동안의 지여 님 삶이 묻어나면서 되게 넉넉하고, 깊고.

지 여: 정말 따뜻하시네요.

시 아: 지여 님이 봐 주시는 저의 따뜻함과 지여 님이 갖고 계시는 따뜻함의 깊이가 정말 이렇게…….

지 여: 막상막하라는?

전 체: 흐흐(웃음).

지 여: 너무 반갑고, 고맙고.

바라밀: 어, 비교하는 건 잠시…….

시 아: 아니, 아니.

바라밀: 시아가 가지고 있는 깊이, 시아의 색대로 되게 멋지고. 지여 님이 가지고 있는 깊이는 삶과 같이 더불어 있어서 폭이 가늠할 수 없을 때가 많아서, 그거는 그거대로 되게 멋지고. 그래서 둘 다가 되게 멋지고, 지금 시아가 지여 님 하는 얘기

를 통해서 지여 님이 더욱 사랑스럽게 느껴져서 고맙기도 하고. (지여) 정말 사랑스러워요. '나도 저렇게 늙고 싶은데?' 하는 생각이 들 정도로.

시냇물: 바라밀 참 멋지고, 두 사람 다를 더 깊고 더 넓게 살려 내는 것 같아서 너무 멋지고. 아까 얄밉다 할 때도 그 안에 사랑스러움이 전해져서, 그 얄밉다는 말이 사랑스러움으로 들려서.

바 탕: 진심이 안 느껴졌어.

전 체: 하하하(웃음).

첫 : 주시는 마음들이 되게 따뜻하고, 내용에 동의되고, 들으면서 조금 지루해졌고.

사과09: 저는 파랑 계속 챙겨 주고 싶고. 계속 입술이 그냥, 말을 하다가 못하고, 하다가 못해서 안타깝고.

전 체: 흐흐(웃음).

사과09: 기다리기 지루하고.

파 랑: 감사하고, 따뜻하고, 든든하고. 참 따뜻하고, 넉넉하고, 여유 있고.

시 아: 되게 놀랍고, 신기해요.

파 랑: 궁금하고. 흐흐(웃음). 편안하고, 따뜻하고.

수 원: 전 좀 설레요. 그 선율이 다채로운 매력이 있는 것 같아요, 선율한테.

선 율: 감사하고, 욕심나고. 통해서 되게 확인되는 부분도 많고. 감사했고, 기대되고, 든든하고.

판도라: 저는 선율 보면서 여러 다채로운 모습을 보는 기쁨이 있어요. 멋있어요.

하이디: 분명하고 자유로움이 멋져요.

파 랑: 맑고, 투명하고.

선 율: 자신 있고. 흐흐(웃음).

파 랑: 선명하고, 여성스럽고.

선 율: 고맙고.

바 탕: 궁금한 게, 기대된다는 게 본인에 대해서 기대해?

선 율: 네.

바 탕: 나도 기대돼.

바라밀: 나도 기대돼요.

선　율: 감사합니다.

물　빛: 나도 기대되고, 선율을 보면 굉장히 다채롭고 자유로우면서도 단아한 면이 있어
　　　　서 참 볼수록 믿음이 가고 신뢰도 되고, 든든해요.

선　율: 되게 벅차고, 더 충만한 것 같고. 함께 더 많이 나누고 싶고, 감사드리고.

물　빛: 기뻐요.

선　율: 저도 기뻐요.

바라밀: 기쁘고, 반갑고.

거북이: 너그럽고, 풍성하고, 여유롭고, 참, 소망이 담겨 있는 모습이 정말 꿈 같고.

바라밀: 거북이 님은 참 놀랍고, 따뜻하고, 든든하고.

거북이: 고맙고.

일　여: 선율은 겸손함까지 있는 것 같아서 더 멋있어요.

수　원: 일여 님이 말씀하시고 나면 좀 안전하고 온화해지는 느낌이 들어요.

선　율: 동의돼요.

일　여: 난감하고.

바라밀: 아쉽고.

전　체: 하하하(웃음).

일　여: 아쉬우실 것 같고.

지　운: 은근히 웃겨.

바　탕: 난감하고, 또 어떨까 궁금하고.

바라밀: 기쁠 것 같고.

일　여: 잘 돌려드리고 싶고. 네가 이렇게 하고 있다고 알려 줘서 고맙고.

선　율: 기뻐요.

일　여: 그리고 첫 시간에 지여 님이 이 시간이 정말 소중했다는 말, 그 말이 계속 여운
　　　　이 남고, 저도 이 시간 순간순간 너무 소중하다는 것 다시 느끼고, 여러분에게
　　　　감사드리고 있어요.

지　여: 반갑고, 고맙고, 지운 님이 신기해요.

지　운: 궁금해. 뭐가?

지　여: 선택적으로 피드백을 해 주시는 것 같은 궁금함과 또 진짜 중요한 순간을 안 놓치시는 게 신기하고.

　첫　: 그렇게 주무시면서 한다는 게 신기하고. 하하(웃음).

거북이: 재밌고, 하면서도 기쁘고, 따뜻하고.

지　운: 응.

지　여: 거북이라고 안 부르고, 거어북이라고 부르고 싶어요.

거북이: 재밌어요.

바라밀: 그러면서 난 일여한테 잠시 가는데, 일여가 얘기할 때 정말 이게 뭐가 싹 퍼지는 느낌? 그래서 수원이 한 얘기가 다시 한 번 동의가 되고.

지　운: 어떤 얘기가 동의가 돼?

바라밀: 안전하고, 온화한 느낌.

지　운: 어.

바라밀: 그러면서 그 말들이 그냥 순화되는 느낌 같이 나한테 느껴져서. 좀 전에 참 좋았어.

일　여: 고맙고, 따뜻하고, 다시 챙겨 주셔서 벅차고. 음, 말이 좀 길어지는데요. 요즘에 그런 집단에서 그런 생각을 많이 하게 돼요. 어린아이는 부모가, 또 다른 사람들이 '너 이렇다.'라고 해 주면 그것을 자기라고 인식한다는데, 제가 집단에서 그것을 지금 계속 느끼면서, 저는 못 느끼고 있는데, 집단 분들이 이야기를 해 주면 '아, 내가 그런 사람이 되어 가고 있구나.' 하면서 하나씩 하나씩 쌓아가서 신기하기도 하고, '진짜 그럴까?' 하는, 좀 제대로 알고 싶고 그런 마음도 있거든.

바라밀: 이전에 일여가 정신분열이 있는 사람한테 '말 바꿀까요?' 하는 얘기까지 가는 그 힘이 '지금 일여가 여기서 보여 주고 있는 힘하고 같지 않을까?'라고 생각되요.

바　탕: 조금 걱정이 돼요. 일여 마음도 조금 걱정되고, 바라밀도 조금 걱정.

일　여: 궁금해요.

전　체: (침묵) 하하하(웃음).

바 탕: 그렇게 느끼는 사람도 있다는데, 내가 그런 사람이 되어 가는 것처럼 이야기하고, (바라밀) 언니는 그 전 것을 드러내 주는 것 같아서.

바라밀: 아, 걱정해 줘서 고마워.

바 탕: 그래서 저렇게 느끼는 사람이 있을 때, 난감할 것 같긴 하고. 그래서 그다음이 어떤 기분인지 나는 궁금했어. '아, 저 사람이 그렇게 느끼는구나.' 상대를 보는 게 아니라, '내가 그런가?' 이렇게 가는 것 같아서.

일 여: 참 분명하고, 따뜻해요. 한순간도 상대를 놓치지 말라고 해 주신 말씀 정말 감사 드려요. 잘했죠? 흐흐(웃음).

바 탕: 그 말만 안했으면. 흐흐(웃음).

전 체: 흐흐(웃음).

바라밀: 약간, 그 뭔가 서운함? 뭐 이런 것도 살짝 올라오네요. 흐흐(웃음).

바 탕: 우기고 싶다고? 하하하(웃음).

바라밀: 아니, 이제 말하는 바는 명확하게 알 것 같고. 그러면서 내 느낌은 느낌이라고 가지고 싶고.

지 운: 궁금해. 뭐가 서운해?

바라밀: 글쎄, 뭐라고 해야 할까? 내가 느꼈던 느낌이 바탕의 얘기 속에서 탁 밀쳐지는 느낌이 살짝 들어서, 그게 약간 서운하고. 바탕이 전하려고 하는 마음 분명히 알 겠고.

지 운: 그럼 더 궁금하다, 지금. 처음에 일여하고 너하고 했던 이야기처럼 여기서 다른 사람들이 너 '이렇다, 이렇다.' 하면 그렇게 되어 간다 하는 이야기가 맞는 이야 기야?

바라밀: 뭐, 그…… 저의 주관.

지 운: 어.

바라밀: 저의 주관.

지 운: 네 주관이 그래, 어때?

바라밀: 흐흐흐(웃음). 그냥 제 주관. 제 느낌이어서 제가 한 부분에 대해서는 완전히 밀 쳐지고 싶지는 않았고, 근데 이제 '방향이 잘못되었구나.' 하는 거는 그냥 들고.

지　운: 어, 그래.

바라밀: 그래서 두 가지가 다 있고, 아직 고집부리고 싶은 저도 여전히 있고.

바　탕: 일여한테서 그렇게 느끼는 바라밀의 느낌을 거절당하는 느낌이, 밀쳐지는 느낌이 들었으면 섭섭할 수 있을 것 같아요. 근데 일여의 말을 수원처럼 같이 느끼는 바라밀은 참 든든하고, 참 따뜻하고. 그런데 정신분열증 환자처럼 일반화해서 '네가 그런 것 같다.'라고 이야기하는 그 표현은 좀 걱정이 됐어요.

바라밀: 이렇게 얘기해 주니까 되게 따뜻하고, 좀 더 잘 받아들여지네요.

바　탕: 그리고 '바탕은 그렇게 보는구나.' 하고 이쪽 마음을 보기보다는 밀쳐지는 느낌을 가지고 섭섭해 하는 건 좀 아쉽고. 같은 것 같아서.

바라밀: 다 듣고 싶었나 봐, 바탕 입에서.

바　탕: '지금 좋나?' 싶고. 흐흐흐(웃음).

바라밀: 지금 알려 줘서 고맙고. 따뜻하고, 든든하고.

지　운: 응. 아주 시원했어.

물　빛: 정말 시원하고, 분명하고, 고마웠고.

시냇물: 부드럽고 섬세하면서도, 분명하고, 따뜻하고.

바　탕: 든든하고.

물　빛: 우리가 하면서 항상 경계할 부분? 딱 그 지점이다 싶은, 분명히 해 줘서 너무 고맙고.

바라밀: 나도.

거북이: 참 신뢰할 수 있고, 따뜻하고, 분명하고, 감사하고. 되게 멋지고, 존경스럽고, 집단이 진짜 환상적인 것 같아요.

전　체: 하하하(웃음).

우　주: 집단을 지켜보면서 저는 되게 확신이 들어요. 그리고 그 생명동기 얘기 아직 의심하고 있었는데, 그것을 직접 실천하고 서로 상호작용하고 상생하는 모습을 보니까 정말 너무 환상적이고, 그 말을 쓰기 위해서 노력하셨을 것을 생각하니까 정말 지금 이뤄 내신 모습이 존경스럽고. 진짜 환상적이고, 함께해서 너무 멋지고, 되게 확신 들어서 너무 기쁘고.

허　당: 축하해요.

우　주: 전율이 느껴져요.

바라밀: 고맙고, 멋있고.

거북이: 너무나 기쁘고.

물　빛: 들으면서 되게 기쁘고. 그걸 볼 수 있는 안목이 되게 놀랍고. 같이 살리는 모습으로 보여서 정말 멋있고 든든해요. 대단하다 싶어요.

우　주: 아, 정말 뭉클하고 기뻐요.

바　탕: 알아내는 안목도 놀랍지만, 그것을 어떻게 그렇게 말에 다 담아낼까. 하나도 손해 보지 않은 것 같은 기분. 남는 게 없는 기분. 그래서 되게…….

우　주: 바탕 님이 그렇게 말씀해 주시니까, 하나 남는 게 없이 말씀해 주시는 바탕 님이, 말씀해 주시니까.

바　탕: 남거든.

전　체: 하하하(웃음).

우　주: 한 분 한 분의 삶으로 지지해 주시는 것 같아서 정말 놀랍고, 고맙고, 정말 넉넉하시고.

사과09: 지금 이 순간 너무 멋있고, 한 분 한 분이라고 말했는데, 한 분 한 분을 계속 의심하면서 의구심 갖고, 관찰하고, 하나씩 쳐다보고, 기억하고, 받아가고 하는 게, 그게 정말 멋있게 느껴졌어요.

Part 4

감수성 훈련 소감문

1. 감수성 훈련(4박 5일) 소감문

거북이 소감문

상대를 봐라 지금 여기에 깨어서!

참 녹록하지는 않으나, 집단의 장 속에서, 다들 있는 그대로 보고, 느끼고, 알아보고 집단에 대한 신뢰가 크다는 믿음을 확인하게 되어서 고맙고, 든든하면서도 집단의 역동적인 힘이 확연히 느껴져서 놀랍고 반갑다.

상대를 안다는 것!

상황 지각에 따른 나의 감정 상태를 분명하게 보고, 감정에 따른 감정의 흐름을 잘 수용해 가면서도 상대의 심정, 말의 의미, 성격, 본심을 보며, 지각, 생각, 감정, 행동을 바르고, 자연스레 알아가고, 지금 여기 깨어서 해 나가는 것이 지금 관계하는 삶이란 인식이 든다. 이렇게 하고, 계속 가고 싶다.

■ 해설: 상대를 만난다는 것은 상대가 하는 말의 사실적인 내용만을 듣는 것으로는 부족하다. 이런 것은 스침이지 만남이 아니다. 상대와 제대로 만나려면 상대의 말만 들어서는 안 되고 상대의 말을 듣고 상대를 꿰뚫어 보아서 그 말 속에 담긴 의미를 알아듣고, 그 밑에 담겨 있는 감정을 있는 그대로 듣고 받아들이며, 상대의 성격을 정확하게 파악하고 알아주며, 나아가 상대의 마음속 깊은 곳에 자리 잡고 있어서 자기 자신도 미처 알아차리지 못할 수도 있는 상대의 본심을 꿰뚫어 보아야 한다.

이처럼 말을 듣기만 하는 것이 아니라 말을 듣고 말하는 상대를 꿰뚫어 보아야 한다.

또한 듣고 마음속으로 알아차리기만 해서는 안 되고 자신이 듣고 본 것을 상대에게 말로 이야기해 주어서 확인해 주어야 한다. 이렇게 확인을 해 주어야 상대는 자신의 말을 어떻게 듣고 받아들이고 있는지를 알게 된다. 상대의 말을 적극적으로 듣는다는 것은 상대의 말에 온전히 주의를 집중해서 듣는 것만을 말하는 것은 아니다. 상대의 말을 듣기만 해서는 안 되고 어떻게 듣고 있는가를 재진술해 주어야 비로소 듣는 행동이 완성된다. 그래서 말은 귀로만 들어서는 안 되고 입으로 들어야 한다고 이야기하는 것이다.

거북이는 집단 참여를 정말로 잘하고 있다. 그렇게 생각하는 이유는 우선 장에 참여한 사람들을 있는 그대로 보고 느끼고 있기 때문이다. 대부분의 참가자는 집단 초기에는 상대를 볼 때 자기 자신의 입장이나, 성격, 가치관 등의 색안경을 쓰고 보고 있기 때문에 상대를 자기 나름대로 보고 있는 경우가 대부분이다. 거북이는 이런 자신의 틀을 벗어 버리고 상대를 있는 그대로 보고 있다.

그다음에는 집단에 대한 확고한 믿음을 가지고 집단 전체와 일체감을 느끼고 있다. 이런 마음을 가지면 집단 속에서 타인을 의식하지 않게 되고 모든 행동에 걸림이 없어서 타인과 자신으로부터 자유로워진다. 행동에 거침이 없어지는 것이다.

이런 믿음을 가지고 거북이는 매 순간순간에 또렷하게 깨어 있어 자기 자신의 감정을 분명하게 알아차리고 자신의 감정을 있는 그대로 받아들이면서 다른 참가자들의 말을 듣고, 그들의 마음을 듣고, 상대의 존재 자체를 받아들이고 있다. 이처럼 자신과 타인에 대한 이해를 동시에 하고 있으면서 이 상태에 머무르지 않고 앞으로도 계속 나아가고 싶다는 발심을 내는 것이 정말 든든해 보인다.

나무 소감문

지운 님이 '너는 참여형으로 하는 줄 아는데 네가 설득형으로 하는 것을 알고는 있어라.' 하셨다. 지운 님께 설득형과 참여형의 차이에 대해 질문하였다. '참가자가 선택할 수 있도록 해야 하는데 네가 이것이 좋다! 이것을 해라! 하는 것은 참여형이 아니다.'라고 하셨다.

내가 ○○에게 피드백하였을 때 지운 님이 지적하셨다. 내 의도를 알아주지 않는 것 같아 서운하였다. 내 마음과 의도를 알아주지 않을 때 올라오는 뿌리 깊은 서운함을 보았다. 그런 서운함이 올라올 때는 상대의 말이 잘 들어오지 않는다. 지운 님이 '너에게 선입견이 있어! 상대방이 이만큼 가면 너는 더 가길 바라지. 상대가 가고 안 가고는 상대가 결정할 문제인데 네가 기대를 걸어 놓고 갔으면 좋겠다는 태도야. 그것도 빠지면 좋겠어. 너는 아쉬웠다고 표현하고 선택은 상대가 하도록 해야 하는데, 상대에게 이랬으면 좋겠다고 방향을 네가 정하고 있다. 네가 넘어야 할 과제이다.'라고 하셨다.

감수성 훈련을 다녀와서 집에 오니 아이들이 햄버거를 먹고 있었다. 가족과 햄버거를 먹는데, 내가 남편에게 햄버거를 많이 먹지 말라고 잔소리를 하였다. 남편이 아이들과의 관계에 내가 간섭을 한다고 했을 때 '아! 내가 이러고 있구나.'를 더 명확하게 알게 되었다. 감정을 이야기하면 될 텐데, 남편에게 '이래라 저래라 강요하고 있구나.'를 다시 보았다.

살아오면서 아버지와 어머니의 사랑이 강요로 느껴질 때가 많았다. 엄마는 '여자답게 살아라!' 하셨고, 아버지는 '열심히 살아라!' 하셨다. 이러한 말이 강요로 들렸고, 내 의견을 존중해 주지 않는 것 같았다.

지금 와서 보니 내가 하고 있는 사랑의 방법은 우리 부모님이 나에게 하셨던 방법이었다. 소중한 사람들에게 '이것이 좋으니 이렇게 하여라! 저것이 좋으니 저렇게 하여라!'라고 강요하면서 말이다.

살아온 시간이 파노라마처럼 지나갔다. 나는 사랑이라고 생각하고 절대 강요한다고 생각하지 않았다. 내가 그렇게 강요받는 것을 싫어하고 자유로운 것을 원했으면서 상대방에게는 정작 그렇게 하지 못하고 있었다. 내가 잘 인식할 수 없었던 부분을 지운 님과 참가자들이 알아차리도록 도와주었다.

늘 한 걸음 한 걸음 성장할 수 있도록 알려 주시고, 그 길을 가는 힘듦과 아픔까지 알아 주시는 지운 님이 계셔서 든든하고 감사하다. 어떤 모습이든 함께하고 지지하며 서로 돕는 참가자들이 있어 뜨겁게 고맙다. 나와 상대를 있는 그대로 존중하는 관계를 하고 싶다. 간절히⋯⋯.

■ **해설**: 나무는 설득형과 참여형에 대해서 또렷이 알게 되었으며, 집단에서 느끼는 서운함이 인생 전체에서 느끼는 서운함과 연결된다는 것을 통찰을 통해 알게 되었다.

또한 이제껏 나무는 자신도 모르게 살아오면서 가지고 있었던 삶의 각본, 즉 인생 각본을 알아차리게 되었다. 부모님이 사랑이라고 하면서 강요한 면이 본인도 모르게 몸에 배어 있었고, 자신의 의도와 다르게 강요하고 있었던 모습을 촉진자와 참가자들의 피드백으로 알아차리게 되었다. 촉진자와 참가자들이 나무가 하는 것을 그대로 비춰 줌으로써 나무는 자신의 의도와 행동으로 표현되는 부분이 다름을 알아차리게 된다. 자신의 의도에 대해 몰라준다고 서운해하거나 의도를 변명하는 태도가 아니라 겉으로 드러난 표현에 책임지고, 이를 바탕으로 상대방의 지각에 책임을 지는 태도는 대인관계와 자신의 성장에 무척 중요한 부분이다.

나무는 참가자들과 촉진자의 피드백을 수용하고 고맙게 여기며, 기꺼이 수용함으로써 현실에서 자신의 의도와 다르게 표현한 부분을 인정할 수 있게 되었다. 현실에서 의도와 표현이 다른 행동을 할 때 즉각 자각할 수 있게 되어 '강요적이다.'라는 피드백을 주변인에게서 받을 때 억울해하거나 서운해하기보다 상대의 입장에서 자신의 표현과 행동을 돌아볼 수 있는 관점과 태도를 갖게 되었다. 즉, 가족과 햄버거를 먹다가 남편에게 한 말에서 나무가 자신의 의도보다는 강요하는 행동이 나타났음을 인정하고 알아차리게 된 것이 그 변화이다. 집단에서의 진심 어린 비춰 줌과 나무의 수용적인 자세가 자기 알아차림과 변화, 가까운 사람과의 관계를 더욱 긍정적이고 깊이 있게 만나도록 촉진하게 되었다.

마님 소감문

집단에서 상대에게 공감하려 입만 열면 상대를 도와주고 싶은 내 마음과는 달리 뭔지 모를 더 큰 감정이 올라와 눈물부터 흘러내리려 하고, 그러면 나는 내가 스스로 이상하고 당황스럽고 그런 나를 다른 사람들이 이상하게 생각할까 봐 입도 떼지 못했다. 내가 잘못하거나 부족하면 남들이 나를 받아 주지 않을 것 같아서 두려웠던 것이다. 결국 나는 마음속으로는 사랑을 주고받고 싶어 하면서도 표면적인 행동은 정반대로 외롭고 고독해지는 행동을 하고 있었던 것이다.

그동안 지내면서 조금씩 조금씩 편안함을 찾고 있는 중이었는데 '머물지 마라.'라는 말씀을 나는 점점 더 잘하라는 의미로 받고(시행착오 학습이란 말은 아예 생각도 안 나고). 기대를 걸어 놓고 안 되고 있는 것만 바라보며 못마땅해하고 그러면서도 애만 쓰고 있는 내가 안됐고 짠하고 슬프기까지 했던 것이다.

여기까지 알아차렸을 때의 시원함과 후련함이란 이루 말로 표현할 수 없을 만큼 좋았다.

나는 제대로 주고받는 걸 배우는 과정에 있고 그러기 위해 지금 하나하나 알아 가고 있

는 것이고, 정답을 찾아 잘하려고 애만 쓰고 있는, 잘 안되는 나를 보고 답답하고 속상함
으로 가져갈지 하나하나 알아차려 가는 기쁨과 고마움으로 가져갈지는 내 선택인 것이다.

그리하여 이번 집단상담은 좀 더 편안한 맘으로 참석했다.

'긴장' 하면 느껴지는 감정은 불안과 두려움이 컸었는데 설렘과 짜릿함, 즐거움, 신선
함이란 감정을 새롭게 찾았고 이런 새로운 감정과 만난 것이 참 신기하다.

집단에서 긍정 감정을 표현할 때 편하게도 나오고 내 감정도 편안한데, 지루하다, 답답
하다, 무겁다고 느낄 때에는 주저하고 눈치 보는 내가 느껴지고 다음번에는 이런 표현도
편하게 하고 싶다. 그리고 '하고 싶다.'에서 끝나지 않고 좀 더 세부 목표를 세워 알차게
한 발 한 발 나가고 싶다.

■ **해설:** 마님은 자신에게 기대를 걸어 놓고 기대에 못 미치는 자신을 못마땅해하고 있
었음을 알아차렸다. 마음속으로 하고 싶은 것과 현재 하고 있는 것의 차이를 몰랐을 때는
당황스럽고 의아하고 이상하고 두려웠으나, 자신이 어떠한 마음과 행동을 하고 있는지를
알아차리고는 후련하고 시원해지고 기뻐하게 되었다. 사랑을 주고받고 싶으면서 외롭고
고독해지는 행동을 하고 있는 모습에서 원하는 것과 하고 있는 것의 차이를 보게 되었고,
긍정적인 것을 표현하는 것은 편한데 부정적인 표현을 하는 것은 타인에게 좋지 않은 평
가를 받을까 봐 두려워 제대로 하지 못하고 눈치를 보고 주저하고 있음을 알아차렸다. 그
래서 부정적인 표현도 잘하고 싶다는 목표를 세워서 한발 한발 나아가고 있다.

마님은 잘하고 싶지만 안 되는 자신을 보고 답답함과 속상함을 선택하던 평소의 습관에
서 벗어나, 알고 싶고 배우고 싶어 노력하는 자신, 하나하나 배워가는 자신의 모습을 볼
수 있는 관점 전환을 이룸으로써 알아차려 가고 배워 가는 기쁨과 뿌듯함, 고마움과 설렘
을 선택하고 누리게 되었다. 마님은 집단을 통해 불안과 두려움도 느끼지만 또 다른 감정
인 설렘, 짜릿함, 즐거움, 신선함을 알아차리고 힘을 얻고 새롭게 도전하게 되었다.

선율 소감문

〈혼자서 하는 말〉

놀라움. 즐거움. 답답함. 아쉬움. 짜증. 화. 기대. 긴장. 희망. 막막함. 기쁨. 두려움. 반가움.

마음 표면을 스치던 이 감정들 밑에는 어떤 감정들이 있을까?

설렘. 신남. 도전하고 싶은 마음. 좋은 예감.

이 감정들 밑에는 무엇이 있을까?

믿음. 의지. 힘.

그 밑에는 무엇이 있을까?

사랑. 아낌.

또 그 밑에는? 그 밑에는? 그 밑에는?

이 공부를 하면서 가장 많이 들었던 개념 중의 하나가 감정의 수직 분석인데.

내가 이렇게 나를 탐구해 보고 그 과정을 실감해 본 적이 있었던가?

나 자신이 참으로 생생하다.

〈고백하고 싶은 말〉

사실은 "드디어 여러분이 보이기 시작했습니다!!!!!!!!!!"라며 소리치고 싶었습니다. 아마도 몇 년 전의 저였다면 분명 그랬을 것입니다. 제 자신이 제자리에서 용만 쓰고 하는 것은 아무것도 없어 보이던 참이었는데. 고개를 번쩍 치켜들게 해 주신 칭찬과 인정과 격려와 지지가 너무나 크고 벅차서 미처 다 품을 수가 없었습니다. 오히려 담담하게 거리를 두고 그 칭찬들을 이리저리 굴려 가며 천천히 살펴보고 있는 것 같습니다. 이조차도 참으로 반갑습니다. 제대로 받는 것을 배우는 중이라 여겨집니다.

저에게 아쉽다며 건네주신 피드백들이 참 반갑고 감사하다는 점이 스스로 더욱더 반가웠습니다. "선율아 잘돼라, 잘돼라. 내 너를 너무나 아끼니 이리 잘돼라, 저리 잘돼라."라는 것으로 저절로 들렸습니다. 덕분에 그 내용까지도 머리에, 마음에 쏙쏙 들어와 천천히 저의 팔다리가 되어 주리라 믿습니다. 감사함과 기쁨이 벅차서 터져 나오려다가 겸허해지고 잔잔해지고 은근해집니다. 차분히 곱씹고 곱씹어서 흡수하고 싶습니다. (더 좋은 말이 없을까?)

⟨전하고 싶은 말⟩

말이 너무 얕아서 아쉬운 건가.

아니면 말을 잘 이용해서 마음을 충분히 전달하지 못하는 내가 아쉬운 건가.

아니, 아니다.

말로 다 전하지 못할 만큼 마음이 너무 크다.

차라리 말을 않는 것이 더 정확한 말이겠다.

'감사함'과 '고마움'에 대해서 한동안 생각해 본 적이 있습니다.

지난 소치 동계올림픽이 끝나고 마치 그 시기의 키워드처럼 '연아야 고마워.'를 말하던 사람들을 보며 썼던 일기입니다.

감수성 훈련을 하며 그 일기와 그때의 마음이 자주 떠올랐습니다.

나누고 싶어서 함께 보내드립니다.

⟨연아야 고마워⟩

연아의 연기도 말도 표정도 태도도

너무나 감동적이고 마음이 아플 정도로 아름다운데

왜 나는 사람들이 전하는 '고마워'에

그렇게 눈물이 나는지 모르겠다.

연아가 피겨를 한 지 17년이라고 들었다.

관심이나 지원을 주기는커녕

말도 안 되는 부당한 대우마저 막아 줄 힘이 없던 이 약소국에서

오로지 천부적인 재능과 피나는 노력만으로

이 자리에 서게 된 지금까지

얼마나 힘들고 괴롭고 무거웠을까.

얼마나 외로웠을까.

7개월도 7년도 아닌 17년 동안.

그 고단한 세월이 어땠을지 상상조차 못할 나인데도

'고마워.' 한마디에

마치 내가 이해받고 위로받은 기분이 들었나 보다.

노력해 줘서, 도망치지 않고 버텨 줘서,

믿을 수 없는 놀라운 시간들을 선물해 줘서,

그리고 이렇게 아름답게 우리를 떠나 줘서 고맙다는 것 아닌가.

'고마워.'라는 말에 그것들을 다 품어 주는 것 같아서

마음이 울렁울렁하나 보다.

공통점이라고는 성별과 성과 국적밖에 없는데 그동안 연아가 보여 준 행보가 마치 내 일처럼 느껴질 만큼 이입을 하도록 만들었나 보다. 연아의 성공이 내 성공 같고 연아가 받는 인정이 내가 받는 인정 같고 연아가 겪었을 외로움이 내가, 우리가 살면서 겪었을 외로움처럼 느껴졌나 보다.

그래서 연아에게 그 벅차고 셀 수 없는 마음들을 한 글자 한 글자 꾹꾹 눌러 담아 고맙다는 말로 담백하게 전하고 또 그 말을 내 귀로 들으며 그동안의 내가 위안을 받나 보다.

고맙다는 말이 이렇게 가득 찬 말이던가. 이해와 위안과 감사와 애정과 미안함과 애틋함이 온몸 구석구석으로 녹는다.

■ 해설: 선율은 표면에 있는 감정들 밑에 있는 감정들을 하나씩 느끼게 되면서 자신의 본심을 깊고 생생하게 만나게 되었다. 놀라움과 짜증과 막막함 밑에 있는 설렘과 신남을 만나고, 그 밑에 있는 믿음과 의지와 힘을 만나고, 또 그 밑에 있는 사랑과 아낌을 만날 수 있었다.

선율은 자신의 깊은 본심을 만나는 경험도 참 환희로운 체험인데 다른 사람들이 자신

에게 해 주는 말의 본심도 받으면서 감사함이 가득 올라오는 경험을 하게 되었다. 그 감사함을 말로써 다 표현하지 못할 만큼 크게 느끼면서 말을 넘어선 깊은 울림을 경험하게 되었다.

감수성 훈련에서 자신을 사랑하는 주체성과 타인과 마음을 나누는 관계성이 중요한 두 축인데 선율은 자신의 본심과 다른 사람들의 본심을 만나면서 주체성과 관계성을 더욱더 확고히 다지게 되었다.

소리랑 소감문

소감문 쓰자 하고 일주일이 지나가네요.

점점 시간이 빠르게 가는 것처럼 느끼게 되고요.

학교에서 하루 종일 종종거리면서 화장실 갈 여유를 찾기도 쉽지 않았는데 5월이 되니 그나마 여유가 생기나 봅니다.

이렇게 한 번에 소감문을 적고 있으니까요.

일에 노련함이 생기니 여유가 따라붙는 것 같고, 요즘 마음이 넉넉해지니 시간에 쫓기기보다 시간과 함께 뛰는 것 같아요.

오늘은 스승의 날.

매년 오는 스승의 날인데 오늘은 새롭게 느껴지네요.

아이들을 대하는 마음이 고맙고 소중합니다.

다른 선생님들이 받는 물질적인 풍요로움에 질투하고, 아이들의 사소한 말 한마디는 놓치기 일쑤였던 저인데, 올해는 아이들의 감사 인사에 감동이 밀려옵니다.

지난 석 달 동안 아이들에게 본심을 먼저 이야기하고 지적도 해 주고 칭찬도 해 주고 아이들이 서운하다고 말해도 화나는 감정이 올라오지 않으니 편안하게 그 이야기를 들어 주게 되었습니다. 아이들이 이제 제 품으로 들어오는 편안함을 느낍니다.

나에게 스승님이 생기니 그 품을 닮고 싶나 봅니다.

지운 님 감사합니다.

■해설: 상대의 말을 들을 때 어느 수준으로 듣느냐에 따라 상대와 관계가 달라진다(대화의 표면, 대화의 내면 중 어느 부분으로 듣느냐, 즉 의미, 기분, 성격, 본심 중에서 어느 부분으로 듣느냐에 따라 관계가 달라지고 만남의 차원이 달라진다). 말의 표면에 아무리 부정적인 이야기를 해도 상대가 전하려는 의미를 들을 것인지, 상대의 기분을 알아줄 것인지, 상대의 성격을 알아줄 것인지, 상대의 본심을 알아볼 것인지에 따라 상대와 만나는 깊이가 달라진다. 소리랑은 집단을 통해 본심으로 듣는 훈련과 체험을 하였으며 일상생활에 돌아와서 말을 듣는 태도가 달라졌고 자기 조절 및 관계까지 변화하는 경험을 하고 있다.

옹달샘 소감문

이번 집단은 내게 훈련 단계와 초기 단계만 있었다. 애초 집단에 참가할 때는 내게 성숙 단계와 종결 단계만 있을 줄 알았다. 치열하게 살던 내 일터를 11월 말에 하나 내려놓고, 홀가분한 마음으로 편하게 쉬고 오자는 생각으로 갔다. 집단 시작하기 전 긴 오리엔테이션이 참으로 귀하고 소중하게 다가왔다. 집단 시작부터 참가자 관점에서 열심히 학습하고 정리하면서 임했다. 공부가 머리에 쏙쏙 들어오면서 배움의 기쁨을 누리고 있었다.

그런데 우연히 들어간 집단에서 옆에 함께 앉은 달과 얘기를 나눈 게 발단이었다. 달과 얘기를 나누면서 달을 보는 게 아니고 과거로 가서 그걸 갖고 와서 달에게 들이밀었다. 당황하고 힘들어하며 우는 달을 보면서, 안타깝고 혼란스럽고 아쉬운 나를 본다. 풀어 주러 다가갔다가 더 혼란스럽고 당황하는 나를 본다. 잠시 멈추고 다시 편안하게 학습 단계로 참가자로 돌아가니 편안해졌다.

마지막 날, 편안하다고 생각한 내가 내 마음을 돌아보니 아쉬움이 자꾸 남는다. 집단에서 감정만 나누되 골고루 잘 돌아가고 서로서로 함께 잘 나누고, 상대에게도 나에게도 잘 집중하고 싶은 마음이 생겼다.

집단원 중 한 명이 말할 때 절박함과 절절한 마음을 보면서, 그 집단이 감동적이면서 길어지니 약간 지루하기도 하고, 다른 사람들과도 골고루 나누고 싶다는 마음에 끼어들었다.

그래도 할 말을 다 하는 집단원을 보면서 든든했다. 그런 내 모습 보면서 축하해 주는 집단원들의 말이 각각의 각도로, 내게 다가오는 게 조금은 선명하게 보여서 스스로도 놀라웠다.

그리고 달. 남을 향한 시선은 따뜻한데 아쉬운 마음이 드는 나. 자신을 챙겨 주고 싶다는 마음으로 다가가 결국 달을 더 힘들게 한 나. 그렇게 마지막 장을 잘하지도 못하고 미진하게 끝내고 돌아온다. 집에 와서 기진맥진 녹초가 된다.

상대도 잘 보고 나도 잘 보아야 한다는 말이 얼마나 공허한지…….

무심코 본다고 해 놓고 잔뜩 기대 걸고 있는 나.

쓰다 보니 지금도 초기 단계에서 헤매고 있는 모습이네. 휴우~.

이번 집단에서 가슴에 더 새기고 싶은 공부 내용.

"도우려면 무엇을? 어떻게 도울까? 고민해라."

"도우려면 도울 수 있는 마음도 있고, 구체적으로 도울 방법도 있을 때 도와야 한다."

"내가 하고 싶은 것을 하지 말고, 상대가 하고 싶은 게 뭔지 봐라."

"상대를 뜯어고치려 하지 마라."

지운 님, 언제까지 공부해야 다 할 수 있나요? 이제 다시 시작해야겠네요…….

함께 지켜봐 주신 모두에게 그저 감사드리고, 아프면서도 내 본심을 알아준 달에게 고맙고, 나도 이번에 너로 인해 많은 공부를 하게 되었다고 알려 준다.

■ 해설: 자신의 참여 단계가 어느 단계에 속하는지 객관화하여 보는 안목이 있다. 그러나 초기, 훈련 단계는 '미흡'하고 성숙, 종결 단계는 '좋다'라는 기준을 스스로 만들어 놓은 것은 아닌지 의문이 든다. 상대와의 만남에서 '있는 그대로의 존중'의 자세보다는 상대 과거의 부족한 부분에 초점이 갔고, '풀어 준다'는 것의 시작이 상대의 바람이 아니라 자신의 욕구에 치우쳐 있는 자신의 모습을 알아차렸다.

상대와 자신을 잘 보지 못했음에 아쉬워한다. 결과에 초점을 맞추면 '잘 보지 못했음'이다. 과정으로 보면, '잘 보지 못했음'을 알아차렸고, 소중한 경험을 할 기회였다. 그리고 도울 때는 '무엇을? 어떻게?'가 중요한 것임을 제대로 생각해 보는 경험이었다.

감수성 훈련이 누구보다 진지하게 '도움에 대한 자세와 역량'에 대해 생각해 보는 시간이 된 것으로 보인다.

요다 소감문

처음엔 그냥 아무 생각 없이 참가했습니다.

그러다 하루 이틀 지날수록, 내 안에 있는 또 다른 나를 보게 되었습니다.

예전엔, 애써 무관심한 채 지나왔던 나.

이번 집단을 통해 그동안 무관심했던 나를 똑바로 볼 수 있게 된 것 같습니다.

여러 사람 속에서 떠도는 따뜻한 기운이 나를 감싸고,

나에게 힘을 주는 것을 알았습니다.

이게 바로, 집단의 힘이구나.

나를 바로 세우고, 상대방을 바로 볼 힘을 얻게 된 것 같습니다.

"살아 있다면 희망이 있다."는 지운 님의 말씀, 오랫동안 제 마음에 남을 것 같습니다.

■ 해설: 요다는 감수성 훈련에 특별한 목표 없이 참석했다가 하루 이틀 지나면서 자신 안에 있는 또 다른 자신을 보게 되는 '자기 발견'을 하게 되었다. 그동안 외면하고 무관심했던 자신을 진지하게 바라보게 된 것이다. 무관심했던 자신을 똑바로 보게 되는 것이 주체성이고, 여러 사람 속에서 떠도는 따뜻한 기운을 느끼는 것이 관계성이다.

주체성을 세우고 다른 사람과 관계를 맺어 나가는, 이런 자신을 발견하면서 자신의 힘을 재발견하고 사람들이 자신에게 사랑과 관심을 주는 것을 알게 되어 집단의 힘을 느끼게 되었다. 즉, 자신과 사람들에게서 삶의 희망과 기쁨을 발견하게 되어 사는 힘을 얻는 것, 그것이 바로 감수성 훈련의 힘이라고 할 수 있다.

원트 소감문

업의 특성상 주로 일방적인 강의를 하고, 들어 주기에도 바쁜 시간들, 속에 있는 이야기를 얼른 하고, 다른 사람의 이야기를 듣기 위해 고쳐 줄 것은 얼른 피드백해 주고, 다음 사람을 만나야 하는 모습, 이것이 현실에서의 나의 모습이다. 그러한 모습이 하나도 고쳐지지 않고 집단에서 그대로 드러났다.

나의 속마음은 온전히 드러내 놓지 않고 상대방에 대한 이야기에 공감하는 정도를 만난다고 생각하고 있었다. 나는 완전하고, 상대방은 불완전하다는 듯, 피드백하는 모습이 가르친다는 모습으로 비추어진 것도 이해가 된다. 속마음은 그렇지 않은데 그렇게 생각된다는 것이 문제이다.

처음에는 만나고 싶다는 의미가 이해되지 않았다. 나는 열심히 듣고 있다고 생각했는데 그렇지 않은 모양이다. 답답하거나 지루하다는 말을 집단에서 들을 때는 멘털 붕괴(?).

하지만 집단에서 동료와 이야기하고 스승님과 대화하면서 나의 문제점이 무엇인지, 어떻게 개선해 나가야 할지를 깨달았다. 그것이 나를 기쁘게 한다. 와우…….

■ 해설: 원트는 집단에 참가하기 전에 분명한 목표를 가지고 온 것이 아니라 집단 참여를 하는 동안에 평소에 가지고 있던 대인관계의 문제를 다시 확인하게 된 경우이다. 그의 대인 관계의 태도는 자기 중심적이며, 상대를 이해하고 있는 그대로의 상대를 받아들이는 태도가 아니라 단점을 찾아서 지적하고 고쳐 주려는 태도이다. 자신은 완전하고 상대는 부족하거나 문제가 있다고 보는 행동도 문제이다. 그런 태도를 가지고 있는 사람은 의도와 표현이 달라서 오해를 받는다. 또한 자기 자신이나 상대를 대하는 태도가 단점을 찾아서 개선하려는 자기 개선에 치중하고 있고, 만남을 통한 관계를 개선하겠다는 의지는 부족하다.

관심의 방향이 자기에게로 향해 있어서 남들이 자기를 보고 답답하다거나 지루하다고 하면 자기의 어떤 점이 문제인가를 찾아서 고쳐야 한다는 생각에 집중되어서 상대가 왜 자기를 그렇게 보며 무슨 기분을 느끼고 있는지에 대한 관심이 적어 보인다.

이런 자기 모습을 되비추어 주는 피드백을 받고, 내가 보는 나와 남이 보는 나의 차이를 이해하고, 자기를 개선하려는 태도에서 상대와 만나며 더불어 살아가는 태도로 변화해 나가기 시작한다.

구체적으로 살펴보면, '업의 특성상'이라는 표현을 소감문 앞부분에 말했다. 원트는 이 모든 것이 업의 특성 때문이라고 보는 것이다. 즉, 상황 때문이며, 본인은 그런 사람이 아니라는 뉘앙스를 풍긴다. 그러나 사실은 이 상황 때문이 아니라 상황을 그렇게 보는 자신의 지각으로 보인다. '들어 주기에도 바쁜 시간들'도 실상은 더 잘 들으면 시간을 절약할 수 있다는 것을 모르고 있는 것이다.

'속에 있는 이야기를 얼른 하고'는 상대방이 듣고 있는지 확인하지 않은 채 본인이 답답해서 이야기하는 것이므로 말하는 태도와는 다른 방향의 태도로 보인다.

'다른 사람의 이야기를 듣기 위해 고쳐 줄 것은 얼른 피드백해 주고'는 본인 이야기를 해놓고 다른 사람 이야기를 듣겠다는 것이므로 기본적인 태도가 상대의 단점을 찾아서 고쳐 주는 것이며, 이는 그 사람이 스스로 단점을 찾아서 스스로 고치도록 돕는 태도와는 거리가 멀어 보인다.

충분히 들어 주고 이야기해도 되는데 '다음 사람을 만나야 하는 모습'이라는 것은 본인이 바쁘다는 것을 합리화하고 있는 것이다.

'이것이 현실에서의 나의 모습이다. 그러한 모습이 하나도 고쳐지지 않고 집단에서 그대로 드러났다.'는 원트 본인이 현실에서 하는 모습을 못마땅하게 보고 있으면서도 마음만 갖고 기대하고 있다가 안 되었기 때문에 실망하는 모습으로 보인다.

'나의 속마음은 온전히 드러내 놓지 않고 상대방에 대한 이야기에 공감하는 정도를 만난다고 생각하고 있었다.'는 말을 들어 보면 원트는 상대와 제대로 만나려면 분명한 자기주장과 상대방의 이야기를 제대로 공감하는 것 이 두 가지가 함께 이루어져야 한다는 것은 알고 있는 것 같다.

재은 소감문 1

○○님의 모습에서 크게 배웠다.

나와 같은 가치관을 갖고 계시는데, 나는 그 가치관을 내 자신을 구박하는 데 썼다는 걸 알았다. 울컥……. 내가 나를 구박하던 가치관과 양심이 내가 고이 간직하고 귀하게 여기며 어느 순간에든 지켜 나가고픈 소망이 되었다.

하고 싶고 하기 싫은 것, 해야 하고 하면 안 되는 것……. 나는 그 사이에 있구나.

해야 하는 것만 하고 살고, 하기 싫은 것이 있는 줄도 모르고 살다가 왔다리 갔다리 하고 있으니 얼마나 반갑나. 하기 싫은 것도 표현하는 시도를 하고 있다는 증거니까.

지운 님이 반가워하시고 아쉬워하신 부분이 이것임을 깨닫는다.

이번 집단은 처음 참여한 사람부터 오래 참여한 사람까지, 정말로 다양한 참가자로 구성되어 있었다. 덕분에 나는 많은 모습과 과정을 볼 수 있었다.

말을 보다, 마음을 보다, 사람을 보다, 주고받음을 보다, 사랑을 보다, 도움을 보다, 개인의 성장을 보다, 전체의 성장을 보다…… 그 뒤에 또 있겠지.

각각을 보는 사람들을 만나며, 말을 보는 사람이 마음을 보는 모습을 축하하고, 감히 이렇게 표현하기조차 민망한, 선배들의 넓은 시야와 깊음에 고개 숙이고, 배웠다. 그 모든 과정에 있는 모든 사람이 정말 감사하다. 있는 그 자체로 참 아름답다.

보석이 되어 반짝반짝 빛나고 다른 이들을 환하게 비추어 도움이 되는 것을 볼 때 경이롭기까지 했다. 이것이 주고받는 것이로구나.

■ 해설: 재은은 자기에게 기대를 걸어 놓고 그 기대를 맞추지 못하면 자신을 구박하는 면이 있었는데 어떤 가치관을 가지고 있느냐가 중요한 것이 아니라 어떤 패러다임으로 세상을 보고 있느냐가 중요하다는 것을 알게 되었다. 이 세상을 살아가는 데는 두 가지 세상이 있는데, 하나는 당연한 세상이고 또 하나는 자연스러운 세상이다. 일상생활에서는 옳고 그름과 이것을 하면 되느냐, 안 되느냐를 분류하고 살아가던 사람들이 집단에 참가해서 '내가 하고 싶으냐? 하기 싫으냐?'를 생각해 보고 하기 싫은 것은 하지 않아 보는 체험을 하는 것은 아주 소중한 체험이다. 이것이 집단에서 자기 스스로가 자유로워지는 체험인 것이다.

재은은 감수성 훈련을 하면서 상대방의 말만 듣다가, 말 속에 담긴 그 사람의 마음을 보다가, 말하는 그 사람을 보다가, 마음을 주고받는 것을 보다가, 그 밑에 있는 사랑을 보다가, 그 사람을 돕는 것을 보다가, 도움을 주고받음으로써 개개인이 성장하는 것을 보다가, 전체 집단이 성장하는 것을 보면서 이것이 끝이 아니고 또 있을 것임을 알아차리는 통찰을 하게 되었다.

재은 소감문 2

2주간의 이탈리아 여행을 마치고 바로 간 집단이었습니다.

여행 도중에 호텔 방에 도둑이 들어 현금을 한 달 월급만큼 도난당하고, 그 이후 거지처럼 겨우겨우 살다 왔지요. 그 마음이 집단에 영향을 미칠 줄 알았는데, 전혀 영향을 주지 않았습니다. 불편하고 힘들고 황당하고 어이없고 속상했던 마음은 이탈리아에 두고 왔나 봅니다.

'상대를 보라.'는 말은 제게 지난 8년간의 공부 기간 내내 끝없는 화두였습니다.

그 말로 인해 삶의 태도가 변했고, 제가 변했고, 그로 인해 주변이 변했습니다.

내가 끝없이 부족하고, 나만 보면 속상하고 못마땅할 때는 나를 보고 있는 시선을 거둬 상대를 보았고, 잘하고 있고, 아름다운 상대를 보면 어느새 내 불편함에서 벗어나 있는 나 자신을 발견하게 되었습니다. 그렇게 편해진 마음들이 지나가고 지나가고……

받을 때도 상대를 보라는 말씀이 이번에는 그렇게 팍 와 닿을 수 없었습니다. 내가 더 편해지고 여유로워지겠다 생각하니, 못할 게 없었습니다. 4박 5일 동안 조금씩 조금씩 시도했습니다. 개인적인 만남, 집단 안에서의 만남 속에서 다시 내 패턴으로 빠져드는 나 자신을 인식하고 정신 차리고 상대를 보았습니다. 아직은 어색했습니다. 걸음마 하는 아이처럼 넘어지기도 하고, 아슬아슬하기도 합니다. 하지만 이전보다 훨씬 편안하게 하는 자신을 발견하며 또 희망차집니다. 아, 이번 집단은 끝에 남는 게 없는 집단이었습니다.

마지막에 소감을 나누고 감정을 말할 때 저는 전체를 다 둘러보는 습관이 있습니다. '혹시나 누가 불편한 마음 다 못 풀고 안고 가는 사람이 있는가' 싶어 한 명 한 명 살펴봅니다. 그러면 보통 한둘씩은 꼭 있습니다. 그런데 이번에는 한 명 한 명 쳐다보면 제 마음이 편안하고 든든합니다. 불편한 마음이 있더라도 충분히 해결할 만한 역량이 보이고, 이미 집단에서 많이 풀어낸 것 같아 안심도 됩니다.

그렇게 대구로 오는 제 마음이 정말 가뿐합니다.

시원합니다. 감사합니다.

■ 해설: 재은은 '자신과 관계'와 '상대와 관계'에서 '상대를 보라.'를 실천하였다. 그 결과 자기 삶의 태도가 변했고, 자신이 변했고, 주변이 변했다고 한다.

자존감이 낮은 것은 본연의 자신 모습이 아니라 다른 사람에 의해서 강요, 억압받았거나 또는 비판, 비난받고 위험했기 때문에 형성된다. 처음에는 남에 의해 형성된 것이 이후에는 자신이 자신에게 강요하는 것으로 바뀌어서 비합리적인 신념이 형성된다.

재은은 '내가 끝없이 부족하다는 생각이 들고, 나만 보면 속상하고 못마땅할 때는 자신을 보고 있는 시선을 거둬 상대를 보았고, 상대가 잘하고 있고, 아름다운 상대를 보면 어느새 내 불편함에서 벗어나 있는 자신을 발견하게 되었다.'고 한다. 이렇게 끝없이 자신의 부족함을 보던 눈을 멈추는 것을 훈련하였다. 방향을 틀 때는 용기와 도전이 필요한데 그 경험을 해내었다.

상대와 관계에서도 자신 속으로 빠지지 않고 상대를 보고, 상대와 관계를 맺고, 그 관계 속에 자신의 편안함을 만나는 경험들로 넓혀 나갔다.

진심 소감문

사랑받지 못해서 쭈그렁 해골바가지가 된 내 모습을 직면하면서 아팠다.
나에게 없는 사랑을 주려고 하니까 힘들었구나.
내 상태를 내가 모르니까 주위에 도움을 청하지도 못했구나.
사랑하는 남편, 아들들도 항상 아내, 엄마 사랑에 목말라했구나.
나는 정말 사랑받고 싶고, 관심받고 싶고, 도움을 청하고 싶고, 받고 또 받고 싶었구나.
이번 집단에서 처음으로 내 감정과 만났다.
사랑은 주고받음인데 내 욕심에 주기만 하려 했구나.
안타깝고, 불쌍하고, 초라하고, 일방적인 나……
이제 나를 알고, 아끼고, 느끼고, 사랑하자.
남편의 큰 사랑도 모든 사람의 잔잔한 아름다운 사랑도 받자.
지출만 했는데~ 사랑의 적금을 늘리자.
이 글을 올리면서도 가슴이 두근두근, 행복하답니다.

■ 해설: 진심은 집단에서 '사랑받지 못해서 쭈그렁 해골바가지가 된 자신의 모습'을 가슴이 아프지만 직면하게 되었다.

'나에게 없는 사랑을 주려고 하니까 힘들었구나.'에서 진심은 받고 싶으면서 주려고 하니까 줄 것이 없는 자신을 이해하고 있다.

'내 상태를 내가 모르니까 주위에 도움을 청하지도 못했구나.'에서 자기 이해를 하고, '사랑하는 남편, 아들들도 항상 아내, 엄마 사랑에 목말라했구나.'에서 타인 이해를 하고 있다.

'나는 정말 사랑받고 싶고, 관심받고 싶고, 도움을 청하고 싶고, 받고 또 받고 싶었구나.'에서 자기 객관화를 하고 있다.

'이번 집단에서 처음으로 내 감정과 만났다.'에서 진심은 축복의 시간을 가졌다.

'사랑은 주고받음인데 내 욕심에 주기만 하려 했구나.' 이는 실상은 사랑받고 싶은 사람인데 본인이 사랑하는 사람인 줄 착각하고 있었음을 알았으며, 겉으로는 주기만 한 것 같은데 속으로는 받으려 한 것을 알아차리는 순간이다.

그러나 여기서 지금의 눈으로 과거의 자기를 보고 있다. 과거의 부정적인 것을 보고 있어서 지금의 알아차림을 보면서 기쁨을 누리지 못하고 있다.

'이제 나를 알고, 아끼고, 느끼고, 사랑하자.'를 통해 진심은 변화 목표를 세우고 있음을 알 수 있다.

소감문의 전체적인 내용을 보면, 진심은 받고 싶으면서 주려고 하니까 줄 것이 없는 자신을 이해하는 자기 이해의 시간과 가족을 되돌아보는 타인 이해의 시간과 자기 객관화를 통한 자기 직면을 하면서 굉장히 소중한 시간을 가졌다. 또한 처음으로 자신의 감정과 만나는 축복의 시간을 가졌다.

실상은 사랑받고 싶은 사람인데 본인을 사랑을 주고 싶은 사람으로 착각하고 있었으며 겉으로는 주기만 한 것 같은데 속으로는 받으려 한 것을 알아차리고 있다. 그러나 그것을 어떤 기준에서 보느냐가 중요하다. 진심은 지금의 눈으로 과거의 자기를 보고 있다. 지금의 알아차림을 보면 기쁨을 느끼고 사랑하려 할 텐데 과거의 부정적인 모습을 보고 있기도 하다. 그러므로 '이제 나를 알고, 아끼고, 느끼고, 사랑하자.'처럼 변화 목표를 세우며 삶의 긍정적인 태도를 갖는 것이 중요하다.

참빛 소감문 1

첫째날: 내겐 맞지 않는 옷을 입은 느낌. 지루했다. 왠지 긍정을 부각시켜 말을 한다는 것이 진정성에서 걸렸다. 내가 바로 크게 느끼는 건 짜증이고 답답함인데, 그런데도 예상과 달리 집단이 재미있었다. 조금씩 귀가 열리는 듯했다.

둘째날: 집단에서 누군가 슬퍼했다. 순간, 웃었다. 누군가 답답해했다. 순간, 시원해했다. 말로써 순간 부정에서 긍정으로, 불안에서 평화로, 고통에서 유머로, 신비로웠다. 아…… . 이런 것이구나! 슬픔이 오면 슬픔이 다인 줄 알고 고통이 오면 고통이 다인 줄 알고…… . 그렇게 힘들어했구나. 긍정을 말한다는 것이 이런 거구나.

셋째날: 집단에서 과거의 한 감정을 만났다. 한 사람의 존재가 한 사람의 말로 좌지우지되는 듯한 장면이 나를 불편하게 했다. 그 장면은 내가 과거의 내 경험으로 본 것임을 확인했다. 존재감 없이 살아온 나의 경험들이 현재를 과거로 보게 하는구나. 얼마나 착각인가!

하지만 내가 만난 과거의 감정은 나를 비켜서지 않았다. 나는 직면했고 마음이 고통스러웠다. 눈물이 흘러나왔다. 따스한 피드백들이 들려왔다. 따뜻한 지지와 격려의 말은 내 가슴을 녹이는구나. 나도 따뜻한 사람이 되고 싶었다.

넷째날: 셋째 날 집단 이후…… . 쏟아지는 집단원들의 반응…… . 너무 강하고 직선적이고 때론 두렵기도 했는데 참 속은 부드럽고 따뜻하고 좀 더 만나지는 느낌이 든다. ○○님의 피드백이 더욱더 나를 진지하게 바라보게 했다. 내 중심적인 태도가…… . 집단원들을 힘들게도 하는구나…… . 갑자기 가족과 내담자들의 얼굴이 스쳐 가고, 진심이 실린 따뜻한 말은 한 사람을 온전하게 존중하는 태도이며 관계 속에서 만남을 이루고 서로의 성장을 도우리라.

마지막날: 마음이 너무 평안했다…… . 집단에서 좀 심각한 순간도 있었지만 흔들리지 않는 나, 든든한 참가자들이 있었다. 부정은 착각이고 허상이다. 내 안에 본심을 바라보자. 문제는 순간 사라지고, 평화로운 순간만 있으리라.

■ **해설:** 일상생활에서 부정적인 느낌과 부정적인 표현에 숙달되어 있던 사람들은 긍정적 관점으로 긍정적 감정과 말을 선택하는 것에 익숙하지 않다. 그러므로 집단 초기의 이

런 반응은 낯설음에 의한 당연한 것이다. 차츰 차츰 긍정적인 표현에 익숙해지고 자신도 조금씩 긍정적인 표현을 하게 된다.

말을 주고받으려면 바른 요령으로 진심을 실어서 말해야 한다. 그러나 집단 초기에는 참가자들이 말하는 요령에 신경을 많이 쓰다 보니 남들이 듣기에는 진심이 없는 말을 하는 것 같은 것이다. 또 부정 감정을 선택하고 부정적으로 말하는 것에 익숙해져 있는 참빛의 입장에서도 긍정적으로 이야기하는 것에 대해 진심 같지 않게 느껴져서 불편하고 진정성이 떨어진다고 여길 수도 있다. 참빛이 주로 느끼는 감정이 짜증과 답답함이었는데, 점점 긍정 감정을 선택하면서 재미가 있어지고 귀가 열리는 것 같고, 긍정을 선택했을 때 제일 크게 오는 것이 시원함과 편안함인데 이를 누리게 되면서 성과가 조금씩 생겼다.

긍정 선택이 조금씩 익숙해지고, 긍정 선택의 성공 체험이 참빛 개인과 참가자 전체에 점점 퍼져 가는 과정을 참빛의 입장에서 잘 표현하였다. 감정 선택을 부정에서 긍정으로 바꾸는 연습과 체험을 집단에서 같이 하고 있기 때문에 처음에는 진정성이 덜 실리다가 점점 긍정 선택의 요령이 늘면서 진심도 실리게 되니 말뿐만 아니라 진심까지 긍정적으로 주고받게 되어 집단에서 전체적인 변화의 체험을 함께하고 있어 성공 체험이 높아지는 것이다. 집단에서 피드백을 할 때 '진심이 실리지 않는다.'고 피드백하는 것은 부정 체험을 하는 것이며, '이제 요령이 생기고 잘하고 있으니 진심이 더 실리면 좋겠다.' 하는 것이 성공 체험이다. 이러한 성공 체험은 자신감을 갖게 하므로 성공 체험을 위한 피드백이 중요하다.

과거에 경험한 상황이나 사실은 중요하지 않으며, 그 상황이나 사실을 어떻게 지각하느냐가 중요하다. 과거의 경험으로 지각한 것을 피하지 않고, 새롭게 지각하고, 현재 집단에서 느끼고 지각하는 것이 실은 과거의 경험을 바탕으로 지각해서 그런 것이구나 하는 것을 직면하게 되면 고통이 따르지만 감정은 해소되고 편안해진다. 자신의 감정을 느끼고 표현하면 그 감정은 풀어진다. 또 집단에서는 표현된 감정에 대해 많은 사람의 공감을 받으면 시원하게 해소되고 이해받고 사랑받는 느낌이 크다. 이것이 집단의 힘이라고 할 수 있다. 집단 구성원이 모두 공감해 주면 온 세상 사람들 모두에게 이해받는 것 같은 느낌이 든다.

집단이 성숙되어 가면서 참빛은 참가자들과 깊이 있고 솔직한 만남이 이루어지면서 평소 일상생활의 스쳐 지나가는 관계에서는 들을 수 없던 진심 어린 피드백을 통해 자신 내면의 따스함과 부드러움을 더 느끼게 된다. 그동안 거친 말투로 인해서 이해받지 못하고 타인과의 만남에서 거리를 가져올 수 있음을 이해하고 자신과 평소에 관계하던 가족과 내담자들의 입장에서 자신을 바라볼 수 있는 관점의 변화도 가져왔다. 그리고 이런 진심 어린 피드백을 해 준 참가자들과 만남의 체험을 한 것을 볼 수 있다.

참빛 소감문 2

〈낯섦과 마주서기 바라봄으로 넘어서기〉

집단 첫날 집단원 중 모르는 사람과 10분 대화하기가 있었다. 예전에 내 속에 낯가림을 타인이 알아차릴까 낯을 가리지 않는 척했다.

약간의 낯섦은 느끼되 감추지도 드러내지도 않는다. 내 속에 낯섦도 바라보고 내 앞에 있는 상대도 바라보며 이야기에 귀를 기울인다.

낯섦은 관심과 궁금함으로 전환된다. 둥근 집단 속으로 들어간다. 반가운 행복감이 넘친다.

한 사람 한 사람을 바라본다. 마음속으로 그들의 이야기가 들린다. 함께함이 기쁘다.

〈친밀감의 두려움과 마주서기. 친밀해짐으로 넘어서기〉

이번 집단에서 내 목표는 많은 사람과 친해지기였다.

지금까지 집단을 오면서 내 성장에만 초점을 두었기에 이런 목표는 처음이다. 집단 내에서도 집단 밖에서도 친해지기에 관심을 많이 두긴 했지만 나를 관찰해 보건데 실천은 좀 부족한 것 같았다. 하지만 이렇게 친해지려고 마음을 먹으니 예전보다 상대의 감정이나 기분이 잘 느껴지고 이해가 잘되었다.

그렇게 그들 속에 내가 있고 내 속에 그들이 있었다. '우리'라는 느낌이 살며시 들었다.

친밀감은 참으로 내겐 힘든 감정이었다.

마치 뜨거운 감자처럼 잡을 수도 놓을 수도 없는 감정! 잡으려면 두렵고, 놓으려니 외롭고, 그 감정과 마주선다. 친밀함 속에는 두려움은 없었다. 그 너머에 따뜻함이 있었다.

〈서운함과 마주서기. 말함으로 넘어서기〉

○○에게 "아쉽다."고 말했는데 아무런 반응이 없었다. 살짝 서운했다. 그런데 그 서운함이 점점 커지더니 상황도 맞지 않은 상황에서 ○○에게 또 아쉽다고 말하고 서운하다고도 말했다.

작은 감정도 놓치고 싶지 않아 말했는데 나는 서운함에 이미 압도되어 있고 남편에 대한 서운함, 엄마에 대한 서운함, 평생의 서운함이 파도처럼 밀려오는 듯했다.

그 파도에 휩쓸릴 줄 알았는데 말하고 나니 나는 파도타기를 할 수 있었다. 나는 내 서운한 감정을 외면하지 않고 바라보고 말하니 충분히 넘어설 수 있는 감정임을 알았다.

○○에게 하고 싶은 말을 해 보고 싶었는데 사실 남편에게 하고픈 말이었다.

"나 좀 봐라." "제발 나 좀 봐라." "나 좀 사랑해 주면 안 되나."

눈물이 쏟아졌고 가슴에 고통이 느껴졌다.

아주 어릴 때부터 엄마에게 하고 싶은 말이기도 했다. 한 번도 못한 말, 매번 삼켰던 말이었다. 이 말을 하고 나니 밤새 온몸에 균열이 일어나는 것 같았다. 열도 나고 뼈마디 속까지 아팠다.

집에 돌아와서는 설사까지 하며 며칠 동안 먹지도 못할 정도였다. 몸의 반응이 이해가 안 될 정도로 힘들었다. 이 말을 하면 죽을 것 같았나 보다. 이런 힘든 말을 할 수 있게 안전한 공간을 만들어 준 집단원의 힘과 사랑에 감사하고 감사하다.

관계 속에서 항상 바위처럼 막아섰던 서운한 감정이 말함으로 넘어설 수 있었다. 지운 님이 바위를 옮겨야 풀이 돋든지 꽃이 피든지 한다고 하신 말씀이 생각난다.

바위가 사라진 자리에 관계에서 다정함, 친밀함, 애틋함, 따뜻함, 솔직함, 진실함의 싹들을 잘 키워 보고 싶다. 나를 잘 돌보고 사랑하고 싶다.

이번 집단을 통해 정말 힘든 감정들을 넘어서는 경험을 했다. 이런 경험은 어떤 감정이든 억압하지 않고 바라볼 수 있고, 또 표현함으로 또 수용받는 경험까지 할 수 있었다. 또한 상대의 감정이나 기분도 좀 더 깊이 공감하고 느낄 수 있는 경험이었다.

■해설: 참빛은 집단에 참여하면서 처음 만나는 사람들과의 낯섦, 친밀함에 대한 두려움, 서운함을 말하는 것에 대한 어려움을 알게 되었다. 처음 만나는 사람과의 낯섦을 알아

차리고 상대의 이야기에 귀 기울임으로써 낯섦이 관심과 궁금함으로 전환되었다. 관계에서 힘든 감정이었고 두려웠던 친밀감이 집단원들과 관계하면서 '우리'라는 느낌을 가지게 되었으며 두려움을 넘어서서 따뜻한 친밀감을 느끼게 되었다. 자신의 피드백에 반응이 없는 ○○에게 서운한 마음을 표현하고 나서 그 서운함이 엄마와 남편에게 가졌던 서운함이라는 것을 알아차리고 ○○에게 하고 싶은 말을 하면서 그동안 엄마와 남편에게 하고 싶은 마음속의 말을 함으로써 자신의 감정을 알아차리고 이해하는 경험을 하였다.

집단원들과의 감정을 나누면서 자신이 관계 속에서 바위처럼 막고 있었고 표현하지 못했던 서운함을 마주하고 표현함으로써 관계의 벽을 넘어서서 진정한 친밀감을 경험하는 단초가 되었다.

감정은 모르는 채 억압하면 감정의 노예가 되고 만남에 방해가 된다. 감정을 알아차리고 표현하면 감정의 주인이 되고 진정한 관계를 할 수 있게 되듯이 참빛도 자신이 그동안 외면했던 감정을 알아차리고 표현함으로써 소중한 사람들과 더 깊이 만날 수 있게 되었다.

하나하나 소감문

어떤 이를 보는데 마음에 걸리는 뭔가가 보인다.

그런데, 잠깐 뒤에 그 사람의 다른 모습이 보인다. 그럼 앞에서 내가 본 게 잘못되었나? 잠시 보이는 그것을 '다'라 여기고 판단하는 내가 있었던 것 같다.

유기적이고 전체적이며 총합적인 것이 사람이라는 생각이 든다.

그렇다면 그 순간 감지된 것은 그의 한 일면일 수 있고, 그 면을 어떻게 보는가 하는 나의 이유가 있는 것이리라. 상대의 이유와 나의 이유가 만나는 순간이 되고, 이를 통해 서로의 이해가 깊어질 때를 맞을 수 있을 것이다. 그 사람을 보는 것도, 나를 보는 것도 편해진다.

■ **해설**: 하나하나는 어떤 순간에 어떤 이를 보는데 마음에 걸리는 뭔가가 있었다. 그런 뒤에 또 다르게 지각되고 느껴지는 것을 알아차린다. 그러면서 잠시 혼란스러워한다. '이전에는 틀리고 지금은 맞는 건가? 무엇이 그 사람의 진짜 모습일까?' 하는 의구심이 잠시

드는 순간, 아하! 통찰의 순간을 맞게 된다. 그 순간도, 그 다음 순간도 모두 그 사람임을, 그리고 그 순간의 자신 지각도, 그다음 순간의 자신 지각도 모두 자신의 지각인 것을 알아 차리게 되었다.

한순간에 한 사람의 일면을 보고 자신도 모르게 그 사람의 전부라고 착각하였음을, 다른 순간에 그 사람의 다른 일면을 보면서 또 전부라고 착각하였음을, 보이는 그 사람도 순간마다 다르고, 보는 나도 순간마다 다르다는 것을 알아차린다. 그리고 동시에 '그것이 사람과 사람의 순간의 만남이구나. 그러면서 만나 가고 알아 가고 깊어 가고 하는 것이 사람의 만남이구나.' 하는 만남과 자신에 대한 깊은 통찰을 이루어 가는 지점을 표현하였다. 그래서 상대와 자신을 통합적으로 보게 되면서 또 동시에 순간의 느낌과 지각이 얼마나 생생하게 살아 있는 만남의 순간인지를 알아차리면서 만족감과 평온함을 함께 느껴 가고 있다.

해바라기 66 소감문

놀라운 체험이었고, 내 안에 작은 기적이었습니다.
사람들과 머리가 아닌, 마음으로 교감하면서
단순해지고, 명확해지고, 따뜻하고, 나날이 정이 도탑게 쌓이는…….
그런 경험을 했고 하고 있습니다.
무엇보다도 내 딸의 마음을 읽을 수 있어 행복한 일상을 보내고 있습니다.
모두에게 감사하고, 또 함께하고 싶습니다.

■ 해설: 감수성 훈련을 참가하기 전에는 대화에서 주고받는 말이 전부라고 생각하였다면 감수성 훈련을 참가한 이후에는 주고받는 대화 속에도 다양하게 듣고 전할 수 있는 것을 알게 되었고 앎을 실천하여서 일상의 관계까지 달라졌음을 알려 준다. 대화 속에서 사실의미, 다양한 기분, 성격뿐만 아니라 그 어떤 부정적인 상황 속에서도 상대의 본심을 읽을 수 있고, 나의 본심을 본심으로 말할 수 있는 경험을 나타낸다. 대화가 달라짐으로 인해서 딸의 속마음을 알게 되고 긍정적인 대화를 나눌 수도 있게 되어 더 깊어지고 넓어지

는 관계가 형성되었음을 표현하고 있다.

부모가 된다는 것의 참뜻은 자식을 향한 조건 없는 사랑이 발현될 때일 것이다. 조건 없는 사랑이 그늘지지 않고 있는 그대로 전달되는 데 대화가 얼마나 중요한 역할을 하는지도 알 수 있다.

2. 감수성 훈련 촉진자 과정(2년 과정) 소감문

가을하늘 소감문

감수성 훈련을 접하기 전과 후에 달라진 점은 무엇이냐고 누군가 물어온다면 나는 일단 이렇게 말할 것 같다.

"나의 감정을 표현할 언어를 갖게 되었어요."

이전까지 나는 마음속에 드글드글하게 차 있는 수많은 감정을 표현할 언어가 없거나 매우 부족했고, 언어가 없으니 이 감정이 어디서 어떻게 오는 것인지를 알 수도 없었다.

감수성 훈련을 접한 이후로 나는 나의 감정을 알아차릴 수 있게 되었고('아, 내가 지금 이런 기분을 느끼고 있구나.'), 그것을 언어로 표현할 수 있게 되었고("지금 내 기분은 이래."), 상대의 기분을 구체적인 감정 단어로 공감할 수 있게 되었다("지금 네 기분이 이러이러한가 보구나.").

이렇게 나 자신과 상대방을 감정을 매개로 만나다 보니 나와 상대의 존재가 더욱 뚜렷이 보이고 느껴지고, (나는 물론 상대와) 온전히 만나지는 경험을 맛보는 중이다.

어디 이뿐이랴.

사람을 어떻게 알아줄 것인가, 즉 어떻게 칭찬하고 어떻게 인정할 것인가를 배우고 익히면서 이 또한 나의 언어로 자리매김되었고, 상대가 변화하고 성장할 지점을 알아차려서 상대에게 영향력 있게 나의 말을 전하는 능력도 갖추게 되었다.

무엇보다 나의 가장 큰 변화라고 한다면, 그것은 '태도'의 변화이다. 삶에 대한 태도, 나 자신을 대하는 태도, 상대방을 대하는 태도, 나 혹은 우리를 둘러싼 상황을 대하고 받아들이는 태도 말이다. 그리고 사람이나 상황을 한 가지 관점으로만 바라보지 않고, 여러 다양한 관점으로 바라볼 수 있는 눈이 생겼다. 이러한 안목이 생긴 덕에 여러 선택 중에 더 긍정적이고 더 합리적이고 더 본질적이고 더 아름다운 것을 선택하는 힘이 길러졌다.

'나를 바꾸면 세상이 바뀐다.'는 말을 나는 감수성 훈련을 접하면서 몸소 체험하는 중이다.

딸기주스 소감문

원래 저는 상대의 감정보다는 사실 여부나 인과관계, 내 생각을 이해시키려는 이야기나 변명 등이 중요하다고 생각하고 그걸 이해 못하면 이 사람과는 말이 안 통한다든지 이상한 사람이라고 생각했었습니다. 그러다 감수성 훈련을 알게 되고 참가하면서 신기한 체험을 하게 되었습니다.

별 얘기 아닌데 눈물이 나고, 많은 감정을 느끼는 사람들이 보이고, '이 사람은 이렇구나.'라고 감정이나 행동을 인정하는 마음이 생기고, 상대의 감정이 전해져서 나도 같은 기분이 되고……. 내 감정을 알아주는 사람들이 너무 고맙고…….

그러면서 상대의 감정과 왜 그 말을 하는지를 알려고 노력하게 되고, 어떨 때는 저절로 알게 되기도 하고 그래서 감정을 먼저 알아주게 되고…….

그러다 보니 주변 사람들과 더 깊이 친해지고 저와 대화하고 싶어 하는 사람, 저를 필요로 하는 사람들이 점점 늘어나게 되었습니다.

가족관계도, 아이의 거친 성향도 조금씩 변화되어 제가 감수성 훈련을 알게 되었다는 것이 내 인생의 커다란 축복이었음을 느끼게 되어 행복합니다.

이런 행복을 알게 되고 누릴 수 있게 된 것이 너무 기쁘고, 앞으로도 더 깊이 알아 가고 더 행복하고 싶어서 감수성 훈련을 매번 하고 싶습니다.

보따리 소감문

감수성 훈련은 내 삶의 전환점과도 같다.

나도 말 잘하는 것에는 자신이 있었던 사람이다. 어떤 모임이나 장소에서 부끄러워하지 않고 당당히 말을 하곤 했다. 때로는 분위기 메이커로, 사회자로, 대표자로 사람들 앞에 서서 곧잘 말하는 사람이었다. 나 스스로도 말 잘하는 부류에 속한다고 생각했었다.

그런데 감수성 훈련을 받으면서 진정한 나의 모습을 보게 되었다. 내가 말을 잘한다고 스스로 생각한 것은 유창한 독백에 불과했다. 듣는 상대방의 감정이 어떤지, 상대방이 내 말을 잘 듣고 있는지 전혀 고려하지 않았다.

또한 상대방이 보이지 않았다. 상대방이 나에게 대답을 하거나 칭찬을 해도 내 얘기하기 바빴다. 상대방이 나에게 베풀어 준 따뜻함과 사랑이 보이지 않았다.

그런 내가 변하기 시작했다. 그리고 신기했다. 상대방의 감정을 배려하고 칭찬하는 것이 오히려 내가 더 힘을 얻을 뿐만 아니라 내 맘이 더 따뜻해지고 행복해졌다.

내가 감수성 훈련을 받게 된 것은 정말 천운이었으며 지운 님과의 처음 만남은 특별했다. 그 당시 지운 님은 바탕 님, 초은 님과 함께 법무연수원에서 교정직 공무원을 대상으로 감수성 훈련 교육을 하고 계셨고 나는 바로 옆 강의실에서 다른 교육을 받고 있었다.

쉬는 시간에 우연히 감수성 훈련 강의실에 잘 아는 동료를 만나러 들어갔다가 한 시간만 감수성 훈련을 받고 가라는 동료들 권유로 그냥 눌러앉아서 감수성 훈련을 받았다.

무엇에 홀렸는지 그 시간 이후 원래 내가 받아야 할 교육 강의실에는 들어가지 않고 3일 내내 계속 감수성 훈련을 받았다. 나의 3일 교육과정이 끝났지만 감수성 훈련을 더 받고 싶은 마음에 사무실로 복귀하지 않고 예정에도 없던 휴가를 2일 더 내서 감수성 훈련을 마저 받았다.

그렇게 운명처럼 만나서 지금까지 꾸준히 받아 왔던 감수성 훈련 때문에 내 삶이 변하기 시작했다. 먼저는 가족들과 대화하는 방법이 조금씩 바뀌면서 점점 친밀해졌다. 더 나아가 직장 동료들과 수용자들이 내게 더 가까이 오기 시작했다. 참 따뜻하고 행복한 시간들이었다.

수원 소감문

영화 〈아마데우스〉를 아주 감명 깊게 봤었다. 영화를 보는 동안 가슴이 두근거렸고, 영화가 끝나는 장면에서는 쿵! 하는 충격이 있었다. 이후 그 영화는 내 삶의 장면 장면에 많은 영향을 미치고 있다. 그런데 이토록 삶 속에 깊이 울렸던 영화이기에 더욱 이 영화가 어떻게 좋았는지 다른 사람들에게 전달할 자신이 없다. 맛집을 소개하는 TV 프로그램에서 사람들이 맛있게 먹으며 극찬하는 모습을 아무리 본들, 내가 그 맛을 알 수 없는 것과 마찬가지이다.

감수성 훈련이 나한테 그렇다. 2009년에 처음 감수성 훈련을 접한 이후 여러 번 집단상담에 참여해 왔고, 집단상담이 너무 좋아서 전문가 과정을 배우고 있기도 하다. 아주 많은 변화와 경이가 있었고, 이전에는 생각조차 못했던 방식으로 세상을 인식하고 살아가며, 지금도 계속 힘을 얻고 있다. 그래서 더욱, 내 말이 부족하다. 말을 보탤수록 아쉬워질 뿐이다. 그렇지만 누군가의 정성 어린 감상평을 듣고 좋은 영화를 접할 때가 드물지 않기에 스스로 정리할 기회를 핑계 삼아 몇 줄 적어 보려 한다.

나는 이공계 전공자로서 합리적인 문제 해결을 중시해 왔다. 여러 요인의 중요도와 확률, 인과, 심리적 편향까지 고려해서 논리적, 체계적으로 조목조목 따지는 일에 익숙하다. 그런데 그렇게 따지고 따지며 아등바등 애써 봐도, 삶은 대체로 만만치 않았고 갈수록 첩첩산중이었다. 사방이 꽉 막혀 벗어날 구멍이 없다는 결론만이 합당해 보일 때, 지푸라기를 잡는 심정으로 감수성 훈련을 찾았다.

내가 복 바가지를 거꾸로 쓰고 있었음을 그때 처음 알았다. 상대가 주어인 말을 연습하고, '보이는 나'와 본심을 표현하도록 말을 바꾸면서 초점이 옮겨지고, 시야가 넓어지기 시작했다. 효율적인 문제 해결을 위해 문제만을 파고들던 내 시야에, 내가 가진 긍정적 동기와 역량, 주변의 자원이 들어오면서 문제 자체가 재설정되었다. 논리 이전에 인식의 문제였던 것이다.

그리고 나하고 친해졌다. '자기 자신과의 싸움에서 이겨라!'는 자기계발서의 말들처럼 그전까지 '나'는 꺾어야 할 적이었다. 몸이 힘들고, 마음이 괴로울 때면, 일을 더 많이 하지 못하게 방해하는 '나'가 불만스러웠고, 그런 '나'를 이기려고 무던히도 애썼다. 나와의 싸움은 언제나 버거웠고, 그 지난한 싸움에서 이겨도 내가 승리자가 되는 법은 없었다.

하지만 지금-여기의 감정과 본심을 찾아 표현하는 훈련 덕분에 긍정 감정과 부정 감정이 언제나 함께한다는 사실을 알게 되었다. 부정 감정은 억누르거나 뜯어고쳐야 할 뭔가

가 아니라 생명 동기 때문에 일어나는 그림자에 불과했다. 나는 그저 습관적으로 부정 감정을 선택하던 것을 고쳐, 부정 감정 이면의 생명 동기에 초점을 두기만 하면 되었다. 그렇게 선택만 바꾸어도 버겁기만 했던 감정은 내 삶을 생기 있게 해 주고, 나를 추동하는 힘이 되어 주었다.

또한 내 말과 내 영향을 다스리는 법을 배우게 되었다. 그전까지 나는, 내가 말을 쓰고, 말을 알아듣는다고 여겼는데 아니었다. 사람들이 말을 할 때에는 말의 내용뿐만 아니라 기분, 성격, 본심과 같은 여러 가지 정보를 함께 전하고 있었다. 또 같은 말도 사람에 따라 다른 깊이, 다른 의미로 전해지며 사람들은 서로에게 엄청난 영향을 미치고 있었다.

말의 작용을 눈여겨보며 집단에서 서로 돕는 과정을 통해 작고 약하다고만 생각했던 내가 나도 모르는 사이에 주변 사람들에게 엄청난 영향력을 행사해 왔음을 깨달았다. 내 영향력이 생각보다 너무 커서, 주의 깊게 다루어야겠다는 생각이 들 정도였다. 요즘은 나에게 오는 영향과 내가 미친 영향을 알아보고, 내 영향을 확대하는 방법을 연습하고 있다.

백척간두에서 지푸라기를 잡는 심정으로 감수성 훈련을 찾았는데 이런 게 있으리라고는 상상조차 못했던 선물을 받았다. 감수성 훈련에는 살아가는 일에 깊이를 더하고, 차원을 더하고, 새롭게 피어나는 색채와 향기가 있다. 어느새 집단과 인생, 성장하는 것과 살아가는 것이 따로따로가 아니라 얽히고 스며들어 하나가 되었다.

하지만 뭐라고 한들 이것은 나의 정리일 뿐, 읽는 이들에게는 도통 맛을 알 수 없는 TV 맛집 프로그램과 비슷할 것이다. 언젠가 꼭 한번 직접 이 맛을 느껴 보기를.

연우 소감문

감수성 훈련 초기

이상하게 화가 덜 난다.

감수성 훈련을 받기 전 내 삶에는 화가 참 많았다.
수시로 끓어오르는 화인데도 크게 불편하다 여긴 적이 없었다.

그러나 아이를 낳고 키우면서 화를 내고 싶지 않았다.

내 화의 불똥이 아이와 가족들에게 튀어 가며 상처를 입자 화가 조절되지 않는 나를 자책하는 날들이 이어졌다. 자책은 곧 미움으로 발전하고, 미움은 내 삶을 더욱 곤궁하게 만들었다.

나도 어쩔 수 없는 나를 마주하며 그 어떤 자기 합리화도 받아들여지지 않는 위기에 처했다.

그렇게 화에서 벗어나기 위해 헤매다 만나게 된 지운 님, 그리고 감수성 훈련.

그토록 많던 화는 다 어디로 갔을까?

그렇게 많이 하던 남 탓은 어디로 사라지고?

그래도 가끔 하는 남 탓은 하면서도 귀엽고…….

'꼭 그래야만 한다.'는 편견이 깨지고,

'어떻게 그럴 수가 있어?'라며 탓하던 내 모습은 사라지고,

그 자리에 그럴 수밖에 없었던 그 사람에 대한 이해가 조금씩 차오른다.

물론 요즘도 화가 올라온다. 그러나 내 화의 깊은 곳에 밝게 자리 잡은 밝은 '본심'이 있다는 것도 안다. 그렇게 토닥거리며 눈물로 씻어 내면 다시 맑아진다. 맑아진 그 자리가 바로 내 마음자리일 것이다.

〈지운 님과의 문자〉

감수성 훈련 2년차

(집단 후 마음은 편안해졌으나 계속 공부하는 것에 허전함을 느끼던 중…….)

연우: 지운 님~ 연우예요.

교육받으러 오가면서 지운 님께 인사드린 적이 별로 없었던 것 같아요.

오늘은 이렇게라도 꼭 인사드리고 싶어요.

이 생에서 스승님을 만나 함께 배우고, 성장할 수 있어 참으로 감사하고 행복합니다.

보이지 않던 부분을 볼 수 있게 해 주시고, 보면 할 수 있다 북돋아 주시니 어찌 잘 자라지 않을 수 있겠습니까?

지운 님~ 참으로 감사합니다.

지운: 그러냐? 참 좋구나. 꾸준히 공부해라.

연우: 열심히도 아니고 꾸준히 하라 하시니 무척 반갑고 만족스럽습니다.

열심히는 무겁고, 그냥 하자니 허전하던 차라……. 무겁지도 가볍지도 않은 꾸준함이라는 말이 참 좋습니다.

지운 님~ 매 순간 거울이 되어 주십니다.

지운: 허허 참, 녀석!

참·고·문·헌

권석만(1997). 젊은이를 위한 인간관계 심리학. 서울: 학지사.

김덕래(1992). 공무원교육에 있어서 감수성 훈련에 관한 연구: 가치관 및 태도변화를 중심으로. 강원대학교 대학원 석사학위논문.

김순걸(1997). 학습부진 고등학생의 자아개념 향상을 위한 집단상담. 고려대학교 대학원 석사학위논문.

김순한(1999). 따돌림 아동의 원만한 인간관계 형성을 위한 단계별 집단상담 프로그램의 적용 효과에 관한 연구. 경기대학교 대학원 석사학위논문.

김영순(2008). 한국형 상담의 모색. 한상담학술심포지움, 3(1), 29-44. 한상담학회.

김옥희(2004). 인간관계론. 서울: 박영사.

김용호(1999). 자기성장 집단상담 프로그램이 자아개념과 인간관계에 미치는 영향. 영남대학교 대학원 석사학위논문.

김현규(1989). 인성교육을 위한 심성개발 프로그램. 충북교육, 39-43.

김현수(2006). 감수성 훈련이 인간 관련 직무스트레스 완화에 미치는 효과. 한국기술교육대학교 논문집, 12(1), 371-390.

김홍배(1995). 자기성장 집단상담이 자아개념과 인간관계에 미치는 효과. 제주대학교 대학원 석사학위논문.

김홍숙(1994). 부부관계 강화프로그램이 부부의사소통과 결혼만족에 미치는 효과. 계명대학교 대학원 석사학위논문.

문선모(1980). 인간관계훈련 집단상담의 효과에 관한 일연구. 경상대학교 논문집: 인문·사회과학 편, 19(2), 195-203.

박은성(2001). 목회상담자의 인성개발을 위한 감수성 훈련의 효과에 관한 연구. 숭실대학교 대학원 석사학위논문.

박은영(2003). 이성관계 증진 집단상담 프로그램이 대학생 연인 간 의사소통과 관계만족에 미치는 영향. 한국교원대학교 대학원 석사학위논문.

박혜경(2000). 집단상담의 효과분석: 중학생의 자아정체감과 인간관계 변화를 중심으로. 대전대학교 대학원 석사학위논문.

배미화(2005). 한알 감수성 훈련이 대인관계 증진 및 의사소통 능력향상에 미치는 효과. 동국대학교 대학원 석사학위논문.

송종희(1997). 집단상담이 자아강도 수준에 따라 대인관계 갈등해결방식에 미치는 영향. 가톨릭대학교 대학원 석사학위논문.

안진홍(2003). 감수성 훈련을 적용한 부모교육 프로그램이 초등학교 학부모와 자녀 간 의사소통 향상에 미치는 영향. 한국교원대학교 대학원 석사학위논문.

엄희경(1998). 마라톤 집단상담이 유아교사의 의사소통수준과 자아존중감에 미치는 효과. 울산대학교 대학원 석사학위논문.

오상봉(2011). 감수성 훈련이 교정시설 수형자의 대인관계와 충동성에 미치는 영향. 광주대학교 대학원 석사학위논문.

오세적(1988). 자기성장 훈련이 여고생의 자아개념 및 인간관계 능력에 미치는 효과. 전남대학교 대학원 석사학위논문.

유동수(1983). 집단촉진자를 위한 의사소통의 기본. 미발간 교육자료.

유동수(2000). 한알 감수성 훈련: 진정한 나를 찾아서. 서울: 학지사.

유상민(2002). 감수성 훈련이 대학신입생들의 자기주장성에 미치는 효과. 숭실대학교 대학원 석사학위논문.

윤고원(1999). 만성 정신분열증 환자에 대한 감수성 훈련 효과에 관한 연구: 느낌 열기를 중심으로. 청주대학교 대학원 석사학위논문.

이경숙(2001). 감수성 훈련 프로그램이 초등학생의 자아존중감에 미치는 영향. 아주대학교 교육대학원 대학원 석사학위논문.

이달석, 김재현(1999). 지각된 부모의 양육태도가 자기존중감과 의사소통에 미치는 영향. 생활지도연구, 19, 93-114.

이동귀(2008). 상담의 세계화와 우리의 과제: 상담의 국제화와 한국형 상담의 발전과 전망. 한상담학술 심포지엄, 3(1), 77-84.

이민영, 노희관(1996). 진로탐색 집단상담이 청소년의 진로성숙도, 자아정체감 및 내외통제성에 미치는 효과. 교육연구, 20, 31-57. 전남대학교 교육문제연구소.

이병철(2001). 감수성 훈련을 통한 인간관계의 계발. 대한지방행정공제회, 50(570), 44-52.

이상희, 정민정(2007). 한알 감수성 훈련이 대학생의 대인관계 및 자기의식에 미치는 효과. 아동복지연구, 5(3), 39-57.

이승화(2007). 한국형 감수성 훈련이 타인관점수용·대인관계 태도 및 상담효과 요인에 미치는 영향. 원광대학교 대학원 박사학위논문.

이윤주, 이상민, 김영순, 유동수(2008). 한국형 감수성 훈련이 참가자의 의사소통, 대인관계 태도, 자기의식에 미치는 효과. 홍콩에서 열린 국제상담학회(ACC) 발표된 자료.

이장호, 김정희(1992). 집단상담의 원리와 실제. 서울: 법문사.

이지현(2003). 집단상담에서 타인조망수용 훈련을 통한 자기의식, 타인관점수용, 대인관계 변화연구-한알 감수성 훈련 집단을 중심으로-. 가톨릭대학교 대학원 석사학위논문.

이형득(1995a). 인간관계훈련의 실제. 서울: 중앙적성출판사.

이형득(1995b). 집단상담의 실제. 서울: 중앙적성출판사.

이형진(2006). 정신분열병 환자의 감수성 훈련이 정서표현에 미치는 효과. 대구대학교 대학원 석사학위논문.

장혁표, 강호기 역(1990). 關計夫 저. 감수성 훈련의 원리와 실제. 서울: 형설출판사.

전종국, 강석현(2004). 직장인을 위한 부부감수성 훈련 프로그램. 대학생활연구, 22.

정영화(2003). 집단상담이 학교 부적응 중학생의 대인관계 및 부모-자녀 간 의사소통에 미치는 효과. 인제대학교 대학원 석사학위논문.

정재기(1998). 집단상담이 교회 학교 청소년들의 자아존중감과 인간관계 형성에 미치는 효과. 울산대학교 대학원 석사학위논문.

조수연(2004). 방과 후 아동지도사를 위한 감수성 훈련 프로그램 연구. 명지대학교 대학원 박사학위논문.

조윤숙(2011). 감수성 훈련을 적용한 한국형 부모교육 프로그램의 개발과 효과. 영남대학교 대학원 박사학위논문.

최경희(1993). 소집단 부모교육 프로그램이 부모의 의사소통수준과 부모에 대한 자녀의 지각에 미치는 효과. 울산대학교 대학원 석사학위논문.

최문정(2009). 한알 감수성 훈련이 대인관계 증진 및 자기효능감 향상에 미치는 영향. 국민대학교 교육대학원 석사학위논문.

최해림, 장성숙 역(2001). 집단정신치료의 이론과 실제(제4판). Irvin D. Yalom 저. 서울: 하나의학사.

한겨레심리상담센터(편) (2002). 감수성 훈련. 미출판 원고.

한국청소년연맹(편) (2006). 인간관계훈련의 이론과 실제. 서울: 양서원.

한순임(2008). 감수성 훈련 집단상담 프로그램이 여중생의 자아존중감 및 대인관계 적절성에 미치는 영향. 강원대학교 교육대학원 석사학위논문.

황경열, 이상현(2000). 비구조적 형태의 감수성 훈련이 자아실현에 미치는 효과. 난청과 언어장애, 23(3), 103-115.

Bender, R. L., Melnick, J., & Kaul, T. J. (1979). Risk, responsibility, and structure: A conceptual framework for initiating group counseling and psychotherapy. *Journal of Counseling Psychology, 21,* 31-37.

Bienvenu, M., & McClain, S. (1970). Parent-adolescent communication and self-esteem. *Journal of Home Economics, 62*(5), 344-345.

Clinebell, H. J. (1970). *Groth Counseling for Marriage Enrichment.* Philadelphia: Fortress Press.

Gelman, R., & McGinley, H. (1978). Interpersonal liking and self-disclosure. *Journal of Counseling and Consulting Psychology, 46,* 1549-1551.

Rogers, C. R. (1995). *On Becoming a Person.* Bonston: Houghton Mifflin.

Hansen, J. C., Warner, R. W., & Smith, E. M. (1976). *Group counseling: Theory and Process.* Chicago: RandMcNally College Publishing Company.

Hetrick, E. W. (1979). Training parents of learning children in facilitative communication skills. *Journal of Learning Disabilities, 12*(4).

Robbins, S. P. (1994). *Essentials of organizational behavior.* NJ: Prentice-Hall.

Rogers, C. R. (1967). *Learning to be Free, Person to Person: The Problem of Being Human.* Lafayette: Real People Press.

Rogers, C. R. (1970). *Carl Rogers on Encounter Groups.* New York: Harper and Row.

Truax, C. B., & Carkhuff, R. R. (1967). *Toward effective counseling and psychotherapy.* Chicago: Aldine.

저자 소개

＊유동수(Yoo Dongsu)
　고려대학교 교육대학원 상담심리학과 상담심리학 석사
　미국 UCLA에서 조직 개발 과정, 리더십 과정 수료
　전　심층 심리연구소장, 한국 생산성 본부 주임 전문위원
　　　중국 연변대학, 하얼빈공정대학 객좌교수
　현　한국기업컨설팅 대표
　　　한국집단상담학회 이사, 한국상담학회 수련감독전문가, 한국가족상담협회 수련감독전문가
　　　한상담학회 회장, 한상담학회 수련감독전문가

〈주요 저서〉
한상담(공저, 학지사, 2011)
한알 집단상담(공저, 학지사, 2009)
혼코칭(공저, 학지사, 2008)
감수성훈련의 실제(공저, 한알출판사, 2004)

＊배미화(Bae Miwha)

동국대학교 교육대학원 상담심리학 석사

충북대학교 산림환경관리학 박사 수료

전   라마다올림피아 호텔, 한국기업컨설팅 팀장, 소통연구소 소장

현   초은연구소 소장

　　한상담학회 수련감독전문가, 한국코치협회 인증코치(kpc), 한국가족상담협회 가족상담사 1급

〈주요 저서〉

한알 집단상담(공저, 학지사, 2009)

감수성훈련의 실제(공저, 한알출판사, 2004)

＊조윤숙(Cho Yunsuck)

서울불교대학원대학교 상담심리학과 졸업(자아초월상담학, 요가치료학 전공)

영남대학교 대학원 교육학과 교육학 박사(상담 전공)

전   (사)대구여성의전화 대표, 대구가정지법 가사조정위원

현   영남대학교 겸임교수, 대구한상담연구소 소장

　　한상담학회 수련감독전문가, 한국상담학회 전문상담사 1급 , 한국가족상담협회 가족상담사 1급

〈주요 저서〉

한상담(공저, 학지사, 2011)

여자, 길을 내다(공저, 한울, 2009)

감수성훈련의 실제(공저, 한알출판사, 2004)

감수성훈련(4판)

진정한 나를 찾아서

The Theory and Practice of Sensitivity Training, 4th ed.

2000년 1월 3일 1판 1쇄 발행
2006년 1월 10일 1판 7쇄 발행
2007년 5월 15일 2판 1쇄 발행
2008년 7월 15일 3판 1쇄 발행
2014년 11월 25일 3판 5쇄 발행
2017년 4월 20일 4판 1쇄 발행
2020년 9월 25일 4판 3쇄 발행

지은이 • 유동수 · 배미화 · 조윤숙

펴낸이 • 김 진 환

펴낸곳 • (주)**학지사**

04031 서울특별시 마포구 양화로 15길 20 마인드월드빌딩 5층

대표전화 • 02) 330-5114   팩스 • 02) 324-2345

등록번호 • 제313-2006-000265호

홈페이지 • http://www.hakjisa.co.kr
페이스북 • https://www.facebook.com/hakjisabook

ISBN 978-89-997-1233-3 03180

정가 21,000원

이 도서의 국립중앙도서관 출판시도서목록(CIP)은 서지정보유통지원시스템
홈페이지(http://seoji.nl.go.kr)와 국가자료공동목록시스템(http://www.nl.go.kr/kolisnet)
에서 이용하실 수 있습니다.
(CIP제어번호: CIP2017008316)

출판 · 교육 · 미디어기업 **학지사**

간호보건의학출판 **학지사메디컬** www.hakjisamd.co.kr
심리검사연구소 **인싸이트** www.inpsyt.co.kr
학술논문서비스 **뉴논문** www.newnonmun.com
원격교육연수원 **카운피아** www.counpia.com